Mädchenliteratur der Kaiserzeit

Mädchenliteratur der Kaiserzeit

Zwischen weiblicher Identifizierung und Grenzüberschreitung

In Verbindung mit Silke Kirch, Birte Förster, Gabriele von Glasenapp und Petra Volkmann-Valkysers

herausgegeben von
Gisela Wilkending

Verlag J. B. Metzler
Stuttgart · Weimar

Bibliografische Information Der Deutschen Bibliothek
Die Deutsche Bibliothek verzeichnet diese Publikation in der Deutschen Nationalbibliografie; detaillierte bibliografische Daten sind im Internet über <http://dnb.ddb.de> abrufbar.

ISBN 978-3-476-01963-9
ISBN 978-3-476-05256-8 (eBook)
DOI 10.1007/978-3-476-05256-8

Ursprünglich erschienen bei J.B. Metzlersche Verlagsbuchhandlung und Carl Ernst Poeschel Verlag GmbH in Stuttgart 2003
www.metzlerverlag.de
info@metzlerverlag.de

Inhalt

Kapitel 3

Kapitel 4

Anhang

Einleitung

Grenzüberschreitungen – diese Perspektive auf die Mädchenliteratur der Kaiserzeit, auf die sogenannte Backfischliteratur[1], mag zunächst überraschen. Gilt doch die Backfischliteratur, deren erfolgreichster Titel, Emmy von Rhodens *Der Trotzkopf. Eine Pensionsgeschichte für erwachsene Mädchen* (1885), durch zahlreiche neuere Textbearbeitungen und durch eine Fernsehadaption sogar bis heute bekannt ist, gemeinhin als Inbegriff einer sentimentalen, konformistischen Schema-Literatur, in der immer wieder dasselbe erzählt wird, nämlich wie der anfängliche Widerstand eines Mädchens gegen das Sich-Einfügen in das tradierte Konzept weiblicher Rollen und eines ‚weiblichen Geschlechtscharakters' massiv gebrochen und wie der Protagonistin bei williger Identifizierung mit diesem Konzept eine attraktive Verlobung oder Heirat in Aussicht gestellt wird. „In diese Wüste der weiblichen Jugendliteratur drang noch »kein Klang der aufgeregten Zeit«", schreibt Heinrich Wolgast, einer ihrer heftigsten Kritiker, in seiner bekannten Kampfschrift *Das Elend unserer Jugendlitteratur* (1896).[2] Damit spielt er nicht nur darauf an, daß diese Literatur seinerzeit lediglich „für die Kinder wohlhabender Kreise"[3], d.h. für die ‚höheren Töchter' gedacht war, sondern auch darauf, daß sie deren Welt nur scheinhaft oder lügnerisch spiegele. Denn die Backfischliteratur entwickelte sich unter denselben gesellschaftlichen Bedingungen wie die bürgerliche Frauenbewegung, von deren Problemformulierungen und Zielen sie aber – auf den ersten Blick – kaum berührt scheint. – Doch gegenüber der zunächst vorgestellten Lesart solcher ‚Mädchen-Liebesromane', in der allein die sozialisierende Funktion der Lektüre ins Auge gefaßt wird, ist Skepsis geboten. Sie kann kaum die starke Marktposition erklären, die die Mädchenliteratur seit der zweiten Hälfte des ausgehenden 19. und frühen 20. Jahrhundert einnahm und die sich u.a. an Erfolgsgeschichten von Bestsellern wie Clementine Helms *Backfischchen's Leiden und Freuden* (1863), Emmy von Rhodens *Der Trotzkopf* und Henny Kochs *Papas Junge* ([1905])[4] und von Mädchenperiodika

1 Der zeitgenössische Begriff Backfischliteratur wird in unseren Studien wertneutral auf die gesamte kaiserzeitliche spezifische Mädchenliteratur, d.h. auf die explizit an Mädchen adressierte Literatur bezogen. Als hauptsächliches Lesealter ist die Zeit zwischen 12/13 bis 16/17 Jahren anzunehmen. Wir werden im folgenden zwischen ‚typischer' und ‚atypischer' Backfisch- oder Mädchenliteratur unterscheiden. Damit wollen wir die generelle Diskriminierung von Backfischliteratur vermeiden, wie wir sie in der zeitgenössischen Kritik finden. Zur Wortbedeutung von ‚Backfisch' s. Zahn 1983, S. 127 ff. Zur Negativ-Kanonisierung weiblicher Lektüren s. bes. Heydebrand/Winko 1995.

2 Wolgast 1896, S. 161.

3 Ebd., S. 162. Vgl. auch Wolgast [1905].

4 *Backfischchen's Leiden und Freuden* erreichte 1897 die 50. und 1918 die 78. Aufl.; *Der Trotzkopf* erschien 1899 in 30. und 1915 – vor Aufhebung der Schutzfrist – in 76. Aufl.; *Papas Junge* erschien erstmals 1901/02 in der Mädchenzeitschrift *Das Kränzchen* und vermutlich seit 1905 in Buchform. 1916 erreichte der Titel bereits die 40. Aufl.

wie *Töchter-Album*, *Das Kränzchen* und *Deutsches Mädchenbuch* sowie an der Etablierung zahlreicher weiterer Erfolgsschriftstellerinnen wie Brigitte Augusti, Marie (Ille-)Beeg, Käthe van Beeker, Emma (Wuttke-)Biller, Bertha Clément, Clara Cron, Marie von Felseneck, Luise Glaß, Elisabeth Halden, Else Hofmann, Johanna Klemm, Clara Nast, Charlotte Niese, und Bernhardine Schulze-Smidt ablesen läßt.[5] Hinweise auf andere Lektürefunktionen bieten v.a. die zeitgenössischen Mädchenliteratur-Kritiker, die durchgängig ein großes Leseinteresse der Mädchen und häufig ein suchthaftes Leseverhalten beobachtet haben. Die in der Mädchenliteraturkritik der Gegenwart geläufige Unterstellung, die Lektüre von Backfischromanen hätte zur Anpassung der Mädchen an ein traditionelles Weiblichkeits- und Rollenkonzept geführt, findet sich hier kaum.[6] Den zeitgenössischen Kritikern gilt die Lektüre von Backfischromanen vielmehr durchweg als nervenangreifend. Die Literatur sei frivol und erregend. Albrecht Goerth, der schärfste Kritiker der Backfischliteratur, unterstellt gar, daß sie ‚weiblichen Eigensinn' und die „*neue gefährliche Weiberkrankheit*", die „*Emanzipationssucht*" verstärke und provoziere.[7]

Diese Kritiker sehen also bereits im maßlosen Lesen der Mädchen, besonders im Lesen von (Liebes-)Romanen eine die etablierte Geschlechterordnung verletzende Grenzüberschreitung. Damit erfassen sie implizit möglicherweise potentielle Funktionen der Backfischliteratur sowie Lektürewirkungen adäquater als diejenigen, die allein auf deren sozialisierende Funktion abheben. Zwar sind die typischen Backfischromane wie *Der Trotzkopf* in bezug auf Thematik und Motivik, auf Figurenkonstellationen, Konfliktanlage und Handlungsmodell sowie in der Erzählweise in der Tat schematisch und in ihrer zentralen Botschaft ‚einsinnig' und repressiv, also im Verständnis Umberto Ecos ‚geschlossene Texte'. Aber auch solche Texte können ja in der leidenschaftlichen Lektüre zu einem „Fest der Gegenliteratur, der Interpretation zwischen den Zeilen und gegen den Strich"[8] werden. Zudem sind sie nicht völlig geschlossen, sondern durchaus mehrstimmig, je nachdem, wie etwa eine mit Autorität auftretende Erzählerstimme und verschiedene Figurenstimmen miteinander konfligieren, je nach dem Grad der Diffusion der die Lesersympathie steuernden Textstrategien usw. In diesem Zusammenhang ist auch die Weiterführung der im 18. Jahrhundert begründeten Traditionen subjektiven, polyperspektivischen Erzählens in der Mädchenliteratur des 19. Jahrhunderts signifikant.[9] – Schon zu Beginn des 20. Jahrhunderts ebbte die heftige Kritik an der Backfischliteratur ab. Nun wurde – im Kontext einer sich etablierenden entwicklungspsychologisch orientierten Leseforschung – eine Homologie zwischen der Backfischliteratur und pubertären Tagträumen von

5 Zur Geschichte der Mädchenliteratur bis zur Herausbildung der Backfischliteratur s. Barth 1998; Grenz 1981. Zur Position der Mädchenliteratur im Kontext der Expansion des jugendliterarischen Buchmarkts um 1900 s. Wilkending 2001, 2002b.

6 Dies ist bspw. die dominante Kritik in den Arbeiten von Dahrendorf 1978 und Zahn 1983.

7 Goerth 1896, S. 35.

8 Eco 1990, S. 70.

9 S. hierzu auch Wilkending 2002b. Zum Brief in der Kinderliteratur des 19. Jahrhunderts vgl. auch Krienke 2001, die allerdings nicht auf die weiblichen Schreibtraditionen eingeht.

Mädchen erkannt.[10] Die Zeit der leidenschaftlichen Lektüre von Backfischromanen galt als entwicklungsbedingt und vorübergehend. Freilich wurde in dieser Perspektive die ‚Geschlechtsspezifik' der Jugendlektüre, d.h. die Kontrastierung des Abenteuerromans als Jungenlektüre und des Backfischromans als Mädchenlektüre erst recht zu einer ahistorischen, biologischen Konstante. Damit war auch der Blick darauf verstellt, daß die Backfischliteratur – gerade *Der Trotzkopf* – diese Opposition selbst unterläuft und daß sie – wenigstens untergründig – zudem die eigene Zeit, d.h. auch die virulente ‚Frauenfrage' kommentiert, v.a. die Zukunftsungewißheit der höheren Tochter zwischen den alternativen Perspektiven Beruf oder Ehe. Zwar läßt sich die Geschichte des Trotzkopfs Ilse Macket als klassischer Fall einer ‚zerbrochenen Adoleszenz' lesen, in der anfänglich vorhandene Omnipotenzphantasien „zerbrochen" und „deren ›Scherben‹ [...] in jene Ich-Anteile eingebaut [werden], welche die Anpassung (in einem konformistischen Sinn) und oft auch den sozialen Aufstieg ermöglichen"[11]: Zu Beginn der Romanhandlung ist die 15jährige Ilse beherrscht von Allmachtsphantasien, die auch ihren Widerstand gegen das Sich-Einfügen-Sollen in ein vorgeschriebenes Weiblichkeitsbild zum Ausdruck bringen. Das zeigt sich etwa im Beharren auf derber, unweiblicher Kleidung, im Widerstand gegen die (Stief-)Mutter, im identifizierenden und im verführenden Sich-Messen mit dem Vater. Am Ende hat sie ihren Widerstand vollständig aufgegeben, hat sich in eine junge Dame verwandelt, hat nur einen winzigen ‚Restwiderstand' zurückbehalten, der sie für den künftigen Mann besonders interessant machen wird. Ihr letztlich unaufgelöstes Widerstandssyndrom wird sie später an Tochter und Enkelin weitergeben.[12] Die Phantasie der Leserin – so läßt sich vermuten – wird aber nicht allein durch das Handlungsmodell (als Anpassungsmodell) des Romans und durch das Glückversprechen gebunden. Sie wird womöglich durch die Bilder der Abweichung und des Widerstands und durch die Art der Sympathielenkung der Erzählerin in der Schwebe gehalten.[13] So wäre es möglich, daß der Text nicht nur zu einem Medi-

---

10 Erstmals Köster 1913. Zur Etablierung von ‚Mädchenpubertät' und ‚Jungenpubertät' sowie entsprechenden Lektüre-Regulierungen seit dem ausgehenden 18. und im 19. Jahrhundert s. Barth 2002.

11 Erdheim 1984, S. 318.

12 Emmy von Rhoden starb 1885, also bereits im Jahr des Erscheinens von *Der Trotzkopf*. Für die ‚Fortsetzungen' verpflichtete der Verlag von Gustav Weise Rhodens Tochter Else Wildhagen, die diesen Auftrag allerdings nur sehr zögerlich annahm. 1892 erschien *Trotzkopf's Brautzeit*, zunächst ohne Wildhagens Namen, nur mit dem Zusatz „Aus dem Nachlasse von Emmy von Rhoden[,] Verfasserin des „Trotzkopf". 1896 erschien *Aus Trotzkopf's Ehe*. Einer weiteren Fortsetzung verweigerte sich Wildhagen. *Trotzkopf als Großmutter* (1905) wurde von der niederländischen Autorin Suze La Chapelle-Roobol verfaßt (Originaltitel: *Stijfkopje als Grootmoeder*). Am Ende der Weimarer Republik entschloß sich Wildhagen allerdings zu einer alternativen Fortsetzung unter dem Titel *Trotzkopfs Nachkommen – ein neues Geschlecht* (1930). Der Titel war aber nicht gängig und wurde daher vom Weise-Verlag vom Markt zurückgenommen.

13 Zur typischen Backfischliteratur, die die Strukturen der Mädchenliteratur bis in die Gegenwart bestimmt hat, v.a. auch zu *Der Trotzkopf*, gibt es inzwischen einen differenzierten Forschungsstand mit exponierten Positionen. Zu nennen sind hier insbesondere die Arbeiten von Grenz, Sauerbaum und Wilkending (s. Literaturverzeichnis). Zum prototypischen Genre der Pensionsgeschichte liegen zwei spezielle historische Studien vor, von

um der Identifizierung der Leserin mit dem im Handlungsmodell des Romans intendierten weiblichen Geschlechtscharakter wird, sondern daß er auch Medium einer Geschlechtsidentität und Geschlechtergrenzen überschreitenden Phantasieproduktion werden kann, daß er damit auf einen Wunsch nach Dezentralisierung des Subjekts, gerade in bezug auf ‚Geschlechtsidentität', antwortet.[14] Daß die Backfischliteratur diesem Wunsch entgegengekommen sein könnte, daß in ihr eine in diesem Sinne produktive Rezeptionssituation angelegt ist, die – unterhalb des manifesten Textsinns – die Produktion inoffizieller Phantasien zuläßt, dafür spricht auch die gesellschaftliche Situation der Mädchenbuchautorinnen im 19. und frühen 20. Jahrhundert, die bei häufig relativer Eigenständigkeit der Lebensführung, mangelnder gesellschaftlicher Anerkennung und der an sie gerichteten Erwartung, gleichzeitig eine spezifisch weibliche Identität auszubilden, eine sehr widersprüchliche Situation lebten.[15]

Unsere Forschungen zur Mädchenliteratur der Kaiserzeit, die wir in diesem Band vorstellen wollen, rücken noch einen anderen Aspekt von Grenzüberschreitung ins Zentrum: Es geht um thematisch-motivliche Verschiebungen und neue Gattungsbildungsprozesse, die an der Mädchenliteratur der Kaiserzeit zu beobachten sind: Im Zusammenhang der Untersuchung des gesamten Mädchenbuchmarkts des ausgehenden 19. und frühen 20. Jahrhunderts wurde schon die Aufmerksamkeit darauf gelenkt, daß es neben dem Mainstream der Backfischliteratur auch solche Mädchenliteratur gibt, die die gesellschaftliche Situation der höheren Tochter, ihre unsicheren Zukunftsaussichten, nicht nur unterschwellig, sondern sehr viel direkter anspricht und die ihre Protagonistinnen, Mädchen und Frauen, auch nicht nur in den engen Grenzen traditionellen Frauenhandelns – im Haus, im familialen Umfeld, in sozialen Diensten, in Schule und Pension – zeigt.[16] Zwar spiegelte auch die ‚typische' Backfischliteratur bereits die Brüchig-

denen die eine (Wilkending 1999b) mehr typologisch, auf die Herausarbeitung des Genremodells, die andere (Wilkending 1999a) mehr genetisch rekonstruierend, auf die Anfänge der Herausbildung der ‚Pensionsidee' in der Mädchenliteratur bis zur Entstehung des Genres ‚Pensionsgeschichte', orientiert ist. Zur Backfischliteratur unter der Perspektive von ‚Abenteuer' vgl. auch Kehlenbeck 1996a, 1996b. Zur Wirkungsgeschichte des ‚*Trotzkopf*-Modells' in der Mädchenliteratur der 1950er, 1960er und 1970er Jahre s. Dahrendorf, zur Wirkungsgeschichte bis in die jüngste Gegenwart hinein s. Grenz/Wilkending 1997. Zur komparatistischen Perspektive s. Lehnert 1994a, 1994b.

14 Umgekehrt hat Eggebrecht (1985) herausgearbeitet, daß der üblicherweise als ‚Männerliteratur' typisierte Abenteuerroman das etablierte Männlichkeitskonzept unterläuft. – Eine entwicklungspsychologische Grundlegung dieses ‚Dezentralisierungskonzepts' gibt Jessica Benjamin. Dabei geht sie von der Beobachtung aus, daß sich Jungen und Mädchen nach der Entdeckung der anatomischen Differenz zunächst parallel entwickeln, „in ihrem Beharren, alles zu sein" (Benjamin 1996, S. 19).

15 Zu dieser These s. Wilkending 1997e, S. 78 f. Vgl. hierzu auch die Untersuchung von Kullmann (2000) zum realistischen viktorianischen Kinderroman. Kullmann stellt die These auf, daß gerade die Autorinnen zeitgenössische Geschlechterstereotype teils reflektieren bzw. unterlaufen.

16 Erste Beobachtungen hierzu finden sich in dem erstmals 1990 erschienenen Beitrag „Mädchenliteratur von der Mitte des 19. Jahrhunderts bis zum ersten Weltkrieg" (Wilkending 2002c). Einige entsprechende Textproben enthält die Edition *Kinder- und Jugendliteratur. Mädchenliteratur* 1994. S. weiter: Wilkending 1997d, 2000a.

keit solcher Vorstellungen, indem sie ein Bild interfamilialer Spannungen, pubertärer Konflikte und vom – allerdings weitgehend in der Sphäre der Privatheit belassenen – Widerstand und Eigensinn der Protagonistinnen zeigt. Die Literatur, um die es in diesem Band geht, dokumentiert aber (auch) auf andere Weise die Irritationen und die Disfunktionalität des traditionellen Geschlechterkonzepts in der Zeit um 1900. Die aktuellen Auseinandersetzung um ‚Weiblichkeit' und ‚Geschlechterdifferenz' sowie die realgeschichtlichen Verschiebungen in der gesellschaftlichen Positionierung der Frau werden hier schon auf den ersten Blick, auf der Textoberfläche, sichtbar. Das Rollenkonzept der bürgerlichen Frau erscheint erweitert durch eine stärkere Verwischung der Grenzen privaten und öffentlichen Handelns und durch die positive Auslegung, ja Idealisierung von weiblicher Aktivität, die oftmals auch mit ambivalenten Bildern männlicher Passivität kontrastiert. Damit reflektiert diese Literatur implizit auch den zeitgenössischen Theoriediskurs über ‚Geschlechterdifferenz', wie er v.a. im Lichte der neuen Entwicklungslehre, auch von Vertreterinnen der bürgerlichen Frauenbewegung, geführt wird, sehr viel direkter. In diesen mädchenliterarischen Texten können Protagonistinnen bspw. auch unverheiratet und berufstätig sein, die Mädchen reisen nicht nur kurzfristig in eine Pension, sondern auch in andere Länder, leben dort etwa als Lehrerin oder als Siedlerin in deutschen Kolonien; die Texte erzählen von Frauenhandeln in der Öffentlichkeit, von Frauen als Herrscherinnen, von mit starker Hausmacht ausgestatteten Frauen und von Mädchen in verschiedenen Feldern der Kriegstätigkeit. – Wir haben unsere Untersuchung also auf eine bislang kaum beachtete mädchenliterarische Entwicklung konzentriert, in der sich sogar neue ‚hybride' Genres[17] wie der Mädchen-Reiseroman, der Mädchen-Kolonialroman, der historische Roman für Mädchen und der Mädchen-Kriegsroman herausbilden.[18] Die Texte, die wir solchen Genres bzw. dieser Gattungsentwicklung zuordnen, nennen wir in unserer Untersuchung ‚atypische Mädchenliteratur'. Wir fragen nach den Strukturen und den potentiellen Funktionen dieser Texte als Medien der Konstruktion weiblicher Identität und zugleich als Medien der Dezentralisierung des Subjekts, also nach ihren Potentialen einer Geschlechtsidentität und Geschlechtergrenzen überschreitenden Phantasieproduktion. Dabei geht es uns darum, diese Potentiale nicht allein durch eine Analyse der Struktur der erzählten Welt der Texte, sondern mit Rücksicht auf die literarische Gesamtcharakteristik zu erfassen.[19]

---

17 Zu diesem Begriff s. *Metzler Lexikon Literatur- und Kulturtheorie* 1998, S. 220 f. – Die Beziehungen zwischen diesem Gattungbildungsprozeß und parallelen Entwicklungen in der Frauenliteratur wurden bislang noch nicht untersucht. Allein zum Frauen-Reiseroman existiert inzwischen, anders als zum Historischen Roman und zum Kriegsroman für Frauen, ein differenzierter Forschungsstand (s. weiter die Spezialstudien in T. 2).

18 Auch in anderen ‚Subgenres' der Mädchenliteratur, etwa im Lehrerinnen- und im Künstlerinnenroman für Mädchen, überhaupt immer dann, wenn von dem Weg einer Protagonistin in die Berufstätigkeit erzählt wird, sind solche Tendenzen der Grenzüberschreitung in dem von uns angesprochenen Sinne zu beobachten. Wir untersuchen aber im folgenden nur diejenigen Sektoren der Mädchenliteratur, in denen es zu größeren Überschneidungen mit der ‚typischen Jungenliteratur' kommt.

19 S. den Projektaufriß in Wilkending 1999c.

Als auffälligste inhaltliche Gemeinsamkeit stellte sich heraus, daß die Protagonistinnen, die das erweiterte Rollenkonzept und den modifizierten Geschlechtscharakter repräsentieren, häufig als ‚deutsche Mädchen' und ‚deutsche Frauen' identifiziert werden. Die offenkundige Intention der Texte, durch solch positiv gezeichnete ‚Vorbilder' auch Mädchen als potentiell politische Subjekte anzusprechen und sie so identifikatorisch in den Prozeß der Nationsbildung einzubeziehen, ist in einer Zeit, in der Frauen das Wahlrecht – als Zeichen ihrer politischen Subjekthaftigkeit – noch verwehrt ist, gar nicht selbstverständlich, sondern auch eine Grenzüberschreitung. Daher hat uns die Deutung der literarischen Bilder von Mädchen und jungen Frauen, die sich der Idee der Nation oder der Vaterlandsidee ‚unterwerfen' und darauf offenbar ihre größere Aktivität gründen, besonders interessiert.[20] Insbesondere untersuchen wir, wie von diesem Ansatzpunkt her Differenz, v.a. Geschlechterdifferenz verschoben und neu konstruiert wird. Sicher scheint, daß im deutschen Kaiserreich der nationalen Identitätsbildung auch von Mädchen durch gezielte Lektüreangebote eine zunehmende Bedeutung zuerkannt wurde. Die Heldinnen der Mädchenromane erfüllen in diesem Sinne oft eine kulturelle, manchmal sogar eine spezifisch politische ‚Mission'. Sie verbreiten ‚Deutschtum'. Dafür, daß sich Mädchen über spezifische Lektüre national identifizieren, daß sie zudem an das kulturelle und politische Gedächtnis angeschlossen werden sollen, sprechen die Kolonialromane ebenso wie Schriften über die Königin Luise, wie Brigitte Augustis *An deutschem Herd*, ein Parallelunternehmen zu Gustav Freytags erfolgreichem Romanzyklus *Die Ahnen* (1872–1880), wie Mädchenromane zu den ‚Befreiungs-, und ‚Einigungskriegen', zu denen – im Verständnis von Zeitgenossen – auch der Erste Weltkrieg gehört. Manifest wird diese Tendenz – nach Anfängen in den 1870er Jahren – seit dem Ende der 1880er Jahre. Der Höhepunkt dieser Entwicklung in der Mädchenliteratur ist in den ersten beiden Jahren des Ersten Weltkriegs erreicht. Selbst das ‚unterbürgerliche' Lesepublikum war in dieser Phase durch politische Mädchenliteratur leicht erreichbar, insbesondere durch die im Berliner Weichert-Verlag erschienenen Romane der Marie von Felseneck, die das Modell des typischen Backfischromans bereits in den 1890er Jahren an ein breites, auch Unterschichten direkt ansprechendes Lesepublikum adaptiert hatte. Gegen Ende der Kaiserzeit zeigen sich auch weitergehende Tendenzen zur Auflösung der Gattungscharakteristik des Backfischromans. Helene Christallers Kriegserzählung *Fürchte Dich nicht!* (1918) hat sich aus der mädchenliterarischen Tradition völlig gelöst. – Die Kritiker, die den ‚Backfisch-Liebesroman' als Mädchenlektüre verdammten, zeigten sich gegenüber der Entwicklung einer atypischen Mädchenliteratur zwar auch nicht begeistert, aber dennoch kaum aufgeregt, bisweilen sogar zustimmend.

Die folgende Untersuchung hat zwei Hauptteile. Im Teil 1 geht es im Kapitel 1 um die Einführung in die historisch-gesellschaftliche Situation von Mädchen und Frauen, insbesondere aber um die interdiskursive Vermittlung des zeitgenössischen Geschlechterdiskurses mit dem zeitgenössischen Lesediskurs. Dabei sollen

20 Zur „Subjektivation" als „Unterwerfung" oder „Unterordnung" und gleichzeitig als Bedingung der Hervorbringung des Subjekts s. Judith Butlers historisch-philosophische Essays über das „Subjekt der Unterwerfung" (Butler 2001).

an theoretisch herausragenden, bis heute wirkungsmächtigen Positionen Prozesse der Verschiebung und der Neukonzeption von ‚Geschlechterdifferenz' um 1900 – im Kontrast zu den seit dem ausgehenden 18. Jahrhundert dominanten Konzepten[21] – diskutiert und in diesem Kontext die Mädchenliteratur als spezifischer literarischer Diskurs exponiert werden. Das Kapitel 2 führt anhand von biographischen Materialien in die widersprüchliche Lebens- und Produktionssituation der Mädchenbuchschriftstellerin ein und diskutiert exemplarisch die Frage nach Grenzüberschreitungen derjenigen Autorinnen, die sich an der Produktion atypischer Mädchenliteratur beteiligt haben – immerhin sind dies 41 Frauen. Der Teil 2 stellt Einzelstudien zum Reise- und Kolonialroman, zum historischen Roman für Mädchen, zur Biographie und zum Mädchen-Kriegsroman vor. Im Zentrum stehen Gattungsentwicklung, thematische Schwerpunkte, Weiblichkeitsbilder, Differenzkonzepte und Erzählstrukturen, wobei durchgängig nach der Funktionalität der Texte als kaiserzeitlicher Pubertätslektüre gefragt wird. – Alle Verfasserinnen der Einzelstudien orientieren sich an gemeinsamen Fragestellungen und Modellen einer gendersensiblen Literaturgeschichtsschreibung.[22] Weitergehend sollten die Einzelstudien aber nicht standardisiert werden. Die Arbeit daran sollte eigene, teils aus der Spezifik des literarischen Materials gewonnene Akzentuierungen ermöglichen und die Ausarbeitung besonderer wissenschaftlicher Standpunkte und Schreibweisen erlauben und provozieren.

21 Zum Geschlechterdiskurs des 18. und 19. Jahrhunderts s. die grundlegende Arbeit von Honegger 1996, zum Lektürediskurs desselben Zeitraums s. Barth 2002.

22 S. den Projektaufriß in Wilkending 1999c und als eine weitere gemeinsame Ausgangsbasis Bußmann/Hof 1995.

Teil 1
Historische und theoretische Grundlagen

Kapitel 1
Die Mädchenlektüre im Kontext der Kultur- und Geschlechterdebatten um 1900
(Gisela Wilkending)

1 Einführung in die zentralen Dimensionen des Themas

Gegen die Backfischliteratur kämpfen, heißt an der Gesundung unseres literarischen Geschmackes und an der Hebung der Frauenbildung arbeiten.[1]

Das Wort des Jugendliteraturkritikers Heinrich Wolgast, der bekanntlich den gesamten kaiserzeitlichen Kinder- und Jugendbuchmarkt und generell die spezifische Jugendliteratur[2] bekämpfte, führt bereits ins Zentrum dieses Kapitels, in dem gezeigt werden soll, in welcher Weise und in welchen theoretischen Vermittlungen die Mädchenliteratur und die Kritik der Mädchenlektüre in der Zeit des gesellschaftlichen Umbruchs um 1900 an der Konstruktion von Geschlechterdifferenz[3] teilhatten. Indem Wolgast den schon seit dem 18. Jahrhundert geläufigen, seinerzeit wieder hoch aktuellen Topos von der Gesundung des Volkes durch ‚gute' Lektüre aufnahm, exponierte er das Thema Mädchenlektüre zunächst einmal im Rahmen der zeitgenössischen Kulturkritik, die den gesellschaftlichen Umbruch unter der Perspektive einer schweren Kulturkrise bzw. einer dringend anstehenden Kulturreform ins Blickfeld rückte.[4] Wolgast behauptete, daß der

1 Wolgast 1907, S. 122.

2 ‚Spezifische Jugendliteratur' meint die explizit, d.h. über Untertitel, Reihentitel, Verlagsprogramm, Verleger-/Autorenvorwort oder Leseranrede im Text an Jugendliche adressierte Literatur, ist also nicht identisch mit ‚Jugendlektüre', ein Begriff, der sich auf die von Jugendlichen angenommenen (und i.w. Sinne auch auf die Jugendlichen von pädagogischen Instanzen als Lektüre angebotenen) Texte bezieht. Wolgast schließt in die Jugendliteratur häufig auch Kinderliteratur ein. Zur Jugendschriftenkritik Wolgasts s. zuletzt Wilkending 2001; vgl. Ewers 1996.

3 ‚Geschlechterdifferenz' ist als zentrale Kategorie geschlechtergeschichtlicher Untersuchungen unverzichtbar. Hilge Landweer begründet die Notwendigkeit dieser Kategorie damit, „daß in *jeder* Kultur in Zusammenhang mit Mortalität und Natalität die Generativität zu Kategorisierungen von ‚Geschlecht' führt" (Landweer 1994, S. 151). Ausdrücklich betont auch Judith Butler heute, daß es „keine »Position jenseits von Ausschluß oder Differenz oder Trennung«" gibt. Damit sei auch die Faktizität „der sexuellen Differenz [...] nicht zu leugnen" (Butler 2001, S. 155). Eine gegen „Gleichheits-Verbissenheit" gerichtete, politisch motivierte Differenzkonzeption formuliert Luisa Muraro mit positivem Bezug auf Geneviève Fraisse. Sie schlägt vor, den Begriff der Differenz nicht in Opposition zu ‚Gleichheit', sondern zu ‚Identität' zu setzen (Muraro 1999, S. 176).

4 Geschlechterdifferenz war in diesem Kontext ein zentrales Thema. Bublitz erklärt die „Codierung der Geschlechterverhältnisse" sogar zum „Leitmotiv der Krise der Moderne" um 1900 (Bublitz 1999, S. 222; s.a. Bublitz/Hanke/Seier 2000). Zur historischen Konstruktion dieser Verhältnisse in der bürgerlichen Gesellschaft des 18. und 19. Jahrhunderts s. Honegger 1996 und – in bezug auf die Mädchenlektüre – Barth 2002. Zum ‚älteren' Dis-

expandierende Markt der Unterhaltungsliteratur, dem er auch die belletristische Jugendliteratur der Gegenwart und damit das auf dem Markt relativ neu etablierte Genre Backfischroman zurechnete, die Leserinnen krank mache. Mit dieser Kritik an der seinerzeit bei Mädchen offenkundig sehr beliebten Backfischliteratur standen Wolgast und die Vertreter der vom ihm begründeten Hamburger Jugendschriftenbewegung nicht allein. Auch andere Kulturkritiker, darunter der unter Zeitgenossen bekannte Literatur-Journalist Ludwig Göhring, der ebenso bekannte Mädchenschulpädagoge Albrecht Goerth, aber auch Protagonistinnen der bürgerlichen Frauenbewegung in Deutschland und Österreich, wie Gertrud Bäumer, Helene Lange und Rosa Mayreder, sahen in der Lektüre von Backfischromanen ein Symptom des Krankheitszustands der modernen Industrie- und Konsumgesellschaft. Zum anderen akzentuierte Wolgast mit „Hebung der Frauenbildung" – hier stimmte er allerdings nur mit einigen Kritikern der Mädchenliteratur, nämlich mit den Vertreterinnen und den Befürwortern der bürgerlichen Frauenbewegung überein – eine gesellschaftsreformerische Zielrichtung. Für ihn, der die Ziele der bürgerlichen Frauenbewegung, v.a. den Ausbau des höheren Mädchenschulwesens uneingeschränkt bejahte, kam eine geschlechtsspezifische Differenzierung der Jugendlektüre aus mehreren Gründen nicht infrage. Zum einen machte Wolgast die Position des Mannes zum Maßstab seiner Vorstellung von der Emanzipation der Frau:

> Je mehr die Frau sich die Öffentlichkeit erobert, desto mehr muß sie die praktischen Bildungsziele des Mannes zu den ihrigen machen. Da sollte die Lektüre die Abschließung, die die öffentliche Erziehung und die Sitte zwischen der männlichen und weiblichen Jugend aufgerichtet hat, nicht noch verschärfen.[5]

Zum anderen ließ sein Kunstbegriff überhaupt keine Unterscheidung zwischen Frauen- und Männer- bzw. Mädchen- und Jungenliteratur zu: „Unsere Dichter kennen keine Poesie für den Mann und Poesie für das Weib." Zwar könnten die Leseinteressen von Jungen und Mädchen – in stofflicher Hinsicht – divergieren. Aber das berechtige nicht dazu, „eine eigens für die weibliche Jugend berechnete Literatur zu schaffen". Konsequenterweise konnte er in der spezifischen Mädchenliteratur daher auch „keine Spur dichterischer Triebkraft" entdecken.[6]

Wolgast unterlief seinen egalitären – dabei die spezifischen Lese- und Schreibtraditionen von Mädchen und Frauen generell abwertenden – Ansatz allerdings selbst und ließ erkennen, daß er den Jungen und Mädchen in konventioneller

---

kurs zur Kulturkritik um 1900 s. die erstmals 1963 erschienene Studie von William Stern, *Kulturpessimismus als politische Gefahr*. Stern wurde seit dem Ende der 1960er Jahre zunächst im Kontext der Erforschung der Lebensreformbewegung, der Kunsterziehungsbewegung und der reformpädagogischen Bewegung rezipiert und diskutiert. S. bes. Kratzsch 1969. Zur Rezeption im Rahmen der pädagogischen Bewegung und der Jugendschriftenbewegung s.a. Wilkending 1980, bes. S. 57–85. Sterns Studie wurde 1986 und 2000 wieder aufgelegt. Zur jüngsten Rezeption s. Kerbs 2001; Maase 2001 (mit weiteren Literaturhinweisen).

5 Wolgast 1896, S. 160.

6 Ebd. Auch das *Verzeichnis empfehlenswerter Jugendschriften*, das die *Jugendschriften-Warte*, das Hauptorgan der Jugendschriftenbewegung, herausgab, differenziert die Lektüreempfehlungen nicht nach Lesergeschlecht.

Weise verschiedene Geschlechtscharaktere zuschrieb. Die Lektüre von Backfischromanen, meinte er daher, zerstöre das ‚unverdorbene' Wesen der Frau, nähme der Mädchenseele „den Flaum der sittlichen Unberührtheit".[7] In diesem Punkt näherte er sich sogar der offen frauenfeindlichen Backfischbuchkritik Albrecht Goerths und Ludwig Göhrings an, die die Leserinnen (und Autorinnen) als unterhaltungs- und genußsüchtig, egozentrisch, ehrgeizig, hysterisch und nervös beschimpften und ihnen vorwarfen, daß sie den bürgerlichen Pflichtenkreises der Frau als Hausfrau, Gattin und Mutter verlassen hätten. Eine positive Vermittlung zwischen Backfischliteratur und Mädchenbildung, was auch immer darunter verstanden wurde, war für keinen der Kritiker denkbar. Das hatte zum einen zur Konsequenz, daß die faktischen Bezüge zwischen Vertreterinnen der Frauenbewegung und der zeitgenössischen Mädchenliteratur, wie sie bspw. mit Lina Morgenstern, Marie Calm, Hedwig Dransfeld, Helene Raff und vielen anderen mit der Frauenbewegung sympathisierenden Mädchenbuchautorinnen existierten, entweder verächtlich gemacht wurden (von Goerth) oder unbeachtet und unaufgeklärt blieben.[8] Die festgefahrenen Urteile über die Trivialität der Mädchenliteratur bedingten aber auch, daß der literarische Wandel des Backfischromans zwischen dem letzten Drittel des 19. Jahrhunderts und dem Ersten Weltkrieg und damit auch die Herausbildung der neuen Formen des historischen, des historisch-biographischen, des Reise- und des Kolonialromans sowie des Kriegsromans für Mädchen, also der Genres, die im Zentrum unserer Untersuchung stehen, kaum beobachtet wurde. Dabei spiegelte sich in diesem mädchenliterarischen Wandel nicht nur reflexhaft, sondern auch in spezifischer Weise, wie in dieser Zeit das Gefüge der traditionellen Geschlechterordnung in Bewegung geriet. – Zu Beginn des 20. Jahrhunderts wurde der extreme Standpunkt gegenüber der Backfischliteratur insbesondere von Hermann Leopold Köster, dem Nachfolger Wolgasts in der Führung der Jugendschriftenbewegung und Verfasser einer noch heute wichtigen *Geschichte der deutschen Jugendliteratur* (1906/08)[9], zwar relativiert. Geschlechtsspezifische Leseinteressen wurden nun – durch erste empirische Untersuchungen gestützt – als entwicklungsbedingt legitimiert. Eine ‚Lesealtertheorie', wie sie später von Charlotte und Karl Bühler ausgebaut wurde, entstand bereits zu dieser Zeit in Grundzügen. Allerdings wurde in der zeitgenössischen ‚naturalistischen', entwicklungspsychologischen Perspektive Geschlechterdifferenz zu einem Konstrukt der Biologie. Die gesellschaftskritische Dimension der Kinder- und Jugendliteraturkritik, wie sie Wolgast eröffnet hatte, trat nun wieder in den Hintergrund. So wurde auch die Frage nach historisch-gesellschaftlichen Gründen für ein spezifisches, mit den Marktentwicklungen offenkundig korrespondierendes Leseinteresse von Mädchen um 1900 kaum bearbeitet. Um genau diese letzte Fragerichtungen für unsere Untersuchung zu schärfen, sollen

7 Wolgast [1905], S. 100.

8 Lina Morgenstern (1830–1909) begründete u.a. die Berliner Volksküchen und den Kinderschutzbund, Marie Calm (1832–1887) war eine Mitbegründerin der Lehrerinnenbewegung, Hedwig Dransfeld (1871–1925) war Repräsentantin der katholischen Frauenbewegung (s. Sack 2000), Helene Raff (1865–1942) war Mitglied des Münchner Frauenvereins (s. Wilkending 1997c).

9 Köster 1972.

im folgenden knapp einige generelle Entwicklungstendenzen und zentrale Konfliktbereiche im Leben der bürgerlichen Mädchen und Frauen um 1900 skizziert werden[10], die deren besonderes Interesse am Lesen fiktionaler Literatur plausibel machen können.

Der schärfste Widerspruch im Leben bürgerlicher Frauen und Mädchen, der sich auch in der gesamten Backfischliteratur, in der typischen wie in der atypischen, spiegelt, baute sich v.a. durch zwei gegenläufige Tendenzen auf: Einerseits wurde die Erosion der Grenzen des privaten und des öffentlichen Lebens immer deutlicher, was die für das Selbstverständnis des Bürgertums konstitutive Zuordnung der Frau zur Privatsphäre und des Mannes zur Sphäre der Öffentlichkeit zunehmend erschwerte[11], andererseits wurde noch um 1900 – und zwar gerade auch im Sinne einer Gegenwirkung – relativ uneingeschränkt das ‚Haus' als natürlicher Lebensraum der Frau betrachtet, die diesen Raum in den traditionellen Rollen als Hausfrau, Gattin und Mutter ausfüllen sollte. Dieser Widerspruch hatte sich im ausgehenden 19. Jahrhundert durch die schlechten Aussichten auf eine standesgemäße Heirat für die Bürgertöchter aus wenig begüterten bürgerlichen Familien noch zugespitzt. Auch das gerade in Deutschland besonders hohe Heiratsalter trug zu dieser Zuspitzung bei.[12] Entschieden sich die Töchter (oder die Eltern) für eine Berufsausbildung und damit für den Stand der ökonomisch selbständig Ledigen, so wurden sie zudem häufig immer noch mit dem abwertenden Klischee der ‚alten Jungfer' und des ‚Blaustrumpfs' belegt. Denn die Berufstätigkeit der bürgerlichen Frau galt immer noch als Notlösung für den Fall, daß die Frau unversorgt war. Dem entsprach auch das Zölibatsgebot für Lehrerinnen, das selbst von der Mehrheit der Vertreterinnen der bürgerlichen Frauenbewegung, wenngleich mit zusätzlichen Argumenten, akzeptiert wurde. – Erosionen und Grenzverschiebungen in den Feldern des privaten und öffentlichen Lebens manifestierten sich aber nicht erst im Zuge der zunehmenden Berufstätigkeit von Frauen. Sie waren auch Konsequenz der Definition des gesamten Arbeitsfeldes der verheirateten Bürgerfrau, zu dem von Anfang an auch soziale außerhäusliche Dienste gehörten, besonders Dienste in der Kranken- und Armenpflege – ein Arbeitsfeld, dem im übrigen auch in der zeitgenössischen Mädchenliteratur große Beachtung geschenkt wurde. Die soziale Arbeit konnte für

10 Zu diesem Komplex liegen einige große Untersuchungen vor: bes. Budde 1994; Frevert 1995; *Geschichte der Mädchen- und Frauenbildung* 1996; Rosenbaum 1982.

11 Die Auflösung der Grenzen von Privatheit und Öffentlichkeit ist selbstverständlich ein Prozeß, der, wie Habermas – allerdings ohne Rekurs auf das Geschlechterverhältnis – in *Strukturwandel der Öffentlichkeit* (1971) zeigt, schon im 18. Jahrhundert bemerkbar wird. Habermas unterscheidet hier in kulturkritischer Perspektive die „literarische Öffentlichkeit" als aus der bürgerlichen Privatsphäre hervorgegangene Vorform politischer Öffentlichkeit und den „pseudo-öffentliche[n] oder scheinprivaten[n] Bereich des Kulturkonsums" (ebd., S. 193). Zur Notwendigkeit eines kritisch reflektierten Umgangs sowie zum historischen Verständnis des Begriffspaars Öffentlichkeit – Privatheit s. Hausen 1992.

12 Budde geht davon aus, daß weit „über die Hälfte der Bürgermänner" bei der Heirat älter als 32 Jahre und nur jede zweite Bürgerfrau jünger als 26 Jahre war (Budde 1994, S. 41). Interessant ist dieser Befund v.a. im Vergleich zu England, wo das Heiratsalter sehr viel niedriger lag (ebd., S. 42). Auch Rosenbaum geht von einer leichten Erhöhung des Heiratsalters im Bürgertum des 19. Jahrhunderts aus (Rosenbaum 1982, S. 332).

bürgerliche Frauen sogar, wie Ute Frevert meint, einen potentiell „klassentranszendierenden Charakter" haben. Jedenfalls scheinen im 19. Jahrhundert „bürgerliche Frauen mit ihrer Klasse loser verbunden" als bürgerliche Männer, denn ihre bürgerliche „Identität" wies „für Frauen ungleich mehr Brüche und Ungereimtheiten auf".[13] Wichtig war in diesem Kontext auch die Aktivierung von Mädchen und Frauen in Kriegszeiten, die in ‚Deutschland' seit der Zeit der ‚Befreiungskriege' belegt ist.[14] Auch hiervon erzählt die Mädchenliteratur (s. T. 2, Kap. 2–4). Von weitreichender Bedeutung für die realen Verschiebungen im Geschlechterverhältnis durch die Auflösung der bipolaren Ordnung des Privaten und Öffentlichen war schließlich die mit der Hochindustrialisierung einhergehende Expansion des Marktes. Denn in der sich vergrößernden Welt der Waren, der Konsumsphäre, erhielt die Frau – als Versorgerin der Familie – zunehmend eigenes Gewicht und wurde gleichzeitig zum Zielobjekt intensiver Konsumpolitik bzw. Werbung.[15]

Eine extreme Steigerung der konfliktorischen Potentiale der Grenzverwischung von Privatheit und Öffentlichkeit, und damit der traditionellen Sphären der Frau und des Mannes, brachte allerdings erst die zunehmende Berufstätigkeit bürgerlicher Frauen. Um 1900 gab es bereits ein ausdifferenziertes Feld gehobener Berufe für Frauen. Dazu gehörten einmal die der professionellen Haus- und Familienarbeit nahen Berufe der Wirtschafterin, Ökonomin, Betriebsleiterin, Hausdame, Repräsentantin, Anstaltsleiterin, Krankenschwester und Kinderpflegerin usw., dann aber auch Berufstätigkeiten in den expandierenden Sektoren Wirtschaft und Verkehr, etwa bei Banken, Post, Telegraphenamt und Eisenbahn.[16] Lange etabliert waren zudem bekanntlich der Erzieherinnen- und der Lehrerinnenberuf. Allerdings kam es gerade im Zuge des Ausbaus des öffentlichen Mädchenschulwesens im letzten Drittel des Jahrhunderts zu Positionskämpfen zwischen Lehrerinnen und Lehrern. Die bürgerliche Frauenbewegung des 19. Jahrhunderts, der es schwerpunktmäßig um bessere Bildungs- und Ausbildungsmöglichkeiten für Mädchen, um die Eröffnung von Zugangswegen zum Universitäts-

---

13 Frevert 1995, S. 165. – Engelhardt kehrt die Blickrichtung sogar um, indem er auf wichtige Bildungsaufgaben der Frau innerhalb des (Bildungs-)Bürgertums verweist. In kritischer Wendung gegen Vertreterinnen der historischen Frauenforschung betont er, daß der Frau seit der 1848er Revolution gerade auch innerhalb der Familie eine zunehmend wichtigere Bedeutung als Vermittlerin von Bildungswissen und „sozialkulturelle[n] Leitwerte[n]" zukam (Engelhardt 1992, S. 114). Grundsätzlich habe die Frau – schon aus den der Familie formationsinhärenten Belangen – auch zu Zeiten ihrer faktischen Benachteiligung im Bildungswesen nicht von der Akkumulation und Vermittlung von Bildungswissen abgehalten werden können. Gerade solange die Frauen vom „Leistungswissen" abgeschnitten worden wären, seien sie auf „Bildungswissen" verwiesen gewesen (ebd., S. 118 f.).

14 S. dazu v.a. Reder 1998.

15 Jüngst hat König (2001), am Beispiel von Alltagsgegenständen, entwickelt, welche Bedeutung der Frau um 1900 in der Konsumsphäre zukam und wie ‚Frau' durch Konsumpolitik sogar neu konstituiert wurde (s. dort auch weitere grundlegende Literatur zu dieser Thematik).

16 S. dazu Levy-Rathenau 1907. Vgl. auch die Übersicht über die Frauenberufe im *Handbuch der Frauenbewegung*, Bd. 4, und in Freudenberg 1911. Einen – auch wegen der Frauenrechtsposition interessanten – sehr illustrativen historischen Überblick über „Das Weib im Erwerbsleben" gibt Schiff [1908].

studium und zu einem größeren Spektrum gehobener Berufe, aber auch um die Besserstellung der Lehrerinnen in bezug auf Ausbildung und Besoldung und um den Einfluß der Frau auf die öffentliche Erziehung der Mädchen ging, war gerade gegen Ende des 19. Jahrhunderts eine v.a. durch Lehrerinnen repräsentierte Bewegung.[17] Wie neuere Analysen der öffentlichen Diskussion um die ‚Lehrerinnenfrage' im ausgehenden 19. Jahrhundert zeigen, galt die Lehrerin bisweilen sogar als Bedrohung des sozialen Gefüges der kaiserzeitlichen Gesellschaft, wobei ein, auch für unseren speziellen Untersuchungszusammenhang relevantes Argument im Zentrum stand, nämlich daß die Lehrerin „sich nach allgemeiner Einschätzung nicht dazu eignete, einen militanten Nationalismus zu repräsentieren".[18] – In der Zulassung von Frauen zum Universitätsstudium war das Deutsche Reich gegenüber anderen europäischen Staaten wie Belgien, Dänemark, England, Finnland, Frankreich, Holland, Italien, Schweiz, Schweden, Spanien besonders rückständig. Der Widerstand gegen das Frauenstudium war auch in den deutschen Hochschulen selbst extrem groß. So wurde Zürich zunächst zur Hauptuniversität für studierende Frauen aus Deutschland. Bis 1899 erhielten aber Frauen, die dort ihr ärztlichen Examen absolviert hatten, in Deutschland keine Approbation. Erst gegen Ende des Jahrhunderts – nach mehreren großen Petitionen und Aufrufen – konnten Frauen an fast allen deutschen Universitäten, zunächst ausschließlich ‚hörend', am Universitätsbetrieb teilnehmen. Baden gewährte ihnen 1900 als erster deutscher Staat, Preußen erst 1908, das volle Immatrikulationsrecht.[19]

Auch in der Produktionssphäre hatten sich bürgerliche Frauen im 19. Jahrhundert Positionen erobert, in Feldern der Künste und des Kunstgewerbes, insbesondere aber im Bereich der Schriftstellerei, wo sich um die Mitte des 19. Jahrhunderts die Stellung der Frau als Autorin – nach ihrem ersten Auftreten in der bürgerlichen Öffentlichkeit im 18. Jahrhundert – gefestigt hatte.[20] Die Unterhal-

---

17 Hier soll nur auf einige für die Geschichte der Erforschung der bürgerlichen Frauenbewegung in Deutschland in diesem Zusammenhang wichtige Arbeiten verwiesen werden: Noch heute grundlegend ist Twellmanns Geschichte der ersten Phase, unter dem Titel *Die deutsche Frauenbewegung*, ein Buch, das bei Erstveröffentlichung (1972) noch wenig beachtet wurde. Schon Twellmann verweist darauf, daß die Berufsgruppe der Lehrerinnen für die erste Phase insofern von großer Bedeutung war, als diese Gruppe bereits den Schritt in die Öffentlichkeit getan hatte (s. Twellmann 1993, S. 95 f.). In *Die Frauenfrage in Deutschland* (1981) verdeutlicht Frederiksen aber auch, daß die Lehrerinnen, gerade auch deren Führerin Helene Lange, innerhalb des gesamten Spektrums gemäßigt-reformerische und auch konservative Positionen vertraten (s. ebd., S. 11 ff.). Zu den Verschiebungen des Einflusses von Lehrerinnen in der Mädchenerziehung im Kontext der schrittweisen Aufhebung von Privatschulen s. Käthner/Kleinau 1996. Den neueren Forschungsstand zum Mädchenschulwesen insgesamt repräsentiert die *Geschichte der Mädchen- und Frauenbildung* 1996. Zur Rechtsposition von Lehrerinnen s. den Beitrag von Kling in Gerhard 1997.

18 Stodolsky 1993, S. 174.

19 Einen knapper Überblick, mit Rekurs auf wichtige Quellen und den Forschungsstand, gibt Soden 1997.

20 Einen guten Überblick über die Frauenberufe um 1900 gibt Levy-Rathenau 1907. Detaillierte Informationen zu Schriftstellerinnenhonoraren um 1900 finden sich bei Kellen 1902. – Seit Bovenschen in *Die imaginierte Weiblichkeit* (1979) die widersprüchlichen gesell-

tungsliteratur in den Familienjournalen, die Kinderliteratur und v.a. die spezifische Mädchenliteratur wurden seit der Mitte des 19. Jahrhunderts vorwiegend von Frauen geschrieben.[21] Selbst der Berliner Kolportageverlag Weichert, der neben einem großen Programm volksläufiger Texte ein Jugend-, speziell ein Mädchenliteraturprogramm auflegte, beschäftigte als Hausschriftstellerin eine Frau, Marie Mancke, die in der Regel unter dem Pseudonym Marie von Felseneck Jugend- und Volksliteratur schrieb und unter ihrem bürgerlichen Namen sogar eine Handreichung zum Schriftstellerinnenberuf und zur volkserzieherischen Funktion von Lektüre und Literatur veröffentlichte.[22] Die schon im 18. Jahrhundert einsetzende, um die Mitte des 19. Jahrhunderts besonders heftig gewordene Diskussion um die Verlagerung der Autorschaft marktgängiger belletristischer Literatur von Männern auf Frauen war allerdings auch am Ende des 19. Jahrhunderts noch nicht abgeklungen. Während Frauen sich in ihren Berufsratgebern, speziell den Ratgebern für Mädchen, wenigstens verhalten positiv zu dieser Berufsperspektive äußerten, wenngleich sie die Mädchen auch vor Selbstüberschätzung warnten[23], gab es aus männlicher Perspektive teils ausgesprochen scharfe Abqualifikationen der Schriftstellerei von Frauen. Das galt gerade auch für die schon erwähnten Kritiker der Backfischliteratur, besonders für Goerth und Göhring (zur Situation der Mädchenbuchschriftstellerin um 1900 s. weiter T. 1, Kap. 2).

Die ungeachtet der zeitgenössischen Mädchenbuchkritik erfolgreiche Etablierung der Schriftstellerin auf dem kaiserzeitlichen mädchenliterarischen Markt, die aus der großen Anzahl an Autorinnen von Mädchenromanen, aus der Einrichtung und dem Ausbau spezieller Mädchenliteraturprogramme bei einzelnen Verlagen, aus hohen Auflagenzahlen für eine Reihe von Autorinnen und Werke ablesbar ist, verdankte sich vermutlich gerade der angesprochenen widersprüch-

---

schaftlich-kulturellen Bedingungen für den Eintritt der Frau in die literarische Öffentlichkeit und die ebenso widerspruchsvollen literarischen Bilder des Weiblichen herausgearbeitet hat, ist die Geschichte der Autorschaft der Frau, insbesondere im 18. und 19. Jahrhundert in Spezialstudien intensiv erforscht worden. Der theoretisch-methodische Ansatz von Bovenschen, ihr Verfahren der Sondierung und Dekomposition der „verschiedenartigen Thematisierungen und Präsentationen des Weiblichen", „um so allererst eine begriffliche Grundlage für die Analyse der heteromorphen Gestalt des Weiblichen in der Kulturgeschichte zu schaffen" (ebd., S. 14), ist für kulturgeschichtliche Arbeiten in diesem Feld immer noch grundlegend. Ebenso grundlegend ist nach wie vor Weigels Studie „Der schielende Blick", in der Weigel vor der Trennung der „mühsame[n] Spurensuche nach Quellen" und der „Theorie- und Begriffsbildung" in der „Geschichte weiblicher Schreibpraxis" (Weigel 1988, S. 83) warnt und dazu auffordert, die Frauentexte und Lebensgeschichten in ihren „Widersprüchlichkeiten" und unter der Perspektive der „Probleme" und „Fehler", aber auch unter der ihres „Scheiterns" zu lesen (ebd., S. 84). – Zur Geschichte der Etablierung der Schriftstellerin im Vormärz und Nachmärz s. Möhrmann 1977.

21 Zur Frauen-Literaturgeschichte s. die beiden Standardwerke *Deutsche Literatur von Frauen* (1988) und *Frauen Literatur Geschichte* (1999). Zur Mädchenliteraturgeschichte s. bes. Barth 1998; Grenz 1981; Grenz/Wilkending 1997; Wilkending 1994, 2002c. – Zur Geschichte weiblicher Autorschaft s. den Beitrag von Petra Volkmann-Valkysers in T. 1, Kap. 2.

22 Mancke 1899. Zum Weichert-Verlag s.a. Storim 2001.

23 S. bspw. Baisch 1889. Vgl. auch die Ratgeber von Milde und Calm (Teilabdr. in *Kinder- und Jugendliteratur. Mädchenliteratur* 1994).

lichen Situation der bürgerlichen Frau, die die Mädchenbuchautorinnen, die mehrheitlich aus einem bildungsbürgerlichen Milieu stammten und in der Regel selbst die Zukunftsunsicherheit ihrer jungen Leserinnen erlebt hatten, sehr gut kannten.[24] Die Lektüre entlastete die Mädchen möglicherweise in ihrer bedrükkenden Lage als „Haustochter im Wartestand“[25]. Das konnte auch die in der bürgerlichen Familie häufig konflikthaft zugespitzte Vater-Tochter-Mutter-Konstellation betreffen, von der wir gerade aus den typischen Backfischromanen viel erfahren. Alle Romane, selbstverständlich auch diejenigen, die von Landpartien, von Kuraufenthalten, von Einladungen und Bällen erzählen und mit Verlobung oder Heirat enden, spiegeln daher mehr oder weniger untergründig oder offen die zeitgenössische ‚Frauenfrage‘ als „Ledigenfrage“[26].

Die faktischen Verschiebungen im Geschlechterverhältnis mußten auch zur Re-Vision der im 18. Jahrhundert im Zuge der Begründung der modernen bürgerlichen Gesellschaft ausformulierten Lehren über die gegensätzlichen Geschlechtscharaktere von Mann und Frau und der ihnen zugeordneten Rollenkonzepte führen. Innerhalb der bürgerlichen Frauenbewegung kam es schon früh zu einer in diesem Sinne geschlechtertheoretischen Selbstreflexion der Bewegung. So begründete Louise Otto(-Peters) in ihren beiden Schriften *Der Genius des Hauses* (1869) und *Der Genius der Welt* (1870) die Unhaltbarkeit der Trennung der privaten und öffentlichen Sphäre bis hin zu rechtlichen Konsequenzen, indem sie für die Frau – im Rückgriff auf aufklärerische Menschenrechtspositionen – die vollen Bürgerrechte einforderte.[27] – Den umfassenden Theorierahmen für die theoretische Neukonzeptionierung des Geschlechterverhältnisses bot im ausgehenden 19. Jahrhundert dann der moderne Evolutionismus. So lenkten bspw. die entwicklungstheoretisch fundierte Zellforschung und Embryologie das Interesse auch auf ‚Zwischenformen‘ oder ‚Übergangsformen‘ im Feld der sexuellen Differenzierung und auf die angeborene doppelgeschlechtliche Anlage oder – wie es in zeitgenössischer Terminologie auch hieß – auf die ‚Androgynität‘, den ‚Hermaphroditismus‘ oder auf die ‚Bisexualität‘ des Menschen. Gerade im Lichte dieser Annahme wurden die realen Verschiebungen im Geschlechterverhältnis theoretisch neu exponiert und – wie wir sehen werden – kontrovers diskutiert. Auch der als Begründer der modernen Evolutionslehre geltende Charles Darwin selbst interessierte sich für den Hermaphroditismus, der um 1900 zu einem der aufregendsten Themen avancierte[28]:

---

24 Zur sozialen Herkunft, zum Bildungsstand und zu einigen wichtigen Knotenpunkten der Biographie der Mädchenbuchschriftstellerin der Kaiserzeit s. Wilkending 1994, bes. S. 39–45. Seinerzeit habe ich biographische Daten zu ca. 200 Mädchenbuchschriftstellerinnen ausgewertet (zu den Autorinnen atypischer Mädchenliteratur s.u., T. 1, Kap. 2).

25 Budde 1994, S. 409.

26 So Kuhn 2000, S. 37.

27 Zu der Rechtsposition der Frau im 19. Jahrhundert s. die entsprechenden Beiträge in Gerhard 1997.

28 Über die ‚Heimsuchung‘ des ausgehenden 19. Jahrhunderts durch das Thema des Hermaphroditismus s.a. *Über Hermaphroditismus* 1998. Zu den Weiblichkeitswünschen von Männern und zur Homosexualität um 1900 s.a. Schäffner 1995.

> [E]s ist ermittelt worden, daß auf einer sehr frühen embryonalen Periode beide Geschlechter echte männliche und weibliche Generationsdrüsen besitzen. Es scheint daher ein äußerst weit zurückliegender Urerzeuger des großen Wirbelthierreichs hermaphroditisch oder androgyn gewesen zu sein.[29]

In bezug auf die „besonders merkwürdig[e]" Tatsache, daß „männliche Säugethiere funktionell unvollkommene Milchdrüsen besitzen", diskutierte Darwin unter mehreren Möglichkeiten bspw. auch die, „daß lange, nachdem die Urerzeuger der ganzen Säugethierclasse aufgehört hatten, Zwitter zu sein, beide Geschlechter Milch abgesondert und damit ihre Jungen ernährt hätten".[30] – Obwohl er selbstverständlich davon ausging, daß die Geschlechterdifferenz in der Geschichte der Menschen der Höherentwicklung der Gattung diente, kam seine, aus naturgeschichtlicher Perspektive schlüssige Relativierung älterer, auch aus naturwissenschaftlicher Sicht überholter Differenzmodelle, die von einem strikten „Geschlechtsdimorphismus" (s.u.) von Körper, Geist und Psyche ausgingen, den in der Umbruchphase um 1900 aufkommenden Geschlechterdebatten entgegen. Für die Position von Darwin selbst ist in diesem Kontext interessant, daß er den Hermaphroditismus an keiner Stelle als Abnormität, sondern immer nur als ‚Zeichen' für die von ihm diskutierte These vom eingeschlechtlichen Ursprung des Menschen auffaßt.

Welch grundlegende Bedeutung für den Geschlechterdiskurs um 1900 die moderne Entwicklungslehre hatte, die im deutschsprachigen Raum insbesondere durch das 1899 erschienene Buch *Die Welträtsel* des Zoologen Ernst Haeckel populär wurde, das zeigt paradigmatisch das dreibändige, prächtig aufgemachte Werk *Mann und Weib* (1908), für das die Herausgeber Robby Koßmann und Julius Weiß, beide Mediziner, viele prominente Beiträgerinnen und Beiträger, wie den Sexualforscher Iwan Bloch, den ‚naturalistischen' Sozialisten Wilhelm Bölsche, die Sozialdemokratin Lily Braun, den Geo-Psychologen Willy Hellpach und Marie Stritt, vom ‚Fortschrittsflügel' der bürgerlichen Frauenbewegung, gewannen. Insgesamt repräsentiert das Werk eine geschlechterpolarisiernde Gesamtschau der Natur- und Kulturgeschichte von Mann und Frau in evolutionistischer Perspektive, der sich allerdings die Beiträge einiger Frauen, so die historisch-kritischen Darstellungen Johanna Elberskirchens über „Das Geschlechtsleben des Weibes", Pauline Schiffs Beitrag über „Das Weib im Erwerbsleben" und Marie Stritts Beitrag über „Das Weib als Gattin" nicht fügen.[31] – Der Embryologe Koßmann eröffnet den Band mit einer entwicklungstheoretischen Abhandlung über die „Die Sonderung der Geschlechter", in der er schon mit dem Eingangssatz auf die gesellschaftspolitische Brisanz der Theorie abhebt: „Heftiger als zu irgend

29 Darwin 1992, S. 179.

30 Ebd., S. 179 f. Darwin berichtet hier auch über einen jungen Mann, der in der Pubertät einige Tropfen Milch absonderte und der zwei Paar Milchdrüsen besaß (ebd., S. 182). Er bezieht sich in diesem Kontext interessanterweise zustimmend auf eine Forscherin. Vgl. zu den Milchdrüsen des Mannes auch Laqueur 1996, der m.E. in seinem Urteil über Darwin schief liegt (s. ebd., S. 236 ff.).

31 Die Herausgeber erklären diese Divergenzen als beabsichtigt, da sie „rein männliche und rein weibliche Standpunkte" zur Diskussion stellen wollten (*Mann und Weib* [1908], Bd. 1, Vorwort, S. VI).

einer Zeit, aus der wir geschichtliche Überlieferungen besitzen, ist das *Ringen zwischen Mann und Weib* um den Platz in der menschlichen Gesellschaft, den dieses beansprucht, jener ihm zu vergönnen nicht geneigt ist."[32] Der Beitrag endet mit einem Bild, das einen römischen „Hermaphrodit" zeigt, ein „antikes Phantasiegebilde, das die Charaktere beider Geschlechter in einer Person zu vereinigen sucht".[33] Mit dem Eingangs- und Ausgangssatz spricht Koßmann zwei Optionen an, die er in seinem Beitrag aber letztlich als Fehlentwicklungen oder eben als Träumerei abqualifiziert. Was Koßmanns Position in breiten Teilen gerade auch des liberalen Bürgertums konsensfähig machte, war vermutlich die Tatsache, daß er das seinerzeit immer noch geläufige grobe Vorurteil einer geistigen Inferiorität der Frauen weitgehend zurückwies, ja daß er darüber hinaus davon ausging, daß eine gesellschaftliche Veränderung der Wertschätzung „hervorragend erwerbsfähige[r] Frauen" in der Gesellschaft zu einer Umkehrung der Differenzierungsrichtung der Evolution und damit auch zu einer „allmähliche[n] Vermehrung der dem Manne ähnlicheren weiblichen Individuen und eine Verminderung der spezifisch weiblichen" führen könnte. Die Verminderung des „*Geschlechtsdimorphismus*" war für ihn also durchaus eine Denkmöglichkeit. Aber genau diese mögliche Entwicklungsrichtung des Geschlechterverhältnisses, – das ist die Schlußpointe seines Beitrags –, die in der Fortpflanzung die Zusammenführung von Gleichartigem und nicht von Unterschiedenem zur Folge hätte, führe zur „Entartung der Rasse". „[S]obald wir den Wettbewerb der beiden Geschlechter auf *gleichen* Arbeitsgebieten zum Ziel unseres Strebens machen" und damit die in der Evolution durchgesetzte Arbeitsteilung zwischen den Geschlechtern aufheben würden, so Koßmann, hätte dies für die Menschheit verderbliche Folgen.[34]

Die Beschwörung der Gefahr einer Degeneration der modernen, tendenziell egalitären Gesellschaften, wie sie hier anklingt, verband sich im deutschsprachigen Raum um 1900 mit einer verstärkten, teils schwärmerischen Rezeption der kulturphilosophischen Schriften Friedrich Nietzsches. Wir begegnen ihr aber auch in tendenziösen kulturkritischen Auslassungen von Naturwissenschaftlern, die, wie bspw. der Mediziner Paul Möbius in dem seinerzeit berühmt-berüchtigten Pamphlet *Über den physiologischen Schwachsinn des Weibes*, vor jeglicher „Verwischung der Geschlechtscharaktere", die von ihm als „Entartung" inkriminiert wurde, warnten.[35] Der Angriff gegen die Gleichmacherei implizierte zwar nicht immer, aber doch in der Regel, eine extreme Abneigung gegenüber den Emanzipationsbestrebungen von Frauen. Möbius selbst wendete sich sogar generell gegen jede höhere Frauenbildung, da sie die Potenz der Frau zur Mutterschaft und damit die „Gesundheit des Volkes" gefährde.[36] Die Degenerationsdebatte bildete den Fokus eines Sozialdarwinismus, der in letzter Konsequenz die Eugenik, als „»generative[r] Ethik«", und damit das Verbot „zuchtwahlwidriger Ehen" ein-

32 Koßmann [1908], S. [1].
33 Ebd., S. 39 f.
34 Ebd.
35 Möbius 1977, S. 44.
36 Ebd., S. 42.

schloß.[37] Koßmann, der Herausgeber von *Mann und Weib*, möchte dies allerdings ausdrücklich nicht. Wir finden das Ziel einer Eugenik, die „»gleich einer neuen Religion in das nationale Bewußtsein eingeführt«“ werden sollte, dagegen im Einleitungskapitel zu dem bekannten, von Adele Schreiber herausgegebenen Grundwerk zur Lebens- und Kulturreformbewegung, *Das Buch vom Kinde* (1907), als Entwicklungsziel der Gesellschaft breit ausformuliert.[38] „Pflege des natürlichen Familiensinns unter Eindämmung der öden Repräsentations- und Genußsucht, deren maßlose Ausbreitung eine Krankheitserscheinung unserer Kultur ist“ und „erbliche Vervollkommnung der kommenden Volksgenerationen“ gehören hier eng zusammen.[39] Auch das Eingangszitat von Heinrich Wolgast, der die Eugenik-Bewegung wohl eher nicht akzeptiert hat, stammt immerhin aus einem Aufsatz in *Das Buch vom Kinde*.[40]

Die Lektüre von Backfischbüchern mache „vorzeitig alt und nervös“, lautete denn auch ein Kernvorwurf, in dem sich die zeitgenössische Mädchenliteraturkritik und ärztlich-pädagogische Ratgeber in ihrer Pathologisierung der Mädchenlektüre gegenseitig bestätigten.[41] Die ‚moderne Nervosität‘ bildete einen zentralen Topos in der Degenerationsdebatte, der mit dem Titel des aus dem Italienischen übersetzten Buches *Das nervöse Jahrhundert* (1888) von Paolo Mantegazza geläufig wurde. Auch der im deutschsprachigen Raum prominenteste Vertreter der Nervositätsforschung, der Neurologe und Sexualforscher Richard Krafft-Ebing, sah in der Nervosität bereits eine Volkskrankheit. In seiner damals berühmten Schrift über *Nervosität und neurasthenische Zustände* (1895) stimmte er mit „Neuropathologen“ und „Sociologen“ darin überein, „dass breite Schichten der heutigen Gesellschaft nervös sind“ und daß sich die Nervosität „dergestalt im öffentlichen Leben bemerklich machte, dass man geradezu von einem nervösen Zeitalter (*Mantegazza*) zu sprechen berechtigt“ wäre.[42] Die Geschlechterdifferenz war in dieser Perspektive für Krafft-Ebing zwar von untergeordneter Bedeutung. Aus den vorliegenden Statistiken über nervöse Frauen und Männer schien ihm aber dennoch

der Schluss berechtigt, dass das Weib in seiner gegenwärtigen Übergangsperiode zu einer geänderten socialen Stellung die nöthige Widerstandskraft des Nervensystems bei der Ver-

---

37 Schallmeyer 1907, S. XVII.

38 Ebd.

39 Schallmeyer 1907, S. XVII, XIX. Darwin wird in diesem Beitrag zwar häufig genannt, aber nicht im Literaturverzeichnis aufgeführt, was darauf verweist, daß seine Theorie nur in einer popularisierten Version rezipiert wurde.

40 Die offenbar hohe Akzeptanz dieses Konzepts spiegelt sich auch in den zahlreichen Veröffentlichungen über psychiatrisch Kranke, Verbrecher, Prostituierte, verwahrloste Kinder, überforderte Schüler usw., in denen alles ‚Abweichende‘ ebenso pathologisiert wird wie ‚Gleichmacherei‘. Auch die Schwedin Ellen Key befürwortet bekanntlich in ihrem Erfolgsbuch *Das Jahrhundert des Kindes* (1902) die Eugenik. Zu diesem Komplex s.a. Fischer-Homberger 1984; Malmede 1991; Schuller 1990.

41 Das Zitat stammt aus Christian Ufers Buch *Mädchenerziehung und Nervosität* (1890, S. 93). Zur Integration dieser Formel in den zeitgenössischen Nervositäts- und Sexualitätsdiskurs sowie zu weiteren Quellen s. Wilkending 2002a.

42 Krafft-Ebing 1900, S. 10.

folgung und Ausübung von bisher dem Manne zukommenden Berufsstellungen vielfach nicht besitzt[43],

was bei ihm selbstverständlich eine konservative Position gegenüber der Gleichstellung von Frau und Mann einschloß.[44] Während Krafft-Ebing alle übrigen neurasthenischen „Krankheitsbilder" geschlechtsübergreifend behandelte, stellte er die „neurastenia sexualis" nach Geschlechtern getrennt dar, und in diesem Kontext betonte er auch ausdrücklich, daß „Mann und Weib nicht bloss anatomisch und physiologisch, sondern auch seelisch höchst verschieden" seien und daß das „entscheidende Moment in ihrer leiblichen und seelischen Beschaffenheit das sexuale Nervensystem" sei.[45] Indem Krafft-Ebing Geschlechterdifferenz im Sexuellen begründete, markierte er eine für den Geschlechterdiskurs um 1900 zentrale Position, die sich auch deutlich in der im Kontext der Mädchenliteraturkritik immer wieder geäußerten Befürchtung spiegelt, die Lektüre könnte die lesenden Mädchen sexuell erregen.

Alle wirkungsmächtigen Geschlechterkonzepte waren um 1900 dadurch charakterisiert, daß sie Elemente der Evolutionstheorie in sich aufnahmen, ‚Geschlechterdifferenz' phylogenetisch und ontogenetisch auslegten und dabei zugleich in unterschiedlicher Weise auf ‚sexuelle Differenz' zuspitzten.[46] Auch in der Diskussion um die Mädchenlektüre und in der Mädchenliteratur selbst schlug sich die Evolutionsperspektive nieder, speziell Haeckels biogenetisches Grundgesetz,

43 Ebd., S. 57. Entsprechend beklagt er auch, daß die „jungen Mädchen" heute oft auch „zu viel und vielerlei" lernen müßten, damit ihrer Gesundheit schaden und „die für ihren künftigen Beruf als Mutter so wichtigen Entwicklungsjahre versitzen" (ebd., S. 15). S. hierzu auch Pelman 1888 u. Ufer 1890.

44 Interessanterweise führt er allerdings als Hauptursachen der Überforderung von Frauen nicht die Erwerbstätigkeit, sondern deren Überanstrengung im „Beruf als Hausfrau und Mutter" an, die der Überanstrengung der Männer durch besonders große Verantwortlichkeit, aufregende und aufreibende Tätigkeiten, aber auch durch Monotonie und Schikanen im Beruf entspreche (ebd., S. 55).

45 Krafft-Ebing 1900, S. 189. Auf die in der historischen Kulturforschung heute aktuelle Diskussion um die Sexualisierung von Differenz, v.a. auch um die „Vergeschlechtlichung" des Mannes und die „Enthysterisierung" des weiblichen Körpers um 1900 kann an dieser Stelle nur verwiesen werden (s. dazu Bublitz 1999).

46 Während Fischer-Homberger (1984) und Honegger noch vermuteten, daß die Gynäkologie zu Beginn des 20. Jahrhunderts „die Wissenschaft von der Frau schlechthin" geworden sei (Honegger 1996, S. 211), hat die neuere Forschung den Blick v.a. auf die Entwicklungslehre und die durch sie besonders beeinflußten Wissenschaften gelenkt. S. bes. Bublitz/Hanke/Seier 2000; Schmersahl 1998. Eine philosophiegeschichtlichen Re-Konstruktion der Situation um 1900 bietet Fraisse. An dieser Stelle soll nur auf ihren leicht zugänglichen Beitrag in der *Geschichte der Frauen* verwiesen werden. Fraisse zeigt dort, indem sie von Differenzkonzeptionen in der idealistischen Philosophie (Kant, Fichte, Hegel, Schelling) ausgeht, wie es mit den realen Erweiterungen des Handlungsraums von Frauen zur Kritik und zu Verschiebungen innerhalb der philosophischen Differenzkonzeptionen kam (bes. beim jungen F. Schlegel, bei Schopenhauer, bei Leroux, Marx, Mill). Gerade die Phase der Konstituierung der bürgerlichen Frauenbewegung, so ihre These, zeichnet sich aber durch verstärkte Anstrengungen zur Neukonzeptionierung von Geschlechterdifferenz aus (Comte, Darwin, Nietzsche, Freud, Simmel, Weininger), wobei sich teils explizit frauenfeindliche Positionen ausbildeten (bes. Comte, Weininger) (Fraisse 1997; vgl. auch den Kommentar von Muraro 1999, S. 168).

nach dem die Entwicklung des Individuums die Menschheitsgeschichte reproduziert, drang in die Debatten um die Geschlechtsspezifik der Jugendliteratur ein.[47]

2 Modellierungen von ‚Geschlechterdifferenz' um 1900

Gerade weil die Mädchenliteraturkritik und die Mädchenliteratur die zeitgenössische Geschlechterdebatte nur fragmentarisch und betont interessegeleitet aufgenommen hat, soll im folgenden – trotz der Unvermeidbarkeit problematischer Verkürzungen – eine knappe Einführung in die zeitgenössischen Auffassungen von Geschlechterdifferenz in geschlechteranthropologischer und in evolutionistischer Perspektive versucht werden. Den einen Bezugspunkt bietet das im frühen 19. Jahrhundert wirkungsmächtige Konzept der „weiblichen Sonderanthropologie"[48], den anderen die Differenzierungstheorie Charles Darwins. Eine sonderanthropologische Grundannahme war die, „daß es im Körperlichen zwei feststehende, inkommensurable und gegensätzliche Geschlechter gibt" und daß das „Leben" der Menschen in der Gesellschaft wesentlich hierdurch vorbestimmt sei.[49] Untermauert durch Forschungen im Bereich der Anatomie und Physiologie, theoretisch überformt durch die biologisch-medizinische und die philosophische Anthropologie wurde diese ‚Sonderanthropologie' bis in die Mitte des 19. Jahrhunderts hinein zu einer „Universal-Wissenschaft"[50] ausgebaut und konnte zur Abwehr weiblicher Autonomie ins Feld geführt werden. Körperliche Schwäche, im Verhältnis zum Mann größere Sensibilität und geringere Intelligenz, eine bloß praktische Moral sowie der Endzweck der Frau für die Fortpflanzung, also deren Bestimmung als pures Geschlechtswesen, nicht (auch) als Gattungswesen Mensch, bildeten den Kern dieses Konstrukts, in das auch die im 18. Jahrhundert fixierte Lehre von den Geschlechtscharakteren von Mann und Frau integriert war. Die theoretischen Überformungen folgten den Polarisierungen, wie sie in der Tradition abendländischen Denkens angelegt sind: Kultur – Natur,

47 Haeckel hatte das „biogenetische Grundgesetz" schon 1874 in seiner *Anthropogenie oder Entwicklungsgeschichte des Menschen* formuliert. Unter Fachkollegen wurde Haeckel international früh wahrgenommen. Darwin beruft sich auf ihn schon in *Die Abstammung des Menschen*. Populär wurde er allerdings erst mit dem 1899 erschienenen, seine monistische Weltanschauung repräsentierenden Werk *Die Welträtsel*. Zur Bedeutung Haeckels für den Naturalismus s. Burdorf 2001. Eine interessante These zur Analogie von Haeckels Darstellung des biogenetischen Grundgesetzes in seiner *Anthropogenie* und der „Idee zur Alphabetisierung in der Vererbung" in der modernen Genetik entwickelt Weigel 2002.

48 Zum Begriff der weiblichen Sonderanthropologie, zur Herausbildung, Ausdifferenzierung und Wirkungsmacht dieses Konzepts s. Honegger 1996 (die 1. Aufl. erschien 1991). Zur Geschichte der Verdrängung alternativer Konzepte s. Stollberg-Rilinger (1996). Sie entwickelt, daß es nach Ansätzen einer historiographischen Geschlechtergeschichte im Umfeld der ‚Querelle des femmes' in England, Frankreich und Deutschland schon im frühen 19. Jahrhundert zu einer Biologisierung der Geschlechtergeschichte und damit zur Aufhebung der historiographischen Kategorie Geschlecht kam. In Deutschland sei diese Entwicklung besonders markant.

49 Laqueur 1996, S. 19.

50 Honegger 1996, S. 107 u.ö.

Geist – Körper, Vernunft – Gefühl, Aktivität – Passivität, Öffentlichkeit – Privatheit usw.[51]

In evolutionistischer Perspektive wurde – wie bereits angesprochen – das der Sonderanthropologie zugrunde liegende Theorem eines „Geschlechtsdimorphismus" (Koßmann) zwar relativiert. Dennoch waren auch hier sonderanthropologische Annahmen geläufig.[52] So läßt sich gerade an Charles Darwins Ansichten über Geschlechterdifferenz beides, das Rekurrieren auf die Sonderanthropologie und deren Relativierung im Licht der Entwicklungsparadigmatik zeigen. Auf drei typische Modellierungen von Geschlechterdifferenz wird sich die Darstellung, über Darwin hinausgehend, im folgenden konzentrieren: auf Sigmund Freuds Konstrukt der weiblichen Pubertät, auf Otto Weiningers Geschlechterdualismus und auf Georg Simmels Begriff der weiblichen Kultur. Alle Bezugstexte entstanden um 1900 und gehören so unmittelbar zum zeitgenössischen Geschlechterdiskurs. Alle Texte rekurrieren auf das Differenzierungsparadigma der modernen Entwicklungslehre und diskutieren damit auch die Annahme einer doppelgeschlechtlichen Anlage des Menschen. Alle drei Autoren spitzen ihre Argumentation zudem auf die sexuelle Differenz zu und alle drei entwickeln in bezug auf die Tatsache einer doppelgeschlechtlichen Anlage defensive Strategien: In Sigmund Freuds *Drei Abhandlungen zur Sexualtheorie* (1905) wird der Moment einer endgültigen Differenzierung der Geschlechter von Mann und Frau in die Pubertät verlegt. Weiningers Buch *Geschlecht und Charakter* ist der seinerzeit radikalste Versuch, in der Anknüpfung an die Embryologie, und damit an das Theorem von der *„geschlechtlichen Undifferenziertheit der ersten embryonalen Anlage"*[53], dennoch ein dichotomisches, das Körper-Geist-Paradigma aufnehmendes Differenzkonzept zu begründen, das die Frau auf die Position der Körperlichkeit festlegen will. Simmel bestimmt das Geschlechterverhältnis als ideale Einheit von Differenziertheit (=Mann) und Undifferenziertheit (= Frau). In unserem Kontext ist die Position Simmels auch deswegen wichtig, weil dieser sich nicht nur sehr direkt auf die Bestrebungen der bürgerlichen Frauenbewegung bezog, sondern weil sein Konzept einer weiblichen Kultur die im Rahmen der bürgerlichen Frauenbewegung entwickelten Vorstellungen über die Kulturbedeutung der Frau überformte. Freud, Weininger und Simmel illustrierten ihre Ansichten über Geschlechterdifferenz, wenn auch mehr beiläufig, so doch konsequent, mit Beobachtungen und Annahmen über geschlechtsspezifische Lektüre, so daß auch an späterer Stelle in diesem Kapitel noch einmal auf sie rekurriert wird. Auf die Darstellung geschlechtertheoretischer Konzepte von Lou Andreas-Salomé, die ebenfalls stark vom Evolutionismus geprägt wurde, wird hier verzichtet, weil sich deren Essayistik in ihrer Entwicklung und in ihrer Widersprüchlichkeit am meisten gegen eine idealtypisierende Darstellung sperrt. Die Spezifik ihres Denkens erschließt sich ohnehin nur in der Zusammenschau von Essayistik, Autobiographik, No-

51 S. hierzu Klinger 1996; 1999.
52 Vgl. Honegger 1996, S. 201.
53 Weininger 1980, S. 7.

vellistik und dem Adoleszenzroman *Ruth* sowie ihrer Auseinandersetzung mit Freud. Auf Andreas-Salomé wird im folgenden nur manchmal verwiesen.[54]

2.1 Von der ‚Sonderanthropologie der Frau' zum evolutionistischen Differenzierungskonzept

Der moderne Evolutionismus stand nicht nur in seiner Adaption sonderanthropologischer Annahmen, sondern auch mit seinen entwicklungsgeschichtlichen Theoremen, also der Parallelisierung von Phylogenese und Ontogenese, in der Tradition des 18. Jahrhunderts. Die gegenseitige Spiegelung und Interpretation von Sachverhalten einer die Geschlechter vergleichenden Biologie und Anatomie einerseits und der Ethnologie oder auch der Pädagogik andererseits sowie die Verschmelzung darauf rekurrierender kulturkritischer mit reformerischen Perspektiven waren also durchaus miteinander vereinbar, wie sich an ‚Höhendiskursen' des 18. Jahrhunderts, besonders an Rousseaus *Discours sur l'inégalité* (1755) und seinem *Emile* (1762) zeigen ließe.[55] Auch im Aufklärungsdiskurs ähneln sich die Reden über Frauen, über Kinder und über Wilde oder ‚Wildnis'.[56] Vermittelt über entsprechende Strukturanalogien wurde die Frau als ‚Natur' imaginiert, freilich nicht nur in einer harmlosen, sondern auch in einer beängstigenden Weise, nämlich als bloß gezügelte und doch kaum zügelbare Wildheit. Rousseau legte diese ‚wilde Natur' der Frau als ihre sexuelle Natur aus und entwarf in dieser Perspektive das Szenario einer vollständigen Vernichtung der Männer durch die Frauen:

> Bei der Leichtigkeit der Frauen, die Sinne der Männer zu erregen und auf dem Grund ihres Herzens die Überbleibsel einer schon fast erloschenen Liebesfähigkeit wieder zu erwecken – es brauchte nur eines unglückseligen Landes auf Erden [...], besonders in den heißen Zonen, wo mehr Frauen als Männer geboren werden, so würden die Männer, von den Frauen tyrannisiert, schließlich zu deren Opfern und alle wehrlos dem Tod entgegengetrieben.[57]

Solchen mit Angst aufgeladenen Projektionen einer ungefesselten Sexualität werden wir auch in den Geschlechterdiskursen um 1900, insbesondere bei Weininger, wiederbegegnen. Rousseau hält in diesem Kontext die Konstellation von Mann und Frau in einem den geläufigen Topos von Herr und Knecht aufnehmenden dialektischen Bild einer Kampf- und Unterordnungssituation fest: Der Mann, der „stärkere Teil", sei nur „scheinbar der Herr", der sich in Wirklichkeit

54 Zu Lou Andreas-Salomé liegt ein großer Forschungsstand, auch aus der jüngsten Gegenwart vor. Eine Zusammenschau ihrer Werke vor dem Hintergrund des Evolutionismus gibt es allerdings noch nicht.

55 Rousseau 1971, 1963.

56 S. hierzu v.a. Weigel 1990a. Vgl. auch Honegger 1996, S. 112 ff.

57 Rousseau 1963, S. 722. Zur Ambivalenz des Naturbegriffs bei Rousseau s. Weigel 1990a, bes. S. 128. Weigel kritisiert die Übernahme der Metaphorisierung der Frau als Wildnis in der feministischen Theorie als unhistorisch, insofern mit diesem Topos ein Feld des Weiblichen gewonnen werden soll, das vorgeblich „*außerhalb* der Grenzen einer dominanten ‚männlichen Kultur' lokalisiert" ist, die diese Bilder ja selbst produziert habe (ebd., S. 119).

„dem Schwächeren unterwerfe [...] nach einem unabänderlichen Gesetz der Natur, die der Frau eine größere Leichtigkeit mitgibt, die Begierden zu erregen, als dem Mann, sie zu befriedigen".[58]

Darwins Hauptwerke *The Origin of Species* (1859) und *The Descent of Man* (1871) schöpfen intensiv aus den seit der Mitte des 18. Jahrhunderts überlieferten Berichten über ethnologische Forschungsreisen, sie knüpfen an die Deszendenztheorie Lamarcks an und verarbeiten den historischen Forschungsstand zur vergleichenden biologischen Anthropologie. Auch die Formulierung des seine Theorie fundierenden Gesetzes der natürlichen Zuchtwahl fand Darwin bereits in der Naturforschung des frühen 19. Jahrhunderts. Sein Werk ist also auch Dokument der Kontinuität der Entwicklungslehre des 18. und 19. Jahrhunderts. Darüber hinaus können aber Darwins Anwendungen seines in *Die Entstehung der Arten* begründeten Gesetzes der natürlichen Zuchtwahl auf den Menschen auch als spezifische Antworten auf die zeitgenössisch brisanten Diskussionen über die Unterschiede von ‚Rassen', ‚Klassen' und ‚Geschlechtern' interpretiert werden. So bildet in *Die Abstammung des Menschen* die englische Kolonialpolitik unüberlesbar eine Folie seines Rassendiskurses. Aktuelle Probleme der Sozialpolitik, wie sie sich in den großen Industriestädten Englands zeigten, diskutierte Darwin in diesem Werk als Überlebensfragen der zivilisierten Nationen, und das Thema Geschlechterdifferenz exponierte er auch auf dem Hintergrund der Frauenfrage. Seine relative Zurückhaltung in der Anwendung seiner Theorie für die Lösung von Gegenwartsfragen, sein vorsichtiger Umgang mit Begriffen, v.a. mit dem Begriff der Rasse, aber auch der unsystematische Charakter des Werks, etwa das unvermittelte Hin- und Herspringen zwischen Referaten und Diskussionen über Befunde der Zoologie und der Anthropologie, zwischen Konstrukten eines „Urerzeugers" der Menschen, Berichten über das Leben ‚wilder Völker' und Thesen über den gegenwärtigen Stand der Evolution machen die Lektüre seines Werks nicht nur bis heute schwierig, diese Textcharakteristik begünstigte auch die große Spannweite darwinistischer Auslegungen seiner Lehre bis hin zu den verschiedenen Formen von Sozialdarwinismus.

Sein Werk *Die Abstammung des Menschen* hat 3 Teile, einen Grundlagenteil über den „Ursprung" des Menschen, einen weiteren Teil über die „Geschlechtliche Zuchtwahl" und einen relativ kurzen dritten über die „Geschlechtliche Zuchtwahl in Beziehung auf den Menschen". Aufs Ganze gesehen, nimmt die Thematik der Geschlechterdifferenz, jedenfalls in bezug auf die anthropologische Leitthese eines Geschlechtsdimorphismus einen relativ geringen Stellenwert ein, denn das Grundparadigma von Darwins Theorie ist das der Differenzierung, nicht etwa das der Geschlechterdifferenzierung. Differenzierung ist im Evolutionismus das Prinzip der Höherentwicklung, sowohl in phylogenetischer wie in ontogenetischer Sicht. Es wird nach Darwin bekanntlich aktiviert durch ‚natürliche Zuchtwahl' im ‚Kampf ums Dasein'. Im Grundlagenteil hat – was m.E. bedeutsam ist – daher das Thema Geschlechterdifferenz überhaupt noch keinen systematischen Ort. Hier geht es vielmehr um Belege und Diskussionen der Grundthese von der zunehmenden Variabilität (der Menschen) im Prozeß der Evolution, die zum

58 Ebd.

polarisierend klassifizierenden Denken[59], und damit auch zu solchen Denkmodellen, die die Konstanz der Arten und die Konstanz von Geschlechterdifferenz postulieren, also auch zu der Annahme eines naturgegebenen Geschlechtsdimorphismus, auf den Darwin in Teil 2 und Teil 3 zu sprechen kommt, im produktiven Widerspruch stehen:

Offenbar unterliegt der Mensch gegenwärtig einer bedeutenden Variabilität. Nicht zwei Individuen einer und derselben Rasse sind völlig gleich. Wir mögen Millionen Gesichter untereinander vergleichen, jedes wird vom andern verschieden sein. [...] Die Variabilität oder Verschiedenartigkeit der geistigen Fähigkeiten bei Menschen einer und derselben Rasse, der noch größeren Verschiedenheiten der verschiedenen Rassen gar nicht zu gedenken, ist so notorisch, daß es nicht nöthig ist, hier noch ein Wort darüber zu sagen.[60]

Die Thematisierung von Geschlechterdifferenz erfolgt also bei Darwin in diesem umfassenden Rahmen. Der evolutionäre Übergang der Generativität höher entwickelter Arten vom Modus der eingeschlechtlichen zu dem der zweigeschlechtlichen Vermehrung ist für ihn dabei ein wesentlicher, im Kampf ums Dasein notwendig gewordener Schritt der Differenzierung bzw. Spezialisierung im Prozeß der Höherentwicklung, wobei er, wie bereits angesprochen, auch den Spuren einer doppelgeschlechtlichen Anlage der Individuen in der embryonalen Ontogenese wie in der Anatomie und Physiologie nachgeht. Die Thematik des Geschlechtsdimorphismus, also die Frage nach dem Verhältnis von „primären" und „secundäre[n] Sexualcharactere[n]", diskutiert er – durchaus sprunghaft – an verschiedenen Gegenständen, einmal mit Blick auf bestimmte Säugetierklassen, an denen sich das Verhältnis von Einheit und Differenz besonders markant zeigen lassen, dann mit Bezug auf ein Konstrukt der ‚Hominiden', der „frühen Urerzeuger"[61] oder „halbmenschlichen Urerzeuger[ ] des Menschen"[62], dann an den „wilden Völkern"[63] und schließlich an den Gegenwartsmenschen. Seine Definition der Geschlechtscharaktere ist demnach nicht auf den Menschen beschränkt:

Bei Thieren mit getrenntem Geschlechte weichen die Männchen nothwendig von den Weibchen in ihren Reproductionsorganen ab; diese bieten daher die primären Geschlechtscharaktere dar. Die Geschlechter weichen oft aber auch in dem ab, was *Hunter* secundäre Sexualcharaktere genannt hat, welche in keiner directen Verbindung mit dem Acte der Reproduction stehen.[64]

59 Zu Darwins äußerst vorsichtigem Umgang mit dem Begriff der Rasse s. bes. Darwin 1992, S. 187 ff. Darwin führt hier die Gründe vor, die für und gegen eine „Classification" der Menschen nach Rassen sprechen, wobei er seine Argumentation – ähnlich wie bei anderen Fragestellungen – an den Leitideen der menschlichen Variabilität einerseits und der Identität aller Menschen andererseits orientiert: „Es kann bezweifelt werden", schreibt er, „ob irgend ein Character angeführt werden kann, welcher für eine Rasse distinctiv und constant ist" (ebd., S. 194). Einen Hauptbeleg bieten für ihn die von Europäern kolonisierten Länder, wo sich bei „Kreuzungen" in allen Generationen immer wieder nur ‚Mischungen' zeigten.

60 Ebd., S. 29 f.

61 Ebd., S. 179.

62 Ebd., S. 638.

63 Ebd.

64 Ebd., S. [233]. Unter dem ‚sekundären Sexualcharakter' versteht Darwin mit Hunter physische, psychische und intellektuelle Eigenschaften (s. ebd., S. [233] ff. u.ö.).

Als augenfällige, bis in die Gegenwart hinein erkennbare, in den frühen Stadien der Menschheitsentwicklung ausgebildete Unterschiede nimmt er die zwischen den primären Geschlechtsmerkmalen, zwischen der Körpergröße von Männern und Frauen, Unterschiede in der Art der Sorge um die Nachkommen, aber auch Differenzen in bezug auf Psyche und Geist an. Charakteristisch für die „Männchen" seien besonderer „Muth, Ausdauer und entschiedene[ ] Energie", aber auch höhere geistige Fähigkeiten, „nämlich Beobachtung, Vernunft, Erfindung oder Einbildungskraft".[65] Die Frau scheine dagegen vom Mann in bezug auf „geistige Anlagen hauptsächlich in ihrer größeren Zartheit und der geringeren Selbstsucht" verschieden.[66] Mit dieser Annahme bestätigt er also die sonderanthropologische Paradigmatik. Die höhere geistige Ausstattung des Mannes ist in Darwins evolutionistischer Perspektive aber dennoch keine Konstante. Darwin will vielmehr nachweisen, daß sich die Differenz nicht als eine zwischen Mann und Frau herausgebildet habe, sondern daß sie bei dem insgesamt größeren Anteil der Männer am Kampf ums Dasein in der Konkurrenz der „Männchen" untereinander entstand und, nach bestimmten Gesetzen, besonders auf die männlichen Nachkommen weitervererbt wurde[67]:

Denn die Männchen haben ihre jetzige Bildung nicht dadurch erreicht, daß sie zum Überleben in dem Kampfe ums Dasein besser ausgerüstet sind, sondern dadurch, daß sie einen Vortheil über andere Männchen erlangt und diesen Vortheil nur auf ihre männlichen Nachkommen überliefert haben.[68]

Vermutlich aufgrund dieser unterschiedlichen Positionen von „Weibchen" und „Männchen" seien die Männchen auch untereinander variabler bzw. modifizierter.[69] Wieweit Darwin selbst von der geringeren Differenziertheit der „Weibchen" in der weiteren Evolution ausging, ist nun in unserem Zusammenhang die wichtigste Frage. Darwin verhielt sich in diesem Punkt widersprüchlich und legte damit selbst den Grund für kontroverse darwinistische Positionen. Einerseits bekräftigte er die von ihm begründete These von der geistigen Überlegenheit des Mannes auch in bezug auf die Gegenwart: Der Mann sei „zu einer größeren Höhe in Allem, was er nur immer anfängt, gelangt".

Wenn eine Liste mit den ausgezeichnetsten Männern und eine zweite mit den ausgezeichnetsten Frauen in Poesie, Malerei, Sculptur, Musik (mit Einschluß sowohl der Composition als der Ausübung), der Geschichte, Wissenschaft und Philosophie mit einem halben Dutzend Namen unter jedem Gegenstande angefertigt würde, so würden die beiden Listen keinen Vergleich miteinander aushalten[70]:

Andererseits nahm er auch an, daß sich im Prozeß der Zivilisation, mit verändertem ‚Wahlverhalten' der Menschen, Körperbau, Energie und Intellektualität modifiziert hätten und daß solche Modifikationen „gewöhnlich den Nachkommen

65 Ebd., S. 638.
66 Ebd., S. 637.
67 Auf Darwins Vererbungslehre in bezug auf die Frage der Weitergabe erworbener Eigenschaften unter geschlechterdifferenzierender Perspektive kann ich hier nicht eingehen.
68 Ebd., S. 236.; s. weiter S. 638 ff.
69 Ebd., S. 249 ff.
70 Ebd., S. 637.

beiderlei Geschlechts [...] überliefert" würden. Als besonders wichtig galt ihm in diesem Kontext, daß sich „[c]ivilisierte Männer" nun „in hohem Grade durch die geistigen Reize der Frauen angezogen" fühlten, ebenso „durch ihren Wohlstand und durch ihre sociale Stellung", und daß gleichermaßen auch Frauen, die „bei civilisierten Nationen [...] eine freie oder beinahe freie Wahl haben", sozialen Rang, Wohlstand, Intellektualität und „Energie" vorzögen.[71] Da nun Darwin die ‚sekundären Sexualcharaktere' des Menschen als „sämmtlich äußerst variabel" und eben auch als veränderbar annahm[72], wäre – so deutet er zumindest an – ein Ausgleich der Kräfte von Mann und Frau durch Erziehung im Prinzip denkbar:

> Damit die Frau dieselbe Höhe wie der Mann erreichte, müßte sie in der Nähe ihrer Reifezeit zur Energie und Ausdauer und zur Anstrengung ihres Verstandes und ihrer Einbildungskraft bis auf den höchsten Punkt erzogen werden; und dann würde sie wahrscheinlich diese Eigenschaften hauptsächlich ihren erwachsenen Töchtern überliefern. Alle Frauen könnten indeß hierdurch in die Höhe gebracht werden, wenn nicht viele Generationen hindurch diejenigen Frauen, welche sich in den eben erwähnten kräftigen Tugenden auszeichneten, verheirathet würden und Nachkommen in größerer Anzahl erzeugten als andere Frauen.[73]

Darwin gibt an dieser Stelle keinen Hinweis darauf, daß er in einer solchen Angleichung Zeichen für einen degenerativen Prozeß sieht, er gibt zu sozialdarwinistischen Ausdeutung also keinen direkten Anlaß. Andererseits deutet er doch an, daß er an einen Ausgleich nicht glaubt: Da dem Mann bei der gegebenen Arbeitsteilung nach wie vor die härtere Position im Kampf um die materielle Existenz zufalle, müsse er sich in der Konkurrenz mit anderen ‚notwendig' höher entwickeln und damit differenzieren. Der Mann habe

> doch im Allgemeinen während des Mannesalters einen heftigen Kampf zu bestehen, um sich selbst und ihre Familien zu erhalten; dies wird dazu führen, die geistigen Kräfte auf ihrer Höhe zu erhalten oder selbst zu vergrößern und als Folge hiervon auch die jetzige Ungleichheit zwischen den Geschlechtern gleich groß zu halten oder noch bedeutender zu machen.[74]

In den Geschlechtermodellen um 1900 wurde nun die in Darwins Entwicklungslehre angelegte weitgehende Verzeitlichung von Geschlechterdifferenz tendenziell wieder zurückgenommen, indem Geschlechterdifferenz – wie bei Freud – in einem Stufenmodell der Sexualentwicklung fixiert oder – wie bei Weininger – auf antagonistische Positionen zurückgeführt oder – wie bei Simmel – in einem Ergänzungsmodell ontologisiert wurde. Freud, Weininger und Simmel antworteten damit in je typischer Weise auf die realen Veränderungen des Geschlechterverhältnisses in der Gesellschaft.

---

71 Ebd., S. 662.
72 Ebd., S. 632.
73 Ebd., S. 639. Zu Darwins Ansichten über das ‚zu frühe Heiraten' und über Kinderreichtum s. S. 153.
74 Ebd., S. 640.

2.2 Die zweigeschlechtliche Anlage der Menschen und die Differenz der Geschlechter

Freud wie Weininger, die mit der Embryologie und den neuesten Ergebnissen der Hormonforschung gut vertraut waren, gingen von der doppelgeschlechtlichen Anlage des Menschen aus und beide waren, deutlich wahrnehmbar, von der Annahme beunruhigt. Beide zielten in ihren Theorien in durchaus konträrer Weise auf die Fixierung von Geschlechterdifferenz auf diesem Hintergrund ab.

2.2.1 Die Geschlechterdifferenzierung in den ‚Umgestaltungen der Pubertät'

Freud legte in seinen bis heute berühmten, in der psychoanalytischen Theorie kanonischen[75] *Drei Abhandlungen zur Sexualtheorie*, in denen er die Thematik der doppelgeschlechtlichen Anlage des Menschen und des ‚Hermaphroditismus' mit dem Begriff der „Bisexualität" umkreiste, die Pubertät als die Phase fest, in der die Polarität der Geschlechter zwangsläufig und endgültig hergestellt sein sollte. Das mag auf den ersten Blick als selbstverständlich erscheinen. Schon Rousseau hatte in diesem Sinne die Phase der Geschlechtsreife als „zweite Geburt" bezeichnet.[76] Auch Darwin verwies in durchaus typischer Weise auf die große Ähnlichkeit von jüngeren „Knaben und Mädchen" und bestimmte die Pubertät als die eigentliche Phase der Unterscheidung. Und auch Otto Weininger ging, unter Berufung auf neuere Untersuchungen über die ‚Keimdrüsen', davon aus, daß erst die *„innere Sekretion"* dieser Drüsen *„die Geschlechtlichkeit des Individuums"* komplettiere.[77] Andererseits galt die Pubertät aber auch schon früh als besonders konfliktreiche Phase.[78] Und eine solche Modellierung von Pubertät als Konfliktzeit, das spiegelt sich ja auch intensiv in der Backfischliteratur, war um 1900 gängig. Dabei fällt bei der Thematisierung der Mädchenpubertät – in der Backfischliteratur, aber auch in der pädagogisch-psychologischen Essayistik – auf, daß durchaus Konzessionen an die ‚Männlichkeit' des pubertierenden Mädchens gemacht werden. Mädchen- und Jungenpubertät, die ‚Backfisch-' und die ‚Flegel- und Lümmeljahre', wurden parallelisiert. Das Bild eines „wilde[n] Backfisch[es]" mit eigener „Sturm- und Drangperiode" und mit „Mut" und „Kraft" konnte durchaus positiv besetzt[79], und eine gewisse „Gereiztheit und Nervosität", gar „hysterische Zustände[ ]", die vor 1900 häufig mit dem Backfisch assoziiert wurden, konnten in dieser Perspektive als „vorübergehende" Erscheinung entdramatisiert werden.[80] So schrieb Toni Schwabe, eine der

75 ‚Kanonisch' meint hier, daß in der psychoanalytischen Theorie noch heute durchgängig auf diese Abhandlungen rekurriert wird.

76 Rousseau 1963, S. 440. Vgl. ebd., S. 438: „Wir werden sozusagen zweimal geboren: einmal, um zu existieren, das andere mal, um zu leben; als Gattungs- und Geschlechtswesen."

77 Weininger 1980, S. 19.

78 S. hierzu bes. Barth 2002.

79 So bei Sellmann 1911, S. 482 f.

80 Ebd., S. 484.

Beiträgerinnen zu dem bereits angeführten Werk *Mann und Weib*, über die geradezu napoleonischen Allmachtsphantasien von ‚Backfischen':

Das heranwachsende Mädchen [...] ist noch ein kleiner Prinz, der eigenwillig nach der Krone greift, um sie sich selbst aufzusetzen. Das heranwachsende Mädchen trägt [...] ein gut Teil vom Jungen, vom werdenden Mann. Es liebt die kecken Spiele, es gefällt sich im Proben der Körperkraft, des Mutes, es steht unter seinesgleichen im Ansehen, wenn es möglichst »unweiblich« ist, wenn es Noblesse, Geschicktheit, Verwegenheit zeigt [...]. Ganz wie der Knabe unter Knaben.[81]

An Andreas-Salomés Roman *Ruth* (1895) demonstrierte sie darüber hinaus, daß der Backfisch sogar begehrlich, zugreifend und aggressiv sein könne.[82] Eine solch aktive Jugendphase der Mädchen diente ihrer Meinung nach sogar ausdrücklich der Vorbeugung der Gefahr eines „Atavismus", nämlich des Rückfalls in „übergroße Passivität", die bei der Frau naheliegender als beim Mann sei und die bei ihr „jede Geistesentwicklung" hemmen und damit auch ihre Teilnahme an der Gegenwartskultur behindern könnte.[83] Eine heftig durchlebte Mädchen-Pubertät erschien ihr als eine Art Auszeichnung, als Signum einer höheren Begabung. Diese Auffassung schloß für Schwabe allerdings ein, daß in der an die Backfischzeit anschließenden Phase des Lebens als „Jungfrau" naturgemäß eine Umstrukturierung der Person zu mehr Passivität stattfinde.[84]

Genau um den Nachweis der Gesetzmäßigkeit einer solchen Umstrukturierung von Aktivität in Passivität ging es nun in Freuds *Drei Abhandlungen zur Sexualtheorie*.[85] Grundlegend in seinem Ansatz ist erstens, daß Freud Geschlechterdifferenz wesentlich auf sexuelle Differenz zurückführte, zweitens, daß er von der Idee der gesetzmäßigen Entwicklung der Sexualität des Individuums ausging und dabei eine Stufenfolge von einer geschlechtlich undifferenzierten, noch unzentrierten, zu einer nach Geschlechtern differenzierten, genital zentrierten Sexualität annahm und daß er drittens, was damit bereits angesprochen ist, das endgültige Ziel der sexuellen Entwicklung an die Fortpflanzung band. Damit setzte er den in der Phylogenese erreichten ‚Normalstand' der Geschlechterdifferenzierung kategorisch als Entwicklungsziel der Ontogenese und als eine für das Gattungswesen Mensch überzeitlich geltende Norm an. Das wesentlich Unterscheidende zwischen den Geschlechtern sah er in der Anatomie und der Funktionalität der Sexualorgane, wobei er bekanntlich die Frau v.a. negativ, durch ihre Penislosigkeit charakterisierte. In der Auflösung des Konflikts zwischen frühen bisexuellen Strebungen und genitaler Konzentration sah Freud die zentrale Entwicklungsaufgabe im Übergang des Individuums von der Kindheit ins Erwachsenenleben. Die Pubertät und die in ihr geforderte Identifizierung mit einem von

81 Schwabe [1908]a, S. 324 f.
82 S. ebd., S. 326.
83 Ebd., S. 326 f.
84 S. ebd., S. 326; Schwabe [1908]b.
85 Im folgenden beschränke ich mich bewußt auf die Darstellung der Leitgedanken dieser Abhandlungen. Weder die Einbeziehung der zeitgenössischen Kritik oder der Freudforschung noch die Darstellung von Modifikationen seines Weiblichkeitskonzepts in der Zeit nach dem Ersten Weltkrieg sind hier möglich und sinnvoll.

zwei Geschlechtern wurde so für Freud zum Schauplatz für ein Drama, in dem es allerdings gerade für Mädchen besonders schmerzhaft zuging.

Alle drei Abhandlungen haben in bezug auf diese Konstruktion Freuds ihre besondere Funktion. In der ersten Abhandlung über „Die sexuellen Abirrungen", in der er von den „Erscheinungen unwiderstehlicher Anziehung" ausgeht, die mit der Pubertät „das eine Geschlecht auf das andere ausübt"[86], setzt er dies Liebesmodell als das normale, um von hier aus v.a. Hermaphroditismus und Homosexualität („Inversion") als Fehlentwicklungen zu diagnostizieren.[87] In der folgenden Abhandlung über „Die infantile Sexualität" geht es um die gesetzmäßige Entwicklung von einer undifferenzierten, mehr und mehr zentrierten, zu einer geschlechterdifferenzierten, genital zentrierten Sexualität. In dieser Abhandlung wird die Prägung Freuds durch den Evolutionismus besonders deutlich. Mit Blick auf die „anale Phase" erläutert er bspw. auch, daß die sexuellen Strebungen in dieser Phase „*aktiv* und *passiv*" zugleich sind.[88] In der dritten Abhandlung über „Die Umgestaltungen der Pubertät" unterscheidet er nun zwischen einer weiblichen und einer männlichen Sexualität und führt dabei die besonderen Schwierigkeiten vor Augen, die darin bestünden, daß die zuvor durchaus auch männlichen, d.h. für ihn aktiven Strebungen im Sexualleben des Mädchens zugunsten der Entwicklung ihrer Anlage zur Mutterschaft, d.h. für ihn zugunsten einer passiv eingestellten Sexualität, verdrängt werden müßten:

> Mit dem Eintritt der Pubertät setzen die Wandlungen ein, welche das infantile Sexualleben in seine endgültige normale Gestaltung bringen. [...] Da das neue Sexualziel den beiden Geschlechtern sehr verschiedene Funktionen anweist, geht deren Sexualentwicklung nun weit auseinander. Die des Mannes ist die konsequentere, auch unserem Verständnis leichter zugängliche, während beim Weibe sogar eine Art Rückbildung auftritt.[89]

Interessanterweise übergeht Freud hier, daß – in seinem Modell an sich logisch – auch das notwendige Zurückdrängungen passiver Sexualstrebungen des Jungen ein großes Entwicklungsproblem sein könnte. Er konzentriert sich bei der Darstellung der Schwierigkeiten des Übergangs vielmehr auf die für die Mädchen notwendige „Rückbildung" und deutet aus dieser Perspektive, zumindest metaphorisch, die Frau als die im Verhältnis zum Mann weniger differenzierte.[90] Die geforderte Verdrängung imaginiert er im Bild einer Initiationsszene, in deren Zentrum die Klitorissexualität steht, die für Freud Aktivität symbolisiert:

> Die Pubertät, welche dem Knaben jenen großen Vorstoß der Libido bringt, kennzeichnet sich für das Mädchen durch eine neuerliche Verdrängungswelle, von der gerade die Klitorissexualität betroffen wird. Es ist ein Stück männliches Sexuallebens, was dabei der Verdrängung verfällt. Die bei dieser Pubertätsverdrängung des Weibes geschaffene Verstär-

86 Freud 1949a, S. [33].

87 Nach Bublitz (1999) gilt das Weiblichkeitsbegehren des Mannes um 1900 als Inbegriff des Kulturverfalls. Auch in Freuds Psychoanalyse sieht sie in diesem Sinne ein ‚Normalisierungsverfahren' (ebd., S. 214).

88 Freud 1949a, S. 99.

89 Ebd., S. [108].

90 Vgl. speziell zum Punkt der „Rückbildung" auch die kritischen Bemerkungen in Andreas-Salomé 1921.

kung der Sexualhemmnisse ergibt dann einen Reiz für die Libido des Mannes und nötigt dieselbe zur Steigerung ihrer Leistungen [...].[91]

Auch hier folgt Freuds Konstruktion der Individualentwicklung analogisierend einem Bild der Phylogenese: Im fortgeschrittenen Zustand der Zivilisation erfolgt, so läßt sich seine Konstruktion deuten, die Klitorisbeschneidung unblutig und damit weniger radikal. Die Klitoris erhält nach Freud übergangsweise die Funktion, die Sexualerregung auf den Scheideneingang – für ihn die eigentliche sexuelle Leitzone der Frau – weiterzuleiten. Sei diese Überleitung gelungen, sei die Frau für die Mutterschaft, als eigentliches Sexualziel, empfänglich.[92] Die vorgeblich besondere Neigung der Frau zur Hysterie erklärt Freud mit den Komplikationen, die bei dieser notwendigen Verdrängung ihrer Männlichkeit häufig auftreten:

In diesem Wechsel der leitenden erogenen Zone sowie in dem Verdrängungsschub der Pubertät, der gleichsam die infantile Männlichkeit beiseite schafft, liegen die Hauptbedingungen der Bevorzugung des Weibes zur Neurose, insbesondere zur Hysterie. Diese Bedingungen hängen also mit dem Wesen der Weiblichkeit innigst zusammen.[93]

Wichtig für die kritische Einschätzung Freuds ist, daß er bei späteren Überarbeitungen der Abhandlungen, bei zunehmender Vertrautheit mit dem Aspekt der Bisexualität, ‚Passivität' und ‚Aktivität' immer weniger in eindeutiger Weise mit Geschlechtscharakteren von Mann und Frau identifizierte. Er zerlegte den Komplex männlich – weiblich vielmehr in „mindestens drei Richtungen", indem er eine für die Psychoanalyse besonders brauchbare Differenzierung von „*Aktivität* und *Passivität*", weiter eine biologische und eine soziologische unterschied. Gerade die soziologischen Beobachtungen zu Mann und Frau verwiesen darauf, meinte er, „daß weder im psychologischen noch im biologischen Sinne eine reine Männlichkeit oder Weiblichkeit existiere". Jedes Individuum weise vielmehr eine „Vermengung" von Weiblichem und Männlichem im Psychologischen und Biologischen auf.[94] Mit Blick auf die zeitgenössische Degenerations- und Nervositätsdebatte ist zu sagen, daß er die in ihr seinerzeit dominante Tendenz zur Pathologisierung der Intellektualität der Frau abschwächte, indem er das Thema der ‚modernen Nervosität' auch gesellschaftskritisch, nämlich mit Blick auf die in der bürgerlichen Gesellschaft in bezug auf Mann und Frau unterschiedliche Sexualmoral, abhandelte.[95] Zudem relativierte er auch die herrschende Meinung über die Hysterie als Krankheit der Frau, insofern er die familiale Situation der bürgerlichen Familie als einen sozialen Entstehungshintergrund erkannte. Noch wichtiger ist allerdings, daß er im Lichte seines psychoanalytischen Entwicklungsmodells den bei der Hysterika wahrgenommenen Widerstand gegen die von den Mädchen und Frauen mit Eintritt in die Pubertät geforderte Zentrierung

91 Freud 1949a, S. 122.
92 Ebd., S. 124.
93 Ebd., S. 123.
94 Ebd., S. 121 (Zusatz aus dem Jahre 1915).
95 S. Freud 1955a.

ihrer Sexualität auf das ‚Weibliche' als – im Rahmen der Ontogenese – grundsätzlich normal erklären konnte.[96]

2.2.2 Die ‚embryonale Undifferenziertheit' und der ‚Charakter der Frau'

Während Freud das evolutionistische Paradigma der Differenzierung auf die Anatomie und Physiologie der Sexualorgane projizierte und in diesem Rahmen den Entwicklungsschritt zur spezifisch weiblichen Sexualität als „eine Art Rückbildung" interpretierte, ging Weininger in seinem Buch *Geschlecht und Charakter* von der modernen Zellforschung bzw. von der Embryologie aus, die mit der Entdeckung der Kernverschmelzung von Ei- und Samenzelle und den Erkenntnissen zur Teilung embryonaler Stammzellen seit den 1870er Jahren (!) als diejenige Wissenschaft galt, in deren Modellen sich Differenzierung, Spezialisierung, Polarität, Höherentwicklung und Vererbung auf elementare Weise veranschaulichen ließen. Zu Beginn des 20. Jahrhunderts gehörte die Embryologie in diesem Sinne bereits zum Bestand eines gehobenen Allgemeinwissens. Dazu hatte im deutschsprachigen Raum v.a. das schon erwähnte Werk Haeckels, *Die Welträtsel*, beigetragen, in dem Haeckel die von ihm in den 1870er Jahren aufgestellte Lehre von der weiblichen Eizelle (nach Art einer Amöbe) und dem Samen (als einem in evolutionistischer Perspektive auf einer höheren Stufe befindlichen Geißeltierchen), in allgemeinverständlicher Weise formuliert hatte.[97] Weininger ging in seiner Konstruktion von der Spekulation aus, „daß *jedes* einzelne Organ und weiter *jede einzelne Zelle* eine Sexualität besitzt [...], daß also jeder Elementarteil ursprünglich in bestimmter Weise und bestimmtem Ausmaß sexuell charakterisiert ist".[98] Die Kernverschmelzung bedinge zwar, daß sich Weibliches („W") und Männliches („M") auch in der Einzelzelle vermischten, dennoch hätten nicht alle Zellen eine „gleich *starke* sexuelle Charakteristik". In der Pubertät werde durch „die innere Sekretion der Keimdrüsen" die von Anfang an in der Entwicklung weiblicher und männlicher Individuen angelegte Differenz in der sexuellen Charakteristik der Zellen weiter polarisiert, um so ein „*fertiges Masculinum oder Femininum hervorzubringen*".[99] Von diesem Ausgangspunkt her faßte er Geschlechterdifferenz nun, im Rückgriff auf die Erkenntniskritik Kants, antagoni-

96 S. dazu Schuller 1982, S. 189. Fischer-Homberg resümiert angesichts des Freud'schen Umgangs mit dem von ihm selbst formulierten Dilemma: „So bleibt Freud angesichts der ‚Krankheit Frau' der objektive, mitleidig hilflose Helfer des 19. Jahrhunderts. [...] Freud hat viele Rätsel gelöst, aber es lag ihm fern, die Krankheit weibliches Geschlecht, die ‚Clitorisminderwertigkeit' bzw. den ‚Penismangel' als Symptom männlicher Sexualkonflikte zu sehen." (Fischer-Homberger 1984, S. 119) Kristeva bestimmt als eine große Leistung der Freudschen psychoanalytischen Theorie, daß Freud das, was dem Mann unheimlich erscheint – ob er es nun das ‚Fremde' oder das ‚Weibliche' nennt – als das einstmals Vertraute zu erkennen vermochte, das er selbst „aus sich heraus projiziert" hat (Kristeva 1990, S. 200).

97 S. Haeckel 1984, S. 83 ff., 178 ff. Haeckel schreibt dort aber: „Beide [Zellen] besitzen das Vermögen der Bewegung." (ebd., S. 179); vgl. auch Haeckel [o.J.], S. 92 ff.

98 Weininger 1900, S. 21.

99 Ebd., S. 19.

stisch, nämlich bestimmt durch den Widerspruch von Körper (= Sexualität = „W") und Geist (=„M"), den er einmal in jedes Einzelindividuum hineinverlegte, zum anderen auf die Auslegung des Geschlechterverhältnisses von Mann und Frau anwandte.

Mit dieser zweifachen Projektion stellte sich Weininger einerseits in radikal zugespitzter Weise in die Tradition einer von den Oppositionen Körper (Materie) – Geist (Form), Gefühl – Vernunft, Heteronomie – Autonomie usw. ausgehenden Geschlechterlehre, andererseits entwickelte er aber auch eine positive Perspektive auf das brisante Thema der Bisexualität bzw. des Hermaphroditismus, mit der er sich völlig außerhalb des Mainstreams befand. Geneviève Fraisse sagt daher auch, daß man Weininger „weder eindeutig der Vergangenheit noch der Zukunft" zurechnen könnte.[100] Dem entspricht die konträre Rezeption von *Geschlecht und Charakter* unter Zeitgenossen wie in der Gegenwart, insbesondere auch durch Frauen. Einerseits, wenn man von der Kontrastierung von Mann (Geist) und Frau (Materie) ausgeht, ist Weiningers Konzept lesbar als eine extremer nicht zu denkende Differenzkonzeption, in der auch das schon zitierte Wort von Rousseau, das im übrigen auch bei Freud und Simmel anklingt, nämlich daß „die Frau dazu geschaffen ist, zu gefallen und sich zu unterwerfen", geradezu zur fixen Idee wird. Denn die *„allgemeine Passivität der weiblichen Natur"* bedingt nach Weininger, daß die Frau nichts als den Koitus will. Hierfür tue sie alles, so daß ihr eigentliches Wesen „Kuppelei" sei und damit für die Autonomie bzw. Geistigkeit des Mannes eine ständige Bedrohung:

> *Die Weiblichkeit selbst ist ja identisch mit der Kuppelei,* und ein Weib müßte aus sich heraustreten können, um zu bemerken, zu verstehen, daß es kuppelt. So bleibt das tiefste Wollen des Weibes, das, was sein Dasein eigentlich bedeutet, von ihm stets unerkannt. Nichts hindert also, daß die männliche negative Wertung der Sexualität die positive weibliche vollständig im Bewußtsein des Weibes überdecke.[101]

Dieser obsessive Blick auf die Frau wird aber in Weiningers evolutionistischem Ansatz mehrfach gebrochen. Denn Weininger ging gleichzeitig davon aus, daß auch im Mann selbst ein Kampf zwischen „W" und „M" stattfindet, in dem „W" das Prinzip ist, das den Mann hindert, ein autonomes Ich auszubilden. Weiblichkeit ist für ihn damit „die objektivierte Sexualität des Mannes und nichts anderes als diese".[102] Die Annahme der *„geschlechtlichen Undifferenziertheit* der ersten *embryonalen Anlage* des Menschen"[103] und die Anerkennung, daß es *„unzählige[r] Abstufungen zwischen Mann und Weib"*[104] gibt, hat nun bei ihm

100 Fraisse 1997, S. 91.

101 Weininger 1980, S. 356. Weininger definiert in diesem Kontext, in dem er sich positiv auf die Studien zur Hysterie von Breuer und Freud bezieht, die ‚weibliche Hysterie' als explizite Verleugnung dieses Geschlechtscharakters durch Übernahme des männlichen Standpunkts.

102 Ebd., S. 583. Vgl. hierzu auch Schuller 1990, bes. S. 19 ff. Bei Schuller geht es zentral um die Ortsbestimmung der Hysterie im philosophischen Diskurs, und zwar um die Differenz zwischen den Konzepten Weiningers und Nietzsches, wobei Schuller von Weiningers transzendentalphilosophischem Ansatz ausgeht, den dieser freilich in seinem Buch nicht durchhält.

103 Ebd., S. 5.

104 Ebd., S. 9.

eine – auch im Kontext der zeitgenössischen Degenerationsdebatte – völlig ungewöhnliche Bewertung der ‚Zwischenformen' zwischen Mann und Frau zur Folge. Ausdrücklich warnt Weininger daher auch vor der Verwechslung seiner Theorie mit dem „hausbackenen" Standpunkt eines Möbius über den „physiologischen Schwachsinn des Weibes"[105] und wendet sich gegen die „ewig wiederholten Behauptungen der Gynäkologen [...] (für welche das Weib theoretisch immer nur eine Brutanstalt ist)"[106]. In „Frauen mit hervorragenderen Leistungen" kann er keine „Entartungserscheinungen" erblicken. In moralischer Hinsicht könne man diese Frauen

> nur freudig begrüßen, und müßte bei ihnen eher das Gegenteil einer Entartung, nämlich einen Fortschritt und eine Überwindung, zugeben; in *biologischer* Hinsicht sind sie ebensowenig oder ebensosehr ein Degenerationsphänomen als der weibliche Mann ein solches darstellt [...]. Die sexuellen Zwischenformen sind aber in der ganzen Reihe der Organismen durchaus die normale und nicht eine pathologische Erscheinung, und ihr Auftreten also noch kein Beweis körperlicher Décadence.[107]

Die Emanzipation der Frau befürwortet Weininger daher ausdrücklich. Er meint allerdings, daß die *„letzte Gegnerin der Frauen-Emanzipation"* die Frau selbst sei.[108] Konsequenterweise stuft er die ‚männlichsten' Frauen besonders hoch ein. Aber: man dürfe daraus keine falschen Schlüsse ziehen, sondern müsse, „wie *Darwin* dies vorschlug, die Spitzen hier und die Spitzen dort miteinander vergleichen".[109] Und so lautet die Quintessenz seiner Gedanken zur *„Frauenbewegung"* denn auch: „Und weg auch mit der abgeschmackten Phrase von der »völligen Gleichheit«! Selbst das männlichste Femininum hat wohl kaum je mehr als 50 Prozent an M und *diesem Feingehalte* dankt sie ja doch ihre ganze Bedeutung oder all das, was sie eventuell bedeuten *könnte.*"[110]

105 Ebd., S. 343.

106 Ebd., S. 569. Von einem allerdings anderen Standpunkt aus kritisiert Bebel schon in seinem Buch *Die Frau und der Sozialismus* (1879) das ganze „Geschwätz vom ›Naturberuf‹ der Frau", das immer dann „am lautesten" würde, „wo die Frau den Versuch macht, in den Kreis der höheren Berufsarten einzudringen" (Bebel [1909], S. 224). Obwohl auch Bebel unterschiedliche ‚Charaktere' von Mann und Frau voraussetzt, geht er in *Die Frau und der Sozialismus* doch davon aus, daß die Geschlechterdifferenz wesentlich durch die soziale Stellung in Ehe und Familie, durch physische Unterdrückung und v.a. durch die verschiedene Erziehung von Jungen und Mädchen bedingt sei. Die Entwicklungslehre Darwins ist für ihn eine „eminent demokratische Wissenschaft", auch wenn Darwin und die Darwinisten teils gar keine, teils falsche Konsequenzen gezogen hätten. Dies formuliert er gegen Haeckel, der behauptet hatte, der Darwinismus sei „aristokratisch" (ebd., S. 248).

107 Weininger 1980, S. 343.

108 Ebd., S. 447.

109 Ebd., S. 88. Weininger beruft sich hier offenkundig auf die auch von mir zitierten Passagen in *Die Abstammung des Menschen.*

110 Ebd., S. 88.

2.3 Die ‚Kulturmission der Frau' und ‚weibliche Kultur'

Während Weininger und Freud gesellschaftspolitische Konsequenzen ihrer Differenzkonzeptionen nur marginal diskutierten, stand das Geschlechterverhältnis in der Gegenwartsgesellschaft für den Soziologen und Kulturphilosophen Simmel im Zentrum. Offenkundig ging es ihm dabei ganz konkret darum, die in der Gegenwartsgesellschaft zunehmende Bedeutung von Frauen im öffentlichen Leben bzw. die Erosion und die Verschiebung der Grenzen von Privatheit und Öffentlichkeit evolutionistisch zu erklären und angesichts aktueller politischer Fragen, v.a. der Frage der Zulassung von Frauen zum Universitätsstudium und zur Bedeutung akademisch gebildeter Frauen im Berufsleben ‚theoretisch' begründete Entscheidungshilfen zu geben. Mit seinem 1902 erschienenen Essay „Weibliche Kultur" betrat Simmel das zentrale Argumentationsfeld der Protagonistinnen der bürgerlichen Frauenbewegung, machte sich sogar zu einem philosophischen Interpreten und vorsichtigen Fürsprecher dieser Bewegung. Denn sein Konzept einer spezifisch weiblichen Kultur, die Simmel als „subjektive" der männlichen als „objektive" Kultur entgegensetzte, berührte sich eng mit dem Konzept der ‚geistigen Mütterlichkeit', wie es gleichzeitig etwa Helene Lange und Gertrud Bäumer umrissen.[111] Noch nach dem Ersten Weltkrieg, in der Phase der Reorganisation der Frauenbewegung, war daher Simmels Essay über „Weibliche Kultur" konsequenterweise für Helene Lange der „einzige tiefgründige Versuch auf deutschen Boden", der die „Eigenart" der Frau „und ihre Bedeutung für die Entwicklung der menschlichen Kultur" erfaßt habe.[112] – Tatsächlich grenzte aber Simmel mit seiner auf das evolutionistische Differenzierungsparadigma bezogenen Geschlechterontologie solche frauenkämpferischen Positionen auch als unweiblich aus, die sich in den zeitgenössischen Flügelkämpfen der Frauenbewegung herausgebildet hatten und die bereits in den Anfängen der bürgerlichen Frauenbewegung, besonders von Louise Otto(-Peters), anformuliert worden waren. Wegen der engen Bezüge zwischen Simmels Geschlechterontologie und dem Konzept der ‚geistigen Mütterlichkeit' soll bei der Darstellung seiner Theorie auch die bürgerliche Frauenbewegung, v.a. auch Rosa Mayreders prinzipieller Einspruch gegen ‚geistige Mütterlichkeit', im Blick bleiben. Der historischen Verortung von Simmels Auffassung über weiblicher Kultur dient auch der folgende Exkurs zu Louise Otto(-Peters).

2.3.1 Exkurs: Louise Otto(-Peters) über die ‚Mission' der Frau

Während Simmel um 1900 einem kleinen Kreis von Frauen das Feld einer weiblichen Kultur innerhalb der männlichen Sphäre zuwies (s.u.), war die traditionelle Opposition von Öffentlichkeit und Privatheit in Louise Otto(-Peters') beiden

111 S. hierzu v.a. Kuhn 2000. Daß sich auch die Mädchenbuchschriftstellerin im Paradigma der ‚erweiterten Mütterlichkeit' interpretieren konnte, wird in T. 2, Kap. 2, in diesem Band dokumentiert.

112 Lange 1928, Bd. 2, S. 257. Langes Aufsatz, in dem sie Simmels „Weibliche Kultur" breit referiert, trägt den Titel „Steht die Frauenbewegung am Ziel oder am Anfang?" Nach meiner Durchsicht der Schriften Langes vermute ich allerdings, daß Lange Simmels Position erst relativ spät genau rezipiert hat.

zusammengehörenden Schriften *Der Genius des Hauses* (1869) und der *Genius der Menschheit* (1870) schon einmal weitgehend ‚verwirrt' worden. Denn Otto entwarf in diesen Werken das Konzept einer politischen, sozialen und kulturellen „Mission" der Frau, indem sie von zwei Seiten her, von der Seite der Haus- bzw. Familienarbeit einerseits und von Tätigkeitsfeldern außerhalb des Hauses andererseits, traditionelle Grenzziehungen zwischen der Privatsphäre und der Sphäre der Öffentlichkeit aufhob. Damit verband sich bei ihr neben der Anerkennung des Rechts von Frauen auf Erwerbstätigkeit auch die nachhaltigen Einforderung aller bürgerlichen Freiheitsrechte für die Frau, die für sie aus der „Lehre von der Gleichheit aller Menschen" folgte.[113] Zwar wurde das Geschlechterverhältnis auch von Otto, wie von anderen Vertreterinnen der frühen bürgerlichen Frauenbewegung, bipolar konstruiert. Der Begriff der Menschheit wurde aber von ihr mit dem der Frau in einer dem traditionellen, im Rahmen der Spätaufklärung begründeten Diskurs gegenläufigen Weise verknüpft. Die Notwendigkeit einer Neuformulierung des Geschlechterverhältnisses begründete Otto damit, daß Mann und Frau nur gemeinsam, sich ergänzend, als Repräsentanten von Humanität und Bildung wirken könnten:

> Jetzt aber, wo die Menschheit so weit fortgeschritten, daß man endlich der Hoffnung sich hingeben darf, die Herrschaft des Faustrechtes, wie einer einseitigen Verstandesbildung, zu Ende gehen und das Reich der Humanität anbrechen zu sehen – jetzt ist die Zeit gekommen, wo es nicht mehr blos die Sache des Mannes ist, allein im öffentlichen Leben für das Allgemeine zu wirken, sondern wo er auch dafür unter den Frauen Gehilfinnen finden und suchen muß.[114]

Damit thematisierte Otto einen Widerspruch, der der bürgerlichen Gesellschaft von ihren Anfängen an inhärent war, der aber in den Gesellschaftskonzepten der Spätaufklärung durch die hohe Bewertung der häuslichen Sphäre der Frau abgemildert erschien. Im Sinne einer solchen Abmilderung hatte ja bspw. auch Heinrich Joachim Campe in seiner berühmten Schrift *Väterlicher Rath für meine Tochter* (1789) die Frau als die erste „Triebfeder" des ganzen „Staatskörpers" bezeichnet. „Thut diese erste Federkraft, das Herz des Staatskörpers, ihre Pflicht, so thun es auch die äußerlichen Glieder desselben, das männliche Geschlecht [...]".[115] Während aber Campe mit seiner Argumentation auf die große Bedeutung der Frau innerhalb des Hauses, in ihrer dreifachen Bestimmung als Hausfrau, Gattin und Mutter abhob, verflüssigte Otto die Grenzen zwischen Familie und Kultur, indem sie der Frau einen Platz innerhalb wie außerhalb des Hauses anwies und sie in beiden Feldern als Repräsentantin von Sinnstiftungen ansah. Dabei ging es ihr zunächst um Hausarbeit und häusliches Glück, im weiteren um

---

113 Otto 1870, S. 163. Zu Otto vgl. v.a. Engelhardt 1992 u. Planert 2000.

114 Otto 1870, S. 278. Sehr viel kritischer, gegen das Spezialistentum der Männer gerichtet, betont Louise Büchner, die Schwester Georg Büchners, die Bedeutung der Frauen für die Entwicklung von Humanität: „Was ist der Mann unserer Tage? Richter, Advokat, Gelehrter, Arzt u.s.w. ein Fachmensch und selten etwas darüber hinaus." Da müsse die Frau zur „wahre[n] Hüterin der Freiheit und des Menschenrechts" werden, heißt es weiter, „[d]enn die *Frau ist das Herz der Welt*, und dieses Herz ist dazu berufen, sich gegen alles Ungerechte und Gemeine aufzulehnen" ([Büchner] 1856, S. 117).

115 Campe 1988, S. 19.

eine Aufwertung der Position der Mutter in der Erziehung und Bildung auch der erwachsenen Kinder, dann auch darum, daß die Frau das Haus für die Angelegenheiten der ‚Welt' öffnen und schließlich darum, daß sie es um der sozialen Arbeit sowie um der Erwerbstätigkeit willen verlassen sollte. Berufstätigkeit war für Otto keine Notlösung für den Fall der Nicht-Verheiratung. Das Ziel sei vielmehr, daß die Frau am „Reich der Humanität" mitwirken, wobei sie allerdings dem Mann nur bescheiden „Mithilfe" anbieten sollte.[116] Besonders brisant war nun, daß Otto die Frau auch als potentiell politisches Subjekt auffaßte und dabei von deren kritischer Potenz in der bislang männlich dominierten Gesellschaft ausging. – Die Notwendigkeit der Revision des gesellschaftlichen Auftrags der Frau resultierte bei ihr allerdings auch aus ihrem pessimistischen Blick auf die Realität des Familienlebens und aus der Befürchtung, daß sich die Familie als Grundlage des Staates auflösen könnte. Daher nimmt die Beschreibung der schlimmen Zustände in den Familien in ihren Werken einen großen Raum ein, daher spricht sie auch von dem „schöne[n] Ziel einer *Reorganisation* der Familie".[117]

Der Ausgangspunkt in *Der Genius des Hauses* scheint auf den ersten Blick sehr traditionell. Hier geht es um die Frau als Kultiviererin im Hause, deren Tun sich an den Ideen von Harmonie und Schönheit orientieren müsse: Dem „*Genius des Hauses zu dienen war von allen Zeiten und ist noch immer die Mission der Frauen*".[118] Diese „Mission", heißt es an anderer Stelle, habe die Frau „aus den Händen des Schöpfers selbst empfangen".[119] Die Verkleinerung des Hauses und die Erleichterung der Hausarbeit in der Gegenwart, argumentiert Otto aber weiter, solle die Frau nutzen, um die Berufsinteressen mit dem Mann zu teilen und „noch mehr sich mit ihm an die allgemeinen Interessen der Menschheit dahinzugeben", was für sie die intensive geistige ‚Pflege' der Kinder konsequent einschließt.[120] Aus diesem Horizont formuliert Otto bereits die Idee einer weiblichen Kultur, ganz ähnlich wie wir sie innerhalb der bürgerlichen Frauenbewegung der Jahrhundertwende, aber auch bei Simmel finden: Denn auch diejenigen Frauen, deren Wirksamkeit außerhalb des Hauses läge, die „Lehrerin der Mädchen", „die Künstlerin, die Schriftstellerin und jede Frau, die, in welch' einer Sphäre auch immer sie einen Wirkungskreis gefunden haben mag", sie alle sollten „häuslichen Sinn" entwickeln.[121] Allerdings warnt sie auch vor einem Mißverständnis von Häuslichkeit als „Hauswirthschaft", die so gern mit dem Begriff der „*deutschen Frau*" als ein „*non plus ultra* der vollkommenen Weiblichkeit" verknüpft werde. Die Idealisierung von Hauswirtschaft ist für Otto nur ein Ausdruck „privilegirte[r] Dummheit".[122]

---

116 Otto 1870, S. 278. Hier fühlt man sich an das „›Botinnenmodell‹" erinnert, das Wobbe im Blick auf die Konzeption Marianne Webers rekonstruiert hat (s. dazu Wobbe 1994).

117 Otto 1988, S. 216 (Hervorh. nicht im Orig). Zu den Mißständen des gegenwärtigen Familienlebens s. ausführlich Otto 1869, S. 165 ff. Vgl. auch die negativen Bilder bürgerlicher Familien (bzw. ‚untätiger', zur Erziehung unfähiger Mütter) bei [Büchner] 1856.

118 Otto 1869, S. 22.

119 Otto 1988, S. 217; vgl. [Büchner] 1856, S. 22 f. Hier spricht Büchner von der Frau als „Priesterin" des Hauses und von dem vollkommenen Haushalt als einem Kunstwerk. Vgl. auch ebd., S. 105, 117.

120 Otto 1869, S. 23 f.

121 Ebd., S. 27.

122 Ebd., S. 195.

Daß Otto die Hausfrau in der Tat nicht in diesem Sinne als deutsche Hausfrau idealisiert wissen wollte, zeigt ihre Aufforderung, die Frau solle „das Haus dem Fortschritt und allem Guten offen halten“, um es so zu bewahren „vor Rost und Moder und Dumpfheit“. Diese Aufforderung beinhaltete für sie nicht etwa die Präferenz für ganz bestimmte politische Ziele, also für liberale oder soziale Politik, sie bezog sich vielmehr – was zu ihrer Zeit eine außergewöhnliche Position war – besonders auf die Forderung einer politischen Bildung der Mädchen, die ihrer Meinung nach durch das politische Gespräch in der Familie, durch die Lektüre von Zeitungen und „politischen Zeitschriften“ aufgebaut werden sollte. „Wenigstens *eine* gute politische Zeitung“ gehöre „in jede Familie“, um der Männer, aber „auch ebenso gut um der Frauen willen“.[123] Eine Übereinstimmung von Mann und Frau im „Gebiet der social-politischen Ueberzeugung“ hielt sie in der Gegenwart sogar für noch wichtiger als eine Gemeinsamkeit in der religiösen Gesinnung. Die „›kindliche Naivität‹“ von Frauen in bezug auf Politik und Geschichte sei jedenfalls für die Ehe eine „Quelle großer Übel“.[124] Gerade mit solchen Zielformulierungen wollte Otto dem ihrer Meinung nach inzwischen zum „Gemeinplatz“ verkommenen bürgerlichen Selbstverständnis, daß „*[d]as Fundament des Staates [...] die Familie*“ sei, eine neue Bedeutung geben.[125] Zum „Fortschritt“ gehörte für sie zudem selbstverständlich auch die Verbesserung der öffentlichen Schulbildung für Mädchen. Darüber hinaus galt ihr schon damals die Zulassung zum Studium als Recht der Frauen, wobei sie die Rückständigkeit derjenigen „Culturstaaten“ ironisierte, die den Frauen dies Recht verwehrten. Gleichzeitig prangerte sie aber auch die Universitäten selbst an: „Es läuft in manchen Disciplinen ja soviel Wust und Irrthum mit unter, daß es sogar angemessen scheinen kann, die Frauen nicht erst noch etwas lernen zu lassen, was auch die Männer besser thäten, zu vergessen [...].“[126]

In dem Buch *Der Genius der Menschheit*, dem Gegenstück zu *Der Genius des Hauses*, in dem Otto sowohl das traditionelle Feld der sozialen Arbeit der bürgerlichen verheirateten Frau, dann das ‚Los der Alleinstehenden‘, die ihr Zentrum in der Regel nicht im Haus hat, darüber hinaus aber auch das Grundrecht auf Erwerbstätigkeit thematisierte, ging sie in der Auflösung der Grenzen von Öffentlichkeit und Privatheit noch weiter. Denn hier verwahrte sie sich ausdrücklich „gegen die Annahme“, als hielte sie „für die Frauen kein anderes Wirken geeignet und ersprießlich, als das innerhalb des Hauses und der Familie. Dies hieße das Streben meines ganzen Lebens negiren!“[127] Und tatsächlich wäre eine solche Position für Otto als erster Repräsentantin einer politischen Journalistik im 19. Jahrhundert undenkbar.[128] Indem Otto sogar für die Vereinbarkeit von

123 Ebd., S. 131 ff. Otto erinnert an dieser Stelle an ihren Vater, einen eher „unbeweglichen[n] Conservative[n]“, der „Tausende sogenannter Demokraten“ beschämt habe, weil er Ottos Mutter und den Kindern, vier Schulmädchen, die Zeitung zu lesen gab und überdies den Mädchen vermittelte „»Lernt etwas, dann braucht Ihr nicht zu heiraten, wenn Ihr nicht wollt.«“ (ebd., S. 134); vgl. auch ebd., S. 213.

124 Ebd., S. 260.

125 Ebd., S. 165.

126 Otto 1870, S. 101 f.

127 Ebd., S. 5.

128 S. Ichenhaeuser [1905], S. 5.

Familie und beruflicher Arbeit plädierte, nahm sie die Grundgedanken ihrer frauenkämpferischen Schrift über *Das Recht der Frauen auf Erwerb* (1866) wieder auf, in der sie dieses Recht als „das Fundament aller weiblichen Selbstständigkeit und Mündigkeit" interpretiert hatte.[129] Denn grundsätzlich war für sie die gemeinsame Beteiligung an Menschheitsaufgaben durch Erwerbstätigkeit eine Konsequenz des allgemeinen Menschenrechts, woraus sich die vollständige Gleichheit von Mann und Frau in den Bürgerrechten, und damit auch deren gemeinsame Beteiligung an allen großen Fragen, den patriotischen, politischen, philosophischen und sozialen, ableiten ließ.[130] Mit diesem Gedanken hatte sich Otto freilich von ihrem Ausgangspunkt in *Der Genius des Hauses* weit entfernt. Auch die traditionellen Felder der sozialen Arbeit der bürgerlichen Frau reflektierte sie mit Blick auf die eigene Mittelstandsposition durchaus kritisch, insofern sie als Endziel der „*Humanitäts-Bestrebungen*" die Abschaffung von Wohltätigkeit durch die Herbeiführung solcher Zustände ansah, „in denen sich jeder Mensch, also auch jedes Mädchen, jede Frau, durch ihre eigene Arbeit erhalten kann und nicht mehr nöthig hat, um eine Gabe zu bitten [...]."[131] Ihre Distanz gegenüber den bürgerlichen politischen Positionen artikulierte sie schließlich auch bei der Frage nach nationaler Einheit und Identität. Es zeigt sich hier, daß Otto – am Vorabend der über ‚Einigungskriege' herbeigeführten Gründung des deutschen Nationalstaats – die Idee der Nation im Horizont der Idee der Menschheit zu relativieren vermochte. Denn die Nation sah sie als ein Gebilde an, das in einem künftigen, alle Völker umschließenden Bündnis seinen endgültigen Ort haben sollte: Nach dem „Naturgesetz des Wachsthums", sagt sie, bildeten sich immer weitere Kreise menschlicher Gesellung, von der „Familie" zum „Stamm", zu „Volk" und „Nation", bis hin zu einem „Bund mit anderen Völkern" und schließlich – in der Zukunft – zu einem „alle Völker" vereinigenden Bündnis. Und sie erläutert: „Wir hassen jene kleinliche Nationalitätseitelkeit, die ihre Nation über irgend eine andere, oder gar über alle anderen setzen will."[132] Diese Argumentation verband sie mit der Hoffnung, daß ein Zustand der Zivilisation erreicht werden könnte, wo ein Ende des „Faustrechts" in Sicht kommt.[133] Dann, meint sie, könnte die Frau, deren „Natur" „der menschenmörderische Krieg stets widerstrebte"[134], ihre volle Wirkung als „Genius der Menschheit" entfalten.[135]

129 Otto 1870, S. 26 f. Selbständig ist nach Otto nur, so sagt sie in *Das Recht der Frauen auf Erwerb*, „wer sich selbst auf seinen eigenen Füßen und ohne fremde Beihilfe erhalten kann" (Otto-Peters 1997, S. 59). In diesem Kontext ist auch interessant, daß Otto die schon ihrerzeit diskutierte ‚weibliche Nervosität' nicht psychologisch oder anatomisch und physiologisch, sondern als Problem sozialer Identität interpretiert: Die „viel- und übelberufene Nervosität des weiblichen Geschlechtes", meint sie, habe in der Regel keinen anderen Grund als den des „Mangels an Arbeit" (ebd., S. 7).

130 S. ebd., bes. S. 163 ff., 227 ff., 272 ff.

131 Ebd., S. 62.

132 Ebd., S. 273 f.

133 Ebd., S. 278.

134 Ebd., S. 275.

135 An diesem Punkt zeigt sich im übrigen eine große Differenz zwischen Louise Otto und Louise Büchner. Nach Büchner braucht die Mutter Vaterlandssinn v.a. für die Erziehung der Söhne, denn sie soll die „Liebe zum Vaterlande so tief ihren Söhnen [!]" einpflanzen ([Büchner] 1856, S. 109).

2.3.2 Die ‚Kulturbedeutung' der Frau – Georg Simmel und die bürgerliche Frauenbewegung

Als Simmels Essay „Weibliche Kultur" erschien, stand innerhalb der bürgerlichen Frauenbewegung, deren Aktivitäten sich seit den 1880er Jahren v.a. auf die Entwicklung des höheren Mädchenschulwesens konzentriert hatten, die Durchsetzung des Frauenstudiums in Deutschland im Zentrum. 1893 hatte Helene Lange, eine ihrer in dieser Phase herausragenden Vertreterinnen[136], in Berlin die ersten Gymnasialkurse für Mädchen eingerichtet, 1896 bestanden die ersten sechs Frauen, die diese Kurse absolviert hatten, das Abiturientenexamen. 1900 hatten Frauen in Baden das Immatrikulationsrecht erhalten. Helene Lange, die in dieser Zeit die Zielrichtung der bürgerlichen Frauenbewegung wesentlich bestimmte, hatte im Zusammenhang ihres Kampfes für eine höhere Mädchenbildung aber mehr und mehr ihren früheren Menschenrechtsstandpunkt verlassen, der sie zunächst noch eng mit der Position Louise Otto(-Peters') verbunden hatte. Unter weitgehender Ausklammerung politischer Forderungen, wie der nach Gewährung aller politischen Rechte für die Frau, wandte sie sich intensiv dem ‚besonderen Auftrag' der Frauen in der Kultur zu, den sie – ähnlich wie später auch Gertrud Bäumer – aus der wesensmäßigen Verschiedenheit von Mann und Frau, und das hieß für sie: aus der Bestimmung der Frau zur Mutterschaft ableitete.[137] 1897, auf dem Höhepunkt ihres Kampfes um den Zugang der Frauen zum Studium, formulierte sie in ihrem, im übrigen sehr mutigen Vortrag vor Berliner Studenten, erstmals, als Essenz der „physische[n] und psychische[n] Eigenart" der Frau, den Gedanken einer ‚geistigen Mütterlichkeit':

> Auch wir gehen von dem Satz aus, daß das ganz Wesen des Weibes bedingt ist durch die Mutterschaft. Aber wir fassen den Begriff hier, wo es sich um psychische Probleme handelt, als Qualität, als Wesensbestimmtheit; nicht als Hemmnis für die geistige Entwicklung, sondern als Wegweiser [...]. Sie bringt in die weibliche Eigenart jenen bekannten Zug zum Persönlichen, Konkreten, jene tiefere und schnellere Fühlung mit menschlicher Eigenart [...].[138]

Damit brach Lange die von Otto konzipierte Einheit verschiedener Komponenten der „Mission" der Frau auf. In ihrem Rückblick auf die Geschichte der Frauenbewegung im zweiten Kriegsjahr 1915 bekräftigte sie zwar ausdrücklich noch einmal ihre Verbindung zu Otto als der ersten ‚Führerin' der Frauenbewegung, aber sie betonte gleichzeitig, daß das Ziel der Frauenbewegung, „die volle kultu-

---

136 Helene Lange war Mitgründerin des Allgemeinen deutschen Lehrerinnenvereins, Vorsitzende des Allgemeinen Deutschen Frauenvereins (ab 1902) und Vorstandsmitglied im Bund deutscher Frauenvereine (von 1894–1905).

137 In ihrem 1889 vor dem Allgemeinen deutschen Frauenverein gehaltenen Vortrag „Die ethische Bedeutung der Frauenbewegung" nimmt sie noch von den Menschenrechten ihren Ausgangspunkt: „[D]ie Frau wird sich ihrer vollen Bedeutung als *Mensch* bewußt; sie verlangt *Menschenrechte*" (Lange 1928, Bd. 1, S. 73).

138 Ebd., S. 205 f. Die Zitate stammen aus dem Vortrag „Intellektuelle Grenzlinien", den Lange 1897 auf Veranlassung des Sozialwissenschaftlichen Studentenvereins im Berliner Rathaus hielt. Der Rektor hatte die Abhaltung des Vortrags in der Universität verboten (s. ebd., S. 197). Dieser Vortrag zeigt im übrigen auch, daß sich Lange mittlerweile mit Grundideen des Evolutionismus vertraut gemacht hatte.

relle Ausprägung und die unbeschränkte soziale Auswirkung der weiblichen Persönlichkeit", und damit die „Ausbildung der Frau für ihre weibliche Kulturaufgabe", sei.[139] Die deutsche Frauenbewegung, die zunächst „im Zeichen demokratisch-liberaler Ideen" auf den „›Menschenrechten‹" fußte, heißt es – in deutlicher Distanz zu Otto und auch zu dem radikalen Flügel der bürgerlichen Frauenbewegung – habe die „Einseitigkeiten dieses Ideals innerlich und äußerlich, praktisch und gedanklich überwunden".[140] Schon um 1900 erhielt Langes Konzept der Kulturmission der Frau auch eine erkennbar nationalistische Einfärbung. Nun forderte sie für die Frauenbewegung „die stärkere Betonung der nationalen Eigenart", wobei von ihr als deutsche Tradition für „deutsche Frauen" v.a. Bildungsorientierung und soziale Orientierung (ausdrücklich versus politische Orientierung) reklamiert wurden.[141]

Simmel schaffte nun in seinen zwischen 1890 und 1911 veröffentlichten Essays zur Geschlechterdifferenz, insbesondere mit seinem Essay über „Weibliche Kultur", der auf der Folie der aktuellen Bestrebungen der bürgerlichen Frauenbewegung formuliert war, einen Theoriehorizont, in dem sich die Vertreterinnen des Konzepts einer erweiterten Mütterlichkeit wiederfinden konnten.[142] Die Attraktivität der Geschlechtertheorie Simmels für die Vertreterinnen dieses Konzepts beruhte vermutlich v.a. darauf, daß Simmel die Frau weder – wie Freud – mitleidig als Mängelwesen noch – wie Weininger – als für den Mann bedrohlich, sondern – im deutlichen Anklang an Ergänzungstheorien der Klassik und Romantik – positiv als das Andere des Mannes metaphorisierte und dabei die ‚Eigenart' der Frau bisweilen geradezu schwärmerisch idealisierte.[143] In „Weibliche Kultur" reflektierte er zudem auch kritisch über die Tatsache, daß „unsere Kultur [...], mit Ausnahme ganz weniger Provinzen, durchaus männlich"[144] sei. Mit der Öffnung neuer Berufe für Frauen würden diese „in ein Schema von Differenziertheit gezwängt", in dem sie ihre eigenen Kräfte nicht angemessen entfalten

139 Lange 1928, Bd. 2, S. 203. Das Zitat stammt aus ihrem Vortrag „Fünfzig Jahre deutscher Frauenbewegung" (1915).

140 Ebd., S. 217.

141 Lange 1928, Bd. 1, S. 270 f. Die Zitate stammen aus dem Aufsatz „National oder International" (1900). Die zunehmend konservative Tönung der Position Langes wird gewöhnlich mit ihrer Begegnung mit der 25 Jahre jüngeren Gertrud Bäumer um 1896/97 und der daran anschließenden lebenslangen Freundschaft zwischen beiden in Verbindung gebracht. Bäumer läßt in *Die Frau und das geistige Leben* (1911), ihrem ersten Aufriß einer Kulturgeschichte der deutschen Frau, diese Geschichte im „ersten Jahrhundert einer eigentlichen germanischen Kultur" beginnen (Bäumer 1911a, S. 37).

142 Zu Simmels geschlechtersoziologischen Schriften und ihrer Rezeption in der zeitgenössischen bürgerlichen Frauenbewegung s. Dahme/Köhncke 1985. Vgl. auch Brick 1983; Stöhr 1983; Wobbe 1994. Brick verbindet den Begriff der weiblichen Kultur direkt mit Helene Lange, allerdings ohne Bezug auf Simmel. Das ist so nicht haltbar. Stöhr geht im Gegensatz zu vielen Kritikerinnen der ‚gemäßigten' oder ‚konservativen' Frauenbewegung davon aus, daß die Organisierung von Mütterlichkeit ein Mittel zur Durchsetzung politischer Ziele gewesen sei. Zu einigen kontroversen Positionen und zur Genese des Konzepts der ‚erweiterten Mütterlichkeit' als eines „nationalen Mythos" s.a. Sandkühler/Schmidt 1991.

143 Zur Metaphorisierung der Frau s. Klinger 1995, S. 53.

144 Simmel 1985b, S. 161.

könnten. Indem nun aber Simmel Domänen einer „spezifisch weiblichen Kultur“ ausgrenzte, wandte er das evolutionistische Differenzierungsparadigma[145] letztlich sogar einseitiger als Freud und Weininger auf die Unterscheidung von Mann (= Differenziertheit) und Frau (= Undifferenziertheit) an. Damit konnte er auch relativ bruchlos an die traditionelle Sonderanthropologie der Frau anschließen. In reiner Form kommt dieser sonderanthropologische Ansatz noch in seinem frühen Aufsatz „Zur Psychologie der Frauen“ (1890) zum Tragen. Charakteristisch ist allerdings, daß Simmel den Geschlechtscharakter der Frau – er spricht von ihrer Schwäche, Anlehnungsbereitschaft, Fähigkeit zur Reproduktion (nicht zur Produktion), von weiblicher Logik und überhaupt von ihrem „Differenzierungsmangel“[146] – einerseits idealisierend aufwertete, andererseits aber auch als Grund für eine strikt hierarchische Auslegung des Geschlechterverhältnisses anführte:

> Ist der Mangel an Differenzierung nun der tiefste Grund dessen, was die Frauen von den Männern unterscheidet und ihnen die tiefere Stufe anweist, so würde der Versuch der Gleichstellung vor allem mit einer gewachsenen Funktionsteilung unter ihnen zusammenfallen. Vorläufig pflegt sich die Tätigkeit der Frauen noch so auf das Haus zu konzentrieren, daß man, vereinzelte Extreme ausgenommen, wohl sagen kann, die Tätigkeit der höchsten und der niedrigsten Frau unterscheide sich lange nicht so sehr, wie sich die des höchsten und des niedrigsten Mannes unterscheidet.[147]

Eine grundsätzliche Veränderung dieser Situation hielt Simmel zu diesem Zeitpunkt für widernatürlich, so daß er auf die selbst gestellte Frage, in welche Richtung hin sich denn die ‚normale‘ Gegenwartsfrau differenziert habe, ein Ergänzungsmodell als ‚Liebesmodell‘ einführte und behauptete, die Frau könne ausschließlich „durch das Verhältnis zu einem bestimmten Manne eine Individualisierung aus der homogeneren Masse der Geschlechtsgenossinnen“ erfahren, sich also ausschließlich über die Liebe zu einem Mann höher entwickeln.[148] In freier Abwandlung des Darwin'schen Prinzips der sexuellen Zuchtwahl wies er der Frau sogar im gegenwärtig verschärften „Kampf um den Mann“ die Koketterie als ihr ureigenes Differenzierungsfeld zu, wobei er die weibliche Koketterie freilich auch nur wieder als eine Reaktion auf die „hochgradige[ ] Differenzierung im männlichen Geiste, die [...] die Empfänglichkeit für Koketterie bedingt“, annahm.[149]

Diesen extremen Standpunkt gab Simmel zwar in seinem Essay „Weibliche Kultur“ auf. Er akzeptierte nun, daß sich die Arbeit von Frauen in den Bereich der öffentlichen Kultur hinein ausgedehnt hatte, und respektierte deren kulturelle Potenz. Dennoch beharrte Simmel auf der essentiellen Differenz von Mann und Frau und versuchte damit den Übertritt von Frauen in die Sphäre einer „männlichen Kultur“ abzuwehren:

---

145 Schon in seiner Dissertation setzt sich Simmel in einer musikethnologischen Arbeit mit Darwin auseinander (s. Dahme/Köhncke 1985, S. 9). Das spezielle Differenzierungskonzept Simmels führen Dahme/Köhncke auf dessen Spencer-Lektüre zurück (s. ebd., S. 15).

146 Simmel 1985a, S. 28.

147 Ebd., S. 46.

148 Ebd., S. 50.

149 Ebd., S. 56. Zu Simmels Beschäftigung mit der Koketterie s.a. seinen Essay „Psychologie der Koketterie“ (1909).

Sobald sie [die Frauen] auf die spezifisch *weibliche* Kraft, Weltanschauung, Seinsqualität zugunsten jener maskulinen Berufsarbeit verzichten, so wird man ohne jedes reaktionäre Vorurteil zugeben, daß durch die innere Beziehungslosigkeit zu dem objektiven Werk die persönlichen Werte, Reize und Besonderheiten der weiblichen Seele Schaden nehmen müssen.[150]

Zwar konzedierte er – auch mit explizitem Verweis auf die Frauenbewegung – daß „das Stadium einer gewissen äußeren Gleichheit" Bedingung dafür sein könnte, daß die über eine lange Zeit „in übertriebener Ungleichheit" gehaltenen Frauen zur Erfüllung ihrer spezifischen kulturellen Aufgaben fänden. Aber sein eigenes „Ideal einer objektiven Kultur, die mit einer Nuance weiblicher Produktivität bereichert" sein sollte, verweist doch darauf, daß er in der „Kultur" nach wie vor das Terrain des Mannes sehen wollte. Dazu fügt sich auch, daß Simmel als eigentliche Kulturträgerinnen eine kleine Gruppe von Frauen prädestiniert sah, die ihren „primären" Geschlechtscharakter, wie er meint, restlos sublimiert hätten in eine ideal-weibliche Psyche:

Ich meine diejenigen Frauen, die in ihren gesamten Wesensäußerungen das völlig reine und echte Cachet der Weiblichkeit zeigen, während doch die eigentlich sexuelle Färbung desselben völlig verschwunden ist. In biologischem Gleichnis gesprochen, sind dies Wesen, bei denen die sekundären Geschlechtscharaktere in psychologischer Hinsicht voll ausgebildet, aber die primären verschwunden sind. [...] Die Sexualität hat hier ihre Schuldigkeit getan, sie kann gehen [...].[151]

Auch diese idealisierende Projektion einer sublimierten Weiblichkeit, mit der Simmel implizit auch die Zölibats-Politik des Staats in bezug auf die berufstätigen Frauen in höheren Berufen (insbesondere die Lehrerin) stützte, kam mit Sicherheit der Selbstinterpretation der Führerinnen der bürgerlichen Frauenbewegung und ihrem Konzept der geistigen Mütterlichkeit sehr entgegen. – In seinem Essay „Das Relative und das Absolute im Geschlechter-Problem" (1911) radikalisierte Simmel seine Differenzkonzeption in einer Geschlechtermetaphysik, in der er die Frau als gelebte „Identität von Sein und Weibsein" mit dem „tragisch" zwischen Geistigkeit und Materialität zerrissenen Mann kontrastierte.[152] Damit wollte er erneut begründen, warum „das Frauentum, trotz dieser inneren Absolutheit doch dem männlichen Prinzip die übergeschlechtlich objektive Welt, die theoretische und die normative, zu stiften überlassen" müsse.[153] Das „Männliche" definierte er – im Anklang an die idealistische Philosophie – nun als die „um den Preis des Dualismus" gewonnene „Objektivität", während das „Weibliche" für ihn die „Einheit des menschlichen Wesens, gleichsam noch vor der Trennung von Subjekt und Objekt, in substanzieller, ruhender Geschlossenheit" darstellte.[154]

150 Simmel 1985b, S. 171.

151 Ebd., S. 168 f.

152 Simmel 1985c, S. 205.

153 Ebd., S. 204. S. hierzu auch die von Wobbe dargestellte Diskussion zwischen Marianne Weber und Simmel. Marianne Weber habe Simmel in der Unterscheidung von objektiver und subjektiver Kultur zwar zugestimmt, aber einen gleichwertigen Ort der Frauen verlangt, der diese nicht auf eine ontologische Bestimmung festlege (Wobbe 1994). Zur Integration dieses Aufsatzes in den Kontext einer „lebensphilosophischen Geschlechtermetaphysik" s. *Philosophische Geschlechtertheorien* 2002, S. [325] ff.

154 Simmel 1985c, S. 223.

2.3.3 Modifikationen und Kritik des Konzepts einer weiblichen Kultur

Wenngleich Simmels Konzept einer weiblichen Kultur, wie er es 1902 ausformuliert hatte, in wichtigen Punkten das Selbstverständnis der bürgerlichen Frauenbewegung bestätigen konnte, so blieb es doch weder uninterpretiert noch unwidersprochen. Schon ein Vergleich mit Gertrud Bäumers Werk *Die Frau und das geistige Leben* (1911), in dem Bäumer eine Positionsbestimmung der Frau in der Kultur vornahm, zeigt – bei großer Übereinstimmung – auch andere Nuancierungen. Denn sehr viel stärker als Simmel akzentuierte Bäumer, daß der „Gattungscharakter der Frau" nicht nur „biologischer", sondern auch „soziologischer Art" sei, und sie wies in ihrer „*soziologische[n]* Ableitung" der Geschlechterdifferenz in kritischer Absicht auf diejenigen Erziehungstraditionen und Anpassungszwänge hin, die verhindert hätten, daß Frauen sich in ungewohnten Feldern (etwa in der Kunst und Wissenschaft) selbstbewußt und den geistigen Anforderungen entsprechend hätten entwickeln können.[155] Und sie folgerte, daß „der geistige Typus des Mannes" mit der ihm zugeschrieben höheren Intellektualität, den ja Simmel immer voraussetzte, „*auch* Kulturprodukt"[156] sei. Ihre eigene Korrektur der traditionellen Lehre von den Geschlechtscharakteren galt insbesondere den Oppositionen aktiv – passiv und stark – schwach, die sie zur Charakterisierung von Geschlechterdifferenz für völlig untauglich hielt. Die herausragende Qualität der Frau, die die gleichberechtigte Kooperation der Frauen mit den Männern in allen sozialen Feldern begründe, war für Bäumer vielmehr die Emotionalität, die sie aber – wieder im Kontrast zum Begriffsverständnis in traditionell sonderanthropologischer Perspektive – als ‚Kraftzentrum' der Frau definierte.[157] – Ika Freudenberg, ebenso wie Bäumer eine Vertreterin des gemäßigten Flügels der bürgerlichen Frauenbewegung, bezog sich in ihrem Buch *Die Frau und die Kultur des öffentlichen Lebens* (1911) sogar explizit kritisch auf Sim-

155 S. Bäumer 1911a, S. 25 ff. Vgl. auch Bäumer 1913. Bäumer referiert häufig auf Gerardus Heymans' *Die Psychologie der Frau* (1910), eine empirisch gestützte Untersuchung, in der auch der Gedanke diskutiert wird, daß der ‚weibliche Geschlechtscharakter' eine kulturelle Hervorbringung ist. Wenn auch Heymans Grundannahme war, daß „›Sex lies deeper than culture‹", so ging er doch nicht davon aus, daß „die psychischen Geschlechtsunterschiede [...] *für alle Zeiten*" mit den „*somatischen Geschlechtsunterschieden*" verbunden sein müßten (ebd., S. 268).

156 Bäumer 1911a, S. 31. „Auch" ist, dem Kontext entsprechend, adversativ im Sinne von „nicht nur, aber auch" zu verstehen.

157 Ebd., S. 16. In einem interessanten Aufsatz über die „seelischen Geschlechtsunterschiede" analysiert und kritisiert Bäumer empirisch-psychologische Arbeiten, die sonderanthropologische Vorurteile tradieren, etwa den „Schluß von größerer Suggestibilität auf geringere Intelligenz" (Bäumer 1913, S. 145 f.). Dort gibt Bäumer auch genaue Literaturangaben zu den seit den 1890er Jahren erschienenen Arbeiten der Experimentalpsychologie zu diesem Gegenstand. Die Quintessenz ihrer Analysen ist die, daß die experimentellen Untersuchungen in bezug auf das Untersuchte (Vorstellungs- und Assoziationsleistungen sowie Gedächtnisleistungen) extrem widersprüchlich und unzuverlässig sind. Das Geschlecht derjenigen, die die Untersuchungen durchführten, sei offenbar häufig für das Ergebnis ausschlaggebend. Einen aktuellen Hintergrund bildet die Diskussion um die Koedukation (s. dazu ihren Standpunkt in Kurzfassung in Bäumer 1907).

mels Essay „Weibliche Kultur", indem sie dessen Argumentationsrichtung in politischer Absicht umkehrte und die These aufstellte, die Männer hätten im Prozeß der fortschreitenden Spezialisierung den Frauen ihren ursprünglichen Anteil an der objektiven Kultur entrissen. In der Frauenbewegung gehe es also um die Zückgewinnung verlorener Positionen.[158]

Eine exzentrische Gegenposition zum Konzept der weiblichen Kultur, die sich auch gegen die bürgerliche Frauenbewegung und ihr Ideal geistiger Mütterlichkeit richtete, formulierte Rosa Mayreder, die Gründerin des Allgemeinen österreichischen Frauenvereins, in ihrem Buch *Die Kritik der Weiblichkeit* (1905), einem Buch, aus dem sich ablesen läßt, wie intensiv die moderne Entwicklungslehre seinerzeit auch von Frauen rezipiert wurde. Mayreder warnte vor der „Übertreibung des spezifischen Geschlechtscharakters"[159]und vor der Überschätzung von „Mütterlichkeit" als der vorgeblich kardinalen „Geschlechtstugend" der Frau, deren Fehlen in der Gegenwart als „Entartungssymptom" gelte.[160] Auch Mayreder folgte den Grundannahmen des modernen Evolutionismus. Im Gegensatz zu denjenigen Evolutionisten, die die Geschlechterdifferenz in den Mittelpunkt stellten, betrachtete sie aber den Differenzierungsprozeß primär unter der Perspektive des „Fortschreiten[s]" der „menschlichen Gattung [...] vom Typischen zum Individuellen"[161], wobei sie von der auch für Darwin selbst zentralen Annahme der „große[n] Variabilität" der Individuen weiblichen und männlichen Geschlechts (s.o.) ausging.[162] Damit wies sie die populäre These der geringeren Differenziertheit der weiblichen Psyche, auf die auch Freud, Weininger und Simmel rekurrierten, zurück, wobei sie ihre eigene Position mit Befunden eigenartiger Fortpflanzungsmodalitäten in der Tierwelt (bspw. bei Bienen) und – ähnlich wie Weininger – mit der Embryologie (mit dem relativ späten Stadium der Geschlechterdifferenzierung) zu untermauern suchte.[163] „Männlichkeit und Weiblichkeit", so Mayreder, seien in „vielen wesentlichen Stücken bloße Kulturprodukte".[164] Im Postulat der „erweiterte[n] Mütterlichkeit" sah sie sogar ein „Mißverständnis der spezifischen Natur des Weibes".[165] Den Begriff der Mütterlichkeit akzeptierte sie überhaupt nur im wörtlichen Sinn, also in bezug auf die Sozialform Familie, wo der Begriff aber sein Pendant in „Väterlichkeit" habe, die „gar nichts anderes als die männliche Form der Mütterlichkeit" sei.[166] Mit ihrer Kritik am

158 S. Freudenberg 1911, S. VII. Freudenberg steht grundsätzlich positiv zur Vereinbarkeit von Beruf und Familie (s. ebd., S. 151 ff.).

159 Mayreder 1905, S. 53.

160 Ebd., S. 42. Budde bestätigt aufgrund ihrer vergleichenden Untersuchung von Autobiographien des 19. und frühen 20. Jahrhunderts aus England und Deutschland noch einmal die in historischen Untersuchungen zum Konzept von Mütterlichkeit aufgestellte These, daß die Hochstilisierung von Mütterlichkeit als ein spezifisch deutsches Phänomen angesehen werden könne (Budde 1994, S. 412).

161 Mayreder 1905, S. 25.

162 Ebd., S. 7.

163 S. ebd., S. 21 ff., 38 ff. Mayreder hält daher auch Weiningers Zelltheorie für das Interessante an seinem Ansatz, wirft ihm aber vor, diesen Ansatz nicht konsequent zu Ende gedacht zu haben (s. ebd., S. 30 ff.; vgl. auch Mayreder 1923).

164 Ebd., S. 23.

165 Ebd., S. 73.

166 Ebd., S. 43.

Konzept einer ‚erweiterten‘ oder ‚geistigen Mütterlichkeit‘ wollte Mayreder allerdings die historisch tradierten Qualitäten weiblicher Arbeit nicht etwa negieren. Sie wollte sie vielmehr in ihrer normativen Geltung sichern, allerdings nicht mehr an einen weiblichen Geschlechtscharakter und damit auch nicht an spezifische Aufgabenfelder von Mann und Frau binden.[167]

Während nun Mayreder mit ihrer innovativen Kritik der Lehre von den Geschlechtscharakteren einerseits die Geschlechterdifferenz im Gedankenspiel theoretisch bis auf die Anatomie der Geschlechtsorgane und damit auf die Generativität reduzierte[168] und überhaupt als Konsequenz der Evolution annahm, daß die kulturelle Höherentwicklung mit ihrer differenzierteren Männlichkeit und Weiblichkeit insgesamt einen „hermaphroditische[n] Zug in die menschliche Persönlichkeit“[169] bringe, errichtete sie allerdings – beeindruckt von Nietzsches Lehre des „Übermenschen“ in *Also sprach Zarathustra* [170]– eine andere, gegenüber der Geschlechtergrenze nicht minder scharfe Klassengrenze zwischen den Menschen, nämlich die zwischen dem Geistesaristokratismus der hoch differenzierten Menschen beiderlei Geschlechts und den wenig differenzierten, den ‚gewöhnlichen‘, ‚primitiven‘ Menschen. Damit konstruierte sie einen Weg der Evolution, der auch für sie selbst die Möglichkeit der „Heranzüchtung“ von Menschen nicht ausschloß.[171] Der „Repräsentant eines höheren Menschentums“ war für sie der „*synthetische*“ Mensch,

> mit dessen psychophysischer Konstitution die Möglichkeit gegeben ist, die Schranken des Geschlechtes zu überschreiten, und eine Steigerung und Erhöhung des innerlichen Verhältnisses zwischen den Geschlechtern herbeizuführen – der Mensch der Gemeinsamkeiten, der den »Bedingungen des Männlichen und des Weiblichen unterworfene Mensch« [...].[172]

Er sollte reich an Eigenschaften sein, die „entwicklungsgeschichtlich nicht im Dienste des Geschlechtes erworben“ wurden.[173] Die ‚gewöhnlichen‘, ‚niedrigeren‘ Menschen sah sie dagegen als rein geschlechterpolar orientiert. Sie, denen „das Geschlecht [...] eine Fessel für die Persönlichkeit“ [174] bedeute, hätten als zentralen Lebenszweck die Fortpflanzung.

---

167 Ebd., S. 48. Gertrud Bäumer widerspricht dieser Position Mayreders ausdrücklich, indem sie die „Polarität“ zwischen Mann und Frau in bezug auf deren „*Natur*bestimmung“ wie „*Kultur*bestimmung“ betont und daran festhält, „daß die Frau von *Natur* einen vom Manne unterschiedenen *spezifischen* geistigen Typus darstellt“ (Bäumer 1911a, S. 34 ff.).

168 Allerdings geht Mayreder auch keinen Schritt weiter. Während sie die zeitgenössischen Vorwürfe eines Lombroso u.a. gegenüber einer hoch entwickelten Geistigkeit von Frauen als ‚Entartung‘ immer wieder zurückweist und eine solche „hermaphroditsch[e]“ (ebd., S. 275) Geistigkeit statt dessen – ähnlich wie Weininger – aufwertet, ist für sie nur das eindeutige Körpergeschlecht akzeptabel: „[D]ie körperliche Zwitterhaftigkeit ist widerwärtig, weil sie eine Unzulänglichkeit, eine unterbrochene und mißglückte Bildung darstellt (ebd., S. 278).

169 Ebd., S. 275.

170 Ebd., S. 261.

171 Ebd., S. 263.

172 Ebd., S. 285.

173 Ebd., S. 293.

174 Ebd., S. 295.

Mit dieser Begründung einer auch Macht und Herrschaft einschließenden Rangordnung in der menschlichen Gesellschaft schwenkte Mayreder, die am Beispiel der zeitüblichen Pathologisierung von Frauen mit guten Gründen kritisierte, daß in der Gegenwart das „Durchschnittliche" als das „Normale" und das „Abweichen" als „Symptom der Krankhaftigkeit und der Entartung" hingestellt werde, nun allerdings selbst auf einen gängigen Modus der Kulturkritik ein, in dem umgekehrt die gegenwärtige Kultur der ‚Durchschnittsmenschen' als krank diffamiert wurde. So ist denn auch Mayreders Buch *Zur Kritik der Weiblichkeit* voller Verachtung des Gewöhnlichen, der „abschreckend durchschnittlich gewordenen Kultur der Gegenwart", ihrer „Verflachung" und „Verödung"[175] – eine Position, die bei ihr konsequent auch die Ablehnung der gesamten Familienblatt- und Mädchenliteratur der Zeit einschließt.[176] Gerade durch solche Literatur werde derjenige „Typus des Weibes [...] gezüchtet", der nach Mayreder der ‚niedrige' ist:

> Die historische Entwicklung der Familienliteratur zeigt, daß in demselben Maße, als die Bildung des weiblichen Geschlechtes hinter der des männlichen zurückbleibt, jene Trennung in der Literatur Platz greift, die schließlich ein monströser Auswuchs im Geistesleben des 19. Jahrhunderts geworden ist. Und dieses Symptom einer tiefen organischen Störung wird erst dann zurückgehen, wenn seine Ursachen behoben sind.[177]

Damit stimmte Mayreder in den zeitgenössischen Tenor der Kritik der Mädchenlektüre ein, mit dem ich schon im Eingangszitat (Wolgast) bekannt gemacht habe. Um das Thema Geschlecht und Lektüre soll es auch im folgenden gehen.

3 Geschlechterdifferenz, Pubertät und weibliche Lektüre

Nicht nur in Mayreders *Kritik der Weiblichkeit*, auch in den Geschlechtertheorien Weiningers, Freuds und Simmels diente der Verweis auf die ‚weiblichen Lektüre' der Illustration des evolutionistischen Differenzierungsparadigmas. Umgekehrt ist auch bei denjenigen, die sich schwerpunktmäßig mit der Kritik der Jugendlektüre, v.a. der Mädchenlektüre befaßten, bei Bäumer, Göhring, Goerth, Köster und Wolgast, die Beeinflussung durch evolutionistische Theoreme unverkennbar. Die zeitgenössische Mädchenliteraturkritik griff dabei zugleich auch auf ‚sonderanthropologisch fundierte' Traditionen der Lektürekritik zurück. Schon im 18. Jahrhundert hatten sich Positionen ausgebildet, die noch in die Diskussion um die Mädchenlektüre um 1900 hineinwirkten. Es sind dies v.a. die Positionen des seinerzeit sehr angesehenen Pädagogen und Jugendschriftstellers Campe, der sich u.a. in *Väterlicher Rath für meine Tochter* (1789) über die Romanlektüre ausließ, und der in ihrer Zeit als Autorin des Romans *Geschichte des Fräuleins von Sternheim* (1771) ebenso bekannten Sophie von La Roche, die in ihrer Monatsschrift *Pomona für Teutschlands Töchter* (1783/84), und speziell in den erstmals dort veröffentlichten Erziehungsbriefen an das junge Mädchen Lina, eine

175 Ebd., S. 279.
176 Ebd., S. 187 ff.
177 Ebd., S. 198.

beachtenswerte andere Ansicht über die Romanlektüre und überhaupt über die Lektüre von Mädchen vertrat. Wichtige Anstöße zur damaligen Lektüredebatte gingen von Rousseaus Lektürekritik aus.

3.1 Kritik der Mädchenlektüre in den kulturellen Umbrüchen um 1800 und 1900

Schon seit den Anfängen der Herausbildung einer spezifischen Erzählprosa für Mädchen, also seit dem 18. Jahrhundert[178], wurde die Lektüre der Mädchen intensiv mit Ansichten über den weiblichen Geschlechtscharakter kommentiert. Die Romane, das hieß, wie der 15jährigen Lina in La Roches *Pomona* erklärt wird, „›*Liebesgeschichten*‹"[179], galten dabei von Anfang an als ein Zentrum weiblicher Lektüre[180] und zugleich als ihr neuralgischer Punkt. Der die traditionelle Fiktionskritik insgesamt begleitende Vorwurf, daß die Lektüre belletristischer Literatur die Phantasietätigkeit überreize, den Realitätssinn schwäche oder verwirre, konnte sich in diesem Kontext allerdings auch gegen die Lektüre der Jungen richten und so zu einem Angelpunkt der zeitgenössischen Effeminierungskritik werden. In diesem Sinne stellte auch Rousseau die Gefahren der Romanlektüre in seiner Autobiographie *Confessions* (1782, 1789) in einer Lektüreszene eindrücklich vor Augen, in der sich der junge Jean-Jacques und sein Vater lesewütig die hinterlassenen Romane der Mutter einverleiben. Für Rousseau bildete diese Szene einen Schlüssel zum Verständnis seiner eigenen unglücklichen Biographie:

> Mein Vater und ich begannen sie [die Romane] nach unseren Abendmahlzeiten zu lesen. Zuerst handelte es sich nur darum, mich durch unterhaltende Bücher im Lesen zu üben; aber bald wurde das Interesse so lebhaft, daß wir abwechselnd unaufhörlich lasen und die Nächte damit verbrachten. [...] Durch diese gefährliche Methode eignete ich mir nicht nur in kurzer Zeit eine außerordentliche Gewandtheit im Lesen und Auffassen an, sondern auch ein für mein Alter einzigartiges Verständnis der Leidenschaften. Ich hatte noch keine Vorstellung von den Dingen, als mir schon alle Gefühle bekannt waren. Ich hatte nichts begriffen, aber alles gefühlt.[181]

Diese Lektüre habe ihm vom Leben solch „wunderliche und romanhafte Vorstellungen" gegeben, von denen auch „Erfahrung und Überlegung" ihn nie ganz habe „heilen können".[182] – Um so mehr mußte ja die exzessive Romanlektüre den in sonderanthropologischer Sicht an sich schon empfindsameren Frauen und gar den zarten jungen Mädchen schaden. Daß junge Mädchen überhaupt keine Romane lesen dürften, wie Rousseau dies in der Vorrede zu *Julie ou La nouvelle*

178 Zu diesem literarhistorischen Prozeß s. Grenz 1981.
179 La Roche 1987, Bd. 2, S. 1087 (1783, H. 11).
180 Schön hat die These aufgestellt, daß sich der bürgerliche Roman des 18. Jahrhunderts „in der Rezeption fast ausschließlich durch weibliches Lesen konstituiert" (Schön 1990). Zum Verhältnis von Sonderanthropologie und Pubertätslektüre im ausgehenden 18. und im 19. Jahrhundert s. Barth 2002.
181 Rousseau 1978, S. 12.
182 Ebd.

Héloïse (1761) ansprach[183], wurde zwar nicht allgemein akzeptiert, dennoch galt die übermäßige Romanlektüre von Jungen als weibisch und die von Mädchen als äußerst gefährlich. Insbesondere war es Campe, der die junge Leserin in seinem *Väterlichen Rath für meine Tochter* einerseits vor empfindsamen Männern und andererseits sie selbst vor übermäßiger Empfindsamkeit warnte und dabei „häufiges Lesen der Dichter und anderer sogenannter schönen Geister“[184] als Grund für eine ungesunde Verfeinerung der Kultur anführte. Mit seiner Lektürekritik will der ratende Vater der Tochter helfen, zwischen der Skylla der „*Empfindsamen*“, der „*Schwärmer*“, der politischen und religiösen „*Fanatiker*“, der schwärmenden „*Menschenfreunde*“ „*Schriftsteller*“ usw. einerseits und der Charybdis „*untermittelmäßige[r]*“ „*Stumpfköpfe[ ]*“[185] andererseits hindurch in den Hafen einer bürgerliche Mittelstandsehe einzulaufen. Umgekehrt warnt er auch den jungen Mann vor dem in seiner Tatkraft geschwächten „Frauenzimmer“, das aus lauter Empfindsamkeit „nicht im Stande ist, ein Huhn abzuschlachten“[186]:

> Wenn du z.B. hörst, daß ein Frauenzimmer von nichts lieber, als von ihren Lesereien, besonders von den dichterischen und romanhaften, schwatzt; wenn sie die Einsamkeit sucht, um ungestört und unbeobachtet müssigen Empfindungen, Einbildungen und Liebeleien nachzuhängen; [...] und endlich, wenn du siehst, daß sie ihr Hauswesen in Unordnung geraten läßt, weil sie lieber ihren schönen Lesereien, ihrem zärtlichen und schönen Briefwechsel und ihren Grillen nachhängt, [...] dann wisse, daß eine solche Person zu derjenigen Klasse gehört, von der ich hier rede.[187]

Geradezu unheimlich waren Campe, wie seine Attribuierungen zeigen, die Schwärmer, denn diese seien nicht nur – wie die (bloß) Empfindsamen – übermäßig zart, sondern (auch) „wild“, „unordentlich“, „unaufhaltbar“, „wie Schwämme an sumpfigen Orten“.[188] Diese Attribute deuten auf eine ganz besondere Zielrichtung von Campes Kritik hin, die auch um 1900, in den Angriffen auf den Backfischroman wieder aufleben wird, nämlich auf die sexuelle Dimension der Mädchenlektüre. Campe ging es ausdrücklich darum, die Tochter davor zu bewahren, daß ihr Sexualtrieb durch Lektüre „vor der Zeit“ geweckt wird, denn: „[f]ast in allen dichterischen und schöngeisterischen Schriften“ sei nun einmal „von Liebe oder Liebelei die Rede“. Nur „*sehr wenige*“ Schriften seien unter dieser Perspektive für junge Mädchen unschädlich. Einige solcher unschädlichen „Stücke oder Stellen“ sollen der Tochter, „freilich äußerst sparsam“, vom Vater aus-

183 Rousseau 1988: „Niemals hat ein keusches Mädchen Romane gelesen [...].“ (ebd., S. 6)
184 Ebd., S. 367.
185 Campe 1988, bes. S. 365 ff.
186 Ebd. S. 368.
187 Ebd., S. 367 f. Campe zitiert hier aus seiner *Sammlung interessanter und durchgängig zweckmäßig abgefaßter Reisebeschreibungen für die Jugend* (1785), in der er Jungen anspricht. Im Kontext seines Ratgebers für Mädchen ist das Zitat also doppelt abschrekkend.
188 Ebd., S. 376, 378. Campe stützt sich bei seiner Unterscheidung der ‚Empfindsamen‘, d.h. derjenigen (durchlässigen Menschen), die ihr Gefühl nicht hinreichend gegen Eindrücke der Außenwelt abhärten können, und den ‚Schwärmern‘, deren ‚Einbildungskraft‘ gegenüber eigenen und fremden ‚Phantasmen‘ extrem durchlässig ist, auf die ‚Vermögenslehre‘, die ein Gleichgewicht von Gefühl, Verstand, Einbildungskraft und Vernunft als ideale Norm setzt.

gewählt werden.[189] Diese Art der Lektürekontrolle durch den Vater war ein konstitutives Element der spätaufklärerischen Pädagogik, in der der Mann die Vernunftposition allein für sich reklamiert hatte.

Genau in diesem Punkt befand sich Campe aber im Widerspruch zu seiner Zeitgenossin La Roche. In wie ähnlicher Weise auch auf den ersten Blick Campe in seinem *Väterlichen Rath* und La Roche in ihrer *Pomona* aus dem Horizont der Aufklärung und deren polarer Geschlechtercharakteristik ihr Weiblichkeitsideal umreißen: La Roches Bekenntnis, daß sie „Mägdgen nicht gern von Männern erziehen sehe“[190], signalisiert doch eine weitgehende Differenz zwischen beiden. La Roches Art, ihren Leserinnen die ‚Stärke‘ des Mannes und die ‚Feinheit‘ der Frau kontrastierend auszumalen, um sie für das Leben im Hause klug zu machen, hat nämlich etwas Subversives. So erklärt sie, daß die Männer ihre Stärke unberechtigt zur Errichtung von Gewaltverhältnissen genutzt hätten. „Ihren Befehlen durfte nicht widersprochen werden“. Während die Frauen „die stillen Geschäfte“ besorgten, sähen sich die Männer „als Herren der Schöpfung“. Auch die Mädchen wollten sie immer nach ihrem Plan modeln, meint sie. Einmal „verlangten sie, daß man alle Mädgen zu Schönheiten aufziehen sollte“, heute dagegen seien „gute Hauswirthinnen und gute Gesellschafterinnen“ gefragt.[191] So wie sich dann schließlich La Roche selbst als „Tochter eines Gelehrten“ vorstellt und unumwunden zugibt, daß es ihr – leider nicht erfüllter – Wunsch gewesen sei, „als Knabe erzogen“ zu werden, „um ordentlich gelehrt zu werden“, relativiert sie zudem die bipolare Geschlechterkonstruktion, indem sie für die Frau – zumindest für den häuslichen Bereich – einen Raum für geistige Arbeit einfordert. Das reflektiert sie selbst am Beispiel ihrer eigenen Lektürebiographie, und sie demonstriert es zugleich, indem sie den Leserinnen ihre reichhaltige Bibliothek vorstellt, die überhaupt nicht auf die typischen Mädchen- und Frauenlektüren beschränkt ist. Sie enthält „Bücher von der reinen Lehre Christi, von der Naturlehre, Geschichte der alten und neuen Zeiten, gute Reisebeschreibungen, moralische Schriften, Gedichte, und auch Romane“.[192]

Die in der *Pomona* periodisch erscheinenden „Briefe an Lina“ umreißen ein Ideal schöner Häuslichkeit, das schon auf das von Louise Otto(-Peters) entworfene Weiblichkeitsideal vorausweist, denn die Briefe stellen Lina als aufgeklärtes, vielseitig unterrichtetes und gebildetes, selbstdenkendes Mädchen vor. Ausdrücklich empfehlen sie auch die Lektüre ‚guter‘ Romane. Denn La Roche bejaht im Gegensatz zu Campe eine autonome Funktion der Fiktionslektüre. Sie erwartet allerdings von der Leserin ein Fiktionsbewußtsein:

Denke indessen doch immer, liebe *Lina*! daß zwischen der würklichen *Menschen-* und der papiernen *Romanenwelt* der große Unterschied bleibt, daß im Roman Menschen und

189 Ebd., S. 122–125.

190 La Roche 1987, Bd. 3, S. 173 (1784, H. 2).

191 Ebd., S. 171.

192 La Roche 1987, Bd. 1, S. 429 (1783, H. 5). La Roche folgt hier nach ihrer eigenen Angabe einem Wunsch einer Leserin ihrer *Pomona*, die etwas über ihre Bibliothek wissen möchte. La Roches Bibliothek spiegelt sich auch in ihrem Projekt der *Pomona*, die Texte aus allen angeführten Genres enthält (anstelle der Romane: moralisch-empfindsame Erzählungen).

Umstände sich nach dem Sinn des einzelnen Verfassers biegen, und nach seinem Fingerzeig gehen, und hingegen in der wahren Welt Umstände, Menschen und Vorurtheile über uns gebieten.[193]

Dies Fiktionsbewußtsein, so deutet La Roche hier an, kann also – im Kontrastieren von Fiktion und Realität – auch zur besseren Erkenntnis der wirklichen Welt führen, in der nicht der Autor der Herrschende ist, sondern in der „Umstände, Menschen und Vorurtheile" herrschen. Tatsächlich will La Roche ihrer Lina auch die Erkenntnis von Herrschaftsverhältnissen – in durchaus männerkritischer Perspektive – zumuten. Darum soll Lina „die Geschichte lesen", und zwar im Sinne einer Einführung in die Geschlechtergeschichte, in der es nicht etwa nur um die Bewunderung männlicher Größe geht, sondern auch darum, daß Lina bei den

fürchterlichen Auftritten, welche durch die Leidenschaften der Männer in allen Ländern, zu allen Zeiten entstunden, die Betrachtung mache, daß heftige und empörende Bewegungen der Seele von jeher der Antheil des männlichen Geschlechts waren, daß der Schwächere immer unter der Gewalt des Stärkern sich biegen und dulden mußte [...].[194]

Allerdings teilt sie unmißverständlich mit, dagegen helfe nicht Auflehnung, sondern nur Menschenkenntnis, „um auszuweichen und zu besänftigen", denn: „Das war – das *ist* so."[195]

Die Diskussion um die Lektüre von Frauen und Mädchen blieb auch im 19. Jahrhundert an die aus dem 18. Jahrhundert tradierten Annahmen über Geschlechtscharaktere gebunden. Die spezifische Mädchenliteratur galt allerdings solange als wenig brisant, wie sie noch relativ ungebrochen das Modell solcher moralischen Erzählungen variierte, die mit dem Ziel der Einführung der Mädchen in den bürgerlichen Pflichtenkreis übereinstimmten und die in den Mittelpunkt der Erzählungen Heldinnen stellten, die diesem Ziel relativ unangefochten folgten. Die Situation spitzte sich erst zu, als die Mädchenliteratur (liebes)romanhafte Züge annahm und gleichzeitig auch Mädchentypen zu präsentieren begann, die sich der weiblichen Bestimmung, wenn auch nur vorübergehend, trotzköpfig widersetzten. Aber auch dieser Wandel, der sich zeitlich parallel mit der Herausbildung des trivialen Frauenromans von Eugenie Marlitt u.a. vollzog und der mit Clementine Helms *Backfischchen's Leiden und Freuden* (1863) klar markiert werden kann, wurde zunächst noch kaum beobachtet.[196] So hieß es noch 1882, in der 3. Aufl. von August Mergets *Geschichte der deutschen Jugendlitteratur* über die neue „weibliche[ ] Literatur", selbst über die „romanartigen Schriften", daß in ihnen alles „rein und glatt" sei, „nirgends der geringste Anstoß für Sitte und Gemüt". Und auch bei den Geschichten, die „mit der Heirat schließen", sei doch von „Liebesabenteuern", gar von „Geschlechtliche[m]", nirgends die Rede.[197] Im selben Jahr 1882 erschien allerdings der erste, zunächst noch

193 Ebd., Bd. 2, S. 1091 (Heft 11, 1783).

194 Ebd., Bd. 3, S. 175 (Heft 2, 1784).

195 Ebd., S. 175 f. Lina wird hier nicht direkt angesprochen. Die Verfasserin spricht an dieser Stelle Frauen in ihrer Rolle als Mütter von Töchtern an und berichtet ihnen, was sie Lina zu lesen empfiehlt.

196 Genauere Hinweise finden sich in dem Quellenbericht Wilkending 1997a.

197 Merget 1967, S. 95 f. Vgl. auch die relativ positive Einstellung Thedens zur Mädchenliteratur (Theden 1893).

wenig beachtete Rundumschlag gegen die neue Mädchenliteratur von Goerth, der – teilweise mit Blick auf dieselben Jugendschriftstellerinnen – dieser Literatur nun Unsittlichkeit, gar Frivolität vorwarf.[198] Aber auch Goerths Ausfälle wurden zunächst nicht beachtet. Erst mit Beginn der 1890er Jahre, als das Genre Backfischroman schon Hochkonjunktur hatte, avancierte diese Literatur zum wichtigen Zielobjekt im Rahmen der kulturkritischen Debatten um degenerative Prozesse, um Geschlechterdifferenz und um moderne Nervosität. Nun wurde auch die ‚alte' Fiktions- und Empfindsamkeitskritik mit der neuen evolutionistischen Perspektive auf Geschlechterdifferenz und Kultur verbunden. Der Höhepunkt der Kampagnen gegen den Backfischroman und seine Autorinnen war in den Jahren 1895/96, kurz nach Erscheinen von Goerths Buch *Erziehung und Ausbildung der Mädchen* (1894) erreicht, das seinerzeit überregional eine große Diskussion, ja sogar einen langwierigen, öffentlichkeitswirksamen Prozeß um eine Beleidigungsklage auslöste. Goerth und seine Anhänger steigerten sich in diesem Zusammenhang zu dem Vorwurf, daß die Mädchen durch eine Novelle Lina Morgensterns aus dem Jahre 1874 „geradezu zu geschlechtlichen Verirrungen verführt" würden.[199] Auch der bei Campe und La Roche schon sichtbar werdende Positionskampf in bezug auf die Autorität des Mannes bzw. der Frau in der Erziehung der Mädchen, speziell in der Lektürelenkung, erhielt um 1900, auf dem Hintergrund des sich verändernden Geschlechterverhältnisses, insbesondere auch durch die Erfolge der bürgerlichen Frauenbewegung im Bereich der Mädchenbildung, neuen Zündstoff. So beschwor Goerth die Gefahr einer ‚weiblichen Genealogie', die sich über die Schriftstellerin, die lesende Lehrerin, die lesende Mutter und die lesende Tochter aufbaue. In der sich um 1900 auf dem Hintergrund des modernen Evolutionismus herausbildenden entwicklungspsychologischen Perspektive klang die Aufregung über die Backfischliteratur und die Leselust der Mädchen etwas ab, weil beides nun im Modell einer gleichsam gesetzmäßigen Abfolge von Leseinteressen relativiert werden konnte.

3.2 Weibliche Lektüre in geschlechteranthropologischer und evolutionistischer Perspektive

Das Verhältnis von Geschlecht und Lektüre, das schon seit dem 18. Jahrhundert auch unter der Entwicklungsperspektive ins Blickfeld geraten war, erhielt also im Geschlechterdiskurs um 1900 einen exemplarischen Ort. In der Geschlechtertheorie – auch in der sich konstituierenden empirischen Psychologie der Frau – wurde das Thema der weiblichen Lektüre im Blick auf besondere ‚weibliche Grundeigenschaften' exponiert, deren Affinität zu fiktionaler Lektüre anerkannt waren. Das waren v.a. die vorgeblich stärkere Emotionalität der Frau, damit zusammenhängend ihre Beweglichkeit des Gefühls und die besondere Heftigkeit

198 Goerth 1882, bes. S. 26 f.

199 Zit. nach Wilkending 1997e, S. 184. Hier ist auch die Diskussion um die Beleidigungsklage dokumentiert, die Lina Morgenstern gegen Goerth und Vertreter der Jugendschriftenbewegung angestrengt hat. S. dort auch Anmerkungen zu antisemitischen Affekten gegen Morgenstern. Vgl. auch Schmidt-Dumont 1996, S. 198 f.

des Begehrens, ihre größere Sensitivität, ihre schnellere Auffassungsfähigkeit, ihre größere Phantasie – d.h. die Bereitschaft und Fähigkeit, die empirische Wirklichkeit zu verlassen und sich in eine Traumwelt hineinzubegeben – und schließlich ihr besonderes Verständnis und ihre Fähigkeit zur Identifizierung mit individuellen Schicksalen.[200] Nun hätte die für den modernen Geschlechterdiskurs fundamentale Annahme einer doppelgeschlechtlichen Anlage des Menschen gerade bei der Thematisierung fiktionaler Lektüre zu Erörterungen über die Literatur als Medium einer Geschlechtergrenzen potentiell überschreitenden Phantasieproduktion (s. Einleitung) an sich Anlaß geboten, dennoch kam es kaum zu einer solchen Perspektivierung. Die Thematisierung der weiblichen Lektüre diente vielmehr der Bestätigung polarer Geschlechtscharaktere und in der Regel auch der Bekräftigung weiblicher Minderwertigkeit und bestehender Hierarchien. Allein Rosa Mayreder variierte in *Die Kritik der Weiblichkeit* anhand der vielfältigen Phantasmen mythischer Einheiten des Männlichen und Weiblichen, etwa am Beispiel von „orgiastischen Festen der alten Kultur [...], bei welchen Männer und Weiber ihre Kleider vertauschten", an Bildern und mythischen Erzählungen von der kultischen „Verstümmelung" des Mannes, an den von der Sexualität befreiten christlichen Heiligen, an Schlegels *Lucinde* usw. offensiv ihre zentrale These, daß der „Wille[ ] zur Überwindung des Geschlechtes" eine kulturelle Tendenz sei.[201] Aber sie fand – wie schon gesagt – diese Tendenz eben gerade nicht in den Familienblättern und Backfischromanen.

3.2.1 Die weibliche Lektüre und die Polarität der Geschlechter

Auch die Ansichten von Weininger, Simmel und Freud über geschlechtsspezifische Lektüre, speziell über die Romanlektüre, fügen sich schlüssig in deren Geschlechterkonzepte: Für Weininger zeigte sich im Romanlesen von Frauen ihr abhängiges, ausschließlich sexuell bestimmtes Wesen. Simmel demonstrierte an diesem Thema sein Paradigma der größeren Undifferenziertheit der Frau, und Freud variierte – allerdings sehr viel offener und weniger eindeutig als Weininger und Simmel – sein Konzept der sexuellen Differenzierung, indem er den domi-

200 So stellt der Pädagoge Wendt 1893 in seiner „psycho-gynäkologische[n]" Studie über „Die Affecte der Mädchen" die These auf, daß Frauen eine geschlechtsspezifische Form der Affektivität hätten. Sie seien „[ä]sthetischer Rührung [...] leicht zugänglich", daher ja auch „gewisse Novellen, Dramen, Gedichte, selbst Bilder und Statuen nicht vergeblich auf diesen leicht erregbaren Affect speculieren" (Wendt 1893, S. 55). Dasselbe gelte für den „negativen ästhetischen Affect des Ekels" und des „Grausens vor dem Hässlichen", vor dem „Furchtbaren" und „Grauenvolle[n]" (ebd., S. 56), aber auch für ihre wunderliche Art sich zu begeistern. Da für ihn grundsätzlich die Bekämpfung ungezügelter Gemütsbewegungen nach dem Motto „›Frei vom Affecte‹" (ebd., S. 99) als wichtiges Entwicklungsgsziel gilt, steht er den stark affizierenden Backfischromanen kritisch gegenüber.

201 Mayreder 1905, S. 261 ff. Wie ängstlich demgegenüber Freuds Auseinandersetzung mit der Doppelgeschlechtlichkeit des Menschen ist, zeigt sich bspw. auch in *Die Traumdeutung* (1900), wo ja dieses Thema umfassend hätte exponiert werden können. Auch in der Auseinandersetzung mit den Traumdeutungen anderer Autoren neigt er eher geschlechterpolarisierenden Deutungen zu. Analoges gilt auch für seine Schriften über bildende Kunst und Literatur.

nant weiblichen (erotischen) und dominant männlichen (ehrgeizigen) Wünschen und der Spiegelung passiver und aktiver Strebungen in Tagträumen und literarischen Fiktionen nachging.

[D]ie Lektüre sinnlicher oder obscöner Dichtungen oder Romane, die ungeheuere Spannung auf den Moment des Koitus, mit welcher die Frauen lesen, ist nichts, gar nichts als Verkuppelung der beiden Personen des Buches, tonische Excitation durch den Gedanken der Kopulation und positive Wertung der sexuellen Vereinigung.[202]

So illustriert Weininger den Hauptgedanken seiner Weiblichkeitskritik, nämlich daß das „Wesen des Weibes" ihr extremes, sexuell bestimmtes Bindungsverhalten, in der Sprache Weinigers gesprochen: „Kuppelei" sei.[203] Lesen, so Weininger, bedeute für die Frau nichts anderes als „Kopulation". Die „weibliche[ ] Art der Lektüre" verfolge daher „krampfhaft von Anbeginn jede Verringerung der Entfernung" der Protagonisten. Im Grunde sei die „Erregung der Mutter am Hochzeitstage der Tochter [...] keine andere als die der Leserin von *Prévost*".[204] Indem sich Weininger eine für ihn typisch weibliche Lektüreszene ausmalt, in der die Frau – in der Phantasie ganz wie im Leben – ihr Grundbedürfnis befriedige, den „Koitus" herbeizuführen, bringt er vermutlich diejenigen Sexual- und Weiblichkeitsängste auf den Punkt, die seit Rousseau und Campe in der Romankritik und in der Kritik der Romanlektüre mitschwingen.

Auch Simmel diente die bekannte Vorliebe von Frauen für Romane zum Beleg für seine Vorstellung vom weiblichen Geschlechtscharakter. Dabei ging er in der für ihn typischen Weise argumentativ so vor, daß er die Frau zwar einerseits metaphorisierend erhöhte, um gleichzeitig, mit Verweis auf ihre „niedrigere Entwicklungsstufe"[205], deren geringere Kulturbedeutung zu belegen. So entspricht denn auch die Vorliebe der Frauen für Romane nach Simmel genau der relativen „Undifferenziertheit" und „Einheitlichkeit" des weiblichen Wesens. Schon in seinem frühen Essay „Zur Psychologie der Frauen" nahm er in diesem Sinne die bei Frauen beliebte Romanlektüre zum Beleg für die Spezifik ihres mächtigen Gefühlslebens:

Insofern diese Macht des Gefühlslebens von der Einheitlichkeit der Frauen bestimmt wird, kann ihr Ergriffensein durch Romane einen Beleg dafür bilden; sie erleben diese völlig mit, identifizieren sich ganz und gar mit den Personen und Affekten, weil sie sozusagen innerlich nicht differenziert genug sind, um außer der Vorstellung, die ihre Phantasie erfüllt, noch eine andere, daneben- und darüberstehende Vorstellungsmasse aufzuweisen[206]:

Zu dieser Erlebnisfähigkeit gehört aber eben nach Simmel als Kehrseite, daß den Frauen das fehlt, was Männer besitzen, nämlich die Fähigkeit zur Objektivierung. Darum seien Frauen auch als „Kritiker" wenig tauglich[207] und in den Künsten selbst nicht produktiv, sondern nur reproduktiv, „sei es im genießenden Empfangen, sei es in der Schauspielkunst, dem musikalischen Virtuosentum, oft

202 Ebd., S. 347.
203 Weininger 1980, S. 346.
204 Ebd., S. 347.
205 Simmel 1985a, S. 35.
206 Ebd.
207 Ebd.

auch in der Kopierkunst“[208]. Auch wenn er später – auf dem Hintergrund der sich real verändernden Geschlechterverhältnisse – das Feld einer „weiblichen Kultur“ ausweitete und am „wahrnehmbarsten in der Literatur“, und hier wieder im Bereich des Romans die Möglichkeit einer spezifischen Produktivität der Frau als Autorin annahm, so wich er dabei nicht etwa von seiner Ausgangsposition ab, sondern verschob lediglich die Argumente ein wenig: Der Roman komme der Frau als Autorin aufgrund seiner literarischen Charakteristik besonders entgegen, denn er biete v.a. „[g]eringere Schwierigkeiten als die sonstigen Literaturformen“,

> seine nachgiebigen, beliebig ausgestaltbaren Grenzen tragen weniger schroff den Charakter seines männlichen Ursprungs. Daher hat der Instinkt der Frauen sie gerade auf den Roman als auf ihre eigentliche Domäne geführt, auf der sie sich am freiesten und am eigensten geben können.[209]

Und er schränkt konsequent ein: Die Darstellung durchgängig auf „derselben objektiven Höhe“ zu halten, scheine „dem Rhythmus der weiblichen Seele“ doch nicht so zu entsprechen, so daß es nicht verwunderlich sei, daß es nur ganz wenige „hervorragende Produktionen“ von Frauen gebe.[210]

Freuds *Drei Abhandlungen zur Sexualtheorie* enthalten zwar keine Bemerkungen über Lektüre, sein wenig später veröffentlichter, bekannter Vortrag „Der Dichter und das Phantasieren“ (1908), in dem er sich mit der Widerspiegelung der „treibenden Wünsche“[211] der Menschen in (literarischen) Phantasien befaßte, verknüpft aber Geschlechter- und Lektürediskurs. Der Vortrag ist zwar speziell in bezug auf die Thematisierung weiblicher Lektüre unergiebig und enttäuschend. Denn Freuds Konzept der Mädchenpubertät, die er, wie bereits beschrieben, von einer Dramatik bestimmt sah, die aus der gesetzmäßigen Spannung zwischen dem Vordrängen aktiver Strebungen und der Notwendigkeit ihrer „Rückbildung“ (Freud) folgte, hätte ihn zu der Konsequenz führen können, daß sich die Tagträumereien und Lektüren von lesenden Frauen und Mädchens nicht nur auf das geforderte Entwicklungsziel, sondern ebensosehr (oder noch mehr) auf die im Entwicklungsprozeß verdrängten oder zu verdrängenden Strebungen richten. Aber genau diese Vermischung aktiver und passiver Strebungen beob-

208 S. ebd., S. 38.

209 Simmel 1985b, S. 167.

210 Ebd. Dieser Ansicht widerspricht implizit Bäumer, die die neue Frauendichtung von Andreas-Salomé, von Bülow, Böhlau, Ebner-Eschenbach, Huch, Reuter, Viebig u.a. als bedeutende kulturelle Leistung bezeichnet. Ihrem Konzept des weiblichen Geschlechtscharakters entsprechend, sieht sie in dieser Literatur die von ihr immer wieder idealisierte Synthese von ‚Zartheit‘ und ‚Kraft‘. Die neue Frauenliteratur sei kein Beleg für weibliche Schwäche oder Abhängigkeit, sondern „Ausdruck des Kampfes“, repräsentiere die „innere Seite“ des „Befreiungskampfes der Frau“ (Bäumer 1911a, S. 117 ff., 1911b, S. 23.). – Eine umfassende Untersuchung von Bäumers essayistischem und literarischem Gesamtwerk unter der Perspektive Frau und Kultur steht noch aus.

211 Freud 1955a, S. 217. Dieser Vortrag ist in unserem Kontext insofern von besonderer Relevanz, als Freud seine Thesen hier auf solche (trivialen) Texte anwendet, die die „zahlreichsten und eifrigsten Leser und Leserinnen finden“ (Freud 1955b, S. 219). Dabei fokussiert er zudem immer wieder die Leserperspektive als die des „jungen Weibe[s]“ und „jungen Manne[s]“ (ebd., S. 217).

achtet Freud in „Der Dichter und das Phantasieren" lediglich in bezug auf ‚Männerphantasien' und legt zudem seine Beobachtungen allzu vorsichtig aus. Dennoch: Freud ist der einzige, dessen psychoanalytisches Entwicklungs- und Differenzierungskonzept theoretisch notwendig auf die These hinführt, daß die in der Entwicklung aufgerichteten Grenzen zwischen ‚Männlichkeit' und ‚Weiblichkeit' in Träumen und Phantasien überschritten werden. Ehrgeiz einerseits und Liebesstreben andererseits, so der Ausgangspunkt Freuds in seinem Vortrag, bilden die beiden „Hauptrichtungen", in die sich die „treibenden Wünsche" aller Menschen orientierten:

> Es sind entweder ehrgeizige Wünsche, welche der Erhöhung der Persönlichkeit dienen, oder erotische. Beim jungen Weibe herrschen die erotischen Wünsche fast ausschließend, denn sein Ehrgeiz wird in der Regel vom Liebesstreben aufgezehrt; beim jungen Manne sind neben den erotischen die eigensüchtigen und ehrgeizigen Wünsche vordringlich genug.[212]

Aber eben nicht an der Polarisierung, sagt er ausdrücklich, sondern an der „häufige[n] Vereinigung" beider Wunschrichtungen sei er interessiert. Und so deckt er auf, daß oft in einer ehrgeizigen Wunschphantasie des Mannes auch eine erotische Strebung durchscheint; in „irgendeinem Winkel" lasse sich meist „die Dame entdecken, für die der Phantast all diese Heldentaten vollführt".[213] Auch die Aktivität des Mannes ist, wenn man Freuds eigenen Phantasien in diesem Text folgt, ohne dessen Passivität nicht denkbar. Denn die „Unverletzlichkeit" des Helden von Abenteuerromanen malt Freud aus, indem er sich intensiv dessen Verletzungen, Ohnmacht und Pflegebedürftigkeit vorstellt: „Wenn ich am Ende eines Romankapitels den Helden bewußtlos, aus schweren Wunden blutend verlassen habe, so bin ich sicher, ihn zu Beginn des nächsten in sorgsamster Pflege und auf dem Wege der Herstellung zu finden [...]."[214] Damit beschreibt Freud sehr präzis eine epische Grundregel zur Garantie der Unverletzlichkeit des abenteuernden Helden. Allerdings diskutiert er nicht, welche Funktion das von ihm beobachtete, episch rhythmisierte Zusammenspiel von Aktivität und Passivität des Helden für den Leser oder die Leserin haben könnte; er nimmt dies Zusammenspiel nicht einmal explizit wahr, sondern interpretiert es nur von einem einzigen Punkt aus, nämlich von der Gewißheit des Lesers, daß der ‚geschlagene Held' immer wieder zu neuen Taten aufbrechen wird. So selbstverständlich, daß er darüber kein Wort verliert, ist für ihn zudem, daß „[s]eine Majestät das Ich", der Held „aller Tagträume wie aller Romane"[215], immer nur der männliche Held ist. Damit erweist sich Freuds Perspektive auf das Geschlechterverhältnis in Dichtungen und Tagträumen als typisch männlich.

212 Ebd., S. 217.
213 Ebd.
214 Ebd., S. 219 f.
215 Ebd., S. 220.

3.2.2 Das ‚biogenetische Grundgesetz' und die geschlechtsspezifischen Leseinteressen

Die Verankerung der Pubertät in einer Folge von Entwicklungsstufen, die durch das ‚biogenetischen Grundgesetz' neu begründet wurde, „wonach die Entwicklung des Individuums eine abgekürzte Rekapitulation der Stammesgeschichte darstellt"[216], und die Anwendung dieses Gesetzes auf die Lektüre der Jugend führte um 1900 zu höchst spekulativen Konstruktionen, in denen sich Ansichten über Geschlechterdifferenz, über Erziehungsziele und über Lesebedürfnisse überkreuzten und gegenseitig stützten. So behauptete der bekannte Kritiker und Programmatiker des Naturalismus Heinrich Hart auf dem Zweiten Kunsterziehungstag in Weimar (1903):

> In der Entwickelung jedes Einzelmenschen wiederholen sich abgekürzt und konzentriert die großen Entwicklungsperioden der Menschheit. Das Kind der unteren Schulstufen steht auf dem geistigen Niveau, wie es etwa der Mensch der Steinzeit mit seiner Kultur erreicht hat [...]. Auf den mittleren Schulstufen nehmen Knaben und Mädchen etwa jenes Kulturniveau ein, zu dem der nordamerikanische Indianer sich emporgearbeitet hat. [...] Auf den höheren Schulstufen erreichen Jüngling und Jungfrau jenes menschliche Entwicklungsniveau, das in den verschiedensten Epochen durch die Ideale des Rittertums gekennzeichnet wird. Das Verlangen nach süßer Minne erwacht [...].[217]

Mit dieser Konstruktion wollte Hart letztlich bestimmte, von ihm selbst protegierte, in der schulischen und privaten Lektüre im 19. Jahrhundert etablierte Lektüren, nämlich Märchen u.ä. für die schulische Unterstufe, Indianergeschichten (bes. Cooper) für die Mittelstufe, klassische und romantische Literatur für die Oberstufe legitimieren.[218]

In eine solch evolutionistische Betrachtungsweise der literarischen Entwicklung bzw. der Entwicklung von Leseinteressen fügte sich auch eine essentialisti-

216 Ross 1899, [o.P]. Der Bericht von Ross ist ein frühes Dokument der Rezeption einer an Darwins Entwicklungslehre orientierten Entwicklungspsychologie in der reformorientierten Pädagogik. Ross führt Darwin, der 1877 die „Biographische Skizze eines Kindes" veröffentlicht hatte, sogar als einen „Mitbegründer der Kinderpsychologie[]" (ebd.) an, gibt dabei aber auch die Meinung des Völkerpsychologen Wundt zu bedenken, der von der Embryologie mehr Aufschlüsse über das Seelenleben der Kinder erwarte als von der Kinderpsychologie (s. ebd.).

217 Hart 1904, S. 130 ff. Zur Attraktivität Haeckels als des Begründers des ‚biogenetischen Grundgesetzes' für die Naturalisten, speziell auch die Brüder Hart, s. Burdorf 2001, S. [351] ff.

218 Hart entwirft hier eine Konstruktion, die später bekanntlich von den Lern- und Entwicklungspsychologen Karl und Charlotte Bühler ausgebaut und auf eine empirische Grundlage gestellt wurde. Bühlers legten eine Stufenfolge der Leseentwicklung fest, die sie mit Begriffen wie ‚Märchenalter', ‚Robinsonalter', ‚Abenteueralter' belegten (s. Bühler 1918, S. 217 ff.; Bühler 1926). Die Begriffe ‚Märchenalter' und ‚Abenteueralter' wurden offenbar von Karl, nicht, wie generell angenommen, von Charlotte Bühler geprägt (s. Bühler 1918). Charlotte Bühler bezieht sich positiv auf Harts Vortrag auf dem Kunsterziehungstag in Weimar, da Hart hier „schon Stadien" der Leseentwicklung ins Auge gefaßt habe (s. Bühler 1926, S. 290 f.). Analoge Konzepte waren im übrigen im 19. Jahrhundert bereits im Rahmen einer unterrichtsnahen Volksschulpädagogik der Herbartschule ausgebaut worden, die sich auf die ‚Kulturstufentheorie' des Herbartianers Ziller stützte (s. Wolff 1914, Sp. 104).

sche, naturalisierende Auslegung bekannter geschlechtsspezifischer Lesevorlieben in der Pubertät ein. Wir finden eine solche Auslegung im Lektürediskurs um 1900 immer wieder, und zwar selbst bei solchen Literaturpädagogen, die, wie Heinrich Wolgast, vornehmlich die historisch-gesellschaftlichen Bedingungen geschlechtsspezifischer Lektüren diskutierten und die „[g]rundsätzlich" dagegen waren, „*Knabenlektüre und Mädchenlektüre* zu sondern" (s.o.).[219] So sprach Wolgast vom „*Trieb* zum Märchenhaften und Heldenhaften" oder vom „*Trieb* zum Abenteuerlichen und Fernen"[220], und er sah die „Zeit der Reifeentwicklung" durch eine Triebstruktur gesteuert, die er in bezug auf beide Geschlechter mit dem Begriff der „Stoff*gier*" und in bezug auf die Jungen mit dem Begriff „Abenteuer*lust*"[221] belegte. Und „beim Mädchen", meint er, nähre sich „der ganze geistige Mensch durch das Herz".[222] Die Bewertung der Backfischliteratur als einer gegenüber der Abenteuerliteratur grundsätzlich qualitätloseren Literatur entsprach dabei der gängigen, wie auch immer modifizierten Annahme der Minderwertigkeit von Frauen und Mädchen. Am unverstelltesten geschlechterbiologisch, und zwar in der Paradigmatik der traditionellen Sonderanthropologie, argumentierte in diesem Sinne Göhring, der – mit hämischem Unterton – meinte, die typische Backfischliteratur entspreche dem „reifende[n] Mädchen", das „an Zimperlichkeit und übergroßer Sentimentalität krankt", und der „Knabe in seinen *Flegeljahren*" griffe eben in „überquellendem Kraftgefühl, das zu Rohheit und Grausamkeit ausartet", nach Abenteuerromanen.[223]

Die evolutionistische Betrachtungsweise erlaubte nun aber auch, die ‚Phase' spezieller Lesevorlieben in der Pubertät im Kontext einer vollständigen Lektürebiographie zu lokalisieren und damit gleichzeitig zu relativieren. Dazu gaben Beobachtungen Anlaß, die vermuten ließen, daß die starke Polarisierung von Leseinteressen in der Pubertät, wie sie von Zeitgenossen wahrgenommen wurde, nach der Pubertät wieder abnahm. Das führte dazu, daß die typischen Pubertätslektüren sogar als eine Art Übergangsliteratur untersucht und ernstgenommen werden konnten. Als erster hat Hermann Leopold Köster, der herausragende Repräsentant der jüngeren Generation der Hamburger Jugendschriftenbewegung, auch das Thema Backfischlektüre in dieser Perspektive neu akzentuiert. Zu Beginn des 20. Jahrhunderts hatte er im Auftrag des „Experiment-Ausschusses" der Vereinigten deutschen Prüfungsausschüsse für Jugendschriften eine Sammlung von Lektürebiographien junger Arbeiterinnen und Arbeiter, Schülerinnen und Schüler höherer Schulen und Seminaristinnen und Seminaristen angelegt und ausgewertet.[224] Nicht alle Jugendlichen lesen, stellte Köster zunächst einmal fest, denn die „Hast und Hetze des Lebens", der „Kampf ums Dasein heute" lasse das Lesen für viele (besonders die Arbeiterinnen und Arbeiter) nicht zu. Im übrigen

219 Wolgast 1907, S. 122.

220 Ebd., S. 118 (Hervorh. nicht im Orig.).

221 Wolgast 1896, S. 173 (Hervorh. nicht im Orig.).

222 Wolgast 1905, S. 101.

223 Göhring 1891/92, S. 600. Vgl. auch das Zitat von Hart, der Mädchen und Jungen als Adressaten von Abenteuerliteratur nennt. Konkret bezieht allerdings auch er sich immer nur auf Jungen als Leser dieser Literatur.

224 S. hierzu auch Wilkending 2002a.

bestätigte seine Untersuchung die Heftigkeit und die Geschlechtsspezifik von Leseinteressen in der „Übergangszeit":

Und wir wissen, worauf sich die Lesewut stützt: bei den Mädchen sind es die Backfisch- und Pensionsgeschichten und die Romane der Lesemappe, bei den Knaben sind es die Indianer- und Seeräuber- und Detektivgeschichten mit ihren Abenteuern. / Alle, bis auf wenige Ausnahmen, zollen diesen Büchern ihren Tribut.[225]

Kösters Interesse an der Aufklärung pubertärer Leselust zielte aber noch auf einen anderen Punkt: „Wenn die Backfisch- und Pensionsgeschichten einerseits und die Abenteuererzählungen andererseits so ganz allgemein glühende Begeisterung hervorrufen, so müssen wir fragen: was ist es, das eine solche starke Wirkung bedingt?"[226] Mit dieser Frage, die – m.E. in großer Nähe zu Freud – auf die Klärung des Verhältnisses von pubertärer Entwicklungsdramatik und Lektüre abzielte, verließ Köster den traditionellen Weg der Kritik der Backfischlektüre. Denn er nahm an, daß sich in den Lektüren der Pubertät die in dieser Entwicklungsphase angewachsene „romantische Sehnsucht nach dem Ungewöhnlichen"[227] ausdrücke. Zwar folgte auch Köster den im Geschlechterdiskurs um 1900 etablierten Mustern der Gegenüberstellung weiblicher und männlicher Wünsche, wenn er das ‚Erwarten des Helden' einer weiblichen, den ‚heldenhaften Tatendrang' dagegen einer männlichen Pubertätsphantasie zuordnet. Was seinen Ansatz aber, besonders gegenüber Simmels Differenzierungskonzept, bemerkenswert macht[228], ist die Tatsache, daß Köster, anders als Simmel, Phantasie und Realität nicht schlicht parallelisierte, sondern auch in Spannung zueinander brachte, daß er zudem das Vorübergehende geschlechtsspezifischer Leseinteressen be-

225 Köster 1913, S. 453. Budde berichtet, daß in den von ihr untersuchten Autobiographien von Frauen die nachweislich beliebten typischen Mädchenbücher wie *Der Trotzkopf* nicht genannt werden. Die Frauen identifizierten sich offenbar lesend eher mit abenteuernden männlichen Helden. Budde interpretiert m.E. aber diesen Befund richtig, wenn sie meint, daß es hier wohl um typische „Ausblendungen" der Autobiographinnen geht, die auch zu den „Protagonistinnen der Frauenbewegung" gehörten oder die sich sonst bewußt in Gegensatz zum normativen Weiblichkeitsentwurf brachten. Gerade die Aktivitäten der Jugendschriftenbewegung um Heinrich Wolgast sieht sie für solche Selbstinterpretationen verantwortlich (Budde 1994, S. 130). Zu bedenken ist allerdings auch, daß viele von Buddes Autobiographinnen Backfischliteratur wie *Der Trotzkopf* noch gar nicht als Mädchen hatten lesen können, da das Buch erst 1885 erschien, von den von Budde ebenfalls erwähnten *Nesthäkchen*-Bänden ganz zu schweigen.

226 Ebd., S. 455.

227 Ebd., S. 456.

228 Vgl. hierzu auch Simmel 1911. Simmel folgt in seinem Aufsatz „Das Abenteuer" seiner Geschlechterontologie, die er am Begriff des ‚erotischen Abenteuers' noch einmal schärft, ja beweisen möchte. Denn die „erobernde Kraft", die er als ein wesentliches Element des Abenteuerhandelns bestimmt, sei – wie der Liebesroman zeige – bei der Frau „typischerweise schon von der Passivität durchwachsen, die entweder die Natur oder die Geschichte ihrem Wesen zugeteilt hat", weswegen auch das „Liebesverhältnis in der Regel nur für den Mann" als „›Abenteuer‹" gelte (ebd., S. 20). Ähnlich polarisierende Konstruktionen finden sich auch in Blochs *Das Prinzip Hoffnung*. Bloch kontrastiert hier eine weibliche und eine männliche Fluchtphantasie. Eine Frau erzählt: „»Ich wollte Malerin werden, träumte mich in ein orientalisches Schloß auf einem Berg, lebte dort allein mit meinem unehelichen Kind«". Ein Mann erzählt: „»Ich wollte aufs Meer und ersann mir dazu ein Kriegsschiff ohnegleichen.«" (Bloch 1976, Bd. 1, S. 25, s. Bd. 2, S. 687 ff.)

tonte und schließlich auch auf konvergierende Phantasien von Jungen und Mädchen hinwies. Seine Untersuchungen ergaben nämlich, daß auch Mädchen in der ‚Backfischbuchphase' gleichzeitig – häufig vermittelt über die Brüder – Indianergeschichten lasen. Ein Mädchen berichtete sogar, „sie und ihre Brüder seien" im Anschluß an solche Lektüren „fest entschlossen gewesen, später nach Amerika" auszuwandern.[229] Das sind zwar Ausnahmen. Signifikant ist aber das Untersuchungsergebnis, daß sich das Leseinteresse bei Jungen wie Mädchen am Ende der von ihm sogenannten Indianerbuch- und Backfischbuchphase zum gemeinsamen Interesse am historischen Roman und später zur Gegenwartsliteratur hin verschob.[230] Mit seiner Beobachtung, daß sich Mädchen ebenso wie auch Jungen (ausgenommen nur Arbeiterinnen und Arbeiter) an politischen und ökonomischen Fragen uninteressiert zeigten[231], relativierte er gleichzeitig das Vorurteil, daß das Interesse an politischen Angelegenheiten gleichsam naturgemäß ein männliches sei.– Kösters Ansatz einer theoretischen Verankerung divergierender und konvergierender Lesemotivationen von Jungen und Mädchen in den Wunschproduktionen der Leser bot einen neuen Ausgangspunkt für die Klärung von Leseinteressen, von dem aus die Vermittlung von historisch-gesellschaftlich bedingter Alltagsrealität einerseits und Lektüre als Phantasieproduktion andererseits auch unter genderspezifischen Gesichtspunkten hätte weitergedacht werden können. Kösters in zeittypischer Weise geschlechterpolarisierendes Denken sowie die aus dem biogenetischen Grundgesetz resultierende Idee einer gleichsam gesetzmäßigen Leseentwicklung behinderten aber eine weitergehende Revision des dominanten Lektürediskurses, in dem die normabweichenden, atypischen Lektüren von Jungen und Mädchen nicht nur als Ausnahmeerscheinungen, sondern als genereller Ausdruck einer der Geschlechtertrennung entgegengesetzten, mehr oder weniger bewußten Wunschproduktion hätten aufgefaßt werden können.

3.2.3 Die pädagogische Kritik der Mädchenlektüre

Was für den allgemeinen Diskurs über weibliche Lektüre gesagt wurde, nämlich daß dieser Diskurs mit seinen traditionellen, dichotomisierenden Redefiguren von dem in der modernen Entwicklungstheorie grundlegenden Gedanken der doppelgeschlechtlichen Anlage des Menschen relativ unberührt blieb, gilt noch in weit stärkerem Maße für die pädagogisch-direktive Kritik der Mädchenlektüre, wie

229 Köster/Will 1912, S. 3. S.a. Köster 1913, S. 459 ff.

230 S. Köster 1913, S. 458 f.; vgl. auch Köster 1912, S. 69, u. Köster/Will 1912, S. 3. Auch Charlotte Bühler stellt im übrigen in ihrer an 8000 Wiener Kindern und Jugendlichen durchgeführten Enquète zu der Frage „Welches Buch liest du am liebsten und warum?" fest, daß nach einer Phase der Backfischbuchlektüre die Hinwendung zu Reiseerzählungen und historischen Romanen bemerkbar wird, wobei der historische Roman schon im Alter von 14 Jahren seine Spitzenposition erreicht habe (Bühler 1926, S. 296 ff.). Interessant ist in diesem Kontext auch ein kleiner Aufsatz unter dem Titel „Was Frauen lesen" aus dem Jahre 1888, der auf der Basis einer Bibliotheks-Ausleihkartei den Leserinnentypus der „geographische[n] und biographische[n] Leserin" findet (Norder-Ney 1888, S. 662). Diesen Hinweis verdanke ich Susanne Becker (s.a. Becker 2000).

231 S. Köster 1913, S. 460.

sie von Bäumer, Goerth, Göhring, Wolgast u.a. ausformuliert wurde. Diese Kritik war also in bezug auf den modernen Evolutionismus durchaus rückständig. Wenn sich Literaturpädagogen auf Darwin und evolutionistische Theoreme bezogen, dann in der Regel einverständig mit den zeitgenössischen Debatten über degenerative gesellschaftliche Prozesse und die moderne Nervosität. Die Kernthese war in diesem Kontext generell die, daß durch die lustvolle Lektüre von Backfischromanen die typisch weiblichen Eigenschaften, v.a. die besondere Empfindlichkeit und die Unfähigkeit der Frau zur Objektivität, ins Maßlose gesteigert würden. Exemplarisch für diese Kritikrichtung ist Christian Ufers Buch mit dem sprechenden Titel *Nervosität und Mädchenerziehung in Schule und Haus* (1890), in dem er den gängigen Vorwurf der Selbstbespiegelung des (an sich ganz und gar nichtigen) Backfischs mit der ebenso gängigen Behauptung verknüpfte, die „erotische Unterhaltungsliteratur unserer weiblichen Federn" mache die jungen Mädchen „vorzeitig alt und nervös".[232] Dabei stützte er sich auch auf Göhring, der meinte, die Lektüre verforme die „natürliche Feinfühligkeit" der Mädchen zu „Hysterie und geistiger Bleichsucht".[233] Im Zentrum stand der Vorwurf, die Lektüre verstärke die den Mädchen und Frauen eigene Selbstbezüglichkeit (Subjektivität) zu Egozentrismus, Selbstsucht und Genußsucht. Noch 1918, als sich mit Köster auch schon ein liberaler Standpunkt in der pädagogischen Mädchenliteraturkritik etabliert hatte, resümierte Bäumer ihre Kritik der Backfischliteratur so:

> Man sollte den jungen Mädchen in diesem Alter überhaupt möglichst wenig literarische Selbstporträts geben. Es kommt viel mehr darauf an, sie in einer Entwicklungszeit, in der sie sich selbst problematisch und unerfreulich sein müssen, von der eigenen Person, der eigenen Rolle, den eigenen Angelegenheiten abzulenken.[234]

Besonders die Fokussierung der Mädchenliteratur auf das Thema Liebe regte die Kritiker auf. Göhring erwartete sogar – ganz im Sinne der spätaufklärerischen Fiktionalitätskritik eines Campe – die Nachahmung der Romanhandlung im wirklichen Leben. Die Schriftstellerinnen, meinte er, schwelgten „förmlich in einem Venusberg; heute Liebschaft, gestern Liebschaft, Heirat und Verlobung, Brautschaft und verschmähte Neigung: und da wundert man sich noch, wenn der von Liebschaften angesteckte Backfisch eine Gymnasiastenliebschaft anbändelt".[235] Nur langsam begann sich eine mildere, zunächst v.a. durch einige in der Lehrerinnenbewegung aktive Frauen vertretene Position zu konturieren, in der auch nach den Gründen für das mädchentypische Leseinteresse gefragt und in der die eigene weibliche Lesebiographie nicht völlig verdrängt wurde – bis schließlich Köster, im Anschluß an seine schon erwähnten besebiographischen Untersuchungen, nach Vermittlungen von Leselust und literarischer Bildung in einem kommunikativen und kooperativen Literaturunterricht zu suchen begann, der von den individuellen Lesevorlieben ausgehen sollte.[236]

232 Ufer 1890, S. 91 ff.
233 Göhring 1890, S. 113.
234 Bäumer 1918, S. [5].
235 Göhring 1890, S. 114.
236 Dieser Komplex ist von mir auf einer breiten Quellenbasis untersucht und bereits dargestellt worden, so daß ich hier auf eine weitere Detaillierung verzichte (s. Wilkending 2002a).

Für die pädagogische Kritik der Mädchenliteratur von paradigmatischer Bedeutung ist das Buch *Erziehung und Ausbildung der Mädchen* des Mädchenschullehrers Goerth. Sein Buch erschien 1894, also in einer für die bürgerliche Frauenbewegung als Lehrerinnenbewegung besonders erfolgreichen Phase. Auf die Ziele der bürgerlichen Frauenbewegung im Bereich des höheren Mädchenschulwesens bezog sich Goerth – durchaus als Konkurrent in diesem Felde – daher auch sehr ausführlich.[237] Das Erscheinen des Buches löste eine heftige Diskussion aus, an der nicht nur bekannte Literaturpädagoginnen und -pädagogen teilnahmen. Die Beleidigungsklage, die Lina Morgenstern als eine der von Goerth angegriffenen Mädchenbuchschriftstellerinnen anstrengte, sowie der daran anschließende Prozeß, schlugen sich sogar in der überregionalen Tagespresse nieder und forderten damit kulturpolitisch Interessierte unterschiedlicher Provenienz zur Stellungnahme heraus.[238] *Erziehung und Ausbildung der Mädchen* ist ein besonders krasses Dokument einer um 1900 als Kulturkritik firmierenden, schwarzen, auch von Gedanken der Eugenik grundierten Literaturpädagogik, in der der Verfasser das Lustlesen von Mädchen als krank und unsittlich diffamierte und über die Modellierung von Instanzen und Funktionen der Lektüreaufsicht und -bevormundung zu kontrollieren und zu unterdrücken versuchte. Letztlich ging es ihm aber um mehr, nämlich um den Kampf gegen die Emanzipation der Frau, die in seiner Perspektive die vorgeblich natürlich verankerte gesellschaftlichen Ordnung, und damit die übergeordnete Position des Mannes (als Repräsentant der Vernunft) und seine unbedingte Befehlsgewalt, gefährdete, und zwar ebenso in der Familie wie auch in der Schule. Die Emanzipation galt Goerth daher auch ein arger „Mißgriff".[239] – Wie tief die Lustfeindlichkeit in der zeitgenössischen Literaturpädagogik verankert war, darauf verweist auch die Tatsache, daß selbst solche Kritiker der Mädchenlektüre, die – wie etwa Wolgast – dessen gesellschaftspolitische Position mit Sicherheit nicht teilten, sondern nachdrücklich für die Ziele der Frauenbewegung eintraten, Goerths Kritik der Mädchenlektüre dennoch zustimmend aufnahmen und sich auch dann nicht von ihm distanzierten, als seine frauenfeindlichen Invektiven im Kontext des Beleidigungsprozesses öf-

---

237 Goerth war seit 1876 Leiter einer höheren und einer mittleren Mädchenschule und zeitweilig auch Leiter eines Lehrerinnenseminars. Die Einrichtung von Mädchengymnasien, die auf die Gleichrangigkeit der höheren Bildung von Mädchen und Jungen und in Konsequenz auch der Lehrerinnen und Lehrer im höheren Schulwesen abzielte, lehnt er als überflüssig ab. Die „wenigen Prozent oder Promille" unter den Mädchen, die entsprechende Studien anstrebten, bedürften „solch eines Apparates nicht" (Goerth 1894, S. 211).

238 Ein interessantes Dokument einer solchen Stellungnahme stammt von dem ‚evolutionistischen Sozialisten' und Naturalisten Wilhelm Bölsche, der Goerth einerseits bescheinigt, daß er „sich in wichtigen Dingen thatsächlich zur gesunden Auffassung durchgearbeitet" habe, andererseits aber „rettungslos im alten Sumpf stecken geblieben" sei. Die „schlechten und konventionellen Mädchenromane" spiegelten zwar ein völlig ‚verschrobenes' Gesellschaftsbild wider, seien aber an der Erzeugung der „verrotteten" gesellschaftlichen Zustände selber nicht schuld. Ganz entschieden wendet sich Bölsche gegen die pädagogischen Angriffe auf die „»Lesewuth«" junger Mädchen. Diese Lesewut sei vielmehr von ausgezeichnetem Wert für das künftige Leben. So würden selbst bei einmaliger Lektüre ‚Wissensmassen' strukturiert dem Gedächtnis überliefert. Bölsche fordert konsequent eine qualitätvolle spezifische Mädchenliteratur.

239 Ebd., S. 157.

fentlich wurden.[240] Goerth behauptete als einziger Pädagoge, die Ziele der Mädchenerziehung (einschließlich der Kritik der Mädchenlektüre und der Emanzipation der Frau) schlüssig aus der Anthropologie der Frau ableiten zu können.[241] Auch aus diesem Grund sollen im folgenden seine Begründungen der Kritik der Mädchenlektüre etwas ausführlicher und – zur Kennzeichnung der Schärfe seiner Angriffe – auch wörtlich zur Sprache gebracht werden.

„Wer über Mädchenerziehung schreiben und öffentlich sprechen will, muß das eigenartige Wesen der Frauen sorgfältig studiert haben"[242], begründet Goerth sein methodisches Vorgehen. Das 500 Seiten umfassende Buch enthält daher 2 Teile, einen grundlegenden Teil unter dem Titel „Das Studium der Frauenseele" und einen weiteren Teil über „Die Erziehung der Mädchen" in Elternhaus und Schule, dazu einen Anhang „Zur Frauenfrage". – Der Grundlagenteil, in dem Goerth die Geschlechterdifferenz *„auf Naturgesetze zurückführen"*[243] will, hat für ihn faktisch die Funktion der Bestätigung eines strikten „Geschlechtsdimorphismus" (s.o.). Auch wenn er sich auf die moderne Entwicklungslehre bezieht, und er tut es häufig, dann immer nur mit dem Ziel, Unterschiede von Frau und Mann hervorzuheben, wobei ihm offenkundig das Bild einer Geschlechterdifferenzierung als Ideal vorschwebte, wie es Darwin auf die frühen Zustände der Menschheitsentwicklung projiziert hatte. Das „Kulturleben", heißt es daher, in freier Auslegung von Darwins Thesen zur Vererbung erworbener Eigenschaften, habe die Polarisierung von Mann und Frau nicht abgemildert, sondern immer weiter gesteigert. So hätten bspw. auch der „Mut" des Mannes und die „Schutzbedürftigkeit" der Frau in der Evolution zugenommen.[244] Zwar könnten Frauen in extremen Ausnahmesituationen Großes leisten, etwa „in Lazaretten und Krankenhäusern", könnten durch „Mutterliebe zur Heldin werden", ja sogar „für die Befreiung des Vaterlandes" mitkämpfen. Aber dieser Mut sei vorübergehend, ohne bleibende Auswirkung, und fest stehe: Männer lieben keine „Mannweiber", „›emancipierte‹ Frauen oder Jungfrauen", sie lieben an Frauen „ein schüchternes, zaghaftes, furchtsames, scheu und zurückhaltendes, sanftes Wesen".[245]

240 Wolgast, der sich mit seinem Konzept einer Erziehung zur ‚ästhetischen Genußfähigkeit' auf Schiller bezog, meint allerdings, daß Goerths Begriff des ästhetischen Genusses, „den er scharf vom stofflichen Genuß scheidet", zu eng gefaßt sei (Wolgast 1896, S. 77).

241 Er bezeichnet sich mehr als selbstbewußt als „Jünger des großen Kant" (Goerth 1894, S. 321) und nimmt an, daß seine Mädchenerziehungslehre „in der Zukunft von der Geschichte der Pädagogik als ein bahnbrechendes Werk bezeichnet werden wird" (ebd., S. [V]).

242 Ebd., S. [V].

243 Ebd.

244 Ebd., S. 52 ff.

245 Ebd., S. 55 ff. Wie schwer sich Goerth mit diesen ‚Ausnahmesituationen' tut, zeigt seine Anmerkung zu den „als Männer verkleidet[en]" Schwertjungfrauen der „Freiheitskriege", deren einer er als vierzehnjähriger Junge begegnet sein will. Nach seiner Erinnerung trug sie damals das Eiserne Kreuz und dazu ein „Bärtchen ums Kinn", trank „Branntwein" und „fluchte und schrie wie ein Landsknecht" (ebd., S. 56). Zu den Schwertjungfrauen mit Eisernem Kreuz in der biographischen Jugendliteratur s. T. 2, Kap. 2; vgl. auch T. 2, Kap. 4, in diesem Band.

Im Zentrum seines Differenzkonzepts steht der Komplex der Fortpflanzung, an dem Goerth aber nicht nur in sozialdarwinistischer Manier die ‚naturgegebene' Aufgabenverteilung von Mann und Frau[246] und deren psychische und intellektuelle Grundverschiedenheit demonstrieren will, sondern mit dem er auch Ansichten über die Sexualität des Mannes und der Frau verbindet, die sich später als grundlegend für seine Kritik der Mädchenlektüre erweisen werden. Denn zu der aktiven Position des Mannes gehört nach Goerth auch, daß nur er einen starken Trieb zur Fortpflanzung hat, daß er „in jeder Beziehung eine derbere Sinnlichkeit besitzt", stärker an seinen „Geschlechtstrieb gebunden" ist, während die ‚normale' Frau in der Sexualität passiv sei. Dafür sei ihr aber „die tiefe kräftige Liebe zum Neugebornen" mitgegeben, zu der es keine Entsprechung in der Vaterliebe gebe[247]:

> Da das Weib [...] in seinem sinnlichen Verlangen und in jeder Hinsicht mäßiger ist; da es in bezug auf die Fortpflanzung des Geschlechts die Frucht zu empfangen und in sich zur Reife zu bringen hat: so sehnen Jungfrauen den Zeugungsakt in viel geringerm Maße als Jünglinge herbei; ja sie pflegen demselben mit Angst und Bangen, ja unter Zittern und Zagen entgegenzusehen. Aber dies gilt nur für wohlerzogene, unverdorbene Mädchen.[248]

Aber in seiner Erziehungslehre geht es Goerth vornehmlich nicht um in seinem Sinne unverdorbene, sondern um ‚verdorbene' Mädchen und Frauen, bei denen sich typisch weibliche Schwächen zu Nervenschwäche, Phantasterei, Genuß- und Emanzipationssucht gesteigert hätten. Folgt man den langen Tiraden über die „Phantasiethätigkeit" der Frau, über ihre „Empfänglichkeit für feine und selbst geringe Reize" und die daraus folgende übergroße „›*Sentimentalität*‹", das geradezu „*pathologische Mitleid*", „*Liebehunger*", „*Eigennutz*", ihre Neigung zu „*leeren Einbildungen*", zu „*gedankenlose[m] Schwatzen*", zur „Verstellungskunst" und zum „*weibliche[n] Eigensinn*" und – „*Trotz*"[249], dann stellt sich freilich der Eindruck ein, daß Goerth die Frau – ähnlich wie Möbius – überhaupt für deformiert hält und daß er von seinem Ideal einer scheuen, zurückhaltenden, sittlich reinen Jungfräulichkeit selbst kaum überzeugt ist. Vor allem in den sogenannten höheren Kreisen findet er die von ihm inkriminierte Deformation: „Es herrscht in diesen Kreisen ein wahrhaft entsetzliches Jagen und Haschen nach sinnlicher Lust, nach Vergnügungen, nach immer neuen Zerstreuungen und Aufregungen aller Art. Man hat dafür sehr bezeichnend das Wort »Sinnentaumel« erfunden."[250] Auch die Kinder seien in diesen Kreisen „ungehorsam, trotzig, eigensinnig, eitel, empfindlich, hochmütig, neidisch, zänkisch, frech gegen Erwachsene und gegen Dienstboten, unordentlich, unsauber, verschwenderisch,

246 Als Beispiel mag dienen: „Eine schmalhüftige Frauengestalt ist häßlich, weil die dürftige Entwicklung des Beckens das Schicksal der künftigen Generation kompromittiert; ein im Punkte der Plastik stiefmütterlich behandelter Busen ist häßlich, weil er dem neugebornen Kinde keine zweckentsprechende Nahrung gewährleistet." (ebd., S. 62; s.a. S. 67 f. u.ö.)

247 Ebd., S. 71 ff.

248 Ebd., S. 73.

249 Ebd., S. 139 ff.

250 Ebd., S. 383.

pietätlos, träge", ja sogar „*Wollustreize[n]*" und der „*Verführung zu Frivolität*" und zu „*gefährlichen geschlechtlichen Verirrungen*" zugänglich.[251]

All diese entnervenden und entsittlichenden Sinnenreize sah er vereinigt in der Mädchenlektüre und verstärkt durch einen ‚Regelkreis' von lesenden Müttern, Töchtern, Lehrerinnen und Schriftstellerinnen, die selbst wieder „samt und sonders durch gedankenlose, flüchtige Vielleserei verdorben" und in einen „überspannten Zustand versetzt worden" seien.[252] Bei „einzelnen Eheweibern *jüdischer* Abkunft" – gemeint war vermutlich Lina Morgenstern – sei noch die „eitle Begierde hinzugetreten, sich einen Namen zu erwerben wie eine Rahel Varnhagen von Ense, eine Henriette Herz oder Bettina von Arnim".[253] Alle Backfischbücher hielt Goerth nicht nur für geist- und geschmacklos, sondern er fand in ihnen überall „leichtsinnige und gedankenlose Sinnlichkeit". Eugenie, eine der beiden Protagonistinnen in Clementine Helms *Backfischchen's Leiden und Freuden*, sei „ganz verzogen, herrisch, eigensinnig, faul, genußsüchtig". Bei der einen Autorin seien alle Heldinnen darauf aus, eine „›gute Partie‹" zu machen. Eine andere Autorin – für ihn ebenso schlimm – hätte wiederum die „thöricht[e]" Absicht, ihren Heldinnen die „Heiratslust zu verleiden". „Wenn man überall sehen und hören muß", resümiert er, wie „Frauen, Jungfrauen – sogar Lehrerinnen – [...] an solchem Zeug das innigste Wohlgefallen empfinden", so müsse man „in der That versucht [sein], den gebildeten Weibern samt und sonders wahre Freude an dem höhern, dem idealen Denken, Streben und Thun abzusprechen".[254]

Goerths Konsequenz war die Formulierung einer repressiven Verbots- und Gebotspädagogik, die die Mütter – legitimiert und kontrolliert durch die Väter – gegenüber den lesenden Mädchen anwenden sollten. Sein oberstes Erziehungsprinzip war unbedingter Gehorsam. Das sollte auch für das Verhältnis der Ehegatten gelten: „*In der Ehe muß der rechte Mann den Eigensinn seines Weibes brechen*".[255] In der Kindererziehung, die vom Mann in die Hand der Frau gelegt werden müsse, sollte es notfalls mit der „Rute"[256] durchgesetzt werden. Goerth riet den Müttern, „Erziehungsanstalten mit streng militärischer Zucht als Muster" zu nehmen.[257] Bei der Bekämpfung der „große[n] Macht der Lustreize"[258] – also auch der Lektüre – forderte er unablässiges Beobachten, Überwachen und Zügeln der Kinder und als weitere Gegenwirkungen die Erziehung zur Sparsamkeit und eine extreme Reinlichkeitserziehung, die mit dem Erzeugen von Ekelempfindungen einhergehen sollte.[259] Niemals dürfe an Schultagen länger als eine Stunde, an Feiertagen und in den Ferien nie mehr als höchstens zwei bis drei Stunden gelesen werden:

251 Ebd., S. 383, 386 ff.
252 Ebd., S. 210.
253 Ebd., S. 209.
254 Ebd., S. 406 ff.
255 Ebd., S. 147.
256 Ebd., S. 261.
257 Ebd., S. 370.
258 Ebd., S. 285.
259 Ebd., bes. S. 262 f., 304 ff., 395. Zu diesem Komplex ausführlich: Wilkending 2002a.

Dabei bitten wir das Kind sorgsam zu beobachten. Sobald Sie sehen, daß es durch den Genuß zu stark erregt wird, sollen Sie befehlen, das Buch wegzulegen und keine Widerrede zu dulden. Wenn dabei Thränen vergossen werden, hat das nichts zu sagen. [...] Gewöhnen Sie die kleine ›lesewütige‹ Person an unbedingten Gehorsam und an Selbstbeherrschung. Gegenüber so verzehrenden Lustreizen ist die äußerste Strenge und Festigkeit erforderlich.[260]

Wenngleich die übrigen bekannten Kritiker oder Kritikerinnen der spezifischen Mädchenlektüre, wie Bäumer, Göhring oder Wolgast, Goerths biologistisches und hierarchisches Geschlechterkonzept mit seinen extrem antisinnlichen Affekten nicht in allen Momenten teilten, so stimmten sie doch im Großen und Ganzen mit seiner Kritik der Backfischlektüre überein. Zu den in der Tradition der empfindsamen Literatur entwickelten Modi ‚weiblichen', selbstbezüglichen Schreibens, d.h. zu Genres wie Briefroman, Tagebuchroman oder Ich-Erzählung mit eingestreuter Lyrik, Briefen oder Tagebuchauszügen, wie sie auch für die spezifische Mädchenliteratur von ihren Anfängen im 18. Jahrhundert an typisch waren, fanden sie zudem keinen Zugang. Göhring, der für den Mädchenroman den Genrebegriff „hysterisch empfindsame[r] Roman[ ]" prägte[261], behauptete sogar, daß die Frau geschlechtsbedingt nicht zum Romanschreiben tauge, denn die „weibliche Natur" sei „an sich nicht zur Zeichnung energischer Linien geschaffen". Daher seien „lyrische Ergüsse[ ], Reflexionen und Gefühlsdeclamationen", die häufig in die spärlichen Handlungen der Texte von Autorinnen eingeschoben würden, lediglich Streckmittel, seien „Tagebuch- und Briefromane" zur „Bogenschinderei" wie erfunden.[262] – Weder ging die pädagogische Kritik der Frage nach den entwicklungs- und gesellschaftsbedingten Hintergründen der Leselust von Mädchen nach noch war sie an den Gründen für die Expansion der verachteten Mädchenliteratur im Zeitkontext noch an ihren literarischen Strukturen interessiert. In diesem Feld der Literaturkritik bedurfte es offenkundig seinerzeit keiner besonderen Beweisführung, weil die Nichtigkeit des Gegenstandes – das Mädchen und seine Lieblingslektüren – fast allgemein anerkannt war. Am krassesten kommt dies bei Goerth selbst um Ausdruck, der in seiner 1894 erschienenen Mädchenerziehungslehre unumwunden zugab, daß er seit dem Jahre 1881, also seit er an seiner 1882 erschienenen Kritik der Mädchenliteratur gearbeitet hatte, überhaupt keine Mädchenbücher mehr in die Hand genommen habe, wegen des „Ekel[s], den das Durchlesen aller der Schriften der obengenannten Schmiererinnen verursachte".[263] Tatsächlich finden sich in der Kritik der Mädchenlektüre der Folgezeit auch immer wieder dieselben Verweise und Argumente, ohne daß man – Ausnahmen sind Göhring, Wolgast und Köster – eine Eigenlektüre der Mädchenliteratur durch deren Kritiker voraussetzen kann. Zu der pauschalen Abwertung der Mädchenlektüre, die sich häufig mit scharfen Angriffen auf die Frauen (Mütter, Lehrerinnen, Schriftstellerinnen) höherer Schichten des Bürgertums mischte, mag auch die Tatsache beigetragen haben, daß die (männli-

260 Goerth 1894, S. 397.
261 Göhring 1890, S. 113.
262 Ebd., S. 115.
263 Goerth 1894, S. 416. Tatsächlich stimmen seine Erörterungen auch fast gänzlich mit denen aus einem Aufsatz von 1882 überein (Goerth 1882).

chen) Pädagogen, die über diese Literatur urteilten, Volksschullehrer und Lehrer an höheren Mädchenschulen waren, denen aufgrund ihrer oft niedrigeren sozialen Herkunft der Zugang zu den sozialen Schichten der Schülerinnen versperrt und denen damit auch die sozialen und psychischen Problemlagen der Mädchen und Frauen dieser Schichten fremd waren. Goerth hatte offenkundig zudem das Gefühl sozialer Demütigung durch Mütter höherer Töchter.[264] – Die Vorurteilsbindung und Distanz gegenüber dem Komplex der Mädchenlektüre bedingten jedenfalls, daß die Mädchenliteratur selbst kaum intensiv untersucht wurde. Daß diese Texte, und zwar auch die typischen Backfischromane, offenbar zeitweilig subjektiv befriedigende Antworten auf die Probleme der lesenden Mädchen bereithielten, kam höchstens im Affekt in den Blick, etwa wenn Goerth behauptete, daß der ‚weibliche Eigensinn' durch die Lektüre solcher Bücher verstärkt würde. Wenig beobachtet wurde aber der von uns untersuchte Gattungsbildungsprozeß innerhalb der Mädchenliteratur, in dem es – gleichzeitig mit der Etablierung des typischen Backfischromans – auch zur Entstehung mädchenliterarischer Genres kam, die sich eng mit dem allgemeinliterarischen Prozeß und mit der typischen Jungenliteratur berührten. Erst im Jahre 1918 erschien eine geradezu begeisterte, vermutlich von Köster verfaßte Rezension eines Titels aus diesem Umfeld, – es handelte sich um den Mädchenroman *Regina Himmelschütz* (1913) von Helene Raff –, den Köster als Lesediät empfahl: „Das Buch ist eine gesunde Kost für unsere Mädchen, ohne jegliches alberne Getue und ohne die übliche Süßlichkeit, und doch wird sie den Mädels munden."[265]

4 Zum mädchenliterarischen Wandel

In *Otholie das Polenmädchen* (1896) von Marie Beeg bewarb das Süddeutsche Verlags-Institut in seinem „Verzeichnis der Illustrierten Jugendbibliothek" drei „Serien": eine mit historischen und biographischen Erzählungen „Für reifere Knaben", eine mit Backfischromanen „Für Mädchen" und eine „Für Knaben und Mädchen in den ersten Schuljahren". In dieser um 1900 geläufigen Diskursfigur der geschlechtsspezifischen Jugendlektüre und der geschlechtsunspezifischen Lektüre für das frühe Lesealter spiegelt sich die zuvor dargestellte zeitübliche Perspektive auf das Geschlechterverhältnis: Diese faßte den Jungen in den Entwicklungsjahren als zukünftiges Subjekt von Geschichte, also als Kultursubjekt, als Mensch und Individuum ins Auge, während sie das junge Mädchen, die Leserin des auf intime Beziehungen und familiale Innenräume konzentrierten Backfischromans, als Geschlechtswesen ansprach.[266] Das war stimmig im Sinne des

264 Sehr krass kommt diese Situation in den gehässigen Ausfällen Goerths gegen die Mütter aus wohlhabenden Schichten zum Ausdruck. Zu einer solchen Demütigungssituation s. Goerth 1894, S. 394 (Fußnote).

265 Köster 1918, S. 20. Vgl. zu dem Roman und zu der Autorin Wilkending 1997c.

266 Daß in der Verlagswerbung häufig das Literaturprogramm der Familien- und Liebesromane für junge Mädchen geschlechtsspezifisch, das der Abenteuerliteratur sowie der historisch-biographischen aber nicht explizit geschlechtsspezifisch adressiert wird, widerspricht dieser Diskursfigur nicht. Liest man die Tatsache mit den in zeitgenössischen

Geschlechterdiskurses um 1900 und bestätigte insgesamt die bestehende, bipolar und hierarchisch konstruierte Geschlechterordnung mit den geschlechtsspezifischen Rollen und Aufgabenverteilungen. Im thematisch-motivlichen Bereich, in der Konfiguration und im Handlungsmodell entsprach *Otholie das Polenmädchen* – wie all die anderen zeitgenössischen Backfischromane, die das ‚*Trotzkopf*-Modell' variierten – dieser Orientierung: Otholie, ein junges Mädchen aus polnischem Adel, das – mutterlos – „»unter den Händen eines allzu nachsichtigen Vaters wie ein wildes Unkräutlein emporwuchs«"[267], wandelt sich zur „liebliche[n] Jungfrau"[268]. Am Ende heiratet sie einen Baron und wird Schloßherrin.

Literarische Texte, auch so schlichte und relativ einsinnige wie Backfischromane, sind aber – wie in der Einleitung bereits angesprochen – dadurch geprägt, daß sie mehrstimmig sind, daß in ihnen bestimmte Stimmen dominant, andere subdominant sind, daß sich in ihnen Stimmen verstärken, daß sie aber auch gegenläufig sein können. Diese Mehrstimmigkeit kann auch intensiviert werden durch Verschiebungen im Gefüge gängiger, d.h. literarisch tradierter Figurenkonstellationen, etwa durch die Konturierung einer von den tradierten Mädchen-Idealbildern abweichenden Protagonistin oder auch durch die Weise, wie sich eine Erzählerstimme aufspaltet, etwa in Figurenreden, in Reden über Figuren, in erlebte Rede usw. In der Kaiserzeit kam es – gegenüber den in der Zeit des Biedermeier ausgebildeten mädchenliterarischen Mustern – in diesem Sinne zu signifikanten Veränderungen in der Mädchenliteratur, die, was den Mainstream anlangt, seit längerem erforscht worden sind. Die wichtigsten Veränderungen sind:

1. die Positivierung von Heldinnen, die (zeitweilig) starke Tendenzen zur Individualisierung, insbesondere auch zur Jungenhaftigkeit zeigen und damit ihre Bestimmung als ‚bloße Geschlechtswesen' ansatzweise durchbrechen,
2. das Infragestellen einer als natürlich angenommenen Genealogie von Mutter (als Repräsentantin der Familie) und Tochter, durch die Thematisierung der Mutterlosigkeit oder auch der Schwererziehbarkeit von Töchtern[269],
3. die Transformierung des Mädchenerziehungsromans in einen Pubertätsroman, der von der Verdrängung ‚männlicher Anteile' der Heldin, von konflikthaften Ablösungsprozessen und von Liebe erzählt, oft auch von einer besonders ‚hohen Aufladung' der Vater-Tochter-Liebe,
4. die in Homologien der sozialen und psychischen Situation von Leserin und Schriftstellerin gegründete enge Kommunikationssituation, die unterhalb des

---

Abhandlungen expliziten Bezügen auf Jungen als Leser von Abenteuerliteratur und historischer Literatur zusammen, dann signalisiert das Weglassen einer spezifischen Adressierung eher, daß auch in diesem Kontext, wie im allgemeinen Geschlechterdiskurs, ‚Mensch' und ‚Mann' identifiziert werden, während die Frau als Geschlechtswesen gilt (s.a. Klinger 1995, 2000). Zur Diskussion der spezifischen bzw. unspezifischen Adressierung von Abenteuerliteratur vgl. Becker 2000, S. 76 f., u. Budde 1994, S. 130 f.

267 Beeg 1896, T. 1, S. 5.

268 Ebd., T. 2, S. 70.

269 S. hierzu bes. Wilkending 1999a.

manifesten Textsinns auch die Produktion von inoffiziellen Bildern, Wünschen, Phantasien zuläßt,

5. die tendenzielle Auflösung der traditionellen auktorialen Erzählinstanz, die auf der Textseite Mehrdeutigkeit und auf der Leserseite das Einnehmen unterschiedlicher Positionen begünstigt.[270]

Der Trotzkopf. Eine Pensionsgeschichte für erwachsene Mädchen (1885), der erfolgreichste deutschsprachige Backfischroman überhaupt, vereinigte seinerzeit alle diese Tendenzen in sich und wurde schnell zum Muster einer Romanproduktion, die denselben Regeln folgte. Auch *Otholie das Polenmädchen* variiert mit

Ill. 1: Schmucktitel aus: Emmy von Rhoden: Der Trotzkopf. Eine Pensionsgeschichte für erwachsene Mädchen. 6. Aufl. Stuttgart 1889.

270 S. dazu Wilkending 2002b.

dem Motiv des wilden Mädchens diesen Romantypus. Der reißerische Titel sowie die nationale Stereotypisierung Otholies als einer Adligen mit „polnische[m] Blut“ und – entsprechend – „feurige[m], leidenschaftliche[m] und stolze[m] Wesen“[271] machen aber auch auf eine weitere Veränderung in der Struktur der kaiserzeitlichen Mädchenliteratur aufmerksam, nämlich auf die Repräsentanz von Exotik und Fremde in ihr. Schon frühere Mädchenromane figurierten die ‚Ausländerin‘ (die Französin, die Engländerin, die Polin, die Russin) als Neben- oder Gegenfigur zur Heldin und boten damit der Leserin einen Fluchtpunkt kühner, auch verbotener Phantasien. So wird in *Der Trotzkopf* die emanzipierte Russin Orla, die vorhat, in Zürich Medizin zu studieren, zur Gegenfigur der offiziellen Heldin Ilse. In *Otholie das Polenmädchen* ist nun das fremde Mädchen vollends ins Zentrum der Handlung gerückt. Eine solche Verschiebung ist für den Mädchenroman der Kaiserzeit insofern symptomatisch, als sich in ihm die Repräsentanz des Fremden insgesamt ausdehnte. Das hängt einmal mit der Ausweitung des mädchenliterarischen Marktes zusammen, in den zunehmend Leserinnen aus niederen bürgerlichen Schichten sowie aus neu alphabetisierten unterbürgerlichen Schichten integriert wurden, deren Kulturmilieus traditionell eine große Affinität zu Exotismen aufwiesen. Kolportageverlage produzierten seit dem ausgehenden 19. Jahrhundert speziell für Mädchen.[272] Aber auch in den Mädchenroman für ein bürgerliches Lesepublikum drang das Fremde verstärkt ein. So begann bspw. das Reisemotiv eine Reihe von Mädchenromanen zu strukturieren. Das läßt sich bereits am Genre der Pensionsgeschichte, dem prototypischen Genre des Backfischromans, zeigen. Historische und biographische Informationen über ferne Vergangenheiten flossen in die Erzählungen ein. Junge Protagonistinnen begegneten hochgestellten Persönlichkeiten. So treffen in Clementine Helms erfolgreichem Mädchenbuch *Das Kränzchen* (1873) die Mitglieder eines Mädchen-Kränzchens mit der russischen Zarin zusammen, die am Ende sogar den Vater der Kränzchen-Schwester Jettka, einen polnischen Freiheitskämpfer (!), begnadigt.

Noch weiter gehende Veränderungen in der stofflich-thematisch-motivlichen Textdimension und in der Konfiguration führten schließlich zur Herausbildung derjenigen mädchenliterarischen Genres, die wir im Gegensatz zum typischen Backfischroman atypisch genannt haben, alles Texte, die im Spektrum der übrigen zeitgenössischen Reiseliteratur, der Kolonialliteratur, der biographischen und der historischen sowie der zeitgeschichtlichen Literatur allererst dadurch charakterisiert sind, daß ihre Protagonisten Frauen und Mädchen sind, daß die Bücher explizit an Mädchen als Leserinnen adressiert und daß sie in der Regel von Frauen verfaßt wurden.[273] Während sich im typischen Backfischroman die Brü-

271 Beeg 1896, T. 1, S. 5.

272 Vgl. dazu Einleitung und Bibliographie in Kosch/Nagl 1993. Besonders der schon mehrfach erwähnte Berliner Weichert-Verlag produzierte seit der Mitte der 1890er Jahre Backfischromane. Auch *Otholie das Polenmädchen*, darauf verweisen das Verlagsprogramm, der relativ niedrige Preis des Buches, die Textstruktur – insbesondere die extrem überhöhende Sprache sowie extreme Stereotypisierung – richtete sich v.a. an Leserinnen aus einem niedrigen sozial-kulturellen Milieu.

273 Männliche Autoren, die für Mädchen schrieben, kürzten in der Kaiserzeit in Regel ihren Vornamen ab, um ihre Geschlechtszugehörigkeit zu verbergen. Im Bereich der v.a. an

chigkeit des geltenden dichotomischen Geschlechtermodells in den Anpassungs- und Ablösungsproblemen der Protagonistin, des ,wilden', nicht gefügigen, am Ende aber immer im Raum der Familie verbleibenden Mädchens spiegelt, perspektiviert die atypische Mädchenliteratur den Geschlechterdiskurs anders, nämlich indem sie Grenzüberschreitungen der weiblichen Protagonistinnen (auch) im wörtlichen Sinn vorstellt. Sehr früh klingt dabei die im Kontext der bürgerlichen Frauenbewegung, v.a. von Louise Otto(-Peters) ausformulierte Thematik einer Kulturmission der Frau an, erstmals schon in Ida von Düringsfelds *Das Buch denkwürdiger Frauen* (1863), einer gerade in der Kaiserzeit häufig aufgelegten Sammlung von Frauenbiographien. „Die aufgeregte Zeit [...] mit all ihren Widersprüchen, Hoffnungen und Enttäuschungen", heißt es im Verlagsvorwort, weise der Frau „eine bedeutsame Aufgabe", ja eine „hohe Mission" zu. Sie solle die „Bildnerin eines neuen Geschlechts" werden, einer ebenso „muthigen" wie „bescheidenen", „verständigen" und „idealeren" Jugend (vgl. T. 2, Kap. 3).[274] Die atypische Mädchenliteratur blieb zwar, wie sich auch aus diesem Zitat herauslesen läßt, der bipolaren Konstruktion von Geschlechterdifferenz verhaftet. Sie macht aber auf Irritationen und auf spezifische Aspekte der Herstellung neuer Polaritäten im Geschlechterverhältnis in der Kaiserzeit aufmerksam. So entwerfen die Reise- und Kolonialromane, die historischen Romane und die Kriegsromane Bilder ,männlich-weiblicher' Mädchen und Frauen und ,weiblich-männlicher' Jungen und Männer. Alles in allem sind die Texte zudem relativ sicher als ,Frauentexte' identifizierbar.

Die angesprochenen Verschiebungen auf der Inhaltsebene der Texte modellieren selbstverständlich nur sehr grob die Leserinnenperspektive. Die faktische Deutungs- und Wirkungsmacht der Mädchenlektüre ist nur schwer zu bestimmen. Sie ist weder abzuleiten aus den von Zeitgenossen formulierten Wirkungsannahmen. Sie ist auch nicht nur abhängig von der Intentionalität der Texte, sondern gleichzeitig von der Offenheit bzw. Geschlossenheit der literarischen Strukturen, von Paratexten (besonders Vorwörtern und Anzeigenwerbung), von sozialen und pädagogischen Lesekontexten und von den gesellschaftlich vorgeprägten, entwicklungsbedingten und individuellen Bedürfnislagen und Kompetenzen der Leserinnen. Gerade zu diesem letzten Aspekt gibt es aber kein authentisches Quellenmaterial, denn das lesende Mädchen erhielt um 1900 nur ganz selten eine eigene Stimme. Schließlich ist zu bedenken, daß sich mit der Ausweitung des literarischen Marktes und der Veränderung der Lebensverhältnisse der Mädchen ein Funktionswandel der Lektüre vollzog, in dem evasorische, kompensatorische und zerstreuende Funktionen gegenüber explizit erziehenden insgesamt zunahmen. Insbesondere im Blick auf die Texte mit abenteuerlichen und exotischen Zügen ist zu bedenken, daß diese Texte der Leserin gerade auch ein in der Alltagswelt nicht integrierbares Material für Phantasiespiele anboten.

Jungen adressierten Abenteuerliteratur sieht man am Beispiel der berühmten S. Wörishöffer eine umgekehrte Tendenz.

274 Düringsfeld 1863, Verlagsvorwort, [o.P.].

Kapitel 2
Die Autorin atypischer Mädchenliteratur – Versuch einer Profilierung

(Petra Volkmann-Valkysers)

1 Einführung

Die Grenzauflösungen zwischen privaten und öffentlichen, männlich und weiblich konnotierten Feldern innerhalb der kaiserzeitlichen Gesellschaft eröffneten für Frauen neue Perspektiven und Handlungsräume. In der Mädchenliteratur dokumentierte sich dieser Wandel in der Entwicklung ‚hybrider' Genres, die die schematischen und thematischen Muster des geläufigen Backfischromans erweiterten oder sogar auflösten.[1] In den Einzelkapiteln zum Reise- und Kolonialroman, zum historischen Roman, zum Kriegsroman sowie zur biographischen Literatur für Mädchen werden im Teil 2 dieses Bandes die Tendenzen und Aspekte nachgezeichnet, die das Aufbrechen genre- und geschlechterspezifischer Linien in ‚weiblichen Erzähltexten' sichtbar machen – Tendenzen, die auch den Leseinteressen von Mädchen in neuer Weise entgegenkommen konnten.

Die Frage nach „der Veränderung von Mädchenlektüren in einer ökonomischen, politischen, sozialen und kulturellen Umbruchsituation"[2] um 1900 verweist aber nicht nur auf die Leserinnen atypischer Mädchenliteratur, sondern auch auf deren Verfasserinnen. Die Autorinnen von Mädchenbüchern zählten – wie all jene Frauen, die sich im letzten Drittel des Jahrhunderts der Option weiblicher Berufstätigkeit öffneten – zu der Gruppe von Frauen, die sich in der einen oder anderen Weise den gesellschaftlichen Entwicklungen und Diskursen im Bereich neuer Weiblichkeitskonzeptionen und Lebensmodelle stellten, die seit der Mitte des 19. Jahrhunderts an Brisanz gewannen. Für die Untersuchung typischer und atypischer Mädchenlektüren stellt sich somit in einer Zeit allgemeiner gesellschaftlicher Umbrüche nicht nur die Frage nach dem Potential möglicher Grenzüberschreitungen innerhalb rezeptionsästhetisch relevanter literarischer Strukturen; ebenso ist nach den Bedingungen ihrer Entstehung zu fragen. Damit gerät auch die Autorin von Mädchenliteratur als Frau und Produzentin in das Blickfeld des Interesses. Die Verfasserinnen von Mädchenliteratur schrieben in einer Phase, in der sich die soziale Situation der bürgerlichen Frauen sowie der Blick auf ihre Rollen und Aufgaben innerhalb von Familie und Gesellschaft zunehmend veränderten. Vor allem im Kontext der bürgerlichen Frauenbewegung wurden Status und Perspektiven von Frauen neu definiert. Im folgenden soll deshalb der Versuch unternommen werden, die Mädchenbuchschriftstellerinnen über eine biographische Rahmensetzung als Frauen ihrer Zeit zu fassen und mögli-

1 S. hierzu T. 1, Kap. 1.

2 Wilkending 1999c, S. 162.

chen Wechselwirkungen zwischen zeit- und gesellschaftsspezifischen Tendenzen, persönlichen Lebensverhältnissen und literarischer Produktivität nachzugehen. Leitend ist dabei die Frage, inwieweit sich aus der Rekonstruktion der Lebensumstände in Elternhaus und Ehe sowie aus der Rekonstruktion privater wie beruflicher Werdegänge der Autorinnen ein weiblicher Handlungs- und Entwicklungsraum erkennen läßt, der von den Strömungen der Zeit bereits geprägt ist und differenzierteren Erwartungshaltungen an einen weiblichen Lebensentwurf entspricht: Die Entwicklung ‚atypischer Schreibweisen' soll also versuchsweise in einer sich wandelnden weiblichen Biographie verankert werden.

Im Gegensatz zu den detaillierten und vielfältigen Informationen und Selbstaussagen zu Lebens- und Schaffenshintergründen von Autoren und Autorinnen kanonisierter Werke sind allerdings über die meisten Verfasserinnen von Kinder- und Mädchenbüchern teils nur spärliche biographische Auskünfte zu eruieren. Wenn auch gemeinhin autobiographische Darstellungen bürgerlicher Frauen im 19. Jahrhundert als öffentliche und künstlerische Selbstthematisierung unter dem „Stigma der Frivolität"[3] standen und wenn daher auch weibliche Lebensbeschreibungen teils anonym publiziert oder auf Anregung männlicher Herausgeber verfaßt wurden, so gilt dieser Aspekt zwar vornehmlich für den Bereich der Frauenliteratur und auch immer nur für die erste Hälfte des 19. Jahrhunderts. Er läßt sich nicht kohärent auf die Mädchenliteratur übertragen. Doch auch hier haben sich nur wenige Autorinnen in öffentlichen Schriften zu ihrer eigenen Person oder literarischen Produktion geäußert. Immerhin schildern mit Bernhardine Schulze-Smidts Kindheitserzählung *Jugendparadies* (1895), Frida Schanz' Autobiographie *Fridel. Ein Buch Lebenserinnerungen für Jung und Alt* ([1920]), Charlotte Nieses Erinnerungen *Von gestern und vorgestern* (1924) und Helene Raffs *Blätter vom Lebensbaum* (1938) vier Schriftstellerinnen eigene Erfahrungen und Lebensumstände, Schanz und Raff sogar mit sehr persönlichen Eindrücken und Aussagen zu ihrer individuellen, auch schriftstellerischen Entwicklung.[4] Zudem gibt das von uns recherchierte biographische Material über die 41 Autorinnen, die sich an der Produktion atypischer Mädchenliteratur beteiligt haben, Aufschluß über soziale Umstände und berufliche wie private Lebensentwürfe, die Rückschlüsse auf mögliche Zusammenhänge von weiblichem Lebenskontext und schriftstellerischer Tätigkeit denkbar machen.[5] – Die Mädchenbuchautorinnen,

3 Kord 1996, S. 88.

4 Besonders interessant ist in unserem Kontext auch die Sicht von Frida Schanz auf die Lebensumstände und Perspektiven ihrer Mutter, der alleinerziehenden Jugendschriftstellerin Pauline Schanz.

5 Für die Untersuchung wurden Materialien zu Autorinnen zusammengetragen, die im Zeitraum zwischen 1871 und 1918 im Deutschen Kaiserreich atypische Literatur für Mädchen geschrieben haben. Männliche Autoren, die in diesem Zeitraum ebenfalls für Mädchen schrieben, wurden nicht in die Einzelstudien aufgenommen, um einen konzeptuellen Bruch in unserer Darstellung grundsätzlich zu vermeiden, die sich primär mit der Literatur für Mädchen von weiblichen Autoren auseinandersetzt. Da wir uns zudem geographisch auf Deutschland konzentrieren, wurden auch die österreichische Schriftstellerin Auguste Groner und die Schweizerin Dora Schlatter, die ebenfalls Literatur schrieben, die unsere Untersuchungen berührt, nicht berücksichtigt. Nicht für alle Autorinnen konnten trotz intensiver Recherche ausreichende Informationen zum biographischen Hintergrund eruiert wer-

die zumeist aus dem mittleren bis gehobenen Bürgertum stammten, bilden eine Folge von ca. drei Generationen, die in bezug auf sich wandelnde gesellschaftliche Strukturen, Brüche und Vorgaben so manche Verschiebung sichtbar werden läßt.[6] Bereits bei den Ältesten der Gruppe, wie der besonders nach 1850 viel gelesenen Olga von Eschenbach (geb. 1821) oder der Erfolgsschriftstellerin Clementine Helm (geb. 1825), zeigt sich der zeittypische Bruch innerhalb der bürgerlichen Frauenexistenz, wenn die elterlichen Versorgungsinstanzen versagten: sei es durch Verwaisung wie bei Helm oder durch finanziellen Ruin des Vaters wie bei Eschenbach. Trotzdem bleiben in diesen Biographien tradierte Rollenmodelle wie die der Hausfrau, Ehefrau und Mutter noch erhalten, während sich in der jüngeren Generation, die am extremsten wohl mit der exzentrischen Thea von Harbou (geb. 1888) vertreten ist, bereits differenziertere und selbstzentriertere Auffassungen und Lebenswege dokumentieren. Harbou, letztlich schon eher eine Autorin der Weimarer Republik und der NS-Zeit, war Schauspielerin, Drehbuchautorin und Verfasserin von Kriegsliteratur für Frauen und Mädchen. Sie heiratete zweimal und ließ sich ebensooft scheiden.

Neben der Frage, welche Beweggründe den Schritt in die (Berufs-)Schriftstellerei überhaupt motivierten und welche Ausgangslage die Autorinnen aus ihrem nächsten Umfeld heraus für ihre Entscheidung und tätige Realisierung vorfanden, gilt das Untersuchungsinteresse den biographischen Aspekten, die für die Entwicklung atypischer Schreibweisen eine Relevanz gehabt haben können. Zu suchen ist also vor allem nach prägenden Erfahrungen und subjektiven Freiräumen, die sich in der Konsequenz als Grenzüberschreitung weiblicher Handlungsspektren erwiesen und als ‚Spurenelement' in das schriftstellerische Schaffen integrieren konnten.[7] Neue Explorationsräume, wie sie das Besuchen öffentlicher Töchterschulen, die Ausübung eines Berufs oder das Kennenlernen fremder Städte und Länder darstellten, konnten eine Erfahrung persönlicher Freiheit bedeuten, die nicht folgenlos für den weiblichen Selbstentwurf und die individuelle Verarbeitung und Definition von Welt war.[8] Auch Freiräume innerhalb des Elternhauses und der außerhäuslichen Erziehung konnten eine wichtige Rolle bei der Ausbildung persönlicher Interessen und künstlerischer Neigungen spielen. So darf

den. So müssen u.a. die Angaben zu besonders interessanten und erfolgreichen Autorinnen wie Bertha Clément und Henny Koch aufgrund mangelnden Archivmaterials stark begrenzt bleiben. Auf der Grundlage von regionalen und überregionalen Lexika, von Nachschlagewerken, Handbüchern, Literaturgeschichten, biographischem und autobiographischem Quellenmaterial, Rezensionen und Nachrufen wurden kriterienorientierte Profilierungen vorgenommen, die einen Überblick über die Lebensdaten, die soziale Herkunft, den Familien- und Bildungsstand sowie über Bedingungen der existenziellen und schriftstellerischen Umstände und Lebensweise ermöglichen. Das zusammengestellte Material findet sich im Verzeichnis der Autorinnen am Ende dieses Bandes. Insgesamt umfaßt die für die Studien relevante Autorinnengruppe 41 Schriftstellerinnen.

6 Eine Ausnahme bildet die Autorin Ada Linden, deren Vater von Beruf Steiger auf der Grube in Glücksthal/Münstereifel war.

7 Zur Situation der Schriftstellerin und zur Autorin im 19. Jahrhundert s. Becker-Cantarino 2000; Bovenschen 1979; *Deutsche Literatur von Frauen* 1988; *Frauen Literatur Geschichte* 1999; Hahn 1991; Kord 1996; Möhrmann 1977; Schabert/Schaff 1994; Tebben 1999; Weigel 1983, 1988.

8 Vgl. dazu Klika 1992.

keinesfalls unterschätzt werden, wenn die literarisch besonders qualifizierte Schulze-Smidt in ihrem *Jugendparadies* eine Kindheit schildert, die geprägt ist von Frei- und von Spiel-Räumen im großväterlichen Garten und in der natürlichen Umgebung des Bremer Landes. Eingebettet in ein liberales familiäres Umfeld, konnte Schulze-Smidt unbehelligt von einengenden Konventionen aufwachsen. Gerade auch die Literatur, zu der sie unzensiert Zugang hatte, bildete die Grundlage für eine sich ungestört – wenn auch nicht problemlos – entfaltende Phantasie und Kreativität. Die Eltern förderten diese Neigung und deren Integration in das Gemeinschaftsleben. So schreibt Schulze-Smidt:

> Mein Elternhaus bildete für die Smidtsjugend einen Mittelpunkt. Vater und Mutter hatten den lebhaftesten Sinn von der Welt für alles, was wir mit unsern Freunden unternahmen. Sie beteiligten sich hingebend daran. Wir lasen Shakespeare in verteilten Rollen ohne Streichungen, mein Vater präsidierte und kritisierte, und wir Jugendlichen nahmen unsere Aufgaben todesernst. Wir veranstalteten Aufführungen und stellten lebende Bilder; hüllten uns in schleppende Bettlaken und waren Griechen; benähten alten Tarletan mit Flittern und fanden uns feenschön, und wenn ein Prolog fehlte, hieß es: »Bernhardine, Du mußt uns das bis morgen mittag halb zwei dichten, aber bitte, recht lang und poetisch.«[9]

Auch andere erfolgreiche Autorinnen wie Marie von Felseneck, Luise Glaß oder Else Hofmann konnten ihr persönliches schriftstellerisches Talent bereits in ihrer Jugend ausbilden und profitierten von Elternhäusern, die vielfach kulturelle Anreize setzten und in denen zudem Künstler und Schriftsteller verkehrten. – Wo also lagen die Möglichkeiten der Grenzüberschreitung für weibliche Mädchenbuchautoren? Lagen sie im biographischen Zusammenhang, innerhalb dessen ihnen Freiheiten und Förderungen zugestanden wurden, die andere Frauen nicht hatten? War ihnen die schriftstellerische Betätigung selbst das Mittel, sich entgegen aller Konvention zu artikulieren und die eigene gesellschaftliche Rolle über das Ausüben des literarischen Berufs de facto zu verändern? Bei schreibenden Frauen im 19. Jahrhundert geht es ja nicht vorrangig nur um künstlerische, sondern vor allem auch um gesellschaftliche Normabweichung, um das Verlassen vordefinierter Rollen- und Lebensmuster zugunsten einer Bewegung in die als männlich konnotierte öffentliche Sphäre, insbesondere das Berufsleben, hinein.

Die Lebensläufe der Mädchenbuchautorinnen belegen in prägnanter Weise Reaktionen auf sich verändernde Existenzbedingungen. Nicht nur sind für eine große Zahl der Autorinnen eine Berufsausbildung sowie häufige Wechsel der Lebensräume zu konstatieren, die für eine sich erweiternde private und berufliche Mobilität stehen können; auch die Tatsache, daß sich die literarische Produktion durch kontinuierliche Publikationen und oft hohe Auflagenzahlen über die Grenzen einer Gelegenheitsschriftstellerei hinausentwickelte und damit als berufliche Erwerbstätigkeit professionalisierte, unterstreicht die These, daß sich das Leben der Mädchenbuchautorinnen in erweiterten Bahnen bewegte und für Grenzdurchlässigkeiten offen wurde. – Im folgenden sollen die bisherigen Überlegungen durch Bemerkungen zu den sozialen Bedingungen der Mädchenbuchschriftstellerinnen sowie zu deren zunehmender Professionalisierung und Mobilität detaillierter ausgeführt werden.

9 Schulze-Smidt 1906, S. 626.

2 Bemerkungen zur sozialen Situation der Mädchenbuchautorin

In den Biographien der Autorinnen atypischer Mädchenliteratur spiegelt sich keineswegs die individuelle Situation einer spezifischen Gruppe. Dies gilt zumal, wenn man berücksichtigt, daß auch diese Schriftstellerinnen Literatur schrieben, die gemeinhin als ‚typische Backfischliteratur' charakterisiert wird. Die sozialgeschichtlichen Rahmenbedingungen, denen die Lebensläufe dieser Frauen unterlagen, divergierten weder mit der Situation der Schriftstellerinnen überhaupt noch mit der Gesamtsituation der bürgerlichen Frau. Für die äußere Rahmensetzung der Biographien kann man also die allgemeine Lage bürgerlicher Frauen im 19. Jahrhundert annehmen und damit auch die Veränderungen, welche sich seit der Jahrhundertmitte vollzogen:

Bis auf wenige Ausnahmen entstammten die Autorinnen – wie oben bereits erwähnt – bürgerlichen, maßgeblich bildungsbürgerlichen Familien.[10] Die Väter, Brüder und die Ehemänner waren in freien Berufen, als mittlere bzw. höhere Beamte oder Akademiker, im gehobenen militärischen Dienst oder im kaufmännischen Bereich tätig und ermöglichten in der Regel durch häusliche und schulische Erziehung und Ausbildung den Bildungsstandard der ‚höheren Tochter'.[11] So wirkte der Vater Brigitte Augustis, der mit ihren Romanreihen *An deutschem Herd* (1885–1889) und *An fremdem Herd* (1889–1894) im Verlag Hirt & Sohn erfolgreichen Autorin, als Prediger und Konsistorialrat an der Danziger Marienkirche.[12] Pastorentöchter waren auch Lucie Ideler, Verfasserin des Kriegsromans *Unter fremder Herrschaft* ([1902]), Fanny Stöckert, die Reiseromane schrieb, sowie die patriotisch-vaterländische Autorin Charlotte Niese. Deren Großeltern waren bereits höhere Kirchen- und Verwaltungsbeamte auf der Insel Fehmarn gewesen, und auch ihr Vater begann dort als Kompastor, bevor er im schleswig-holsteinischen Eckernförde Direktor des dortigen Lehrerseminars wurde. Neben theologischen Berufen übten einige Väter der Autorinnen auch Berufe im schulischen und universitären Bereich aus. Der Vater von Agnes Willms-Wildermuth, der ältesten Tochter von Ottilie Wildermuth, war Gymnasialprofessor, genauso wie der Vater Angelica Hartens, die den Reiseroman *Draußen in der Welt* ([1896]) schrieb. Die Väter von Luise Glaß und Sophie Stein hatten höhere Beamtenposten inne, waren als Finanzrat und als Gerichtsaktuar tätig. Daneben gab es Rechtsanwälte, Ärzte, Apotheker und Offiziere, aber auch Künstler und Schriftsteller. So war der Vater Helene Raffs, die vor allem mit *Regina Himmelschütz* (1913) literarische Anerkennung fand, der seinerzeit beachtete Komponist und Direktor des Hochschen Konservatoriums in Frankfurt, Joachim Raff. Friedrich Hofmann, der Vater Else Hofmanns, Autorin von *Deutsche Mädel in großer Zeit* ([1916]), arbeitete selbst als Schriftsteller und war zudem Chefredakteur der *Gartenlaube*. Der Erfolgsautorin und langjährigen *Kränzchen*-Mitarbeiterin Bertha Clément

10 Ausnahmen sind Carola von Eynatten, Sophie von Follenius und Thea von Harbou. Diese gehörten dem Adel an.

11 S. dazu Wilkending 1994, 2002c.

12 S. hierzu T. 2, Kap. 1 u. 2.

wird nachgesagt, daß sie literarisch durch Geschichten ihres Vaters inspiriert wurde, der ein weitgereister Mann und Hofmaler im mecklenburgischen Ludwigslust war.

Wenngleich die Berufe der Väter einerseits dem sozial gehobenen bürgerlichen Milieu zugehörten, so zeigen Einzelschicksale wie das Eschenbachs oder das von Pauline Schanz, deren Vater – ein gutsituierter Buchhändler – sein Vermögen verlor und die Familie damit in eine existenzielle Notlage brachte, doch andererseits auch die Unsicherheit der ökonomischen Verhältnisse, der sich besonders die heranwachsenden Töchter stellen mußten. Ohnehin ist davon auszugehen, daß der Großteil der Familien, die von wirtschafts- und bildungsbürgerlichen Berufen der Väter abhingen, in eher durchschnittlichen, wenn nicht sogar beengten Verhältnissen lebten. In diesem Zusammenhang ist sicherlich die wachsende Tendenz zur beruflichen Ausbildung zu interpretieren, die sich in der Gruppe der Schriftstellerinnen ausmachen läßt. Die zunehmende Orientierung auf einen Beruf hin sowie die insgesamt hohe Zahl lediger Autorinnen verweisen auf ein Spannungsfeld, das mit der seit der Mitte des 19. Jahrhunderts virulent gewordenen ‚Frauenfrage' in Beziehung steht.

Innerhalb der bürgerlichen Frauenbewegung wurde zunehmend die gesellschaftsinhärente Problematik der sozialen und psychischen Situation von unverheirateten Mädchen und Frauen aufgegriffen, was zu einer „Revision des Geschlechterverhältnisses und einer Neukonzeption des weiblichen Lebensentwurfs"[13] führte. Moniert wurden die ungleichen Bildungschancen, die Berufsunfähigkeit und Rechtlosigkeit bürgerlicher Frauen und ihr Ausschluß aus der Arbeitswelt der Männer. Daß sich die allgemeine Heiratslage in Deutschland drastisch verändert und zu einer quantitativ gravierenden Diskrepanz zwischen verheirateten und nicht verheirateten Frauen geführt hatte, belastete zudem das Gleichgewicht innerhalb bürgerlicher Familien und problematisierte die Zukunftsperspektiven junger Frauen, die sich auf eine ökonomische Absicherung durch die Ehe oder ihre Familie nicht mehr verlassen konnten. Für mittelständische bürgerliche Haushalte bedeutete es oft einen kaum zu bewältigenden finanziellen Kraftaufwand, ledige Töchter über lange Zeit hinweg standesgerecht mitzutragen.[14] Die ökonomischen Zwänge innerhalb ihrer Familien führten daher auch dazu, daß relativ viele Autorinnen, wie beispielsweise Pauline Schanz und Eschenbach, aber auch Niese als einziges Mädchen unter mehreren Brüdern, zunächst den traditionellen Weg zur weiblichen Berufsarbeit einschlugen, nämlich den einer Ausbildung zur Lehrerin oder Erzieherin. Die pädagogische Tätigkeit eröffnete Frauen dabei nicht nur einen Weg, um ihre Familien wirtschaftlich zu entlasten, sondern gab ihnen auch die Möglichkeit einer eigenständigen Beschäftigung und Entwicklung außerhalb des häuslichen Raums.

Als exemplarisches Beispiel soll an dieser Stelle die Schriftstellerin und engagierte Frauenrechtlerin Marie Calm angeführt werden. Calm gilt zwar in unserem Untersuchungskontext nicht als Autorin atypischer Mädchenliteratur, doch

---

13 Bussemer 1988, S. 192.

14 Vgl. Rosenbaum 1982, S. 330 ff.; Bussemer 1988, S. 196; Weber-Kellermann 1988, S. 116, 139.

auch sie thematisiert in ihrer Mädchenliteratur intensiv weibliche Bildung und Berufstätigkeit, meist den Lehrerinnen- oder Erzieherinnenberuf. Vor allem aber kann sie als Beispiel für eine weibliche Biographie erwähnt werden, in welcher sich eine aus wohlhabenden Verhältnissen kommende junge Frau dezidiert gegen den elterlichen Wunsch für eine Berufsausbildung und Lehrerinnenlaufbahn entschied. Calm widersetzte sich der konventionellen Erwartungshaltung ihrer Familie und nahm für sich ein Lebensmodell in Anspruch, in welchem sie ihre individuellen Neigungen und wissenschaftlichen Interessen verwirklichen konnte. Sie setzte sich intensiv für die Frauen- und Mädchenbildung ein und gab ihren Beruf als Lehrerin erst auf, als ihr Einsatz für die bürgerliche Frauenbewegung sowie ihre schriftstellerische Arbeit den Hauptteil ihrer Zeit beanspruchten.[15] – Bei vielen der Mädchenbuchschriftstellerinnen zeigt sich also die gesellschaftliche und persönliche Entwicklung in der notwendigen oder freiwilligen Ausübung eines Berufs – ein Schritt in den Radius öffentlicher Aufmerksamkeit, der trotz wachsender Akzeptanz vom Gros der Gesellschaft weiterhin beargwöhnt wurde.

Anders als ihre Kolleginnen aus anderen Klassen galten bürgerliche Autorinnen, oder überhaupt außer Haus arbeitende Frauen des Bürgertums, als existenzgefährdend für die gesamte bürgerliche Kultur, eine Tatsache, die sich im 19. Jahrhundert häufig in panischen Behauptungen Luft macht, erwerbsarbeitende Frauen gefährdeten die Familie oder gar den gesamten Staat und zu Recht, da diese Kultur zum größten Teil gerade auf der Abwesenheit der Frau basierte.[16] Während Marie Calm sich jedoch ohne wirtschaftliche Zwänge, sondern aus Interessens- und Überzeugungsgründen einem weiblichen Berufsfeld zuwandte, in dem sie persönliche Neigungen und Fähigkeiten in Tat und Schrift verwirklichen konnte, ist für die meisten anderen Autorinnen ein existenzieller Druck durchaus anzunehmen, der sie zur potentiellen Absicherung durch eine berufliche Ausbildung motivierte. „Unter allen Berufsarten, welche der Frau offen stehen, die sich nicht in der Lage befindet, ihren natürlichen Beruf als Gattin und Mutter auszuüben, ist der Beruf der Lehrerin der erste und nächstliegende“, hatte Calm geäußert.[17] – Der Lehrerinnen- und Erzieherinnenberuf, der neben dem der Hausfrau und Mutter für bürgerliche Frauen zu dem „vielleicht einzigen angemessenen Beruf im 19. Jahrhundert“ [18] gehörte, wurde wohl aus diesem Grund von einem knappen Viertel der Autorinnen nach der Schulzeit erlernt und über längere oder kürzere Zeiträume hinweg auch praktiziert. Insgesamt lassen sich für zehn Autorinnen die Ausbildung zur Lehrerin bzw. Erzieherin nachweisen. So gingen Olga von Eschenbach, Angelica Harten, Clementine Helm, Else Hofmann, Johanna Klemm, Charlotte Niese, Pauline Schanz, Sophie Stein und Leontine von Winterfeld-Platen nach ihrer Schulzeit den Weg zu einer pädagogischen Qualifikation. Für die meisten lehrenden und erziehenden Frauen endete jedoch die Ausübung des Lehramts mit der Eheschließung. Ein Grund hierfür wird nicht zuletzt der noch bis zur Weimarer Verfassung bestehende ‚Zwangszölibat‘ für Lehrerinnen gewesen sein. – Die Autorinnen der jüngeren Generation

15 *Geschichte der Mädchen- und Frauenbildung* 1996, Bd. 2, S. 98 ff.
16 Kord 1996, S. 81.
17 Calm 1996, S. 101.
18 Kord 1996, S. 99.

wechselten auch zu anderen Berufsfeldern. Einen außergewöhnlichen Berufsweg wählte beispielsweise Glaß mit einer Ausbildung zur Buchhandelsangestellten, und Autorinnen wie Harbou, Klemm und Raff wandten sich künstlerischen Berufen wie der Malerei, Schauspielerei und dem Gesang zu.

Obwohl mit 22 Eheschließungen die Zahl verheirateter Frauen in der untersuchten Autorinnengruppe überwiegt, fällt dennoch auf, daß viele ledig blieben.[19] Mehrere der unverheirateten Schriftstellerinnen lebten von ihrer schriftstellerischen Arbeit, so etwa Felseneck, Glaß, Halden, Niese, Raff und Amanda Sonnenfels. – Es stellt sich die Frage, ob von einem möglichen Entscheidungsprozeß zwischen grundsätzlich verschiedenen Lebensentwürfen – als berufstätige oder als verheiratete Frau – ausgegangen werden kann, dem bürgerliche Frauen durch die Sphärentrennung in Familie und Berufswelt zumindest ideologisch noch ausgesetzt waren. Nur Vermutungen lassen sich darüber anstellen, inwieweit sich die nachweislich ledigen Autorinnen in dieses Konzept einpassen und ob sich vor allem die besser situierten Schriftstellerinnen wie Glaß, Felseneck, Carola von Eynatten, Sophie von Follenius und Else Ury aus eigenem Antrieb gegen die Ehe entschieden, um eine autonome Existenz leben zu können. Gerade weil auch im letzten Drittel des 19. Jahrhunderts der sozial vorrangige Status der verheirateten Frau offenbar sogar zunahm, die Ehe als „einzig akzeptable Lebensperspektive"[20] angesehen wurde, hätte die Entscheidung für ein Leben als ledige Frau den Status einer bewußten Rollenabweichung gehabt. – Unabhängig davon, ob Autorinnen als verheiratete oder als ledige Frau schrieben, ist für die meisten anzunehmen, daß sie sich über ihre literarische Produktion wirtschaftlich aufbesserten, wenn sie nicht sogar existenziell von ihren Honoraren abhingen. Der literarische Markt bot somit besonders für ledige und finanziell beengte Frauen eine Erwerbsquelle, die sie nutzen konnten.

3 Professionalisierung, Mobilität und politische Identität

3.1 Schriftstellerische Professionalisierung

Die mentale Situation bürgerlicher Frauen läßt sich als Konflikt der ‚zweigeteilten' Frau beschreiben. Die Gesellschaft verwies bürgerliche Frauen auf ihre ‚natürliche' Rolle als Hausfrau, Gattin und Mutter. Die Rolle der berufstätigen Frau wurde dagegen als ‚unnatürlich' von diesem manifesten Frauenbild abgespalten und als ‚unweiblich' definiert. Erzieherinnen und Lehrerinnen, die den tradierten weiblichen Aufgaben der Fürsorge, Aufsicht und Erziehung nachkamen, blieben der Konvention zwar noch treu, lösten sich jedoch bereits aus deren engumrissenen Begrenzungen. Daß es bei dieser ersten Grenzaufweichung nicht blieb, belegen die Werdegänge der oben aufgeführten Autorinnen. Diese absolvierten nicht nur eine berufliche Ausbildung, sondern nutzten ihren Beruf außerdem dazu,

19 Unverheiratet blieben Carola von Eynatten, Marie von Felseneck, Sophie von Follenius, Luise Glaß, Elisabeth Halden, Else Hofmann, Lucie Ideler, Johanna Klemm, Henny Koch, Charlotte Niese, Helene Raff, Amanda Sonnenfels, Fanny Stöckert und Else Ury.

20 Rosenbaum 1982, S. 339.

persönliche Erfahrungen auch schriftstellerisch umzusetzen. Damit erweiterten sie mit ihrer literarischen Produktivität zusätzlich ihren Handlungsraum und nahmen ihre Erwerbstätigkeit als Sprungbrett in einen weiteren Arbeitsbereich.

Der in Deutschland stetig gewachsene literarische Markt bot hier zunehmend auch Frauen die Möglichkeit, sich auf einem Feld zu bewegen, das die Nähe zum privaten Bereich gewährleistete und trotzdem eine produktive Auseinandersetzung mit außerhäuslichen Belangen und Gebieten möglich machte. Obwohl „[w]eibliche Schriftstellerei [...] dabei häufig, der Argumentation vieler Frauen zufolge, mehr als Hobby“ denn „als Beruf [galt], weil er im Haus und ‚nebenbei‘ ausgeübt werden konnte, wobei die Hausarbeit und Erziehung der Kinder die eigentliche Berufsarbeit der Frau blieb“[21], widerlegen die Lebensläufe vieler Autorinnen diese Behauptung. In den Biographien verheirateter Frauen und Mütter wie Helm und Pauline Schanz oder jüngeren Autorinnen wie Christaller, Schulze-Smidt, Winterfeld-Platen und Lilly Braumann-Honsell steht die literarische Arbeit für einen Bereich, der nicht nur zur Stütze weiblichen Selbstbewußtseins und Füllung leerer Stunden, sondern auch zu einem hauptberuflichen Eckpfeiler der finanziellen Verhältnisse innerhalb von Ehe und Familie wurde.

Die Professionalisierung weiblicher Schreibarbeit von einer Freizeitbeschäftigung zur beruflichen Erwerbstätigkeit schritt im Laufe des Jahrhunderts fort und hatte in den meisten Fällen wenig mit reiner Vergnügung zu tun. Die Frauen schrieben vor allem auch, um sich und ihren Familien ein zusätzliches Einkommen zu verschaffen. Nicht nur Pauline Schanz als alleinerziehende und später geschiedene Mutter dreier Kinder sei hier genannt, deren prekäre und oft auch belastende wirtschaftliche Lage in den Erinnerungen ihrer Tochter Frida immer wieder angedeutet wird.[22] Auch verheiratete Autorinnen, die gleichzeitig erziehende Mütter waren, wie Christaller, Helm, Schulze-Smidt, Stein, Winterfeld-Platen und Marga Rayle, entwickelten sich zu Mitträgerinnen der häuslichen Ökonomie.[23] Während für Helm vermutet werden kann, daß sie aus gesicherten Verhältnissen heraus über ihre Schreibarbeit das Familieneinkommen neben dem des Mannes mit aufbesserte, geriet bei den Autorinnen Christaller, Kloerß und Winterfeld-Platen durch berufliche Krisen der Ehemänner das konventionelle Geschlechterschema außer Kraft. Damit veränderte und erweiterte sich auch die Rolle der Frauen, deren Konsequenzen für eine neue weibliche Selbstdefinition

21 Kord 1996, S. 44.

22 Frida Schanz zeichnet ein Bild ihrer Mutter Pauline, wie diese von anderen Menschen „in ihrem tapferen, mühsamen Leben, ihrer vornehmen, unbewußten Schönheit, ihrem Genie, das sich so hold bescheiden versteckte hinter ihrer Mütterlichkeit, ihrem Hausfrauenfleiß, ihren oft bitteren Lebenssorgen, [...] in ihrem literarischen Können und tapferen Schaffen und Erwerben für die Kinder“ wahrgenommen wurde (Schanz [1920], S. 81). Dieses „Schaffen und Erwerben für die Kinder“ wird umso bedeutsamer, wenn man erfährt, daß Pauline Schanz den Antrag zu einer zweiten Eheschließung ablehnte, um sich nicht von ihren Kindern trennen zu müssen; eine Bedingung, die der zukünftige Ehemann ihr offenbar gestellt hatte.

23 Clementine Helm hatte keine eigenen Kinder, war jedoch Mutter zweier Pflegetöchter. Ein ausführliches Autorinnenprofil zu Clementine Helm ist von Gisela Wilkending für den fünften Teil des *Handbuchs zur Kinder- und Jugendliteratur* erstellt worden, das voraussichtlich 2005 erscheinen wird.

sehr deutlich von Christaller artikuliert werden. Nach dem Erfolg ihrer ersten Publikation schreibt sie:

> [D]as erste selbstverdiente Geld! Herrlich! Ich hätte mit keinem König getauscht. Meine Kinder bewunderten mich restlos, und ich stieg in der Achtung meines Mannes. So hatte der Löwe Blut geleckt, und als wir in Jugenheim mit einer winzigen Pension hausen mußten, begann ich, Bücher zu schreiben. Innere und äußere Erlebnisse drängten nach Aussprache, und ich hatte Glück, daß Verleger, Redaktionen und Publikum Gefallen daran fanden. So fiel schließlich die Ernährung der Familie ganz mir zu, während mein Mann mit seiner Pension einen kleinen Verlag anfing, der aber nicht den von ihm erhofften Erfolg hatte und nach seinem Tod aufgelöst wurde.[24]

Hier mag sich auch die schriftstellerisch professionalisierte und anerkannte Frau zwischen den Zeilen äußern, die im Gegensatz zu ihrem Mann beruflichen Erfolg hat.[25] – Während der Theologe und Pfarrer Erdmann Christaller durch die selbständige Publikation eines kirchenfeindlichen satirischen Romans vom Dienst suspendiert wurde, mußte der Ehemann Winterfeld-Platens nach dem Ersten Weltkrieg als Rittmeister seinen Abschied nehmen und sich mit der Familie aufs ländliche Gut zurückziehen. „Wir haben oft durch bittere Sorgen gehen müssen", erzählt sie, „aber immer ganz wunderbar Gottes Hilfe zur rechten Zeit erfahren. Ein großer Schatz war es für mich, daß ich schreiben konnte, das half immer wieder weiter."[26] Wie wichtig also die erwerbsmäßige literarische Tätigkeit von Frauen sein konnte, zeigt sich in diesen biographischen Ausschnitten ebenso wie die Auffassung, daß die persönliche Weiterentwicklung über das eigene kreative Schaffen besonders auch für Frauen unablässig sei. „Ist es nicht immer ein dreifaches Schaffen, das das Leben einer Frau ausfüllt?", fragt Winterfeld-Platen. „Das Schaffen an sich selbst, – das Schaffen für die Familie, – das Schaffen für die Allgemeinheit, – für die wartenden Leser." „Wir Frauen dürfen nie einseitig werden. Besonders wir Hausfrauen und Mütter nicht."[27] Auch Christaller definiert die Rolle der Schriftstellerin als die „andere Seite meines Wesens, die geistige Ergänzung der Familienmutter"[28], und führt beide Seiten über die Verankerung in ihrer Persönlichkeit synthetisch zusammen: „Habe ich nicht alle Bücher mit dem Herzen geschrieben? Mit dem Herzen der Frau und Mutter, mit dem Herzen des Menschenkindes, das durch eigene und fremde Wirrnis hindurch sich den Weg zur inneren Freiheit und Unabhängigkeit bah-

---

24 Christaller [1935], S. 15 f. – Weitaus bescheidener erzählt Leontine von Winterfeld-Platen vom Erfolg einer Theaterinszenierung ihres Schauspiels *Sigelind*, das sie 1912 in ihrem ersten Ehejahr zur Aufführung brachte: „Das Haus war ausverkauft, und der Beifall sehr erhebend. Mich machte es aber furchtbar verlegen, als ich vor die hellerleuchtete Rampe treten und mich bedanken mußte. Den riesigen Lorbeerkranz habe ich später einer Kuh zu fressen gegeben." (Winterfeld-Platen [1935], S. 205)

25 In den Zusammenhang der beruflichen Professionalisierung, in den nicht zuletzt auch die räumlichen Produktionsbedingungen – der ‚Raum für sich allein' – gehören, fügt sich bei Helene Christaller auch die Entscheidung, sich nach ihrer Zeit als Ehefrau und erziehungspflichtigen Mutter ein zweites Domizil in Italien zu wählen. Dort konnte sie über die Wintermonate, fernab von Familie, Kindern und Enkeln, konzentriert an ihren Werken arbeiten.

26 Winterfeld-Platen [1935], S. 207 f.

27 Ebd., S. 213 f.

28 Christaller [1935], S. 20.

nen mußte?"[29] Das Selbstverständnis besonders der ‚jüngeren' Autorinnen veranschaulicht somit, wie sich die Fokussierung auf das seit 1800 tradierte Ideologem von ‚Weiblichkeit', das die Frau als in sich selbst Ruhende, Liebende und Mütterliche definierte und ihr ausschließlich die sozialen Rollen der Hausfrau, Gattin und Mutter zuschrieb, um die Wende zum 20. Jahrhundert dezentrierte. Viele Mädchenbuchschriftstellerinnen nahmen nun für sich einen Weg der eigenen produktiven Entwicklung in Anspruch. Ihr Dasein zielte nicht mehr ausschließlich auf den häuslich-familiären Bereich, sondern es konstituierte sich – auch in der Ehe – über eine eigene gesellschaftliche Individuation, die sich in ihrer selbständigen außerhäuslichen Arbeit spiegelte. Für diese Autorinnen galt gerade auch die eigene literarische Tätigkeit als progressive Arbeit an sich selbst und als Partizipation an der Gesellschaft, eine Partizipation, die wohl auch von männlicher Seite teilweise unterstützt, wenn nicht sogar gefördert wurde. So versandte beispielsweise der Vater Schulze-Smidts heimlich ihre Manuskripte, was zu deren Publikation führte.[30] Winterfeld-Platen erwähnt die große Toleranz, die ihr Mann den räumlichen und zeitlichen Notwendigkeiten ihres Schreibens auch innerhalb ihrer Ehe entgegenbrachte.

Die gewachsene Akzeptanz weiblicher Schreibarbeit und der gestiegene Informationsbedarf zu diesem Berufsfeld dokumentiert sich auch in den vermehrten Ratgeber- und Informationsschriften zum Thema der „Schriftstellerin" im Kontext der allgemeinen Entwicklung weiblicher Berufstätigkeit, beispielsweise in dem von Amalie Baisch an Mädchen adressierten Ratgeber *Aus der Töchterschule ins Leben* (1889), in Marie Manckes Abhandlung *Die Schriftstellerin* (1899) und nicht zuletzt in der Rubrik zu künstlerischen und schriftstellerischen Berufen im fünften Teil des *Handbuchs der Frauenbewegung* (1906). Jungen Mädchen und Frauen, die den Wunsch hegten, beruflich in den literarischen Bereich zu gehen, wurden hier explizite Hinweise zu Voraussetzungen, Werdegang und relevanten Institutionen gegeben. Vermehrt zeigt sich so seit der Mitte des 19. Jahrhunderts der Eintritt von Frauen in den künstlerischen, literarischen und journalistischen Bereich, der sich im Kontext weiblicher Partizipation an Öffentlichkeit, Berufswelt und Kultur vollzog.

Doch auch wenn „gegen Ende des 19. Jahrhunderts die herrschende Meinung über die Frauen der Feder liberal wie nie zuvor"[31] und

> eine positive Aufnahme weiblicher künstlerischer Produkte wahrscheinlicher denn je war, konnte von einer vorurteilsfreien Akzeptanz noch keine Rede sein. Vor allem Frauen, die ihre Tätigkeit professionell betrieben, gerieten in Konflikte mit ihrer Umwelt. Notgedrungen wirkte sich ihre Außenseiterposition nicht nur auf ihre privaten Verhältnisse, sondern

29 Ebd., S. 18.

30 „Meine ersten hundert Taler mit der Feder habe ich mir 1873 als junge Frau verdient. Ich hatte meinem Manne nur mich selbst und meine Aussteuer mitgebracht und wollte ihm so liebend gern aus eigener Kraft seinen Hauptwunsch erfüllen: eine goldene Uhr. Da reichte mein Vater heimlich meine kleine Novelle ‚Föhrenbrink' einer Bremer Tageszeitung ein. Sie ward angenommen und gedruckt; mein einstiger Literaturlehrer besprach sie in der Weserzeitung, und eines Morgens erhielt ich dreihundert Mark Honorar." (Schulze-Smidt 1906, S. 632)

31 Tebben 1998, S. 39.

auch auf ihr Selbstverständnis aus. An ein Schreiben, das von Rollenerwartungen unberührt blieb, war [...] nicht zu denken, öffentliche Meinung und eigener internalisierter Widerstand zeigten ihre Wirkung.[32]

Im Gegensatz zur Erzieherin oder Lehrerin, die immerhin noch im Radius ihrer normierten Position blieb, brach die schriftstellerisch aktive Frau mit einem gesellschaftlichen Tabu. Die Frau als Autorin sah sich in dem Dilemma, den generellen Bruch mit ihrer gesellschaftlichen Position über ein wertekonformes Schreiben und typische Strukturen kompensieren zu müssen oder als unmoralisch zu gelten. Möglicherweise ist die Entwicklung atypischer Tendenzen in den Werken von Autorinnen auch mit zurückzuführen auf die Widersprüche der eigenen Lebensrealität, die sich nicht mehr kongruent in Textstrukturen bürgerlicher Erwartungshaltungen auflösen ließen und persönliche Grenzüberschreitungen auch in literarischen Teilbereichen ausformten. Die weiblichen Autoren, die zwar für „ein nicht-anerkanntes Frauenbild" standen und deren „Schreibsituation [...] mehrfach widerspruchsvoll"[33] war, konstituierten dennoch allein durch ihre eigene literarische Repräsentanz und ihre lauter werdende Stimme auf dem literarischen Markt erweiterte Muster und Modelle für weibliche Lebenswege. Dies läßt sich interessanterweise auch bei Felseneck beobachten, die vornehmlich unter Adelspseudonym typische Mädchenliteratur schrieb, sich unter ihrem bürgerlichen Namen Marie Mancke aber dennoch explizit zur weiblichen Schriftstellerarbeit als Berufsfeld äußerte. Auch hier konfligieren die Anpassung an gesellschaftliche Normsetzungen über literarische Inhalte und das Aufbrechen derselben über die Ausübung und Thematisierung des eigenen Berufsbildes. Obwohl auch bei Felseneck der für alle Ratgeberschriften bezeichnende immanente Hinweis auf die Gefahr weiblicher Mittelmäßigkeit und weiblichen Dilettantismus' nicht fehlt, von dem sich nur die wenigsten wirklichen Talente freisprechen könnten, öffneten Texte dieser Art Frauen zugleich Wege in eine beruflich qualifizierte Professionalität.[34]

Die Vorbehalte gegenüber weiblichen Autoren und ihrer Arbeit wurden vor allem auf der Seite männlicher Literaturkritik und Pädagogik aufrecht erhalten. Bezeichnend für die allgemein meist abwertende Kategorisierung und Wertung der Literatur von Frauen ist ein Vermerk Theodor Klaibers, der den Werken weiblicher Autoren Einseitigkeit und undifferenzierte Subjektivität vorwirft. Die von Frauen verfaßten Texte, so schreibt er 1907 in seiner Abhandlung *Dichtende Frauen der Gegenwart*, „zeigen eben [...] vielfach die Eigenschaften, die aufsteigenden sozialen Schichten eigen sind. Diese Eigenschaften sind meist sehr achtenswert, aber sie wirken doch nicht durchweg sympathisch, und so erklärt sich auch die starke Abneigung, die der Frauendichtung vielfach entgegengebracht wird."[35] Einmal mehr können in diesem Zusammenhang auch die Attacken der Pädagogen im Kreis der Jugendschriftenkritik genannt werden, die ihrer Antipathie weiblichen Autorinnen gegenüber freien Lauf ließen. Neben Lehrerinnen

32 Ebd. 1998, S. 39.
33 Wilkending 2002c, S. 224.
34 Vgl. dazu Tebben 1998, S. 38.
35 Klaiber 1907, S. 24 f.

sahen sich in diesem Kontext vor allem auch Schriftstellerinnen dem Vorwurf der ,Blaustrümpfigkeit' ausgesetzt, zumal die Verfasserinnen von Mädchenliteratur, insbesondere von der Seite männlicher Pädagogen wie Albrecht Goerth, dessen bis ins Persönliche gehende Kritik sich über seinen verachtenden Ausdruck der „Jugendschriften-Schmiererinnen" belegen läßt.[36]

Doch auch wenn die ,aufsteigende soziale Schicht' weiblicher Autoren im Gesamtprozeß der bürgerlichen Kulturproduktion größtenteils in die Randbezirke der Massenkommunikation, d.h. vor allem der Unterhaltungsliteratur abgedrängt wurde, arbeiteten Schriftstellerinnen auf diesem Gebiet außerordentlich erfolgreich, mit kontinuierlicher und zum Teil hoher Produktivität. Abgesehen von der großen Anzahl von Autorinnen, die sich über eine Mitarbeit an Zeitungen und Zeitschriften in die literarische Öffentlichkeit einbrachten, legt die Gesamtproduktion einiger der bekanntesten Mädchenbuchschriftstellerinnen unserer Gruppe für diesen Tatbestand Zeugnis ab. Dazu gehört nicht nur die bis heute bekannte Else Ury, deren umfangreiches Werk hinlänglich bekannt ist. Auch Autorinnen wie Augusti, Christaller, Eschenbach, Harten, Kloerß, Raff, Sonnenfels, Steinkeller und Willms-Wildermuth, deren Produktion noch gut überschaubar ist, veröffentlichten immerhin zwischen 10 und 20 Titel. Wie Augustis Romanreihen zeigen, konnten hier bisweilen hohe Auflagenzahlen erreicht werden. Noch produktiver waren Erfolgsschriftstellerinnen wie Clément, Felseneck, Glaß, Halden, Koch und Niese. Die äußerst erfolgreiche Clément verfaßte in den Jahren von 1902 bis 1954 um die 90 Titel, vornehmlich Mädchenbücher, die fast durchgängig bis zu 30 und 40 Auflagen erzielten. Felseneck, die als Hauptautorin im Berliner Kolportageverlag Weichert publizierte, verfaßte an die 70 Romane, Erzählungen und Märchenbücher. Diese stark vaterländisch eingefärbten Publikationen zielten nicht nur auf das konventionelle bürgerliche Publikum, sondern suchten maßgeblich auch Leserinnen der Arbeiterschicht zu erreichen. In dieser Hinsicht ist vor allem auch ihre *Trotzkopf*-Fortsetzung *Trotzkopfs Erlebnisse im Weltkriege* (1916) von Interesse.[37] Luise Glaß, die insgesamt 30 Bücher und Stücke für die Kinder- und Jugendbühne veröffentlichte, erzielte vor allem mit ihren Mädchenromanen in der *Kränzchen*-Bibliothek durchgängig 20 bis 40 Auflagen. Auch Elisabeth Halden zeigte sich mit ca. 50 Mädchen- und Kinderbüchern, die oft mehrmals aufgelegt wurden, sehr produktiv. Zu den äußerst erfolgreichen Schriftstellerinnen zählte noch Henny Koch, die eine umfangreiche literarische Gesamtproduktion von ca. 30 Titeln aufweist. Ihr erfolgreichster Mädchenroman, *Papas Junge* ([1905]), erzielte 91 Auflagen. Aber auch Kochs Kriegsroman *Aus großer Zeit* (1908) erreichte noch 22, der Kolonialroman *Die Vollrads in Südwest* ([1916]) ebenfalls 22, *Ein tapferes Mädchen* (1914) 24 Auflagen. Helm war als Jugendbuchschriftstellerin mit 46, Niese mit 45 Titeln auf dem Markt präsent.

Allein diese Zahlen können als Indiz dafür gelten, daß sich die schriftstellerische Tätigkeit von Frauen als eine professionalisierte Größe gefestigt hatte, die in

36 Zur ausführlichen Thematisierung der Mädchenbuchautorin und der Kritik der Mädchenlektüre s. die Einführung und T. 1, Kap. 1; zudem Wilkending 1997e.

37 S. T. 2, Kap. 4.

Verlagsbeziehungen integriert und auf dem literarischen Markt namentlich verankert war. Über das literarische Schaffen öffnete sich für Autorinnen der eigene Erfahrungsraum hin auf eine – maßgeblich weibliche – Leserschaft, die die Möglichkeit zu einer öffentlichen Interaktion bot. Für die Autorinnen atypischer Mädchenliteratur liegt die Annahme nahe, daß die Erfahrung persönlicher Freiheiten und Erfolgserlebnisse dabei auch die Dimensionen dieser literarischen Interaktion prägten. Wie im folgenden veranschaulicht werden soll, konnten sich hier möglicherweise Einflüsse geltend machen, die für die Schriftstellerinnen zu einer größeren geistigen und körperlichen Beweglichkeit geführt hatten.

3.2 Dimensionen erweiterter Mobilität

Die wachsende literarische Produktivität der Schriftstellerinnen gewann nicht selten eine kreative Bereicherung durch Anreize eines erweiterten sozialen und kulturellen Erfahrungsspektrums und einer sich intensivierenden Mobilität. Ein auffallendes Indiz fast aller Lebensläufe innerhalb der untersuchten Gruppe von Autorinnen ist die Ausweitung der räumlichen Exploration, die sich bis auf wenige Ausnahmen nicht mehr nur auf einen bestimmten, eng abgezirkelten Lebenskreis beschränkte: Bis auf Ideler, die extrem isoliert in Pommern lebte, zeichneten sich nahezu alle anderen Autorinnen durch eine mehr oder minder ausgeprägte Mobilität aus. Oft wurden Wohnorte gewechselt, bedingt durch variierende Stationen der Erziehung, der Ausbildung oder durch den Beruf des Vaters oder Ehemanns. Besonders Offizierstöchter, wie Harbou, Rayle und Winterfeld-Platen, wurden bereits in Kindheit und Jugend mit einer erhöhten Flexibilität konfrontiert. Durch ihre Heirat innerhalb des vertrauten militärischen Kreises blieb vor allem für Rayle, die mit Berlin, Freiburg im Breisgau, Hannover, Karlsruhe, Konstanz und Wiesbaden Städte in ganz Deutschlang bezog, auch in späteren Jahren die Häufigkeit der Ortswechsel bestehen. Auch Schulze-Smidt folgte ihrem Mann, einem Regierungsrat, von der Heimatstadt Bremen aus mehrfach mit Familie und Hausstand an neue Orte wie Hannover, Münster, Rudolfstadt und Sondershausen. Dasselbe ‚Schicksal' erhöhter Umzugsaktivität hatten – allerdings nicht in solch ausgeprägtem Maß wie die vorigen – die Töchter und Frauen klerikaler Männer wie Christaller, Niese, Stein und Willms-Wildermuth. – In manchen Fällen forderte sogar die eigene Berufstätigkeit eine erhöhte örtliche Flexibilität. Als extremes Beispiel sei hier wieder Harbou genannt, die allein aufgrund ihrer schauspielerischen Ausbildung und Tätigkeit an Bühnenorten wie Aachen, Chemnitz, Düsseldorf und Weimar lebte, bevor sie als Autorin endgültig nach Berlin übersiedelte. Vor allem auch die eigene Ausbildung, der Lehrerinnen- oder Erzieherinnenberuf machten den Umzug in andere Städte, an das betreffende Seminar oder in die Familie der Zöglinge notwendig. Pauline Schanz wechselte daher von ihrer Geburtsstadt Leipzig für zwei Jahre zur Ausbildung nach Chemnitz. Später zog sie nach Dresden und wechselte mit ihren Kindern noch einmal nach Berlin über. Hofmann zog von Leipzig fort, um das Lehrerinnenseminar in Gotha zu besuchen und sich zudem ein halbes Jahr lang in Paris aufzuhalten, und Klemm ließ sich, nach einer Anfangsphase als Lehrerin, in Berlin zur Sängerin ausbilden, bevor sie sich als Gesangslehrerin in Rostock niederließ. Der berufsbedingte Ortswechsel konnte sogar, wie bei Eschenbach, bis ins

Ausland reichen: Eschenbach reiste als Gesellschafterin nach England, Niese besuchte zur Verbesserung ihrer Sprachkenntnisse die französische Schweiz und das Lehrerinnenseminar in Hamburg-Altona, Raff ging zur Perfektionierung ihrer Malstudien ein Jahr nach Paris. – Nicht immer jedoch muß diese Mobilität, die für die Frauen ein enormer Kraft- und Organisationsaufwand gewesen zu sein scheint, von ihnen selbst als positiv gewertet worden sein. So berichtet Schulze-Smidt von durchaus gemischten Gefühlen ob ihrer häufigen Entwurzelung:

> Von der Fremde habe ich viel gesehen: das meiste schon als Witwe. Zum Schaffen haben mich Österreich und Frankreich besonders angeregt; die Türkei und England trugen kaum Frucht. In der Jugendzeit empfand ich den Drang hinaus niemals; er kam erst, trotz meiner glücklichen Ehe, als ich aus der schlichten Gediegenheit des Vaterhauses in die Mietskasernen übersiedeln mußte und der Fluch vielfacher Versetzungen über uns hing. Ich litt unter der Unruhe und dennoch teilte sie sich mir selbst mit. Die Reiselust erwachte zugleich mit der ungestillten Sehnsucht zurück in meine weite, reiche Ebene.[38]

Die Beanspruchung durch berufsbedingte Mobilität wurde ergänzt durch eine rege Reiseaktivität, die den privaten Lebens- und Erfahrungsraum oft massiv erweiterte und die bis weit über Deutschland hinaus reichen konnte. Oft begann die Bekanntschaft mit anderen Regionen bereits in Kindheit und Jugend, in der z.B. Felseneck, Harten, Raff und Winterfeld-Platen häufige Reisen mit Eltern oder Verwandten unternahmen, die sich meist auf den deutschsprachigen Raum konzentrierten. Auch als ledige, verheiratete oder verwitwete Frauen entdeckten Autorinnen wie Augusti, Braumann-Honsell, Christaller, Halden, Harten, Helm, Niese und Schulze-Smidt neue Regionen und Länder, die Dänemark, England, Frankreich, Italien, Österreich, die Schweiz, Schweden, Ungarn und Rußland umfaßten und die sogar bis nach Amerika reichen konnten. Helm begleitete ihren Ehemann, den bekannten Geologieprofessor Heinrich Ernst Beyrich, bei beruflichen Unternehmungen und verarbeitete ihre Eindrücke auch literarisch. Alice Bousset, eine Konsulsgattin, hielt sich sogar für fast zwei Jahre in Südamerika auf. Die Vereinigten Staaten lernten Braumann-Honsell, Niese und Stein kennen; Stein siedelte nach dem Tod ihres Mannes sogar ganz nach Chicago über.

Frauen, die besonders nach ihrer Verwitwung oder Erziehungszeit mit Ortswechseln oder Reisen begannen, wie Augusti, Braumann-Honsell und Schulze-Smidt, lebten möglicherweise einen neuen Freiraum, den sie während ihrer Ehe als Frau und Mutter nicht hatten.[39] Da die Reisetätigkeit der Autorinnen offenbar relativ unabhängig von deren guter bzw. begrenzter ökonomischer Situierung realisiert wurde, läßt sich eine eigene Motivation und ein spezifisches Interesse an der Erweiterung des räumlichen und auch kulturellen Horizonts vermuten.[40] Der Widerstand gegen soziale Zurückgezogenheit kann letztlich allen Le-

38 Schulze-Smidt 1906, S. 632.

39 Machtemes 2001.

40 Verwitwete Frauen wie Augusti, Braumann-Honsell oder Schulze-Smidt, die in der Zeit ihrer Ehe den Erwartungen und Verpflichtungen ihrer Frauen-Rolle nachgekommen waren, gewannen nach dem Tod des Ehemannes oft einen gesellschaftlich autonomen Status, den sie für bislang ungenutzte Eigeninteressen und Beschäftigungen nutzen konnten. Die Reisezeit vieler Frauen fällt in die Phase der Witwenzeit und der Entlastung von Erziehungspflichten. Nicht mehr an die Begrenzungen der Familienrolle gebunden, stand es Frauen offen, Wege zu betreten, die ihnen als Ehefrau und Mutter versagt waren. Vor

bensläufen der Autorinnen unterstellt werden. In ihnen dokumentiert sich der Versuch, sich mit einer eigenen Stimme einen produktiven Raum zu schaffen, der sich auch durch die Erweiterung geographischer Grenzen von den Lebensräumen anderer bürgerlicher Frauen unterscheiden konnte.

3.3 Aspekte politischer Identitätsbildung

Im Kontext der geographischen Ausweitung des Lebensraums sowie der bewußten Entscheidung für den Beruf der Schriftstellerin sind wahrscheinlich auch die direkten Aktivitäten einiger weniger Autorinnen innerhalb gesellschaftlicher Interessensgruppierungen zu sehen. So läßt sich an einigen Lebensläufen beobachten, daß sich Identität nicht allein über eine künstlerische und literarische Produktion herausbilden konnte, sondern auch über soziales und gesellschaftspolitisches, wenn nicht sogar spezifisch frauenpolitisches Engagement. Für die Autorinnen in unserem Untersuchungsfeld, für die der Nachweis gerade auch einer politischen Sozialisation besonders interessant wäre, finden sich zwar nur vereinzelte Spuren und Hinweise in eine solche Richtung; gesellschaftliches Engagement zeigt sich jedoch im Kontext der bürgerlichen Frauen- und Lehrerinnenbewegung sowie im Rahmen der Schriftstellervereinsarbeit. Zu nennen wären hier Bousset, Braumann-Honsell, Felseneck, Glaß, Harbou, Niese, Raff, Schulze-Smidt, Sonnenfels und Stein.

Stein, die bis zu ihrer Heirat eines Pfarrers selber als Lehrerin tätig war, gründete beispielsweise 1893 den Verein zur Reform der Litteratur für die weibliche Jugend und leitete seit 1894 redaktionell dessen Publikationsorgan *Lose Blätter*.[41] Im Zuge ihrer öffentlichen Arbeit setzte sie sich mit der Jugendliteratur, speziell der Mädchenliteratur, mit der Jugendschriftenkritik sowie mit der Frauenfrage auseinander. Auch Felseneck engagierte sich in einem Verein zur Reform der Jugendliteratur und im Deutschen Schriftstellerinnen-Bunde, dem sie nahe stand. Ein solches Engagement findet sich auch bei Glaß, die sich im Deutschen Sprachverein betätigte. – Weitere Hinweise auf Aktivitäten in oder eine Nähe zu bürgerlichen Frauenvereinen lassen sich für Bousset, Schulze-Smidt, Raff und

allem ökonomisch abgesicherte Frauen bürgerlicher Schichten, die sich durch den Tod des Mannes nicht vor eine existenzielle Krise gestellt sahen, wie viele Geschlechtsgenossinnen ihrer Zeit, konnten sich vielfach persönlichen Neigungen entsprechend engagieren. Bedingt durch den meist hohen Altersunterschied zwischen den Ehepartnern bei der Verheiratung, lag das durchschnittliche Witwenalter der meisten Frauen zwischen 35 und 45 Jahren. Damit eröffnete sich ihnen ein großer Zeitraum mit der Möglichkeit einer selbständigen Lebensgestaltung, den es zu füllen galt. Frauenrechtlerinnen wie Louise Otto(-Peters) machten auf den Mißstand aufmerksam, daß alleinstehende und verwitwete Frauen sich durch die tradierte Beschränkung auf den eigenen privaten Raum und mangelnde Ausbildung ihrer freien Zeit nicht sinnvoll anzunehmen wüßten. – Vor allem Augusti entwickelte ihr schriftstellerisches Schaffen hauptsächlich nach dem Tod ihres Ehemannes.

41 Analog zur Vereinsinitiative Sophie Steins begründete in Wien die Mädchen- und Jugendschriftstellerin Auguste Groner die *Österreichische Jugendzeitung* und die *Österreichische Jugendbibliothek*. Selber aktive Lehrerin und auch in Deutschland vielgelesene Schriftstellerin, vertrat sie als Ausschußmitglied die Interessen ihrer Kolleginnen im Verein für Schriftstellerinnen und Künstlerinnen in Wien.

Sonnenfels konstatieren. Raff stand in München durch ihren Kontakt zu Ika Freudenberg, der Leiterin des dortigen Frauenvereins, in Verbindung mit der Frauenbewegung. Schulze-Smidt war als Vorstandsmitglied im Evangelischen Frauenbund tätig, und Niese, deren Autobiographie *Von gestern und vorgestern* ihren national-konservativen Standpunkt dokumentiert, betätigte sich intensiv im Verband norddeutscher Frauenvereine.[42]

Im Gegensatz zur politisch konservativen Sozialisation Nieses stehen Autorinnen wie Braumann-Honsell und Schulze-Smidt, die im Kontext eines gehobenen bürgerlichen Milieus in ihrer Entwicklung liberaler einzuordnen sind. Insbesondere Schulze-Smidt, deren Großvater dem Bremer Senat als Oberbürgermeister vorstand, wurde durch das liberal gesinnte Umfeld des Bremer Patriziats geprägt.[43] Braumann-Honsell hielt vermutlich Vorträge im Bereich der Volks- und Frauenbildung, ein Engagement, das sich durch den Wechsel ihres sozialen Umfelds während ihrer zweiten Ehe mit einem Politiker in Norddeutschland entwickelte.[44] Daß ihre Werke während der NS-Diktatur unterdrückt wurden, weil sich deren Verfasserin aus demokratischer Überzeugung dem Nationalsozialismus gegenüber kritisch verhielt und kein Parteimitglied wurde, mag in dieser Hinsicht erwähnenswert sein. Im Gegensatz dazu steht die Parteimitgliedschaft Harbous in der NSDAP, der sie 1932 beitrat. Sie übte ihre schriftstellerische und filmische Tätigkeit auch während des Dritten Reiches weiter aus. – Für Henny Koch, deren Frauenvereinstätigkeit innerhalb des nationalistischen Spektrums stark anzunehmen ist, lassen sich bisher zwar keine Nachweise finden. Wie die Einzelstudien jedoch zeigen, legt die Analyse ihrer Erzählungen eine solche Vermutung nahe.[45]

4 Resümee

In den vorangegangenen Ausführungen wurde der Versuch gemacht, innerhalb der gruppenspezifischen Lebensläufe Aspekte erweiterter Aktionsfelder aufzuzeigen, die auf eine weitläufigere und komplexere Weltaneignung der Frauen hinweisen und eine verstärkte Teilhabe an Öffentlichkeit und Gesellschaft belegen. Mit ihrer schriftstellerischen Arbeit überschritten die Mädchenschriftstellerinnen jene Grenze zu einer öffentlichen Autorschaft, die noch zu Beginn des

42 Bezeichnend für diese politische Tendenz ist, daß Nieses Kriegsroman *Das Lagerkind* (1914) in der NS-Zeit zum Erfolgsroman avancierte.

43 In ihrem Erinnerungsbuch *Jugendparadies* erzählt sie: „[F]ür ihn [den Großvater] gab es genug und übergenug zu denken und zu sorgen. Seine Stadt nämlich gehörte keinem Kaiser und keinem Könige, sondern sie war eine freie Stadt, eine Republik, die vom Senat regiert wurde, und der Großvater führte im Senat den Vorsitz […].“ (Schulze-Smidt [3][1919], S. 2)

44 „Da mein Mann als Politiker mit allen Begebenheiten und Strömungen des ersten Jahrzehnts des 20. Jahrhunderts in Beziehung stand, lernte ich die meisten führenden Persönlichkeiten kennen und erfuhr auch, wie die Frau stark im öffentlichen Leben hervortrat. So beteiligte ich mich auch daran, mündlich in Vorträgen, schriftlich mit Artikeln und weiter persönlich bei der sozialen Arbeit.“ (*Bodensee-Dichterspiegel* [1949], S. 59)

45 S. dazu T. 2, Kap. 1 u. 4.

19. Jahrhunderts für Frauen gezogen war. In der Konsequenz hatte dies früher bedeutet, daß die Frau auf die einseitige Position der Leserin, Bewunderin und Käuferin ‚männlicher Kulturprodukte' festgelegt wurde. Frauen entwickelten jedoch zunehmend eine eigene aktive Präsenz in kulturellen und literarischen Feldern der Gesellschaft, meldeten sich seit der Mitte des 19. Jahrhunderts als Autorin, Übersetzerin, Journalistin oder Redakteurin mit einer eigenen Stimme zu Wort und festigten ihre Position innerhalb des öffentlichen Literaturbetriebs.[46] Zudem beteiligten sie sich aus politischem Interesse vermehrt an Institutionen, die gezielt Einfluß auf Strukturen und Gruppen der Gesellschaft nehmen wollten. In der vita activa der Autorinnen dokumentiert sich also die Herausbildung einer weiblichen Identität, die sich nicht mehr ausschließlich über tradierte Rollen- und Wertmuster definierte.

In vielfacher Hinsicht zeigen sich in den biographischen Profilen von Autorinnen atypischer Mädchenliteratur Strukturen eines Wandels. Diese Veränderungen konnten bereits in einer kulturellen Sozialisation innerhalb bildungsbürgerlicher Elternhäuser liegen. Dort war es für viele Autorinnen möglich, bereits in frühen Jahren intellektuelle, künstlerische und literarische Anreize zu bekommen und in ebensolchen Neigungen unterstützt und gefördert zu werden. Auch die Möglichkeit, sich in einer beruflichen Ausbildung und Tätigkeit zu profilieren, die zudem den Schritt aus dem festen sozialen Umfeld notwendig machte, verweist auf ein sich weitendes Spektrum weiblicher Selbsterfahrung. In dieses Spektrum erweiterter individueller Handlungsräume ist auch die wachsende Tendenz zur geographischen Exploration einzuordnen: Durch eine berufsbedingte oder touristische Mobilität weitete sich zusehends die Lebenswelt der Autorinnen, die vermehrt neue Städte, Länder und sogar Kontinente bereisen und kennenlernen konnten. Mit dem Betreten fremder geographischer Gebiete korrespondiert das Betreten gesellschaftlicher und politischer Sektoren. In Vereinstätigkeiten spiegelt sich der Einsatz für soziale und gesellschaftliche Interessen, die zugleich mit wachsenden individuellen Ansprüchen an die Öffentlichkeit verbunden sind. Damit zeigt sich ein gewandeltes Selbstverständnis von Frauen, das zunehmend auch die weibliche Präsenz in öffentlichen Tätigkeitsfeldern implizierte.

Im Zentrum der Darstellung steht also eine Gruppe von Frauen, die zunehmend Eigeninitiative aufbrachten und sich – mehr oder minder ausgeprägt – eigene, auch öffentliche Handlungs- und Schaffensräume aufbauten. Die These liegt nahe, daß die reale Erfahrung des Auslotens neuer, fremder Bereiche sich auch in den literarischen Strukturen ihrer Texte wiederfindet. Wenn die Autorinnen in der Lage waren, in der Realität die Grenzen ‚normaler' weiblicher Lebensräume und Eindrücke zu überschreiten, dann – so kann gefolgert werden – war es ihnen auch möglich, in ihren Erzählungen fiktive Begrenzungen und Explorationsräume für die Leserinnen zu erweitern oder umzugestalten.

Im Rahmen der biographischen Gesamtsituation von Mädchenbuchautorinnen bilden die berufliche und gesellschaftspolitische Aktivität, die räumliche

46 Zu den weiblichen Rollenzuschreibungen im Literaturbetrieb vgl. auch Weigel 1983, S. 357 f.

Mobilität sowie das Fortschreiten der Professionalisierung im Bereich der eigenen schriftstellerischen Produktion einen möglichen Anhaltspunkt für den von uns untersuchten mädchenliterarischen Wandel. In den Texten können sich neue und veränderte Erfahrungen von Frauen als – bewußte oder unbewußte – Botschaft möglicher Grenzüberschreitungen auch literarisch manifestieren.

Teil 2
Literarische Modelle – Lektüremodelle

Vorbemerkung

In den vier folgenden Studien geht es um Gattungsbildungsprozesse im Rahmen eines mädchenliterarischen Wandels, der in der Kaiserzeit insbesondere zur Überkreuzung historisch typischer Mädchenliteratur (mit dem Zentrum: Haus und Liebe) und historisch typischer Jungenliteratur (mit dem Zentrum: Fremde, Krieg und Abenteuer) und damit zur Herausbildung einer atypischen Mädchenliteratur geführt hat, die thematisch und motivlich auf Reisen und Leben in der Fremde, auf bedeutende Frauen der Vergangenheit, auf Geschichte und auf Krieg konzentriert ist. In diesen Prozessen verknüpfen sich nicht nur verschiedene Gattungstraditionen und allgemeinliterarische Innovationen mit pädagogisch und politisch manipulativen Marktstrategien und Autorintentionen: wir dürfen wohl annehmen, daß die neue Mädchenliteratur so eng mit der im Grundlagenteil skizzierten Verschiebung und Neukonstruktion von Geschlechterdifferenz um 1900 korrespondiert, daß die Untersuchung der Texte, Kontexte und Paratexte uns sogar auf Spuren verweist, die zu der historischen Leserin dieser Literatur hinführen, deren eigene Stimme, wie schon bemerkt, im zeitgenössischen Diskurs über Weiblichkeit und weibliche Lektüre kaum einmal anklingt. Solche Bezüge, also Ansätze einer Funktionsanalyse der Texte, werden denn auch von den Verfasserinnen, wo das Untersuchungsmaterial die Möglichkeit bietet, vorsichtig entwickelt. – Alle Studien diskutieren und differenzieren einen generellen Befund unserer Untersuchungen, nämlich daß die hybriden Genres die für den typischen Backfischroman konstitutiven Modi der bipolaren Konstruktion von Geschlechterdifferenz und damit auch die Mädchenliteratur insgesamt transformieren, in einigen wenigen Texten sogar bis an die Grenze der Auflösung des Genres Backfischroman. Deren positive Bilder androgyner, in der Sprache der zeitgenössischen, von der modernen Entwicklungslehre geprägten Geschlechterdebatten: hermaphroditischer Mädchen sowie Bilder der Verkehrung traditioneller Dominanzverhältnisse geben dem Geschlechterdiskurs um 1900 damit eine spezifische Nuancierung (s. Einleitung und T. 1, Kap. 1). Die Auslegung der Ambivalenz dieser literarischen Bilder, die insbesondere von ihrer scharfen Beleuchtung aus verschiedenen Perspektiven eines kaiserzeitlichen Patriotismus, Nationalismus, Chauvinismus und Kolonialismus herrührt, wurde in allen Studien zu einem zentralen Problem. Nur ab und an, in Fußnotenkommentaren, ließen sich Kontinuitäten zwischen der atypischen Mädchenliteratur der Kaiserzeit und der nationalsozialistischen Mädchenliteratur andeuten.

Einige Leitgesichtspunkte und Thesen sollen die Lektüre der Studien erleichtern, in denen insgesamt immerhin ein von uns erhobenes und gesichertes Textcorpus von mehr als 100 Romanen bzw. Textsammlungen heute weitgehend unbekannter Autorinnen (ausnahmsweise Autoren) und dazu ein breites historisches Quellenmaterial bearbeitet wurden:

- Die angesprochenen Verschiebungen waren – erwartungsgemäß – insbesondere an Figurationen und Konfigurationen zu beobachten. Sie werden in den

Studien kontrastiv herausgearbeitet, wobei die typische Backfischliteratur, die typische Jungenliteratur oder auch Paradigmen der zeitgleichen, nicht spezifisch adressierten Literatur die wichtigste Vergleichsbasis liefern können. Die Analyse konzentriert sich auf Zuschreibungsmuster für Weiblichkeit und Männlichkeit (Aktivität und Passivität usw.), auf die Sphären, in denen Frauenhandeln vorgestellt wird (Privatheit und Öffentlichkeit usw.), und auf Dominanzverhältnisse.

- In den einzelnen Studien werden unterschiedliche genrekonstituierende Elemente ins Zentrum gerückt (etwa: der ‚mittlere Held' bzw. die Heldin des historischen Romans, die abenteuernde Heldin, der Trotzkopf-Typus, Themen- und Motivkonstellationen wie Auszug und Heimkehr, Haus und Welt, Liebe und Abenteuer, Frau und Krieg, Liebe und Krieg, Töten und getötet Werden).
- Die Erzählkonzepte der Texte werden mehr oder weniger intensiv und unter je verschiedenen Perspektiven in die Untersuchung einbezogen (bes. Strategien der Leserlenkung in unterschiedlichen Erzählsituationen, Traditionen empfindsam-didaktischen ‚weiblichen Schreibens', Traditionen eines auf Stoffreichtum und Spannung setzenden Schreibens, Bezüge zur literarischen Moderne der Jahrhundertwende).
- Die literarischen Spiegelungen der zeitgenössischen Frauenfrage bzw. der Konzepte einer ‚Kulturmission' der Frau bzw. einer ‚weiblichen Kultur' (Simmel) werden durchgängig, in den einzelnen Studien aber mehr oder weniger intensiv beachtet. Insbesondere im Kapitel 1 über Reise- und Kolonialromane sowie im Kapitel 4 über Kriegsromane für Mädchen werden diese Zusammenhänge noch weit über das im Grundlagenteil Skizzierte hinaus spezifiziert.
- Daß Mädchen- und Frauenfiguren in den Texten als Medien des kulturellen, speziell des nationalen Gedächtnisses bzw. als Stifterinnen von Tradition eingesetzt werden und daß damit auch der Mädchenliteratur offenkundig eine Funktion für die Bildung von (nationalem) Gedächtnis und Tradition zukommen sollte, ließ sich v.a. im gesamten Feld der historischen Romane (auch der Kriegsromane) (Kapitel 2) und Biographien (Kapitel 3) beobachten.
- Das sozial-kulturelle Milieu der Leserinnenschaft der untersuchten Mädchenliteratur war bis zum ausgehenden 19. Jahrhundert noch relativ geschlossen. Die Leserinnen kamen, was sich aus Verlagsprogrammen, Vorreden von Verlegern und Autorinnen sowie aus dem hohen Preisniveau der Bücher ablesen läßt, v.a. aus dem mittleren und gehobenen Bürgertum. Dem entsprechend spiegeln die Texte – wie auch immer verfremdet – auch die Problemlagen der ‚höheren Töchter'.[1] Dies gilt insbesondere für das Spektrum der historischen Romane und der Reise- und Kolonialromane für Mädchen. Mit dem Auftreten des Berliner Weichert-Verlags auf dem Mädchenbuchmarkt, seit der Mitte der 1890er Jahre, erfolgte allerdings eine Öffnung des Marktes für ein breiteres, selbst unterbürgerliche Schichten einbeziehendes weibliches Lesepublikum.

1 Um so bemerkenswerter ist allerdings, daß die Krupp'sche Bücherhalle ihren Arbeiterinnen und Arbeitern um 1900 sämtliche Romane der Brigitte Augusti anbot (*Bücherverzeichnis der Krupp'schen Bücherhalle* 1902).

> Zur Zeit des Ersten Weltkriegs war der Mädchenbuchmarkt bereits so ausdifferenziert, daß grundsätzlich alle Leserschichten vom Mädchen-Kriegsroman erreichbar waren. Dies spiegelt sich u.a. auch in einer neuerlichen Verschiebung im Bereich der Figurationen und Konfigurationen.

Silke Kirch bearbeitet in ihrer Studie 25 speziell an Mädchen adressierte und eine Reihe mit Sicherheit implizit jungen Mädchen zugedachte Romane sowie Vergleichstexte, die auf das Thema Reisen und Aufenthalt in der Fremde zentriert sind. Sie kann die mädchenliterarischen Texte zwei distinkten Genres, nämlich dem Reiseroman, der nicht nur in der Allgemeinliteratur und in der Jungenliteratur, sondern auch in der Frauenliteratur eine lange Tradition hat, und dem jüngeren Genre des Kolonialromans zuordnen. Der Reise- und der Kolonialroman für Mädchen stehen aber nach Kirch literarhistorisch eindeutig in der Tradition des Backfischromans, dessen typisches Schema sie jedoch irritieren und bisweilen erodieren. Diesen Irritationen geht die Untersuchung in verschiedenen Ansätzen nach: einmal durch eine literaturgeschichtliche Beschreibung der Entwicklungslinien der Genres innerhalb der spezifischen Mädchenliteratur und in Abgrenzung zu benachbarten Literatursektoren, dann in der Analyse der sozio-historischen Hintergründe des Gattungsbildungsprozesses sowie der historischen Formierung der Lektüresituation, wobei sich für die Entstehung der Genres die Bedeutung der bürgerlichen Frauenbewegung in Deutschland und die mit ihr verbundene neue Mobilität von Frauen und heranwachsenden Mädchen als maßgeblich erweisen. Dabei begründen die spezifischen politischen Diskurse der deutschen Kolonialpolitik nach 1900, an die der Mädchen-Kolonialroman anknüpft, noch einmal die getrennte Behandlung der Genres. Im Zentrum steht schließlich die – unter Einbeziehung von psychoanalytischer Theorie der Adoleszenz und Gendertheorie – textanalytisch bearbeitete Frage, inwiefern die beiden Genres das im typischen Backfischbuch tradierte Schema der weiblichen Sozialisation erodieren, die traditionellen Entwicklungsvorgaben für die weibliche Adoleszenz revidieren und damit auch die Lektüre-Potentiale für die Leserin erweitern. Bei der Diskussion der Frage nach den Lektüre-Potentialen orientiert sich die Studie an Modellierungen des Lesers in der Literaturtheorie Umberto Ecos.

Gabriele von Glasenapp bearbeitet das Genre des historischen Romans für Mädchen, das in unserem Textcorpus quantitativ zwar etwas weniger stark belegt[2], dafür aber durch die im Bereich der atypischen Mädchenliteratur erfolgreichste Autorin, Brigitte Augusti, repräsentiert ist. Die Bände ihres Romanzyklus' *An deutschem Herd*, dem schon in der zeitgenössischen literarischen und pädagogischen Kritik positive Beachtung geschenkt wurde, konnten durchgängig hohe Auflagen erzielen. Im Zentrum der Studie steht eine in unserem Untersuchungsfeld einmalige literarische Konstellation, die durch eine Initiative der erfolgreichen Leipziger Jugendbuchverleger Ferdinand Hirt und Sohn Arnold aufgebaut wurde, die – noch während des Erscheinens von Gustav Freytags *Die*

2 Die Anzahl der Titel vergrößert sich, wenn die stofflich-thematisch-motivlich ganz auf den Krieg konzentrierten historischen Romane zugerechnet werden. Diese Romane werden aber in Kapitel 4 untersucht. Einige Überschneidungen der Gegenstandsbereiche in beiden Studien sind beabsichtigt.

Ahnen (1872–1880) – zwei Parallelunternehmen starteten, nämlich die Romanreihe *Das Ahnenschloß* (1879–1881) von Oskar Höcker und *An deutschem Herd* (1885–1889) von Brigitte Augusti, die in ihren Romanen – in Analogie zu Freytags Zyklus, wenngleich in einem zeitlich sehr viel engeren Rahmen, – die Schicksale einer weitverzweigten Familie erzählt. Schon diese literarische Konstellation begründet, daß Glasenapp das neue mädchenliterarische Genre fest in der Tradition des historischen Romans und weniger in der des typischen Backfischromans verankert, was auch der Intention des Verlegers entspricht, der mit der Reihe ein Gegenmodell zur ‚süßlichen' Mädchenliteratur schaffen wollte. Dennoch lassen sich, wie gezeigt wird, auch in diesem Genre eindeutig Linien zur traditionellen Mädchenliteratur (darüber hinaus auch Linien zum Abenteuerroman, zum Kriegsroman und zur historischen Biographie) nachzeichnen. Die kontrastive Analyse der Figurationen in den Romanen Freytags, Höckers und Augustis, auf die die Untersuchung konzentriert ist, ergibt u.a., daß allein Augusti Mädchen- und Frauenfiguren erfindet, die Traditionen stiften. Gerade der historische Roman für Mädchen fungierte offenbar als Medium einer auf die Rolle der Frau fokussierten Gedächtnisbildung. Damit verbinden sich die Funktionen dieses Genres mit denen des schulischen Geschichtsunterrichts. Dies ist auch der Grund dafür, daß die Textanalysen in dieser Studie ausführlich mit zeitgenössischen Diskussionen um den Geschichtsunterricht für Mädchen vermittelt werden.

Einen ähnlichen Begründungskontext entfaltet auch Birte Förster, die mit Frauenbiographie und biographischer Erzählung (mit weiblichen Protagonisten) literarische Genres bearbeitet, deren Bildungswert von pädagogischer Seite schon früh betont wurde und die auch bei Gertrud Bäumer, der langjährigen Führerin der bürgerlichen Frauenbewegung, hoch im Kurs standen. Die Gattungstraditionen reichen in diesem Feld, in dem im übrigen auch Männer für Mädchen (und Frauen) schrieben, wie in der Studie gezeigt wird, weit über die Kaiserzeit zurück. Zwar kommt es hier – anders als in den übrigen Genres – offenkundig nicht zu einer signifikant mädchenliterarischen Ausprägung; es zeigen sich aber in der kaiserlichen Biographik, gerade auch innerhalb der im engeren Sinne ‚vaterländischen' Literatur, die an Mädchen adressiert und mitadressiert ist, typische Konzentrationen des Spektrums der dargestellten Frauen sowie Brüche und Verschiebungen im Geschlechterdiskurs, die auf einen Zusammenhang mit dem mädchenliterarischen Wandel verweisen, den wir insgesamt untersucht haben. Ein markantes Anfangsdatum für diesen Wandel ist schon mit dem Erscheinen von Ida von Düringsfelds *Das Buch denkwürdiger Frauen* (1863) gegeben, einer noch heute interessanten Sammlung von Frauenbiographien, die in der Kaiserzeit immerhin 8 mal neu aufgelegt wurde. Försters Studie konzentriert sich insbesondere auf die literarischen Perspektivierungen dreier in den biographischen Texten der Kaiserzeit dominanter Gruppen von Frauen: auf Schriftstellerinnen und bildende Künstlerinnen, auf kämpfende Frauen und auf Fürstinnen und Herrscherinnen – auf solche ‚herausragenden' Frauen also, deren Handeln in der historisch-gesellschaftlichen Realität an die Grenzen der etablierten Geschlechterordnung anstieß, die diese Grenzen bisweilen – mit Sicherheit im Fall der „Schwertjungfern" der antinapoleonischen Kriege – wohl auch vorübergehend aufsprengten. Die Textanalysen in dieser Studie loten v.a. die Deutungsmuster für ‚grenzüberschreitendes' Mädchen- und Frauenhandeln in der biographischen Literatur aus und interpretieren diese Deutungsmuster – am Beispiel der Beleuchtung der „Schwertjungfern“ in biographischen Erzählungen: gestützt auf Theoreme Judith Butlers – als Modi gesellschaftlicher Normierungen und Selbstentwürfe.

Kriegsromane für Mädchen sind mit 31 spezifisch adressierten und einer Reihe weiterer, mit Sicherheit Mädchen zugedachten Romanen, in unserem Textcorpus am häufigsten vertreten. Bedenkt man noch, daß auch in den historischen Romanen, in den Biographien und biographischen Erzählungen sowie in einigen Reise- und Kolonialromanen Krieg an zentraler Stelle thematisiert wird, dann läßt sich die These aufstellen, daß die atypische Mädchenliteratur der Kaiserzeit insbesondere auf die Motiv- und Themenkonstellation Frau/Mädchen und Krieg konzentriert ist. Dazu fügt sich auch, daß der früheste Titel in unserem Corpus ein Kriegsroman ist, nämlich Clementine Helms *Das vierblättrige Kleeblatt*, ein Roman über die ‚Befreiungskriege‘, der 1878 bei Velhagen & Klasing erschien, in dessen Familienblatt *Daheim* in demselben Jahr auch Theodor Fontanes *Vor dem Sturm* vorabgedruckt wurde. Die Thematisierung des Kriegs sollte in der Mädchenliteratur offenkundig der Stützung des historisch-politischen Gedächtnisses dienen, wobei die antinapoleonischen Kriege (bes. 1813), der Deutsch-Französischen Krieg von 1870/71 und der Weltkrieg von 1914–1918, der in zeitgenössischer Deutung ebenfalls in die Reihe der ‚deutschen Einigungskriege‘ eingestellt wurde, die wichtigsten Markierungspunkte boten. In dieser Funktionalisierung geht die Kriegsliteratur für Mädchen freilich nicht auf. Auffällig ist vielmehr gerade bei diesem Genre, dessen Herausbildung sich zeitgleich mit der Etablierung des typischen Backfischromans auf dem mädchenliterarischen Markt vollzog, daß Figurationen, zentrale Motivik sowie Konflikt- und Handlungsstruktur dem literarischen Modell des typischen Backfischromans weitgehend entsprechen. Die stofflich-thematisch-motivliche Zentrierung auf Krieg bedingt aber signifikante Verschiebungen im Textgefüge. Die Studie von Gisela Wilkending geht diesen Verschiebungen – wegen der Materialfülle strikt exemplarisch – in verschiedenen Ansätzen nach: einmal in einem genetisch-rekonstruktiven Verfahren, in dem es um Traditionen und Innovationen im mädchenliterarischen Weiblichkeitsdiskurs, unter der Perspektive sich verändernder Motivkonstellationen, Figurationen, Handlungsräume und Erzählstrukturen geht, dann in der Untersuchung der Spiegelungen außerliterarischer und innerliterarischer Diskurse über Frau/Mädchen und Krieg, schließlich in der Analyse und Deutung paradoxer Weiblichkeits- und Männlichkeitskonstruktionen im Mädchen-Kriegsroman. Am Ende wird eine auf Beobachtungen zur Veränderung der Schreibkonzepte konzentrierte Funktionshypothese entwickelt.

Kapitel 1
Reiseromane und Kolonialromane um 1900 für junge Leserinnen

(Silke Kirch)

1 Einführung

Seinen 1896 erschienen Reise- und Abenteuerroman *Durch Dahome* widmet der unter dem anagrammatischen Pseudonym Flodatto publizierende Autor Adolf Ott explizit seiner zwölfjährigen Tochter, die „in ihren gegenwärtigen Neigungen so knabenhaft" sei, „daß ihr all die Geschichten von den ›braven Mädchen‹, die so schön mit den Puppen spielen u.s.w. höchst langweilig vorkommen".[1] Otts explizite Intention ist es, kein „›Mädchenbuch‹", sondern ein „›echtes Knabenbuch‹" zu schreiben, das „nicht nur von den wißbegierigen Vertretern des männlichen Geschlechts, sondern auch von zarten kleinen Fräuleins mit Vorteil ›verschlungen‹ werden kann".[2] Diese offensive, die geschlechtsspezifischen historischen Zuschreibungen im Bereich der spezifischen Jugendliteratur durchkreuzende Adressierung dürfte um die Jahrhundertwende eine fast tabubrechende Rarität darstellen und gibt Zeugnis davon, daß die lektürespezifischen Vorlieben eines jugendlichen weiblichen Publikums für die ihrem Geschlecht vorenthaltene Abenteuerliteratur den Zeitgenossen nicht unbekannt gewesen sein dürfte.[3]

Eingang in den Bereich der spezifischen Mädchenliteratur fand die Thematik von Reise und Fremde zunehmend in den letzten zwei Jahrzehnten des 19. Jahrhunderts. Mit Brigitte Augustis vierbändiger Romanserie *An fremdem Herd* – erstmals erschienen zwischen 1889 und 1894 – wird das Motiv des allein reisenden Mädchens salonfähig und wird das Reisen, das im klassischen Backfischroman allenfalls lose mit der Romanhandlung verknüpft war, in einer Reihe von Texten zu einem textstrukturellen Merkmal. Junge Mädchen, oft ausgebildete Lehrerinnen[4], reisen nun allein in europäische Nachbarländer, in die Vereinigten Staaten von Amerika, nach Indien sowie in die deutschen Kolonien Afrikas. Teil-

1 Flodatto 1896, S. [3].
2 Ebd., S. [3] f.
3 In ihrer spezifisch jugendliterarischen Form gilt die Abenteuerliteratur der pädagogischen Kritik seit dem 19. Jahrhundert als typische Lektüre eines heranwachsenden männlichen Lesepublikums, während das sich parallel etablierende Backfischbuch gleichzeitig als spezifische Mädchenlektüre gewertet wird. Hierzu Wilkending 1994, 1997a, 1999c.
4 Zunächst eröffnete der Beruf der Lehrerin jungen Frauen die Möglichkeit zu reisen. Wie Huerkamp in bezug auf eine Schätzung aus dem Jahr 1899 aufzeigt, waren ein Viertel aller berufstätigen Lehrerinnen zu dieser Zeit als Hauslehrerinnen in Familien tätig – nicht selten im Ausland (Huerkamp 1999, S. 177). Da die Ausbildung zur Lehrerin mit 18 Jahren abgeschlossen sein konnte, waren die reisenden Lehrerinnen oftmals sehr jung.

weise werden die Reisen aus eigener Entschlußkraft angetreten, zumeist aus wirtschaftlichen Gründen, aber auch, um Familienangehörige wiederzufinden, aus beruflichen Gründen oder Gründen der Berufsausbildung. – Neben der von der Kritik vielbeachteten Brigitte Augusti sind es vor allem die Autorinnen Bertha Clément, Käthe van Beeker und die Erfolgsschriftstellerin Henny Koch, aus deren Federn zwischen 1889 und 1918 Reiseerzählungen für junge Mädchen fließen. Die wenigen, explizit oder implizit an Mädchen adressierten Kolonialromane aus der Hand von Autorinnen – hier sind wiederum die Autorinnen Käthe van Beeker und Henny Koch, aber auch Elise Bake und Valerie Hodann zu nennen[5] – erscheinen erst am Ende des ersten Jahrzehnts des neuen Jahrhunderts bis zum Beginn des Ersten Weltkriegs – im Vergleich mit dem Bereich der spezifischen Jungenliteratur, in dem bereits ab 1882 zum Zwecke der imperialistischen und nationalen Bildung Kolonialromane in großer Zahl publiziert wurden, mit einer fast drei Jahrzehnte dauernden Verzögerung. Der Grund hierfür ist darin zu suchen, daß das gesellschaftliche und politische Interesse von und an Frauen in bezug auf den deutschen Kolonialismus – vor allem in ‚Deutsch-Südwest' – erst im Zusammenhang mit den blutig niedergeschlagenen Aufständen der indigenen Bevölkerung (1904/07) und der zunehmend diskutierten ‚Rassenfrage' an Brisanz gewinnt. Zur Eindämmung von ‚Mischehen' wurde nun die Übersiedlung von Frauen in die deutschen Kolonien Afrikas, vor allem nach ‚Deutsch-Südwest' politisch propagiert und institutionell gefördert. Die in diesem Sinne formulierte ‚Frauenfrage in den Kolonien' findet sich in den Mädchenkolonialromanen von Henny Koch – *Vollrads in Südwest* [1916]) – und Käthe van Beeker – *Heddas Lehrzeit in Südwest* ([1909]) – gespiegelt.

Der Mädchenroman, der die Thematik von Reise, Auswanderung und Leben in der Fremde aufnimmt, ist um 1900 ein Novum auf dem Gebiet der Literatur für junge Leserinnen. Im Hinblick auf die gesamte mädchenliterarische Produktion der Jahrhundertwende hat das Genre einen geringen Stellenwert. In der Forschung haben bislang nur Einzeltitel Beachtung gefunden.[6] Die zeitgenössische literarische und pädagogische Kritik jedoch sowie die häufigen Neuauflagen der Titel zeugen von dem Erfolg des Genres nicht nur bei den jungen Leserinnen. Die vier Bände der Serie *An fremdem Herd* von Brigitte Augusti erlebten bis zu fünf Auflagen, zum Teil bis weit in das zweite Jahrzehnt des 20. Jahrhunderts hinein.[7] Viele Titel wurden bereits im Jahr des Ersterscheinens ein zweites Mal aufgelegt. Bertha Cléments Erzählung *Im Rosenhause* ([1898]) wurde bis 1920 wiederholt aufgelegt, der Folgetitel *In den Savannen* ([1900]) erreichte zwischen 1900 und 1925 insgesamt 13 Auflagen.[8] Insbesondere die Romane Augustis erhalten von

5 Die Titel *Schwere Zeiten* von Elise Bake ([1913]) und *Auf rauhen Pfaden* von Valerie Hodann ([1910]) sind nicht explizit an Mädchen adressiert, können jedoch aufgrund ihrer impliziten Adressierung eindeutig zur Mädchenlektüre gerechnet werden.

6 Hierzu Schwarzer 1989; Wild 1992.

7 Ein ebensolcher Erfolg war auch den historischen Erzählungen der Erfolgsautorin Augusti (*An deutschem Herd*, 1885–1889) beschieden, andere Titel erlebten jedoch weitaus weniger Auflagen – wie etwa der Band *Mädchenlose* (1882) sowie der Fortsetzungsband *Haus und Welt* (1883), die nicht mehr als dreimal aufgelegt wurden.

8 Aus Bertha Cléments reicher Produktion wurde allein dem 1897 erschienenen Roman *Der silberne Kreuzbund* sowie dessen Fortsetzung *Komteß Wally* (1898) eine vergleichbare

der literarischen und pädagogischen Kritik positive Resonanz und lassen sich regelmäßig auf zahlreichen Empfehlungslisten finden.

Die Kritiker heben in Abgrenzung von dem typischen Backfischroman vor allem die Figurenzeichnung in den Romanen Augustis positiv hervor. Die Heldinnen von Augustis Erzählungen „sind nicht auf das Heiraten sozusagen dressiert, sie warten nicht auf den Mann, sehen nicht in jedem männlichen Wesen den Erlöser von einem unnützen Dasein, oder den Versorger eines sich nicht versorgen könnenden Geschöpfes".[9] Sie „erfüllen die Pflichten, welche der Platz, auf welchen sie gestellt werden, von ihnen fordert, treu, indem sie den Menschen dienen".[10] Damit vermittelten sie der Leserin, „daß es sich im Leben eines Mädchens um nichts anderes handle, als in dem eines Knaben, nämlich darum, daß sie tüchtige Menschen werden".[11] – Während manche Kritiker in diesem Zusammenhang vor allem die in Figurenzeichnung und Handlung angelegten ethischen Werte würdigen, beziehen andere das Dargestellte direkt auf die zeitgenössische politische Frauenfrage. So heißt es in *Die Lehrerin in Schule und Haus* in bezug auf Augustis Erzählung *Jenseits des Weltmeeres* (1894), dem vierten Band ihrer Serie *An fremdem Herd*:

> Angesichts der Reformbestrebungen der Frauen Deutschlands, bei denen vielfach die Blikke auf die Frauen Amerikas, deren Bildung, Stellung und Wirksamkeit gerichtet werden, dürfte es für unsere heranreifende weibliche Jugend von ganz besonderem Interesse sein, die amerikanischen Frauen sozusagen von Angesicht zu Angesicht zu sehen.[12]

Der erste Band der genannten Serie, *Gertruds Wanderjahre* (1889), wird in dem gleichen Rezensionsorgan wie folgt besprochen:

> In unseren Tagen, da die gesellschaftlichen Verhältnisse mehr und mehr unsere jungen Mädchen nötigen, außerhalb der eigenen Familie, in fremden Häusern oder an öffentlichen Anstalten, ihren Lebensunterhalt zu suchen, und sich besonders ein lebhafter Zug nach dem Auslande kund giebt, ist es ein glücklicher Griff der Schriftstellerin, wenn sie ihre Heldinnen in solchen Verhältnissen vorführt, in die einzutreten ein großer Teil der Leserinnen selber wünscht oder genötigt ist.[13]

Damit wird deutlich, daß die Erzählungen von den nunmehr ‚mobilen Backfischen', die in den Texten nicht selten allein auf Reisen gehen, als ein Reflex der Bewegung, die im Kaiserreich der Jahrhundertwende sozial und politisch in bezug auf die gesellschaftliche Stellung und soziale Rolle der Frau in Gang gekommen ist, gelesen werden können. Die Mädchenreise- und Mädchenkolonialromane, die das Schema des typischen Backfischromans variieren, dokumentieren, daß die Bedingungen der weiblichen Sozialisation, aber auch die Ansichten über ihre Zielvorstellungen eine Veränderung erfahren haben. Dabei bietet sich die

---

Auflagenhöhe zuteil. Henny Kochs Kolonialerzählung *Vollrads in Südwest* wurde von 1916 bis 1926 insgesamt fünfundzwanzig Mal wiederaufgelegt, im Jahr der Ersterscheinung allein sieben Mal. Ähnlich hohe, aber auch höhere Auflagen, waren allerdings auch anderen Titeln der Autorin beschieden.

9 Loeper-Housselle 1889/90, S. 157.
10 Loeper-Housselle 1891/92, S. 187.
11 Loeper-Housselle 1889/90, S. 157.
12 Loeper-Housselle 1893/94, S. 189 f.
13 Loeper-Housselle 1889/90, S.157.

Thematik des Reisens zur Darstellung der mit der Adoleszenz verbundenen psychischen Prozesse – vor allem ihrer progressiven Aspekte – insofern an, als – wie Mario Erdheim im Zusammenhang mit der Pubertät hervorgehoben hat – in „der Dynamik zwischen Familie und Kultur [...] das Moment des Fremden eine hervorragende Rolle“ spielt.[14] „Die Faszination, die vom Fremden ausgeht, verlockt zum Ausbruch aus der Familie und steht insofern auch im Dienste der kulturellen Entwicklung.“[15] Die Einlassung der Thematik des Reisens in den als Sozialisationsliteratur verstandenen Bereich der Mädchenliteratur kann als ein Indikator für das von der Frauenbewegung angeregte Umdenken auch im Bereich der Mädchenerziehung gelesen werden und bietet sich zur Darstellung der bewußten wie unbewußten Aufbruchswünsche der Frauen und Mädchen an. Die Veränderung der Vorstellungen über die soziale Rolle der Frau impliziert in diesem Zusammenhang zugleich die Frage nach ihrer politischen Bedeutung und ihrer Position als gesellschaftliches Subjekt. Die von einem Teil der Frauenbewegung geforderte politische Gleichstellung der Frauen und Männer schlägt sich in den atypischen Texten der Mädchenliteratur nieder, indem nun der Prozeß der geschlechtsspezifischen Sozialisation mit dem Prozeß der politischen Identitätsbildung der Frau verknüpft wird.

In der Geschichte der Mädchenliteratur, als deren zeitgenössische Variante und typische Form sich im ausgehenden 19. Jahrhundert das Backfischbuch etabliert hat, kann die Reise- und Kolonialerzählung schon allein in stofflich-motivischer Hinsicht als atypisch gewertet werden. Inwieweit sich der Mädchenreiseroman auch inhaltlich, intentional und strukturell vom typischen Backfischroman und anderen benachbarten Genres abhebt und sich damit überhaupt erst als eigenständiges Genre konstituiert, soll im folgenden aufgezeigt werden. Da sowohl für die Kolonialromane das Reisen als auch für die Reiseromane der Aufenthalt in der Fremde eine wesentliche Rolle spielen, werden Reise- und Kolonialromane in diesem ersten Teil der Studie genrespezifisch nicht streng unterschieden. Das im Vorfeld dieser Untersuchung für den Zeitraum von 1870–1918 systematisch, für den Zeitraum davor und danach kursorisch autopsierte Textkorpus der explizit für Mädchen publizierten ‚Reiseliteratur‘ läßt Entwicklungslinien des hybriden Genres erkennen und erfordert Abgrenzungen gegenüber ähnlichen Genres aus benachbarten Literatursektoren. Diese gattungsspezifisch internen wie externen Differenzierungen sollen im folgenden die Konturen des atypischen Genres, das in seinem literarhistorischen Umfeld ein für kurze Zeit aufscheinendes Phänomen darstellt, hervortreten lassen.

14 Erdheim 1985, S. 68.

15 Ebd. Auch historisch steht das Reisen in einem engen Zusammenhang mit der Herausbildung des neuzeitlichen Weltbildes. Im Kontext der modernen Welt- und Subjektauffassung gilt das Reisen „als ein Medium zur Welt- und Selbsterfahrung“ (Brenner 1991, S. 32).

2 Entwicklungslinien: Literaturgeschichtliche Einordnung der Genres

Literaturgeschichtlich steht der Mädchenreise- und Mädchenkolonialroman der Jahrhundertwende in der Tradition des im 19. Jahrhundert dominanten mädchenliterarischen Genres, dem Backfischroman, sowie in der Tradition des (fiktiven) Reiseberichts, der mit dem sprunghaften Anstieg des Anteils reisender Frauen im 18. und frühen 19. Jahrhundert zunehmend auch aus weiblicher Feder stammt. „Ganz Europa", so Annegret Pelz, „wurde im Laufe des 18. und frühen 19. Jahrhunderts von einer Reisewelle von Frauen erfaßt".[16] Pelz verzeichnet für den Zeitraum von 1700 bis 1810 200 Titel, die Reisen von Frauen dokumentieren. Die Frauenreise wird darüber hinaus in zahlreichen literarischen Texten thematisiert.[17]

Der Reisebericht bietet sich für eine Verbindung mit dem Roman an, insofern die „diskursiv gemachte Erfahrung des Fremden [...] immer schon wesentlich auf Fiktionalisierung" beruht und damit eine „Grenzziehung zwischen authentischem Bericht und fiktionaler Reiseliteratur hinfällig" wird.[18] Im Bereich der Mädchenlektüre finden sich im 19. und beginnenden 20. Jahrhundert verschiedene Formen des ‚fiktiven' Reiseberichts. Er erscheint zunächst als Briefroman oder in Tagebuchform mit weiblichen Protagonisten im Bereich der spezifischen Mädchenliteratur[19], im Bereich der Jugendliteratur[20] sowie auch ohne spezifische Adressierung[21]. Auch um die Jahrhundertwende lassen sich für alle drei Literatursektoren fiktive, zum Teil in Erzählprosa eingebettete Reiseberichte mit weiblichen Protagonisten von Autorinnen verzeichnen. Von Helene Stökl etwa erscheint 1892 *Die Weltreisen Ida Pfeiffers*[22], ein auf den publizierten Tagebuchaufzeichnungen Ida Pfeiffers beruhender erzählender Bericht. Charlotte Nieses *Bilder und Skizzen aus Amerika* (1891) – publiziert unter dem Pseudonym Lucian Bürger – ist demgegenüber eine tatsächliche Reise der Autorin durch die Vereinigten Staaten von Amerika vorangegangen. Prominent in diesem Zusammenhang waren auch die Reisebeschreibungen der Annie Brassey.[23] Andere Titel bet-

16 Pelz 1991a, S. 125.
17 Hierzu Griep/Pelz 1995.
18 Fuchs/Harden 1995, Vorwort, [o.P.].
19 Schimmer 1849.
20 Stille [1834].
21 Bernhardi 1817; Gumpert [1844].
22 Der Titel erschien als Bd. 8 der „Jugendlaube: Bibliothek für die Jugend".
23 So etwa der Titel *Eine Segelreise um die Welt an Bord der Yacht "Sunbeam"* (1880). Die englische Erstausgabe erschien Ende 1877 (ebd., s. S. [IV]). Der Titel erlebte innerhalb eines Jahres 8 Auflagen. Der Text erscheint in der deutschen Übersetzung 1879 (in 2 Auflagen), 1880 in der 3., 1885 in der 4. und 1889 in der 5. Aufl. Eine englische, gekürzte Fassung für den Schulgebrauch erschien 1899 in Prag und Wien. In der deutschen Übersetzung wurde der Text rasch zu „einem Liebling auch des deutschen Publikums" (ebd., S. V); infolgedessen druckte der Verlag neben der Prachtausgabe eine billigere Ausgabe. Das Buch ist im Titel nicht explizit an Mädchen adressiert. Dem Übersetzer zufolge ist es jedoch ein „Buch für die Familie, besonders für die Frauen, deren Gedankengang und Interessen ja sonst bei allen Reisebeschreibungen von den Herren Autoren wenig genug berücksichtigt werden." (Ebd., S. [IV]) In der Vorbemerkung der Verlagsbuchhandlung wird das Buch „für die reifere weibliche Jugend" empfohlen (ebd., S. [V]).

ten die geographischen und kulturanthropologischen Sachinformationen in fiktive Rahmenhandlungen ein. Die Reiseerzählungen Olga Eschenbachs etwa verknüpfen die Intention der Wissensvermittlung lose mit einer Romanhandlung. In *Elisabeths Frühling und Winter in Rom* (1881) führt die Protagonistin ein Reisetagebuch in sachlich-belehrendem Stil mit ausführlichen und detaillierten Beschreibungen der Stadt, ihrer Architektur, Infrastruktur und Einwohner, die fast den gesamten Text der Erzählung ausmachen, ohne einen Reflex der Subjektivität der Tagebuchführenden erkennen zu lassen. In den Erzählungen Eschenbachs wird die intendierte Romanhandlung vom sachlichen Reisebericht eindeutig überformt – dies gilt auch für ihre Erzählung *Fern von der Heimat* ([1884]).[24]

Der Mädchenreiseroman und -kolonialroman der Jahrhundertwende nimmt die berichtende Form durchweg in sich auf, wobei die Beschreibungen fremder Landschaften, ihrer Bewohner und kulturellen Sitten, Mentalitäten und Gewohnheiten nun nicht mehr im Zentrum der Erzählung stehen und nicht zuletzt – im umgekehrten Sinne – der die Romanhandlung unterstützenden Einsetzung der Authentizitätsfiktion dienen. Dennoch verliert das sachlich-belehrende Moment in den Reisegeschichten nicht gänzlich seine Bedeutung. In dem Verlagsvorwort zu Brigitte Augustis vierbändiger Reihe *An fremdem Herd* und auch in den diesbezüglichen Rezensionen[25] wird ausdrücklich „der belehrende Hintergrund“[26] der Erzählungen hervorgehoben.

Aus literarhistorischer Perspektive überraschend ist, daß die für die ‚junge Mädchenwelt‘ publizierten Reiseromane der Jahrhundertwende keinen unmittelbaren Einfluß von Seiten der Robinsonade, für die ja auch eine weibliche Tradition zu verbuchen ist, erkennen lassen. Für das 18. Jahrhundert (1720 bis 1800) verzeichnet Jeannine Blackwell sechzehn deutsche, drei französische, drei niederländische, drei britische und eine amerikanische Robinsonade mit weiblichen Protagonisten.[27] Im 19. Jahrhundert sind Robinsonaden mit weiblichen Protagonisten, wie die diesbezüglichen kursorischen Forschungen im Zusammenhang mit dieser Untersuchung ergeben haben, offensichtlich rar.[28]

Das für die weibliche Robinsonade des 18. Jahrhunderts typische Motiv der als Mann verkleidet reisenden Frau[29], das auch für die Frauenreisen des 19. Jahrhunderts und deren Verbuchungen eine große Rolle spielt[30], ist in der Reiseliteratur für Mädchen an der Wende zum 20. Jahrhundert überraschenderweise nicht zu finden.[31] Zwischen beiden Genres läßt sich dennoch ein interessanter Bezug

24 S. auch Guenther 1913.

25 S. Anonym 1889/90, S. 414; Loeper-Housselle 1890/91.

26 Augusti 1890, S. [5].

27 Blackwell 1985, S. 5.

28 Gräfin Germanie [1844]; Hibeau [41889]; Tytler 1847; Wimmer 1838; Woillez [1835]. Mit Ausnahme von Wimmer handelt es sich bei diesen Robinsonaden nicht um explizit spezifische Mädchenliteratur, dennoch lassen die Titel eine implizite Adressierung vermuten, insbesondere der französische Originaltitel von Woillez (*Emma ou le Robinson des Demoiselles*, Orig. Paris 1835). In der Tradition der Warngeschichten steht auch Doubberck [1903].

29 Zu finden auch bei Wimmer 1838.

30 Hierzu Pelz 1988, S. 144 f.; Wehinger 1986, S. 376 ff.

31 Wohl aber in anderen Texten der Mädchenliteratur. Vgl. hierzu Helm 1891.

herstellen. Blackwell nennt als besonderes Gestaltungsproblem der ‚weiblichen' Robinsonade die Sympathielenkung des Lesers in bezug auf die Protagonistin: Die Heldin des Textes widerspricht, indem sie allein reist, den sozialen Normen ihrer Zeit, muß jedoch gleichzeitig aus rezeptionsstrategischen Gründen für den Leser sympathisch bleiben. „How could they escape and remain believable and sympathetic at the same time? [...]."[32] Dieses Gestaltungsproblem findet sich in auffallend analoger Weise auch im Mädchenreiseroman und tritt hier wie dort vor allem in Form eines notorischen Legitimationsnotstandes in bezug auf die Reisetätigkeit der Mädchen hervor. Das Muster der Heldin in der ‚weiblichen' Robinsonade des 18. Jahrhunderts charakterisiert Blackwell als das der „innocent, educated young woman"[33], die vom Schicksal gezwungen wird, ihre Heimat zu verlassen – ein Muster, das sich auch für den Mädchenreiseroman veranschlagen läßt. Die Wißbegier der Heldin unterstreicht in diesem Zusammenhang ihre Zugehörigkeit zu der sozialen Ordnung und mindert damit die Wertung ihres Aufbruchs als ein moralisches Fehlverhalten. Bildung, insbesondere Frauenbildung, spielt auch in den Mädchenreiseromanen – vor allem bei Brigitte Augusti – eine auffallend große Rolle.[34] Festzuhalten ist an dieser Stelle, daß die bemerkenswerten Gestaltungsanalogien zwischen der Robinsonade mit weiblicher Protagonistin und dem mädchenliterarischen Reiseroman sich nicht aus einer unmittelbaren literarischen Tradierung herleiten, sondern sich einer in bezug auf die Geschlechterrollendarstellung ähnlichen soziohistorischen Konstellation verdanken.

2.1 Das Reisen in der Geschichte der spezifischen Mädchenliteratur

Der Reise- und Kolonialroman für Mädchen ist keine Abenteuerliteratur wie das entsprechende jugendliterarische Genre, das um die Wende zum 20. Jahrhundert durchweg als jungenspezifische Lektüre galt. Ein struktureller, kursorisch angelegter Vergleich des mädchenliterarischen Genres mit dem jungenliterarischen Genre wird weiter unten Gegenstand der Ausführungen sein, hier sei vorerst festgehalten, daß sich der spezifisch jugendliterarische Reise- und Kolonialroman historisch aus der allgemeinen Abenteuerliteratur ausdifferenziert[35] und von dieser oftmals auch kaum zu unterschieden ist (s.u.).[36] Im Gegensatz hierzu ent-

32 Blackwell 1985, S. 8.

33 Ebd.

34 Das Problem der Sympathielenkung ist ein Reflex der Problematik des Transfers des abenteuerlichen Helden in das Gebiet der spezifischen Mädchenliteratur. Hierzu s. Kehlenbeck 1996a, 1996b. Kehlenbeck erörtert in ihren Untersuchungen das Problem der Übertragbarkeit des Abenteuers in eine weibliche Lebenswelt. Sie stellt in diesem Zusammenhang die These auf, daß es sich „bei der Leitfigur [dem Helden] insbesondere um eine Kompensationsfigur für Abhängigkeitsstrukturen und narzißtische Kränkungen im männlichen Leben handelt" (Kehlenbeck 1996a, 51). Zur Kompensationsthese s. auch Carpenter, Maertin, Schmiedt und Steinbrink in *Ausbruch und Abenteuer* 1984; Steinbrink 1983; Ueding 1973.

35 Hierzu Baumgärtner 1981.

36 Die Abenteuerromane wurden häufig „für Jugend und Volk" publiziert. Hierzu Pellatz 2000.

wickelte sich der Reise- und Kolonialroman für Mädchen aus der spezifischen Mädchenliteratur und knüpft mehr oder weniger eng an das Schema des Backfischbuchs an. An die Stelle des Pensionsaufenthalts rückt nun die Reise, die allein oder auch in Begleitung der Eltern vorgenommen wird. Obgleich nicht in allen Erzählungen eine Trennungssituation hergestellt wird, sind alle Texte Entwicklungsgeschichten, für die – anstelle der Mädchengruppe im Pensionat – nun der Aufenthalt in der Fremde den Kristallisationspunkt der Entwicklung bildet.

Eine Reihe von Texten bleibt dem Gattungsschema des klassischen Backfischbuchs sehr eng verbunden und läßt die Reise allein motivisch in den Text ein, ohne die Eckpfeiler des Schemas zu verändern. Die Protagonistinnen dieser Texte durchlaufen die typische Entwicklung eines ‚Backfisches' zu einer jungen Frau. In C. Krenners *Backfischchen's Reise in die Schweiz* (1873) etwa fährt die 16jährige Charlotte mit ihrem Großonkel in die Schweiz, um dort zusammen mit der Tante eine Reise zu unternehmen. Beide versuchen erzieherisch auf die Nichte einzuwirken, was dazu führt, daß Charlottes Mutter ihre Tochter nach der Reise viel ‚ordentlicher' findet als vorher. Aus dem etwas ungestümen, nachlässigen Backfisch ist eine junge Frau geworden.

Einen ähnlichen Zweck hat auch Ellas Reise in Charlotte Niebelschütz' Erzählung *Ella Mercedes* ([1896]). Die 12jährige Ella, Tochter eines deutschen Auswanderers und einer Brasilianerin, seit dem fünften Lebensjahr Halbwaise, wächst bei ihrem Vater in Brasilien auf, entwickelt sich dessen Meinung nach jedoch „unvorteilhaft". Ella gilt – ähnlich wie der ‚Trotzkopf' Ilse Macket – als zu „wild und heftig"[37], zu eigenwillig und zu „knabenhaft"[38] und ist „noch sehr weit von der sanften Weiblichkeit, die ihr Vater in ihr ausgeprägt zu sehen wünschte, entfernt"[39]. Sie wird nach Deutschland in ein Mädchenpensionat geschickt. Hier soll sie „zu einem echten deutschen Mädchen"[40] erzogen werden. Tatsächlich erfährt sie die erwünschte Charakterumbildung und zuletzt kann der Vater „ihr liebliches, häusliches Walten"[41] beobachten. Ein ähnlicher Plot findet sich in Fanny Stöckerts Erzählung *Prinzessin Beate* ([1891]).[42]

In anderen Texten bilden die Reise oder das Thema der Fremde das die Erzählung strukturierende Zentrum des Textes und sind nicht allein wie in den zuvor genannten Titeln motivisch mit der Handlung des Backfischromans verbunden. Hier modelliert das Einrücken der nicht nur auf die Familie, sondern auch auf die Kultur bezogenen Fremde das Gattungsschema des typischen Backfischromans insofern, als die kulturelle Fremde die sozialen Normen der Herkunftsge-

37 Niebelschütz [1896], S. 7.
38 Ebd., S. 11.
39 Ebd.
40 Ebd., S. 14.
41 Ebd., S. 240.
42 Den Übergang vom Backfischbuch zum Reiseroman markieren auch Texte wie Käthe van Beekers *Hansis Europareise* ([1906]), Angelica Hartens *Fräulein Übermeer* ([1900]) und Bertha Clément's *Heimatboden* ([1912]). In dem zuletzt genannten Text führt die Reise, die die 18jährige Nell nach dem Tod der Mutter zusammen mit dem Vater unternimmt, zur Rekrutierung von Nells zukünftigem Verlobten und hat darüber hinaus keine den Text strukturierende Bedeutung.

sellschaft erschüttert und damit auch die Vorstellungen über eine adäquate geschlechtsspezifische Sozialisation ins Wanken geraten läßt. – Bertha Cléments Erzählung *Im Rosenhause* sowie der Folgeband *In den Savannen* stehen zwar eindeutig in der literarischen Tradition des Backfischromans, weichen dessen typisches Schema jedoch auf. Die 12jährige Felicia, Tochter eines Deutschen und einer Amerikanerin, wächst nach dem Tod der Mutter unter der alleinigen Obhut des Vaters in den USA auf und soll in Deutschland bei Tante und Großmutter eine deutsche Mädchenerziehung genießen. Die Erzählung folgt damit zunächst ganz dem klassischen Modell des Backfischromans: Felicia gleicht mit ihrem jungenhaften, ungezähmten Verhalten[43], das der Vater ihr gestattet, den ‚Trotzkopf- und Wildfanggestalten' des typischen Mädchenbuchs und ihre Reise soll der Lockerung der allzu engen Vaterbindung[44] sowie einer im traditionellen Sinne geschlechtsspezifischen Sozialisation Felicias dienen. Ihre kompromißlose, wilde, als jungenhaft geltende Art kann Felicia jedoch erst relativieren, als sie in einer vaterlosen Großfamilie Aufnahme findet, deren Mutter sie als Autorität akzeptieren kann. Aufgeben muß sie ihren Eigensinn, wie im klassischen Handlungsmodell, jedoch nicht, wenn sie auch dazu angehalten wird, sich sozialverträglicher zu verhalten. „»Mutter sagt, wir dürfen nie vergessen, was für ein freies Leben sie in Amerika geführt hat, es wäre ihr ein Bedürfnis, sich viel Bewegung im Freien zu machen«"[45], halten sich ihre Geschwister vor Augen. Indem die Autorin geschlechtsspezifisches Verhalten in einer einfachen Gleichung mit nationaler Herkunft verknüpft, steht dem am Ende der Erzählung 16jährigen Mischlingskind Felicia die Möglichkeit offen, sich sowohl ‚weiblich' (deutsch) als auch ‚männlich' (amerikanisch) zu verhalten. Das Thema der Fremde dient damit der Darstellung einer weiblichen Sozialisation, die traditionell männliche mit traditionell weiblichen Verhaltensweisen überkreuzt. Felicia kann sich ihrer deutschen Erziehung gemäß sowohl typisch ‚weiblich' als auch ihrer amerikanischen Sozialisation gemäß typisch ‚männlich' verhalten. Die Auflockerung des Modells der typischen Backfischerzählung ist hier durch die Einführung des Themas Fremde strukturell im Text angelegt.

Erzählungen wie diese – und das gilt auch für Reiseromane von Augusti, Beeker, Bake und Koch – nehmen die Thematik von Fremde, Aufbruch und Ausbruch nicht allein motivisch auf, sondern unterscheiden sich in ihrer Struktur, in der Figurenzeichnung und der Handlungsführung von dem typischen Modell der Backfischliteratur. Sie bilden ein hybrides Genre, in das Abenteuer- und Reise-

---

43 Sie gilt als ein „Trotzköpfchen" (Clément [1898], S. 17), spielt nicht mit Puppen (ebd., S. 92) und will auch nicht im Haushalt helfen (ebd., S. 96). „»Ihr Haar ist so kurz geschnitten wie bei einem Jungen.«" (Ebd., S. 57) Ihr Nennbruder Franz bewundert ihre draufgängerisches Verhalten – ihren „kecken Jungenmut" (ebd., S. 73), als sie mit einem ungesattelten Pferd über eine Hecke setzt: „[D]as machte ihr so leicht kein Junge nach." (Ebd., S. 72) Gleichzeitig wird ihr Verhalten abwertend als ‚unweiblich' bezeichnet. „»Du bist wirklich schlimmer als der wildeste Bube im Dorfe, du scheinst aber gar nicht zu wissen, wie sich ein Mädchen benehmen muß. Hier bei uns in Deutschland ist so etwas nicht Sitte.«" (ebd., S. 76)

44 Felicia ist „sein Abgott, seine kleine Fee"; die Tochter hat alle Macht über den „schwachen Vater" (ebd., S. 16)

45 Ebd., S. 83.

Ill. 2: Textillustration aus: Berta Clément: In den Savannen. Eine Erzählung für die junge Mädchenwelt. Nürnberg [1900].

roman ebenso wie der Liebesroman[46], zuweilen auch noch weitere Genres, wie der historische Roman, der Künstler- oder Lehrerinnenroman Eingang finden.

Die Fremde gewinnt jedoch für die Protagonistin nur dann die Bedeutung eines Kristallisationspunktes der individuellen Entwicklung, wenn der Text Spielraum für eine individuelle Begegnung mit der Fremde läßt. Für die Texte, in

46 Für fast alle Mädchenreiseromane gilt, daß sie – an das typische mädchenliterarische Vorbild anknüpfend – die Liebesgeschichte und insbesondere das Motiv der Liebesheirat in den Erzählschluß mit aufnehmen. Doch wird das Einlaufen in den ‚Hafen der Ehe' im Gegensatz zum Mainstream der Backfischliteratur nicht als das ausschließliche Ziel der weiblichen Sozialisation eingeführt. Zuweilen – wie etwa in der Erzählung *Schwere Zeiten* von Elise Bake ([1913]) – erscheint das standardisierte ‚Happy End' als aufgesetzt, wird durch die Handlung nicht vorbereitet und ist augenfällig allein der literarischen Tradition geschuldet. Allerdings gilt dies auch für andere Bereiche der Mädchenliteratur. Hierzu Wilkending 2002c, S. 221.

denen der Aufenthalt in der Kolonie oder auch Missionsstation eindeutig im Vordergrund steht[47], gilt zumeist – so sei hier vorweggenommen –, daß die Darstellung der Fremde maßgeblich von der Bildung nationaler Alteritätskonstrukte bestimmt ist.[48] Der Blick der Alleinreisenden ist zwar auch durch ihre nationale Herkunft geprägt; es läßt sich jedoch beobachten, daß die Beschreibung und Wahrnehmung der Fremde durch das stärkere Moment der Individualität in der Darstellung variabler und durchlässiger ist.

Nicht alle Hauptfiguren der Mädchenreiseromane reisen allein – ein Moment, das nicht vorschnell auf die Eigenständigkeit der Protagonistin bezogen werden darf. Gerade diejenigen Texte, in denen die Trennung der Protagonistin von der Familie zumindest äußerlich nicht erfolgt, illustrieren möglicherweise ein spezifisches Moment der weiblichen Entwicklung, für die eine Entwicklung in Beziehungen – eine „verwandelte Nähe"[49] – und nicht Trennung und Loslösung maßgeblich sind.[50] Das Nebeneinander von alleinreisenden und in Begleitung von Erwachsenen reisenden Mädchen in der Literatur für junge Leserinnen ist zugleich ein Indiz für den Wandel der sozialen Vorstellungen über die Rolle junger Frauen und die Grenzen des Anstandes. Dient die Begleitung der Reisenden der Wahrung der gesellschaftlichen Moralvorstellungen, so bemühen die Autorinnen häufig den Zufall, um Erziehungspersonen die Kontrolle über ihre Zöglinge zu entziehen und so der Protagonistin Möglichkeiten der Selbstbestimmung einzuräumen.

Die weiblichen Protagonisten des spezifisch mädchenliterarischen Reise- und Kolonialromans reisen aus verschiedensten Beweggründen und in unterschiedlichen Konstellationen, immer aber – und das scheint konstitutiv zu sein – haben sie eine Entwicklungsaufgabe zu bewältigen. Diese kann eng an die typische weibliche Sozialisation des Backfischbuchs angelehnt sein oder auch weit von dieser abrücken. Der Übergang vom traditionellen Backfischbuch zum Reise- und Kolonialroman ist dabei fließend. Immer aber stellt die Reise einen Übergangsraum dar, in dem die Protagonistin eine Entwicklung durchläuft. Dieses Kriterium, das sei hier vorweggenommen – erfüllen die spezifisch mädchenliterarischen Reiseerzählungen der zwanziger, dreißiger und vierziger Jahre sowie ihr Vorläufer – die Feriengeschichte – kaum noch, wie im folgenden Abschnitt zu zeigen sein wird. Im Fokus der Mädchenliteratur der Jahrhundertwende steht die weibliche Sozialisation. Der Mädchenreiseroman bringt das klassische Schema in Fluß, indem er die Zielvorgaben dieser Sozialisation hinterfragt und die Bedingungen ihres Gelingens und Scheiterns probehandelnd erweitert.

---

47 Augusti 1893, Bake [1913], Beeker [1909], Clément [13]1925, Hodann [1910], Koch [7][1918] u.a.

48 Brenner weist darauf hin, daß auch „neuzeitliches Reisen und seine Beschreibung [...] nicht immer einen Zugewinn an Welt- oder Selbsterfahrung bedeutet" (Brenner 1991, 34). In diesem Zusammenhang bezeichnet Brenner die ‚Verbuchungen' der Missionsreisen als „Gegenbewegungen gegen die Fortschrittsdynamik" (ebd., S. 35).

49 Hagemann-White 1995, S. 77.

50 Hierzu Binden/Diezinger 1993; Brown/Gilligan 1997; Düring 1993; Gilligan 1996.

2.2 Weitere Entwicklung des Genres nach 1910

In ihrer Arbeit über Mädchenliteratur zwischen 1918 und dem Ende der 50er Jahre schreibt Carmen Wulf, daß der „Durchbruch der Eigenständigkeit“[51] in der Reiseliteratur für Mädchen motivisch in den 30er und 40er Jahren des 20. Jahrhunderts erfolgt sei.[52] Im Hinblick auf das Textkorpus der Untersuchung ist diese Behauptung nicht haltbar. Vor allem in den Texten Augustis und Cléments reisen junge Mädchen alleine und zum Teil auch aufgrund eigener Entschlußkraft nach Spanien, Griechenland, England, Indien und Amerika, um als Lehrerin oder Erzieherin zu arbeiten[53], um den Vater wiederzufinden[54] und um Medizin zu studieren[55].

In den zwanziger Jahren erscheinen in den Mädchenzeitschriften – etwa in *Das Kränzchen* und *Deutsches Mädchenbuch* – Artikel und Kurzgeschichten, die das Aufkommen der Ferienreise spiegeln[56]. Diese Texte zeugen von einer zunehmend selbständigen Reisetätigkeit junger Mädchen, die sich insbesondere auf die Ausweitung des Mädchenschulwesens und die wachsende Berufstätigkeit junger Mädchen zurückführen lassen dürfte.

> Millionen junger Stadtmädchen fahren heute im Eisenbahnzuge zu ihrer Arbeits- oder Ausbildungsstelle und stehen somit auf einer Vorstufe zur Reisegewandtheit, die den einsam auf dem Lande lebenden Frauen und Mädchen oft fehlt. [...] also die eigentliche Reise, zumeist als Ausnutzung der Ferienzeit, die ja heute nicht nur den schulpflichtigen, sondern auch jedem in Arbeit oder Stellung stehenden jungen Mädchen zugestanden wird.[57]

Dennoch erscheint die Feriengeschichte im Hinblick auf die Reiseromane der Jahrhundertwende nicht – wie Wulf behauptet hat[58] – als Auftakt, sondern als Ausklang einer Entwicklung. Die Feriengeschichte sowie der sich aus ihr entwikkelnde Reiseroman der zwanziger und dreißiger Jahre stellt zwar auch allein reisende Mädchen dar, doch rückt nun anstelle der ‚Entwicklungsgeschichte‘ eindeutig die unterhaltende Funktion der Lektüre in den Vordergrund der Erzählung – wie Titel von Estrid Ott, Emma Gündel und Marga Rayle erkennen lassen.[59] Der *Inge*-Serie von Horlyk (1932 ff.) bescheinigt schon Wulf, „sensations-

---

51 Wulf 1996, S. 267.

52 „Die Reisen zeigen den beträchtlich erweiterten Spielraum der Mädchen und jungen Frauen, der sich in mehrere, manchmal überschneidende Phasen einteilen läßt. Am Anfang des 20. Jahrhunderts war eine Reise nur in Begleitung Erwachsener, meist der Eltern möglich. Bevorzugt wurde die Erholungsreise [...]. Die Zeit der Weimarer Republik, die Periode des eigentlichen Umbruchs, war eine Zeit nahezu aller Möglichkeiten. [...] Diese Zeit des Umbruchs förderte die Eigenständigkeit der jungen Heldinnen. [...] Die 30er und der Beginn der 40er Jahre brachten den breiten Durchbruch der Eigenständigkeit.“ (Wulf 1996, S. 293f)

53 Augusti 1889; Clément [13]1925.

54 Augusti 1893, 1894.

55 Augusti 1894. Erst 1899 beschließt der Bundesrat, Frauen zum medizinischen, zahnmedizinischen und pharmazeutischen Staatsexamen zuzulassen. Vgl. Soden 1997, S. 632; Geschichte der Mädchen- und Frauenbildung 1996.

56 Junge Mädchen auf Reisen 1923/24; Auf Reisen 1924/25.; Reisezeit 1927/28; Meine erste Reise allein 1909/10.

57 *Junge Mädchen auf Reisen* 1923/24, S. 631.

58 Wulf 1996.

59 Ott [1929]; Gündel, 11.–15. T. [1937]; Rayle [1927].

suchend Abenteuer an Abenteuer" zu reihen.[60] Nur selten noch wird die allein angetretene Reise als eine das Leben verändernde Erfahrung dargestellt, wie etwa bei Marie Bunsen, die mit den Beschreibungen ihrer im Alleingang durchgeführten Bootswanderungen auf deutschen Flüssen junge Mädchen zu ähnlichen selbständigen Unternehmungen anregen will und damit auf den emanzipatorischen Impetus der Frauenreise verweist.[61] Eine Ausnahme bildet in diesem Zusammenhang auch das von Helene Raff verfaßte Lebensbild der Freiin Pauline Desgranges[62], die Anfang des 19. Jahrhunderts mit ihrem Mann den Orient bereiste. Raff schildert Desgranges als eine äußerst durchsetzungs- und willensstarke Frau, die mit ihrem Verhalten der Umwelt als ‚unweiblich' erscheint und häufig für den Bruder ihres Mannes gehalten wird. „Dieses Wesen hatte etwas ungewöhnlich Kühnes und Selbstsicheres; ein ausgesprochen männlicher Einschlag gab sich darin kund."[63] Die Reisende selbst wehrt sich gegen eine Festlegung dessen, was ‚männlich' oder ‚weiblich' sei.

»Was heißt Weiblichkeit? Das Wort ist gegenwärtig, wo es sich darum handelt, die Grenzen der den Frauen unbeschadet ihrer Weiblichkeit zustehenden Erwerbsgebiete zu bemessen, häufiger als je im Gebrauch. Sollten aber alle, die sich des Wortes bedienen, gefragt werden, welchen Begriff sie damit verbinden, so würden wir von jedem eine andere Definition zu hören bekommen. Um so mehr dünkt es mich an der Zeit, daß man sich über den Sinn des Wortes endgültig verständige. Die Existenz und das Wohl von Tausenden unversorgter Frauen leidet unter den Vorurteilen, welche durch falsche Begriffe von Weiblichkeit erzeugt und genährt werden.«[64]

Das historische Lebensbild der Reisenden impliziert hier den zeitgenössischen Bezug auf die Frauenfrage – in der Mädchenreiseliteratur nach 1910 eine Seltenheit.

3 Der Mädchenreiseroman um 1900

3.1 Fremde und Abenteuer im Reiseroman für Mädchen um 1900 in Abgrenzung zum jugendliterarischen Genre des Abenteuer- und Reiseromans

Im Vergleich mit dem Helden der klassischen Abenteuerliteratur ist für die weibliche Protagonistin der spezifischen Mädchenliteratur um 1900 die exterritoriale Fremde unerreichbar; vielmehr: sie selbst ist als Frau dieser Fremde symbolisch eingeschrieben. Mit der Erkundung und Vermessung des geographischen Raumes, als deren Beginn „die Entdeckung und Eroberung Amerikas" stehe, habe – so Annegret Pelz – ein Prozeß der „Assimilation und Kolonisation" der fremden Länder und Kulturen eingesetzt, der „die äußere Alterität" zum Verschwinden bringe.[65] Gleichzeitig lasse sich „die Entdeckung und Abstoßung des internen

60 Wulf 1996, S. 287.
61 Bunsen 1922, S. 144–156.
62 Raff [1928].
63 Ebd., S. 125.
64 Ebd., S. 109.
65 Pelz 1993, S. 10.

Anderen als Kehrseite dieses Prozesses" erkennen.[66] Frauen und Fremde werden in der Vorstellungswelt der europäischen Neuzeit miteinander verschmolzen. Sigrid Weigel stellt in diesem Kontext die These auf,

> daß im Diskurs über die Wilden/die Fremde und im Diskurs über die Frau/Weiblichkeit strukturanaloge Konzepte zu sehen sind, in denen die Dialektik von Eigenem und Fremdem aus der Perspektive des Einen im Blick auf das Andere organisiert ist und daß das Verhältnis von Wilden und Frauen durch ähnliche Vorstellungen, aber unterschiedliche diskursive Funktionsweisen zu kennzeichnen ist, daß es sich durch Analogien, Substitutionen und Verschiebungen bestimmt, in deren Verlauf – mit dem historischen Ende der Entdeckungen im geographischen Raum – die Frau immer mehr den Platz des Fremden und Exotischen einnimmt, daß sie sozusagen zum Territorium des Fremden in der Nähe wird.[67]

Die Heldin, die Abenteurerin und die Reisende, erschüttern diese diskursive Verzahnung. „Wenn die Fremde ein untrennbarer Teil eines weiblichen Selbst ist, wie kann dann diese Figur reisen, wenn es keine physische Abgrenzungslinie gibt, die zu überschreiten wäre [...]."[68] Eine Eigenaktivität des ‚internen Anderen' ist im Rahmen der gesellschaftlichen Ordnung etwas Unvorstellbares, insofern als das interne ‚Territorium der Fremde' eine für diese Ordnung konstitutive Grenze markiert. Deutlich bestimmt die von Weigel für das 18. Jahrhundert konstatierte diskursive Verzahnung von Fremde und Frau noch die Koordinaten des Mädchenreiseromans der Jahrhundertwende wie auch die Darstellung der Fremde im jugendliterarischen Abenteuerroman, der im ausgehenden 19. Jahrhundert als typische Jungenlektüre galt.

Im folgenden sollen die daraus resultierenden Interferenzen, aber vor allem auch Abweichungen der die Thematik von Reise und Fremde aufnehmenden geschlechtsspezifisch geprägten Genres beschrieben werden. Basis hierfür soll die Reihe *An fremdem Herd* von Brigitte Augusti sowie ein im gleichen Verlag und nur ein Jahr nach dem ersten Band dieser Serie erschienener Abenteuerroman des Erfolgsautors Friedrich Pajeken, *Bob der Fallensteller* (1890), sein. Anhand eines solchen Vergleichs von Einzeltiteln können lediglich kursorische und allgemeine Formulierungen bezüglich der Unterscheidung der Genres und keine methodisch gesicherten Aussagen getroffen werden. Hierzu wäre eine vergleichende Untersuchung eines breiten Textkorpus der jungenspezifischen Abenteuerlektüre notwendig, die im Rahmen dieser Untersuchung nicht geleistet werden kann. Die vergleichende Analyse der Darstellung der Fremde in den beiden geschlechtsspezifisch zugeschriebenen Genres fokussiert die folgenden zentralen Aspekte: den Protagonisten, seinen Aufbruch, die Frage nach den Koordinaten seiner gesellschaftlichen Initiation sowie die Frage nach der im Text angelegten Definition zwischen dem Eigenen und dem Anderen, der Fremde, und die damit verbundenen Grenzziehungen und -verschiebungen.

Der Topos des Aufbruchs läßt Parallelen erkennen: In dem genanntem Roman Friedrich Pajekens flüchtet der Protagonist Robert aus einem repressiven Umfeld, vor allem vor seinem brutalen Vater, nachdem er erkennt, „daß der Mann,

66 Ebd.
67 Weigel 1990a, S. 121.
68 Pelz 1993, S. 16.

welcher mich so grausam behandelte, unmöglich mein Vater sein könne".[69] Die anschließende Erzählung liest sich als Suche nach dem ‚richtigen' Vater, ein Motiv, das auch in den Reiseromanen Augustis eine wiederkehrende Rolle spielt, vor allem in der Erzählung *Unter Palmen* (1893), in der die Protagonistin auf der Suche nach ihrem Vater nach Indien reist (s.u.). Auch das der Kolportage entliehene Motiv des ‚verlorenen Sohnes' – bei Pajeken in der finalen Wiedervereinigung des wahren Vaters mit seinem Sohn – und das Motiv der Wiedervereinigung entzweiter Familien spielt in Augustis Romanen durchgängig eine Rolle.[70]

Die mit der Reise verbundene Thematik der Initiation des Protagonisten bedient sich in den beiden geschlechtsspezifisch kodierten Genres jedoch unterschiedlicher Darstellungsfelder, wobei die Fremde immer den Initiationsraum bildet. Der jungen alleinreisenden Frau begegnet die Fremde innerhalb der Gesellschaft. Ihr Aufbruch führt sie nicht in eine exterritoriale Fremde, sondern in eine männerdominierte Gesellschaft hinein, in der sie als unter den sozio-historischen Bedingungen Ausgeschlossene fremd ist. Die Implikationen der Abenteuerthematik – Aufbruch, Ausbruch und Selbsterfahrung – spielen auch im Mädchenreiseroman eine zentrale Rolle, nur sind diese Brennpunkte der Existenz in einen gänzlich anderen – nämlich weiblichen – Lebenszusammenhang eingebettet und erhalten dadurch eine eigene Bedeutung. Für die Protagonistinnen der Mädchenreiseromane beginnt die Fremde außerhalb ihres Hauses. „Sie [die reisenden Frauen, S.K.] entdecken die Welt – allerdings auf ihre Art. Sie erobern nicht Kolonien, sondern den Raum außerhalb ihrer häuslichen Sphäre."[71] Der Aufbruch evoziert hier innerpsychisch ein vehementes Gefühl der Heimatlosigkeit.[72] – Pajekens Protagonist führt sein Aufbruch hingegen in die Wildnis, den unerschlossenen Westen der Vereinigten Staaten von Amerika, der als in einem antagonistischen Verhältnis zur bestehenden Zivilisation gedacht wird. Die Fremde ist hier der Gesellschaft nicht implizit, sondern sie ist ein jenseits der Zivilisation liegendes Territorium, das charakterisiert wird als „ungezwungene Wildheit"[73] der Natur, ‚Grenzenlosigkeit'[74] und Freiheit von jeglichem allgemein gültigen sozialen Regelkodex. Diese außerhalb der gesellschaftlichen Ordnung imaginierte Fremde ist im Abenteuerroman der Durchgangsraum des jugendlichen Protagonisten, in dem er die für das gesellschaftliche Leben notwendigen Eigen-

69 Pajeken 1890, S. 18.

70 So das Motiv des ‚verlorenen Sohnes' in *Gertruds Wanderjahre* (Augusti 1889). In *Die Zwillingsschwestern* (Augusti 1891) bildet die Erzählung der Wiedervereinigung einer durch Streit und Schicksal entzweiten Familie einen Nebenstrang. Für die Erzählung *Jenseits des Weltmeeres* (Augusti 1894) ist die Suche nach dem ‚verlorenen Vater' handlungsleitend. Gedoppelt findet sich das Motiv der Wiedervereinigung von Vater und Tochter in dem Roman *Unter Palmen* (Augusti 1893).

71 Pytlik 1991, S. 17.

72 Allein auf Reisen, „allein in der Fremde" (Augusti 1890, S. 23), vergießen die Reisenden zunächst Tränen und haben „brennendes Heimweh" (ebd., S. 48).

73 Pajeken 1890, S. 5.

74 „»Frei wie ein Vogel in der Luft durch das weite, herrliche Land zu jagen; heute hier, morgen dort; ohne Ziel weiter und immer weiter zu ziehen über Berg und Thal mit dem königlichen Bewußtsein: so fern der Blick reicht, gehört alles dir, und wer dir nicht gutwillig weicht, weicht deiner Gewalt.«" (Pajeken 1890, S. 174)

schaften entfaltet. „»Dort in der Wildnis bildet sich die ungeknickte Menschennatur heraus, und selbstvertrauend auf seine Kraft, erkennt der Mann mit sicherem Auge den Weg, welchen er einzuschlagen hat!«"[75] Die Initiation erfordert hier die Selbstbehauptung in der Fremde, die sich als Überlebenskampf des Einzelnen darstellt. Darin liegt ein zentraler Unterschied zum Mädchenreiseroman, da hier die Protagonistin niemals – auch wenn sie die ihr als Frau gesetzten moralischen Grenzen überschreitet – aus der Gesellschaft und der sozialen Ordnung hinausfällt. Aus diesem zentralen Unterschied resultieren weitere Unterscheidungsmerkmale. Der in der Wildnis ausgesetzte Einzelne muß sich zahlreicher Gefahren erwehren – bei Pajeken: Kälte, Hunger, Wölfe, ein Waldbrand, Feinde –, die für den typischen Spannungsaufbau des Abenteuerromans, den der Mädchenreiseroman nicht zu kennen braucht und nur in Reminiszenzen spiegelt, charakteristisch sind.

Erlebnisse mit den Naturgewalten, die elementar sind, indem sie den Helden an den Rand seiner körperlichen Belastbarkeit bringen, und die damit verbundenen Todesgefahren fehlen im Mädchenreiseroman weitgehend. An die Stelle einer Auseinandersetzung mit äußerlichen Gefahren rückt hier eine intrapsychische Dramaturgie, die sich aus der verschiedenen Situierung in und gegenüber der sozialen Ordnung und der damit verbundenen Unklarheit bezüglich der Zielvorgaben der Initiation herleitet. Was es heißt, ein Mann zu werden, gibt der Abenteuerroman klar vor: Der Held muß sich in der Fremde behaupten. Ein Mann ist Robert in Pajekens Roman in dem Moment, als er die Schlacht gegen die feindlichen Sioux erfolgreich anführt. „Seine Stimme klang wie die eines Mannes."[76] Ein wesentliches Moment des Mädchenreiseromans ist demgegenüber der Versuch, die Zielvorgaben der weiblichen Sozialisation neu zu bestimmen.

Die Initiation des Helden in Pajekens Abenteuerroman führt zurück in die Zivilisation. Das ‚freie' Leben in der Wildnis bildet ein Durchgangsstadium, das den Helden, wie eingangs bereits angedeutet, für das Leben innerhalb der Zivilisation wappnet und ihm die Fähigkeiten entwickeln hilft, die er braucht, um dieses Leben autonom gestalten zu können.[77] So ist das Heldentum Bobs Ergebnis seiner moralischen Unbescholtenheit, seiner inneren Aufrichtigkeit – seiner inneren Zivilisiertheit, von der er sich weder loslösen kann noch will. Immer wieder packt ihn hingegen ein „eigentümliches Gefühl", „ein Verlangen nach einem Dasein unter Menschen [...], denen der Segen ihrer Arbeit in der heiligen Ordnung unter dem Schutze der Gesetzte zu teil wird".[78] Anders als im Mädchenreiseroman ist das als solches unbenannte Heimweh des Helden nicht an bestimmte Personen gebunden, sondern wird als Sehnsucht nach einer geregelten Lebenssituation kodiert, deren Bedingungen abstrakt als gleichermaßen sozial wie autonom regulierbar imaginiert werden. Zuletzt erfüllt sich Bob seine Sehn-

75 Ebd.
76 Ebd., S. 130.
77 Genau diese Funktion hat Erdheim zufolge die von ihm als „psychosoziales Moratorium" verstandene moderne Form der Adoleszenz (Erdheim 1997).
78 Pajeken 1890, S. 102.

sucht, indem er zusammen mit seinen Freunden und seinem Vater eine Stadt gründet.

»In diesem Leben außerhalb der Gesellschaft aber liegt gewiß der Beruf des Menschen nicht. – Seine höchste Aufgabe ist und bleibt es, als dienendes Glied der Gesamtheit zum Wohle seiner Brüder zu wirken, und mit Verzicht auf einen Teil seiner natürlichen Neigungen sich einzufügen in die Arbeit des öffentlichen Lebens.«[79]

Zu dem Traum der Zivilisation gehört neben der sozialen Gemeinschaft, die als eine Gemeinschaft von gemeinnützigen, berufstätigen Männern dargestellt wird[80], und ihren allgemeingültigen Regeln, Sitten und Gesetzen, die Wohnung, die als Kernzelle des als Gegensatz zur grenzenlosen Wildnis erträumten ‚umfriedeten Daseins' beschrieben wird.

Und wie behaglich sahen die Wohnungen aus! – Reinlich und sauber waren die Räume. – Dort schalteten die sorglichen Hände der Frauen. – Im kleinen Garten wuchsen und blühten, gehegt und gepflanzt, Bäume, Blumen und Sträucher, und Scharen lachender Kinder tummelten sich sorgenlos in heiterem Spiel.[81]

Frauen, die im Abenteuerroman allenfalls eine periphere Rolle spielen, werden hier als Garantinnen für Wohlbehagen, Zivilisation und Geborgenheit imaginiert. Ihre Bedeutung für die soziale Gemeinschaft wird innerhalb von Pajekens Erzählung jedoch gänzlich negiert. Abgesehen von der zitierten – Bob in einem Traum erscheinenden – Vorstellung tauchen Frauen nur als „Weiber" indianischer Herkunft auf, die stereotypisierend und herabsetzend als ekelerregend und schmutzig beschrieben werden.[82] Sie verrichten die häuslichen Arbeiten als Angestellte der Weißen. Die Diffamierung von Indianern und Frauen in Pajekens Erzählung zeigt deutlich die von Weigel herausgestellte strukturelle Analogie der kulturellen Konzeptualisierung von Wilden und Frauen im neuzeitlichen Denken und deren Herleitung aus der Perspektive eines sich dichotomisch konstituierenden männlichen Subjekts. Der in seinem Innern stets zivilisierte Held konstituiert seine Persönlichkeit in der Wildnis gegenüber einer Reihe von ‚Wilden', die sich durch ein unterschiedliches Mischungsverhältnis von Zivilisiertheit und Wildheit auszeichnen und eine Verschiebung des Blickes und der Differenzierung von Eigenem und Fremden kennzeichnen. Neben dem idealisierten, unbescholtenen Helden gibt es Verführte (Freunde des Helden, die durch seinen Einfluß den Weg in die Zivilisation zurückfinden), Nichtsnutze (Wegelagerer, Diebe etc., auf die eine ‚gerechte Strafe' wartet), Indianer, die mit allen im ausgehenden 19. Jahrhundert gängigen Stereotypen der Charakterisierung fremder ethnischer Gruppen in diffamierender Weise belegt werden („unzivilisiert", „wild", „unreinlich", „gierig", „feige", „hinterlistig", „diebisch")[83] und Frauen indianischer Herkunft, bei deren Anblick Bob sich „vor Ekel" [84] schüttelt und abwendet. Diese Reihe kennzeichnet die zunehmende Entfernung von der Zivilisation und die Variabili-

79 Ebd., S. 175.
80 Ebd., S. 140.
81 Ebd.
82 Ebd., S. 40 f.
83 Ebd., S. 39 ff.
84 Ebd., S. 42.

tät der Differenzierung zwischen Fremden und Eigenem, die über die Zugehörigkeit zu einer ‚Rasse' und die geschlechtliche Zugehörigkeit verhandelt wird. Den innersten Punkt dieser Grenzziehung markieren die sich in der Fremde aufhaltenden zivilisierten Männer, ihren äußersten die indianischen Frauen. Interessanterweise kann auch der Mädchenreiseroman bei der Charakterisierung der zentralen Figuren und der Konstituierung seiner Leitideen – wie zu zeigen sein wird – auf solche polarisierende und dichotomisierende Konstruktionen der geschlechtlichen, sozialen und ethnischen Zugehörigkeit nicht verzichten (s.u.).

Der weibliche Lebenszusammenhang, der eine Überschneidung von Nähe und Fremde impliziert, inspiriert einen spezifisch weiblichen Blick auf die fremde Kultur. „Der Abenteuerroman zielt auf Ereignisfülle, auf reiches äußeres Geschehen und raschen Wechsel der Situationen."[85] Fremd sei ihm „die behäbige Schilderung fremder Sitten, die Entfaltung landschaftlicher Stimmungsbilder, die Katalogisierung eines Interieurs, die Beschreibung eines Kostüms, in denen erst einmal Dingwelt zur Geltung kommt".[86] Was hier für den klassischen Abenteuerroman ausgeschlossen wird, ist für die weibliche Wahrnehmung der Fremde konstitutiv. „Frauen sind eben die berufenen Schilderer des Zuständlichen, weil sie den Alltäglichkeiten und scheinbaren Kleinigkeiten, die dem Tagesleben sein charakteristisches Gepräge geben, eine liebevollere Aufmerksamkeit zuzuwenden pflegen als der Mann."[87] Gerade die Dingwelt, die im Zentrum der auf den häuslichen Nahbereich geeichten Wahrnehmung steht, hat im Mädchenreiseroman ihren festen Platz. Aus der traditionellen Begrenzung des Frauenlebens auf den Innenraum läßt sich der spezifisch weibliche Blick auf die Fremde, den Brunhilde Wehinger als „›Blick aus dem Fenster‹"[88] beschreibt, ableiten.[89] Es ist dies der einzige Blick auf die Fremde, der den historischen Diskurs über das weibliche Geschlecht nicht durchkreuzt, insofern er den Aufenthalt im Haus als Bestimmungsort der Frau voraussetzt. Die Kutsche, das „rollende Heim", das die Mitführung des Haushaltes gestattet und damit „die Seßhaftigkeit auch auf der Reise"[90] erlaubt, ist denn auch das bevorzugte und gesellschaftlich sanktionierte Fortbewegungsmittel reisender Frauen im 19. Jahrhundert.[91] Im Mädchenreiseroman der Jahrhundertwende rückt an deren Stelle das ‚Dampfroß', die Eisenbahn. „Das rollende Gehäuse machte [...] mit dem Blick aus dem Fenster eine Perspektive zur privilegierten Wahrnehmungsweise, die man bisher als die Perspektive der Nicht-Reisenden anzusehen gewohnt war."[92] Diese traditionsreiche Perspektive transportieren auch die reisenden Mädchen der Jahrhundertwende in ihrem Gepäck.

Nicht über der geographischen Ferne, sondern bereits über dem gesellschaftlichen Nahbereich liegt für die reisende Frau um 1900 – und allzumal für das

85 Maler 1990, S. 7.
86 Ebd.
87 Frieda von Bülow über Magdalene Prince. In: Bülow 1902/03, S. 647.
88 Wehinger 1986, S. 375.
89 Hierzu auch Wild 1992, S. 124 ff.
90 Pelz 1988, S. 150.
91 Pelz 1991a, S. 131 f.
92 Ebd., S. 132.

Mädchen – das Antlitz des Fremden, für sie Außergewöhnlichen. „Das Verhältnis zur Welt" ist für sie „von der Nähe zu einer Fremde bestimmt"[93]. Oder: Das Außergewöhnliche ist für die Frau in dieser historischen Situation ortlos, wie sie selbst in der Gesellschaft ortlos ist; es ist das Reisen an sich, der Anspruch, sich – im Wortsinne wie im übertragenen Sinne – auf eigenen Füßen stehend fortzubewegen. Tatsächlich kann denn auch die Reisetätigkeit von jungen Mädchen um 1900, wie sie der Mädchenreiseroman spiegelt, als Ergebnis zunehmender Berufstätigkeit gewertet werden: immer mehr junge Frauen standen auf eigenen Füßen und waren gezwungen, auf eigenen Füßen zu stehen.[94] Die Reisetätigkeit der Mädchen in den autopsierten Texten ist eng verbunden mit ihrem Wunsch oder auch der Notwendigkeit, als Erzieherinnen, Lehrerinnen, Künstlerinnen, Missionarinnen oder im medizinischem Dienst beruflich tätig zu werden oder sich über ein Studium im Ausland die Voraussetzung für eine Berufstätigkeit zu schaffen.[95]

3.2 Historische Kontextualisierung: Zeitgenössische Realität im Mädchenreiseroman und literarische Potenz des Stoffes

Im 19. Jahrhundert galt die Reise im Alleingang für die bürgerliche Frau – und erst recht für das Mädchen – als unschicklich. „Ihre Aktivitäten, die sich auf das Territorium des eigenen Körpers, des Hauses und des Gartens beziehen, sind mit Reisen im Sinne einer empirischen Grenzüberschreitung zur Entdeckung fremder niegesehener Städte, Landschaften und Erdteile nicht vereinbar."[96] Legitime Frauenreisen sind Pilgerfahrten, Missionsreisen, Hochzeitsreisen und Badereisen. „Zum einen wurden Frauen auf der Reise auf spezifische Weise in typisch weibliche Rollen gedrängt, das heißt, sie waren reisende Mütter, reisende Ehefrauen, Heilige, Närrinnen oder: sie wurden als Prostituierte angesehen."[97] So warnt auch Clara Brockmann in einem Artikel über die ‚Frauenfrage in den Kolonien':

> Vor einem Unternehmen aber muß ich auf das entschiedenste warnen: vor der Reise ins Ungewisse. Niemals sollte eine Dame es wagen, ohne Engagement oder wenigstens ohne persönliche Beziehungen nach Südwestafrika hinauszugehen. [...] Andernfalls werden böse Zungen sie sogleich zur Kategorie der Abenteurerinnen zählen, was ihr in jeder Weise die Bemühungen um ihr Vorwärtskommen erschwert.[98]

Die Mädchenreiseromane spiegeln diesen gesellschaftlichen Legitimationsdruck der Frauenreise. Mädchen und junge Frauen reisen hier zumeist aus wirtschaftli-

---

93 Pelz 1993, S. 15.

94 Hierzu Wilkending 1994, S. 17 f., 1999b, S. 105. „Unverheiratete Töchter sind eine schwere Belastung. Schon im 19. Jahrhundert wird die ›unversorgte Frau‹ zu einem Problem der Nationalökonomie." (Wilkending 1994, 17) „In der zweiten Hälfte des 19. Jahrhunderts aber häufen sich die Lebensläufe, in denen die ›höheren Töchter‹ unverheiratet und unversorgt bleiben. [...] Mitverursacht wurde dies durch eine Verschiebung des Heiratsalters der Männer." (Wagner-Winterhager 1991, S. 59)

95 So etwa in Sophie Steins Erzählung *Vor Tagesanbruch* (1896).

96 Pelz 1988, S. 148.

97 Pelz 1991b, S. 175.

98 Brockmann 1910, S. 50.

chen Gründen, sei es, daß sie die verarmte Familie, die ihr Glück in den Kolonien versuchen will, begleiten, sei es, daß sie zur Unterstützung ihrer Familie eine Stelle als Bonne, Gesellschafterin oder Lehrerin annehmen wollen oder sollen. Der Zusammenhang des Reisens mit der steigenden Notwendigkeit und auch dem wachsenden Wunsch der Berufstätigkeit und wirtschaftlichen Selbständigkeit junger Frauen wurde oben bereits angesprochen. Der Beruf der Lehrerin ist in diesem Zusammenhang eine der sozial anerkannten Möglichkeiten für junge Mädchen in die berufliche Eigenständigkeit[99] und ermöglicht jungen Frauen zugleich das Reisen. Wie Huerkamp in bezug auf eine Schätzung aus dem Jahr 1899 aufzeigt, waren ein Viertel aller berufstätigen Lehrerinnen zu dieser Zeit als Hauslehrerinnen in Familien tätig – nicht selten im Ausland.[100] Die spezifische Literatur für junge Mädchen spiegelt diese gesellschaftliche Realität. Die in den Texten alleinreisenden jungen Lehrerinnen[101], die teilweise kaum älter sind als 18 Jahre, sind an der Wende zum 20. Jahrhundert keine Seltenheit, sondern bilden vielmehr ein europaweites Phänomen.[102] – Zugleich zeugen die Texte von dem Wunsch junger Mädchen, die Reise als einen Ausbruch aus den bestehenden, engen Verhältnissen und einen Weg in ein selbstgewähltes und selbständiges Leben nutzen zu können, denn der „Lebensraum der heranwachsenden jungen Mädchen ist bis zur Verheiratung oder bis zum Eintritt in die Berufstätigkeit [...] im 19. Jahrhundert noch eng auf den Binnenraum der Familie beschränkt".[103] Für junge Mädchen kannte noch das 19. Jahrhundert nur ein Lebensziel – die Heirat –, für dessen Einlösung jedoch die Bedingungen am Ausgang des Jahrhunderts nicht mehr gegeben waren.[104] „Für die Mehrheit der jungen Frauen des Bürgertums hatte diese Entwicklung schwerwiegende Folgen: viele erlebten nun eine über Jahre sich erstreckende Zeit des Stillstands, des Wartens, des Eingesperrtseins in den häuslichen Rahmen der Herkunftsfamilie [...]."[105] Für viele wird „der Brautstand zur ernsten Lebensschule".[106]

Als die 17jährige Gabriele aus Pauline Schanz' Erzählung „In die weite Welt" (1888) auf eigene Faust – nicht jedoch ohne Erlaubnis der Eltern – eine Annonce in der Zeitung aufgibt, um eine Stelle als Gesellschafterin zu finden und damit dem wirtschaftlichen Notstand der Familie entgegenzuwirken, blitzt „unter dem grauen Schleier ihres Opfermutes [...] die Sehnsucht des jungen Vogels hervor, in die weite Welt hinauszufliegen und aus dem zu eng gewordenen heimischen Ne-

99 Huerkamp 1999, S. 176. Hierzu auch Wagner-Winterhager 1991, S. 58 f.

100 Huerkamp 1999, S. 177.

101 Hierzu Augusti 1889; Augusti 1891; Clément [13]1925; Halden [1897].

102 Huerkamp 1999, S. 177 f.

103 Wilkending 1994, S. 27.

104 Hierzu Wagner-Winterhager 1991. Um den „Zwangscharakter" der „weiblichen Persogenese unter den Bedingungen extremer Geschlechtsrollenpolarisation" zu betonen, verwendet Wagner-Winterhager den Begriff der „kulturellen Formierung" (Wagner-Winterhager 1991, S. 50f). Einer von Wagner-Winterhager zitierten Statistik zufolge verschiebt sich das Heiratsalter der Männer im ausgehenden 19. Jahrhundert so weit, daß weniger als die Hälfte der heiratsfähigen Frauen in der Altersgruppe von 15–40 Jahren verheiratet sind (die Erhebung gilt für den Zeitraum von 1872–1889). Vgl. ebd., S. 59.

105 Ebd., S. 60.

106 Bülow 1902/03, S. 648.

ste".[107] Dieses Nebeneinander von sozialer Norm („Opfermut") und Eigenwertung („Sehnsucht" nach einem Ausbruch) markiert die Schaltstelle, an der die „literarische Potenz"[108] des Stoffes den zeitgenössischen Kontext, die Spiegelung der Lebenswelt im Text, übersteigt. Die ambivalenten Wertungen im Text weisen auf Brüche im Prozeß der Sozialisation junger Mädchen hin. Sie antizipieren ein Aufweichen der sozialen Norm und ein Abweichen von der Konvention, das sich tatsächlich ja mit der zunehmenden Berufstätigkeit und im engeren thematischen Sinne mit der Reisetätigkeit junger Lehrerinnen und Gouvernanten abzuzeichnen beginnt. Damit bieten die Texte ihren Leserinnen die Möglichkeit, ihre eigene Wirklichkeit in der Phantasie wunschgemäß zu korrigieren.[109]

Zugleich sind die literarischen Reisen in gewissem Sinne Bildungsreisen – innerhalb der Darstellung für die Protagonistin, zugleich aber auch für die lesende ‚Mitreisende'.[110] Das Reisen – und auch dies spiegelt eine historische Wirklichkeit – ermöglichte den jungen Frauen, ihre Bildung weiterzuführen, etwa durch das Erlernen fremder Sprachen. Der Aufenthalt im Ausland dient auch dazu, einen weiterführenden Schulabschluß zu erhalten[111] und – daran anschließend – ein Universitätsstudium absolvieren zu können (vgl. T. 1, Kap. 1).[112] Der Kampf um die Weiterführung der eigenen Qualifikation und die Forderung der Gleichstellung der wissenschaftlichen Ausbildung für Männer wie Frauen hatte seine Wurzeln in der Erkenntnis der jungen Lehrerinnen, daß die Organisation des höheren Mädchenschulwesens, das mehrheitlich privat getragen wurde, keine berufsorientierte Bildung vermittelte und insofern auch kein verbindliches Curriculum hatte.[113]

> Die Erfahrung solcher strukturellen Mängel und Unzulänglichkeiten, verbunden mit der Gewöhnung an öffentliches Auftreten [...] prädestinierte Lehrerinnen dazu, Anwältinnen besserer Mädchenschulen und erweiterter Berufsmöglichkeiten für bürgerliche Frauen zu werden. Es überrascht daher nicht, daß sich unter den Aktivistinnen der Frauenbewegung im Kaiserreich, die sich für diese Ziele stark machten, überaus viele Lehrerinnen befanden.[114]

Die in den Mädchenreiseroman gezeichneten Bilder der Mobilität von Frauen spiegeln die im Kaiserreich erstarkte Frauenbewegung nicht allein metaphorisch,

---

107 Schanz [²1910], S. 135. Ein ähnlicher Plot findet sich in der Erzählung *Bella Venezia* von Henny Koch, die in der Zeitschrift *Das Kränzchen* (1914/15) abgedruckt wurde, offensichtlich jedoch nicht in Buchform erschienen ist.

108 Wilkending 1999a, S. 106.

109 Die kompensatorische Funktion der Mädchenlektüre wird im Kapitel über die Lektüredimensionen der Texte erörtert werden.

110 Der Titel von Augustis Bd. 1 der Reihe *An fremdem Herd, Gertruds Wanderjahre* (1889), spielt explizit auf das Genre des Bildungsromans an.

111 Ab 1889 konnten Lehrerinnen infolge einer Petition von Helene Lange zweijährige Realkurse besuchen, die sie auf das Maturitätsexamen in der Schweiz vorbereiteten. Vier Jahre später wurden diese Kurse in Gymnasialkurse umgewandelt, die den Frauen ermöglichten, als Externe ihr Abitur an einem Jungengymnasium abzulegen (vgl. Huerkamp 1991, S. 182; vgl. Soden 1997, S. 632).

112 So etwa die Figur der Monika in *Jenseits des Weltmeeres* (Augusti 1894), die in den USA Medizin studiert.

113 Huerkamp 1991, S. 180.

114 Ebd., S. 181.

sondern sind thematisch mit ihr verknüpft, ist doch die Frauenbewegung des 19. Jahrhunderts „zunächst vor allem Lehrerinnenbewegung“[115]. Die Verquickung der Thematik des Frauenreisens mit der Bildungsthematik, der Frauenbewegung und ihren emanzipatorischen Forderungen spiegelt sich insbesondere in den Mädchenreiseromanen Augustis. Für die Protagonistin aus dem ersten Band ihrer Reiseerzählungen – *Gertruds Wanderjahre* (1889) –, ist „lernen [...] ihre Losung, das Ziel, dem sie manches Opfer bringen wollte“.[116] Sie kritisiert die mangelhaften Bildungsverhältnisse in Frankreich und Spanien, wo „selbst Lesen und Schreiben in weiten Schichten seltene Errungenschaften sind“[117], sowie die generelle Unbildung des weiblichen Geschlechts im allgemeinen. „[U]nd von der mangelhaften Bildung des weiblichen Geschlechts, sogar in höheren Ständen, habe ich selbst einige auffallende Beispiele erlebt.“[118] Mangelnde Bildung wird dabei auf die Vorraussetzungen des Bildungssystems zurückgeführt. In Frankreich besucht sie die Vorlesung eines Professors, der in einer „schwungvollen Rede [...] auf die Notwendigkeit einer höheren Bildung des weiblichen Geschlechts hinwies“[119], „doch lief der ganze Unterricht viel mehr auf bloßen Gedächtniskram hinaus, als auf ein gründliches Erfassen und Durchdenken des Gegenstandes“[120]. Sentenzen wie diese spiegeln die zeitgenössische Diskussion über die Mädchenbildung.[121]

In dem zweiten Band von Augustis Reihe *An fremdem Herd – Zwillingsschwestern* (1891) – wird direkte Kritik an den deutschen Bildungsverboten in bezug auf die Mädchenbildung geübt. Als die Protagonistin Ilse in Cambridge die erste Frauen-Hochschule – das Girton-College – besucht, dessen Studentinnen an ausgesuchten Studiengängen der Cambridge-Universität teilnehmen, klagt ihre Gefährtin: „Die deutschen Hörsäle sind uns noch fest verschlossen, und die Männer sträuben sich mit einer unbegreiflichen Hartnäckigkeit, die fast etwas Ängstliches hat, dagegen, sie uns zu öffnen.“[122] In der Erzählung *Unter Palmen* (1893) wird eine englische Ärztin erwähnt, die in Indien praktiziert[123]; den deutschen Frauen steht demgegenüber als vergleichbare Tätigkeit einzig der Dienst in der Mission offen. Zwar wird die Kritik an der Ungleichheit der Bildungschancen innerhalb der Texte Augustis immer wieder relativiert, indem die Autorin die Vereinbarkeit von Bildung mit herkömmlichen weiblichen Pflichten und Tugenden im Bild der ‚mustergültigen Hausfrau‘ als Ideal zeichnet, doch drückt sich darin eine Konfliktlage aus, die auf gesellschaftliche Widersprüche zurückzuführen ist und aus den Ambivalenzen, die den Prozeß der weiblichen Emanzipation begleiten, resultiert.

115 Hierzu Wilkending 1994, S. 18 f.
116 Augusti 1890, S. 158.
117 Ebd., S. 181.
118 Ebd., S. 181 f.
119 Ebd., S. 143.
120 Ebd.
121 Hierzu der bereits mehrfach zitierte Artikel von Huerkamp 1999; s.a. Frederiksen 1981 und *Geschichte der Mädchen- und Frauenbildung* 1996.
122 Augusti ^{2}1891, S. 209 f.
123 Augusti 1893, S. 81.

Ill. 3: Textillustration aus: Brigitte Augusti: Unter Palmen. Schilderungen aus dem Leben und der Missionsarbeit der Europäer in Ostindien. Für das reifere Mädchenalter. Leipzig 1893 (An fremdem Herd; 3).

3.3 Aufbruch, Autonomie und Abhängigkeit – Bilder von Mutter und Vater

Das Reisen bedeutet für Frauen und heranwachsende Mädchen um 1900 ein Aufbrechen der gesellschaftlichen Vorstellungen über den sozialen Ort der Frau. Die Überschreitung der ihr gesetzten moralischen Grenzen bringt sie in Widerspruch zu den gesellschaftlichen Erwartungen bezüglich ihrer sozialen Rolle und damit in Widerspruch zu den diesbezüglich internalisierten Normen. Der Mädchenreiseroman spiegelt den hiermit verbundenen zentralen Konflikt zwischen den Positionen von Autonomie und Abhängigkeit, die im Geschlechterkonzept des 19. Jahrhunderts streng an die dichotomischen Positionen von ‚Männlichkeit' und ‚Weiblichkeit' gebunden waren.[124] Bereits Harald Eggebrecht hat, wenn seine Argumentationen auch nicht gendertheoretisch orientiert sind, darauf hingewiesen, daß der Held des Abenteuerromans im gleichen Maße aktiv wie passiv sei, handelnd wie erleidend, autonom wie ausgeliefert und beides im gleichen Maße auskoste.[125] Für das allein reisende Mädchen der Mädchenliteratur ist das simultane Erleben von Eigenaktivität und passivem, sinnlichem Genuß, als das Eggebrecht das unvergleichliche "Ich-Erlebnis"[126] des Abenteurers beschreibt, eine ebenso grenzüberschreitende Errungenschaft, die jedoch aufgrund ihrer persönlichen, lebensgeschichtlich bedingten Bindungen und Prägungen für das Mädchen nicht leicht erreichbar zu sein scheint. Mit dem Aufkommen der Berufstätigkeit von Frauen und im Zusammenhang mit der ‚Frauenfrage' sind die traditionellen geschlechtsspezifischen Zuschreibungen in bezug auf die Opposition von Aktivität und Passivität fragwürdig geworden. Für ein Mädchen entsteht in dieser historischen Situation der Konflikt, sich einerseits traditionell ‚männlich'-autonome Verhaltensweisen zum Zwecke der eigenen Exitenzsicherung aneignen zu müssen, sich andererseits aber, um als Frau zu gelten, nicht allzu weit von dem gesellschaftlichen Zuschreibungen in bezug auf die Geschlechterrolle der Frau entfernen zu dürfen.[127]

Dieser Konflikt durchzieht in auffälliger Weise die Texte – insbesondere die Texte Augustis – auf mehreren Ebenen, wird jedoch selten als intrapsychischer Konflikt der Protagonistin gezeichnet.[128] Er wird häufiger durch ein widersprüchliches Verhalten der Protagonistin selbst oder – wie bei Augusti – durch die Strategie der Einsetzung zweier, sich konträr verhaltender Protagonistinnen, zur Darstellung gebracht. Er spiegelt sich ferner in den auffälligen Familiarisierungstendenzen der Texte.[129] In diesem Zusammenhang läßt sich vermuten, daß der beschriebene Konflikt, der sich wesentlich der spezifischen Ausprägung der patriarchalen Strukturierung der Lebenswelt der Frauen in der historischen Situation verdankt, auch für die Autorin – ob bewußt oder unbewußt – einen zentralen Konflikt darstellt, den sie schreibend zu bewältigen sucht. Das Pendeln zwischen Konfliktlösung, ihrem Scheitern und der Suche nach Kompromissen ließe sich am Werk Augustis ausführlich zeigen.

---

124 Hausen 1976; vgl. Einführung und T. 1, Kap. 1, in diesem Band.

125 „Sinnvolles Handeln meint denn auch nicht nur Ausführung eines Plans, sondern im Handeln zugleich ›passiv‹, sinnlich wahrnehmend zu sein." (Eggebrecht 1985, 18)

126 Ebd., S. 19.

127 Dieser Konflikt wurde von Jessica Benjamin in jüngerer Zeit mit der Frage umrissen: „Wie konnte sie ihrem Vater ähnlich und dennoch eine Frau sein?" (Benjamin 1993, S. 98)

128 Eine Ausnahme bildet hier der Bd. 3 von Augustis Reihe *An fremdem Herd, Unter Palmen* (1893).

129 Bei Augusti etwa treffen die reisenden Mädchen unterwegs auffallend häufig Bekannte aus der Heimat. Das Motiv des verlorenen Sohnes, der entzweiten Familien und deren finale Versöhnung ist in den Reiseromanen ebenfalls häufig anzutreffen (etwa bei Schanz [2]1910).

Gerade die Kompromißfähigkeit der Protagonistinnen spiegelt ihr Bedürfnis nach einer Entwicklung in Bindungen, die der klassische Held des Abenteuerromans nicht zu kennen braucht. Ihm beschert die „Regression von der Gesellschaft" einen Gewinn an „Selbstgefühl" und das Empfinden, „eigenes aktives Leben erreicht zu haben".[130] Für die Frau oder das Mädchen, der selbst schon die Exterritorität eingeschrieben ist, ist eine solche Regression von der Gesellschaft nicht möglich. Das Verlassen des Hauses führt sie in die männlich dominierte Welt, nicht aus der Gesellschaft heraus. „Aktives Leben" kann sie – davon sprechen die Texte dieser Untersuchung – allein bei weitreichender Kompromißfähigkeit gewinnen, wird sie doch gemäß der im abendländischen Denken dichotomischen Struktur von Aktivität und Passivität an dem einen Pol verortet, ist ihr Aktionsradius doch im Allgemeinen auf den Bereich des Häuslichen begrenzt.[131]

Tritt das junge Mädchen in die Fußstapfen der Männer, geht sie allein auf Reisen, so gerät sie schnell in einen nicht allein interpersonalen Konflikt zwischen ihrem Begehren – ihrem Autonomiestreben – und ihrer sozialen Bestimmung als Frau, sondern auch in einen intrapersonalen Konflikt, der zwischen ihrem Wunsch nach Eigenständigkeit und ihrem Wunsch nach zwischenmenschlichen Beziehungen entbrennt, insofern sie Autonomie dem männlichen Vorbild gemäß als eine absolute denkt. So jedenfalls zeigt es das Beispiel der Protagonistin Monika aus dem letzten Band von Brigitte Augustis Reihe *An fremdem Herd.*

Die 18jährige Monika folgt nach dem Tod der Mutter ihrem Vater und ihrem Bruder, die nacheinander beide in Amerika ihr Glück versuchten und nie wieder von sich hören ließen. Sie schwört sich, „frei und unabhängig durch das Leben zu gehen und an keinen Menschen mein Herz mit ausschließlicher Liebe zu hängen".[132] Lieber möchte sie einen Beruf ergreifen. Sie lehnt die traditionelle Frauenrolle ab und strebt ein Medizinstudium an, um kranken Menschen helfen zu können.[133]

»Und weil man in Amerika größer und freier denkt als bei uns, weil die Wege einer einzelnen Frau nicht durch so viele Schranken der Sitte und des Herkommens eingeengt sind, wie im Vaterlande, darum allein gehe ich dorthin – [...]. Was den Männern meiner Familie nicht gelungen ist [...] das will ich, ein Mädchen, erreichen, denn ich fühle in meiner Seele die Kraft, alle Schwierigkeiten zu überwinden und im Kampfe mit allen Hindernissen zu siegen!«[134]

Monika möchte ein selbstbestimmtes Leben führen und lehnt jedwede männliche Vormundschaft und Führung ab. „»[I]ch würde das Beste opfern, was ich besitze, meine freie Selbstbestimmung, wollte ich mich einem fremden Willen unterwerfen. Ich fühle mich stark genug mir meinen Weg selbst zu suchen.«"[135]

130 Eggebrecht 1985, S. 54.

131 „Bei ihren Reisen bewegen sich die männlichen Helden in der Regel über ein offenes und weites Terrain auf einen stets flüchtigen Horizont zu, der in der einen Richtung ›Heimat‹ und in der anderen ›Fremde‹ heißt. Weibliche Figuren dagegen sind an diesen beiden Polen der Reise angesiedelt und dadurch gekennzeichnet, daß sie im wesentlichen nicht reisen." (Pelz 1991b, S. 174)

132 Augusti [5][1915], S. 14.

133 Ebd., S. 29.

134 Ebd., S. 14.

135 Ebd., S. 84.

Sie studiert erfolgreich Medizin[136] und erhält nach nur zweijährigem Studium die Erlaubnis, sich zum Examen zu melden. Doch ihr ‚unweiblicher Ehrgeiz', so legt es die Erzählung nahe, führt sie in eine soziale Isolation. Ihr fehlt das warme, zwischenmenschliche Gefühl, das ihre Reisebekanntschaft und Konterfigur Letty ihr entgegengebracht hat. „An Letty hatte sie oft gedacht und nach deren anschmiegender, zärtlicher Liebe eine geheime Sehnsucht empfunden [...].“[137] „Unwillkürlich traten ihr die Tränen in die Augen, aber sie wischte sie unwillig ab und zürnte sich selbst ob dieser weichen Rührung: sie mußte ja stahlhart, fest und nüchtern sein, um ihr Ziel unverrückt im Auge zu behalten und ihren einsamen Weg zu vollenden.“[138] „[A]ber es gab doch Stunden, wo sie fühlte, daß ein Leben ohne gegebene und empfangene Liebe unendlich öde und trübe sei.“[139] Monika schiebt ihr Examen schließlich hinaus, um an der Seite des von ihr heimlich geliebten Mannes, Dr. Forster, einem alten Freund ihres Vaters, in einem Überschwemmungsgebiet des Mississippi bei New Orleans Hilfe zu leisten. „[A]ber unter Dr. Forsters Anleitung zu wirken, ihm in die Hände zu arbeiten, das gewährte Monika die höchste Befriedigung.“[140] Stück für Stück gibt sie ihren ursprünglichen Willen und ihre Ablehnung Forsters auf. Statt ihre eigenen Ziele zu verfolgen, bietet sie sich einem Mann als Gehilfin an. Schließlich trifft sie ihren Vater wieder, zieht nach dem plötzlichen Tod Forsters mit ihm zusammen und widmet sich fortan der Versorgung Armer und Kranker – eine Tätigkeit, die der studierten Ärztin „weder Ruhm noch Schätze“[141] einbringt. Als „barmherzige Schwester“ gleicht sich Monika einem traditionellen Frauenbild an. „[I]hr Herz wurde weiter und weicher, die spröde Herbigkeit ihres Wesens milderte sich [...].“[142] Monika tauscht ihren anfänglichen ‚männlichen' Ehrgeiz in eine typisch ‚weibliche' Einstellung um. Die Rückkehr zum Vater scheint alle Entwicklungsmöglichkeiten zu blockieren. Es gelingt ihr nicht, ‚männliches' Autonomiestreben und ‚weibliche' Fürsorge zu integrieren. Die Beziehung zum Mann und zum Vater kann offensichtlich allein durch Unterordnung, Zurücknahme der Autonomiewünsche und Aufgabe der Identifikation mit traditionell männlichen Rollenparadigmen aufgenommen werden. Auf symptomatische Weise erzählt diese Geschichte von dem Versuch einer jungen Frau, sich die Handlungsfähigkeit ihrer männlichen Umwelt anzueignen, der unter den Prämissen der historischen Situation offenkundig zum Scheitern verurteilt ist.[143]

136 Ebd., S. 132ff, S. 204.
137 Ebd., S. 56.
138 Ebd., S. 77.
139 Ebd., S. 134.
140 Ebd., S. [223].
141 Ebd., S. 252.
142 Ebd., S. [203].
143 Jessica Benjamin geht davon aus, daß Kinder beiderlei Geschlechts die identifikatorische Liebe zu dem gleichgeschlechtlichen wie auch zu dem gegengeschlechtlichen Elternteil suchen (vgl. Benjamin 1993, 106 ff.). Unter den Bedingungen der extremen Geschlechterpolarisation sowie der damit verbundenen geschlechtsspezifischen Arbeitsteilung ist, wie Benjamin hervorgehoben hat, die Möglichkeit der Identifikation eines Mädchens mit ihrem Vater jedoch sehr erschwert, wenn nicht gar unmöglich. Während es dem Vater leicht falle, sich in seinem Sohn wiederzuerkennen und diesen in seinem Bestreben, ihm ähnlich zu werden, zu unterstützen, hindere ihn seine eigene Identifikation als Mann –

Die Sehnsucht nach dem Vater ist auch Motor der Erzählung *Unter Palmen* (1893). Henny, die in Deutschland bei einer Tante aufgewachsen ist, schifft sich auf eigene Faust und ohne ein Antwortschreiben ihres Vaters zu erwarten, nach Indien ein, wo ihr Vater Teeplantagen besitzt. Anders als in der zuvor besprochenen Erzählung, in der die Protagonistin auf eine für den Leser fast undurchschaubare Weise von ihren eingangs festen Vorsätzen abrückt, steht hier der Konflikt mit dem Vater im Zentrum der Erzählung und wird in zahlreichen Gedankenberichten und inneren Monologen der Protagonistin ausgelotet und bearbeitet. In Indien angelangt, werden Hennys schlimmste Erwartungen erfüllt, da ihr Vater sie nicht erwartet und sie auch zunächst nicht sehen will. „Nie war ihr der Gedanke gekommen, daß ihres Vaters Sehnsucht nach ihr geringer sein, daß er sie nicht mit ungeteilter Freude willkommen heißen könnte."[144] Trotz ihrer Enttäuschung fügt sich Henny ganz dem schriftlich kundgetanen väterlichen Willen. „Ihrem Vater zu folgen ist Ihre erste unabweisbare Pflicht; dagegen muß alles andere schweigen."[145] Es wird jedoch deutlich, daß diese Pflicht für Henny eine Konvention ist, der sie sich zwar äußerlich unterordnet, die sie jedoch in einen starken inneren Konflikt mit ihren eigenen Wünschen und Vorstellungen bringt. War das Wiedersehen mit dem Vater zunächst der eigentliche Anlaß der Reise, so bemerkt Henny zu ihrer Bestürzung bald, daß die fremden Eindrücke den Gedanken an den Vater verdrängen können.[146] Die Fremde gewinnt, je mehr sie lernt, nicht ausschließlich auf ihren Vater zu bauen, sondern sich auf sich selbst zu verlassen, zunehmend an Attraktivität; sie verwirft den Gedanken, in die Heimat – „jenen stillen Hafen" [147] – zurückzukehren und findet am Reisen immer mehr Gefallen[148]. Die „unbestimmten Ahnungen und hochfliegenden Wünsche"[149], die sie in Erwartung des Wiedersehens mit dem Vater erlebt hatte, werden von diesem zwar enttäuscht, finden jedoch gleichzeitig durch die Begegnung mit dem fremden Land und seinen Bewohnern eine partielle Erfüllung. An die Stelle des Vaters rückt psychologisch das Land, in dem er lebt. Der Aufenthalt in der Fremde fördert Hennys Eigenständigkeit und erhält hier eine mobilitätsstiftende Funktion.[150] Im Haus ihres Vaters, der bei ihrer Ankunft nicht zugegen ist, verschafft sich Henny schnell Respekt. Sie verfügt über eigenes Geld und versucht ihre Ideen umzusetzen. Sie beginnt nach dem Vorbild ihrer Reisebekanntschaft Ilse auf dem Anwesen ihres Vaters als Wohltäterin, Lehrerin und

---

die „Desidentifikation des Vaters von seiner eigenen Mutter sowie sein fortgesetztes Bedürfnis, sich in seiner Verschiedenheit von Frauen zu beweisen" (ebd., S. 107) –, den Wunsch seiner Tochter nach Identifikation mit dem Vater zu erwidern. „Eher sieht er in ihr ein liebenswertes, süßes kleines Ding: ein heranwachsendes Sexualobjekt." (Ebd.) Auf die Zurückweisung seines Wunsches reagiere das kleine Mädchen mit Ablehnung des betreffenden Elternteils oder mit einer Idealisierung, die mit Neid und Unterwürfigkeit gepaart wird (vgl. ebd., S. 109).

144 Augusti 1893, S. 67.
145 Ebd., S. 177.
146 Ebd., S. 60.
147 Ebd., S. 76.
148 Ebd., S. 120.
149 Ebd., S. 11 f.
150 Hierzu Klika 1992.

Missionarin tätig zu werden und setzt später durch, daß die Missionstätigkeit von einem Missionar weitergeführt wird, den sie dann heiratet. Im Rahmen ihrer Möglichkeiten glückt Henny die Ablösung von der allzu geliebten und enttäuschenden Figur des Vaters. Der Mann, den sie zuletzt heiratet, scheint gleichermaßen den fremden Mann zu verkörpern (er wirkt wie ein Inder), wie auch ‚deutsche Werte' (er ist Deutscher) – er ist nicht zuletzt der bessere Vater, d.h. seinem Wesen nach so, wie Henny sich ihren eigenen Vater gewünscht hätte. Auch verliert sie ihm gegenüber niemals ganz ihre schutzbefohlene, töchterliche Einstellung.[151] Wenn ihr auch der persönliche Vater innerlich fremd bleibt, so gelingt es ihr doch, sich in der Fremde, die ihr Vater zeit ihres Lebens repräsentiert hat, zu beheimaten und damit ihrem bisherigen Leben eine Wendung zu geben.

Diese Texte verdeutlichen, daß Autonomie und Bindung aufgrund ihrer geschlechtsspezifischen Kodierung, die aus der traditionalen Arbeitsteilung resultiert, symbolisch an die Bilder von Vater und Mutter geknüpft sind.[152] Der Konflikt zwischen den Positionen führt in den Mädchenreiseromanen jedoch auch zu interessanten Neukonstellationen der Imagines von Vater und Mutter. So schöpfen manche Protagonistinnen ein positives Selbstgefühl nicht – im Sinne einer als absolut verstandenen Autonomie – aus dem Gelingen des Alleingangs, sondern aus seiner Einbettung in bestehende, wandelbare Beziehungen. In diesem Zusammenhang zeigen einige der Texte ein – im Vergleich mit dem typischen Backfischbuch – auffallend positiv besetztes Mutterbild.[153]

Die 12jährige Felicia aus Bertha Cléments *Im Rosenhause*, einer Erzählung, die deutlich an den typischen Backfischroman anknüpft, zugleich aber dessen Schema variiert, muß am Ende der Erzählung – wie bereits ausführlich beschrieben wurde – ihr jungenhaftes Verhalten und ihre männliche Autonomie nicht aufgeben. Mit ihrer Zugehörigkeit zu zwei Kulturen – der deutschen und der amerikanischen – begründet der Roman das Changieren von Felicias Verhalten zwischen traditionell ‚männlichen' wie traditionell ‚weiblichen' Verhaltensweisen. Intrapersonal erweist sich eine solche Integration als hochgradig abhängig von der Besetzung der Mutter-Tochter-Beziehung. Felicia findet in der Besitzerin des „Rosenhauses" eine Ziehmutter, die ihrerseits ‚weibliche' und ‚männliche' Eigenschaften vereinbart: Als Familienvorstand muß sie sich selbst und ihre Angehörigen finanzieren, wobei sie eigene Ideen geschäftstüchtig und gewinnbringend in die Tat umzusetzen versteht. Sie vermittelt Felicia gleichermaßen Einblick in die Notwendigkeit weiblicher Selbständigkeit in beruflicher Hinsicht als auch traditionell als weiblich geltende Werte, wie soziale Kompetenzen, emotionale Eigenständigkeit und christliche Tugenden. Die Autonomiebestrebungen der Protagonistinnen scheinen insgesamt um so erfolgreicher zu sein, je positiver die Mutterimago gefärbt ist; sie sind abhängig von der Qualität der frühen Beziehung zur Mutter, die wesentlich über die Selbsterfahrungen gerade auch in bezug

151 Sie weiß „ihr Geschick in seinen starken treuen Händen" (Augusti 1893, S. 250).
152 Hierzu Erdheim 1985.
153 Eine positiv besetzte „Mutter-Tochter-Beziehung" veranschlagt Wilkending auch für die historischen Romane Augustis (Wilkending 2000, S. 141).

auf die geschlechtliche Identität des Mädchens entscheidet.[154] Im genannten Beispiel werden Vorstellungen von Autonomie und Abhängigkeit, Allmacht und Ohnmacht integriert und nicht durch Abwehr dissoziiert und dichotomisiert. Der Reiseroman mit weiblicher Hauptfigur deutet – wie Blackwell in analoger Weise für die Robinsonade gezeigt hat – die Koordinaten des Reise- und Abenteuerromans aus: „Castaways are the ultimate independent subjects [...] they are also the ultimate objects [...].“[155]

3.4 Strukturanalogien von Mädchenreiseroman und Künstlerroman

Aus seiner integrativen Potenz in bezug auf weibliche Autonomie leitet sich eine auffällige thematische Nähe des Reiseromans zum Künstlerroman ab. In den Reiseromanen für Mädchen tauchen immer wieder künstlerisch ambitionierte Mädchen auf, die zum Teil auch durchaus erfolgreich sind. Der siebzehnjährigen Protagonistin in Elise Bakes *Schwere Zeiten* ([1913]) gelingt es beispielsweise während ihres mehrjährigen Aufenthalts in den Kolonien Südafrikas, wo die verarmte Familie ihr Glück versucht, der von ihr schon immer ernsthaft verfolgten Berufung zur bildenden Künstlerin erfolgreich nachzukommen. Bakes Text ist eine Rarität im Bereich der Mädchenlektüre um 1900, insofern er eine Protagonistin zeigt, der es gelingt, selbstbezogene Phantasien von Ruhm, Größe und Erfolg nicht allein zu träumen, sondern auch mit den gesellschaftlichen Anforderungen in bezug auf ihre berufliche Selbständigkeit zu vereinbaren (s.u.).[156]

Mario Erdheim veranschlagt als Voraussetzung einer gelungenen Adoleszenz die Hereinnahme der Größenphantasien in das Selbst.[157] Das Zerbrechen der adoleszenten Omnipotenzphantasien kann in diesem Zusammenhang – zumindest in der historischen Perspektive – als typisches Moment der weiblichen Entwicklung gewertet werden.[158] Auf dieser Folie gelesen scheinen Künstlerroman und Reiseroman mit weiblichen Protagonisten historisch das mit Abstand größte Potential für eine Darstellung des Gelingens der Integration weiblicher Omnipotenzphantasien innerhalb der historischen Möglichkeiten weiblicher Lebenszusammenhänge zu bieten. Die Verquickung der Genres gründet in ihrem Bezug auf die Moderne, für die eine „mobilitätsspezifische Mentalität“[159] kennzeichnend ist, wie sie Erdheim zufolge in der modernen Form der Adoleszenz ausgebildet wird.[160]

154 Sonja Düring zufolge ist eine „Bejahung der eigenen Weiblichkeit [...] nur dann möglich, wenn ein Bild von Weiblichkeit zwischen den Polen ›männlich‹ – ›weiblich‹ existiert. Hierin wird der Unterschied zur Adoleszenz von Jungen am deutlichsten. Männliche Adoleszenz ist geradezu durch die Aneignung des einen (›männlichen‹) Pols bei ›Überwindung‹ des anderen (›weiblichen‹) definiert“ (Düring 1993, S. 161).

155 Blackwell 1985, S. 10.

156 Dies gilt in eingeschränkterem Maße auch für den Titel von From 1894.

157 Erdheim 1997, S. 318 ff.

158 Hierzu Erdheim 1992, 1997.

159 Brenner 1991, S. 41.

160 Die psychische Dynamik der Jugendzeit ist Erdheim zufolge die Grundbedingung kreativer Leistungen und damit der Motor gesellschaftlicher Entwicklungen. Mit der Festlegung der Strukturen des Unbewußten in der Adoleszenz werde das kreative Potential eines Menschen erschlossen oder eingefroren (vgl. Erdheim 1997, S. 316).

Die Verschränkung von Mobilität, gesellschaftlicher Progression, der modernen Form der Adoleszenz und Kreativität führt eine Erzählung von Charlotte Niese mit dem Titel *Die Allerjüngste* ([1895]) vor. Das Reisen wird von den zentralen Figuren des Textes als eine sinnlose Beschäftigung der vermögenden Oberschicht gewertet und gilt als Ausdruck eines unsteten Lebens, das zu falschen Beziehungen führe und in dem ‚wahre' Werte nicht gedeihen könnten. Ausdrücklich werden im bürgerlichen Sinne konventionelle Werte wie Bescheidenheit, Tüchtigkeit, Pflichterfüllung und Wohltätigkeit als ‚unmodern' bezeichnet. Die 16jährige Protagonistin Franzi, die in idealer Weise all diese Werte verkörpert, wird von ihren Eltern denn auch liebevoll „unser allerunmodernstes Kind"[161] genannt. Franzis Cousine Imogen und deren Bruder Sigurd, die aus wohlhabendem Hause stammen und sich ständig auf Reisen befinden, gelten demgegenüber als „entsetzlich modern"[162]. Ihr Erscheinungsbild und Auftreten wird im Text – durchaus lustvoll – als das von Jugendlichen gestaltet, die in typischer Selbstüberschätzung agieren. Sie halten sich für überaus selbständig und künstlerisch begabt, sind hochmütig und arrogant und schwingen despektierliche Reden. Im Kontrast mit der Figur Franzis verkörpern sie im Sinne Erdheims eine gelungene Form der modernen Adoleszenz. Wie sich herausstellt, bewährt sich ihr schöpferisches Potential in Lebenssituationen, die einen hohen Grad an Flexibilität erfordern. Imogen gelingt es, nachdem die Familie einen wirtschaftlichen Ruin erlitten hat, als Künstlerin in Paris Fuß zu fassen und damit sich und ihrer Mutter den Lebensunterhalt zu sichern. Franzi hingegen begegnet in ihrem Elternhaus ihrem zukünftigen Ehemann, einem Witwer mit zwei Kindern. Die Erzählung bestätigt mit der Figur Franzis die althergebrachte Rollenverteilung und die Einzementierung weiblichen Daseins in „gegenmodernen Verhältnissen"[163]. Moderne Werte werden zwar negativ konnotiert, doch lassen die zum Teil ausführlich und sehr anziehend gezeichneten ‚modernen' Nebenfiguren diese Wertung brüchig erscheinen.

Oft genug zeugen die Texte von einem Zerbrechen weiblicher Größenphantasien, wenngleich dies sicherlich nicht zentrales Anliegen der Darstellung ist. Die 17jährige Grete in Elisabeth Haldens Erzählung *In Heimat und Fremde* ([1897]) muß einsehen, daß ihre künstlerischen Ambitionen zum Broterwerb nicht taugen, absolviert statt dessen das Lehrerinnenexamen und geht auf Anraten des Direktors ihrer Lehranstalt zur Erweiterung ihrer Ausbildung zunächst für einige Monate in eine Pension nach Paris, dann nach London, wo sie eine Stelle als Erzieherin erhält. Ein ähnliches Schicksal erfährt auch die 15jährige Ruth aus Henny Kochs *Im Lande der Blumen* ([1912]), die mit ihren Eltern für drei Jahre nach Japan geht, wohin ihr Vater als Regierungsrat berufen wurde. Zu Beginn der Erzählung intendiert sie, ihre Reiseberichte, die sie in einer Art Tagebuch festhält, der Öffentlichkeit zugänglich zu machen, nicht zuletzt, um damit eigenes Geld zu verdienen. Sie möchte Schriftstellerin werden. Im letzten Kapitel findet der Leser Ruth – fünf Jahre nach ihrer Rückkehr aus Japan – als Gattin an

161 Niese 1895, S. 14.
162 Ebd., S. 26.
163 Hierzu Beck 1996.

der Seite ihrer einstigen Reisebekanntschaft und als Mutter zweier Kinder. „Eins will ich vorausschicken [...] das ist, daß ich doch nicht Schriftstellerin geworden bin, sondern was ganz anderes, nämlich Hausfrau [...].“[164]

Das Zerbrechen der Größenphantasien wird besonders deutlich in einer Erzählung Flora Hoffmann-Rühles mit dem Titel *Koboldchen* ([1895])[165]. Leopoldine ist bei offenbar großer intellektueller Begabung und Auffassungskraft außerordentlich heftig und jungenhaft in ihrem Verhalten. Mit Trotz und Wut versucht sie sich unübersehbar zu machen. Sie läßt sich nur schwer „zu einem stillen, sanften Geschöpf“[166] bilden und reibt sich permanent an dem geschlechtsspezifischen Moralkodex ihrer Zeit. Ihre Auflehnung gegen die Konventionen weiblichen Verhaltens verkehrt sich dabei jedoch in autoaggressive Tendenzen. Der Text zeigt in diesem Zusammenhang sehr deutlich, daß sich dem heranwachsenden Mädchen in der historischen Situation zuwenige Möglichkeiten der Selbsterprobung bieten. Offen beklagt Leopoldine ihr „Klosterleben“[167] und fühlt sich im Kreis der Familie „wie eine Lerche im Käfig“[168]. Als sie einen Beruf wählen soll, wobei hier die „Auswahl [...] für ein Mädchen nicht eben groß“ ist[169], sträubt sich Leopoldine dagegen, einen typischen Frauenberuf zu ergreifen. Sie möchte vorerst ihr künstlerisches Talent ausbilden, erhält entsprechenden Unterricht, „spann [...] neue Träume von Künstlerruhm und Künstlergröße“[170] und verbaut sich diesen Weg jedoch zugleich wieder, indem sie wegen eines Streiches, mit dem sie ein Werk des Professors zerstört, aus dem Atelier ausgeschlossen wird. Auch die Familie steht ihren künstlerischen Ambitionen ablehnend gegenüber. Schließlich nimmt sie eine Stelle als Bonne bei einer britischen Familie in den indischen Kolonien an. Doch auch diese Reise fördert die umkämpfte Ablösung von dem Herkunftsmilieu nicht. Zuletzt kehrt Leopoldine geläutert und reumütig an die Seite der Mutter zurück. „[I]ch möchte ja gern alles thun, um deine und des Vaters Zufriedenheit zu erwerben [...]. Vergieb mir, daß ich mich losringen möchte von diesen Fesseln [...].“[171] Dem Wunsch, selbstbezogene Phantasien ausleben zu wollen, folgen Schuldgefühle. Die Omnipotenzphantasien können nicht in das Ich integriert werden. An die Stelle der Kreativität, die nach Erdheim nur bei Integration der Omnipotenzphantasien erhalten bleibt, rückt die Ergebenheit in die Konvention und die Rückkehr zu den primären Bindungen.

In der Erzählung *Trauts Sonnenjahre* (1918) von Clément zerstört nicht Autoaggression, sondern die historische Realität die Träume von Ruhm und Größe. Der jungen Sängerin Traut ist eine künstlerische Laufbahn vorgezeichnet; sie hat eine gute Ausbildung ihres Talents erhalten und ist imstande, den Hauptverdienst der vaterlosen Familie durch kleinere Engagements an Opernhäusern und Kon-

164 Koch [25][1926], S. 312.
165 In dem Erzählband *Durch die Welt zur Heimat*, S. [7]–186.
166 Hoffmann-Rühle [1895], S. 52.
167 Ebd., S. 131.
168 Ebd.
169 Ebd., S. 89.
170 Ebd., S. 90.
171 Ebd., S. 130 f.

zertreisen zu bestreiten. Der Roman zeichnet damit zunächst eine gelungene Integration von Omnipotenzphantasien und gesellschaftlicher Wirklichkeit. Doch die äußeren Umstände – der Roman spielt zu Beginn der 1870er Jahre – nötigen die junge Frau schließlich, ihren Beruf aufzugeben. Nachdem in der Nachkriegszeit die Einnahmequellen allmählich versiegen und Traut – durch die Anstrengungen des Broterwerbs geschwächt – aufgrund einer Lungenentzündung verdienstunfähig wird, beschließt sie, eine Stellung als Hauslehrerein bei einer deutsch-griechischen Familie in Mazedonien anzunehmen. Im Hinblick auf dieses Schicksal liest sich der Titel der Erzählung als ein Euphemismus. Daß der Verzicht auf die künstlerische Laufbahn eine seelische Wunde hinterläßt, wird jedoch nicht an der Figur Trauts, sondern an ihrer Schwester Elisabeth exemplifiziert, die wie Traut ihren künstlerischen Werdegang – sie ist Violinistin – aus ökonomischen Gründen abbrechen muß. „Ihr war, als sei sie im Begriffe alle Blumen, die auf ihrem ferneren Lebenspfade blühen mochten, mit eigener Hand auszureißen."[172] „Sollte sie wirklich jetzt schon den Schlußstrich unter ihr Leben ziehen, jetzt, da es noch so verlockend vor ihr lag?"[173] Mit der Nebenfigur Elisabeths führt der Text vor, wie weibliche Größenphantasien an der historischen Realität zerbrechen.[174]

3.5 Geschlechterrollen, Figurenkonstellationen, Figurenzeichnung

Ambivalenzen wie die geschilderten, die der soziohistorischen Konfliktlage in bezug auf die gesellschaftliche Stellung der Frau geschuldet sind, prägen die Figurenzeichnung in den Mädchenreiseromanen generell. Sie zeigen sich in diametralen Figurenkonstellationen sowie in widersprüchlichen Charakterisierungen der Figuren und werden nur selten als manifester intrapsychischer Konflikt einer Person gestaltet.

Den Charakter reisender junger Frauen im Mädchenreiseroman prägen auch solche Eigenschaften, die traditionell als männlich gelten. Die Reisenden sind gebildet, gut orientiert, eigenständig, auch finanziell selbständig und handeln reflektiert. Sie widersprechen damit den zeitgenössischen populären Vorstellungen über den ‚Geschlechtscharakter'[175] der Frau, demnach Frauen wankelmütig, abhängig, selbstverleugnend und mit Gefühl und Gemüt eher denn mit Verstand begabt sind.[176] In vielen Texten kommen die Eigenschaften der Protagonistin – in Anlehnung an das für die Backfischliteratur typische Motiv der ‚ungleichen Schwestern' – erst durch ihre Kontrastierung mit einer konträr charakterisierten Mädchenfigur, die eine Schwester oder Reisebekanntschaft sein kann, zur Geltung. So wird etwa die stolze, unnahbare, herbe und eigenständige Figur der Monika aus Brigitte Augustis bereits besprochener Erzählung *Jenseits des Weltmeeres* (1894) kontrastiert durch Letty, die als hübsch, grazil, offenherzig, anlehnungsbedürftig und anschmiegsam charakterisiert wird. Möchte Monika ihr Leben

172 Clément [13][1925], S. 101.
173 Ebd., S. 94 f.
174 Hierzu auch Stöckerts Erzählung *Die Insulanerin* (1901).
175 Hausen 1976.
176 Vgl. Hausen 1976, S. 368. S. auch Bußmann/Hof 1995; Honegger 1996.

der Arbeit widmen, so sieht Letty die Notwendigkeit des Arbeitens nicht ein und möchte lediglich „die Pflichten einer Tochter vom Hause“[177] übernehmen, sich mit Gesellschaften und Vergnügungen die Zeit vertreiben, bis „eines Tages ein sehr guter, sehr liebenswürdiger und recht wohlhabender Mann kommt, um mich als Herrin in sein wohleingerichtetes Haus zu führen und mir durch seine Liebe das höchste Glück des Lebens zu bereiten“[178]. Eine Synthese der widersprüchlichen Charaktereigenschaften findet sich, als Letty zuletzt an der Seite von Monikas Bruder, dem rechtschaffenen Mr. Brown, der sie aus mancher Zwangslage befreit hat, ein sinnvolles Leben findet. „[I]hr Dasein ist angefüllt von dem, was allein dem Leben Wert und Bedeutung gibt: von Arbeit und Liebe.“[179] Durch die Handlungsführung wird damit Selbständigkeit und Arbeit eindeutig positiv bewertet, wobei zugleich die diesbezüglich absolute Position – in der Figur Monikas gezeichnet – ebenfalls eine Relativierung erfährt.

Kontrastierungen dieser Art finden sich in den Texten Augustis ebenso wie in den Texten von Bake, Clément, Franken und Beeker. Die Oppositionierung von traditionell als ‚männlich‘ oder ‚weiblich‘ geltenden Charaktereigenschaften in ihrer Verteilung auf die Protagonistin und ihre ‚ungleiche Schwester‘ wird jedoch – zumindest in bezug auf die Hauptfiguren – nicht so weit getrieben, daß die konventionellen Vorstellungen über den ‚weiblichen Geschlechtscharakter‘ grundsätzlich in Frage gestellt werden. Zum einen bildet das Motiv der ‚ungleichen Schwestern‘ ein Nebeneinander verschiedener historischer Möglichkeiten der „Formierung weiblicher Identität“[180] ab. Zum anderen ist die textimplizite Wertung der Charaktereigenschaften der zentralen Figuren ambivalent und – dem historischen Kontext entsprechend – konfliktär. Die Protagonistin Ilse aus *Die Zwillingsschwestern* (Augusti 1891) ist charakterstark, eigenständig und willensstark. Sie besitzt eine „unbefangene Sicherheit“[181], woran es ihr jedoch im Vergleich mit ihrer Schwester Frida mangelt, ist „Gemüt“ und „wahre Weiblichkeit“[182]. In England, wo sie als Erzieherin arbeitet, wird ihr Verhalten oft als „shocking“ und „not ladylike“ empfunden. Den Konflikt mit ihrer Vorgesetzten begreift sie als innere Prüfung[183]; ihre Anpassung an die fremden Sitten liest sich als eine Einübung in traditionell als weiblich geltende Tugenden wie Sanftmut und Demut, nach denen zu streben ihr Vater ihr bei ihrer Einsegnung nahegelegt hat. Zuletzt ist sie – so das Urteil des mit der Vaterfigur übereinstimmenden Erzählers – geläutert, ihre anfängliche Charakterstärke wird als überzogenes Selbstvertrauen interpretiert: „[A]ber wer sie mit kundigem Wesen betrachtete, der fand in ihrem Wesen einen echt weiblichen Hauch von Sanftmut und Demut, der das allzusichere Selbstvertrauen dämpfte und deutlich zeigte, daß die Erlebnisse in der Fremde nicht spurlos an ihrer Seele vorübergegangen waren.“[184]

177 Augusti ^{5}[1915], S. 11.
178 Ebd.
179 Ebd., S. 254.
180 Wagner-Winterhager 1991.
181 Augusti ^{2}1891, S. 8.
182 Ebd., S. 9.
183 „Wie, wenn Gott sie gerade hierher geführt hätte, um sie Sanftmut und Demut zu lehren?“ (Augusti ^{2}1891, S. 45)
184 Ebd., S. 246.

Die Charakterisierung der Nebenfiguren verschärft zuweilen den im Motiv der ungleichen Schwestern angelegten Kontrast – so etwa in der Zeichnung des Schwesternpaares Dolores und Manuela (Augusti 1889). Die zwölfjährige Manuela gleicht mit bräunlicher Haut, blauschwarzen Augen und Haaren einer Zigeunerin.[185] Während ihre tiefreligiöse Schwester sich stets äußerst sittsam verhält, benimmt sich Manuela zwanglos und wild. Manuela hat einen unabhängigen, aggressiv kompromißlosen Standpunkt und ist damit eher an männlichen Verhaltensweisen orientiert. Bei der Lektüre des *Cid* von Herder identifiziert sie sich mit dem männlichen Helden[186] – jedoch nicht uneingeschränkt.

»Welch ein langweiliger, alter Herr!« sagte Manuela mit geringschätzigem Achselzucken, »ich erkenne meinen ritterlichen Helden nicht wieder. Alles Angenehme: Aufregung, Kampf, Siegesfreude und Beutelust nimmt er für sich allein in Anspruch, und die Senoras sollen unterdessen in Sack und Asche sitzen und immer nur arbeiten, arbeiten – als ob das einen Menschen glücklich machen könnte!«[187]

Sie selbst hat „»dieses enge Nest hier so satt«“[188]; einmal einen Stierkampf zu sehen, ist „»das höchste Ziel [ihrer] Wünsche«“[189]. Was Manuela und ihre Freundin Constanza anbelangt, so scheinen – nach Gertruds Beurteilung –

die Stiergefechte mit ihrer atemlosen Spannung, ihren blutigen Zwischenfällen [...] alles mädchenhafte Zartgefühl ausgelöscht zu haben. Bei dem Bericht über die letzten Erlebnisse suchten beide einander zu überbieten; sie erzählten mit einer Art grausamen Entzükkens, in welcher Weise jeder der fünf Stiere geendet habe, wieviele Pferde getötet, wie viele Picadores ohnmächtig hinausgetragen worden seien.[190]

Ist Manuela nach außen orientiert, so ist ihre 14jährige Schwester Dolores ganz nach innen gerichtet. Statt Abenteuern sucht sie die religiöse Versenkung. Auch äußerlich ist sie das genaue Gegenstück zu ihrer Schwester: sie ist zart, lieblich, mit goldblonden Locken, weißer Haut, blauen Augen und „ruhigen Bewegungen von schwebender Leichtigkeit“ hat sie „etwas Überirdisches“.[191] Sie gilt als ein „Engel der Liebe und des Friedens“, der stets Gegensätze ausgleicht und der Liebling des Vaters ist.[192] Wirkt Dolores äußerlich eher angepaßt und brav, so ist ihre religiöse Weltflucht und Selbstaufgabe – sie stirbt zuletzt – ebenso wie das Verhalten ihrer Schwester eine Verweigerung der konventionellen Frauenrolle.

Befinden sich die Nebenfiguren oftmals in extremer Opposition zur traditionellen Frauenrolle, so ist die Zeichnung der Protagonistinnen durchweg ambivalent. Die Tendenz zu einer im historischen Kontext unkonventionellen Autonomie der jungen Frauen sind hier Grenzen gesetzt. Hausfrauendasein, treue Pflichterfüllung im kleinen Wirkungskreis, strenge Arbeitsmoral und Gottesfurcht werden als Werte einer patriarchalen Gesellschaft durchweg affirmiert. Augustis Pro-

185 Augusti 1890, S. 41.
186 Ebd., S. 83.
187 Ebd., S. 84.
188 Ebd., S. 85.
189 Ebd., S. 86.
190 Ebd., S. 101.
191 Ebd., S. 41.
192 Ebd., S. 44.

tagonistinnen etwa vertreten eine protestantische Ethik und Arbeitsmoral, die einerseits ihre Selbständigkeit fördert, andererseits aber in bezug auf die weibliche Geschlechterrolle die Befolgung eines Katalogs von traditionellen Tugenden – wie Demut, Selbstverleugnung, Unterordnung – fordert. Gertrud, die Protagonistin von Augustis *Gertruds Wanderjahre* sucht zuletzt unter Verzicht auf „eigentliches Lebensglück" ihre „Befriedigung nur in treuer Pflichterfüllung und in der Aufopferung für andere".[193] Weibliche Autonomie und emanzipatorische Kritik werden in den Texten mit traditionellen Vorstellungen von den Eigenschaften des weiblichen Charakters zu versöhnen versucht. Die Protagonistin Ilse, die im zweiten Band von Augustis Reihe *An fremdem Herd* nicht den konventionellen Weg einer Frau beschreitet – sie bleibt ledig –, reist im dritten Band als Missionsschwester nach Indien. Sie arbeitet als Lehrerin in einem Waisenhaus in Sekundra und hat eine Ausbildung in Krankenpflege und Medizin.[194] Sie ist vielseitig gebildet, selbständig, ruhig, besonnen und überlegen. Zugleich gilt sie als fromm und selbstverleugnend. Es ist der Gottesglaube, aus dem sie ihre Selbständigkeit und Selbstsicherheit, ihre Autonomie bezieht. Allein die Integration traditionell weiblicher Tugenden scheint den jungen Frauen in der historischen Situation die Möglichkeit eröffnet zu haben, den engen Kreis, den ihnen die konventionelle Geschlechterrolle zuwies, zu erweitern. Das gleiche gilt für die Figur Traut in Cléments Erzählung *Trauts Sonnenjahre*, die als spezifisch ‚weiblich' kodierte Tugenden wie Selbstaufopferung und Pflichterfüllung, die auf ein typisches Frauenschicksal gemünzt sind, auf eine ideale Weise verkörpert, indem sie als von Selbstzweifeln unbescholten gezeichnet wird. Obwohl ihr Verzicht auf eine berufliche Karriere als Sängerin Ausgangspunkt der Erzählung ist, hat sie keinen erkenntlichen inneren Konflikt. „»[W]ir sollen leben, um für andere ein Segen zu werden.« [...] »Indem man das eigene Ich, vielmehr das selbstische, eigennützige Verlangen, das sich daran knüpft, bekämpft und niederzwingt.«"[195] Wie bereits ausgeführt wurde, wird der Konflikt innerhalb der Erzählung anhand einer Nebenfigur, der Schwester Trauts, verdeutlicht, deren ehrgeizige Träume als Konzertviolinistin ein ähnliches Schicksal erhalten. Texte wie dieser verdeutlichen die der historischen Situation geschuldeten Ambivalenzen der Darstellung und Wertung von ‚weiblichen' Verhaltensweisen und lassen zugleich die Tendenz erkennen, ein Ideal von Weiblichkeit zu kreieren, das gleichsam traditionell ‚männliche' wie ‚weibliche' Eigenschaften integriert – wie etwa das Bild der würdigen, stattlichen Frau, die Hausvorstand, Haushälterin, Lehrerin ihrer Kinder, Seelsorgerin, Ratgebende und Arzt in einer Person ist[196] – und zudem auch noch für das Einkommen der Familie sorgt[197]. Frida bestaunt die norwegischen Frauen, denn alle „hatten offenbar viel gelesen und ernsthaft nachgedacht

193 Augusti 1890, S. 248 f.

194 Augusti 1893, S. 16, 39.

195 Clément [13][1925], S. 121.

196 So die Figur der Frau Overland in dem angesprochenen Titel. In den Texten Augustis sind oftmals aufgrund der Abwesenheit der Männer Frauen Familienoberhäupter. Lady Jane Rivers, der Herrin von Ivy Lodge, strahlt aufgrund ihrer „hohen, gebietenden Gestalt" die „stattliche Würde einer Königin" aus (Augusti [2]1891, S. 68).

197 Clément [1898].

und zeigten ein lebhaftes Interesse für wissenschaftliche Fragen und die Zustände des Landes; dabei aber standen alle im thätigen Leben, und keiner fand es unter seiner Würde, in Haus und Wirtschaft zu arbeiten und mit eigenen Händen zuzugreifen".[198] In der Erzählung *In den Savannen* – dem Folgeband der bereits besprochenen Erzählung *Im Rosenhause* von Clément – verkörpert die Figur der Grace, ein in Amerika aufgewachsenes Mischlingskind, die Integration von ‚weiblichen' und ‚männlichen' Charaktereigenschaften. Grace ist ebenso anmutig wie draufgängerisch, ebenso kindlich wie selbständig – „ein seltsames Gemisch anmutiger Kindlichkeit und reifer Weiblichkeit"[199], „von Oberflächlichkeit und

Ill. 4: Frontispiz aus: Berta Clément: Trauts Sonnenjahre. Eine Erzählung für junge Mädchen. 13. Aufl. Stuttgart [1925].

198 Augusti 1890, S. 30.
199 Clément [1900], S. 67.

Willenskraft"[200]. Obgleich die Protagonistin beschließt, der eigenwilligen, kompromißlosen und den Anstand verletzenden Grace „deutsche Sitten und Gesinnungen" [201] beizubringen, fungiert Grace innerhalb der Erzählung nicht lediglich als Negativbeispiel, das der Exemplifizierung deutscher Art und ‚wahrer Weiblichkeit' dienen würde, sondern stellt einen eigenständigen und durchaus erfolgreichen weiblichen Lebensentwurf dar. Die Figur der Grace persifliert ihrerseits die deutschen Werte, die in der Erzählung von Felicia vertreten werden. Die herkömmliche Polarisierung der ‚männlichen' und ‚weiblichen' Charaktereigenschaften wird damit durchlässig.

Die Konnotation traditionell weiblicher Werte als deutsch findet sich in den Texten wiederholt. „»Ich lobe mir doch unsere deutsche Hausfrau und ihr stilles Walten!«"[202] Das Geleitwort ihres Vaters für Frida lautet: „»Schließe dich mit allen Kräften an die neue Heimat, das neue Vaterland an, aber im innersten Kern deines Wesens bleibe immerdar eine *deutsche* Frau!«"[203] Aussagen wie diese weisen auf eine Verknüpfung von Nationalität und Weiblichkeit hin. Sie implizieren eine Kodierung von spezifischen Werten als weiblich und deutsch und proklamieren damit den Anspruch, daß einzig die deutsche Frau „wahre Weiblichkeit" repräsentieren könne. Dieser Aspekt ist im Ansatz bereits mit dem Plot der Erzählungen angelegt, indem das zentrale Anliegen der reisenden Erzieherinnen die Vermittlung von vorbildlichen Werten und Verhaltenskodizes ist, die aufgrund der Vermittlungssituation per se geschlechtsspezifisch und kulturell geprägt sind.

3.6 Aspekte nationaler Identitätsbildung

Nationale Zugehörigkeit, Nationalstolz, Vaterlandsliebe und -treue spielen in den Mädchenreiseromanen eine durchweg große Rolle. Die in den Texten in bezug auf die weibliche Sozialisation exemplifizierte Wertevermittlung ist mit der Bildung nationaler Werte verknüpft. Mädchenbildung wird in den Kontext politischer Identitätsbildung eingerückt. Damit können die Mädchenreiseromane als ein Moment im Prozeß der Herausbildung politischer Identität von Frauen und Mädchen im Kaiserreich betrachtet werden.

Wenn im folgenden insbesondere nach den Strukturen der Unterscheidung und Bestimmung von Nation in den Reiseromanen gefragt werden soll, so sollen nicht allein inhaltliche Aspekte beleuchtet werden, sondern es soll der Prozeß der Differenzierung selbst Gegenstand des Interesses sein. Zu beobachten ist hierbei, daß identitätsstiftende differentielle Strukturen ohne Einsetzung hierarchisierender Zuschreibungen nicht auskommen und die Verflüssigung grenzbildender Strukturen eine Verschiebung hierarchisierender differentieller Strukturen auf andere Aspekte zur Folge hat.

200 Ebd., S. 142.
201 Ebd., S. 44.
202 Augusti ^{2}1891, S. 115.
203 Ebd., S. 248.

Die Protagonistinnen der Reiseromane haben alle ein stark ausgeprägtes Nationalgefühl, unabhängig davon, zu welcher Nation sie gehören.[204] Nationale Zugehörigkeit wird zumeist klischeehaft über körperliche Merkmale kodiert. So werden die Skandinavier als „hoch und stattlich" mit „blauen Augen" beschrieben; Sigrid erscheint Frida „als eine der Walküren des nordischen Altertums", „so hoch und stolz waren Wuchs und Haltung der jungen Dame, so goldig glänzte das volle, blonde Haar".[205] Stereotyp werden die Menschen verschiedener Nationalitäten charakterisiert, wobei diese Zuschreibungen zumeist eindeutig mit einer Höherwertung der als ‚deutsch' kodierten Eigenschaften und Werte einhergehen. Die Franzosen werden gegenüber den gottesfürchtigen, pflichtbewußten deutschen Untertanen als gottlos, putzsüchtig und lasterhaft geschildert.[206] Die Engländer gelten als reserviert und sehen gelangweilt aus, die Italiener als schmutzig und die Amerikaner als oberflächlich und geschwätzig.[207] Aber auch die Deutschen unterliegen einschlägigen Vorurteilen: "»Diese Deutschen sind allesamt steif, langweilig und anspruchsvoll; sie sitzen mit ernsthaften Gesichtern da, verderben den übrigen jedes Vergnügen und können keine Anstrengung aushalten, ohne krank zu werden.«"[208] Als typisch deutsche ‚Nationaltugenden' werden ‚Innigkeit' – „die deutsche herzliche Gemütlichkeit"[209], das „deutsche Gemüt"[210] – der amerikanischen Geschäftigkeit und Oberflächlichkeit gegenübergestellt. „Wieder überkam sie ein Widerwille gegen das oberflächliche Treiben dieser weltlichen Gesellschaft, ein Verlangen, ihrem Leben einen tieferen Inhalt zu geben, eine heiße Sehnsucht nach einer rechtschaffenen Tätigkeit, statt immerwährenden Vergnügens."[211] „Bei uns in Deutschland würde man glauben, daß unter solcher Lebensweise das innige Familienleben leiden müßte."[212] Tugenden wie Fleiß, Bildung, Pflichtbewußtsein, Frömmigkeit und Nächstenliebe werden als typisch deutsch reklamiert. Die Darstellung der Fremde dient in diesem Kontext oftmals vor allem der Kontrastierung und damit der Hervorhebung dessen, was als deutsch gilt.

In Else Frankens Erzählung *Maria Leonas deutsches Herz* ([1913]) etwa werden mit der Ankunft der Schwestern Isabel und Leona, die in Brasilien aufgewachsen sind, aber einen deutschen Vater haben, deutsche und brasilianische Lebensart einander gegenübergestellt. Als typisch deutsch gelten vor allem die

---

204„»Trotz alledem [...] rufe ich doch aus vollem Herzen: ›Deutschland über alles!‹ und je näher der Tag der Abreise kommt, desto größer scheint meine Sehnsucht zu werden.«" (Eschenbach ²1887, S. 174) „»So schön es hier war, so viel Neues und Interessantes wir hier kennenlernten – es geht nichts über die Heimat, über das deutsche Land! – «" (Koch ⁷[1918], S. 281f) „»Schließe dich mit allen Kräften an die neue Heimat, das neue Vaterland an, aber im innersten Kern deines Wesens bleibe immerdar eine *deutsche* Frau!«" (Augusti ²1891, S. 248)

205 Augusti ²1891, S. 22 u.ö.

206 Augusti 1890, S. 142 u.ö.

207 Eschenbach ²1887, S. 10 ff. u.ö.

208 Augusti ⁵[1915], S. 88 f.

209 Hoffmann-Rühle [1895], S. 166.

210 Augusti 1890, S. 46 u.ö.

211 Augusti ⁵[1915], S. 158 u.ö.

212 Ebd., S. 28.

hohe Arbeitsmoral und das geordnete Zusammenleben. Brasilien hingegen wird klischeehaft dargestellt als ein Ort „unbändiger Natur", wo es alles im Überfluß gibt[213] und man ein Leben voller Ruhe und Einsamkeit im Müßiggang verbringen kann. Dabei gilt die exotische Fremde, verkörpert in der kühlen Schönheit Isabels, durchaus als attraktiv. Das Interesse am Fremden erschöpft sich jedoch in der Bewunderung, die eigenen Maßstäbe werden nicht in Frage gestellt. Während Leona deutsche Werte nach und nach internalisiert – und deshalb den Beinamen Maria erhält –, bleibt Isabel den Erziehungsbestrebungen ihrer Umwelt gegenüber resistent und kehrt in ihr Heimatland zurück. Das Fremde wird so entweder assimiliert oder abgespalten. Auch in dem Titel *In den Savannen* ist die Frage nach der nationalen Zugehörigkeit der Protagonistin, die durch deren Verhalten ausgewiesen wird, zentral. Felicia sagt von sich, sie sei „eine zu gute Deutsche geworden, um wieder eine freie Amerikanerin zu werden"[214]. „»Nein, ich will gar nichts anderes sein als eine gute Deutsche, die ihrem Kaiser auch in der fernen Heimat treu bleibt und zeigen will, was deutsche Sitten und Gewohnheiten wert sind.«"[215] In den bereits besprochenen Erzählungen *Prinzessin Beate* von Stöckert ([1891]) sowie Niebelschütz' *Ella Mercedes* ([1896]) dient die Darstellung der Fremde nahezu ausschließlich der Kontrastierung und Hervorhebung der dargestellten deutschen Mädchenerziehung im Pensionat. Es sind dies Texte, deren Protagonistin eine im Ausland aufgewachsene Landestochter ist, die – oftmals alleine – in das Heimatland zurückgeschickt wird, um dort in einem Pensionat oder in privater Logis eine Mädchenerziehung zu genießen, die allein – folgt man diesen Texten – zur Ausbildung ‚wahrer Weiblichkeit' führt. ‚Weiblichkeit' und nationale Zugehörigkeit werden miteinander verknüpft. Das literarische Motiv der Pension gilt in diesem Kontext der Positivierung der deutschen Nation. Dieses handlungsleitende Motiv findet sich in der spezifischen Mädchenliteratur, die die Themen von Reise und Fremde in sich aufnimmt, immer wieder.[216] Oftmals haben die Protagonistinnen dieser Texte im Ausland ohne Mutter an der Seite ihres Vaters gelebt und sind – ganz in Übereinstimmung mit dem klassischen Schema – zu ‚jungenhaft' geraten. Das geschlechtunspezifische Verhalten wird in diesem Zusammenhang als kulturelle Fremde kodiert, die das Mädchen ablegen muß, um von ihrer Umwelt akzeptiert zu werden. Diese Texte fordern zum einen die bedingungslose Assimilation der Fremden an die deutsche Kultur und spielen zugleich lustvoll mit dem Reiz des Exotischen.

Oftmals sind es auch die reisenden Erzieherinnen, die ihren Adeptinnen als typisch deutsch klassifizierte Werte vermitteln, wie etwa Traut, die in Griechenland den Töchtern ihrer Gastfamilie „deutsche Tatkraft und Unternehmungslust"[217] nahebringen will.[218] Mädchenerziehung, wie sie in Titeln wie diesem

213 Franken [4][1915], S. 20.
214 Clément [1900], S. 71.
215 Ebd., S. 85.
216 So auch Clément [1898] und [1900].
217 Clément [13][1925], S. 161.
218 „Traut erzählte aus ihrem Leben, aus dem teuren deutschen Vaterlande, und unbewußt streute sie dabei goldenen Samen in die empfänglichen Seelen der jungen Mädchen." (Clément [13][1925], S. 161)

exemplifiziert aber auch intendiert wird, ist hier mit nationaler Identitätsbildung verknüpft, die Wertevermittlung zielt auf die Stärkung des Nationalbewußtseins. Zugleich aber wird die Identifikation mit der nationalen Herkunft durch andere Leitideen abgeschwächt. Für Augustis Reiseromane gilt, daß insbesondere der Aspekt der Bildung, aber auch die konfessionelle Zugehörigkeit Angehörige unterschiedlicher Nationen miteinander verbindet und die nationale Zugehörigkeit diesen Unterscheidungsmerkmalen gegenüber etwas in den Hintergrund rückt. Dies ist im Zusammenhang damit zu sehen, daß – im Gegensatz zum Kolonialroman, von dem im zweiten Teil der Studie die Rede sein wird – die Fokussierung auf die Alleinreisende im Mädchenreiseroman zu einer relativen Individualisierung der Fremdwahrnehmung führt. Zwar differenziert sich das reisende Mädchen über ihre Identifikation mit ihrer nationalen Zugehörigkeit von den Fremderfahrungen, jedoch ist die Abgrenzung weniger statisch und umfassend als im Kolonialroman. Die Fremde erscheint hier weniger im Sinne einer bedrohlichen äußeren Macht als im Sinne eines *Symptoms*, die Fremdwahrnehmung im Mädchenreiseroman ist vorrangig auf der Ebene individualpsychologischer Prozesse angesiedelt. „Als Symptom [...] entsteht der Fremde, wenn in mir das Bewußtsein meiner Differenz auftaucht, und er hört auf zu bestehen, wenn wir uns alle als Fremde erkennen, widerspenstig gegen Bindungen und Gemeinschaften.“[219] Die in Spanien reisende Protagonistin aus Augustis erstem Reiseroman, *Gertruds Wanderjahre* (1889), ist beispielsweise von ihrer Reisebekanntschaft, einem Franzosen, solange nicht befremdet, wie sie in ihm den Kosmopoliten und damit einen ihr Gleichgesinnten sieht. Die Fremderfahrung entsteht für Gertrud in dem Moment, in dem der vermeintliche Franzose ihr einen Heiratsantrag macht und sie sich ihrer Zugehörigkeit zu einer anderen Nation und sozialen Klasse bewußt wird. Sie entsteht punktuell, wird jedoch durch grenzübergreifende Leitideen – vor allem der Idee eines Kosmopolitismus – immer wieder zurückgenommen.

Insofern jedoch Bildung eindeutig als Merkmal einer bestimmten sozialen Klasse und Herkunft gewertet wird – nämlich der des mittleren und höheren Bürgertums – impliziert die Idee einer nationenübergreifenden Gemeinschaft der Gebildeten, in Augustis Reiseromanen insbesondere der gebildeten Frauen, der reisenden jungen Lehrerinnen, zugleich eine Absetzung von den unteren sozialen Schichten und damit auch deren partielle Diffamierung als ‚ungebildete Stände‘. „[I]ch habe die Hebung des Volkes auf meine Fahne geschrieben. In den unteren Volksklassen, vornehmlich unter den Frauen herrscht noch eine Finsternis, welche erschreckend ist; dahinein will ich mit der Fackel der Aufklärung leuchten [...].“[220] Wenngleich der Aspekt der Bildung einerseits – in bezug auf die nationale Zugehörigkeit – eine Differenzen nivellierende Funktion hat, so dient er doch andererseits gleichzeitig der Markierung nicht nur von Differenz an sich, sondern einer hierarchisierenden differentiellen Struktur. Die reisenden Frauen, die – wie oben geschildert wurde – oftmals ein emanzipatorisches Anliegen im Gepäck trugen und innerhalb der Texte als Repräsentantinnen eines emanzipatorischen Potentials fungieren, können eine identitätsstiftende Differenzierung von Fremdem und

219 Kristeva 1990, S. 11.
220 Augusti 1890, S. 143.

Eigenem offenbar nur durch die Einsetzung hierarchisierender Strukturen vollziehen. Die Vergrößerung des Aktionsradius' von Frauen im Zuge der Frauenbewegung, ihr Eindringen in öffentliche, zuvor den männlichen Bürgern vorbehaltene Bereiche und die Einforderung von bürgerlichen Rechten spiegelt eine Verschiebung der Konstruktion der gesellschaftlichen geschlechtlichen Identität der Frau, eine Verschiebung der Konstruktion von Geschlechterdifferenz wider. Damit verknüpft ist offenbar eine Verschiebung differentieller Strukturen auch in anderer Hinsicht – wie gezeigt wurde in bezug auf soziale Herkunft („Klasse") und – und wie noch zu zeigen sein wird – in bezug auf ethnische Zugehörigkeit („Rasse"). Eine Untersuchung der impliziten Verknüpfung von hierarchisierenden differentiellen Prozessen ist Gegenstand der Gender Studies und wird im zweiten Teil der Studie in bezug auf den Mädchenkolonialroman von besonderem Interesse sein.

3.7 Lektüredimensionen

Für die Rezeption der Reiseromane kann im Anschluß an das Lektüremodell der typischen Backfischliteratur vermutet werden, daß die Lektüre der historischen Leserin vor allem eine Entlastung von Konflikten und Problemen des Alltags bot.[221] Als Aufbruch in eine gleichermaßen beängstigende wie verlockende Fremde kann die Darstellung der Reise als Projektionsfläche der zukunftsbezogenen Wünsche und Ängste der Leserin dienen. Der literarische Text, der die Motivik des Weggehens in sich aufnimmt – im typischen Backfischroman der zeitlich von vornherein begrenzte Aufenthalt in der Pension, im Reiseroman die unbestimmt andauernde, zum Teil allein angetretene Reise – eröffnet Spielräume für die Phantasie der Leserin, in denen sie die ihr gesetzten Grenzen – die vor allem von den herrschenden geschlechtsspezifischen Normen bestimmt sind – probehandelnd erweitern kann, wobei der Reiseroman gegenüber dem Backfischroman die Möglichkeiten dieser Selbsterprobung deutlich ausweitet. Anders als der Pensionsaufenthalt, während dessen die Mädchen einer starken sozialen Kontrolle und pädagogischer Lenkung unterstehen, stellt die Reise einen weitaus weniger reglementierten, weniger zielgerichteten, offeneren Entwicklungsraum dar. Innerhalb der Erzählungen bildet die Reise einen Übergangsraum zwischen Elternhaus und Gesellschaft, der als eine Ausweitung der gesellschaftlichen Handlungsräume der Protagonistin für eine Verringerung der sozialen Kontrolle sorgt und damit einen potentiellen Raum[222] eröffnet, in dem die Grenzen der eigenen Person neu ausge-

221 Wilkending 1999b, S. 107.

222 Der potentielle – oder intermediäre – Raum, wie Winnicott ihn nennt, ist zu verstehen als ein Modus der psychischen Verarbeitung und Symbolisierung, der die fortwährend notwendigen Vermittlungsprozesse zwischen Trieb, Ich und Außenwelt, d.h. zwischen der inneren psychischen Realität und der äußeren Realität ermöglicht. Der intermediäre Raum als Übergangsort zwischen den primären und den sekundären Erfahrensmodalitäten (im Sinne Freuds) entlastet von den permanenten Differenzierungs- und Verzichtleistungen, die das Alltagsleben dem Subjekt abverlangt und eröffnet ihm einen Raum, in dem es sein personales Selbst ausloten, Unbewußtes und Bewußtes in Austausch bringen und die Grenzen seines Selbst neu erproben kann. Eine solche Fähigkeit ermöglicht die Reifung

lotet werden können. Insofern bietet sich der Reiseroman mit seiner Motivik von Heimat und Fremde, Aufbruch und Ausbruch aus den familiären und gesellschaftlichen Verhältnissen zur Darstellung der mit der Adoleszenz verbundenen Konflikte an. Damit kann auch für den Mädchenreiseroman jener typische „Initiationscharakter“ veranschlagt werden, den Steinbrink für den Abenteuerreiseroman des 19. Jahrhunderts analysiert hat:

> So findet im Bereich der Fiktion die Konstituierung einer neuen Persönlichkeit statt, insofern ist für sie dieser Bereich von einem höheren Erfahrungswert als die Realität, die diese Entwicklung blockiert. Durch die Identifikationen mit dem Romanhelden, der die verschiedenen Stationen der Initiation durchläuft, entkommen Leser und Autor der hemmenden Realität, ihnen schließt sich ein neuer, bisher unbekannter Erfahrungsbereich auf.[223]

Für die atypische Mädchenliteratur ist, indem sie das spezifisch mädchenliterarische Genre des Backfischromans mit dem historisch als typische Jungenlektüre geltenden jugendliterarischen Genre des Abenteuer- und Reiseromans zusammenführt, anzunehmen, daß die Texte in bezug auf die Herausbildung von Geschlechtsidentität ambivalent sind. Die sich daraus ergebenden Veränderungen der Lektüreoptionen in den Texten des hybriden Genres sollen im folgenden aufgezeigt werden.

Ambivalenzen der Darstellung wurden bereits in dem Kapitel über die Figurenzeichnung und -konstellation angeschnitten. Hervorgehoben wurde hier die im Reiseroman häufig anzutreffende Gegenüberstellung der Protagonistin mit einer Konterfigur, die im Sinne des typischen Trotzkopf-Modells all jene Eigenschaften verkörpert, die aus der Charakterisierung der im traditionellen Sinne eher an ‚männlichen‘ Verhaltensweisen orientierten Protagonistin kontrastierend ausgelassen werden. In einer solchen Verdoppelung der Hauptfigur spiegelt sich das historische Konfliktpotential, das mit der gesellschaftlich-politischen Mobilisierung der Frau im Kaiserreich besonders virulent geworden war, und es tritt in einer solchen Figurenzeichnung in einer antagonistischen Spaltung in Erscheinung. Dies gilt insbesondere für Brigitte Augustis Romanreihe *An fremdem Herd* (1889–94), ist aber auch in vielen anderen Texten, wenn auch in weniger ausgeprägter Form in zahlreichen Konstellationen der Haupt- und Nebenfiguren zu finden.[224]

Weder die Darstellung noch die Handlungsführung lassen in diesem Kontext eine eindeutige Wertung zugunsten eines der in den beiden zentralen Figuren angelegten widersprüchlichen weiblichen Lebensentwürfe erkennen, sodaß das konfliktäre Potential des Textes bis zu dessen Ende ungelöst bestehen bleibt. Zwar wandeln sich die Figuren und nähern sich aneinander an, doch bleibt die Kontrastierung und Spaltung der Charaktereigenschaften in ihren großen Zügen erhalten. Die in der Figurenzeichnung angelegte Polarisierung geht mit einer Aufspaltung der Handlungsstränge einher, wobei die historischen Alternativen der weib-

---

und Weiterentwicklung des Menschen im Sinne einer Selbstfindung innerhalb gegebener gesellschaftlich-historischer Realitäten. Sie ist damit wesentliche Voraussetzung der Entwicklungsprozesse der Adoleszenz. Vgl. Winnicott 1997.

223 Steinbrink 1983, S. 19.

224 So bei Beeker [1909]; Clément [1898], [1900], [13]1925; Franken [1913].

lichen Lebensführung einzeln weiterverfolgt werden. Die Erzählstränge stehen nahezu unverbunden nebeneinander. Das konfliktäre Potential des Textes wird nicht – oder kaum – ausgespielt.

Eine solche Strukturierung der Ambivalenzen in bezug auf die weibliche Geschlechtsidentität und gesellschaftliche Rolle der Frau steuert die Lektüre der Leserin. Die Aufspaltung der Rollenvorstellungen auf zwei Protagonistinnen und Handlungsstränge erlaubt der Leserin mehrere Lesarten. Zum einen kann die Leserin an das ihr bekannte Rezeptionsmuster des Backfischbuches anschließen. Das Parallelführen der Handlungsstränge erlaubt ihr den Konflikt zwischen den Normen, nach denen sie sozialisiert wurde, und ihren eigenen Wünschen nicht austragen zu müssen. Durch wechselnde Identifikationen mit den polaren Charakteren kann sie ihre eigenen ambivalenten Bedürfnisse in der Imagination ausleben, ohne von dem konfliktären Potential des Textes affiziert zu werden. Mit Eco handelt es sich bei dieser Lesart um eine beliebige Lektüre, die einem „Gebrauch des Textes" – im Gegensatz zu einer Interpretation – gleichkommt.[225] So gesehen dürften die Reiseromane Augustis für die zeitgenössische Leserin eine ähnliche kompensatorische und entlastende Funktion gehabt haben wie das typische Backfischbuch. Hier ist anzufügen, daß die fast nahtlose Verzahnung des Reise- und des Kolonialromans mit dem Backfischroman in rezeptionstheoretischer Sicht freilich unerläßlich war. Die gattungsspezifischen Kongruenzen der Genres haben für die Leserin einen wichtigen Wiedererkennungseffekt: sie erlauben ihr, an die ihr bekannten literarischen Konventionen anzuknüpfen. Ein grundlegendes Durchbrechen der literarischen Traditionen konnten sich die Autorinnen im Bereich der Mädchenliteratur – und allein dieser stand ihnen vorrangig offen[226] – nicht leisten. Allein das Zugeständnis an das klassische Gattungsschema und damit das Anknüpfen an die literarische Kompetenz ihrer Leserschaft konnte den literarischen Erfolg sichern.

Auch wenn die Texte Augustis der Leserin die Option bieten, das bekannte typische Lektüremodell anzuwenden, so offerieren sie zugleich eine Binnenstruktur, deren Rezeption eine Erosion des gewohnten Lektüremodells bewirkt und von der Leserin andere literarische Kompetenzen fordert. Eine Entfernung von dem gewohnten Lektüremodell ist schon mit der Offenheit der Wertung angelegt. Indem die Texte keine eindeutigen Wertungen des Dargestellten erkennen lassen, verzichten sie – anders als das typische Modell – auf eine einsinnige Lenkung der Leserin. Die Offenheit der Wertung dürfte rezeptionsseitig eine Verunsicherung der Leserin bewirkt haben, die zwar – wie gezeigt – in einem Akt der

225 Eco 1995, S. 200 f. Das in Frage stehende Textcorpus der Mädchenliteratur weist Charakteristika jener massenhaft erzeugten Literatur auf, die Eco als geschlossene Texte bezeichnet. Kennzeichnend für diese ist eine einsinnige Konzeption des Modell-Lesers. Geschlossene Texte zielen nach Eco einerseits „zwanghaft darauf ab [...], eine bestimmte Reaktion" beim Leser hervorzurufen und sind andererseits „schamlos ›offen‹ für jede Interpretation" (Eco 1995, S. 198). Geschlossene Texte zeichnen sich mithin durch ein offenes Konzept des Modell-Lesers aus; ein offener Text hingegen „umreißt ein ›geschlossenes‹ Projekt seines Modell-Lesers als einer Komponente seiner strukturellen Strategie" (ebd., S. 200). Man kann ihn „nicht benutzen, wie man will, sondern nur so, wie der Text von einem genutzt zu werden gewillt ist" (ebd.)

226 Wilkending 1994, S. 34.

Spaltung der Lektüre und – mit Eco gesprochen – durch einen ‚Gebrauch' des Textes von der historischen Leserin umgangen werden konnte, in der Spaltung der Figuren und Handlungsstränge jedoch strukturell im Text verankert – wenn auch gleichsam eingefroren – blieb. Virulent werden Konflikte im Zusammenhang mit der Identitätssuche der weiblichen Protagonisten. Auch wenn die widersprüchliche Charakterisierung der beiden Konterfiguren in ihrer polaren Struktur erhalten bleibt, so bestehen doch innerhalb dieser Struktur Spielräume für eine differenziertere Darstellung des je individuellen Konfliktes zwischen dem Begehren der Protagonistin und den sozialen Erwartungen in bezug auf ihre Rolle als Frau. Oft erfahren dabei die starren Positionen der Protagonistinnen im Zuge der Erzählhandlung eine Relativierung. So muß etwa – wie bereits besprochen – Monika (Augusti 1894) ihre einseitige Orientierung an einem ideal männlicher Autonomie und Autarkie aufgeben und traditionell ‚weibliche' Eigenschaften in ihr Sozialverhalten integrieren. Ihre Konterfigur Letty setzt sich im umgekehrten Sinne mit der Vorstellung auseinander, eigenverantwortlich und selbständig zu handeln und nimmt zunehmend Abstand von ihren als naiv gezeichneten Wünschen in bezug auf Männer. Die Annäherung der Positionen geht jedoch in keinem Fall so weit, daß ihre Polarisierung aufgelöst werden würde. Wenn auch die starren Positionen der Konterfiguren durch die Erzählhandlung relativiert und damit gewertet werden, wird keine der weiblichen Einstellungen durch die Darstellung oder die Erzählerstimme eindeutig bevorzugt. Die Darstellung zeigt deutlich, daß weder das Festhalten an alten Rollenvorstellungen noch der unbedingte Wille zur Durchsetzung eigener Vorstellungen den Mädchenfiguren glükken kann. Beide Idealtypen müssen sich mit den historischen Gegebenheiten auseinandersetzen. Ihre im Text dargestellte 'Läuterung' zu gemilderten, sozial tolerierten Verhaltensweisen und Lebensformen ist zuweilen als geglückter Kompromiß [227](Augusti 1893)[228], zuweilen aber auch als Scheitern (Augusti 1894) und Verzicht (Augusti 1889) lesbar. Eine solche Lektüre verlangt von der Leserin, über das gewohnte Lektüremodell hinauszugehen und den Text – mit Eco gesprochen – zu interpretieren, statt ihn zu gebrauchen. Der Text selbst bietet, indem er einerseits an das typische Modell des Backfischromans anschließt, andererseits die gewohnten Lektüremodelle irritiert, beide Lesarten an, zwischen denen die geübte Leserin von Backfischromanen in der Art eines Vexierbildes pendeln kann. Dies erfordert von der Leserin eine gewisse mentale Mobilität, die – so kann vermutet werden – der Reiseroman thematisch induziert.

Darüber hinaus wäre zu fragen, inwieweit der Mädchenreiseroman auch einen Impuls zur Verflüssigung und Neubildung der kulturellen Identität der Frau setzte. Einen positiven Einfluß auf die Herausbildung einer „mobilitätsspezifischen Mentalität"[229] ist Klika zufolge die in biographischer Hinsicht frühe Ent-

227 Vgl. ebd.

228 Der Titel ist interessanterweise der einzige in Augustis Reihe sowie innerhalb des untersuchten Textkorpus', der nicht dominant auktorial, sondern durchgehend personal erzählt ist. Offensichtlich erlaubt die personale Erzählsituation der Autorin ein tieferes Eintauchen in die Psychologie und individuelle Dimension des Konflikts um Autonomie und Abhängigkeit.

229 Brenner 1991, S. 41.

wicklung eines Selbstbildes, das Eigenaktivität und Mobilität nicht ausschließt.[230] Die Begegnung mit kultureller Fremde sowie grenzüberschreitende Lektüreerfahrungen – so zeigt Klika anhand von Autorinnenbiographien – sind dabei von besonderer Bedeutung. Es kann davon ausgegangen werden, daß auch die Lektüre der Mädchenreiseromane auf die Herausbildung weiblicher Identität eine progressive, mobilitätsstiftende Wirkung gehabt hat. Am stärksten dürfte diese Wirkung bei denjenigen Texten gewesen sein, die den gesellschaftlichen Konflikt bezüglich der sozialen Rolle der Frau in die Protagonistin hineinverlegen und intrapsychisch spiegeln[231]. Andere Texte, die die gesellschaftlich induzierten seelischen Konflikte der Heranwachsenden nicht ausloten, bieten zwar durch die Charakterisierung der Protagonistin, die Figurenkonstellation des Textes und die Handlung Freiräume für die Phantasie der Leserin, beschränken jedoch die Lektüre auf ihre kompensatorische Funktion oder lassen gar durch eine enge Verpflichtung auf gesellschaftliche Normen wenig Freiraum für Gegenlektüren[232].

Innertextliche Signale, die eine Abgrenzung der Lektüre von dem Modell des typischen Backfischromans fordern, werden in manchen Texten zudem durch metafiktionale Reflexionen des Erzählers gesetzt. Eine klare Abgrenzung gegenüber der typischen mädchenliterarischen Gattungstradition findet sich etwa bei Bernhardine Schulze-Smidt: „Hätte er sie jetzt harmlos angesprochen, so würde ihm klar geworden sein, daß er ihre Befangenheit überschätzte, daß es weder galt eine kleine Widerspenstige aus dem Roman zu zähmen, noch sich am Aufbrechen einer interessanten Liebesknospe zu erfreuen.“[233] Der Leserin wird hier kommuniziert, daß die Protagonistin kein typisches Backfischchen ist, sie es also nicht mit typischer Backfischliteratur zu tun hat. Im ersten Band der Reihe von Augusti *An fremdem Herd* heiratet eine der Nebenfiguren einen Mann, von dem sie sagt, „»daß er eine Glatze hat und Schulz heißt und daß beides sehr, sehr unpoetisch ist«“[234] – auch das ist also ein Mann, wie er gerade nicht im Buche steht.

Der Gattungsbezug wird innerhalb der Texte gleichfalls durch zahlreiche Leseszenen, in denen die Protagonistinnen eindeutige Präferenzen für das historisch als typische Jungenlektüre geltende Abenteuerbuch zeigen und Identifikationen mit den männlichen Helden vornehmen, gelenkt. In diesen Texten wird die historische Leserin selbst als Figur gespiegelt. „Sie dachte ja auch gar nicht daran und steckte ja die Nase in die Bücher! Das heißt, nicht immer in die Bücher, die Mamachen meinte, sondern lieber in solche, die von Reiseabenteuern und seltsamen Schicksalen erzählten, und viel amüsanter waren als die alten Geographie- und Grammatikscharteken!“[235] „»Das erinnert mich an die Tage der Kindheit und den ›Lederstrumpf‹.« »Ich habe für diese Geschichte geschwärmt«, erklärt Ruth. »Am liebsten wäre ich unter die Indianer gegangen.«“[236]

230 Klika 1992.
231 Bei Augusti insbesondere 1893; auch Hoffmann-Rühle [1895].
232 So etwa bei Franken [4][um 1915].
233 Schulze-Smidt 1895, S. 96.
234 Augusti 1890, S. 138.
235 Beeker [1909], S. 2.
236 Koch [25][1926], S. 160.

„»Oder ich lese eins von den Büchern, die ich haben darf; – noch *viel* lieber aber die Indianerbücher von den Jungens.«"[237] Oftmals dienen die bei der Lektüre der Abenteuerromane gewonnenen Kenntnisse den Protagonistinnen zur Einschätzung einer akuten, gefahrvollen Situation. „»Alle Indianergeschichten, die ich bisher gelesen habe, sind ja lebendig geworden.«"[238] Dieser metafiktionale Bezug stützt die Fiktion der Authentizität der erzählten Welt und markiert eine klare Grenze zwischen dem vorliegenden Text und dem klassischen Mädchenbuch. Auch damit beweist der Mädchenreiseroman seine die konventionelle Gattungstypologie sprengende Kraft.

4 Der Mädchenkolonialroman des beginnenden 20. Jahrhunderts

Wie der Mädchenreiseroman so führen auch die am Ende des ersten Jahrzehnts des neuen Jahrhunderts erschienenen wenigen spezifisch an Mädchen adressierten Kolonialromane ihre Protagonistinnen in eine unbekannte Fremde. Anders aber als im Mädchenreiseroman – wie bereits angesprochen wurde – ist hier nun die Begegnung mit der kulturellen und territorialen Fremde stark über die Bildung nationaler Alteritätskonstrukte vermittelt. Die Protagonistinnen der Mädchenkolonialromane sind denn auch nicht Alleinreisende, sondern übersiedeln aus zumeist wirtschaftlichen Gründen im Familienverbund in die deutschen Kolonien vorrangig Südwestafrikas. Gegenüber dem Mädchenreiseroman ist für den Mädchenkolonialroman eine stärkere Akzentuierung der gesellschaftlichen Einbindung der Protagonistin und eine Relativierung der Bedeutung ihrer individuellen Fremderfahrung zu vermerken.

Zentral für den Mädchenkolonialroman ist sein Anknüpfen an einen zeitgenössischen politischen Diskurs, innerhalb dessen unter dem Stichwort der ‚Frauenfrage in den Kolonien' die Bedeutung von Frauen für den Erhalt der deutschen Kolonien – vor allem in ‚Deutsch-Südwest' – erörtert wurde.[239] Die Mädchenkolonialromane erscheinen in einer Zeit, in der nach dem blutig niedergeschlagenen Aufstand der Herero und Nama in ‚Südwestafrika' (1904/07) die Haltung der Europäer gegenüber der indigenen Bevölkerung zunehmend von einer staatlich sanktionierten Gewaltherrschaft geprägt war, die insbesondere auf eine Trennung der ‚Rassen' zielte. Als besonderes Problem galten die zahlreichen zwischen Deutschen und Afrikanerinnen geschlossenen ‚Mischehen' sowie der Status ihrer

237 Schulze-Smidt 1895, S. 48.

238 Clément [1900], S. 127. Hierzu auch Beeker [1906], S. 66 f. sowie S. 87.

239 S. hierzu auch meinen Aufsatz „Mission und Submission. Die ‚Frauenfrage' in den afrikanischen Kolonien im Spiegel des Mädchenkolonialromans um 1900" (Kirch 2002). – Später erschienene Kolonialromane wie etwa Thea de Haas' Erzählung *Ursel reist in Afrika* ([um 1930]) stellen wiederum die Liebesgeschichte in den Vordergrund und gestalten – wie auf dem Gebiet der Reiseromane die *Inge*-Serie von Horlyk – den Aufenthalt in der Fremde als episodische Reihung von Abenteuern.

Nachkommenschaft.[240] Zunehmend und mit neuer Vehemenz – die Deutsche Kolonialgesellschaft unterstützte die Ausreise von Frauen in die Kolonien seit 1896 – wurde die Übersiedlung von deutschen Frauen in die Kolonien politisch diskutiert und als eine „nationale Notwendigkeit" erachtet[241]. Der Anwerbung von Frauen für die Kolonien diente etwa der 1907 von Ada von Liliencron[242] gegründete Deusch-koloniale Frauenbund sowie sein Organ, die 14tägig erscheinende Zeitschrift *Kolonie und Heimat*.[243]

Die Erzählungen *Vollrads in Südwest* ([1916])[244] von Henny Koch sowie *Heddas Lehrzeit in Südwest* ([1909]) von Käthe van Beeker spiegeln diesen zeitgenössischen politischen Diskurs. Aber auch die – zwar nicht zur spezifischen Mädchenliteratur, wohl aber zu dem Bereich der Mädchenlektüre zählenden – Titel *Schwere Zeiten* von Elise Bake ([1913]) sowie *Auf rauhen Pfaden* ([1910]) von Valerie Hodann lassen Charakteristika einer aus weiblicher Feder stammenden Kolonialerzählung erkennen, die unmittelbar auf die historische und politische Erörterung der ‚Frauenfrage in den Kolonien' zurückgeführt werden können, rückt doch die thematisch bedingte Akzentuierung von Nation und Vaterland die Protagonistinnen der Texte in ein Bedeutungsfeld, das traditionell ausschließlich männlich konnotiert war.[245] Insofern in diesem historischen Kontext der Frage der gesellschaftlichen Funktion der Frau ein nationales, politisches und damit gesellschaftlich öffentliches Interesse beigemessen wird, eröffnen sich nun für Frauen, auch in bezug auf die Inhalte ihrer gesellschaftlichen Rolle, Möglichkeiten der Grenzüberschreitung. Hieran anknüpfend modifiziert der Mädchen-

240 Ab 1905 wurden Eheschließungen zwischen Deutschen und Afrikanerinnen verboten; bereits geschlossene ‚Mischehen' wurden zwei Jahre später rückwirkend für nichtig erklärt (s. Mamozai 1989, S. 126).

241 „Der ideelle Zweck, der doch letzten Endes so eminent praktischen Nutzen hat, ist die Versorgung Südwests mit weißen Frauen überhaupt. Daß diese eine nationale Notwendigkeit ist, zeigt uns die auf Tausende angewachsene Mischbevölkerung, die nach verschiedenen Richtungen eine Gefahr bedeutet, außerdem aber jedem gesunden Rasseempfinden widerstrebt." (Wagner 1910, S. 210 f.)

242 Ada von Liliencron publizierte 1905 als „Grüße für unsere Truppen in Süd-West-Afrika" patriotische Kriegslieder aus dem südwestafrikanischen Krieg unter dem Titel *Kriegsklänge der Kaiserlichen Schutztruppe in Deutsch-Süd-West-Afrika*.

243 Der Deutsch-koloniale Frauenbund war ab 1908 mit der Deutschen Kolonialgesellschaft institutionell verzahnt (s. Mamozai 1989, S. 138).

244 Der Titel wurde in der Mädchenzeitschrift *Das Kränzchen* 26 (1913/14), also noch vor dem Ersten Weltkrieg, vorabgedruckt.

245 Der Frauenkolonialroman war vor allem durch die Kolonialromane Frieda von Bülows um die Jahrhundertwende ein etabliertes Genre. Von Bülow publizierte zwischen 1890 und 1910 über 20 Romane. Zu den bekannteren Kolonialschriftstellerinnen sind zudem Margarethe von Eckenbrecher, Magdalena Prince sowie Helene von Falkenhausen zu zählen. Anders als die Autorinnen von Mädchenkolonialromanen waren diese durch Reisen und längere Aufenthalte selbst mit dem Leben in den Kolonien Afrikas bekannt. Frieda von Bülow (1858–1909) gründete 1886 den Deutschen Frauenverein für Krankenpflege in den Kolonien und begleitete 1887 ihren Bruder nach ‚Deutsch-Ostafrika', wo sie bis 1889 lebte und erste Pflegestationen einrichtete. Nach dem Tod des Bruders kehrte sie 1893 für zwei weitere Jahre nach Afrika zurück und verwaltete den von ihm hinterlassenen Besitz (vgl. hierzu das *Lexikon deutschsprachiger Schriftstellerinnen* 1986, S. 46).

kolonialroman – wie zu zeigen sein wird – das zentrale Schema des Backfischromans.

Clara Brockmanns *Briefe eines deutschen Mädchens aus Südwest* (1912) nehmen in der Reihe der genannten Texte eine Sonderstellung ein, hat Brockmann sich doch selbst längere Zeit in der deutschen Kolonie in Ostafrika aufgehalten. Der Titel richtet sich „an den zukünftigen Kolonisten und Pionier, den Farmvolontär und die junge Farmersbraut"[246], einzelne Kapitel sind implizit an Frauen und Mädchen gerichtet, denn ein besonderes Interesse der Autorin gilt der Frage, „[w]elche Frauenberufe [...] drüben eine Existenz" sichern[247]. Die Schriften Brockmanns, die das Leben der deutschen Frauen in den Kolonien und ihre ‚koloniale Aufgabe' schildern, haben eine ratgebende wie auch eine propagandistische Funktion, zugleich lassen sie erkennen, daß aus der Perspektive der Frauen eine Übersiedlung nach Afrika mit der Hoffnung auf Möglichkeiten der Emanzipation verknüpft war.

Wie bereits anhand des Mädchenreiseromans gezeigt werden konnte, eröffnet die historisch gegebene Veränderung der Zielvorstellungen der weiblichen Sozialisation Spielräume für die Phantasie. Das gilt auch für den Mädchenkolonialroman, da der Aufenthalt in dem fremden Land von Mädchen und Frauen eine teilweise Aneignung traditionell männlicher Einstellungen und – hier stark phallisch konnotierter – Handlungen erfordert, wie etwa den Umgang mit Waffen, das Jagen, sowie die Verteidigung von Haus und Hof. Die Aufweichung der tradierten Geschlechterrollen, wie sie der politische Diskurs über die ‚Frauenfrage in den Kolonien' implizierte und wie sie das Leben in den Kolonien tatsächlich eröffnet haben mag, sowie die sich für den Backfischroman daraus ergebenden Handlungsspielräume bezüglich der Herausbildung von Geschlechtsidentität spiegeln die oben genannten Erzählungen von Koch, Bake und Beeker wider.

4.1 Historische Kontextualisierung: Politische Propaganda und ihr Niederschlag im Mädchenkolonialroman

„»Man sieht doch erst, was die deutsche Frauenarbeit wert ist, wenn man sich ohne sie behelfen muß.«"[248] „»Ja. So die rechte, deutsche Gemütlichkeit, die muß uns Mutter erst ins Haus bringen."[249] So ist in Elise Bakes Kolonialerzählung *Schwere Zeiten* ([1913]) zu lesen. Hanna, die 15jährige Protagonistin aus Henny Kochs Erzählung *Die Vollrads in Südwest,* erhält eine Wertschätzung seitens ihres misogynen Vaters erst dann, als dieser merkt, daß er und seine drei Söhne in der Kolonie „eine Art Frauenzimmer"[250] zum Kochen, Putzen und Waschen brauchen. Die ‚Frauenfrage in den Kolonien' zeitigt eine neuerliche Idealisierung der Frau als Mutter, Seele der Familie und Hauswirtschafterin und

246 Brockmann 1912, VI.
247 Ebd., Vf.
248 Bake [1913], S. 69.
249 Ebd.
250 Koch ^{7}[1918], S. 88.

zementiert damit zunächst ein konventionelles Rollenmuster.[251] Die politische Propaganda erachtete es als Aufgabe der Frau in den Kolonien, „unter Verzicht auf alle Annehmlichkeiten des europäischen Lebens nur dem Gatten und der Familie zu leben".[252] Als ‚Kernzelle der Gesellschaft' galt die Familie als Garant für den Erhalt ‚deutscher' Lebensart in der Fremde. Anders aber als im jugendliterarischen Kolonialroman für Jungen, in dem – wie Christadler formuliert – die Rolle der Frau wesentlich auf ihre Funktion als eine „Metapher für Heimat"[253] beschränkt sei, wird im Mädchenkolonialroman ganz im Sinne der politischen Diskurse die Aufgabe der Frau als eine nationale Aufgabe verstanden. Über ihre biologische Funktion für den ‚Rassenerhalt' sowie die mit der Reproduktion verbundenen Aufgaben innerhalb der Familie hinaus habe die Frau in der Kolonie – so der politische Diskurs – „recht ideale Aufgaben zu erfüllen. Sie soll im dem rauhen Leben der Kolonien das veredelnde Element bilden, das allmählich zu echt deutscher Sitte und Geselligkeit Eingang verschafft."[254] Auch diese rhetorische Figur findet sich im Mädchenkolonialroman wiederholt[255], in ausgeprägter Form in der genannten Erzählung von Henny Koch.

»Ohne die deutsche Frau kann unsere deutsche Kolonie nicht an ein Weiterbestehen denken. Es gilt, die Früchte des Schweißes und der Mühen des Mannes in weiser Umsicht zu verwerten, zu mehren; es gilt, das Heim des Mannes, der Kinder zu einer Stätte deutscher Kultur, deutscher Zucht und Sitte zu machen, das Deutschtum zu erhalten auf ferner Scholle, daß es nicht in fremder Art und Weise untergehe, wie leider sonst oft, wo deutsche Auswanderer sich niederlassen. [...] Hier, wo die deutsche Flagge schützend weht, wenn auch durch Meeresweiten vom geliebten deutschen Land getrennt, ist die vornehmste Aufgabe der Erhaltung des Deutschtums in die Hände der Frauen gelegt. Möchten sie immerdar durchdrungen sein von der Heiligkeit, der Größe ihrer Pflicht! Die Hausfrau, die Mutter, die deutsche Frau, sie lebe hoch!«[256]
Kaum war das Hoch verklungen, stand schon der Missionar mit erhobenem Glas da. Er sprach von der Frau im allgemeinen und von der deutschen Frau im besonderen. Er sagte, daß hier wie sonst nirgendwo die Arbeit von Mann und Frau Hand in Hand gehe, das Gedeihen der Männerarbeit von der Mitarbeit der Frau abhinge, ja daß das Gedeihen des Ganzen hauptsächlich in Händen der Frau liege, als Hausfrau und Mutter. In ihre Macht gegeben sei das Schicksal der Kolonie; mit der deutschen Familie, der deutschen Frau insbesondere, stehe und falle diese. [...] »Es ist eine lohnende Aufgabe, deutsche Art und deutsches Wesen im fernen Afrika lebendig zu erhalten, dem geliebten Vaterland da eine Stätte zu schaffen, wo überschüssige deutsche Kraft, wo deutscher Fleiß und deutsches Kapital verwertet werden können im Dienst des Vaterlandes, wo es nicht verloren geht,

---

251 Die politische Propaganda ließ keinen Zweifel an der ‚wahren Bestimmung' der Frau – dem „natürlichen Beruf" der „Hausfrau und Mutter" (Wagner 1910, S. 205) aufkommen. In den Kolonien sollte es Aufgabe der Frau sein, „unter Verzicht auf alle Annehmlichkeiten des europäischen Lebens nur dem Gatten und der Familie zu leben" (Funke 1908, [o.P.]).

252 Funke 1908, [o.P.].

253 Christadler 1978, S. 49. Christadler zufolge sind Frauen im traditionellen jugendliterarischen Kolonialroman entweder abwesend, oder sie treten als tüchtige Hausfrau und Mutter in Erscheinung (ebd. S. 48).

254 Wagner 1910, S. 211.

255 In *Heddas Lehrzeit in Südwest* heißt es etwa, „daß erst die Frauen es sein würden, die das eroberte Land und Volk gewinnen und es zum Eigentum ihrer Nation machen würden" (Beeker [1909], S. 129).

256 Koch [7][1918], S. 107.

wie meist bei der Auswanderung in andere Länder. Hier wie nirgends schafft die deutsche Frau mit an der großen Sache des Vaterlandes. Hoch drum die deutsche Frau in Südwest.«[257]

Die Frau in den Kolonien galt nicht allein in biologischer, sondern auch in kultureller Hinsicht als Garantin für den Fortbestand der Nation, Kultur und ‚Rasse'.[258] Damit erhielten die profanen Gründe des propagierten Fraueneinwanderungsprogramms, wie es etwa von der Deutschen Kolonialgesellschaft initiiert wurde, eine edle Legierung, die Frauen eine Identifikation mit deren politischen Zielen nahegelegt haben mag.[259] Die Frau – so heißt es bei Clara Brockmann – trage „ein reichliches Teil zum kulturellen Fortschritt im ›dunklen Erdteil‹ bei."[260] Für die Autorin ist es „ein hoher und erhebender Gedanke [...], Kulturträgerin im edelsten Sinne des Wortes zu werden".[261] Ausdrücklich strebt sie mit ihrer Schrift *Die deutsche Frau in Südwestafrika: Ein Beitrag zur Frauenfrage in unseren Kolonien* (1910) an, „zu unserer großen nationalen Sache, zur Erweckung des kolonialen Gedankens in unserem Volk, ein Scherflein mit beizutragen"[262] und ruft die Frauen dazu auf, „[i]hre Opferfähigkeit *Deutschlands Kolonien* zuzuwenden"[263]. Von demselben Appell getragen ist ihr zwei Jahre später erschienenes, bereits angesprochenes Buch *Briefe eines deutschen Mädchens aus Südwest* (1912)[264]: „Kämpferin sein für Deutschland Größe – gibt es etwas Lichtvolleres als diesen Trost? [...] Das Vaterland ruft. Arbeitet für unsere Kolonien!"[265]

Das Einrücken der Rolle der Frau in den Kontext von Nation und Vaterland hat in bezug auf die Geschlechterrollenkonzepte ambivalente Konnotationen. Wird einerseits ein konservatives Frauenideal – das der Hausfrau und Mutter – propagiert, so wird dieses doch andererseits aus dem privaten Binnenraum der Familie in einen öffentlichen, nationalen und politischen Bedeutungszusammenhang gestellt. Die Reise in die Kolonien, die Identifikation mit den Zielen der Auswanderungspolitik mag sich insofern vielen Frauen als Ausweg aus einem Zustand politischer Ohnmacht dargestellt haben. Wohl aus diesem Grund sind

257 Ebd., S. 267 f.

258 In einer Ausgabe der *Gartenlaube* von 1905 heißt es: „[E]ine wirkliche, kulturelle Besitzergreifung ferner Länder von Seiten der Europäer erfolgt in der Regel erst dann, wenn den weißen Männern auch weiße Frauen in die neue Heimat folgen. Dann erst kommt unter den fremden Himmelsstrichen auch das gesittete Leben nach unserer Kulturart zur Geltung und Entfaltung." (*Deutsche Frauen in unseren Kolonien* 1905, 160)

259 Frieda von Bülow spricht in diesem Zusammenhang von der „Kulturmission" der Frau (Bülow 1902/03, S. 650).

260 Brockmann 1910, S. 13.

261 Ebd. „Besonders das deutsche Frauenleben möchte ich ihnen schildern, die Grundlage für die Zukunft des neuen Landes. Und da ist es in erster Linie *die deutsche Frau*, die ihm das Gepräge gibt; sie ist zur ersten Mitarbeiterin an unseren Kulturaufgaben in Südwestafrika berufen." (Ebd., S. 2)

262 Brockmann 1910, S. [1].

263 Ebd., S. 64.

264 In dem Kapitel „Existenzmöglichkeiten für deutsche Frauen in Südwest" sucht die Autorin „Frauen aller Stände für koloniale Fragen zu begeistern" (Brockmann 1912, S. 92).

265 Ebd., S. 94.

es – wie Lora Wildenthal hervorgehoben hat[266] – vor allem Autorinnen, die die politisch behauptete Notwendigkeit der Einwanderung von Frauen in die Kolonien in ihren Texten in den Bedeutungszusammenhang einer ‚Kulturmission der Frau' stellen. Dies wurde auch anhand der zitierten Textpassagen aus den Schriften Clara Brockmanns deutlich und zeigt sich nicht zuletzt in dem Umstand, daß die politische Propaganda Eingang in das historische Mädchenbuch finden konnte.

Gerade die Brüchigkeit des historischen Diskurses über die Rolle der Frau in den Kolonien beinhaltete für Frauen ein „Emanzipationsversprechen"[267]. Obgleich Brockmann etwa die rhetorischen Figuren der politischen Diskurse repliziert, wenn sie die Frau als Zentrum des Familienlebens „zur ersten Mitarbeiterin an unseren Kulturaufgaben in Südwestafrika"[268] bestimmt sieht, so schildert sie in ihren Texten tatsächlich weniger die Aufgaben der Hausfrau und Mutter als auch die vielfältigen Möglichkeiten des Frauenlebens in den Kolonien, die der Frau gerade ein Heraustreten aus dem privaten Binnenraum der Familie gestatten. So betont sie, „daß nicht nur der verheirateten Frau [...] die Möglichkeit gegeben" sei, „unsere Kulturaufgaben im dunklen Erdteil zu erfüllen, sondern auch der alleinstehenden".[269] In dem Kapitel „Existenzmöglichkeiten für deutsche Frauen in Südwest" schildert sie die Verdienstchancen einer jungen Frau als Lehrerin und Erzieherin, Kranken- und Kindergartenschwester, Hausdame, Sekretärin, Schneiderin und Köchin – aber auch als Spekulantin am Diamantenmarkt oder als selbständige Farmerin. „So erschließt sich der nach Selbständigkeit ringenden Frau hier in Afrika ein neuer Beruf: der einer Farmerin."[270] Deutlich zeigt Brockmann Frauen die Möglichkeit auf, in den Kolonien dem engen Moral- und Verhaltenskodex des Heimatlandes entkommen zu können, die Grenzen der vorgeschriebenen Geschlechterrollen zu überschreiten. „»Ich passe auch so wenig in diese engen Verhältnisse in Deutschland hinein, wo man jede Abweichung von der Norm als fixe Idee behandelt«"[271], zitiert Brockmann eine deutsche Farmerin in ‚Deutsch-Südwest', die sie „in kurzen Reithosen und Schlapphut, aus einer kurzen Pfeife Plattentabak rauchend, angetroffen, als sie ihr Vieh von einer Station zur anderen trieb".[272] Figuren wie diese, die die Phantasien der zeitgenössischen Leserin beflügelt haben mögen, lassen sich ähnlich im Mädchenkolonialroman finden.

266 „Women authors and activists widened the scope of the ›woman question in the colonies‹ from maternity to a cultural, social and national mission." (Wildenthal 1996, S. 377)

267 Hierzu Gränzer 1994. Gränzer zufolge versuchten viele Frauen „den schlechten Lebensbedingungen im Kaiserreich durch eine geförderte Reise in die Kolonien zu entkommen [...]" (ebd., S. 272). Auch Mamozai betont, daß das Leben in der Kolonie Frauen „neue Berufschancen und Existenzmöglichkeiten" geboten habe (Mamozai 1989, S. 146 f.).

268 Brockmann 1910, S. 2.

269 Brockmann 1912, S. 85.

270 Ebd., S. 87.

271 Ebd., S. 40.

272 Ebd., S. 38.

4.2 Geschlechterrollen, Figurenkonstellationen, Figurenzeichnung

Die historischen Diskurse über die ‚Frauenfrage in den Kolonien' aufnehmend, sind den Mädchenkolonialromanen die diesen Diskursen impliziten Ambivalenzen in bezug auf die Konstruktion der weiblichen Geschlechterrollen mit eingeschrieben. Die Protagonistinnen der genannten Titel von Koch, Bake, Beeker und Hodann sind in bezug auf die Geschlechterrolle durchweg widersprüchlich gezeichnet; sie vereinen traditionell ‚männliche' und traditionell ‚weibliche' Eigenschaften. Bereits angesprochen wurde das unkonventionelle Verhalten der Protagonistin Ernestine in Elise Bakes Erzählung *Schwere Zeiten*, die durchsetzungsstark und eigensinnig ihrer Berufung zur bildenden Künstlerin folgt. Der Aufenthalt in der Kolonie, während dessen die Familie durch die kriegerischen Auseinandersetzungen mit den Hereros und Nama mittellos wird, nötigt sie, aus der von ihr empfundenen Berufung einen Broterwerb zu machen und führt sie zum gewünschten Erfolg. Wie bereits in bezug auf den Mädchenreiseroman angeführt, erfolgt auch hier die Charakterisierung der Hauptfiguren durch Kontrastierung mit einer Konterfigur, die konventionelles weibliches Verhalten demonstriert. Ernestine etwa gilt – im Gegensatz zu ihrer Schwester, die sich gern dem oberflächlichen Genuß hingibt – als außergewöhnlich ernst.[273] Während die Schwester heiratet und die typische Rolle einer Hausfrau übernimmt[274], folgt Ernestine ihrem Wunsch, einen Beruf zu ergreifen. „Und doch schwellte ein stolzes Hochgefühl in ihrer Brust, wenn sie daran dachte, daß sie nunmehr einen bestimmten Beruf erwählte, ›etwas sein würde‹, eine ernste Arbeit zu bewältigen hatte."[275]

Trotz ihrer Willensstärke verläßt sich Ernestine auf ihre Stellung als Tochter aus „höherem" Hause: „»Ich habe es pekuniär nicht *nötig*, einen Beruf zu ergreifen, weil wir wohlhabend sind. [...] und ich werde ganz andere Fortschritte machen, als wenn ich an den Erwerb denken müßte.«"[276] Doch ihr entschiedener Förderer, ihr Onkel, hält sie dazu an, ihre Begabung auch einer „praktischen Verwendung" dienstbar zu machen.[277] Als Ernestine mit ihrer Familie nach Afrika gehen möchte, erinnert er sie mahnend an ihre „beruflichen Pflichten".[278] Ernestine jedoch erkennt den ‚Ernst des Lebens' erst, als sie von dem Ruin ihres Vaters erfährt. „Das Studium, das sie zur inneren Befriedigung, nicht dem Erwerbe dienend, ergriffen hatte, sollte also einen ganz ernsten, wirklichen Zweck verfolgen – sollte ihr zum Lebensunterhalt dienen?"[279] Mit dem Verkauf einiger Bilder an eine Berliner Zeitung, durch die Vermittlung des Onkels, verdient Ernestine einige tausend Mark und kann dieses Geld ihrer Familie, die nach dem

273 Bake [1913], S. 8 f.

274 „»Mein Mann ist den ganzen Tag auf den Feldern, oft zu Pferde, weil hier alles so weitläufig ist, und kommt er abends nach Hause, ist er todmüde und unlustig zum Reden, was ja auch gar nicht zu verwundern ist. [...] daß er nicht gern von dieser immerwährenden Dienstbotennot hört, wenn er den ganzen Tag gearbeitet hat [...].«" (Ebd., S. 32)

275 Ebd., S. 26.

276 Ebd., S. 28.

277 Ebd., S. 28.

278 Ebd., S. 34.

279 Ebd., S. 38.

Krieg der Deutschen gegen die Hereros vollkommen mittellos geworden ist, zur Verfügung stellen.[280] Sie selbst, die während der Kämpfe verletzt worden ist, gesundet erst dann vollständig, als sie durch einen Brief ihres Onkels von ihrem Verdienst erfährt. „Wo sie auch künftig sein mochte, ihre Kunst, ihre Fähigkeit, Geld zu erwerben, würde sie nie verlassen."[281] Auf erfrischend undramatische Weise ist Ernestine in der Lage, ihr eigenes Begehren mit den gesellschaftlichen Anforderungen und geschlechtsspezifischen Rollenerwartungen in Einklang zu bringen. Der Aufenthalt in der Fremde begünstigt ihre Entwicklung in eine Richtung, die ihr erlaubt, traditionell ‚männliche' Einstellungen – das Ergreifen eines nicht typisch weiblichen Berufes – für sich erfolgreich zu integrieren.

Stärker als die Erzählung Bakes schließt Beekers Roman *Hedda Lehrzeit in Südwest* an das traditionelle Schema des Backfischromans an, dient hier der Aufenthalt in der Fremde der Ablösung von der Figur des Vaters, der den Charakter seiner Tochter bis dahin wesentlich geprägt hatte.[282] So plant er für sie die typische Laufbahn einer höheren Tochter, die mit einem einjährigen Pensionsaufenthalt in der Schweiz beginnen soll, die Mutter hingegen möchte Hedda bei sich behalten und setzt auf eine solide Bildung.[283] Hedda selbst stimmt mit dem Vater überein, daß sie „»kein Talent und keine Lust zu so angestrengtem Lernen«" habe.[284] Auch nach dem Tod ihres Vaters und der Verarmung ihrer Familie wird ihr nicht zugemutet, sich durch das Absolvieren des Lehrerinnenexamens selbständig zu machen. Die Mutter beschließt, mit Hedda zu ihrem Bruder in die deutsche Kolonie nach Südwestafrika auszusiedeln. Damit wird Heddas Sozialisation in andere Bahnen gelenkt. Der Aufenthalt in der Fremde eröffnet ihr Möglichkeiten, ihre wilden, ungestümen – ‚jungenhaften' – Seiten, lustvoll auszuleben und bewahrt sie vor der allzu schnellen Beschneidung durch die typische Karriere eines Backfisches (Aufenthalt in der Pension). So spürt sie bei der stürmischen Überfahrt mit dem Schiff

> nicht das leiseste Gefühl der Furcht; im Gegenteil, eine wilde, jauchzende Lust an der Gefahr; ein prickelndes Verlangen, sich blind und toll mit hineinzustürzen [...]. Und im Moment, als das leichte Boot blitzschnell mit kühnem Schwunge durch die feuchte, hochaufgebaute Wassermauer hindurchschoß, stieß sie einen jauchzenden Schrei aus, und drückte Mutters Hand mit heißer Inbrunst. Wie war das schön, wie aufregend, wie begeisternd![285]

In Afrika angekommen, erweist sich Beekers Protagonistin als überaus mutig, abenteuerlustig und unerschrocken. Sie lernt „mit spielender Leichtigkeit"[286] reiten und schießen und geht zusammen mit ihrem Onkel und dessen Freund auf die Jagd, wobei sie Jungenkleider trägt. „»Dann soll meine Mondscheinprizessin in Gottes Namen eine Amazone werden!«"[287], befindet die Mutter. Die körperli-

280 Vgl. ebd., S. 110, 123.
281 Ebd., S. 127.
282 Hedda gilt als „Schelm" mit einem zuweilen „großen Mund" und als „Glückskind" ihres Vaters (Beeker [1909], S. 3f).
283 Ebd.
284 Ebd., S. 23.
285 Ebd., S. 64.
286 Ebd., S. 134.
287 Ebd., S. 135.

chen Strapazen der Jagd erträgt sie als „eine gleichwertige Gefährtin der beiden Männer“.[288] Auch in Beekers Text dient eine zweite Mädchenfigur der Hervorhebung, aber auch der Relativierung der Eigenschaften Heddas. Durch die Freundschaft mit Naemi wird Hedda in typisch weibliche Tätigkeiten eingeführt; sie lernt, die Kinder der ‚Eingeborenen‘ im Dienste der Mission zu unterrichten und zeigt hierfür auch einiges Talent.[289] Der Aufenthalt in der Kolonie dient, dem typischen Schema des Backfischbuches entsprechend, auch hier der Ablösung der Protagonistin von der Vaterfigur und der durch sie vermittelten Erwartungsmuster bezüglich ihres Verhaltens. Zugleich aber hat die Zielrichtung dieser Verhaltensänderung gegenüber dem typischen Backfischbuch eine Veränderung erfahren. Hedda reift zu einer selbständig denkenden und handelnden jungen Frau heran.[290] Der ‚jungenhafte‘ Übermut der Heranwachsenden wird nicht – wie bei den typischen Wildfang- und Trotzkopfgestalten – als bloßes Symptom einer Übergangszeit dargestellt, dessen Ausläufer allenfalls in bezug auf einen zukünftigen Ehemann – als mädchenhafter Reiz – Bedeutung erhalten. Hedda kann ihre ‚jungenhaften‘ Ambitionen extensiv ausleben und für sich nachhaltig integrieren, was aber auch bedeutet, daß sie ‚männliche‘ Verhaltensweisen nicht uneingeschränkt adaptiert. Obwohl ihr das Schießen Spaß macht, ist ihr das Töten von Tieren zuwider. Die Männer, die ihre Ablehnung des Tötens zunächst für „grenzenlos weiblich und sentimental“[291] halten, nehmen sie dennoch weiterhin mit auf die Jagd. „Er kam sich roh und brutal vor, dem armen, kleinen Ding gegenüber. […] Er wußte doch jetzt, daß auch diese ihre guten Seiten haben und vielleicht sind es gerade die besten, daß sie weich und mitleidig fühlen.“[292] Dieser Rehabilitation des traditionell als ‚weiblich‘ Geltenden von Seiten der Männer entspricht auf der symbolischen Ebene des Textes die Heilung von Heddas Mutter, die seit ihrer Ankunft in Afrika an einer zunehmenden Lähmung der Beine zu leiden hatte. Nachdem es Hedda gelungen ist, den Weggefährten ihres Onkels Mertens von dessen misogyner Einstellung zu befreien, hilft dieser seinerseits Heddas Mutter, mittels eines Wunderheilers von ihrer ins Physische konvertierten seelischen Lähmung geheilt zu werden. Diese sukzessive positive Besetzung von Mutterschaft ist im Text mit der Nennung der politischen Schlagwörter seitens der Männer verbunden. So heißt es, „daß erst die Frauen es sein würden, die das eroberte Land und Volk gewinnen und es zum Eigentum ihrer Nati-

288 Ebd., S. 140. Mit dieser Formulierung wird die Vorstellung von der Frau als „gutem Kameraden“ des Mannes angesprochen, mit der „von der Jahrhundertwende an Emanzipationsbestrebungen der Frauen unter die Vormundschaft der Männer“ gestellt wurden (Wilkending 1990, S. 243).

289 „Naemi, die gesetzte, ernste, lernte mit Hedda, der unbesonnenen, fröhlichen, lachen und scherzen, und wiederum verstand sie Heddas leichtem Sinn und ihrer abwechslungsbedürftigen Beweglichkeit ein bißchen Schwergewicht, Beständigkeit und Tiefe zu geben.“ (Beeker [1909], S. 105)

290 „Aus dem Kinde […] wuchs eine blühende, prächtige Jungfrau auf, die freilich noch in der Hauptsache ihres Denkens und Benehmens ein übermütiger, kindlicher Wildfang blieb, dazwischen aber im richtigen Augenblicke doch schon ganz ihren Standpunkt als erwachsenes Mädchen festzuhalten wußte.“ (Ebd., S. 140)

291 Ebd., S. 137.

292 Ebd.

on machen würden".[293] „Deutsche Frauen können drüben nie zuviel werden [...]."[294] Auch hier zeigt sich deutlich die Ambivalenz der politischen Propaganda in bezug auf die Rolle der Frau. Die neue Mobilität von Heddas Mutter steht in Zusammenhang mit der auf dem afrikanischen Kontinent gewonnenen Fähigkeit ihrer Tochter, traditionell ‚männliches' mit traditionell ‚weiblichem' Verhalten zu vereinbaren, denn gerade durch diese Fähigkeit gelingt es Hedda, Mertens Abneigung gegenüber Frauen zu schmälern. Beekers Roman macht damit seinerseits offenkundig, daß auch im Mädchenkolonialroman unter dem Banner

Mit einem Male streckte der Schwarze gar Hanna die Pfeife hin

Ill. 5: Textillustration aus: Henny Koch: Die Vollrads in Südwest. Eine Erzählung für junge Mädchen. 7. Aufl. Stuttgart [1918].

293 Ebd., S. 129.
294 Ebd., S. 32.

der politischen Schlagwörter das Versprechen einer Erweiterung des Aktionsradius der Frau durch die Übersiedlung in die Kolonien mitsegelte.

Am stärksten akzentuiert wird die wechselseitige Durchdringung der Geschlechterrollen in dem Roman *Die Vollrads in Südwest* von Henny Koch, dessen Protagonistin Hanna, die nach dem Tod der Mutter auf Anraten eines Verwandten zusammen mit dem Vater und ihren drei älteren Brüdern in die deutsche Kolonie nach ‚Deutsch-Südwest' geht, von ihrem Vater als „vierter Bub" bezeichnet wird[295], zugleich aber die Rolle der Hausfrau erfüllen muß. Die an sie seitens des Vaters adressierte Rollenanweisung ist hochgradig ambivalent. Einerseits soll Hanna standhaft und unerschrocken sein wie ein Junge[296], andererseits soll sie die traditionelle Rolle der Frau in der Familie auszufüllen verstehen. Während sich die Männer nach der Ankunft auf dem afrikanischen Kontinent dem Hausbau und ihren Geschäften widmen, wird Hanna im Haus eines Missionars untergebracht, wo sie lernen soll, ihre haushälterischen Fähigkeiten zu vervollkommnen. – Hannas Sozialisation verläuft unter den Vorzeichen des Aufenthalts in den Kolonien in der Folge zweigleisig. So ist sie einerseits bemüht, die Rolle der Hausfrau zur Zufriedenheit der Männer auszuführen, um ihnen die für ihr Selbstbewußtsein nötige Anerkennung abzuringen.[297] „»Sie brauchen mich ja gar nicht – sie haben mich vergessen!«"[298] „Ja, man brauchte sie – man brauchte sie! Drinnen schliefen schon alle [...]."[299] Erst als Hanna zuletzt ankündigt, daß sie die Familie verlassen werde, um zu heiraten, spricht der alte Patriarch ihr seine Anerkennung aus, die in diesem Kontext freilich der braven Haustochter, die eine traditionelle Rolle vorbildlich erfüllt hat, gilt. „»Mein Mädel – mein einziges Mädel! Bist mir mehr wert als alle drei Buben zusammengenommen! [...].«"[300] „Das Sträuben unbewußter Hilflosigkeit gegen das Unabänderliche war deutlich in seinem Gesicht zu lesen."[301]

Andererseits aber ermöglicht der Aufenthalt in der Fremde Hanna, die an sie delegierte Rollenambivalenz auszuleben. Hanna gilt dem Vater und den Brüdern als „halber Bub"[302], als eine quasi unvollkommene Ausgabe der männlichen Familienangehörigen. „Alle drei hielten große Stücke auf den Hänsel, worein sich freilich Mitleid mischte, daß der nur ein Mädel war."[303] In der Kolonie aber bieten sich ihr Möglichkeiten, auch ihre ‚männlichen' Selbstanteile zu erproben. „»Männer- und Frauenpflicht läßt sich hier nicht auseinander halten, Kind [...]. Mein Bruder hat gelegentlich schon gekocht, und ich habe auch schon zur Flinte

295 „Mit dem Streich, den ihm das Schicksal spielte, als es ihm nach drei Buben [...] zuletzt noch ein Mädchen in die Wiege legte, hatte sich Herr Vollrad dadurch abgefunden, daß er das jüngste Kind beharrlich Hänsel nannte und das Mädel einfach totschwieg." (Koch [7][1918], S. 2)

296 „»Sei kein zimperliches Frauenzimmer!«" (ebd., S. 2)

297 „»Prächtiges Frauenzimmerchen, der Hänsel,« knurrte er in seinen Bart." (ebd., S. 28)

298 Ebd., S. 55.

299 Ebd., S. 60.

300 Ebd., S. 270.

301 Ebd., S. 269. Bereits der Tod seiner Frau hatte für Vollrad den nämlichen Effekt, der jedoch zunächst durch Hannas Präsenz geschmälert werden konnte.

302 Ebd., S. 129.

303 Ebd., S. 2.

gegriffen. Man muß hier alles können.«“[304] Auch Hanna greift zur Flinte. Sie geht mit einem Angestellten erfolgreich auf die Jagd, was ihr Vergnügen und Lust bereitet. „Über Hanna kam eine wilde Lust, sie riß die Flinte von der Schulter. Ein Schuß und drüben ein zweiter Fall.“[305] „Aber alles an ihr fieberte. Jetzt schießen, solch einen Vogel erlegen!“[306]

Auch die etwa 14jährige Protagonistin Erika in Valerie Hodanns Erzählung *Auf rauhen Pfaden* (1910) reitet „auf Herrenart“ allein durch die Steppe und weiß mit Waffen umzugehen.[307] Der Vater hat das Mädchen „wie einen Jungen erzogen“.[308] „»Unser Kleinchen nimmt's mit dem erfahrensten Schutztruppler auf! Sie kennt jeden Pfad (Straße) und jedes Wasserloch im weitesten Umkreise [...]. Was aber das Schießen anbetrifft, so beschämt sie mit ihrer Beute uns alle. Sogar einen Tiger [!] hat das Blitzmädel erlegt.«“[309] Als Erika nach Deutschland zurückkehrt, ergreift sie zwar den typisch weiblichen Beruf der Krankenschwester; sie empfindet jedoch die deutschen Verhaltensregeln als einengend, nachdem sie so lange die „Luft der Freiheit“[310] genossen hat.

Doch nicht nur gegen Raubtiere müssen sich die Mädchen zu verteidigen wissen, sondern sie schützen auch sich und ihre Familie während des Krieges gegenüber aufständischen ‚Eingeborenen‘. So verteidigt Hanna das Haus mit dem Gewehr[311], später schießt sie, vom Pferd aus, auf dem sie mit ihrem Vater reitet, mit einem Revolver auf die sie verfolgenden Hereros.[312] Erika erhält von ihrem Vater den Auftrag, in seiner Abwesenheit, die Mutter zu verteidigen. Ernestine, die Protagonistin in Elise Bakes *Schwere Zeiten*, rettet während des Krieges das Leben von Mutter und Schwester, indem sie ihren Gegner erschießt. „Ernestine blieb stehen und spannte den Hahn der Pistole [...] und drückte, fast ohne zu zielen, los.“[313] Diese Szene ist im Frontispiz des Buches illustriert. Wenn auch die Kampfhandlungen im Mädchenkolonialroman – anders als im jugendliterarischen Kolonialroman[314] – eher im Hintergrund der Handlung stehen, wird der Krieg gegen die Nama und Hereros nicht in Frage gestellt. In Bakes Erzählung wird die massenhafte Vernichtung der indigenen Bevölkerung explizit gerechtfertigt.[315] Die angesprochene Illustration weist damit auf einen problematischen

304 Ebd., S. 66.
305 Ebd., S. 67.
306 Ebd., S. 68.
307 Hodann [1910], S. 53.
308 Ebd., S. 35.
309 Ebd., S. 46.
310 Ebd., S. 207.
311 Koch [7][1918], S. 161.
312 Ebd., S. 167.
313 Bake [1913], S. 98.
314 Kolonialliteratur für Jungen ist nach 1904 vor allem auch Kriegsliteratur. „Die große Woge der für die Jugend produzierten Kolonialliteratur kam indessen erst mit dem Krieg in Südwestafrika.“ (Christadler 1977, S. 63) Die „Verklärung des Krieges zum Abenteuer“ ist Pellatz zufolge „für viele historische Erzählungen um die Jahrhundertwende charakteristisch [...]“ (Pellatz 2000, S. 123). Gemeint sind hier Jugendromane, die als typische Jungenlektüre galten.
315 „In die Wüste gedrängt, verschmachtend und verdurstend, kamen die Hereros um! Ein Volk von 60000 Köpfen wurde, zum größten Teile, vernichtet – nicht sowohl durch das

Ill. 6: Frontispiz aus: Elise Bake: Schwere Zeiten. Schicksale eines deutschen Mädchens in Südwestafrika. München [1913].

Aspekt der grenzüberschreitenden Möglichkeiten von Frauen in den Kolonien hin. Ihre Identifikation mit Aspekten ‚männlichen' Verhaltens machte sie zu Teilhaberinnen an der Macht der Kolonialherren und der dazugehörigen hierarchischen Strukturen, auch wenn – wie in der besprochenen Erzählung – Ernestine nicht als eindeutige Heldin aus den Kämpfen hervorgeht, sondern nach ihrem Schuß – selbst getroffen – „in schwerem Falle rücklings zu Boden"[316] stürzt.

Schwert, als durch die Naturgewalten des Landes, in das die Zivilisation durch deutsche Pioniere gebracht werden sollte. [...] aber das Volk als solches hatte sich mit dem grausamen Aufstande gegen die Weißen sein eigenes Grab gegraben. – Das streng gehandhabte Kriegsgericht verurteilte die gefangenen Mörder zum Tode." (Bake [1913], S. 116 f.)

316 Ebd., S. 98.

4.3 Lektüredimensionen: Zwischen Emanzipationsversprechen und imperialistischer Erziehung

Wie der Mädchenreiseroman so bietet auch der Mädchenkolonialroman Bilder, die ein Überschreiten der gesellschaftlich definierten Grenzen der Geschlechterrolle in der Phantasie gestatten. Anders aber als im Mädchenreiseroman sind diese von zuweilen hochgradiger Ambivalenz, wie das am Ende des vorangehenden Abschnitts genannte Beispiel der tötenden Ernestine zeigt.

Die Grenzüberschreitung erfolgt hier niemals ausschließlich in Richtung auf eine Eroberung traditionell männlich dominierter gesellschaftlicher Bereiche – wie in den Reiseromanen etwa der Bereich der Bildung –; sie impliziert vielmehr immer eine Teilhabe an dem imperialistischen Machtstreben, das zur Errichtung von Kolonien führte. Die Diskurse über die ‚Frauenfrage in den Kolonien' sind in zweifacher Hinsicht attraktiv, werten sie doch einerseits die traditionelle Rolle der Frau innerhalb der Familie nun als nationale Aufgabe und lassen sie andererseits Möglichkeiten einer unkonventionellen, selbständigen Lebensführung erkennen. Damit erhält das traditionelle Bild von Weiblichkeit einerseits die Weihen gesellschaftlicher und nationaler Bedeutsamkeit, und es werden andererseits zugleich Möglichkeiten seiner Subversion und Zersetzung offenbar. Der darin angelegte Zwiespalt zeitigt ein Konfliktpotential, das die Zeichnung der Figuren und Figurenkonstellationen im Mädchenkolonialroman – wie ausgeführt wurde – maßgeblich bestimmt. Das konfliktäre Potential zeigt sich im Verhalten der Protagonistinnen, wenn diese zwischen Konformität und Normverstoß, Unterordnung und selbstbestimmten Handeln wechseln, manifestiert sich in einer ambivalenten Besetzung traditionell ‚männlicher' – vor allem dezidiert kriegerischer – Handlungen und findet seinen Niederschlag als Schilderung innerpsychischer Konflikte der Protagonistinnen, wie etwa am Beispiel der um Anerkennung ringenden Figur Hanna aus dem Roman Henny Kochs gezeigt werden konnte. Hanna bleiben nur zwei Möglichkeiten, die deutlich als konträre Geschlechterrollenzuweisungen gekennzeichneten, miteinander konfligierenden Verhaltensanweisungen in Einklang zu bringen: Entweder paßt sie sich an männliche Verhaltensweisen an und verleugnet, daß sie ein Mädchen ist, oder aber sie verhält sich der Geschlechterrolle entsprechend ‚weiblich', dann wird sie nicht für voll genommen. Die Ambivalenz der Zuschreibungen und das damit verbundene Changieren der geschlechtlichen Identität der Protagonistin aber bietet der historischen Leserin die Möglichkeit, sich sowohl mit typisch ‚jungenhaften', ‚männlichen' Verhaltensweisen zu identifizieren als auch eine Integration konventionell weiblicher wie männlicher Verhaltensweisen zu antizipieren, für die die Figur Hanna, die ebenso fürsorglich wie wehrhaft und tapfer ist, ein Beispiel gibt.

Die politische und gesellschaftliche Bedeutung, die der Frau unter den Vorzeichen der ‚Frauenfrage in den Kolonien' beigemessen wurde, verleiht der Frau einerseits durch die Aufwertung ihrer geschlechtsspezifischen Rolle – als einer Angelegenheit von nationalem Interesse – den Subjektstatus eines Mannes und prämiert damit die Ausübung ihrer traditionellen Funktionen innerhalb der Familie und Ehe; andererseits motiviert sie Frauen zur Unterstützung eines politischen Systems der Diskriminierung und imperialistischen Machtbehauptung. Auch diese Tendenzen spiegeln sich im Mädchenkolonialroman wider. So zeigt sich auf Seiten der Frauen Genugtuung über die eingestandene Hilflosigkeit der Männer, wenn es etwa bei Koch heißt, in der Fremde müßten „Frauen in der Beziehung für Männer sorgen [...], als ob es kleine Kinder wären".[317] „»Hänsel,« schrie Herr Vollrad durch das Haus. »Wo steckt die Krabbe?« Es klang ängstlich, und wie Hanna ihr lachendes Gesicht auf der Veranda zeigte, sah sie denselben hilflosen Blick in des Vaters Augen, den sie seit der Mutter Tod kannte."[318] In diesem Kontext werden nun in den Texten – wie eingangs zitiert – nicht allein die gängigen politischen Schlagwörter zur ‚Frauenfrage in den Kolonien' aufgenommen, sondern wird explizit eine Überlegenheit der weißen Frau über die schwarze Frau – wie sie ja die koloniale Frauenfrage an sich bereits impliziert – behauptet.

»[D]ie Schonung und Hochhaltung der Frau geht mit der Kultur Hand in Hand. Der Schwarze, der auf der untersten Stufe des Menschentums steht, und von der Kultur noch keine Idee hat, weiß nichts davon. Ihm ist die Frau ein Lasttier, und weil die Frau das von Kindheit auf nicht anders kennt, lehnt sie sich auch nie dagegen auf. Sie hält es für ihre Bestimmung, weil sie eben die Schwächere, und der rohen, brutalen Kraft und Gewalt des Mannes dadurch unterworfen ist.«[319]
»Hier in Afrika hat die Frauenbewegung, von der ihr in Europa soviel erzählt, noch nicht Fuß gefaßt, oder vielmehr, hier beschränkt sie sich darauf, daß die Männer ihren Frauen die größtmögliche Bewegung schaffen, indem sie ihnen alle Arbeit aufladen, die ihnen nicht paßt.«[320]

Der unverhüllt sadistische Impuls der weißen Kolonialherren gegenüber der indigenen Bevölkerung, der im vorangegangenen Zitat in männlicher Figurenrede zum Vorschein kommt, prägt auch das Verhalten der weiblichen Personen. So gilt Hedda, die ihrer Freundin Naemi in der Missionsschule zur Seite stehen will, das Schlagen der Kinder als durchaus geeignetes Erziehungsmittel.[321] Die autoritäre Haltung des Erziehers gegenüber dem Kind ist für das Auftreten der Kolonialisten gegenüber der indigenen Bevölkerung charakteristisch.[322]

»Wenn sie wie Kinder sind und zuweilen wie diese ein Zausen oder gar eine Tracht Prügel brauchen, um ihrem guten Willen nachzuhelfen, so liegt das in ihrer Art, wofür wir sie nicht verantwortlich machen können, wir, die wir so viel vor ihnen voraus haben, Erziehung und das Beispiel unserer Väter.«"[323]

Die chauvinistische Haltung, mit der die Europäer dem „»Schwarze[n], der auf der untersten Stufe des Menschtums steht, und von der Kultur noch keine Idee hat«"[324], den ‚Segen der Zivilisation' zu bringen glauben, ist der Nährboden für die Rechtfertigung der Diskriminierung, die mit allen Mitteln – Entrechtung, Gewalt, Krieg – aufrecht erhalten wird, um zugleich als ein Akt der Humanität

317 Koch ^{7}[1918], S. 78.
318 Ebd., S. 102.
319 Beeker [1909], S. 91.
320 Ebd.
321 Ebd., S. 105. Zwar entscheidet sich Hedda in der betreffenden Szene für moderatere Erziehungsmethoden, doch zeigt sich in ihrer Ankündigung, sie wolle die Kinder „durchwichsen" (ebd.) der nämliche sadistische Impuls.
322 Vgl. auch Mamozai 1989, S. 57.
323 Koch ^{7}[1918], S. 146.
324 Beeker [1909], S. 91.

gewertet zu werden. Durchgängig werden die Einwohner des besetzten Gebietes in den Texten mit den gängigen Stereotypen charakterisiert – und zwar nicht allein von den Figuren der Texte. So gelten die „Wollköpfe" als faul, schmutzig, häßlich, diebisch, rauh und martialisch.[325] „»Diese Leute stehen in ihrer Intelligenz tief unter uns [...].«",[326] „»Schwarze Menschen sind doch eigentlich gar keine Menschen.«"[327], „»Das hier war der Ausschuß.«"[328] Die ‚Kulturarbeit' der Frauen besteht in der Erziehung der ‚Schwarzen'. So meint eine Missionarsfrau zu Heddas Mutter:

»Sie sind alle wie die Kinder [...]. Lügen und Stehlen sind Dinge, die zu ihren täglichen Gewohnheiten gehören [...]. Da hilft nur strenge Beobachtung und strenge Strafe. [...] Das klingt nicht sehr ermutigend, aber gerade da, wo viel Unkraut ist, muß man am emsigsten jäten, und wenn wir mit unserer Kulturarbeit auch oft am Erfolg verzweifeln möchten, so dürfen wir sie doch nicht aufgeben, denn steter Tropfen höhlt den Stein.«[329]

Mit dem Antritt ihrer spezifisch weiblichen ‚Mission' in den Kolonien übernahmen Frauen zugleich den herrschaftlich-expansiven Impetus, der durch die Unterwerfung der ‚Fremden' die Souveränität der ‚Weißen' auf dem ‚Schwarzen Kontinent' zu konsolidieren half. Die verführerische Qualität der ‚Frauenfrage in den Kolonien' bestand darin, daß sie Frauen eine Möglichkeit zu bieten schien, der aufgrund des tradierten hierarchischen Geschlechtermodells gegebenen eigenen Diskriminierung durch eine Teilhabe an politischer Herrschaft, die sich auf dem ‚Schwarzen Kontinent' als eine „»genderless white power«"[330] etablierte, zu entkommen. Die Differenz zwischen dem Eigenen und dem Fremden wird hier nicht primär über geschlechtliche oder soziale Zugehörigkeit verhandelt, sondern über eine an der Hautfarbe und der ethnischen Herkunft orientierten Diskriminierung. Das zeigt sich nicht allein an der mit der Übersiedlung in die Kolonie verbundenen Aufwertung der gesellschaftlichen Rolle der Frau, sondern etwa auch daran, daß Unterschiede in der sozialen Herkunft der Europäer untereinander auf dem ‚schwarzen Kontinent' an Bedeutung verlieren.[331] So wird etwa in Beekers Erzählung die langjährige Dienerin der Familie nach der Übersiedlung nicht länger als Untergebene behandelt und gilt fortan als zur Familie gehörig. „»Hier sind wir, die gleiche Hautfarbe und gleiche Sprache haben, alle von gleichem Stande, eine innig verbundene Gemeinschaft, die denselben Weg geht [...].«"[332] „Hier hielten die wenigen, die einer Rasse angehörten, zusammen in Freud' und Leid, und die gemeinsame Kulturarbeit und Landsmannschaft machte alle gleich. [...] Die Kleinlichkeit und Überhebung des Standesbewußtseins fiel

325 Koch [7][1918], S. 9, 30 u.ö. Beeker [1909], S. 44, 98 u.ö. Auch in den Mädchenreiseromanen finden sich die genannten Stereotype – etwa in Bertha Cléments Erzählung *In den Savannen* ([1900]).
326 Beeker [1909], S. 133.
327 Ebd., S. 54.
328 Ebd., S. 91.
329 Ebd.
330 Foster, Shirley.: Across new worlds. Nineteenth-Century women travellers and their writings. New York 1989, S. 118. Zit. n. Habinger 1994, S. 188.
331 Zum Zusammenhang von ‚gender, race und class' s. Kuppler 1995.
332 Beeker [1909], S. 96.

davor zusammen."[333] Die Aufweichung der Differenzierungs- und Identifikationsprozesse eröffnet der Protagonistin, wie Heddas Mutter antizipiert, Freiräume der Entwicklung und verschafft damit auch der Leserin die Möglichkeit, in der Identifikation mit der Protagonistin, das eigene Selbst und sein Verhältnis zur Gesellschaft neu auszuloten und in anderen Kontexten zu denken.

> Frau Lotte sah zu ihrem Kinde hinüber, und eine warme Freude ging durch ihr Herz. Hedda würde sich hier größer und freier entwickeln, als wenn sie in dem alten Geleise ihrer heimatlichen Verhältnisse geblieben wäre. Sie würde keine junge Dame, sondern ein tüchtiger, klarblickender und vorurteilsloser Mensch werden. Sie [...] würde und mußte lernen, sich über altgewohnte, törichte Begriffe hinwegzusetzen, nach denen ein Unteroffizier und ein altes Dienstmädchen nicht ganz zur guten Gesellschaft gehörten.[334]

Zwar sind diese Freiräume der Entwicklung – wie wiederholt gezeigt wurde – überschattet von den der Mission der Frau impliziten Rollenerwartungen, doch kann die den Erzählungen eingeschriebene politische Propaganda die Texte nicht für sich instrumentalisieren, lassen diese ihren Leserinnen doch die Option einer eigenwilligen Lektüre, die – im Sinne Ecos – den Text benutzt, ohne all seine Komponenten interpretierend in ein Gesamtverständnis zu fügen.

Wie das Beispiel Beekers zeigt, birgt der Mädchenkolonialroman einerseits die Utopie einer Gesellschaft, in der das Ideal des Humanismus eingelöst erscheint, indem jedwede Unterschiede der Geburt fortan ohne Belang sind, weder die geschlechtliche Zugehörigkeit noch die Standeszugehörigkeit eine Rolle spielen und „der Mensch [...] wirklich als Bruder und Schwester"[335] gilt. Der Text, der die Kolonie als Utopie entwirft, ist andererseits jedoch eine Landkarte mit ‚blinden Flecken'. Denn neben dem Traum von der Gleichheit aller Menschen, wie ihn Heddas Mutter in den zitierten Passagen träumt, wird der Alptraum derer, die in den Augen der Kolonialherren nicht – oder als untergeordnete – Menschen gelten, unreflektiert in Kauf genommen. Auch wenn die Mädchenkolonialromane ihren Leserinnen eine „eigensinnige Lektüre" gestatten, so kann eine solche niemals von ihren Voraussetzungen abstrahiert werden. Die Grenzüberschreitung im Mädchenkolonialroman ist mit dem von der deutschen Kolonialpolitik hervorgebrachten schmeichelhaften und verlockenden Bild der Frau als politisch bedeutsames, mit einer nationalen Aufgabe betrautes Subjekt unlösbar verbunden. In der betreffenden historischen Situation, in der die Frau sich aus einem Zustand der politischen Bedeutungslosigkeit und der gesellschaftlichen Unsichtbarkeit herauszulösen begonnen hat, kann die in den Erzählungen angelegte Verquickung von adoleszenten Ausbruchsphantasien und den unter den Vorzeichen der ‚Frauenfrage in den Kolonien' implementierten Phantasien von der neugewonnenen Bedeutsamkeit der Frau für Nation und Vaterland in ihrer Bedeutsamkeit für die historische Leserin nicht vorsichtig und kritisch genug eingeschätzt werden.

333 Ebd., S. 104.
334 Ebd., S. 104 f.
335 Ebd., S. 104.

Kapitel 2
Ihre Geschichte. Historische Erzählungen für junge Leserinnen während der Kaiserzeit
(Gabriele von Glasenapp)

1 Einführung

1.1 Forschungsüberblick

Denn das Verhältniß der Frauen, wie es nun einmal ist [...], ihre Erziehung und äußere Stellung zur Welt, wehrt den Anfall des ganzen, vollen Lebens von ihnen ab, und sie wissen von den großen Kämpfen und Abgründen desselben glücklicherweise nur vom Hörensagen und aus Büchern. Darum ist auch ihre Poesie keine erlebte, reinlicher und gesitteter zwar als die männliche, aber doch meist nur im elegantern Nachdruck des Gelesenen. [...] Daher endlich beschränkt dieses reproducirende Nachgefühl sich eigentlich nur auf zwei, von den Männern mehr oder minder vernachlässigte Revire: auf die Häuslichkeit [...] oder auf den Salon [...]. Das bloß Genreartige [der Salon-Poesie] ist nirgends evidenter und dünner, als wo sie historisch zu werden versucht. [...] Und so sehen wir denn bei den Frauen fast durchgängig die bloße Repräsentation als die Hauptsache dieser Poesie, den Schein des Seyns, die glänzende Oberfläche des Lebens streifend, mit geistreichem Ueberhinfahren seiner Tiefen.[1]

Geschichte, so erscheint es bis zum heutigen Tage, ist in erster Linie Männersache. Große Männer, so wird es hartnäckig tradiert, prägen den Verlauf der Geschichte durch herausragende Taten, und es (waren) sind wiederum vorwiegend männliche Historiker, die der Nachwelt von diesen großen Taten herausragender Geschlechtsgenossen berichten. Frauen stellen sowohl auf dem Feld der Akteure als auch unter den Historikern nur eine Minderheit dar. Gleiches gilt für die Geschichtsphilosophen, für die Geschichtstheoretiker und nicht zuletzt auch, so insinuiert das Zitat des anonymen Verfassers, für die Verfasser historischer Romane. Männer haben die Geschichte damit gleich in mehrerer Hinsicht, nämlich als historische Akteure, als Historiker und Theoretiker sowie als Autoren beherrscht.[2] Nicht von ungefähr wird vor allem das gesamte Genre der historisch-narrativen Literatur seit dem Beginn des 19. Jahrhunderts ausschließlich mit männlichen Autoren assoziiert; bis heute stellen jene Monographien über historische Romane, in denen auch die Texte weiblicher Autoren zur Sprache kommen, sowie Arbeiten, in denen über die Geschlechterverhältnisse in den Texten reflektiert werden, eine Ausnahme dar.[3]

---

1 *Die deutsche Salon-Poesie* 1847, S. 468 ff.

2 Vgl. dazu Nünning 1999, S. 277 f.

3 Zu diesen Ausnahmen zählen u.a. Aust 1994; Nünning 1995; Loster-Schneider 2001. Vgl. dazu auch die Bemerkungen von Peterson 1997, S. 82 f. Nur in Ausnahmefällen verwies die Forschung – dies allerdings bereits zu einem relativ frühen Zeitpunkt – auf das ungleiche Geschlechterverhältnis innerhalb der Erzählungen, das sich auch auf der Ebene der Figurenzeichnung manifestierte: „Das ist ja überhaupt eine Gefahr für den historischen

Diese einem androzentrischen Geschichts- und Literaturbegriff geschuldeten Forschungsdefizite werden nun, jedenfalls soweit es das Feld älterer wie neuerer historischer Frauenromane von Autorinnen betrifft, nicht zuletzt von der feministisch orientierten Literaturwissenschaft sukzessive abgebaut. Lediglich in Ansätzen ins Blickfeld der Forschung geraten sind bis heute allerdings jene historisch-narrativen Texte, die von ihren Verfasser(innen), mit weiblichen Protagonisten ausgestattet, explizit an jüngere weibliche Leser, d.h. an Mädchen adressiert worden waren, eine Unterart des historischen Genres, das während der Kaiserzeit zu einer ersten Blüte gelangte.

Diese Vernachlässigung nicht nur durch die allgemeine, sondern auch durch die Kinder- und Jugendliteraturforschung bzw. -kritik beruht in entscheidendem Maße auf der auf Heinrich Wolgast zurückgehenden generellen Abqualifizierung der an Jugendliche adressierten historisch-patriotischen Literatur. Für Wolgast stellten die historischen Jugendbücher des 19. Jahrhunderts, die er in seiner Kampfschrift *Das Elend unserer Jugendlitteratur* (1896) in extenso attackierte, mehrheitlich nur eine weitere Variante jener patriotischen und daher ästhetisch minderwertigen Jugendliteratur dar, die er in Zukunft aus dem Lektürekanon der jugendlichen Leser verbannt wissen wollte.[4] Historische Literatur, die explizit an Mädchen adressiert war, hatte Wolgast in seinen Schriften konsequenterweise gar nicht erwähnt, da er von einem Jugendliteratur-Begriff ausging, bei dem weder zwischen jugend- und erwachsenenspezifischer noch zwischen jungen- und mädchenspezifischer Literatur unterschieden werden sollte.[5] Entgangen war ihm das Vorhandensein mädchenspezifischer historischer Erzählungen dabei keineswegs, wie einzelne Rezensionen entsprechender Texte in der von ihm redigierten *Jugendschriften-Warte* belegen.[6]

Roman. Gewiß wird der Held meist ins rechte Licht gesetzt: aber die Frauenbilder werden von den fein herausgearbeiteten historischen Gestalten stark abstechen." (Du Moulin Eckart 1905, S. 29). S. ähnliche Einwände auch bei Gregorovius 1891, S. 33.

4 S. Wolgast 1896, S. 121–130. Zur literarisch-pädagogischen Kritik an der historischen und biographischen Jugendliteratur vgl. auch Wilkending 1997a, S. 52 f., 2001, S. 235 ff. In einem Vortrag über religiöse und patriotische Elemente in der Jugendschrift hatte Wolgast formuliert: „Es ist eine Errungenschaft des neuen Deutschen Reiches, daß die politische Agitation sich der Jugendliteratur bemächtigt hat. Wie die epische Form von dem Priester für religiöse Propaganda mißbraucht wird, so von dem Patrioten für politische Zwecke. […] Die patriotischen Jugendschriften führen immer und immer wieder nur den Krieg vor." (Wolgast [1905], S. 31 f.) Kritik an den vornehmlich preußisch-patriotischen Tendenzen innerhalb der historischen Literatur wurde jedoch zur gleichen Zeit auch außerhalb der Jugendschriften-Debatte offen geäußert: „Das Herrscherhaus, welchem Deutschland seine endliche Einigung verdankt, und die anderen deutschen Dynastien haben wohl zur Erhöhung ihres Glanzes nicht nöthig, daß jedes zufällige Niesen [!] irgend eines ihrer Vorfahren nachträglich als prophetisches Donnern der Weltgeschichte gedeutet werde." (Gregorovius 1891, S. 63; vgl. auch 57 f.).

5 „Je mehr die Frau sich die Öffentlichkeit erobert, desto mehr muß sie die praktischen Bildungsziele des Mannes zu den ihrigen machen. Da sollte die Lektüre die Abschließung, die die öffentliche Erziehung und die Sitte zwischen der männlichen und der weiblichen Jugend aufgerichtet hat, nicht noch verschärfen. Wenn wir ferner die dichterische Jugendschrift als Mittel litterarischer Geschmacksbildung fassen, ist eine besondere Lektüre für die weibliche Jugend gar ein Unding." (Wolgast 1896, S. 160). Vgl. dazu auch Ewers 1996.

6 Vgl. etwa die umfangreiche Kritik Heinrich Wilhelm Stolls über den Zyklus historischer Erzählungen *An deutschem Herd* von Brigitte Augusti in *JSW* 4 (1896), S. 35 f., 38 f.

Wolgasts Verdikt über historische Jugendliteratur sollte sich in der Zukunft als äußerst wirkungsmächtig erweisen, wurde es doch nahezu unverändert von allen Kinder- und Jugendliteraturhistorikern des 20. Jahrhunderts übernommen. Das gilt vor allem für Wolgasts Mitstreiter und Nachfolger Hermann L. Köster, der in seiner *Geschichte der deutschen Jugendliteratur* (1906/08) zwar von der „Flut der geschichtlichen Erzählungen"[7] sprach, darunter jedoch ebenfalls ausschließlich an männliche Jugendliche adressierte Texte verstand, deren Erscheinen er zudem in einem engen Kontext mit der Popularität der allgemeinen historischen Literatur gesehen wissen wollte. Im Unterschied zu Wolgast finden sich bei Köster nun sehr wohl explizite Hinweise auf das Vorhandensein mädchenspezifischer historischer Erzählungen und ihre Autorinnen; verwiesen wird jedoch vor allem auf den Ausnahmecharakter der Romane von Brigitte Augusti:

> Man darf sie, obgleich sie für die reifere weibliche Jugend bestimmt sind, nicht zur Backfischliteratur rechnen, dazu stehen sie doch zu hoch. Aber die typischen Fehler der historischen Jugenderzählung zeigen auch sie: vor allem die Verquickung geschichtlicher Belehrung mit der Erzählung, ohne daß die belehrenden Partien in der Erzählung aufgelöst sind; sie sind gar zu oft bloße Einschiebsel, die den Gang der Handlung stören und eine nur sehr oberflächliche Geschichtskenntnis vermitteln, die da, wo sie fertige Urteile bringt, mehr schadet als nützt [...]. Wenn Brigitte Augusti erzählt, so ist sie doch nicht Dichterin genug, um die geschilderten Personen psychologisch zu vertiefen oder eine psychologische Entwicklung zu geben.[8]

Es ist allerdings bezeichnend, daß auch Kösters Ausführungen mehr dazu angetan sind, das Bewußtsein vom Vorhandensein historischer Mädchenbücher zu verdrängen als aufzuzeigen, denn er subsumiert alle Autorinnen, die auch als Verfasserinnen historischer Mädchenbücher in Erscheinung getreten sind – genannt werden von ihm u.a. Carola von Eynatten, Elisabeth Halden, Charlotte Niese, Bernhardine Schulze-Smidt, Emma Wuttke-Biller – ausnahmslos unter die Rubrik „Backfischgeschichtenschreiberinnen"[9]; die Tatsache, daß alle Autorinnen zugleich als Verfasserinnen historischer Romane in Erscheinung getreten sind, wird von Köster weder an dieser Stelle noch in der angehängten Zeittafel der Erzählungen[10] kenntlich gemacht. Durch mehrere Neuauflagen der Literaturgeschichte, in denen Köster seine Auffassung über die „Backfischgeschichtenschreiberinnen" fast unverändert wiederholte, sowie einen Nachdruck[11] blieb Kösters Werk bis Anfang der 1970er Jahre im Bewußtsein der Forschung präsent. Auch

---

7 Köster 1972, S. 306.

8 Ebd., S. 318. Vgl. das ganz analoge Urteil über die historischen Jugenderzählungen von Charlotte Niese: „Sie hat in Michael Schneidewind (1909) die französische Revolution schildern wollen, doch spürt man überall die Mache und die Schablonenhaftigkeit der Figuren. Nicht besser ist die Fortsetzung Aus schweren Tagen (1911); Handlung um jeden Preis – ob auch innere und äußere Wahrscheinlichkeit und künstlerische Geschlossenheit dabei verloren gehen." (S. 335)

9 Ebd., S. 320. S.a. S. 324: „Hauptsächlich schreiben sie Backfischgeschichten."

10 Ebd., S. 354–381.

11 Die 2. Aufl. von Kösters Werk erschien bereits 1915, die 3. Aufl. 1920, die 4. Aufl. 1927; sie diente zugleich als Vorlage für den Nachdruck von 1972. Neu hinzugekommen ist hier eine – ebenfalls abwertende – Bemerkung Kösters über Charlotte Nieses historischen Kriegsroman *Das Lagerkind* (1914), dem bescheinigt wird, sich „nicht wesentlich über die üblichen Mädchenerzählungen" zu erheben (S. 335).

die Bibliothekarin Irene Graebsch hebt in ihrer ebenfalls mehrfach aufgelegten Literaturgeschichte *Geschichte des deutschen Jugendbuches* (1942)[12] die Sonderstellung der historischen Erzählungen von Brigitte Augusti hervor, die allerdings bezeichnenderweise nicht in dem Kapitel „Die historische und patriotische Jugenderzählung“, sondern im Abschnitt über „Das Mädchenbuch“ behandelt und in diesem Kontext wiederum abgewertet werden. Augustis Erzählungen seien ein Versuch,

> die deutsche Frau in der Vergangenheit darzustellen. Sie blieb dabei allerdings nur eine schwache Nachahmerin des historischen Romans, der im 19. Jahrhundert zur Blüte gekommen war, und im ganzen muten uns heute ihre Schilderungen ein wenig an, wie die gestickten Überhandtücher der Zeit, auf denen Frauen in mittelalterlicher Tracht die Bratenschüssel tragen.[13]

Die bei allen Forschern erkennbare Tendenz, die geschichtserzählende Mädchenliteratur nicht als eigenständige Variante der historischen Erzählung, sondern vielmehr als zu vernachlässigende Ausprägung der verachteten Backfischgeschichten zu betrachten[14], findet ihre Fortsetzung in den Arbeiten der 1970er und 1980er Jahre, die sich entweder mit historischen Erzählungen oder aber mit der Kinder- und Jugendliteratur des Kaiserreichs auseinandersetzen. Unter expliziter Bezugnahme auf Wolgast und Graebsch kommt auch Hermann Bertlein zu dem Schluß, „die geschichtliche Erzählung [der Kaiserzeit] ist [...] weitgehend dem Bereich der Trivialliteratur zuzuordnen“[15]; historische Erzählungen für Mädchen werden weder von ihm noch in der Monographie von Elisabeth Ott[16] erwähnt. Die zum Teil ideologiekritisch ausgerichtete Forschung dieser Zeit subsumierte die historische Kinder- und Jugendliteratur der Kaiserzeit oftmals in toto unter Begriffe wie „militaristisch“ oder „völkisch-national“[17] und erblickte in ihr lediglich ein weiteres Medium der Kriegserziehung, d.h. jener literarischen Form, durch die die Leser „am entschiedensten auf die erklärten politischen und pädagogischen Ziele des wilhelminischen Reiches eingeschworen“[18] werden konnten[19]: „Die Erziehung zur gehorsamen Bürgerin des Wilhelminischen Reichs wird durch

12 Eine 2., nur unwesentlich erweiterte Ausgabe erschien 1951, die 3., neubearbeitete Aufl. wurde 1971 veröffentlicht. – Von nationalsozialistischer Seite wurde verschiedentlich der Versuch unternommen, Wolgasts Postulat, die Jugendschrift müsse ein Kunstwerk sein, für eigene Zwecke in Anspruch zu nehmen. Zugleich wurde jedoch, in offenkundiger Verfälschung der Wolgastschen Thesen, die völkische Erziehung zum zentralen Kriterium bei der Bewertung von Jugendschriften erhoben. Trotz der auch von Graebsch unternommenen Versuche, Kontinuitäten zwischen Wolgast und der eigenen Position herzustellen, dürfen die tatsächlichen Verschiebungen dieser Positionen nicht aus dem Blickfeld geraten (s.a. Josting 1995, S. 69–72).

13 Graebsch 1942, S. 172.

14 Manfred Altner etwa bezeichnet Luise Glaß' historische Erzählung *Im Krähennest* (1905) explizit als „Abklatsch“ der *Trotzkopf*-Bände (1981, S. 39).

15 Bertlein 1974, S. 79.

16 Vgl. Ott 1985.

17 Promies 1979, S. 5.

18 Altner 1981, S. 76.

19 In diesem Tenor vgl. auch die Aufsätze von Brandes 1991; Christadler 1978a; Eckhardt 1990.

das Mädchenbuch unterstützt."[20] Historische Erzählungen für Mädchen werden entweder gar nicht erwähnt oder aber diese spezifische Ausprägung des Genres wird ausschließlich auf die Erzählungen von Brigitte Augusti reduziert.[21] Erst in den letzten Jahren haben die Forschungen von Gisela Wilkending entscheidend dazu beigetragen, das Genre der historischen Mädchenliteratur sowohl im Kontext der historischen Jugenderzählung als auch im Kontext der Geschichte der Mädchenlektüre in differenzierterer Weise als bisher zu betrachten.[22]

1.2 Weibliche Lektüren

Ungeachtet des eingangs zitierten ‚Nachweises', der weiblichen Autoren ihre generelle Unfähigkeit attestiert, historische Romane zu verfassen, und ungeachtet der Tatsache, daß sich die Forschung bislang fast ausschließlich mit jenen Texten auseinandergesetzt hat, die an männliche Leser adressiert waren, wodurch zugleich insinuiert wurde, daß Frauen wie Mädchen sich nicht für Geschichte und demnach auch nicht für historische Erzählungen interessiert haben, zeigt ein genauerer Blick in die vielfältigen Quellen, daß bereits während des 19. Jahrhunderts durchaus ein starkes Interesse weiblicher Leser an der Geschichte (und ihren Narrativen) bestand, ein Interesse, das zeitgleich im Zuge der beginnenden bürgerlichen Frauenbewegung auch von pädagogischen Instanzen – darunter auch von Wolgast und Köster selbst[23] – nach Kräften gefördert wurde.

Von der Lektüre historischer Werke durch weibliche Leser künden an erster Stelle die – allerdings nicht sehr zahlreichen – Autobiographien, deren Verfasserinnen ihre Kindheit und Jugend in der Epoche des Kaiserreichs verlebten.[24] Ihre Erinnerungen an die Lektüreerlebnisse ihrer Kindheit und Jugend zeugen davon, daß nicht wenige von ihnen gerne zu „Jungenbücher[n] und Knabenspiele[n]"[25] griffen. Besonders beliebt waren deutsche Heldensagen: „Das Herrlichste von allem waren jedoch deutsche Sagen. Nichts ergriff mich so nah, mit solch schaudernder Bewunderung wie die Götterdämmerung und Siegfrieds Tod."[26] Es fällt auf, daß bei den genannten historischen Erzählungen Texte dominieren, die entweder an männliche Jugendliche adressiert waren, wie etwa von Gustav Nieritz und Franz Hoffmann[27], oder aber daß die Autorinnen vorwiegend zu Texten der allgemeinen historischen Literatur gegriffen haben. Am häufigsten genannt werden in diesem Kontext Felix Dahns *Kampf um Rom* (1876),[28] Wilhelm Hauffs *Lichtenstein* (1826)[29] sowie die historischen Romane von Georg Ebers und Gus-

20 Brandes 1991, S. 259.
21 Vgl. Brandes 1991, S. 261ff; Christadler 1978a, S. 270; Eckhardt 1990, S. 111.
22 Vgl. Wilkending 1999c, 2000a, 2002c.
23 S. Wolgasts umfangreiche Empfehlungen historischer Romane, explizit als „Lektüre für Backfische" (Wolgast [1905], S. 107 f., Wolgast 1896, S. 214).
24 Die Hinweise auf die im folgenden genannten Autobiographien verdanke ich Susanne Becker und Sabine Elias.
25 Hanel 1930, S. 38.
26 Bunsen 1929, S. 21.
27 S. Hanel, 1930, S. 57.
28 S. Bunsen 1929, S. 34.
29 S. Fassbinder 1961, S. 15; Höcker 1970, S. 137.

tav Freytag.[30] Hinsichtlich der Vollständigkeit dieser Lektüre sind die Aussagen der Autorinnen allerdings mit Vorsicht zu lesen. Äußerungen über „verlogene Backfischliteratur“[31], deren Lektüre scharf getrennt wird von den von Seiten der Vermittler sanktionierten historischen Erzählungen eines Hauff oder Freytag und schärfer noch getrennt wird von der Lektüre jener historischer Schriften, die der eigene Lehrer explizit empfohlen hat[32], machen deutlich, wie sehr sich die Autorinnen in ihren Selbstdeutungen diesem durchweg männlich dominierten Wertungsraster unterordnen bzw. wie sehr ihre Sichtweise zur Zeit der Niederschrift ihrer Erinnerungen geprägt ist vom Urteil der Pädagogen über historische Erzählungen. Erkennbar wird bereits an dieser Stelle eine deutliche Rangfolge historischer Lektüren: An erster Stelle stehen allgemeine historische Erzählungen sowie geschichtliche Werke, erst dann werden historische Jugenderzählungen benannt, jedoch keine spezifischen für Mädchen. Der Verweis auf die „verlogenen Backfischgeschichten“ zeigt einmal mehr, daß offensichtlich alle an Mädchen adressierten Texte unter diesen abwertenden Begriff subsumiert wurden.

1.3 Historische Literatur für Mädchen im Urteil der Pädagogen und der Frauenbewegung

Die Forderung, daß Mädchen eine gründlichere Ausbildung auch auf dem Feld der Geschichte erhalten sollten, wurde mit Nachdruck bereits in den 1850er Jahren erhoben. Als eine der ersten Vertreterinnen der frühen Frauenbewegung plädierte Louise Büchner, die Schwester von Georg Büchner, für eine umfassende geistige Erziehung von Frauen, eine Erziehung, die selbstverständlich auch Kenntnisse der Geschichte einzuschließen habe:

> Was unseren Mädchen zuerst Noth thut, das ist eine *ganz gründliche* Kenntniß der Weltgeschichte und ihrer Muttersprache, der Geographie, der allgemeinen Naturgesetze und der klassischen Litteratur des Vaterlandes. [...] Die Geschichte weckt den Sinn für das Wahre, die klassische Litteratur die Liebe und Begeisterung für das Schöne. [...] Die meisten männlichen Lehrer halten es nicht für der Mühe werth, ihre weiblichen Zöglinge über den *Geist* der Geschichte, der Litteraturen aufzuklären. [...] Aber auch die Facta werden uns in der Regel zerbröckelt mitgetheilt, und wo der richtige Zusammenhang fehlt, da kann von keiner gründlichen Bildung die Rede sein. Die Kindergärtnerei, welche spielend belehren, welche Alles plastisch anschaulich machen will, wiederholt sich häufig im Großen in der weiblichen Erziehung; sie gibt einzelne Bilder statt eines großen umfassenden Panorama, und anders dürften sich Geschichte und Litteratur nie vor den Blicken des Mädchens entrollen, wenn sie Eindruck machen sollen.[33]

Büchners Position blieb in ihrer Zeit jedoch vereinzelt, ebenso wie der Versuch des Pädagogen Heinrich Bone, Romane als Lektüre von Jugendlichen generell

30 S. Hanel 1930, S. 57.

31 Ebd.

32 So schreibt Hanel: „Um so mehr Leidenschaft zeigte ich für Geschichte. In meinen freien Stunden verschlang ich die Geschichtsbücher, die mir Herr Schwarze lieh, und las mit glühenden Wangen über die Französische Revolution und die deutschen Freiheitskriege“ (1930, S. 62).

33 [Büchner] 1856, S. 42–48.

unter Verbot zu stellen, da in Romanen grundsätzlich nur Unwahres verkündet werde. Dies gelte im Besonderen für historische Erzählungen, denn es gibt

> ja sogenannte geschichtliche Romane, welche sich förmlich das Privilegium herausnehmen, auf dem heiligen Boden der Geschichte die Wahrheit mit der Unwahrheit in Eins zu schmelzen. Oft genug hört man die Gattung der *geschichtlichen* Romane sogar als die würdigste preisen, namentlich als Spiegel ihrer Zeit und als Entfaltung der Charaktere, wie man sie auf rein historischem Boden nicht vorführen könne; ich möchte sie aber gerade zu den gefährlichsten und schädlichsten mitzählen. Denn welch ein Gebiet der Entstellung, und zwar einer durch die Kunst der Darstellung dem Leser sich tief einprägenden Entstellung liegt da offen?! Wo bleibt [...] das eigentlich Wirksame des Historischen, wenn man sich am Ende sagen muß: das alles ist recht gut und schön; aber es ist nicht der Wahrheit entsprechend.[34]

Mehr Resonanz waren den Vorschlägen der jüdischen Pädagogin Helene Adler beschieden, wonach die spezifische Lektüre von Jugendlichen, und hier explizit auch jene von Mädchen, ganz auf die individuellen Bedürfnisse des jeweiligen Lesers zugeschnitten zu sein habe. Zum Zwecke effektiver Leseförderung sieht Adler die Sanktionierung und Förderung aller Formen von Unterhaltungsliteratur als gerechtfertigt an, darunter auch den Einsatz von historischer Literatur: „Es wird nichts nützen, den Phantastischen zur trocknen, sachlich belehrenden oder didaktisch reflektierenden Lektüre zu verdammen, dagegen lässt sich recht wohl der Sinn für die lebensvolle Begebenheit nutzen, um vom Märchen zum historischen Faktum, zur ernsten weltgeschichtlichen Darstellung hinüberzugleiten."[35] In diesem Zusammenhang berichtet Adler über die Vorliebe gerade von weiblichen Leserinnen für historische Erzählungen; auch sie nennt als Beispiel jedoch einen Text, der ursprünglich nicht an Jugendliche adressiert war:

> Daß junge Mädchen von 12 bis 16 Jahren für den von poetischer Gloire umgebenen Humor eines Scheffel in den altertümlich anziehenden Gestalten seines *Ekkehard* viel mehr Geschmack und Würdigung an den Tag legen, als andererseits für den [...] Humor eines Fritz Reuter [...] war eine lehrreiche Beobachtung. Die Ehrwürdigkeit, der Nimbus eines großartigen historischen Geschehens ist der Jugend viel früher faßlich [...] als die, nur durch einen tiefsinnigen und ernsten Gegensatz herausgefühlte und herauszufühlende Komik der Verhältnisse selbst [...].[36]

Die eigentliche Auseinandersetzung über die geeignete Lektüre für Mädchen setzt jedoch erst im Verlauf der 1890er Jahre und hier vor allem als Reaktion auf Wolgasts Polemik über das *Elend unserer Jugendliteratur* ein. Von Seiten der Pädagogen wie von Vertreterinnen der bürgerlichen Frauenbewegung unterliegt es zu diesem Zeitpunkt bereits keinem Zweifel mehr, daß Mädchen historische Bildung erwerben sollen und zu diesem Zwecke auch die Lektüre historischer Erzählungen nicht nur gestattet, sondern durchaus wünschenswert sei. Immer in Anlehnung an die Forderungen Wolgasts, lassen sich sowohl bei den Pädagogen als auch bei den Vertreterinnen der Frauenbewegung vordringlich zwei Argumentationsstränge nachweisen, unter denen die Empfehlungen für historische Literatur für weibliche Leser ausgesprochen wurden: Die Diskussion über histo-

34 Bone 1880, S. 10 f.
35 Adler 1884/85, S. 524.
36 Ebd., S. 552.

rische Erzählungen steht in engem Kontext mit der Ablehnung der Backfischliteratur[37], deren Wirkung für die Leserinnen übereinstimmend als negativ und schädlich beurteilt wird. Die historische Literatur solle, so die einhellige Auffassung, an die Stelle der abzulehnenden Backfischliteratur treten, da die zwölf- bis achtzehnjährigen Mädchen nun einmal eine Neigung für bewegte und dramatische Stoffe hegten: „Und eben dieses sollte man ihnen nicht durch eine künstliche Aufbauschung des Alltags und nicht durch ungesunde Abenteuerlichkeiten geben, sondern durch den schlechthin großen Stoff in Vergangenheit und Gegenwart. Der historische Roman ist für geistig aufgeweckte Knaben und Mädchen dieses Alters unter allen Umständen fesselnd."[38] Wiederholt wird daher die Auffassung geäußert, Mädchen müsse mit historischen Erzählungen die gleiche Lektüre zugänglich gemacht werden wie den gleichaltrigen männlichen Lesern: „Gerade die für die Knaben genannten Schriftsteller möchte ich u.a. für unsre [!] Schülerinnenbücherei vorschlagen."[39] Die Instrumentalisierung von historischer Literatur zielte in diesem Kontext jedoch weniger auf eine Belebung des Nationalgefühls der jungen Leserinnen ab[40], sondern primär darauf, daß die historischen Erzählungen den Leserinnen anstelle der Backfischliteratur offeriert werden sollten. Dies könne jedoch nur von einer Literatur geleistet werden, die von den Leserinnen auch akzeptiert, d.h. gelesen werde. „[S]ollen nämlich die Bücher den gewünschten Einfluß erlangen, so müssen sie vor allen Dingen gelesen werden, mit wirklicher Lust und Begierde *gelesen* werden, und das werden sie nur, wenn sie interessant sind. Mögen es nun Erzählungen, Geschichtsbilder, Biographien sein, mögen sie Natur, Kunst oder was sonst zum Gegenstande haben, so soll der Autor alles aufbieten, was die Lust zum Lesen reizt, die Spannung wekken kann."[41] Bei dieser offenen Instrumentalisierung historischer Erzählungen fällt es gelegentlich schwer, sie noch in Einklang zu bringen mit den Forderungen Wolgasts, dem es in erster Linie um eine künstlerisch wertvolle Literatur für jugendliche Leser zu tun gewesen war: „Es ist [...] meines Erachtens wesentlich, spannende Bücher zu bevorzugen; das Alter von dem hier die Rede ist, verlangt nun einmal danach, bei Mädchen wie bei den Knaben. Nur darf das Moment der Spannung jenes andre [!] des künstlerischen Wertes nie zurücktreten lassen!"[42]

Als Zugeständnis an die Position Wolgasts werden jedoch ausschließlich allgemeine, d.h. keine jugendspezifischen historischen Erzählungen empfohlen[43]; neben Scott und Freytag werden als Autoren immer wieder Hauff, Scheffel sowie Alexis, Wallace, Dickens und Bulwer-Lytton genannt.[44]

37 S. dazu wiederum Wilkending 1997b, 1997e, 2002c.

38 Bäumer 1918, S. 6. Vgl. auch Lorey 1900/01, S. 476–478, u. Ufer 1890, S. 90 ff.

39 Meyer 1913, S. 113 f.

40 Eine solche Position wird u.a. von Michatsch vertreten (1895/96, S. 489).

41 Klapp 1894, S. 33.

42 Meyer 1913, S. 114.

43 Eine Ausnahme bildet die *Bücherliste des Vereins zur Reform der Litteratur für die weibl [!] Jugend* 1895/96, in der ausschließlich Brigitte Augustis *Am [!] deutschen Herd* zur Lektüre empfohlen wird (ebd., S. 220). Einen detaillierten Überblick über die pädagogische Kritik der atypischen Mädchenlektüre bietet Wilkending 2002a, S. 63 ff.

44 Genauere Lektürevorgaben finden sich in den Empfehlungen bzw. Aufsätzen von Köster 1917, S. 9 f.; Harder [1919], S. 19–40; Rommel 1890/91, S. 166–168; Meyer 1913, S. 107–114.

1.4 Der Geschichtsunterricht für Mädchen während des Kaiserreichs

Über die Notwendigkeit, Mädchen im sogenannten Backfischalter an die Lektüre historischer Erzählungen heranzuführen, bestand also bereits in den 1890er Jahren keinerlei Zweifel mehr. Der Konsens über diese Notwendigkeit wurde zum einen gestützt durch zahlreiche, von Seiten der Pädagogen bei jugendlichen Leserinnen veranstaltete Umfragen über ihre Lektüre, deren Ergebnisse ‚naturgemäß' nahezu deckungsgleich mit den Forderungen der Vermittler waren: „Die Absolventinnen der höheren Schulen nannten viel Dahn, Sienkiewicz, Wallace, Ebers, Bulwer, Agnes Günther [...], aber auch Ekkehard, Soll und Haben, Hesse, Storm und Raabe."[45] Zum anderen fanden sich die Pädagogen bestätigt durch die Ergebnisse einer allerdings erst in den 1920er Jahren zur vollen Ausprägung gelangenden Entwicklungspsychologie, wonach sich die Mädchen im Alter zwischen 13 und 14 Jahren vorrangig historischen Erzählungen zuwandten.[46]

Die Forderung, die weiblichen Jugendlichen verstärkt mit historischer Literatur zu konfrontieren, wurde jedoch auch im Zuge sich verändernder Bildungsmöglichkeiten für Mädchen, d.h. aus dem schulischen Umfeld heraus erhoben und dies bezeichnenderweise lange vor der großen Reform des Mädchenschulwesens in Preußen im Jahre 1908.[47] Historische Erzählungen sollten, so die einhellige Meinung vieler Pädagogen, komplementär zum Geschichtsunterricht gelesen werden:

> Außerdem muß als Regel festgehalten werden, daß der Lesestoff zum Unterrichte in Beziehung zu treten hat, und zwar im Interesse einer einheitlichen, organischen Geistesbildung [...]. Über die Gesichtspunkte, nach denen eine solche Auswahl zu treffen wäre, könnte sehr umfassend geredet werden; es sei aber nur erwähnt, daß von der Wahl eigentliche Lehrbücher ausgeschlossen bleiben müssen, daß sie sich mehr in dem Bereiche der Unterhaltungsliteratur zu halten hat, ohne aus dem Gedankenkreise des Unterrichtes herauszutreten. So könnte beispielsweise gelegentlich der Behandlung der Geschichte des dreißigjährigen Krieges die Erzählung von *Caspari*: ‚Der Schulmeister und sein Sohn' in den Mußestunden gelesen werden. Die Geschichte des deutsch-französischen Krieges würde auf die ‚Fröschweiler Chronik' vom [!] Pfarrer *Klein* hinweisen, der Religionsunterricht auf den obersten Stufen höherer Mädchenschulen auf *Wallace's* Roman *‚Ben Hur'*. Mit Bezug auf andere Unterrichtsstoffe wäre die Privatlektüre in ähnlicher Weise zu wählen.[48]

Es verlohnt sich in diesem Zusammenhang, einen genaueren Blick auf den Geschichtsunterricht zu werfen, wie er in der Epoche des Kaiserreichs an den Mäd-

---

45 Blumfeld 1918/19, S. 196. Vgl. ähnliche Ergebnisse bei Czwalina 1904/05, S. 45 f.; Köster 1912, S. [1]–3.

46 Vgl. dazu die Ausführungen von Köster 1913; vgl. auch Bühler 1926; Fronemann 1930. S.a. T. 1, Kap. 1.

47 Im Vergleich zu den anderen Ländern des Deutschen Reiches erfolgte die Reform des Mädchenschulwesens in Preußen zu einem sehr späten Zeitpunkt. Daß dennoch an dieser Stelle fast ausschließlich die preußischen Reformen fokussiert werden, soll zum einen auf die politische, kulturelle und konfessionelle Dominanz Preußens im Deutschen Reich verweisen, zum anderen auch bereits auf die Stoffe der in Rede stehenden historischen Erzählungen, in denen ebenfalls Themen aus der preußischen Geschichte überwiegen und die damit auch primär auf ein preußisch-protestantisches Lesepublikum abzielten. Zum Inhalt des Geschichtsunterrichts in den süddeutschen Staaten s. Kennedy 1989.

48 Ufer 1890, S. 95 f. Vgl. auch die in ähnlichem Tenor gehaltenen Ausführungen von Bauer 1894/95.

chenschulen erteilt wurde. Sowohl das Mädchenschulwesen als auch der Geschichtsunterricht waren gerade in dieser Epoche besonderen Veränderungen ausgesetzt. Das höhere Mädchenschulwesen stand bereits lange vor seiner Neuordnung im Jahre 1908 im Fadenkreuz andauernder Diskussionen, hervorgerufen durch die anhaltenden sozialen Fragen, die Forderungen der Frauenbewegung sowie durch ein steigendes Bildungsbedürfnis der bürgerlichen Frauen. Daraus folgte zunächst eine kontinuierlich ansteigende Gründung von Mädchenschulen[49] sowie eine ebenso kontinuierliche Ausdehnung der Unterrichtspensen. Auf der anderen Seite war gerade das Mädchenschulwesen von staatlicher Seite trotz der Reichsgründung und trotz einer von preußischer Seite bereits im September 1872[50] einberufenen Konferenz zur Beratung über die zukünftige Gestaltung von höheren Mädchenschulen primär von Stagnation gekennzeichnet und dies trotz zahlreicher Versuche von Seiten der Frauenbewegung, durch Denkschriften Bewegung in diesem Feld zu schaffen.[51] Wenig Diskussion gab es hingegen über den Fächerkanon; an allen höheren Mädchenschulen, deren Organisationsformen und Unterrichtsinhalte als Folge der Konferenz von 1872 vereinheitlicht werden sollten, wurde Geschichte gelehrt, wenngleich dem Geschichtsunterricht oftmals eine geringere Bedeutung zugemessen wurde als etwa den Fächern Deutsch, Religion und Handarbeiten.[52]

Dennoch war auch der Geschichtsunterricht selbst Gegenstand pädagogischer Beratungen, hier allerdings noch mehr im Bereich der Elementar- und Volksschulen, an denen Mädchen oftmals mit Jungen gemeinsam unterrichtet wurden. Bereits vor der Reichsgründung wurde der Geschichtsunterricht vielfach gezielt zur Systemstabilisierung eingesetzt, d.h. es sollten vorrangig ein obrigkeitstreues Geschichtsbild und -bewußtsein vermittelt werden, wozu nicht selten Analogien aus der biblischen Geschichte bemüht wurden.[53] So heißt es schon 1861 im Schulblatt für die Provinz Brandenburg: „Fragen wir [...] nach dem Ziele des Geschichtsunterrichts, so sind die Hauptpunkte der vaterländische und der religiöse. ‚Ein guter Preuße und Protestant', das ist es, was jeder im Volke sein, als was er sich fühlen soll, und dies Bewußtsein eben hat der Geschichtsunterricht zu wecken und zur Klarheit zu bringen."[54] An gleicher Stelle wird bezeichnenderweise erstmals auch auf die speziellen Inhalte eines explizit an Mädchen adressierten Geschichtsunterrichts eingegangen. Im Zentrum der Forderungen stand hier nicht so sehr die Betonung des vaterländischen Gedankens, sondern eine im heutigen Sinne fast modern anmutende kulturgeschichtliche Ausrichtung des Unterrichts:

49 Zahlen bei Bernstein 1978, S. 279 (dort auch weitere Quellenangaben).

50 Vgl. Albisetti 1988, S. 108 f.

51 S. dazu Bäumer 1902, S. 111 f.

52 Ebd., S. 108. Vgl. auch Lange 1893, S. 18.

53 Zum Geschichtsunterricht vor 1870 s. die Einleitung von Dörte Gernert in *Schulvorschriften für den Geschichtsunterricht* 1994, S. IX–XXIII. Gernert geht allerdings sowohl in ihrer Einleitung als auch in den von ihr ausgewählten Dokumenten an keiner Stelle auf mögliche geschlechtsspezifische Unterschiede bei der Erteilung des Geschichtsunterrichts ein.

54 Bucher 1861, S. 540.

Der Geschichtsunterricht bei Mädchen trägt einen besonderen Charakter. Wir suchen denselben nicht sowohl, wie Viele thun, darin, daß vorzugsweise Frauen als geschichtliche Mittelpunkte aufgestellt werden, noch weniger darin, daß, wie dies in manchen Handbüchern geschieht, Charaktere und Begebenheiten, aus angeblich moralischen Rücksichten, gänzlich umgestaltet werden [...]. Vielmehr ist darauf zu achten, daß das kulturgeschichtliche Moment hier stark hervortrete, und daß man sich hier noch mehr, als beim Knabenunterrichte, nach den Bildungsverhältnissen und der künftigen Lebensstellung der Mehrzahl in der Klasse richte. In Bezug auf das Erstere wünschen wir, daß Sitten, Gebräuche, Vergnügungen, Kleidung, Speisen der verschiedenen Zeitalter nicht unberücksichtigt bleiben; daß das Familienleben bedeutender Menschen, insofern es ein erfreuliches ist, mit eingehender Liebe dargestellt werde; daß mitunter eine Begebenheit mitgetheilt werde, die man vom Gesichtspunkt der geschichtlichen Wichtigkeit aus übergehen müßte, wenn sie nur dazu dienen kann, das Bild des Zeitalters lebensvoller und anziehender zu machen. Wir wünschen jedoch nicht dahingehend verstanden zu werden, als wollten wir die Weltgeschichte für Mädchen ganz in eine Küchengeschichte aufgelöst wissen; nie darf aus den Augen verloren werden, daß der Gegenstand der Geschichte die Menschheit ist. Auch braucht man z.B. nicht zu fürchten, daß Schlachten und dergl. [!] ohne alles Interesse für Mädchen seien, nur beschränke man sich auf wenige, und befleißige sich bei diesen so viel als möglich der größten Anschaulichkeit, natürlich nicht im militärischen Sinne.[55]

Als der Geschichtsunterricht im Zuge der Reichsgründung mit der Verabschiedung der „Allgemeinen Bestimmungen betreffend das Volksschul-, Präparanden- und Seminar-Wesen" vom 15. Oktober 1872 endgültig aus der Abhängigkeit vom Schreib- und Leseunterricht befreit und eigenständiges Unterrichtsfach wurde, konnte von einer kulturgeschichtlichen Ausrichtung jedoch keine Rede sein. Angeknüpft wurde vielmehr an jene Traditionen, die schon vor 1870 politische und ideologische Schulung, Gesinnungsbildung und Einbindung in obrigkeitsstaatliche Strukturen als vordringliche Lernziele des Geschichtsunterrichts proklamiert hatten.[56] Die Aufwertung des Faches Geschichte bereits zu Beginn des Kaiserreichs ist daher in engem Kontext zu betrachten mit seiner politischen Indienstnahme und Instrumentalisierung, d.h. im Spannungsfeld zwischen Politik und Pädagogik geriet das Fach eindeutig unter den Primat der Politik und wurde zu einem Instrument der staatsbürgerlichen Erziehung.[57]

Zu den Adressaten dieser staatsbürgerlichen Erziehung zählten seit den 1870er Jahren in zunehmendem Maße auch Mädchen und junge Frauen, d.h. auch in den (höheren) Mädchenschulen wurde dem Geschichtsunterricht eine größere Bedeutung zugemessen, allerdings ohne daß daraus die Erfüllung von Forderungen der Frauenbewegung abzulesen wäre. Im Vordergrund der Richtlinien für das Fach Geschichte stand die Gesinnungsbildung der Adressaten, und gerade das Vorhandensein der Frauenbewegung sowie anderer demokratischer Tendenzen ließ es in den Augen der Obrigkeit notwendig erscheinen, auch Mädchen

55 Ebd., S. 551. Daß hier keine Einzelposition vertreten wurde, verdeutlichen die Bemerkungen Heinrich Cassians in seiner *Weltgeschichte für höhere Töchterschulen* von 1858; s. dort die einleitenden Bemerkungen zum Abschnitt „Geschichte der Frauen des Alterthums" (S. 179). Zu den unterschiedlichen Ausrichtungen des Geschichtsunterrichts für männliche und weibliche Schüler vgl. auch Dodge 1908, S. 90–95, u. Albisetti 1988, S. 165.

56 S. Gernerts Ausführungen in *Schulvorschriften für den Geschichtsunterricht* 1994, S. XI.

57 Ebd., S. XXV. Als Beleg vgl. u.a. die 1914 von Harry Rotermund edierten *Lehrplan-Richtlinien für ein- und zweiklassige Volksschulen und Halbtagsschulen*, v.a. S. 74.

verstärkt mit der Geschichte des eigenen Landes zu konfrontieren. Ähnliche Tendenzen lassen sich auch in den Verordnungen für den Deutschunterricht erkennen, wie sie in Preußen 1908 im Zuge der Neuordnung des höheren Mädchenschulwesens erlassen wurden. Auch der Deutschunterricht erscheint hier von der Maßgabe bestimmt, eine Identität auszubilden, die durchgängig als Beitrag zur Legitimation der wirtschaftlichen und politischen Orientierung des Staates gedacht ist – auf die Verknüpfung mit dem Geschichtsunterricht wird explizit verwiesen: „Belebung des vaterländischen Sinnes durch liebevolle Beschäftigung mit unserer Muttersprache. [...] Erschließung der bedeutsamsten Meisterwerke unserer Nationalliteratur. [...] Die Wahrung des Zusammenhangs mit den gleichzeitig im Religions- und Geschichtsunterricht behandelten Stoffen [...] ist bei der Aufstellung der ausführlichen Lehrpläne nicht außer acht zu lassen."[58]

In der Verpflichtung auf eine vaterländisch-preußisch-religiös ausgerichtete Lektüre wurden Geschichts- und Deutschunterricht in der Epoche des Kaiserreichs inhaltlich und ideologisch jedenfalls partiell eng miteinander verknüpft[59], nicht zuletzt auch in entscheidendem Maße durch die Lektüre historischer Erzählungen; so standen bereits 1912 für die Schulklassen bis Obersekunda billige Ganzschriften von Autoren wie Gustav Freytag und Willibald Alexis zur Verfügung, Autoren also, die vor allem als Verfasser von historischen Erzählungen in Erscheinung getreten waren.[60]

2 Zur Geschichte des historischen Romans im 19. Jahrhundert

2.1 Zur Entwicklung des Genres seit dem Beginn des 19. Jahrhunderts

Im 19. und frühen 20. Jahrhundert zählten historische Romane und Erzählungen innerhalb des deutschsprachigen Raumes zu den wichtigsten und zugleich populärsten Textsorten. Vergeblich hatte Goethe noch versucht, den Siegeszug des Genres mit einem Verdikt aufzuhalten, wonach der gegebene, also historische Stoff die poetische Freiheit des Autors zu sehr binde, während auf der anderen Seite die romanhafte Ausgestaltung die historische Zuverlässigkeit der Dichtung nicht gewährleisten könne. In offener Absetzung zu dem bislang wichtigsten literarischen Kriterienlieferer postulierten die führenden Literaturtheoretiker ihrer Zeit, allen voran Willibald Alexis, bereits in den 1820er Jahren den historischen Roman zur Inkarnation des Romans schlechthin.[61]

58 *Zentralblatt für die gesammte Unterrichtsverwaltung in Preußen* 1908. Zit. n. Wilkending 1982, S. 37, 39. S.a. die von Harry Rotermund edierten *Lehrplan-Richtlinien* von 1914, in denen umgekehrt in den Lehrplänen für das Fach Geschichte immer auf sogenannte „Anschlußstoffe aus dem Lesebuch, im Geschichtsunterrichte zu erledigen" (S. 78 ff.) verwiesen wird.

59 Vgl. Parr/Wülfing 1996, S. 176.

60 S. Hegele 1996, S. 22.

61 S. Aust 1994, S. 74–80.

Die Gründe für diese immense Popularität aller Formen historisch-narrativer Texte sowohl bei den Lesern als auch bei den Literaturtheoretikern waren vielfältig. Sie müssen betrachtet werden im allgemeinen Kontext einer Hinwendung zur Geschichte durch die deutschen Romantiker, eine Hinwendung, die primär als Reaktion auf die rasanten technischen, ökonomischen und gesellschaftspolitischen Veränderungen, wie sie mit der Industrialisierung verbunden waren, anzusehen ist.[62] Der Blick auf eine ferne Vergangenheit mit einem letztlich aber gegenwartsbezogenen Konstrukt wurde vornehmlich dazu genutzt, diese neu konstruierte Vergangenheit als kritischen Maßstab an die als überwiegend negativ erachteten Phänomene der Gegenwart anzulegen. Gleichzeitig konnten die literarischen Stoffe aus der deutschen Vergangenheit auf diese Weise zum herausgehobenen Bestandteil einer kollektiven, d.h. nationalen Identität werden.

Das Vorbild für diese Art narrativ-historischer Texte bildeten die historischen Romane Walter Scotts, deren Übersetzungen Anfang der 1820er Jahre den deutschen Buchmarkt erreicht hatten. Walter Scott hat zwar, wie Christoph Brecht dargelegt hat, den historischen Roman nicht erfunden, ja, er hat wohl nicht einmal jene Erzählmodelle entwickelt, die für das Genre im 19. Jahrhundert prägend geworden sind.[63] Dennoch war der Impuls, der von Scotts historischen Romanen ausging, so stark, daß die Rezeptionsgeschichte dieser Texte in Deutschland gewissermaßen einen fortlaufenden Kommentar zur Problematik historischen Erzählens darstellt. Dies ist um so erstaunlicher, da Scotts Ansatzpunkt weniger voraus in die Moderne zu weisen scheint als vielmehr zurück ins 18. Jahrhundert, auf eine Variante der aristotelischen Poetik nämlich, die den Roman einerseits ganz selbstverständlich als ein Genus der Geschichtsdarstellung ansieht, ihm andererseits aber ermöglicht, die Verpflichtung aufs Historisch-Faktische, die Referenz auf belegbare Tatsachen zugunsten eines bloß wahrscheinlichen, fiktional hergestellten Zusammenhangs zu überbieten. Dessen ungeachtet existierten in Scotts Romanen durchaus Elemente, die von den Zeitgenossen als ‚modern' im Sinne einer literarischen Spiegelung der Geschichte empfunden wurden.[64] Dazu zählte an erster Stelle die Aufwertung der Geschichte im Roman, d.h. die Abkehr vom bloß romanhaften Roman, das größere Maß an Wirklichkeitsnähe durch Verankerung in bestimmten Epochen sowie die Beteiligung historischer Figuren auf verschiedenen Ebenen der Handlung. Der modernen Geschichtswissenschaft trug Scott durch eine gleichsam wissenschaftliche Nachprüfbarkeit des von ihm gewählten zeitlichen und geographischen Rahmens Rechnung. Hinzu kamen eine ausführliche Vergegenwärtigung von Landschaften, Sitten, Gebräuchen, Kostümen und sonstigem Ambiente. Von entscheidender Bedeutung war weiterhin, daß der historische Anspruch scheinbar Neutralität, d.h. eine gewisse Unparteilichkeit in der Darstellung der Figuren sowie des historischen Umfeldes verlangte und den Gebrauch von Polemik zurückdrängte.

62 Über den engen Konnex zwischen dem Entstehen des modernen historischen Romans und der Geschichtsschreibung, die sich im Umbruch zur modernen Geschichtswissenschaft befand, s. Wolff 1970, S. 16, u. Müllenbrock 1980, S. 18 f.

63 S. Brecht 1998, S. 203–219; vgl. dazu auch Kipper 2002, S. 76 ff.

64 Zum Folgenden s. Steinecke 1987, S. 78 ff.

Mittelalter, Frühe Neuzeit und das Umfeld des dreißigjährigen Krieges werden bei den deutschen Autoren zunächst die bevorzugten Handlungsorte historisch-narrativer Literatur. Zunehmend, d.h. spätestens seit den 1830er Jahren, werden jedoch auch der Kampf gegen Napoleon und die sogenannten Befreiungskriege geschichtserzählend erinnert. Mehr und mehr wird die unmittelbare Vergangenheit zu einem wichtigen Handlungsort und zugleich zu einem wichtigen Konstrukt einer ‚gemeinsamen' deutschen Vergangenheit, so daß historische Erzählungen sukzessive die Rolle zugewiesen bekommen, nicht nur als herausragendes, weil neues Medium des kulturellen Gedächtnisses zu fungieren, sondern in ihnen konnten nun auch jene zentralen Bedeutungszusammenhänge kodifiziert werden, die darüber befanden, was es hieß, an einer Gemeinschaft zu partizipieren, die sich mehr und mehr über eine gemeinsame ‚nationale' Identität interpretierte.[65]

2.2 Zur Entwicklung der geschichtserzählenden Mädchenliteratur vor 1870

Der große Erfolg geschichtserzählender Literatur im frühen 19. Jahrhundert führte sehr bald zu einer Ausdifferenzierung des Genres, innerhalb dessen bereits in den frühen 1840er Jahren auch zahlreiche historische Erzählungen für junge Leser erschienen.[66] Dabei handelte es sich z.T. um neue, explizit für jugendliche Leser verfaßte Texte, zu einem nicht geringen Maße jedoch auch um (z.T. sehr freizügige) Bearbeitungen allgemeiner Literatur für ein jugendliches Publikum. Das große Interesse der jugendlichen Leser führte schnell zu einer Ausweitung des Angebotes – sogenannte Vielschreiber wie Gustav Nieritz, Franz Hoffmann, Luise Pichler und W. O. von Horn nahmen sich des Genres an –, das auf diese Weise noch vor der Jahrhundertmitte zu einer imponierenden Größe auf dem jugendliterarischen Markt wurde.

Die Ausdifferenzierung der geschichtserzählenden Literatur äußerte sich jedoch vor allem in einer expliziten Adressierung der Texte an erwachsene bzw. an jugendliche und das hieß implizit immer an männliche Leser. Mehrheitlich waren die jugendliterarischen Texte nicht geschlechtsspezifisch adressiert, sondern richteten sich allgemein an „die reifere Jugend", an „die gebildete Jugend", nicht selten auch an „die christliche Jugend" oder auch an „die reifere Jugend und Erwachsene", seltener auch an „die Jugend und das Volk".

Eine explizite Adressierung an weibliche Leser fand hingegen nur in Ausnahmefällen statt. So hatte der katholische Jugendschriftsteller Lorenz Lang seine religiöse Beispielgeschichte *Irene und Viktorine* (1837), angesiedelt in der Epoche der Eroberung Konstantinopels durch die Türken, explizit an die „erwachsene weibliche Jugend" gerichtet. Langs explizite Adressierung, die seine Erzäh-

---

65 S. dazu Peterson 1997, S. 84; Titzmann 1991, S. 126.

66 Die geschichtserzählende Literatur für Jugendliche dieser frühen Epoche ist bislang lediglich in Ansätzen erforscht; s. den kursorischen Überblick von Heinrich Pleticha in *Lexikon der Kinder- und Jugendliteratur*, 1984, Bd. 1, S. 440 f.; die Ausführungen von Klaus-Ulrich Pech in *Handbuch zur Kinder- und Jugendliteratur. Von 1800 bis 1850*, 1998, Sp. 507, 512 f.; Steinlein 2000, S. 16 ff.

lung als mädchenspezifische Literatur auswies, bleibt jedoch eine Ausnahme bei den Autoren seiner Epoche. Kaum anders verhält es sich bei den Autorinnen dieser Zeit.[67] Lediglich Olga Eschenbach weist ihren Novellenband *Der Seele Schönheit* (1845), die auch einige kürzere historische Erzählungen enthält, im Untertitel als Lektüre „für die weibliche Jugend" aus, desgleichen Johanna Satori, wie Eschenbach ebenfalls eine als Verfasserin von historischen Romanen ausgewiesene Autorin, die ihre Erzählung über *Preussens Vorzeit* (1854) „für jeden Gebildeten, besonders für das weibliche Geschlecht" verfaßt hatte. Es muß an dieser Stelle Hypothese bleiben, ob und inwieweit mit den nicht geschlechtsspezifisch adressierten historischen Erzählungen „an die Jugend" auch weibliche Leser angesprochen werden sollten oder ob vielmehr jene, ebenfalls nicht spezifisch adressierten Erzählungen, deren Titel jedoch bereits auf einen weiblichen Protagonisten verwies, das Interesse weiblicher Leser für das Genre wecken sollte[68] bzw. ob das Vorhandensein dieser geschichtserzählenden Literatur auf ein bereits vorhandenes Interesse weiblicher Leser hindeutet.

Die Verarbeitung der Historie erfolgt in diesen Erzählungen zwangsläufig in sehr unterschiedlicher Intensität[69], wobei im Unterschied zur jungenspezifischen Literatur die Historie hier primär als Kolorit, Kulisse oder Folie für die Handlung dient. Es dominieren die religiös bzw. moralisch überformte Beispielgeschichte, die in Ausnahmefällen, wie in *Die Hexe vom Karrenberge* (1840) gelegentlich die Integration abenteuerlicher Elemente, weniger jedoch die Darstellung des patriotisch Beispielhaften bietet. Bei den historischen Schauplätzen dominiert der dreißigjährige Krieg, gefolgt von den Ereignissen der Französischen Revolution, während die Darstellung von Epochen aus der preußischen Geschichte in dieser Zeit (in diesem Kontext!) noch eine Ausnahme darstellt.

---

67 In diesem Kontext muß berücksichtigt werden, daß die Anzahl der Mädchenbuchautorinnen in der ersten Hälfte des 19. Jahrhunderts noch weitaus geringer war als in der Epoche nach 1870. Für die Mehrzahl der Autorinnen stellte das Schreiben, zumal das Verfassen von historischen Erzählungen, zu diesem Zeitpunkt immer noch einen Akt der Übertretung der weiblichen Geschlechterrolle und das Vordringen in einen männlich dominierten Bereich dar (s. McNicholl/Wilhelms 1998, S. 210). Vgl. T. 1, Kap. 1.

68 Vgl. u.a. die Titel folgender Erzählungen von Johanna Satori [d.i. Johanna Neumann]: *Diana von Cinq Mars oder der Eid. Eine historische Erzählung.* Leipzig 1836; Wilhelm Bauberger: *Die Hexe vom Karrenberge.* Regensburg 1840; Johann Nepomuk Mundbrod: *Hildegarde, oder: Der Abschied vom Vaterhause, und die Waise in der Fremde. Eine Geschichte aus der Französischen Revolution für die reifere Jugend.* Augsburg 1848; W[ilhelm B[rockhaus]: *Der Klausner oder die geraubte Tochter. Erzählung aus dem dreißigjährigen Kriege.* Elberfeld 1862.

69 S. zum Folgenden die Ausführungen von Klaus-Ulrich Pech in *Handbuch zur Kinder- und Jugendliteratur. Von 1800 bis 1850,* 1998, Sp. 512 f., u. Steinlein 2000, S. 16 f.

3 Nationalgeschichte als Familiengeschichte

3.1 Gustav Freytag und sein Zyklus *Die Ahnen*

3.1.1 Zum Verhältnis von Individuum, Familie und Nation in *Die Ahnen*

Innerhalb der Geschichte der historischen Erzählliteratur des 19. Jahrhunderts markieren die Jahre 1870/71 mit dem gewonnenen Frankreich-Feldzug, der daraus resultierenden Proklamation des preußischen Königs zum deutschen Kaiser sowie der im Anschluß daran vollzogenen Vereinigung der deutschen Staaten zum Deutschen Reich unter preußischer Dominanz noch einmal eine entscheidende Zäsur.[70] Zwar ist innerhalb der allgemeinen Literatur keine „Hochflut geschichtlicher Erzählungen" zu verzeichnen, wie sie die Pädagogen im Rückblick für die Jugendliteratur konstatiert hatten, doch auch hier ist seit den 1870er Jahren ein deutlicher Zuwachs von geschichtserzählender Literatur entstanden, in dem die ganz aktuelle Gegenwart – die Einheit des Deutschen Reiches sowie die unter dem Begriff ‚Kulturkampf' in die Geschichte eingegangenen innerdeutschen kulturpolitischen Auseinandersetzungen – kaum verhüllt in die Vergangenheit projiziert wurden[71]; nach 1870 wird der Geschichtsroman endgültig zum bevorzugten Medium gegenwartspolitischer Auseinandersetzungen.[72]

Zu den ersten und gleichzeitig wichtigsten literarischen Reaktionen auf die veränderten politischen Verhältnisse zählt das Werk *Die Ahnen* (1872–80) des Erfolgsschriftstellers Gustav Freytag[73], ein großangelegter Zyklus von insgesamt neun Erzählungen[74] über die eng mit der jeweiligen Geschichte verbundenen wechselvollen Geschicke eines Familienverbandes, dessen ‚Ahnherr', ein vandalischer Stammesfürst, sich im vierten Jahrhundert in Thüringen niedergelassen hat. Er und seine ‚germanischen' Nachkommen treten nicht nur als Repräsentanten des ursprünglichen ‚Deutschtums' der Verfassergegenwart in Erscheinung[75], sie markieren mit ihrem Auftreten zugleich jene Eckdaten deutscher Geschichte, die aus der Rückschau der 1870er Jahre als Meilensteine auf dem Weg zur Reichseinheit angesehen werden: das Aufeinandertreffen der deutschen Stämme während der Völkerwanderung, die Epoche der Christianisierung durch Bonifatius, Aufstieg und Niedergang des Ritterstandes vor und während der Kreuzzüge, die Zeit der Reformation, der dreißigjährige Krieg, der Aufstieg Preußens unter König Friedrich Wilhelm I., die deutschen ‚Befreiungskriege' gegen Napoleon sowie die Revolution von 1848.

Freytag hat die Ereignisse in einem Spannungsfeld angesiedelt, das in allen Fällen von ständischen Dichotomien – dem Gegensatz zwischen Kirche und Adel, später zwischen Adel und Bürgertum – von religiösen – dem Gegensatz von

70 S. Limlei 1988, S. 197 ff.
71 S. Hirschmann 1978, S. 68 ff., u. Franz-Willing 1971, S. 10.
72 S. Aust 1994, S. 89.
73 Vgl. Holz 1983, S. 16 ff.; vgl. auch Kipper 2002, S. 90 ff.
74 Zur Entstehung des Zyklus' als vorgeblich unmittelbare Reaktion auf die Eindrücke des Frankreichfeldzuges von 1870/71 s. Freytags eigene Erinnerungen (1887, S. 348 ff.).
75 S. Titzmann 1991, S. 120.

Katholizismus und Protestantismus – und von nationalen Dichotomien – dem Gegensatz zwischen Germanen und Slawen – beherrscht wird, Dichotomien, die von ihm gleichsam als produktives, evolutionäres Element der Geschichte inszeniert werden, da sie es sind, die die Geschichte unaufhaltsam ,vorantreiben', teleologisch ausgerichtet auf die eigene Gegenwart[76]: Die Auseinandersetzungen zwischen Kirche und Ritterstand, wie sie in *Das Nest der Zaunkönige* (1873) sowie in *Die Brüder vom deutschen Hause* (1874) geschildert werden, begünstigt den Aufstieg des Ritterstandes und des Adels, der wiederum dem aufstrebenden Bürgertum weichen muß; nicht umsonst trägt der bürgerlich orientierte Familienverband am Ende den beziehungsreichen Namen König. Gegenüber dem Katholizismus trägt am Ende der Protestantismus den unangefochtenen Sieg davon, und das Zurückwerfen slawischer und anderer Eindringlinge trägt endgültig zur Vormachtstellung germanischer Stämme und später des preußischen Staates auf dem Gebiet des späteren Deutschen Reiches bei.[77] Die Überwindung aller Dichotomien steht hier also nicht für eine tatsächliche Versöhnung religiöser, sozialer und nationaler Gegensätze, sondern entscheidende Voraussetzung für die sich am Ende des Zyklus' abzeichnende, jedoch auf der Handlungsebene ausgesparte Einheit des Reiches bildet die Zurückdrängung aller jener gesellschaftlichen Kräfte, deren Selbstverständnis nicht mit dem Selbstbild des protestantisch ausgerichteten, sich bürgerlich verstehenden preußischen Staates – in der Forschung wird in diesem Kontext sogar von einer Bürgertums-Apotheose gesprochen[78] – in Einklang zu bringen war.[79]

Sinnbild dieser historischen Selbstvergewisserung ist auch bei Freytag, der seine Bewunderung für das Vorbild Scott nie verhehlte[80], die Figur des ,mittleren Helden', doch kämpft er im Unterschied zu seinen Vorgängern nicht mehr für die gerechte Sache seines königlichen oder kaiserlichen Herrn; bei Freytag wird er zum „Repräsentant[en] und Helfer der nationalgeschichtlichen Entwicklung"[81], der seine eigenen Interessen stets den Interessen der Familie, d.h. denen der Nation unterzuordnen hat. Stärker noch: das Scheitern des Einzelnen ist nachrangig gegenüber dem ,Überleben' des Verbandes, der Familie, der Nation: In *Ingo und Ingraban* (1872) stirbt Ingo und ermöglicht damit seinem Sohn das Überleben; Ingraban hingegen unterwirft sich dem Christentum, ein Schicksal, das sich in Immos Unterwerfung unter die kaiserliche Lehnshoheit in *Das Nest der Zaunkönige* wiederholt. Ivo, Protagonist in *Die Brüder vom deutschen Hause*, muß ebenso dem freien Ritterstand entsagen wie Marcus König in der gleichnamigen Erzählung seinen politischen Absichten. In *Die Geschwister* (1876) fällt der Offizier Bernhard König dem dreißigjährigen Krieg zum Opfer, während der sächsische Freikorporal August König von einem preußischen Soldaten getötet wird, und

76 Zu diesen teleologisch ausgerichteten Geschichtsmodellen in der geschichtserzählenden Literatur des 19. Jahrhunderts s. Mengel 1986, S. 30.

77 Zum expliziten Antikatholizismus beider Erzählungen s. Hirschmann 1978, S. 119 f.

78 Holz 1983, S. 89.

79 Titzmann hat dafür den Begriff der „mythischen Entität von ›Volk‹ und ›nationalem Charakter‹" geprägt (1991, S. 126).

80 S. Freytag 1887, S. 376; vgl. Holz 1983, S. 24, 34.

81 Aust 1994, S. 100.

Ernst König, Protagonist aus dem letzten Band des Zyklus'[82], muß in den ‚Befreiungskriegen' zunächst auf sein persönliches Lebensglück verzichten.

Die Unterordnung der individuellen Wünsche unter die geschichtlichen Entwicklungen ist dennoch ohne Geschichtsfatalismus möglich, da auf der Handlungsebene sowie in der Figurenrede wiederholt darauf abgehoben wird, daß zwischen individuellen Wünschen und geschichtlichen Entwicklungen letztlich keine Divergenzen bestehen.[83] Freytags Erzählungen handeln jedoch nicht nur von dem Versuch, auf diese Weise ein überindividuelles Geschichtsbewußtsein zu stiften, sie handeln zugleich immer über das Erzählen von Geschichte, vom Wandel der Überlieferungsformen und den unterschiedlichen Formen der Geschichtsschreibung. In diesem Zusammenhang ist eine gewisse Gegenläufigkeit zu konstatieren zwischen Freytags teleologischem Geschichtsmodell und seiner Sichtweise auf die unterschiedlichen Formen geschichtlicher Überlieferungen. Im Zentrum dieser unterschiedlichen Überlieferungsformen steht wiederum nicht das Individuum, sondern die Familie, deren genaue verwandtschaftliche Beziehungen kaum explizit benannt, sondern stets in den Bereich der Sage, der Legende, der mündlichen Überlieferung sowie des Hörensagens und damit zugleich in die Imagination des Lesers verlagert werden. Ebenso auf diesen verwandtschaftlichen Zusammenhalt verweisen einige sehr bewußt gesetzte Wiederholungen bestimmter Ereignisse sowie die Wiederverwendung von Namen einzelner Familienmitglieder.[84] Beinhaltet diese Darstellung von der Kontinuität familialer und damit auch historischer Zusammenhänge bereits eine implizite Abkehr von den Prinzipien des Historismus, so treibt Freytag diese Methode noch einen Schritt weiter, wenn er Hinweise auf den künftigen Verlauf der Geschichte in die Form von Weissagungen bzw. alten Volksüberlieferungen verlegt. Gleichzeitig kündigen Freytags Figurenkonstellationen vom Wissen um die Notwendigkeit eines Vermittlers der historischen Ereignisse: in allen Erzählungen des Zyklus' wird einer randständigen Figur explizit die Funktion dieses Vermittlers zugewiesen, „welche die Kunde von Thaten und Schicksalen im Volke verbreiten und späteren Geschlechtern überliefern [...]. Im Ingo vertritt sie der Sänger Volkmar, in den späteren Geschichten nach der Reihe der Spielmann, der lateinische Schüler, der Buchhändler, der Pasquillenschreiber, zuletzt der Journalist."[85]

Die unterschiedlichen Funktionen dieser Figuren sind gleichsam dem ‚objektiven' Verlauf der Geschichte geschuldet, die Tatsache, daß es sich immer um Einzelpersonen handelt, die sich am sozialen Rand der Gesellschaft bewegen, verweist zugleich unübersehbar auf den subjektiven Charakter der eigenen Geschichtsdarstellung.

82 *Aus einer kleinen Stadt* (1880).
83 S. Limlei 1988, S. 151; vgl. auch Titzmann 1991, S. 129.
84 S. dazu Freytag selbst in seinen *Erinnerungen aus meinem Leben* (1887, S. 357 f.).
85 Freytag 1887, S. 355.

3.1.2 Funktionen weiblicher Figuren bei Gustav Freytag

Geschichte, so war eingangs konstatiert worden, wird auf allen Ebenen vordringlich als eine Sache von Männern angesehen. Das gilt in besonderem Maße für die geschichtserzählende Literatur des 19. Jahrhunderts, die nicht nur im deutschsprachigen Bereich von männlichen Autoren dominiert wurde. Im Kontext eines zunehmenden Interesses an einer gendersensiblen Perspektivierung stellt sich nicht nur die Frage nach bislang in Vergessenheit geratenen weiblichen Autoren historisch-narrativer Texte, zu nennen wären hier Autorinnen wie Louise Mühlbach oder Luise Pichler für den jugendliterarischen Bereich, sondern auch nach den weiblichen Figuren in den Texten männlicher Autoren. Vor dem Hintergrund der Tatsache, daß die allgemeine geschichtserzählende Literatur von Seiten der Pädagogen durchgängig auch als Mädchenlektüre empfohlen worden ist, stellt sich verstärkt die Frage nach möglichen Identifikationsmodellen für weibliche Leser, d.h. die Frage nach den weiblichen Figuren in historisch-narrativen Erzählungen. Die Feststellung, daß weibliche Figuren in historischen Erzählungen nur eine untergeordnete Rolle spielen, greift in ihrer Pauschalität zu kurz.[86] Bereits bei Scott treten weibliche Figuren in Erscheinung, die sich durch ein hohes Maß an Aktivität auszeichnen und in diesem Kontext auch nicht davor zurückschrekken, herkömmliche Geschlechtergrenzen zu überschreiten. So unternimmt das schottische Bauernmädchen Jeannie Deans in der Erzählung *The Heart of Midlothian* (1818) alles in ihrer Macht stehende, um das Leben ihrer vom Tode bedrohten Halbschwester zu retten.[87]

Auch in Gustav Freytags Zyklus *Die Ahnen* spielen weibliche Figuren eine gewichtige Rolle; der geschlechtsneutrale Reihentitel scheint bereits darauf zu verweisen. Weibliche Figuren, obgleich sie nie den Protagonisten stellen, treten keineswegs nur in den traditionellen Rollen von Müttern, Schwestern und Ehefrauen in Erscheinung, die den Aktionen der männlichen Figuren als passive Zuschauerinnen beiwohnen. Im Gegenteil, sie greifen aktiv in die Handlung ein und beeinflussen ebenso aktiv Leben und Geschicke der männlichen Protagonisten – ein fast durchgängiges Handlungselement aller Erzählungen des Zyklus'. Dabei werden sowohl die herkömmlichen Geschlechtergrenzen wie auch ‚nationale' und soziale Grenzen von den Akteuren scheinbar mühelos überschritten, so etwa von der äußerst machtbewußten Königin Gisela in *Ingo und Ingraban*, die nicht nur ihren eigenen Mann zu Tode bringt, sondern auch den von ihr geliebten Ingo, als er sich ihr verweigert.[88] Einen Höhepunkt erreicht diese Darstellung im dritten und zentralen Teil des Zyklus', *Die Brüder vom deutschen Hause*, in der die Rettung des Protagonisten Ivo, der als Kreuzfahrer zu vollkommener

86 Vgl. Peterson 1997, S. 82.

87 S. Müllenbrock 1980, S. 28. Auch in den historischen Erzählungen über die sogenannten Befreiungskriege treten atypische weibliche Figuren auf, mehrheitlich Frauen, immer bürgerlicher Herkunft, die, wie die männlichen Figuren auch, mit einem politischen, d.h. deutsch-nationalen Bewußtsein versehen sind und in diesem Kontext auch bereit sind, zum Wohle des Vaterlands eigene private Bedürfnisse zurückzustellen, so etwa die Protagonistin in Ludwig Rellstabs *1812. Ein historischer Roman* (1834). Vgl. dazu Peterson 1997, S. 85 f. Vgl. auch T. 2, Kap. 3 u. 4.

88 S. Freytag 1953a, S. 127 f., 144 f.

Passivität in sarazenischer Gefangenschaft verdammt ist, in ein ganzes Netzwerk weiblicher Figuren gegeben ist: in die Aktivität der bürgerlichen Richterstochter Friedrun, die durch ein Empfehlungsschreiben der Landgräfin Else zu Hedwig, einer fiktiven Schwester des Kaisers, gelangt und durch eine von allen drei Frauen gemeinsam angezettelte politische Intrige nicht nur die Freilassung Ivos in die Wege leitet, sondern dem Kaiser auch Aufklärung über die inneren Feinde des Reiches gibt.[89] In den sogenannten Befreiungskriegen schließlich, dessen Mikrokosmos Freytag in der Erzählung *Aus einer kleinen Stadt* fokussiert, tritt eine weibliche Figur sogar als Sinnbild ‚des Deutschen' in Erscheinung. Henriette, Tochter eines Pfarrers, steht zwischen einem französischen Oberst, dem sie ihr Leben verdankt und an den sie sich deswegen gebunden fühlt, und dem Deutschen Ernst König, den sie liebt. Ihre innere Zerrissenheit ist Ausdruck der Befindlichkeiten der deutschen Nation, die durch Verträge an die französischen Besatzer gebunden ist und gleichzeitig in erwachendem Patriotismus zunehmend die Interessen des eigenen Volkes vertritt. Schließlich trifft Henriette eine Entscheidung, sie warnt Ernst vor der drohenden Verhaftung[90] und votiert damit endgültig gegen das ‚Fremde' und für den eigenen ‚Nationalcharakter'. Ihr aktives Eintreten für den Deutschen Ernst ist, so wird es auf der Handlungsebene insinuiert, Anstoß zur ‚nationalen' Erhebung der Männer.

Auf der Handlungsebene konnten weibliche Figuren daher durchaus als Identifikationsfiguren für weibliche Leser dienen, auf der Erzählebene waren diese hier in Einzelbeispielen aufgeführten Grenzüberschreitungen jedoch gewichtigen Verschiebungen unterworfen. Zwar tragen auch weibliche Figuren entscheidend zum Ziel der Einheit der deutschen Nation bei, da sie nämlich durchgängig einem anderen Stamm, einem anderen Volk, einem anderen Staat als ihr zukünftiger Mann entstammen. Dennoch zählen sie nicht in gleicher Weise wie die Männer zu den ‚Ahnen' des deutschen Volkes der Verfassergegenwart. Sie unterliegen nicht dem gleichen Spannungsverhältnis zwischen Individuum und ‚Volksgemeinschaft' wie die männlichen Figuren, sie müssen nicht zugunsten von Volk und Familie auf persönliches Glück verzichten, ein, wie dargestellt, zentrales Moment in der Konzeption der männlichen Figuren. Weibliche Figuren werden auch von der Familientradition gleichsam ausgeschlossen, denn weder werden, wiederum im Unterschied zu den männlichen Figuren, ihre Namen innerhalb der Familie tradiert noch werden sie im Laufe der Geschichte mit den Wiederholungen bestimmter historischer Ereignisse konfrontiert – zwei zentrale Komponenten innerhalb von Freytags Geschichtsverständnis, von denen die weiblichen Figuren ausgeschlossen bleiben.[91]

Weibliche Figuren, so läßt sich festhalten, partizipieren zwar in zentraler Weise an den historischen Ereignissen und damit auch am Zustandekommen der deutschen Einheit; von allen Formen der Überlieferung und der Geschlechterfolge bleiben sie jedoch ausgeschlossen – bei den ‚Ahnen' der Deutschen handelt es sich, aller Handlungsfreiheiten weiblicher Figuren zum Trotz, dennoch ausschließlich um männliche Vorfahren.

89 S. Freytag 1953e, S. 664, 669, 686 f.
90 S. Freytag 1953f, S. 1276 ff., 1282.
91 S. Holz 1983, S. 193.

3.2 Gustav Freytag für jugendliche Leser

3.2.1 Der Fall Oskar Höcker und sein Zyklus *Das Ahnenschloß*

Der große Erfolg vor allem der ersten Bände von Freytags Ahnen-Zyklus[92] sowie die Tatsache, daß die Rezensenten wiederholt auf den paradigmatischen und zugleich neuartigen Charakter dieser poetischen Geschichtsdarstellung verwiesen, rief schnell Nachahmer auf den Plan, bezeichnenderweise nicht im Feld der allgemeinen, sondern im Bereich der Jugendliteratur. Obwohl Freytag seinen Zyklus auch an jugendliche Leser adressiert sehen wollte[93], handelte es sich bei seinen Erzählungen jedoch nicht um spezifische Jugendliteratur. Genau dieses, nämlich die Publikation eines explizit an Jugendliche adressierten Zyklus' von historischen Erzählungen aus der Geschichte des deutschen Volkes, gespiegelt in den Schicksalen einer verzweigten Familie, planten Mitte der 1870er Jahre die Leipziger Verleger Ferdinand Hirt und sein Sohn Arnold[94], ganz offensichtlich primär aus marktstrategischen Gründen. Der gerade im Bereich jugendliterarischer historischer Erzählungen renommierte Verlag beauftragte den Erfolgsschriftsteller Oskar Höcker[95] mit der Abfassung entsprechender Erzählungen. Höcker folgte der Aufforderung umgehend und legte bereits im Herbst 1878 den ersten von insgesamt vier zwischen 1879 und 1880 veröffentlichten Bänden mit insgesamt sieben Erzählungen vor. Mit dem Reihentitel *Das Ahnenschloß*, der auf jedem Einband erschien, sollte offen auf das literarische Vorbild verwiesen werden, offensichtlich, um auf diese Weise den Absatz zu erhöhen; die Titel der Einzelbände markierten, anders als bei Freytag, explizit die historische Epoche, in der die Handlung angesiedelt war.[96] Bezeichnenderweise beginnt Höckers *Ahnenschloß* anders als Freytags Zyklus nicht in der deutschen Vorgeschichte, sondern erst im „Zeitalter der Reformation"; Höcker unternahm also gar nicht erst den Versuch, gegen den großen Erfolg gerade der ersten Bände des Vorbildes anzuschreiben, sondern verfaßte seine Erzählungen vielmehr gleichsam parallel zu *Die Ahnen*. Als Höcker seinen ersten Band veröffentlichte, schrieb Freytag bereits am Schlußband seines Zyklus', so daß es für Höcker ein Leichtes war, das Epochenschema

92 Über den Erfolg vor allem der ersten Bände des Zyklus' s. Holz 1983, S. 9, 88.

93 S. die entsprechenden Zitate bei Holz 1983, S. 78.

94 Zur Geschichte des Verlages s. den Überblick von Reinhard Stach in *Kinder- und Jugendliteratur.* Bd. 3, T. 3, 8. Erg.-Lfg. 1999, S. 1–5.

95 Einführend zur Biographie von Höcker s. die Artikel von Hermann Bertlein in *Lexikon der Kinder- und Jugendliteratur* 1984, Bd. 1, S. 584 f., von R. v. Hagel in *Lexikon der Reise- und Abenteuerliteratur.* Bd. 3, T. 1, 4. Erg.-Lfg. 1990, S.[1]-30, u. von Günter Lange in *Kinder- und Jugendliteratur* 1995–2002, Bd. 1, T. 3.

96 Bd. 2 enthält zwei Erzählungen, deren erste 1631, d.h. zu Beginn des dreißigjährigen Krieges angesiedelt ist und die Eroberung der Stadt Magdeburg schildert; im Zentrum der 2. Erzählung steht die Übernahme von Straßburg durch Ludwig XIV. in den 1680er Jahren. Bd. 4 enthält drei Erzählungen, in denen ein zeitlicher Bogen von 1793, dem Jahr des Terreurs in Paris, über 1808, die Epoche der französischen Besetzung Deutschlands, bis hin zu den Jahren 1812/13, d.h. den ‚Befreiungskriegen' gespannt wird. Bd. 4 schließt mit einem „Schluß" überschriebenen Epilog (Höcker ^{2}1887, S. 156 ff.), in dem durch auktorialen Erzählerkommentar die Epoche bis 1871, d.h. die Zeit der Wiedergewinnung Straßburgs und des Elsaß zusammengefaßt und mit der Familiengeschichte verbunden wird.

seines Vorbildes wenigstens in groben Zügen für die eigenen Erzählungen zu übernehmen. Für diese These spricht, daß die der ersten Erzählung nachgestellte Verlagswerbung bereits alle Erzählungen des Zyklus' mit Titel, Untertitel und kurzer Inhaltsparaphrase präsentiert, d.h. daß für Höcker bereits von Beginn an Konzept (und möglicherweise auch Inhalt) seines Zyklus' feststanden.

Im Unterschied zu Freytag wird bei Höcker – eine offensichtlich den jugendlichen Adressaten geschuldete Maßnahme – jeder Band mit einer kurzen (und immer gleichlautenden) Vorbemerkung des Verfassers eingeleitet, in dem er auf Inhalt und Intention sowohl des Zyklus' als auch der einzelnen Erzählungen eingeht. In der Vorbemerkung zum Eröffnungsband der Reihe, *Das Erbe des Pfeiferkönigs* (1879), heißt es:

Der deutschen Jugend eine Reihe kulturgeschichtlicher, verschiedenen Jahrhunderten entnommener Bilder vorzuführen, welche, beginnend vom Zeitalter der Reformation, an wichtige vaterländische Geschichtsepochen anknüpfen und in der Gegenwart ihren Abschluß finden, ist der Zweck dieses Werkes. Um die Empfänglichkeit des jugendlichen Lesers für Belehrung zu erhöhen, wandte ich mich zugleich an seine Phantasie und wählte für meine Stoffe die Form der frei erfundenen Erzählung. Es ist eine Familiengeschichte, in welcher ich die Ereignisse aus vier Jahrhunderten in ihrem kulturgeschichtlichen Kolorit wiederzuspiegeln versucht habe. [...] Ein durch sämmtliche Generationen festgehaltenes Familieninteresse verbindet die vier Bände zu einem Ganzen; *zugleich aber bildet jeder einzelne Band eine streng für sich abgeschlossene Erzählung, welche in Anlage, Entwicklung und Ausgang durchaus selbständig dasteht.* Ich habe das Elsaß zum vorwiegenden Schauplatz meiner Darstellung gewählt, weil die Wiedergewinnung desselben die Theilnahme für seine historische Vergangenheit erhöht hat, und weil diese letztere in weit innigerem Grade, als dem jugendlichen Leser im Allgemeinen bekannt sein dürfte, mit den entscheidendsten Geschichtsperioden unseres deutschen Gesammtvaterlandes verwachsen ist.[97]

Sehr viel deutlicher als Freytag verweist Höcker bereits im Vorwort auf die belehrende und vor allem gegenwartsorientierte Tendenz seiner Erzählungen. Die „Wiedergewinnung" des Elsaß wird von Höcker implizit gleichgesetzt mit der Errichtung des deutschen Kaiserreichs von 1871, dessen Legitimität, und damit auch die Legitimität der „Wiedergewinnung", in den einzelnen Erzählungen gleichsam ‚nachgereicht' wird. – Docere und delectare, diesen in der Vorbemerkung ebenfalls offen benannten Prinzipien, hat Höcker seine Geschichtsdarstellung unterworfen, und so gibt es, im Gegensatz zu Freytag, in allen Erzählungen lange Erzählerkommentare, in denen die Leser ausführlich über die historischen Ereignisse informiert werden. Sie sind durchsetzt, ihnen dabei aber im Umfang durchaus nachgeordnet, mit einzelnen Kapiteln, in denen die Geschichte der (bürgerlichen) Familie Ratbod und der (adeligen) Familie Hohenheg, beide aus Straßburg, aufgerollt und über Generationen bis in die Verfassergegenwart verfolgt wird. Die Geschichte beider Familien sowie die Beziehungen der einzelnen Familienmitglieder, auf deren Generationenfolge und Verwandtschaftsverhältnis jeweils zu Beginn der Erzählungen, wiederum im Unterschied zu Freytag, in extenso eingegangen wird[98], erlaubt Höcker die Darstellung jener Antagonismen, die

97 Höcker 1879a, S. [5].

98 Lediglich in einem Fall wird – analog zu Freytag – die Erinnerung an die Familiengeschichte in die Form eines mit Spannungs- und Schauermomenten durchsetzten Märchens verlegt, das Sophia Dorothea Ratbod Anfang des 18. Jahrhunderts ihren Kindern erzählt.

für den gesamten Zyklus handlungskonstituierend sind: der Gegensatz zwischen bürgerlich und adelig, zwischen protestantisch und katholisch, zwischen deutsch und französisch.

Anders als bei Freytag ist es in Höckers Erzählungen die wechselvolle Geschichte Straßburgs und des Elsaß, vor dessen Hintergrund sich die nicht minder wechselvolle Geschichte der verfeindeten und doch miteinander durch verwandtschaftliche Beziehungen eng verbundenen Familien abspielt. Doch bilden diese Örtlichkeiten nur eine historische Folie, von der aus der Autor die Handlung dann nach Magdeburg, nach Berlin, Paris und Leipzig verlegt, seine Akteure im Verlauf der verschlungenen Handlung jedoch gleichsam in einem Zirkelschluß immer wieder nach Straßburg zurückführt, bevor im Schlußkapitel ein namenloser Nachfahre der Familien als Teilnehmer an der Rückeroberung Straßburgs eingeführt wird. Trotz der unterschiedlichen Örtlichkeiten gibt es auffällige Übereinstimmungen zwischen Höcker und Freytag hinsichtlich der historischen ‚Meilensteine', die für die Akteure auf dem Weg zur Einheit des Reiches zu passieren sind: die Reformation sowie die herausragende Bedeutung Luthers, der dreißigjährige Krieg, die Epoche Friedrich Wilhelms I. (auffällig ist, daß beide Autoren kaum Interesse an Friedrich II. und seiner Bedeutung für die preußische Geschichte zeigen) sowie abschließend die Jahre der napoleonischen Herrschaft und der sogenannten Befreiungskriege. Der bei Freytag immer wieder auftretende Antagonismus zwischen Deutschen und Polen findet bei Höcker seine Entsprechung in einer ebensolchen Zeichnung der Feindschaft zwischen Deutschen und Franzosen, die allerdings im vierten Teil des Zyklus' zumindest partiell aufgehoben wird, da Dora Ratbod nach der Niederlage der französischen Truppen in der Schlacht bei Leipzig die Frau von Viktor d'Haunaigue wird, einem Mitglied des französischen Zweiges der Familie Hohenheg, den sie als verwundeten Offizier zuvor gepflegt hatte.

Analog zu Freytag findet auch bei Höcker am Ende eine Überwindung aller Standes- und Konfessionsschranken statt, wobei sich hier ebenfalls der katholische französische Adel an das deutsche protestantische Bürgertum anzugleichen bzw. unterzuordnen hat. Damit steht der Schluß von Höckers Zyklus kontrapunktisch zu seinem Beginn, denn in der ersten Erzählung hatte der verarmte Adelige Waldner von Hohenheg eine Verbindung zwischen seinem Sohn Wolfgang und Philippine, der Tochter des Pfeiferkönigs Michael Ratbod, in die Wege geleitet, um auf diese Weise wieder zu Wohlstand zu gelangen, dies gleichsam als negative, traditionelle Möglichkeit einer Standesüberschreitung.

Neben der Entwicklung der Familiengeschichte bilden etliche Spannungselemente, die oftmals nur sehr lose mit den historischen Ereignissen verbunden sind, jedoch meist als eine Art ‚cliff-hanger' eingesetzt werden (u.a. geht es um Testamentsfälschung, Enttarnung französischer Soldaten, Befreiung von Gefangenen, diverse Überfälle, Verschleppungen und Befreiungen in letzter Minute), Höckers

Implizit wird auf diese Weise zugleich auf die Subjektivität aller Erinnerungen verwiesen, da Sophia Dorotheas Version der Ereignisse in vielen Teilen nicht übereinstimmt mit jener Version, die dem Leser durch den Erzähler übermittelt worden ist (Höcker 1880, S. 10–14).

Konzessionen an die Lektürebedürfnisse seines jugendlichen Publikums. Anders als bei Freytag dienen diese Episoden auch in ihren Wiederholungen nicht dazu, auf implizite Weise Kontinuitäten deutscher Geschichte aufzuzeigen, diese Aufgabe ist durchgängig an die stark konturierte Erzählerfigur delegiert und wird gestützt durch eine ebenso stark markierte Authentizitätsfiktion.[99]

3.2.2 Weibliche Figuren bei Oskar Höcker

Höcker hatte seine Erzählungen geschlechtsunspezifisch an „die reifere Jugend" adressiert, doch die Konstellation seiner Figuren zeigt deutlich, daß er dabei primär männliche Leser im Blick hatte. Im gesamten Zyklus spielen, anders als bei Freytag, weibliche Figuren nur eine sehr untergeordnete Rolle. Dies gilt zum einen für die umfangreichen Ausführungen des Erzählers, innerhalb derer weibliche Figuren überhaupt nicht erwähnt werden. Dies gilt aber auch für die Handlungsebene, wie die folgenden Ausführungen belegen sollen. Dazu einige signifikante Beispiele. In allen Erzählungen treten als Randfiguren auch historische Figuren in Erscheinung, dabei handelt es sich ausschließlich um männliche Figuren. Bei den fiktiven Akteuren werden Frauen erwähnt, jedoch verhalten sie sich im Gegensatz zu den männlichen Figuren fast ausschließlich passiv und verbleiben im Hintergrund. Typisch für die Zeichnung einer solchen weiblichen Figur ist Philippine, die Tochter des Pfeiferkönigs Michael Ratbod. Obwohl ihre Verheiratung mit dem verarmten adeligen Geschlecht Hohenheg den Beginn des über Generationen andauernden Familienzwistes markiert, wird ihr keinerlei Figurenrede zugestanden, sie trägt als eigenständige Persönlichkeit nichts zum Fortgang der Handlung bei, in die historischen Prozesse greift sie nicht ein. Auch von der privaten, d.h. der Familiengeschichte bleiben Mädchen wie Frauen gleichsam ausgeschlossen, es dominiert die männliche Erbfolge; in den sich wiederholenden Rückblicken auf die Familiengeschichte und Verwandtschaftsverhältnisse ist ausschließlich von männlichen Nachkommen die Rede. Diese Konstellation behält ihre Gültigkeit bis in die unmittelbare Verfassergegenwart. Zwar heiratet Dora den von ihr gepflegten französischen Offizier und trägt damit entscheidend zur Überwindung von nationalen, konfessionellen und sozialen Konflikten bei, doch es ist ein namenloser Enkel ihres Bruders Johannes, der an der Wiedereroberung des Elsaß beteiligt ist – ein weiteres Mal hat sich die männlich dominierte Traditionslinie durchgesetzt.

Lediglich in Ausnahmefällen wird einzelnen weiblichen Figuren ein gewisser Aktionsradius und damit verbunden dann auch atypisches Verhalten zugestanden. In *Im heimlichen Bunde* (1879) verhilft Johanna Ratbod nach der Eroberung Magdeburgs durch die Truppen Tillys ihren beiden zum Tode verurteilten

99 So verweist der Erzähler wiederholt auch in Fußnoten explizit auf die historische ‚Wahrheit' seiner Darstellung; mehrfach soll diese ‚Wahrheit' auch durch Hinweise auf die Erzählergegenwart (s. etwa Höcker 1879a, S. 43) sowie durch die Nennung historischer Quellen gestützt werden. Zu Beginn des 4. Teils (Höcker ^{2}1887, S. [5]) nennt Höcker erstmalig alle von ihm vorgeblich herangezogenen historischen Quellen, darunter auch Gustav Freytag, bezeichnenderweise allerdings nicht den Zyklus *Die Ahnen*, sondern die *Bilder aus der deutschen Vergangenheit* (1859–1867).

Brüdern Andreas und Rudolf mit einem Trick zur Flucht.[100] Nach ihrer eigenen Befreiung durch einen treuen Wachtmeister[101] erfährt der Leser jedoch nichts mehr über ihr Schicksal. Wie sehr Höcker offensichtlich auf männliche jugendliche Leser rekurrierte, zeigt auch die starke Konturierung der Mutterfigur Sophia Dorothea, der Frau des passiven und lebensfremden Professors Gotthold Lebrecht Ratbod, in *Zwei Riesen von der Garde* (1880). Nicht nur wird sie als äußerst tatkräftig und praktisch beschrieben, ihr wird auch atypisches Verhalten zugestanden, als sie sich für ihren zu den Grenadieren gepreßten Sohn beim König verwendet, wo sie selbstbewußt und unerschrocken auftritt.[102] Dieses Verhalten ist jedoch untrennbar mit ihrer Rolle als Mutter verbunden, innerhalb derer sie am Ende sogar die Gesetze übertritt und ihrem Sohn durch das Zuschikken von Zivilkleidung die Desertion ermöglicht.[103]

Das durchaus atypische Verhalten sowohl von Johanna als auch von Sophia Dorothea weist allerdings nur mittelbare Bezüge zu ihrem politisch-gesellschaftlichen Umfeld auf. Erst im letzten Teil seines Zyklus', in *Deutsche Treue, welsche Tücke* (1881), einer Erzählung aus der Zeit der ‚Befreiungskriege', führt Höcker weibliche Figuren in die Handlung ein, die in atypischer Weise auch aktiv in den Verlauf der Geschichte eingreifen – und dies sogar ausschließlich aus politischen Motiven. Im Sinne eines vorweggenommenen Einheitsgedankens werden hier eine Aristokratin sowie die junge Tochter eines Bürgers für die deutsche Freiheitsbewegung aktiv. Louison von Lübbenau, Tochter einer österreichischen Adeligen, berät die deutschen Patrioten, wie die französische Besatzung Magdeburgs durch einen deutschen Aufstand vertrieben werden könnte, da sie nämlich den Aufbewahrungsort der Schlüssel für die Stadttore kennt; sie warnt die Freunde später vor der bevorstehenden Verhaftung und verhilft ihnen zur Flucht.[104] Bezeichnenderweise wird Louison zwar als verheiratete Frau in die Erzählung eingeführt, der Ehemann tritt jedoch nicht in Erscheinung, sie agiert also vollkommen auf sich gestellt und, wichtiger noch, als gleichberechtigte Partnerin der männlichen Verschwörer. In noch stärkerem Maße gilt dies für die erst 15jährige Gertrud, die sich anbietet, in die Dienste des französischen Stadtkommandanten zu treten, um dort die Schlüssel der Stadttore zu stehlen, wofür sie von den Mitverschwörern explizit als „wackres Mädchen"[105] bezeichnet wird. In einer außergewöhnlichen Situation, als nämlich „Deutschland in Ketten" (so die entsprechende Kapitelüberschrift) liegt, müssen alle Deutschen zusammenstehen und zwar gleichgültig ihres Standes, ihres Geschlechts und auch ihrer Generation. Unter dieser Prämisse wird auch weiblichen Figuren, und hier sogar einem Mädchen im klassischen Backfischalter, explizit atypisches Verhalten zugestanden, ein Verhalten zudem, das am Ende nicht wieder in die klassische Mädchenrolle mündet, son-

100 S. Höcker 1879b, S. 49, 55.
101 Ebd., S. 62.
102 S. Höcker 1880, S. 8, 51, 63.
103 Ebd., S. 71.
104 Ebd., S. 95, 97.
105 Ebd., S. 81, 95, 97.

Ill. 7: Buchwerbung für Brigitte Augusti aus: Oskar Höcker: Deutsche Treue, welsche Tücke. Kulturgeschichtliche Erzählung aus der Zeit der großen Revolution, der Knechtschaft und der Befreiung. 2. Aufl. Leipzig 1887 (Das Ahnenschloß; 4).

dern seine Entsprechung in einem ebenso atypischen Tod der Figur findet[106] (vgl. T. 2, Kap. 3 u. 4).

Obwohl mit Gertrud, die zudem in einer sehr spannungsreichen Episode agiert, zweifellos eine Identifikationsfigur auch für weibliche Leser geschaffen wurde, war dies offenbar nicht ausreichend, jugendliche Leserinnen für die Lektüre von Höckers Zyklus zu gewinnen.[107] Möglicherweise wollte der innovative Verleger

106 Erzählt wird in der Rückschau, daß Gertrud von französischen Marodeuren erschlagen worden ist (ebd., S. 123).

107 Von Seiten der Pädagogen wurde Höcker – wenn überhaupt – meist explizit für männliche Jugendliche oder aber nicht geschlechtsspezifisch als Jugendlektüre empfohlen, die dazu dienen sollte, „das Nationalgefühl [zu] beleben und zur Ergänzung des Geschichtsunterrichts bei[zu]tragen“ (Michatsch 1895/96, S. 489).

auch dem Umstand Rechnung tragen, daß – wie oben skizziert – von pädagogischer Seite mehr und mehr gefordert wurde, auch Mädchen im Sinne politischer Identitätsbildung mit der deutschen Geschichte zu konfrontieren; möglich auch, daß der Verlag beabsichtigte, durch eine neue Form von Jugendliteratur neue Leserschichten zu erschließen: Nur wenige Jahre nachdem Höcker den letzten Band von *Das Ahnenschloß* veröffentlicht hatte, beauftragte der Verlag die im Gegensatz zu Höcker noch relativ unbekannte Jugendschriftstellerin Brigitte Augusti[108], nach dem Vorbild von Freytag und Höcker ebenfalls einen Zyklus von Erzählungen über die deutsche Vergangenheit zu verfassen, der sich jedoch im Unterschied zu den mittlerweile populären Vorgängern nun explizit an das „reifere Mädchenalter“ richten sollte.

3.3 Brigitte Augustis Zyklus *An deutschem Herd* als Paradigma

Im Frühjahr 1885 erschien der erste Band eines insgesamt fünfbändigen Zyklus', dessen einzelne Bände ebenfalls mit programmatischen Vorbemerkungen eingeleitet wurden, die aber im Unterschied zum Zyklus von Höcker nicht von der Autorin, sondern von der Verlagsbuchhandlung, d.h. vermutlich von Arnold Hirt selbst stammten. Vor allem die Vorbemerkung zum ersten Band[109] erscheint in verschiedener Hinsicht bemerkenswert: Zum einen weist der Verleger offen darauf hin, daß die Idee für diesen an Mädchen gerichteten Zyklus mit historischen Erzählungen von ihm selbst und nicht etwa von der Autorin stammt; die Bemerkung, daß es sich dabei um einen „lang gehegten Lieblingsplan“[110] handele, zeigt zudem, daß Hirt ursprünglich geplant hatte, die Reihe schon sehr viel früher zu ‚machen‘, möglicherweise als Parallelunternehmen zu den Erzählungen von Höcker[111], auf die an gleicher Stelle ebenfalls explizit verwiesen wird.[112] Hatte Höcker in seinem Vorwort die Funktion der Erzählungen als Medium des kulturellen Gedächtnisses im Sinne der angestrebten politischen Erziehung seiner Leser her-

108 Einführend zur Biographie von Augusti s. den Abriß von Aiga Klotz in *Lexikon der Kinder- und Jugendliteratur* 1984, Bd. 1, S. 19 f. Augusti war bis zu diesem Zeitpunkt lediglich durch die Veröffentlichung einiger Mädchenbücher und Übersetzungen in Erscheinung getreten.

109 S. Augusti 1885, S. [V f.].

110 Ebd., S. [V].

111 Es ist nicht auszuschließen, daß Hirts Entscheidungen vordringlich von finanziellen Maßgaben bedingt waren: Nach dem Tode des Vaters hatte Arnold Hirt den Verlag gerade in den 80er Jahren durch den Kauf weiterer Verlagsunternehmen beträchtlich vergrößert, d.h. er besaß nun die Mittel, um die von ihm favorisierten verlegerischen Projekte realisieren zu können (s. Reinhard Stach in *Kinder- und Jugendliteratur*, Bd. 3, T. 3, 8. Erg.-Lfg. 1999, S. 1).

112 Hirt betreibt an dieser Stelle verdeckte Eigenwerbung, wenn er (fälschlicherweise) darauf hinweist, daß sich Augustis Zyklus in „Inhalt, Form und Ausstattung an die drei mit dem größten Beifall aufgenommenen Jugendschriften-Serien Oskar Höckers *Das Ahnenschloß*, *Der Sieg des Kreuzes*, *Preußens Heer*, *Preußens Ehr* anschließen soll“ (Augusti 1885, S. [V]). Erst in späteren Auflagen wird explizit auf Freytags Zyklus *Die Ahnen* als weitere zentrale Quelle für Augustis Zyklus hingewiesen (Augusti ^{11}1907, S. [V]; die Vorbemerkungen zu Bd. 4 und 5 nennen weitere verwendete Quellen, hier eindeutig zur Stützung der Authentizitätsfiktion; s. Augusti 1888, S. [V], Augusti ^{2}1889, S. [V]).

ausgestellt, suchte Hirt an gleicher Stelle den Schulterschluß mit den pädagogischen Vermittlern – als Adressaten werden „Eltern, Erzieher und die jungen Leserinnen“ (in dieser Reihenfolge!) genannt – denn er möchte mit Augustis Erzählungen vordringlich „der süßlichen und ebenso reichlich als oft zweck- und planlos aufschießenden Mädchen-Litteratur“[113] entgegenwirken. Mit dieser dezidierten Ablehnung eines von allen pädagogischen Instanzen wenig geschätzten Genres umging Hirt zugleich geschickt mögliche Ängste der gleichen Instanzen vor einer neuen Textsorte: der an Mädchen adressierten historischen Erzählung, die er aus diesem Grund mit dem Begriff „kulturhistorische Erzählung“ umschreibt. Gleichermaßen unbestimmt blieb der Verleger auch, wenn er kurz den Inhalt der Reihe umreißt: Es gehe um eine Schilderung des „Leben[s] und Wirken[s] unserer deutschen Frauen [...] an der Hand fesselnder Erzählungen, [denen] je ein wichtiger Kulturabschnitt zu Grunde gelegt werden soll“[114]. Erst in den Vorbemerkungen der späteren Bände und Auflagen, als die hohen Auflagenzahlen Beleg und Garantie dafür boten, daß sich das neue Genre offensichtlich sowohl bei den Vermittlern als auch bei den Leserinnen etabliert hatte, sprach Hirt offen vom „geschichtliche[n] beziehentlich kulturgeschichtliche[n] Inhalt“[115] der Erzählungen und unterstrich den historischen Charakter der Einzelbände, indem er – ähnlich wie Höcker – zugleich eine kurze Charakteristik der in Rede stehenden Epoche lieferte.

3.3.1 Handlungsorte deutscher Geschichte bei Brigitte Augusti

Bei der Auswahl der Epochen ist die Anlehnung sowohl an Freytag wie auch an Höcker unübersehbar, und analog zu Höcker werden die Epochenbezüge von Augusti jeweils im Untertitel der Erzählungen benannt.[116] Wie von Höcker wird auch von Augusti die Epoche der Völkerwanderung und der Christianisierung ausgespart, sie setzt jedoch bereits in der Epoche des Hochmittelalters – hierin wieder an Freytag anknüpfend – einen ersten historischen Schwerpunkt. Weitere zentrale Wendepunkte deutscher Geschichte sind für Augusti das 15. Jahrhundert, und hier auch wiederum die Bedeutung der Reformation, sowie die Zeit des 30jährigen Krieges, dessen Schilderung einen Höhe- und Wendepunkt innerhalb des Zyklus' markiert. Dazu zählt u.a., daß durch die veränderten Untertitel der letzten beiden Bände – „Erzählung aus der Zeit Friedrichs des Großen“, „Bilder aus der Zeit der Königin Luise“ – eine sehr viel stärker personenzentrierte Geschichtsdarstellung insinuiert wird, eine Vorgabe, die allerdings auf der Handlungsebene nur sehr partiell eingelöst wird, da beispielsweise der letzte Band des Zyklus' zeitlich weit über den Tod der Königin hinausreicht.

113 Augusti 1885, S. [V f.].
114 Ebd., S. [V].
115 Augusti ^{10}1910b, S. [V].
116 *Edelfalk und Waldvöglein* (1885); *Im Banne der freien Reichsstadt* (1886); *Das Pfarrhaus zu Tannenrode* (1887); *Die letzten Maltheims* (1888); *Die Erben von Scharfeneck* (^{2}1889).

Auch Augusti konzentrierte sich, hierin von Freytag abweichend und Höcker folgend, in ihren Erzählungen keineswegs ausschließlich auf die Darstellung privater Schicksale, sondern unterbricht die Erzählhandlung immer wieder für ausführliche Schilderungen der historischen Hintergründe. Dazu zählt auch die vergleichsweise stark markierte Authentizitätsfiktion; sie äußert sich – innerhalb aller fünf Bände – durch die wiederholte exakte zeitliche und räumliche Verortung der Ereignisse, d.h. in der häufigen Nennung von Jahreszahlen und genauen Ortsangaben sowie in der Verwendung historisch überlieferter Familiennamen, wie etwa Scharfeneck oder Tucher, im Auftreten zahlreicher historischer Persönlichkeiten und deren Zusammentreffen mit den fiktiven Protagonisten und nicht zuletzt in der Verwendung und offenen Benennung historischer Quellen, worauf die Leser in den Fußnoten auch explizit hingewiesen werden.[117] Bereits an dieser Stelle manifestiert sich ein innovatives Modell der Geschichtsvermittlung, innovativ, weil es erstmals nicht an männliche, sondern an weibliche Leser adressiert ist, innovativ auch deshalb, weil erstmals die Erzählhandlung nicht in einer unbestimmten, letztlich ahistorischen Vergangenheit angesiedelt ist, sondern die Prinzipien des Historismus hier nun auch für weibliche Leser zur Anwendung gebracht werden.[118] Damit korrespondieren Augustis historische Erzählungen exakt mit jenen Forderungen, die zur gleichen Zeit im Kontext der Diskussion um die Inhalte des Geschichtsunterrichts für Mädchen von Seiten der Pädagogen erhoben wurden.

3.3.2 Weibliche Figuren bei Brigitte Augusti als Identifikationsmodell für junge Leserinnen

In dem Teil des paratextuellen Umfeldes, den Augusti selbst ihren Erzählungen beigab – und hier vor allem in dem in Versform gehaltenen Prolog zum ersten Band sowie in dem Gedicht „Zum Abschied", mit dem der letzte Teil eingeleitet wurde – werden allerdings primär der fiktionale sowie der unterhaltende Charakter der Erzählung betont; die Geschichte wird hier explizit als Teil eines fünfaktigen Theaterschauspiels apostrophiert: „Auf geht der Vorhang! und die Bühne zeigt / Euch halb vertraute und halb fremde Bilder"[119]. Programmatischen Charakter trägt der Prolog zum einen für Augustis Geschichtsverständnis: Die Gleichsetzung von Geschichtsverlauf und Drama verweist zumindest implizit auf eine teleologische Geschichtskonzeption, bei der die einzelnen Epochen aufeinander bezogen sind, diese in ihrer Summe bereits auf die Verfassergegenwart verweisen und damit zugleich immer die Bestätigung des status quo dieser Ver-

117 Beispielsweise: „Die Reden der Rätin V. sind größtenteils den Briefen der Frau Rat Goethe entnommen." (Augusti ^{2}1889, S. 58; weitere Beispiele ebd., S. 62 ff., 98).

118 Noch ein Jahrzehnt später ist das Befremden über dieses innerhalb der historischen Jungenliteratur durchaus gängige Procedere aus den Rezensionen deutlich herauszulesen; vgl. etwa die Sammelrezension von Heinrich Wilhelm Stoll, der ausdrücklich „das aufdringliche Hervortreten geschichtlicher und kulturgeschichtlicher Thatsachen, die nicht mit Notwendigkeit in den Rahmen der Erzählung hineingehören", kritisiert (Stoll 1896, S. 35).

119 Augusti 1885, S. [7].

fassergegenwart bieten. Als Beleg dieser Geschichtsauffassung erwähnt Augusti bezeichnenderweise nicht die Einheit des Deutschen Reiches, sondern – hierhin wiederum den Vorbildern Freytag und Höcker folgend – gleichsam metaphorisch die in der jüngsten Vergangenheit stattgefundene Überwindung aller Standesgrenzen. Sie ist nach Augusti die wichtigste Errungenschaft, ja ‚Resultat' deutscher Geschichte der letzten sechshundert Jahre.[120]

Werden damit für die Leserin „vertraue Bilder" aufgerufen, so verweist die Nennung von „fremden Bildern" auf das Neuartige des Zyklus', in dem diese Geschichte nun erstmals auch aus der Perspektive von weiblichen Akteuren gespiegelt wird: „Ihr deutschen Mädchen, seid der Ahnen wert."[121] Diese Apostrophierung von weiblichen Figuren als gleichberechtigte Akteure innerhalb der Geschichte wird jedoch sogleich wieder relativiert, indem der Handlungsraum von Mädchen und Frauen auf einen sehr engen, d.h. ebenso typischen wie traditionellen Handlungsraum eingegrenzt wird: „Und waltet fromm und treu am deutschen Herd!"[122]

Dieses dichotome Modell von vertrauten und fremden Bildern, auf das die Leserin in dieser indirekten Ansprache implizit vorbereitet wird, ist zugleich handlungskonstituierendes Element für alle Erzählungen des Zyklus'. Deutsche Geschichte wird in einem für die Leserin zunächst vertrauten Umfeld gespiegelt – dem der Familiengeschichte. Über sechs Jahrhunderte wird mit unterschiedlichen Schwerpunktsetzungen die Geschichte der durch verwandtschaftliche Beziehungen vielfältig miteinander verbundenen adeligen wie bürgerlichen Familien Ebner, Tucher, Maltheim und Scharfeneck aufgerollt. Doch anders als bei Freytag und Höcker spielen Frauen und Mädchen innerhalb dieser Familiengeschichte eine gewichtige Rolle, auch sie tragen durch Heirat zur Fortsetzung der Familientraditionen bei. In deutlicher Anlehnung an das Modell des Backfischromans stellt auch Augusti, die ja als Autorin von Mädchenbüchern bereits ausgewiesen war, in allen Erzählungen Mädchen- bzw. Frauentypen ins Zentrum der Handlung, die von ihrem Verhalten, ihrem Charakter, von ihrer Herkunft, zum Teil auch durch Zugehörigkeit zu einer bestimmten Generation, durchaus unterschiedliche, ja, einander kontrastierende Züge aufweisen. So zeichnet sie

120 Dem wird auch durch die Schauplätze der einzelnen Erzählungen Rechnung getragen. Die ersten drei Teile des Zyklus' spielen in der Nähe von bzw. in Nürnberg, das im 13. Jahrhundert seinen Aufstieg zur Reichsstadt erlebte und um 1500 auf dem Höhepunkt seiner Macht stand. Ideologisch weitaus weniger besetzt als Straßburg, stand Nürnberg vielmehr für die Herrschaft des städtischen Patriziats, das sich aus der Abhängigkeit des Adels weitgehend gelöst hatte. Erst im dritten Teil des Zyklus', zur Zeit des dreißigjährigen Krieges, Zeitpunkt des wirtschaftlichen und politischen Abstieges der Stadt, findet eine deutliche Erweiterung der Handlungsräume, u.a. auf Thüringen und andere deutsche Städte statt.

121 Augusti ^{2}1889, S. 240.

122 Ebd. Augusti relativiert diese Position auch durch die zahlreichen Motti, die den einzelnen Erzählungen vorangestellt sind und in denen wiederholt sowohl auf die untergeordnete Funktion ‚der Frau' wie auch auf ihre Uneigenständigkeit verwiesen wird. Als Beleg werden hier Zitate aus den Werken deutscher Klassiker herangezogen; vgl. u.a. das bekannte Schiller-Zitat: „Das Weib soll sich nicht selber angehören,/ An fremdes Schicksal ist sie fest gebunden./ Die aber ist die beste, die sich Fremdes/ Aneignen kann mit Wahl, an ihrem Herzen/ Es trägt und pflegt mit Innigkeit und Liebe." (Augusti ^{8}1910a, S. [4]).

beispielsweise in *Edelfalk und Waldvöglein* (1885) Gerda, die Tochter freier Bauern, als „Bild des frischesten frohesten Lebens"[123], die durch ihre natürliche Art „immer einen Hauch von Frische und Heiterkeit mitbrachte"[124]. Ihr gegenübergestellt sind die beiden adeligen Schwestern Mechthild und Jutta von Scharfeneck: Jutta ist ein „eingefleischtes Weltkind"[125], während Mechthild ihre Erfüllung in frommen Werken und am Ende im Rückzug im Kloster findet. Anders als in der Mehrzahl der Backfischgeschichten wird das Verhältnis zu ihrer Mutter Hildegunde von Scharfeneck durchaus positiv gezeichnet; sie ist zudem die „gebietende Burgfrau"[126], während der Ehemann bzw. Vater, in den Backfischgeschichten oftmals wichtigste erwachsene Bezugsperson für die heranwachsende Tochter[127], sich auf dem Kreuzzug befindet und daher abwesend ist. Von keiner der weiblichen Figuren wird das herrschende bzw. das auf die Epoche des Mittelalters projizierte Geschlechterverhältnis explizit in Frage gestellt. „Daß die Männer zum Herrschen, die Frauen zur gehorsamen Unterwerfung bestimmt"[128] sind, wird zwar von Gerda vollkommen affirmativ konstatiert. Die Abwesenheit der Männer schafft jedoch eine generationen- und standesübergreifende Frauengemeinschaft, innerhalb derer zur Durchsetzung eigener Interessen durchaus atypisches Verhalten gestattet ist: So verschweigt Gerda die Flucht ihres Cousins Friedel, die fromme Mechthild findet Kraft im Glauben, der ihr ermöglicht, Mutter und Schwester zu stärken, und Jutta und ihre Mutter erscheinen vor dem König, um dort in sehr selbstbewußter Weise ihr Recht einzufordern. Darüberhinaus demonstrieren alle weiblichen Figuren ein historisch-politisches Bewußtsein, meist in Gesprächen über aktuelle politische und historische Themen, obwohl sie selbst an keiner Stelle als politische Subjekte in die Handlung eingreifen; ihr atypisches Handeln resultiert ausschließlich aus privaten Motiven. Es ist dabei allerdings zu beachten, daß auch in den allgemeinen, nicht geschlechtsspezifischen Geschichtserzählungen die Auseinandersetzung mit der politisch-historischen Realität in hohem Maße im Privaten gründete.[129] Die Unterhaltung über solche Themen muß in diesem Kontext daher durchaus als mittelbare Ausweitung weiblicher Handlungsfelder gewertet werden und ist, die gegenwartsorientierte Perspektive der Erzählungen in Rechnung gestellt, auch Abbild der ‚modernen' Leserin der Kaiserzeit, die sich für historisch-politische Zusammenhänge interessiert und sie zum Thema ihrer Unterhaltung macht, die eben nicht mehr, wie in den typischen Backfischerzählungen, dominiert wird von den ‚klassischen' Mädchenthemen.

Geschichtserzählende Literatur für weibliche Leser sind immer hybride Gebilde, die sich zusammensetzen aus den Elementen verschiedener Genres. Im Falle von Augusti liegt fast immer eine Verknüpfung vor zwischen historischer Erzählung und dem Mädchenliebesroman, wobei die Elemente dieser beiden Genres innerhalb der einzelnen Erzählungen sehr unterschiedlich gewichtet sind. Auch

123 Augusti [11]1907, S. 31.
124 Ebd., S. 111 f.
125 Ebd., S. 73 f.
126 Ebd., S. 22.
127 S. Wilkending 2002c, S. 243.
128 Augusti [11]1907, S. 69.
129 Vgl. Loster-Schneider 2001, S. 254.

Meldet dem Herrn Landgrafen meinen untertänigen Gruß.

Ill. 8: Textillustration aus: Brigitte Augusti: Edelfalk und Waldvöglein. Kulturgeschichtliche Erzählung aus dem dreizehnten Jahrhundert. Für das reifere Mädchenalter. 11. Aufl. Leipzig 1907 (An deutschem Herd; 1).

wenn das atypische Verhalten weiblicher Figuren vordringlich in Handlungskontexten in Szene gesetzt wird, in denen es letztlich um das zukünftige Liebesglück geht, so manifestiert doch bereits die Aktivität der Frauen, um die von ihnen ersehnten, ja begehrten Männer zu verstecken, zu retten, d.h. letztlich für sich zu gewinnen, eine deutliche Überschreitung bisheriger Gattungskonventionen. Am anschaulichsten manifestiert sich dieses Bild der aktiven, tatkräftigen Frau bezeichnenderweise im Motiv des Gegensatzpaares von der Frau, die den verwundeten, also passiven Mann (meist handelt es sich dabei um den zukünftigen Ehemann) pflegt, der durch seine Verletzung vollkommen in ihre Hand gegeben ist, ein Motiv, das auch in den historischen wie aktuellen Kriegserzählungen für Mädchen wiederholt auftaucht.[130] Die Bedeutung, die Augusti diesem Motiv beimaß, wird anschaulich durch die Tatsache belegt, daß sie es in fast allen Teilen des Zyklus' zur Anwendung bringt. So pflegt Leonore von Rothenhahn den verletzten Oberst von Maltheim, ein Machtverhältnis, das offenbar auf Dauer seine Gültigkeit behalten wird, denn während sie als „jugendstark und schön" beschrieben wird, sieht sich Maltheim als „greise[r] Krüppel"[131], der ohne Leonore nicht lebensfähig ist. Als pflegebedürftig erweist sich auch Fritz von Fiedler, Offizier Friedrichs des Großen, der von seiner späteren Frau Lilly Günther gepflegt wird, während seine Verwandtschaft ihn im Stich gelassen hat.[132] Lilly ist bereits zuvor von Augusti als tatkräftiger und mutiger Charakter in Szene gesetzt worden, als sie dem Bruder der Prinzessin Elisabeth das Leben rettet.[133]

Die Grenze zwischen typischer Backfischgeschichte und atypischer Geschichtserzählung wird jedoch endgültig überschritten in den unterschiedlichen Lebensentwürfen, die Augusti für ihre weiblichen Figuren parat hält, Lebensentwürfe, die nicht nur unterschiedliche Formen der Identifikation ermöglichen, sondern die gleichberechtigt nebeneinander stehen.[134] Ein Großteil der Protagonistinnen heiratet den von ihnen nicht nur erträumten, sondern auch ersehnten Mann. Doch Mechthild von Scharfeneck wählt (im ersten Teil des Zyklus') nicht die Ehe, sondern das Kloster als zukünftige Existenzform. Ihr Schicksal wiederholt sich in der Biographie Irmgard von Maltheims – einem durchweg atypisch gezeichneten Charakter –, die davon träumt als Ritter in die politischen Geschicke einzugreifen: „Sieh, wenn ich höre, wie die Türken von allen Seiten gegen unsere Grenzen herandrängen, [...] dann ergreift's mich gewaltig; in meinem Innern fängt es an zu sieden und zu brennen, ich möchte Panzer und Schild anlegen und eine Kreuzesfahne in die Hand nehmen [...]"[135]. Auch Irmgard zieht sich in ein

---

130 Auch dieses Motiv hat seine Vorbilder in der allgemeinen geschichtserzählenden Literatur. Als bekanntestes Beispiel sei hier nur der verwundete Protagonist von Walter Scotts Roman *Ivanhoe* (1820) aufgeführt, der über weite Strecken der Handlung aufgrund seiner schweren Verletzungen buchstäblich zur Bewegungslosigkeit verdammt ist und hingebungsvoll von der ihn liebenden Rebecca gepflegt wird. Das aus gendersensibler Perspektive ‚gefährliche' Potential, das diesem Motiv innewohnte, wurde von der zeitgenössischen Kritik durchaus erkannt; vgl. u.a. Willibald Alexis' bissige Bemerkungen über Scott, dessen Protagonisten „der Weiblichkeit verwandte Nullen" und „Schwächlinge" seien und daher für die deutschen Romane ungeeignet. Diese bedürften „tüchtiger Männer, wie wir sie jetzt im Leben erblicken" (Alexis 1823, S. 29). Vgl. auch T. 1, Kap. 4, in diesem Band.

131 S. Augusti ^{10}1910b, S. 221 f., 218.

132 Augusti 1888, S. 154 ff.

133 Ebd., S. 99.

134 Auch darin unterscheiden sich die historischen Erzählungen Augustis von den typischen Backfischromanen, da dort dem Modell einer gelingenden weiblichen Identität, personifiziert in der Protagonistin, oftmals das Modell einer nicht gelingenden weiblichen Identität entgegengesetzt wird, die durch Nebenfiguren und Abspaltungen, d.h. sogenannten ‚Partial-Ichs' von den Protagonisten abgesetzt werden, wodurch zugleich auch eine eindeutige Wertung vollzogen wird (s. dazu Wilkending 1997b, S. 130).

135 Augusti ^{8}1910a, S. 97.

Kloster zurück, nachdem sie erfahren hat, daß sie in Wahrheit die Tochter einer Magd ist, ohne jedoch als Äbtissin ihr tatkräftiges und mutiges Wesen abzulegen. Ebenso ordnet Gabriele von Fiedler alle künftigen Bindungen ihrer tiefen Freundschaft zur späteren Königin Luise unter, einschließlich einer möglichen Heirat, die sie bereits zu einem frühen Zeitpunkt für sich ausschließt: „Nun gehöre ich dir allein an, meine hohe Königin, und niemand in der Welt soll mich jemals dir abwendig machen“[136] – eine Erklärung, die durchaus auch als implizite Verweigerung der konventionellen Frauenrolle gelesen werden kann. Indem Augusti die Ehe nicht mehr als einzige Lösung für ihre weiblichen Figuren insinuiert, sondern ihr andere Lebensentwürfe als gleichwertige Möglichkeiten zur Seite stellt, läßt sich dies durchaus als eine vorsichtige Umwertung der bisher gültigen Relevanzkriterien interpretieren.[137]

Der innovative Charakter von Augustis historischen Erzählungen beruht jedoch nicht nur im Aufzeigen dichotomer weiblicher Lebensentwürfe, sondern in erheblichem Maße auch in der ständigen Durchdringung vertrauter wie fremder (Frauen-)Bilder. So wird Margarete Ebner zunächst als bürgerliches und zugleich sich typisch verhaltendes weibliches Gegenbild zur mutigen Irmgard von Maltheim in Szene gesetzt. Vor allem das Verhältnis zu ihrem Vater, mit dem sie in der belagerten Stadt ausharrt, trägt z.T. fast inzestuösen Charakter, denn sie ist nicht nur von „Zärtlichkeit“ und „Hingebung“ ihm gegenüber erfüllt, sondern will ihm auch ihr „ganzes Leben weihen“ [138]. Darin sowie mit dem Bild der ‚versehrten Familie‘, die Mutter ist nach Bamberg geflohen, wird ein aus der Backfischliteratur bekanntes Szenario aufgerufen[139], das jedoch von Augusti dahingehend transformiert wird, daß Margarete sich am Ende gegen ihren Vater durchsetzt, um Ulrich von Maltheim zu heiraten. Dabei geht es nicht nur um die genretypische Liebesheirat, sondern dahinter verbirgt sich zugleich ein explizit politischer Akt: Es ist die erste standesübergreifende Heirat zwischen einem Angehörigen des bürgerlichen und des adeligen Standes. Die vertrauten Bilder vom ödipalen Verhältnis zwischen Vater und Tochter werden wiederum kontrastiert mit neuen interfamiliären Konstellationen, u.a. durch das innige Verhältnis, das zwischen Hildegunde von Scharfeneck und ihren ungleichen Töchtern Mechthild und Jutta herrscht. Programmatische Züge trägt in diesem Kontext die Darstellung Leonore von Rothenhahn. Durchgängig mit atypischen Zügen gezeichnet, hat auch sie zunächst ein sehr enges Verhältnis zu ihrem Vater, der ihrer Idee, ihn in Männerkleidung im Heereszug zu begleiten und dort als sein Sohn aufzutreten, begeistert zustimmt. Obwohl sie mit Bezeichnungen wie „tückische Wildkatze“[140] versehen wird und damit deutlich an die Wildheit der ‚klassischen‘ Backfische erinnert[141], hindert sie dies nicht, ein inniges Verhältnis zu Ruth Violarius zu pflegen – ein fast durchgängig mit typischen Zügen ausgestatteter weiblicher Charakter –, die als eine Art Ersatzmutter bei ihr fungiert. In dem von Augusti in

136 Augusti ²1889, S. 151.
137 Vgl. dazu Nünning 1999, S. 297.
138 Augusti ⁸1910a, S. 180.
139 S. Wilkending 2002c, S. 221
140 S. Augusti ¹⁰1910b, S. 50.
141 Wilkending 2002c, S. 239, Wilkending 1997b, S. 128.

„Dies ist Lenore von Rotenhahn," sagte Sibylle.

Ill. 9. Textillustration aus: Brigitte Augusti: Das Pfarrhaus zu Tannenrode. Bilder aus der Zeit des Dreißigjährigen Krieges. 10. Aufl. Leipzig 1910 (An deutschem Herd; 3).

Szene gesetzten Verhältnis zwischen Leonore und Ruth findet die Synthese zwischen typischen und atypischen Charakteren, zwischen vertrauten und fremden Bildern, zwischen weiblichen Figuren, die in vertrautem Umfeld agieren und zugleich neue Handlungsräume und Lebensräume für sich zu entdecken wissen, ihre augenfälligste Ausprägung.

3.3.3 Weibliche Figuren als Akteure in der Geschichte. Zur geschichtserzählenden Mädchenliteratur vor und nach der Jahrhundertwende

Augustis Versuch, Mädchen bzw. junge Frauen auf literarischer Ebene als Akteure innerhalb der Geschichte zu inszenieren, ihr Angebot an die Leserinnen, unterschiedliche weibliche Lebensmodelle mit den Eckdaten deutscher Geschichte zu verknüpfen und zugleich bei der Figurenzeichnung in unterschiedlich starkem Ausmaß auf das vertraute Modell der Backfischerzählung zurückzugreifen, fand offensichtlich sowohl bei den Leserinnen als auch bei den literarischen Vermittlern starke Resonanz, eine Resonanz, die bis weit ins 20. Jahrhundert anhielt. Indiz dafür bilden die hohen Auflagen aller fünf Bände[142], die zahlreichen positiven Rezensionen in den wichtigsten zeitgenössischen (keineswegs nur) pädagogischen Zeitschriften[143] sowie die unterschiedlichen Empfehlungen, in denen Augustis Zyklus immer wieder genannt wird[144].

Mit diesem Erfolg, der sich durchaus mit dem derjenigen historischen Erzählungen messen konnte, die explizit an Jungen oder nicht geschlechtsspezifisch adressiert waren, hatte sich die explizit an Mädchen adressierte geschichtserzählende Literatur, so schien es, bereits mit ihrem ersten Auftreten endgültig als neues Genre innerhalb der Kinder- und Jugendliteratur etabliert. Erstaunlicherweise jedoch sind Augustis Erzählungen in der Folgezeit kein Muster historischen Erzählens (für Mädchen) geworden. Sowohl die Autorin als auch der Hirt-Verlag zeigten bis zum Ende des Kaiserreichs nur noch ein marginales Interesse an der Veröffentlichung weiterer historischer Erzählungen.[145] Zwar blieb Augu-

142 So waren von *Edelfalk und Waldvöglein* am Ende des Kaiserreichs bereits 14 Auflagen erschienen; 1933 wurde die neubearbeitete 20. Aufl. veröffentlicht. *Im Banne der freien Reichsstadt* wurde bis 1918 insgesamt zehnmal aufgelegt; 1933 erschien eine Neubearbeitung der 11. Aufl. Ähnlich hohe Auflagenzahlen erreichte *Das Pfarrhaus zu Tannenrode* (insgesamt 12 Auflagen bis 1918; eine Neubearbeitung im Kontext der Neuauflage der ersten drei Bände des Zyklus' erschien ebenfalls 1933). Auch die letzten beiden Bände, *Die letzten Maltheims* und *Die Erben von Scharfeneck*, erlebten bis 1918 insgesamt 11 bzw. 10 Auflagen und eine erneute Ausgabe im Jahr 1924. Mit diesen Auflagenzahlen konnte Augustis Zyklus durchaus in Konkurrenz zu Höckers Reihe *Das Ahnenschloß* treten, die 1918 ebenfalls eine zweistellige Auflagenhöhe erreicht hatte.

143 Rezensionen des Gesamtzyklus' bzw. der einzelnen Bände erschienen u.a. von Fischer (1886), in *Pädagogischer Jahresbericht* (Anonym 1888, 1889), in *Die Gartenlaube* (Anonym 1884), in *Die Lehrerin in Schule und Haus* ([Loeper-Housselle] 1885/86, 1886/87; Loeper-Housselle 1887/88, 1888/89). Eine ausführliche Sammelrezension brachte die *Jugendschriften-Warte* (Stoll 1896).

144 Explizit empfohlen werden Augustis historische Erzählungen von Blumfeld 1918/19, S. 196 f.; Czwalina 1904/05, S. 45 f.; Stökl [1909], S. 129. Für den Weihnachtstisch wurde Augusti jährlich in *Westermanns Monatshefte* empfohlen. Weitere Empfehlungen finden sich in der *Bücherliste des Vereins zur Reform der Litteratur für die weibl[iche] Jugend* (1895/96, S. 220) sowie im *Bücherverzeichniß der Krupp'schen Bücherhalle* 1902, S. 850.

145 Mit dem Begriff sollen in Folge ausschließlich die explizit an Mädchen adressierten historischen Erzählungen bezeichnet werden. In den Fällen, in denen nichtspezifische Mädchenliteratur herangezogen wird, werden die jeweiligen Adressaten explizit genannt. Hirt veröffentlichte bis 1918 lediglich noch zwei historische Erzählungen: Eynatten 1901; Crawford 1911.

sti dem Verlag auch weiter verbunden, doch wandte sie sich in den 1890er Jahren mit dem Zyklus *An fremdem Herd* dem Genre der Reiseerzählung zu, ebenfalls einem Novum innerhalb der erzählenden Mädchenliteratur (s. T. 2, Kap. 1), und beschäftigte sich mit historischen Texten, die zudem nicht mehr explizit an weibliche Leser adressiert waren, nur noch als Übersetzerin erfolgreicher fremdsprachiger Erzählungen.[146]

Es ist bezeichnend, daß in den knapp drei Jahrzehnten bis zum Ende des Kaiserreichs weder eine andere Autorin noch ein anderer Verlag den Versuch unternahm, sich auf das Verfassen bzw. auf die Veröffentlichung mädchenspezifischer historischer Erzählungen zu spezialisieren. Keine der Autorinnen, die nach Augusti noch als Verfasserin historischer Erzählungen in Erscheinung getreten ist, hat mehr als einen Text veröffentlicht, Gleiches gilt für die in Rede stehenden Verlage.[147] Auch auf inhaltlicher Ebene lassen sich deutliche Verschiebungen gegenüber dem Zyklus von Augusti ausmachen. Im Zentrum ihrer Erzählungen hatte ausschließlich die deutsche Geschichte vom Hochmittelalter bis zum beginnenden 19. Jahrhundert gestanden. Demgegenüber werden bei ihren Nachfolgerinnen auch Epochen der außerdeutschen Geschichte behandelt, etwa in Agnes Willms-Wildermuths Erzählung *Renée oder Im Sturm erprobt* ([1893]) die Französische Revolution, in den Übersetzungen von George William Loses *Dorothea* ([1909]) der amerikanische Bürgerkrieg und von Francis Marion Crawfords *Arethusa* (1911) die byzantinische Geschichte des 13. Jahrhunderts.[148] Innerhalb der deutschen Geschichte liegen Schwerpunkte auf verschiedenen Epochen des Mittelalters, auf der Zeit Luthers, auf der Zeit des dreißigjährigen Kriegs[149], der Zeit der Herrschaft Friedrichs des Großen[150], aber auch auf der Revolution von 1848.[151]

Ein Blick in die einschlägigen Bibliographien[152] und Datenbanken macht deutlich, daß der weitaus größere Teil der historischen Erzählungen, die entweder von weiblichen Autoren verfaßt wurden oder aber bereits im Titel auf einen weiblichen Protagonisten verweisen, nicht explizit an weibliche Leser, sondern geschlechtsneutral adressiert und zum Teil sogar nicht einmal Bestandteil der intentionalen Jugendliteratur waren. Durch Abkürzung, d.h. Neutralisierung der Verfassernamen sowie durch entsprechende Aufmachung sollten die Texte auf

146 S. etwa ihre freie Übersetzung von Henry Sienkiewicz' Roman *Quo vadis?*, die 1902 unter dem Titel *Kaiserreich und Gottesreich. Erzählung aus den ersten Jahren christlicher Märtyrer* veröffentlicht wurde.

147 Selbstverständlich erscheint gerade in den letzten drei Jahrzehnten des Kaiserreichs eine Vielzahl von historisch-narrativen Texten, die von Autorinnen verfaßt waren und/oder in denen weibliche Protagonistinnen bzw. weibliche Figuren agierten. Sie alle waren jedoch nicht explizit für eine weibliche Leserschaft verfaßt.

148 Crawford 1911.

149 Vgl. u.a. Niese 1914.

150 Vgl. u.a. Koch [1916].

151 Zum Mittelalter s. bes. Eynatten 1901 u. Ziemssen [1890]; zur Lutherzeit s. bes. Halden [1900]; zum Dreißigjährigen Krieg s. bes. Niese 1914; zur 1848er Revolution s. bes. Follenius $^{6\text{-}10}$1921. Die zahlreichen, an Mädchen adressierten reinen Kriegsromane über die ‚Befreiungskriege' werden hier nicht aufgeführt (s. dazu T. 2, Kap. 4).

152 S. etwa Adamson 1999.

diese Weise nicht nur männliche Jugendliche, sondern noch sehr viel größere Leserkreise erreichen, als dies mit einer ausschließlich an Mädchen adressierten Literatur möglich gewesen wäre. Diese Entwicklung entsprach nicht nur den Marktinteressen der Verleger und Autoren, sondern zugleich den pädagogischen Interessen der Vermittler, die ja bereits, wie eingangs dargelegt, lange vor Wolgast damit begonnen hatten, allgemeine und geschlechtsneutral adressierte historische Literatur explizit auch an Mädchen zu empfehlen und die damit einer Sanktionierung des Genres entscheidenden Vorschub geleistet hatten.

Ungeachtet dieser Entwicklung stellt sich die Frage, welche Geschichtsbilder in jenen explizit an Mädchen adressierten historischen Texten entworfen werden, welche weiblichen Lebensentwürfe den Lesern in diesen Geschichtsszenarien offeriert werden, d.h. auch ob und in welcher Weise Augustis Erzählungen und ihre Sicht auf einen spezifisch weiblichen Anteil an der deutschen Geschichte aufgrund ihres Erfolges eine gewissen Vorbildfunktion erkennen lassen oder aber, ob die Autorinnen ganz andere Szenarien und Lebensentwürfe entwickeln. Die in Rede stehenden Texte lassen sich insgesamt drei, sich allerdings oftmals überschneidenden Varianten historischen Erzählens zuordnen: der historischen Abenteuererzählung, der historischen Kriegserzählung sowie der historisch-biographischen Erzählung.

4 Abweichungen vom Paradigma

4.1 Geschichte und Abenteuer: Die abenteuerliche Heldin

An deutschem Herd. Kulturgeschichtliche Erzählungen aus alter und neuer Zeit mit besonderer Berücksichtigung des Lebens deutscher Frauen, so hatte Brigitte Augusti ihren Zyklus historischer Erzählungen überschrieben und damit bereits auf die entscheidende Verknüpfung zwischen bekannten und neuen literarischen Formen verwiesen. *An deutschem Herd* steht dabei zugleich für den vertrauten, d.h. für den während des gesamten 19. Jahrhunderts wichtigsten Lebensbereich bürgerlicher Mädchen: das Elternhaus, der in Ausnahmefällen um angrenzende (aber ebenso kontrollierte) Bereiche erweitert werden konnte: das Haus der Freundin bzw. das von Verwandten sowie die dazugehörigen Gärten.[153] Erst durch die zunehmende Institutionalisierung der Töchterschulen konnten die Mädchen ihren Bewegungsradius, u.a. durch die täglich zu unternehmenden Schulwege (die explorative Umwege nicht ausschlossen), in entscheidendem Maße erweitern und sich sukzessive auch öffentliche Frei-Räume erobern.[154] Diese weitgehende Beschränkung der Mädchen auf familiale Räume ist implizit auch Gegenstand der typischen Mädchenliteratur, auch und gerade der Backfischliteratur, in der diese Handlungsräume zwar partiell ersetzt werden durch Aufenthalte in Schulen bzw. Pensionen, doch erfolgen diese Aufenthalte in der Regel dort nicht selten unfreiwillig, sie werden von den Protagonistinnen nur sehr bedingt als neue, öffentliche Frei-Räume wahrgenommen, sondern dienen vordringlich als Raum, in dem

153 S. Klika 1992, S. 592.
154 Ebd., S. 594 f.

sich die Adoleszenz und Sozialisation der Protagonistin abspielt, bevor sie – durch Rückkehr in ihr Elternhaus oder verheiratet in das Haus ihre Mannes – als neue Persönlichkeit in die alte Begrenzung familial geprägter Räume zurückkehrt.[155]

Diese Begrenzung weiblicher Lebenswelten ist, zumindest von Augusti, auch in die geschichtserzählende Literatur transferiert worden. Die weiblichen Figuren bewegen sich bis auf wenige Ausnahmen ausschließlich innerhalb ihres häuslichen Umfeldes, das sie nur in Begleitung von männlichen Figuren für in der Regel kurze, zweckgerichtete Unternehmungen und Reisen verlassen. Diese Begrenzung der Figuren auf die häuslichen, privaten Lebensbereiche steht keineswegs im Widerspruch zu den sogenannten Gesetzen des Genres. Bereits in den Erzählungen Scotts, so hat die Forschung immer wieder hervorgehoben, liegt der Schwerpunkt der historischen Schilderung auf den privaten Lebensumständen seiner Figuren. Die Geschichte wird in seinen Erzählungen zu einem Beziehungsgeflecht, das sich aus dem spezifischen Spannungsverhältnis zwischen der jeweiligen historischen Lage und dem individuellen Reagieren darauf aufbaut, ein Spannungsverhältnis, das in entscheidendem Maße zu der realitätsbildenden Wirkung von Scotts Erzählungen beigetragen hat.[156]

Obwohl also die „romantisch-individuelle Glückserfüllung im privaten Bereich"[157] ein zentrales Moment historischer Erzählungen bildet, sind es auf der anderen Seite – eine größere Gegensätzlichkeit läßt sich kaum vorstellen – gerade die Elemente des Abenteuerlichen, die ausnahmslos jeder Geschichtserzählung seit Scott eingeschrieben sind.[158] Diese These hat ihre Gültigkeit nicht nur für die allgemeine sowie für die geschlechtsneutral adressierte historische Jugendliteratur[159], sondern auch für die geschichtserzählende Mädchenliteratur, der das Element ‚Abenteuer' allerdings in sehr unterschiedlichen Schattierungen eingeschrieben ist.

Diese Elemente des Abenteuerlichen innerhalb der geschichtserzählenden Mädchenliteratur bilden zugleich ein deutliches Indiz des grenzüberschreitenden Charakters dieser Literatur, da der Begriff ‚Abenteuer' innerhalb der Literatur bislang ausschließlich männlich konnotiert war. Es sind männliche Figuren, die, sehnsüchtig nach Abenteuern, aus der Enge des Elternhauses herausdrängen und die es zur Auseinandersetzung mit anderen Kulturen und Rivalen sowie zu Bewährungsproben vielfältiger Art in die Fremde zieht. Wie aus den oben zitierten Autobiographien hervorging, zeigten jedoch auch weibliche Leser großes Interesse an Abenteuererzählungen, ein deutliches Indiz dafür, daß die innerhalb der Abenteuerliteratur ausgelebten Größen- und Allmachtsphantasien der Leser auch für adoleszente Mädchen entscheidende Bedeutung besitzen.[160] In der an Mäd-

155 S. Wilkending 1997b.

156 S. Müllenbrock 1980, S. 25 ff.

157 Mengel 1986, S. 23.

158 S. Müllenbrock 1980, S. 24; vgl. dazu auch Wolff 1970, S. 37.

159 Zur Verbindung von Geschichte und Abenteuer innerhalb der Jugendliteratur des 19. Jahrhunderts s. Pellatz 2000, dort auch Angaben über weitere Sekundärliteratur.

160 Näheres zum Abenteuerbegriff im Kontext der Adoleszenz und seiner Spiegelung in der Literatur s. in der Studie in T. 2, Kap. 1, in diesem Band. Vgl. dazu Kehlenbeck 1996a, 1996b.

chen adressierten geschichtserzählenden Literatur sind die abenteuerlichen Elemente allerdings mehrheitlich abgeschwächt, so daß für diese Charakteristik der Begriff ‚domestiziertes Abenteuer' in Anwendung gebracht werden soll. Entscheidendes Kennzeichen für domestizierte Abenteuer ist die Tatsache, daß die weiblichen Protagonisten im Gegensatz zu den männlichen das Abenteuer nicht um ihrer selbst willen suchen und sich ihm stellen, sondern, daß ihnen die abenteuerlichen Begebenheiten durch die historischen Umstände aufgezwungen werden, daß sie die Abenteuer gleichsam passiv erdulden müssen. Konsequenterweise erfahren sie abenteuerliche Situationen daher auch weniger als willkommene Herausforderung, sondern als Bedrohung durch eine außerhäusliche, vordringlich männlich geprägte Welt.[161]

Ill. 10: Buchdeckel zu Agnes Willms-Wildermuth: Renée oder Im Sturm erprobt. Geschichtliche Erzählung für junge Mädchen. Berlin 1893.

Renée, Titelheldin der im revolutionären Frankreich angesiedelten Erzählung *Renée oder im Sturm erprobt*, und ihre Freundinnen geraten während der revolutionären Ereignisse mehrfach (natürlich ungewollt) in gefährliche, aus der Sicht des Lesers mit großer Spannung besetzte Situationen, aus der sie in den meisten Fällen durch männliche Figuren gerettet werden. Am Ende sind sie froh, wenn sie in das sichere Elternhaus zurückkehren bzw. in die Häuser ihrer zukünftigen

161 Zu diesen z.T. sehr ambivalenten Frauenbildern vgl. auch Brandes 1991, S. 261.

Ehemänner flüchten können.[162] Auch in der Erzählung *Dorothee* ([1899]) von Sophie von Follenius wird die Protagonistin von den Ereignissen geradezu überrollt: Im Zuge der Revolution von 1848 wird ihr Onkel von Aufständischen bedroht. Reflexartig wirft sich das Mädchen zwischen die Parteien und rettet ihrem Onkel auf diese Weise das Leben, um bezeichnenderweise sofort danach in Ohnmacht zu fallen.[163] Expliziter läßt sich die Unvereinbarkeit zwischen ‚typisch' weiblichem Verhalten und zugleich grenzüberschreitendem Abenteuer kaum darstellen.

Eine weitere Variante stellt die Verlagerung der abenteuerlichen Elemente in eine nicht handlungstragende Nebenfigur dar. Es ist die Tante der Protagonistin Dorothea, die kurz nach dem amerikanischen Bürgerkrieg einen verwundeten Soldaten der Nordstaaten auf dem Anwesen der Familie vor seinen drohenden Verfolgern versteckt und anschließend als verschollen gilt.[164] Die Domestizierung des Abenteuers manifestiert sich hier weniger in der späteren Heirat der Tante und ihrem Schützling als auf der Erzählebene: Der Leser erfährt nämlich von der Episode lediglich in der Rückschau und auch ausschließlich durch die Erzählerfigur. Erst als verheiratete Frau wird der Tante auch die Figurenrede zugestanden. In Elisabeth Haldens Erzählung *Eine edle Frau* ([1900]) ist es Maria, eine Freundin der Protagonistin, die sich auf eine abenteuerliche Flucht von Spanien in ihre sächsische Heimat begeben muß, um sich und ihr Kind vor der Inquisition zu retten. In dieser Erzählung trägt das Abenteuerliche nicht nur den Charakter des Bedrohlichen, sondern nimmt zugleich Züge einer religiös überformten Warngeschichte an: Gegen den expliziten Rat der Protagonistin und die impliziten Warnungen der Erzählerinstanz hatte die protestantische Maria einen katholischen Adeligen geheiratet und war ihm in die Fremde gefolgt. Marias Flucht stellt zugleich den Beginn ihres innerlichen Läuterungsprozesses dar, ein Begriff, der auch explizit verwendet wird, als Maria die rettende Heimat erreicht.[165]

Es ist von entscheidender Bedeutung in diesem Kontext, daß zwar alle Abenteuer fest eingebunden sind in den historischen Kontext der jeweiligen Erzählung, sie jedoch nur selten einhergehen mit atypischem Verhalten der betroffenen weiblichen Figuren. Gerade in ihrer impliziten Ablehnung der abenteuerlichen Ereignisse, die sie ausschließlich als Bedrohung ihres Alltags empfinden, manifestieren die Figuren ihr Festhalten an einem typisch weiblichen, d.h. passiven Verhalten. Dennoch weisen diese Figuren durchaus atypische Züge auf – und zwar in der Nichtentwicklung ihrer Persönlichkeit. Während die typische Protagoni-

162 S. Willms-Wildermuth [1893], S. 24, 74 ff. Auch bei Hortense, einer weiblichen Nebenfigur, die sich sowohl durch ihre bürgerliche Herkunft als auch durch ihr atypisches Verhalten von ihren Freundinnen unterscheidet – so rettet sie den Adeligen Henri vor der Wut des Pöbels und ihre Freundin Renée vor dem Henker –, resultiert die Konfrontation mit der Gefahr (d.h. dem Abenteuer) ausschließlich aus den historisch-politischen Gegebenheiten, aus denen sie sich, anders als die männlichen Figuren, schnell wieder zurückzieht (ebd., S. 115, 143 f.). Auf der Handlungsebene manifestiert sich dieser schnelle Rückzug u.a. auch in der Tatsache, daß die Begegnung mit dem Abenteuer für die Entwicklung von Hortenses Persönlichkeit keine Rolle spielt.

163 S. Follenius [6-10]1921, S. 91.

164 S. Lose [1909], S. 8–13.

165 S. Halden [1900], S. 246.

stin der Backfischerzählung im Verlauf der Erzählung eine deutliche Verwandlung vollzieht, zumeist von Zügen ‚männlicher' Aktivität in ‚weibliche' Passivität, einhergehend mit dem Gewinn einer sogenannten weiblichen Einstellung[166], findet bei den Figuren der historischen Erzählungen, gleichgültig in welcher Intensität sie in die historischen Ereignisse eingebunden sind und welche Haltung sie gegenüber dem Abenteuer einnehmen, nur selten eine Persönlichkeitsentwicklung statt; ihr Wesen bleibt im Ablauf der Erzählung gleichsam statisch, die dichotomen Lebensentwürfe sind nicht das Ergebnis eines Entwicklungsprozesses, sondern scheinen mehrheitlich bereits zu Beginn der Erzählung festgelegt. In dieser Nichtentwicklung stehen die weiblichen Figuren den männlichen Helden historischer Erzählungen Scottscher Prägung weitaus näher als den Mädchenfiguren der typischen Backfischerzählungen.[167]

Die Erzählung *Burg Degenstein* (1901) von Carola von Eynatten bietet im Gegensatz dazu ein herausragendes Beispiel für die kontrastierende Darstellung zweier weiblicher Figuren, denen zugleich die größtmögliche Bandbreite von Abenteuermodellen zugeordnet und eingeschrieben ist. Gunehild, die rechtmäßige Erbin von Burg Degenstein, wird von dem Dynasten Arno von Limbach, der sich ihr zugleich als Ehemann andient, von ihrem Besitz vertrieben und muß sich mit ihren Knechten in der Wildnis verstecken, bevor sie schließlich Zuflucht bei Philipp von Wildenfels findet, der ihr am Ende zu ihrem Recht verhilft und zugleich ihr Ehemann wird. Ihre erzwungene Flucht aus der Burg sowie die Abenteuer, die sie in der Wildnis zu bestehen hat, u.a. wird sie von einem Bären angegriffen, den sie am Ende tötet, machen Gunehild zur exemplarischen Vertreterin von mädchentypischen Abenteuern, d.h. diese werden ihr gleichsam aufgezwungen, und die Protagonistin kennt kein anderes Ziel, als sich der männlichen Sicherheit des Wildenfelsschen Schlosses anzuvertrauen, das sie nach Verkleidung, Entführung und Befreiung letztendlich auch erreicht.[168]

Abweichend von dem konventionellen Schema historischer Abenteuererzählungen, ist das weitere Schicksal Gunehilds für den Erzähler nicht mehr von Interesse. Sie verschwindet gleichsam aus der Handlung, und ihr Platz wird eingenommen von Philipps Schwester Irmentraud von Wildenfels, einer durchgängig mit atypischen Zügen gezeichneten Figur, denn sie vereinigt explizit die Eigenschaften beider Geschlechter in sich: „trotz ihrer Leidenschaft für die Jagd, wie für körperliche Übungen und Spiele [beherrscht] dieselbe Hand, die Wurfspeer und Ball so geschickt zu schnellen verstand [auch] Nadel und Kochlöffel mit keinem geringeren Geschick."[169] Diese Einlassung des Erzählers erfährt durch Irmentrauds eigene Äußerungen noch eine Steigerung:

> Einem Ritter, der mit Fug seine Würde trägt, gereicht's zum Ruhme, für Bedrückte und Verfolgte sein Schwert zu ziehen im ehrlichen Kampf; und mir ist's niemals so fröhlich zu Sinne, als bei solch einem Abenteuer. Im Erker am Stickrahmen zu sitzen, Seidenfäden

166 S. Wilkending 1997b, S. 127 f.

167 S. dazu Müllenbrock 1980, S. 23, der an dieser Stelle hervorhebt, daß bereits bei Scott die Persönlichkeitsentwicklung seiner Protagonisten nur eine untergeordnete Rolle spiele, so daß sie auch bei den Lesern nur vergleichsweise wenig Interesse erregte.

168 S. Eynatten 1901, S. 42.

169 Ebd., S. 125.

durch den Stoff ziehend, das behagt mir allzu schlecht, und habe ich diese Kunst eine Weile geübt, so treibt's mich stets mit unwiderstehlicher Gewalt hinaus aus den engen, dumpfigen Burgmauern, um mich draußen auf flüchtigen Rossen zu tummeln.[170]

Zusammen mit ihrem Bruder nimmt Irmentraud nun die Belange Gunehilds in die Hand. Selbstverständlich begleitet sie ihren Bruder auf dem Feldzug gegen den Lymbacher, „in Männerkleidern"[171], und stürzt sich mit Energie und Lust in die anstehenden Feldzüge, in deren Kämpfe sie aktiv eingreift. Mit ihrer Freude an den bevorstehenden kämpferischen Auseinandersetzungen sowie durch die implizit angedeuteten Auseinandersetzungen mit ihrer Mutter, ein Vater ist bezeichnenderweise nicht mehr vorhanden, trägt Irmentraud durchaus Züge eines Backfischs, die jedoch zugleich ins Atypische gewendet werden, da bei ihr eine Entwicklung zur ‚erwachsenen Frau' nicht festzustellen ist. Über Gunehilds Persönlichkeit erfährt der Leser nichts mehr. Sie heiratet Philipp. Irmentraud bleibt die in einem adoleszenten Status verharrende, androgyn geprägte Figur, deren beginnende Domestizierung lediglich implizit durch die Tatsache angedeutet wird, daß ihr für die Zukunft die Sorge um Gunehilds jüngere Geschwister angetragen wird.

Eynattens Erzählung unternimmt auf erfolgreiche Weise den Versuch, Elemente der Abenteuererzählung, der historischen Erzählung sowie der Backfischliteratur in der Zeichnung einer weiblichen Figur, deren wiederholte und vielfältige Grenzüberschreitungen sowohl von der Erzählerinstanz als auch von den Akteuren innerhalb der Erzählung durchweg positiv gewertet werden, miteinander zu vereinen. Den weiblichen Lesern bot sie die Möglichkeit, eigene Allmachtsphantasien auszuleben, indem sie durch den erweiterten Aktionsradius Irmentrauds ungehinderte Projektionsmöglichkeiten in imaginierte Abenteuer eröffnete, ein Unterfangen, das in diesem Fall sogar einherging mit der Zuschreibung explizit männlicher Eigenschaften an eine weibliche Figur, so daß hier zugleich der Imagination des Geschlechtertausches ungehindert Vorschub geleistet wurde.[172]

4.2 Kriegsinszenierungen vor historischer Kulisse

Neben der Abenteuererzählung stellt die Kriegserzählung eine weitere und häufige Spielart der geschichtserzählenden Literatur dar. Wie die Elemente des Abenteuerlichen ist auch der Krieg der Historie gleichsam eingeschrieben[173], mehr noch, jede Art literarischer Kriegsdarstellung verlangt – im Gegensatz zum Abenteuer – eine exakte Rückbindung an historisch belegbare (Kriegs-)Ereignisse. Gerade für die Kriegsinszenierungen innerhalb der erzählenden Literatur des 19. Jahrhunderts ist die Authentizitätsfiktion von grundlegender Bedeutung,

170 Ebd., S. 183.

171 Ebd., S. 188; s.a. S. 196, 207.

172 Welche Bedeutung diese imaginären Grenzüberschreitungen für die jugendlichen Leserinnen hatten, bei denen das Mädchen vom eigenen Geschlecht in das männliche überwechselte oder aber männliche Figuren feminisierte, belegt eindrucksvoll die Autobiographie der Schriftstellerin Ina Seidel (1935, S. 60 f.). S. dazu auch die Ausführungen von Klika 1992, S. 599.

173 Vgl. Pellatz 2000.

während die Darstellung abenteuerlicher Begebenheiten nur bedingt auf ein exaktes historisches Setting angewiesen ist. Konsequenterweise werden den historischen Ereignissen innerhalb der Abenteuererzählungen auf der Handlungsebene eine sehr unterschiedliche, mitunter auch untergeordnete Rolle zugewiesen. So hatte Carola von Eynatten auf die Darstellung der historischen Hintergründe innerhalb ihrer Erzählung weitgehend verzichtet. Die einmalige Erwähnung des staufischen Herrschers Konradin[174] verortete die Handlung zwar im Hochmittelalter, doch nicht vor dem Hintergrund bestimmter historischer Ereignisse. Die Autorin verwendete lediglich versatzstückartig die bekannten Ingredienzen dieser Epoche – Burgen, Ritter, Turniere und Zweikämpfe – und stützte auf diese Weise weniger die Authentizitätsfiktion des Erzählten als vielmehr den abenteuerlichen Charakter der Handlung.[175]

Stärker noch als das Element des Abenteuers scheint auf den ersten Blick der gesamte Themenkomplex ‚Krieg' auf literarischer Ebene ausschließlich männlich konnotiert zu sein. Zum einen boten weder die Geschichtsschreibung noch die historischen Sachbücher wirkungsmächtige Muster von weiblichen Lebensentwürfen im Umfeld von Kriegen bzw. kriegsähnlichen Situationen[176], zum anderen lautete auch eine der zentralen Forderungen innerhalb des pädagogischen Diskurses über den Geschichtsunterricht für Mädchen, die Schülerinnen weniger mit der ansonsten üblichen Abfolge von Schlachten (Kriegen) und dynastischen Abläufen zu konfrontieren als vielmehr mit einem vornehmlich kulturgeschichtlich ausgeprägten Geschichtsunterricht[177]. Dennoch bietet sich

> das Motiv des Krieges [...] aus mehreren Gründen als Kristallisationskern der historischen Mädchenliteratur an: Einmal läßt sich erzählend zeigen, wie der Krieg die polare Struktur und gleichzeitig die Ambivalenzen des weiblichen Geschlechtscharakters zwischen Heldenmut und ‚weiblicher Hingabe' verschärft, zum anderen bietet sich das Kriegsmotiv an, weil gezeigt werden soll, wie die ‚Ausnahmesituation' – hier der Krieg – den weiblichen Reifungsprozeß fördert, weil sie die Mädchen notwendig zum Handeln herausfordert.[178]

Das durch die spezifische Kriegssituation initiierte Handeln der weiblichen Figuren kann wiederum gegenüber den Verhaltensmustern der Mädchen aus den typischen Backfischerzählungen signifikante Modifizierungen erfahren, da jedes und damit auch abweichendes Verhalten gleichsam ‚legitimiert' wird durch die Ausnahmesituation des Krieges.

Innerhalb der geschichtserzählenden Literatur kommt der Darstellung des dreißigjährigen Krieges eine besondere Bedeutung zu. Anders als die ‚Befreiungskriege' sowie der Deutsch-Französische Krieg von 1870/71 konnten die wechselnden Frontstellungen in den von vielfältigen politischen wie religiösen Interes-

---

174 „Der Vater war mit Konradin, dem letzten Sproß der edlen Hohenstaufen, nach Sicilien gezogen [...]" (Eynatten 1901, S. 4).

175 Diese mangelnde Authentizitätsfiktion war offenbar auch dem Verleger nicht entgangen, weswegen er die 2. Aufl. der Erzählung (1903) mit der Behauptung bewerben ließ, die Erzählung beruhe „auf Quellen aus einem Familien-Archiv" (Augusti [11]1907, Verl.-Anz., S. 4).

176 S. dazu Wilkending 1997d, 2000a, S. 141 ff.

177 S. Bucher 1861, S. 551.

178 Wilkending 2000a, S. 142.

sen geprägten Auseinandersetzungen sehr viel schwerer für die politischen Konstellationen des ausgehenden 19. Jahrhunderts nutzbar gemacht werden. Selbst Oskar Höckers Versuch einer Polarisierung zwischen Protestanten und Katholiken im zweiten Band seines Zyklus' *Das Ahnenschloß*[179] muß im Gegensatz zur Eindimensionalität und Stereotypisierung nationaler Eigenschaften in seinen anderen historischen Erzählungen als eher halbherzig bezeichnet werden. Vorherrschend bei Höcker sowie in anderen literarischen Texten ist vielmehr der Versuch, diesen Krieg als eine Epoche der Umwertung aller politischen, religiösen und sozialen Werte zu inszenieren, als einen tiefgreifenden Einschnitt innerhalb der deutschen Geschichte, aus dessen Besonderheiten daher vielfach auch ein besonderes Handeln resultierte.

Davon betroffen waren in der Literatur des ausgehenden 19. Jahrhunderts zunehmend auch weibliche Figuren. Von den Besonderheiten gerade dieses Krieges erzählt auch Brigitte Augustis *Das Pfarrhaus zu Tannenrode*[180], im übrigen der erste Band der Reihe, der trotz seiner expliziten Adressierung an weibliche Leser laut Verlagswerbung aufgrund seines Themas offensichtlich auch männliche Jugendliche angesprochen hatte.[181] Obwohl auch in diesem Band das historische Geschehen, in das die Leserin durch umfangreiche Erzählerkommentare eingeführt wird, überlagert wird von den für das Schreiben von Augusti typischen Themen und Motiven – u.a. das Motiv des verlorenen Verwandten, die standesübergreifenden Heiraten, die Polarisierung zwischen Protestanten und Katholiken – weisen die weiblichen Figuren aller Stände atypische Züge auf, die, wie sie selbst in der Figurenrede wiederholt betonen, in engem Kontext zu der sie umgebenden politisch-historischen Situation gesehen werden müssen.

Es ist einer der zahlreichen Feldzüge des dreißigjährigen Krieges, der den Vater Leonore von Rothenhahns dazu bewegt, die Tochter aus der Klosterschule zu nehmen, damit sie ihn, als Mann verkleidet, in den Krieg begleiten kann. Diese äußerliche Übertretung der Geschlechtergrenzen hat seine Begründung vor allem in den Gegebenheiten des Krieges[182] und findet später seine Bestätigung, als Leonore nach anfänglichen Vorwürfen von Seiten anderer weiblicher Figuren, erneut männliche Kleidung anlegen muß, dieses Mal nicht aus reinem Lustgewinn, sondern um die Befreiung eines protestantischen Pfarrers in die Wege leiten zu können.[183] Ihre äußerliche Verwandlung korrespondiert zunächst mit ihrer inne-

179 *Im heimlichen Bunde* (Höcker 1879).

180 Augusti [10]1910b.

181 Ebd., S. [5]: „Wir bieten dieses Lieblingsbuch unserer deutschen Jugend – denn das Interesse daran beschränkt sich keineswegs auf das weibliche Geschlecht – dar".

182 Leonores Versuch, ihre Verkleidung als Mann geschichtlich-religiös zu motivieren und zu legitimieren, indem sie sich auf das Schicksal der heiligen Eugenia beruft, die in Männerkleidern in ein Kloster eintrat und dort für eine Weile als Mönch lebte (ebd., S. 72 f.), muß angesichts ihrer offenkundigen Lust, den Vater auf einem Feldzug begleiten zu können, letztlich fast als eine Schutzbehauptung gewertet werden. Implizit verweist Leonores Rückgriff auf historische Vorbilder jedoch auch auf das Vorhandensein einer langen, interkonfessionellen Traditionslinie von Grenzüberschreitungen der bestehenden Geschlechterordnung.

183 Zur literarischen Tradition des Geschlechtertausches, u.a. durch das Anlegen von Männerkleidung von weiblichen Figuren, vgl. Lehnert 1994a.

ren Verfassung, die ebenfalls von völliger Ablehnung weiblicher Rollenmuster, d.h. vor allem von der Verweigerung eines allein sich in Passivität erschöpfenden weiblichen Daseins geprägt ist: „[D]och wandelte sie oft ein Gefühl unsäglicher Ungeduld an, wenn sie dies schlichte, gleichförmige Leben, diese ernsten Gestalten beobachtete; [...] sie ertappte sich zuweilen auf [!] dem frevelhaften Wunsche, es möge etwas geschehen, wäre es auch etwas Schreckliches, um diese Stille, dieses ewige Einerlei bescheidener Pflichterfüllung zu unterbrechen“[184].

Die Kriegsereignisse werden hier auf vielfältige Weise zum „Kristallisationskern“ weiblichen Handelns. Nicht nur bedingen sie Leonores inneren wie äußeren Ausbruch aus den vorgegebenen Rollenmustern, sie leiten auch die ‚Rückführung‘ der Protagonistin in die ‚geordneten‘, d.h. traditionellen Bahnen weiblichen Daseins ein: sie verlobt sich mit Oberst von Maltheim, ein Akt, der einhergeht mit einer vergleichsweise bruchlosen Akzeptanz der eigenen, weiblichen Identität: „[N]ie hatte sie es lebhafter gefühlt und weniger bedauert, daß sie ein Mädchen sei, als gerade jetzt“[185]. Auch an dieser Stelle korrespondiert die innere Verfaßtheit mit dem äußeren Erscheinungsbild und dem freiwilligen Rückzug in die weibliche Passivität: Als Oberst von Maltheim seine Verlobte auffordert, ihn als Page verkleidet, auf den anstehenden Feldzug zu begleiten, lehnt Leonore dies bereits als Beleidigung ihrer weiblichen Ehre entrüstet ab.[186]

Leonores individuelle Geschichte handelt also keineswegs ausschließlich von weiblichen Grenzüberschreitungen in Zeiten des Krieges, sondern ist zugleich immer auch die „Geschichte einer Art Geschlechtsumwandlung des Mädchens, der Verwandlung von Zügen ›männlicher‹ Aktivität in ›weibliche Passivität‹“[187], und versucht damit den Quantensprung einer Verbindung zwischen atypischer Kriegserzählung und typischem Trotzkopf-Modell. Dieses Modell wird jedoch von Augusti selbst implizit unterlaufen, da Leonores Geschichte gespiegelt wird in der Lebensgeschichte einer Konterfigur, der jungen Kathrin. Im Gegensatz zu Leonore ist sie nicht nur selbst von Krieg und Schlachten fasziniert, sie ist als Tochter eines Soldaten und einer Marketenderin bereits selbst ein Geschöpf des langandauernden Krieges, bei der jeder Versuch einer Sozialisation von vorneherein zum Scheitern verurteilt ist. Als die Soldaten nach Tannenrode kommen, verläßt sie ihre Großmutter, um wie ihre Mutter dem Heer zu folgen: „[I]ch ziehe hinaus, meinem Vater nach. Ich habe dagegen gekämpft, aber der Trieb ist stärker als ich, ich kann nicht widerstehen.“[188] Zwar bleibt die Figurenzeichnung Kathrins durch die Erzählerinstanz ambivalent, sie ist geprägt von vorbehaltloser Unterstützung der Protagonisten auf der einen und einer vollkommenen moralischen Haltlosigkeit auf der anderen Seite, bei der am Ende nicht nur offen bleibt, ob sie die Ehefrau eines nicht-christlichen ‚Zigeuners‘ wird, mit dem sie bereits zusammenlebt, sondern die Leserin schlußendlich auch nichts über ihr weiteres Leben erfährt – es verläuft sich in den Wirren des Krieges.

184 Augusti [10]1910b, S. 30.
185 Ebd., S. 192.
186 Ebd., S. 187.
187 S. Wilkending 1997b, S. 127.
188 Augusti [10]1910b, S. 29.

Kathrins Lebensentwurf wird hier nicht als mögliche Alternative zu den Lebensentwürfen anderer weiblicher Figuren aufgezeigt, er zeigt jedoch, auf welch existentielle Weise der Krieg das Leben auch der weiblichen Figuren affiziert, daß alle gängigen Vorstellungen über eine adäquate weibliche Sozialisation ins Wanken geraten und alle Sozialisationsversuche in diese Richtung zwangsläufig zum Scheitern verurteilt sind. Zugleich wird durch die Figur der Kathrin auch das Modell des Backfischromans implizit in Frage gestellt, da es gerade für ihren Lebensentwurf nicht mehr in Anwendung gebracht werden kann.

In Anlehnung an das populäre Vorbild Augusti versuchen auch spätere, nicht minder populäre (Mädchenbuch-)Autorinnen gerade innerhalb von mädchenspezifischen historischen Kriegserzählungen die gängigen Vorstellungen weiblicher Sozialisation durch die Zeichnung unterschiedlicher Lebensentwürfe zu hinterfragen. Dabei stellen die gegenläufigen Modelle ‚Leonore' und ‚Kathrin' gleichsam die Eckpunkte dessen dar, was bis zum Ausgang des Kaiserreichs innerhalb dieser historischen Kriegsromane gerade noch möglich erschien. In allen Fällen greifen weibliche Figuren aktiv in den Verlauf des Krieges ein, sei es verbal, durch Artikulation eines ebenso ungebrochenen wie preußisch-chauvinistisch eingefärbten Patriotismus, wie Henny Kochs Fritze Mollwitz, die Protagonistin in *Die Patentochter des alten Fritz* ([1916]), sei es aktiv handelnd wie Charlotte Nieses Lagerkind Walburga von Rantzau.[189]

Dabei hält sich Henny Koch, die 1905 mit der Erzählung *Papas Junge* noch einmal einen sehr populären und auflagenstarken Prototyp des Backfischromans veröffentlicht hatte[190], in ihrer in den Schlesischen Kriegen angesiedelten Erzählung *Die Patentochter des alten Fritz* auf den ersten Blick eng an das Schema typischer Backfischerzählungen.[191] Doch auch hier wird dieses Schema auf vielfältige Weise durchbrochen: Denn einerseits wird die Protagonistin, ein fiktives Patenkind Friedrichs des Großen, durchgängig als „das Kind", „die Kleine", „das Elfchen" bzw. „Elflein" bezeichnet, andererseits trägt sie mit „Fritze" (einer Zusammenziehung aus Friedrich und Friederike) einen eher jungenhaften Vornamen. Nicht zuletzt tragen Fritzes ungezügelte Kriegsbegeisterung, die sehr realistischen mittelbaren wie unmittelbaren Schilderungen der Kriegsgreuel[192] sowie die Verlängerung von Fritzes Adoleszenz über ihre Eheschließung hinaus

189 Darin unterscheiden sich diese Akteure explizit von jenen weiblichen Figuren, deren Leben zwar im Umfeld kriegerischer Auseinandersetzungen angesiedelt ist, die selbst davon aber nicht berührt werden. So wird in der Erzählung *Dorothea* trotz des Untertitels *Eine Erzählung aus dem amerikanischen Freiheitskriege* der Krieg selbst kaum thematisiert; die eigentliche Handlung und damit auch die Konzentration auf die Protagonistin Dorothea setzt erst nach dem Krieg ein (Lose [1909]). Gleiches gilt auch für die nicht mädchenspezifischen historischne Kriegserzählungen, die jedoch durch Verfasserin und Titel auf weibliche Akteure verweisen, wie Ada von Lindens Erzählung *Die Tochter des Ungarnherzogs* [1898], in der dennoch ausschließlich die männlichen Figuren im Kontext der kriegerischen Auseinandersetzungen agieren.

190 Vgl. dazu Lehnert 1994b, S. 212 ff.; Sauerbaum 1999a.

191 Vgl. zu dieser Erzählung auch T. 2, Kap. 3, in diesem Band.

192 S. Koch [1916], S. 149 f. Die 1916 erstmals erschienene Erzählung verweist damit bereits auf einen Niederschlag der Kriegsereignisse des Ersten Weltkrieges, dessen bedrückende Gegenwart hier jedoch gleichsam ‚sicherheitshalber' noch in die Vergangenheit projiziert wird.

zu diesen Brechungen bei. Die Beibehaltung ihres adoleszenten Status' manifestiert sich in ihrer expliziten Bitte an den König, „daß ich mich weiter Fritze Viktoria nennen darf, als wie mir der Name von meinem königlichen Paten ist zuerteilt worden“[193]. Denn auch Fritze hat, wie ein Großteil der weiblichen Figuren mädchenspezifischer historischer Literatur, in Wirklichkeit zwei Identitäten, sie entstammt einem polnischen Adelsgeschlecht und heiratet am Ende der Erzählung standesgemäß ihren Cousin, ohne daß dieser Heirat eine große Liebesgeschichte vorausgegangen ist.

Obwohl Fritze auf weite Strecken ein typischer Backfisch zu sein scheint, bildet gerade nicht ihre Adoleszenz, sondern der Krieg das die Erzählung strukturierende Zentrum des Textes, denn seine Dauer bemißt zugleich Beginn und Ende von Fritzes Adoleszenz. Das Ende der Schlesischen Kriege markiert Fritzes Abschied aus dem Haus ihrer Pflegeeltern. Diese explizite Verbindung zwischen Kriegsverlauf und weiblicher Adoleszenz verbindet Kochs Erzählung mit Charlottes Nieses zwei Jahre zuvor erschienenen historischen Kriegserzählung *Das Lagerkind* (1914), der einzigen, die die Autorin explizit an weibliche Leser adressiert hatte.[194] Auch das Lagerkind Burga ist, wie die Figur der Kathrin von Brigitte Augusti, ein Produkt des dreißigjährigen Krieges; am Ende stellt sich allerdings auch bei ihr die vornehme Herkunft heraus. Über den Krieg selbst erfährt die Leserin wenig, eher darüber, wie die Menschen von ihm geprägt werden. Burga hat sich ihren Namen mit Schießpulver in den Arm einbrennen lassen, trägt also den Krieg immer mit sich herum und ist auf lange Zeit kaum fähig zu einem friedlichen Leben innerhalb der vorgegebenen Geschlechterkonventionen. Mehrfach wird ihr unbändiger Freiheitsdrang, ihr „Wandertrieb“[195] hervorgehoben, der sie immer wieder hinaustreibt in die Welt des Krieges und der Gewalt, an der sie selbst auch aktiv partizipiert. Burga war nie ein typischer Backfisch, so daß bei ihr auch nicht von einer typischen Adoleszenz gesprochen werden kann, vielmehr von einem langsam vonstatten gehenden Prozeß der Seßhaftigkeit, dessen Verlauf jedoch implizit diktiert wird vom Verlauf des dreißigjährigen Krieges. Die Grenzen zwischen Krieg und Frieden verlaufen fließend innerhalb der Erzählung, denn der auktoriale Erzähler gibt kaum Hinweise auf den Stand des historischen Geschehens. ‚Irgendwann' flauen die kriegerischen Ereignisse ab, Burga trifft ihre leibliche Mutter wieder, man siedelt sich auf einer Burg an und beginnt damit, das zerstörte Land sukzessive wieder aufzubauen. Weil es sich anbietet und ganz ohne alle Ingredienzen einer Liebesgeschichte, heiratet auch Burga am Ende einen weitläufigen Verwandten. – Anders als Leonore und Fritze erlebt Burga den Krieg nicht als grenzüberschreitendes Abenteuer, er dient nicht zum Ausleben weiblicher (und national gefärbter) Größenphantasien[196], son-

193 Koch [1916], S. 216.

194 Zu diesem Mädchenbuch sowie zu ihren an jugendliche wie erwachsene Leser gerichteten, z.T. sehr populären historischen Erzählungen s. die Ausführungen von Margarete Dierks in *Lexikon der Kinder- und Jugendliteratur* 1984, Bd. 2, S. 557 f.

195 Niese 1914, S. 34; s.a. S. 77, 83, 115.

196 Bezeichnenderweise wurde *Das Lagerkind*, möglicherweise wegen seines fehlenden patriotischen Charakters, bis zum Ende des Kaiserreichs nicht mehr aufgelegt. Die Erfolgsgeschichte des Buches, die sowohl die NS-Zeit als auch die Nachkriegszeit überdauern sollte, begann erst in den 1920er Jahren. Eine Neuausgabe war 1929 im Thienemann-

Ill. 11: Buchdeckel-Vignette zu Charlotte Niese: Das Lagerkind. Geschichte aus dem deutschen Krieg. Mainz 1914 (Jungmädchen-Bücher; 5).

dern er ist Teil der eigenen Identität, der der Protagonistin von Geburt an gleichsam eingeschrieben ist. Der Einhaltung bzw. Überschreitung weiblicher Rollenmuster kommt in dieser Konstellation, bei der eine weibliche Figur so offensichtlich auch als Medium des kulturellen Gedächtnisses zu fungieren hat, naturgemäß nur eine nachrangige Bedeutung zu.

4.3 Geschichte als Geschichte großer Frauen – Weibliche Figuren als Medium des kulturellen Gedächtnisses

Es stellt sich abschließend die Frage, ob und inwieweit Frauen innerhalb der in Rede stehenden historischen Erzählungen nicht nur auf unterschiedliche Weise an der Geschichte partizipieren, sondern ob sie tatsächlich auch als Medium des kulturellen Gedächtnisses fungieren[197], wie die Figur der Burga es nahelegt.[198]

Verlag erschienen, von der Mitte der 1930er Jahre das 62. Tsd. aufgelegt werden mußte. Ende des Krieges war das einhunderttausendste Exemplar bereits verkauft, 1951 lag die 121. Tsd. Ausgabe vor. Damit ist Nieses *Lagerkind* neben Augustis Zyklus die erfolgreichste an Mädchen adressierte historische Erzählung.

197 Unter dem Begriff ‚kulturelles Gedächtnis' soll hier in Anlehnung an die Definitionen Jan Assmanns (1988, S. 15) eine Gruppe identitätsstiftender Wissensbestände über die Vergangenheit, die in Speichermedien oder in symbolischen Formen bzw. Praktiken externalisiert werden, verstanden werden.

198 Eine ähnliche Funktion erfüllt die Protagonistin in Henny Kochs Erzählung *Die Patentochter des alten Fritz*, die bereits durch ihren Kunstnamen Fritze Viktoria Mollwitz eine beständige Erinnerung sowohl an ihren königlichen Paten als auch an den von ihm errungenen Sieg in der Schlacht bei Mollwitz darstellt. Im Gegensatz zu Burga wird Kochs Protagonistin allerdings auf diese Funktion reduziert, allein durch ihre Namen, durch ihr bloßes Vorhandensein, von den Siegen Friedrichs II. zu künden; ihre eigene Identität verschwindet hinter dieser männlich dominierten und zudem personalisierten Vorstellung von Geschichte vollkommen. Gestützt wird diese Geschichtsauffassung auf der Handlungsebene durch die explizite Bitte Fritzes, auch nach der Heirat zumindest ihre Vornamen weiter führen zu dürfen (Koch [1916], S. 216).

Zu diesem Zweck soll neben historischer Abenteuerliteratur sowie den in einem historischen Umfeld angesiedelten Kriegserzählungen eine dritte Form geschichtserzählender Literatur herangezogen werden: die sogenannten Romanbiographien, Biographien also, die im Unterschied zu den ‚typischen' Vertretern des Genres[199] durchaus auch massenliterarische Elemente, d.h. szenisches Erzählen, populäre Stoffe, Aspekte der Authentizitätsfiktion aufweisen.

Auffällig erscheint zunächst, daß die Themen ‚Überlieferung' und ‚Erinnerung' innerhalb der Erzählungen selbst weder implizit noch explizit angeschnitten werden, sondern in einigen Texten lediglich als Reminiszenz im Schlußsatz der Erzählung auftauchen, vergleichbar etwa dem typischen Märchenschluß: „Und wenn sie nicht gestorben sind, so leben sie noch heute." Auch in den historischen Erzählungen wird an gleicher Stelle diese Verbindung zweier Zeitebenen nicht selten unter explizitem Verweis auf märchenhafte Züge geleistet, die das Geschehen näher an die Verfasserebene heranführen sollen. So heißt es am Ende von Charlotte Nieses Erzählung *Das Lagerkind* über die Protagonistin:

> Jetzt ist ihre Gruft verfallen, und man vermag sie nicht mehr zu finden. Aber bis vor sechzig Jahren hat die stolze Troiburg am Wasser der Brederau bei Lügumkloster gestanden, und ihre Ruine schaut noch heute ins Land. Noch lange erzählte man sich in den nordschleswigschen Spinnstuben die Geschichte vom Lagerkinde. Wie es verschleppt wurde von der Finkenburg und dann wiederkehrte, um vielen Menschen Gutes zu tun. – Einige Leute wollen sie noch in den Ruinen der Troiburg um Mitternacht gesehen haben, dies aber ist nur ein Märchen. Das Lagerkind ruht aus von seinem bunten und ernsthaften Leben.[200]

In weitergehenden Ausführungen über die Mechanismen des Erinnerungsprozesses stehen, jedenfalls innerhalb der Erzählungen selbst, oftmals nicht mehr die weiblichen Protagonisten, sondern männliche Figuren im Zentrum. Typisch für eine solche Vorgehensweise ist die Erzählung *Arethusa* (1911) des amerikanischen Autors Francis Marion Crawford. Die Protagonistin Arethusa, eine Sklavin, tatsächlich jedoch Abkömmling einer vornehmen Familie, ist eine mit vorwiegend atypischen Merkmalen, u.a. scharfem Verstand, Mut, Tatkraft und Kampfeslust, ausgestattete Figur, die es nicht nur versteht, die Liebe ihres Herren Zeno für sich zu erringen, sondern mit ihm zusammen deckt sie auch eine politische Intrige gegen den Kaiser von Byzanz auf, bei der sie die maßgebliche Idee zu dessen Befreiung beisteuert.[201] Über weite Strecken kann hier von einem atypischen Geschlechterverhältnis gesprochen werden, da beide Hauptfiguren einander in ihrem Wesen, ihrer Denk- und Handlungsweise und nicht zuletzt hinsichtlich ihrer sozialen Herkunft ‚gleichberechtigt' gegenüberstehen. So wird es auch von der männlichen Hauptfigur empfunden und formuliert: „»Ihr habt mein Leben gerettet [...] und deshalb gehört mein Leben euch, und euer Leben gehört

199 Vgl. dazu T. 2, Kap. 3, in diesem Band.
200 Niese 1914, S. 191.
201 Zu berücksichtigen ist dabei, daß die bereits 1907 in den USA erschienene Erzählung im englischen Original vermutlich nicht mädchenspezifisch adressiert, sondern Teil der allgemeinen geschichtserzählenden Literatur, möglicherweise dort auch bereits Teil der Mädchenlektüre war. Letzteres kann jedoch nicht mit Sicherheit geklärt werden, ebenso wenig wie mögliche Unterschiede zwischen Originalfassung und Übersetzung ermittelt werden konnten.

mir. Wir sind füreinander bestimmt wie Falke zu Falke, Taube zu Taube und Singvogel zu Singvogel, so gehören wir zueinander«. – »Sagt Falke«, lächelte Zoe [d.i. Arethusa], »ich liebe den kühnen Vogel am meisten«."[202]

Dieses Verhältnis der Geschlechter wird durch den Erzähler explizit unterlaufen, als er am Ende der Erzählung auf die Existenz einer Biographie bzw. einer Chronik verweist, die ein Enkel Zenos, d.h. der männlichen Hauptfigur, verfaßt hat und die nun vom Erzähler stichwortartig wiedergegeben wird:

Wie Zeno die Dardanellen hinabsegelte und sich des Geschenkes des Kaisers Johannes an die Republik Venedig versicherte. Wie dann die Genueser ihm den Siegespreis streitig zu machen und Tenedos zu entreißen suchten. Wie er als Held kämpfte und stritt mit einer Handvoll Leute gegen ihrer viele, und wie er ihrer Herr wurde und das Banner von St. Markus stolz wehte von den Wällen von Tenedos. Und wie er später Venedig selber rettete von seinen Feinden, als alles verloren schien, und wie die Macht der verhaßten Genueser in Trümmer sank vor ihm. Und wie viele Heldentaten er sonst noch vollbrachte, alles, nachdem er Bianca Giustiniani [d.i. Arethusa] zu seiner Gemahlin genommen [...] hatte.[203]

Bezeichnenderweise werden aus der Chronik nur Ereignisse benannt, die zeitlich nach den in der Erzählung beschriebenen Ereignissen stattgefunden haben, doch durch die Verbindung mit dem Halbsatz, der die Erzählung zugleich beschließt, wird ein Bogen zwischen beiden Zeitebenen gespannt, der implizit die Ereignisse der Erzählung zum Bestandteil der Chronik macht und ihnen auf diese Weise die Fiktion zusätzlicher Authentizität verschafft. Gleichzeitig beschränkt sich die zukünftige Erinnerung sowohl durch die Existenz der Biographie als auch die Beschreibung der zukünftigen Heldentaten Zenos ausschließlich auf die männliche Figur; die Existenz Arethusas hat sich durch ihre Heirat mit dem Helden gleichsam ‚erledigt'. Ihr weiteres Leben wird von dem fiktiven Chronisten nicht verzeichnet und kann somit weder erinnert noch Bestandteil des kulturellen Gedächtnisses werden.

Anders mit ihren Protagonistinnen verfahren die erzählenden Biographien, deren Ziel explizit darin besteht, die Erinnerung an bestimmte Persönlichkeiten zu bewahren. Die Schwierigkeit, daß es sich dabei um weibliche Persönlichkeiten handelt, wird in der Tatsache manifest, daß kaum erzählende Biographien (über weibliche Persönlichkeiten) existieren, die zugleich explizit mädchenspezifisch adressiert sind.

Ludwig Ziemssens ausdrücklich als ‚historisch' bezeichnete Erzählung *Schön Elslin* [1890] will – so insinuiert ihr Titel – explizit vom Leben seiner Protagonistin Elisabeth von Bayern-Landshut berichten, die durch ihre Heirat mit dem Burggrafen Friedrich zu Nürnberg, dem späteren Friedrich I. Kurfürst von Brandenburg, zur Stammutter der brandenburgischen Hohenzollern wurde. Implizit jedoch gibt sie Zeugnis von der Schwierigkeit, spezifisch weibliche Lebensumstände der Vergangenheit zu rekonstruieren. Denn ungeachtet ihres Untertitels handelt es sich bei der Erzählung in Wahrheit um einen Sachtext, der nur an wenigen Stellen durch Figurenrede bzw. szenisches Erzählen unterbrochen wird. Zum anderen konzentriert sich der Text trotz seines Titels *Schön Elslin* nicht auf

202 Crawford 1911, S. 278.
203 Ebd., S. 279 f.

das Leben seiner Protagonistin, im Zentrum stehen vielmehr die politischen Geschicke ihres Mannes, der für seine Treue gegenüber dem ungarischen König Siegmund schließlich mit der Mark Brandenburg belehnt wird. Damit wird das eigentliche Thema der Erzählung, die Anfänge der Herrschaftsgeschichte der Hohenzollern in der Mark Brandenburg, abgesteckt, und nur innerhalb dieses Kontextes ist das Leben der Protagonistin ‚würdig', im Gedächtnis behalten zu werden: „*[U]nsterblich* lebt ihr Ruhm in der Geschichte, in der Chronik des Hohenzollernhauses"[204].

Die offene Gegenwartsorientierung vieler historischer Erzählungen bezieht sich mehrheitlich auf die politischen Verhältnisse der Verfassergegenwart, d.h. es handelt sich meist um eine Rückprojizierung und damit implizite Legitimierung der innerdeutschen Einheit unter preußisch-protestantischer Vorherrschaft, wobei diese politische Einheit vielfach als Konstrukt einer Überschreitung von Standesgrenzen zeitlich vorweggenommen wird. Ausgespart bei diesen Rückprojizierungen bleiben vielfach die tatsächlichen sozialen Verhältnisse innerhalb des Deutschen Reiches zur Zeit der Jahrhundertwende und hier vor allem die sich verändernden Lebensbedingungen von Frauen, die sich u.a. auch in einer zunehmenden Berufstätigkeit manifestierten.

Die Signifikanz dieser sozialen Veränderungen läßt sich jedoch daran ablesen, daß sie letztendlich auch Eingang in das Genre der historischen Erzählung fanden.[205] In ihrer Romanbiographie *Eine edle Frau* [1900] erinnert Elisabeth Halden an das Leben und Wirken der sächsischen Spitzenklöpplerin Barbara Uttmann (1514–1575). Explizit werden am Ende der Erzählung die noch vorhandenen Zeugnisse benannt, die bislang die Erinnerung an die Protagonistin der Nachwelt überliefert haben: ihr Grabstein, ein Monument sowie ein Denkmal auf dem Marktplatz im sächsischen Annaberg. „So hat sich ihr Gedächtnis erhalten durch die Jahrhunderte, und wie sie ein Segen geworden ist für Hunderttausen-

---

204 Ziemssen [1890], S. 185. Nur zehn Jahre später veröffentlichte die Mädchenbuchautorin Elisabeth Halden, die auch durch die Publikation zahlreicher Biographien und Lebensbilder bekannt geworden war, unter dem Titel *Vor fünfhundert Jahren* ([1900]) ebenfalls eine Biographie über Elisabeth von Bayern-Landshut, die von Halden jedoch ausdrücklich als „Lebensbild" bezeichnet wurde und die nicht mädchenspezifisch adressiert war. (Der Text wurde 1913 unter dem verändertem Titel *Schön-Elschen. Die Burggräfin von Nürnberg. Ein Lebensbild aus früherer Zeit* noch einmal ediert.) Trotz des Untertitels ist Haldens Text sehr viel stärker dem Gattungsmuster einer historischen Erzählung verpflichtet als Ziemssens Erzählung. Gleichzeitig lassen sich deutliche Elemente der typischen Backfischerzählung erkennen; die Figur des ‚Trotzkopfes' verkörpert hier Hedwig, die Pflegetochter der Protagonistin. Erstaunlicherweise wird Hedwig gerade durch ihre Pflegemutter jeder Trotz ausgetrieben, so daß Hedwig am Ende deren sanftmütiges Ebenbild wird. Doch auch bei Halden erschöpft sich Elisabeths ‚Funktion' in der Geschichte in ihrer Zugehörigkeit zur Ahnenreihe des regierenden Kaiserhauses: „Als schöne Else lebte ihr Gedächtnis noch lange im Volke fort, und so nennt sie auch die Geschichte, in deren Hallen ihr Name in goldenen Lettern eingegraben ist, und die Frauen der Hohenzollern, wie alle, die unter ihrem Scepter leben, werden in dieser ersten Kurfürstin immer ein Vorbild in starker Liebe und steter Treue erblicken." (Halden [1900], S. 290).

205 Zur Problematik der literarischen Gestaltung weiblicher Berufsbilder in Texten von Frauen vgl. Möhrmann 1986, S. 65 f.

de, so soll auch ihr Name und ihr Andenken den kommenden Geschlechtern teuer bleiben."[206] Diese bereits vorhandenen Überlieferungsformen werden ergänzt durch eine weitere Festschreibung der Ereignisse in Form einer historischen Erzählung. Erinnert wird an Barbara Uttmann im Unterschied zu anderen Protagonistinnen geschichtserzählender Literatur nicht nur aufgrund ihrer Teilnahme an historischen Prozessen, sondern vor allem aufgrund ihrer beruflichen Tätigkeit: Nach dem Niedergang des Silberbergbaus in der Mitte des 16. Jahrhunderts waren die Städte des Erzgebirges zusehends verarmt, bis Barbara Uttmann durch eine Kommerzialisierung der Spitzenklöppelei vor allem den Frauen und damit letztlich auch der Region eine neue Erwerbsquelle eröffnete.

Diese Berufstätigkeit, zu der Barbara auch ihre Freundinnen sukzessive heranzieht, vollzieht sich in enger Absprache, ja, mit expliziter Unterstützung durch die Männer.[207] Es kann jedoch kein Zweifel daran bestehen, daß die eigentliche Initiative von der Protagonistin, die als Kind von Adam Riese Unterricht erhielt und für längere Zeit bereits die Geschäfte ihre Onkels geführt hat[208], ausgeht. Diese frühe Hinwendung zu bislang ausschließlich männlich konnotierten Beschäftigungen wird jedoch nicht als Überschreitung der Geschlechtergrenzen inszeniert; die Berufstätigkeit von Frauen erscheint vielmehr, so insinuiert es die Erzählung, als typischer Wesenszug weiblicher Figuren[209], die auch in historischen Erzählungen nicht auf ihre Funktionalität für den Mann bzw. für eine männlich dominierte Geschlechterfolge reduziert, sondern die als eigenständiges und zugleich in die Gesellschaft eingebundenes Subjekt gezeigt und zugleich lesbar gemacht werden. Die ‚moderne' berufstätige Frau bedarf keiner Legitimierung mehr; die geschichtserzählende Literatur verweist auf vielfältige Traditionslinien, bei denen Frauen nicht nur an historischen Prozessen partizipieren und damit erstmals sichtbar werden in einer traditionell von Männern dominierten Geschichte; sie gestaltet auch Bilder von Frauen innerhalb dieser Geschichte, die auf ein neues und zugleich atypisches Spannungsfeld zwischen Vergangenheit und Verfassergegenwart verweisen.

---

206 Halden [1900], S. 335.
207 Ebd., S. 301 f.
208 Ebd., S. 137.
209 In der Darstellung berufstätiger Frauen stellt Haldens Erzählung keine Ausnahmeerscheinung dar. Sofie von Follenius führt ihre im Umfeld der Revolution von 1848 angesiedelte Erzählung *Dorothee* am Ende durch einen Zeitsprung von 50 Jahren bis an die Verfassergegenwart heran; die Erstausgabe der Erzählung erschien 1899. Die Enkelinnen der Protagonistin bereiten sich beide auf das Berufsleben vor, ein Unterfangen, das sowohl von der Eltern- wie der Großelterngeneration explizit begrüßt wird: „Recht so, Kinder. Ihr wißt, heutzutage muß jedes Mädchen auf eigenen Füßen stehen können, so gut wie der Mann, und daß ihr dieses Ziel erreicht, das hoffe ich sicher." (Follenius [6-10]1921, S. 118). Auch Dorothea, Protagonistin der gleichnamigen Erzählung von George William Lose, läßt sich bereits unmittelbar nach dem amerikanischen Bürgerkrieg in einem Seminar zur Lehrerin ausbilden, eine Lebensplanung, die von den Figuren als eine Selbstverständlichkeit angesehen wird (Lose [1909], S. 51 ff.).

Kapitel 3
Vom Nutzen der Historie: Die Nationalisierung der Biographie für junge Leserinnen[1]

(Birte Förster)

1 Einführung

Mit diesem Büchlein hat der Verfasser [Karstädt] der reiferen weiblichen Jugend eine wertvolle Gabe dargeboten. In kurzen packenden Erzählungen entwirft er ein Bild jener Tage tiefster Erniedrigung und höchster patriotischer Begeisterung, und hinein in dieses Milieu stellt er jene Frauenbilder, die leidend, helfend, ermunternd durch das Wort und Tat als Heldinnen jener Zeit vor 100 Jahren allen deutschen Mädchen reiferen Alters bekannt, beliebt und wert sein sollen. Möge das anspruchslose Büchlein in viele Hände gelangen; es ist eine kurze, schlichte, ergreifende Predigt von Pflicht, Treue und Vaterlandsliebe für unsere Mädchen.[2]

So urteilte ein anonymer Rezensent über Otto Karstädts *Heldenmädchen und -Frauen aus großer Zeit (1813)* (1911). Das Wissen von Mädchen über die Vergangenheit, besonders die ,vaterländische' Geschichte, gewann in der Kaiserzeit in verschiedenen Konjunkturen an Bedeutung; besonders „Vaterlandsliebe" war eine Tugend, die nun auch bei jungen Leserinnen gefördert werden sollte. Einen Höhepunkt in dieser Entwicklung bildeten die Feiern des 100. Jahrestages der Völkerschlacht bei Leipzig im Jahre 1913, in deren Kontext auch Karstädts Buch erschien. Bereits vor dem deutsch-französischen Krieg wurde geschichtserzählende Literatur für junge Leserinnen publiziert, doch nach der Reichseinigung und besonders seit dem sogenannten Kaisererlaß Wilhelms II. (1889) trat die vaterländische Geschichte in den biographischen Erzählungen in den Vordergrund. Diese Entwicklung wurde in den beiden Jahrzehnten vor dem Ersten Weltkrieg durch ein neues Leitbild in der Mädchenliteratur verstärkt, das auch die biographischen Erzählungen betraf: Das ,deutsche Mädel' sollte ,gesund', ,kraftvoll' und ,weiblich' sein. Das neue Leitbild ging einher mit einer stärkeren Betonung von Feindbildstereotypen, insbesondere ,das Französische' wurde von ,dem Deutschen' abgegrenzt.[3] In diesem Zusammenhang spielte die Gattung der Biographik eine wichtige Rolle, denn in der Kaiserzeit erschienen häufig biographische Erzählungen, die das Leben von Frauen aus dem Umfeld der antinapoleonischen Kriege beschrieben, der Zeit also, die als ,Gründungsmythos' des Deutschen Reiches gilt und auf die sich die kaiserzeitliche Erinnerungskultur in ho-

1 Ich danke Gisela Wilkending, Gabriele von Glasenapp und Arne Scheuermann sowie Birgit Neumann und Sylvia Reinecke für wertvolle Hinweise und Anregungen.

2 Rezension zu Karstädt (Anonym 1912). Karstädts Buch war zwar nicht explizit an Mädchen adressiert, wurde aber in der Literaturkritik und Literaturpädagogik von Anfang an als Mädchenlektüre aufgefaßt. Vgl. T. 2, Kap. 4.

3 Vgl. Wilkending 1997d, S. 153. Zu nationalen Stereotypen im 19. Jahrhundert vgl. auch Jeismann 1991, S. 90 f.

hem Maße bezog. So empfahl Wilhelm Fronemann anläßlich des 100jährigen Jubiläums der Völkerschlacht bei Leipzig für junge Leserinnen und Leser: „Den größten Teil der für die Jugend geeigneten geschichtlichen Werke bilden die *Lebensbeschreibungen.*“[4]

Die Debatte um die vaterländische Geschichte und ihre mögliche Rezeption auch außerhalb des Schulunterrichts wurde auch unter Jugendschriftenkritikern geführt. Zwar spielte die Biographie in der Diskussion um Literatur für junge Leserinnen eine eher untergeordnete Rolle und diente vor allem als positives Gegenbild zur als Schund deklarierten Backfischliteratur. Doch der biographischen Erzählung wurde auch ein positiver lesediätetischer Effekt in der Diskussion um die „Lesesucht“ der jungen Leserinnen nachgesagt. So schrieb Margarete Poehlmann in *Die Lehrerin*: „Denn sie [die Lesesucht] richtet sich sehr selten auf wertvolle geschichtliche, biographische und ähnliche Werke, die schon durch ihren Inhalt ein hastiges Durchblättern unmöglich machen und vielmehr beruhigend und klärend wirken.“[5] Um diesen positiven Effekt des Lesens von Biographien noch zu befördern, schlug Poehlmann die Beteiligung der Eltern bei der Lektüre vor.[6] Ähnlich argumentierte auch Alma Bauer in *Die Frau*. Sie entwarf eine nahezu idyllische Familienleseszene als Optimum weiblicher (Lese)Bildung: die Mutter solle außer der gesamten Geschichte des 19. Jahrhunderts[7] unter anderem „Biographien bedeutender Männer und Frauen“ vorlesen, denn dieses Vorlesen bedeute „den größten Nutzen“[8] der Lektüre. Dabei ist die „Vaterlandsliebe“ bei Bauer und anderen erklärtes Erziehungsziel: „Ich meine, die Pflege der Vaterlandsliebe, die Erweckung des Sinnes für öffentliche Angelegenheiten sei auch ein Stück geistiger Ausbildung unserer Mädchenjugend [...].“[9] Margarete Michatsch ging in *Die Lehrerin* sogar noch weiter, denn sie forderte explizit, daß die Aufmerksamkeit der Leser auf solche Texte gelenkt werden sollte, die die „Großthaten, sowie die menschlich schönen Züge der Fürsten und Fürstinnen (vor allem unserer Hohenzollern) verherrlichen“.[10]

Neben dem erklärten Ziel der Beförderung der „Vaterlandsliebe“ hatte auch der Gedanke einer spezifisch weiblichen Nationalidentität Eingang in die Kritik von Jugendschriften gefunden. Die *Lebens- und Charakterbilder deutscher Frauen* von Alice Bousset, die der Frauenbewegung nahestand, wurden in *Die Frau* als „glückliche[ ] und zeitgemäße[ ]“ Alternative zur Backfischliteratur empfohlen, da sie „die reifere weibliche Jugend in das Leben hervorragender deutscher Frauen“ einführten.[11] Die Herausgeberin von *Die Lehrerin*, Marie Loeper-

4 Fronemann 1913, S. 14.
5 Poehlmann 1894/95, S. 422.
6 S. ebd., S. 431 f.
7 S. Bauer 1894/95, S. 694. Zum Familienlesen bei Bauer s. ausführlicher Wilkending 2002a, S. 59 f.
8 Bauer 1894/95, S. 695.
9 Ebd., S. 694.
10 Michatsch 1895/96, S. 484.
11 Rezension zu Bousset (Anonym1896/97). In der *Jugendschriften-Warte* hingegen wurden Boussets Charakterbilder als uninteressant abgelehnt und das schriftstellerische Können der Verfasserin scharf kritisiert (Anonym 1899). Vgl. Bousset 1897, die in ihrer Sammlung biographischer Erzählungen neben Schriftstellerinnen und Wissenschaftlerinnen auch Ferdinande von Schmettau erwähnt, die ihr Haar für die ‚Befreiungskriege‘ spendete.

Housselle, wies zwar ausdrücklich darauf hin, daß Biographien stets idealisierte Lebensbeschreibungen seien, sie hielt diese Idealisierung jedoch für angemessen, wenn die Texte ein jugendliches Lesepublikum adressierten. In ihrer Replik auf Wolgasts *Das Elend unserer Jugendlitteratur* (1896) stimmte sie dessen Kritik an moralischen Tendenzschriften zwar grundsätzlich zu, wollte moralische Aspekte aus Texten für junge Leser jedoch nicht per se verbannt wissen; diese müßten allerdings „aus der Geschichte selbst“[12] sprechen. Zudem hielt sie, anders als Wolgast, Idealisierungen und Vereinfachungen als Anpassung an die „Fassungsgabe des Kindes“ und die Absicht, „Liebe und Begeisterung für alles Große, Gute und Schöne zu erwecken“[13], für legitim, denn:

Sind doch auch die Lebensbilder unserer großen Männer und Frauen, die wir unseren Kindern bieten, Ideale, die der Wirklichkeit nicht voll entsprechen. [...] Daß aber starke Ausprägung der Charaktere mit vollkommener innerer Wahrheit sich vereinigen läßt, das lehrt uns [...] die Patriarchengeschichte oder [...] Homer und die Nibelungen.[14]

Historische Lebensbilder spielten schon vor der Reichsgründung 1871, gerade auch im Geschichtsunterricht, eine bedeutende Rolle. Dies galt besonders für die Volksschulen. Ausgewiesenermaßen sollte beispielsweise der Unterricht über die antinapoleonischen Kriege als Teil der vaterländischen Geschichte „so viel wie möglich biographisch gefaßt werden“.[15] Der Schwerpunkt des Geschichtsunterrichts in den Volksschulen lag dabei in Preußen auf der Geschichte der Hohenzollern-Dynastie. Die Schulen waren eine wichtige Instanz der staatsbürgerlichen Erziehung und diese konzentrierte sich vor allem auf den Deutsch- und den Geschichtsunterricht.[16] Für Mädchenschulen wurde dabei eine Fokussierung auf die Kulturgeschichte[17] und „den Lebensgang der Königin Luise“[18] empfohlen. Anläßlich der Geburts- und Todestage der Königin wurden Schulfestspiele aufgeführt[19], Biographien der preußischen Königin wurden in der Schule als Fleißprämien verteilt[20]. Biographien dienten während der Kaiserzeit der Verbreitung eines positiven Bildes der Königin, das speziell den jungen Leserinnen, aber auch einem breiteren Lesepublikum ‚Vorbild‘ sein sollte. Gerade biographische Erzählungen sind als Teil der nationalen Erinnerungskultur des Kaiserreiches zu verstehen. Besonders die an junge Leserinnen und Leser adressierten Erzählungen formulieren in Vorworten oder einleitenden Bemerkungen explizite Erinnerungsabsichten. Die jugendliterarische Biographie der Kaiserzeit ist ein außerordentlich funktionales Gedächtnismedium; das Erinnern an historische Figuren wird in diesen Texten explizit formuliert und durch verschiedene Mittel der Leserlenkung akzentuiert. Die biographischen Erzählungen sind Teil derjenigen „Wieder-

12 Loeper-Housselle 1901/02, S. 488.
13 Ebd.
14 Ebd.
15 Bucher 1861, S. 545.
16 S. *Schulvorschriften für den Geschichtsunterricht* 1994, S. XXIV f. Zum Schulunterricht vgl. ausführlicher T. 2, Kap. 2, in diesem Band.
17 S. Bucher 1861, S. 550 f.
18 Berndt 1913, S. 177.
19 S. Baltz [1898], [1910], 1910.
20 Vgl. Wülfing/Bruns/Parr 1991, S. 130.

gebrauchs-Texte[ ], -Bilder[ ] und -Riten", mit Hilfe derer eine Gesellschaft „ihr Selbstbild stabilisiert und vermittelt".[21] Im Unterschied zu allegorischen Frauendarstellungen, die die Nation als natürliche Gemeinschaft sichtbar machen und damit auf allgemeine Werte verweisen[22], stehen die in den Biographien geschilderten Frauen für konkrete, historische Ereignisse. Auch wenn deren Biographien idealisiert und durch fiktive Züge überformt sind, so haben sie dennoch bisweilen faktische Grenzüberschreitungen vollzogen. Diese Grenzüberschreitungen werden jedoch häufig im Rahmen traditioneller Weiblichkeitsmodelle gedeutet und eingeordnet. Somit sind die Frauenfiguren in Biographien als Projektionsfläche gesellschaftlicher Selbstentwürfe zu betrachten. Dabei ist besonders die Frage nach der Repräsentation der Vergangenheit mittels weiblicher Figuren von Interesse. Die Biographien herausragender historischer Frauenfiguren dokumentieren die Durchlässigkeit der Trennung privater und öffentlicher Handlungsräume, gleichzeitig werden die Vorbildfiguren häufig als innerhalb der etablierten Geschlechterordnung agierend präsentiert. Dennoch lohnt es sich, gerade ein so absichtsvolles Genre wie die Biographik nach Verschiebungen der Geschlechterordnung und nach Subtexten zu befragen. Denn neben der Handlungsebene der Biographie weisen diese Texte Strukturen auf, die auf die Möglichkeit einer produktiven Aneignung durch ihre Leserinnen schließen lassen.

2 Biographik für junge Leserinnen in der Kaiserzeit

Wie bereits angedeutet, handelt es sich bei den biographischen Erzählungen des 19. und beginnenden 20. Jahrhunderts, die sich an ein jugendliches Lesepublikum und speziell an Mädchen richten, um ein funktionales literarisches Genre. Gesellschaftliche Normen werden mittels historischer Figuren formuliert und sollen – so deuten es die Vorworte an – von den Leserinnen übernommen werden. Damit stehen die hier untersuchten Texte eher den Gebrauchstexten als der künstlerischen Form der Biographik nahe. Die Figuration der Protagonistinnen zeigt einen deutlichen Gegenwartsbezug und eine Gegenwartsabsicht: Diese sollen als Beispiele dienen und werden in einigen der hier zu untersuchenden Texte auch explizit als solche benannt.[23] „Das Lebensbild ist also keineswegs Selbstzweck, bloße historische Illustration, sondern ihm eignet eine wichtige Funktion: es ist Exempel; in ihm verbindet sich Besonderes und Allgemeines, Singularität und Typik."[24] Dabei ist hier sowohl nach der Funktion der Biographik als Dokumentation gesellschaftlicher Entwicklungen als auch nach ihrer Funktion bei der

21 Assmann 1988, S. 15. Zum Zusammenhang von kulturellem Gedächtnis und Nationalismus vgl. den Forschungsüberblick in Geulen 1998, S. 354–359.

22 Vgl. Wenk 2000, S. 70.

23 Zur Gattungstheorie der Biographik s. besonders Scheuer 1979b, S. [81] ff., 1982, S. 9–15, 1992 u. 1994. Zur Biographik im 19. Jahrhundert s. Scheuer 1979a, S. 62–77. Mit der zeitgenössischen Biographik beschäftigt sich neuerdings Klein 2002. Vgl. ferner Hesse-Hoerstrup 2001 zur jugendliterarischen Biographik, die jedoch zur Gattungstheorie nur wenig beisteuert.

24 Scheuer 1992, S. 11.

Stabilisierung und Etablierung gesellschaftlicher Normen zu fragen.[25] Die Protagonistinnen der biographischen Erzählungen werden den jungen Leserinnen als Identifikationsfiguren präsentiert, sie stehen für positiv bewertetes Handeln und Entscheiden.

Für die Gattungsentwicklung der Biographik, die sich an ein jugendliches Lesepublikum richtet, ist die Tradition der Exempelliteratur zentral. Dies gilt besonders für junge Leserinnen bürgerlicher Schichten, denn die Grundsätze weiblicher Erziehung wurden in der ersten Hälfte des 19. Jahrhunderts häufig mittels der Lebensgestaltungen bekannter Frauengestalten formuliert.[26] Weiterhin bietet die Gattungsentwicklung im Hinblick auf die Positionierung von Frauen und Männern Anschlußmöglichkeiten. Scheuer vertritt die These, die Entwicklung der (männlichen) Individualbiographie des 19. Jahrhunderts sei durch Treitschkes Diktum, „»daß große Männer die Geschichte machen«“[27], theoretisch fundiert worden. Während Männer ‚Geschichte machen‘ und damit zu den konkret Handelnden gehören, wird Frauen eher die Rolle der Repräsentation zugewiesen. Viele der untersuchten Texte sind in diesem Kontext als Versuche zu lesen, die weibliche Grenzüberschreitung als innerhalb der weiblichen Sphäre verbleibend zu deuten oder sie durch spätere Reintegration in den weiblichen Geschlechtscharakter rückgängig zu machen.

Es lohnt sich, in diesem Zusammenhang kurz auf die Positionierung von Frauen in der Geschichtsschreibung des 19. Jahrhunderts einzugehen: Barbara Stollberg-Rilinger hat überzeugend argumentiert, daß die Verwissenschaftlichung der Geschichtsschreibung im 19. Jahrhundert zu einer methodischen Abgrenzung der Fachhistorie von der Anthropologie geführt habe. Ins Zentrum der geschichtswissenschaftlichen Aufmerksamkeit sei der *homo politicus* gerückt: „Mit der Historisierung der Welt des Mannes, des Reiches der sittlichen Freiheit, so könnte man überspitzt formulieren, korrespondierte die Biologisierung der Frau, deren Existenz man dem Reiche der natürlichen Notwendigkeit zuordnete.“[28] Dieses habe zu einer Verengung der universalistischen Geschlechtergeschichte des 18. Jahrhunderts hin zu einer Kulturgeschichte der deutschen Frau geführt. Im Spannungsfeld rechtlicher Unterordnung und sittlicher Überordnung sei ‚die Frau‘ in der popularisierten Frauengeschichte zur Projektionsfläche für nationale wie auch soziale Utopien geworden.[29] Der von Stollberg-Rilinger formulierten Anonymität von Frauen im Kollektiv einer Kulturgeschichte deutscher Frauen stehen die biographischen Erzählungen individueller historischer und bisweilen auch zeitgenössischer Frauen auf den ersten Blick entgegen, da diese die Lebenswege einzelner, herausragender Frauen beschreiben und somit deren Existenz überhaupt einmal benennen. Die Schilderungen sind jedoch häufig idealisiert und konzentrieren sich auf jene Elemente, die die allgemeinen gesellschaftlichen Normen widerspiegeln. Relevant für diesen Untersuchungskontext scheint außerdem

25 Vgl. die Einleitung in Klein 2000 (ebd., S. 4).
26 S. dazu Barth 1998, Sp. 744 f. Vgl. Chimani [1832]; Ramshorn ^{2}1851.
27 Scheuer 1982, Sp. 40. Vgl. hierzu auch Hähner 1999, S. 146–151.
28 Stollberg-Rilinger 1996, S. 60.
29 Vgl. ebd., S. 63.

Stollberg-Rilingers Hinweis auf das Abdrängen der Geschichte von Frauen in die Kulturhistorie und die Verwissenschaftlichung einer androzentrischen Geschichtsschreibung zu sein. Diese geht einher mit der Polarisierung und Festschreibung der Geschlechtscharaktere[30], die im 19. Jahrhundert etabliert ist. Nach der Entwicklung einer weiblichen Sonderanthropologie (Honegger) im ausgehenden 18. Jahrhundert wurde Geschlechterdifferenz nicht länger als sozialer Unterschied formuliert, sondern als biologische Konstante naturalisiert.[31]

Im Gegensatz zu den übrigen in dieser Studie untersuchten Genres stellt die biographische Erzählung für junge Leserinnen zu Beginn der Kaiserzeit eine bereits etablierte Literaturform dar. Schon im ausgehenden 18. Jahrhundert hatten sich Exempel- und Beispielgeschichten für jüngere Leserinnen entwickelt, die das Verhalten einer weiblichen Figur thematisieren und beurteilen. Weitere Vorformen waren Legenden und Sagen, die – wie die Exempelliteratur – die Belehrung der Leserinnen wie auch ihre Unterhaltung zum Ziel hatten. Schon in der ersten Hälfte des 19. Jahrhunderts war bei der Biographik für junge Leserinnen eine Entwicklung hin zur Unterhaltung und weg vom deutlich belehrenden Charakter der jugendliterarischen Biographik des 18. Jahrhunderts zu verzeichnen. Eine weitere wichtige Entwicklung der Gattung war die Erweiterung des Figurenspektrums: Neben die zunächst vorherrschenden Gestalten aus Bibel und Sage traten allmählich auch historische Frauenfiguren, zunächst vor allem Herrscherinnen und Fürstinnen.[32] Auch historische Frauenfiguren wurden nun als Vorbild für jüngste und junge Leserinnen akzeptiert. Besonders in den 1840er Jahren erschienen in der Literatur für ein jugendliches Lesepublikum verstärkt „Lebensbeschreibungen von Frauen aus Mythos und Geschichte – quasi als durch literarische und historische Faktizität beglaubigte Großexempel".[33] So etwa die *Biographien berühmter und verdienter Frauen aller Zeiten und Nationen* ([1832]) des Wiener Jugendschriftstellers Leopold Chimani, die 34 Frauenporträts von Herrscherinnen, wie von gelehrten Frauen und Künstlerinnen – etwa Madame de Sevigné oder Angelika Kauffmann und Anna Luisa Karsch – vereinigten.[34] Die Erziehung der Vorbildfiguren und die Darstellung ihrer in der Regel dem Paradigma des weiblichen Geschlechtscharakters verhafteten Lebensweise standen bei diesen Schilderungen in Vordergrund.[35] Ludwig Ramshorn wies im Vorwort seine jugendlichen Leser und Leserinnen in *Geschichtsbilder aus der Frauenwelt* ([um 1847]) ausdrücklich auf die „Geschichte [...] als Lehrmeisterin der Gegenwart" hin, die für deren „eigenes ferneres Leben" [36] eine lehrreiche Rolle spielen könne. Interessant ist in diesem Zusammenhang noch ein weiterer Hin-

30 S. dazu Hausen 1976, S. 369 f.

31 S. dazu Honegger 1996.

32 Vgl. *Lexikon der Kinder- und Jugendliteratur*, Bd. 1, S. 173; Wilkending 2000a, S. 135.

33 Barth 1998, Sp. 744.

34 S. Chimani [1832].

35 Zu Abweichungen bei den Biographien von Karsch und Johanna von Orleans vgl. Wilkending 2000a, S. 137.

36 Ramshorn ^{2}1851, S. [1]. Ramshorns Schrift behandelt neben Königin Luise u.a. Elisabeth I., Maria Stuart und Johanna von Orleans. Sie erschien als Bd. 4 der *Historischen Jugendbibliothek für das reifere Alter*.

weis an die Leserinnen und Leser: Sie würden bei fortgeschrittener Kenntnis der Geschichte „gar bald erfahren, daß jedes Volk außer seinen Helden auch seine Heldinnen, oder Frauen aufzuweisen hat, die sich ebenso wie diese in irgend einer Beziehung als Hauptpersonen ihrer Zeit ankündigten".[37]

In der Kaiserzeit differenzierte sich die geschichtserzählende Mädchenliteratur weiter aus. Dies galt besonders für den historischen Roman, aber auch für die biographische Erzählung.[38] Die Veränderungen betrafen vor allem das Figurenspektrum und in geringerem Maße auch den Adressatenkreis. Historische Figuren traten nun gegenüber den Zentralfiguren der Legenden- und Heiligenviten endgültig in den Vordergrund. Besondere Beachtung fanden jene Frauenfiguren, die als Teil der neu zu konstituierenden Nationalgeschichte verortet werden konnten, weil sie entweder Teil des Gründungsmythos' des Deutschen Reiches waren oder aber Anknüpfungspunkte für das Idealbild nationaler Weiblichkeit boten. Demgegenüber wurden Herrscherinnen aus anderen Ländern – besonders Elisabeth I. von England – marginalisiert; selbst Biographien der Kaiserin Maria Theresia erscheinen in dieser Zeit wohl ausnahmslos bei österreichischen Verlagen.[39] Die Vorbildfunktion der geschilderten Figuren wurde – dieses galt besonders für Königin Luise von Preußen – um den Aspekt idealer ‚nationaler' bzw. ‚deutscher' Weiblichkeit ergänzt. Dieses bedeutete auch, daß die intendierte Rezeption der biographischen Erzählungen von hoher Relevanz war. Damit stehen die biographischen Erzählungen im Kontext derjenigen mädchenliterarischen Schriften, die Mädchen als potentielle politische Subjekte für das nationale Gedächtnis interessieren wollten und die eine diesem Zweck dienliche Rezeption intendierten. Zu dieser These gibt auch die Beobachtung Anlaß, daß nationale Gedenk- und Feiertage, etwa der 100. Geburtstag Kaiser Wilhelm I. 1897, der 50. Geburtstag der Kaiserin Auguste Viktoria 1908, der 100. Todestag Königin Luises 1910 oder die sogenannten Jahrhundertfeiern der Völkerschlacht bei Leipzig 1813 Anlaß zu Publikationen oder Wiederauflagen boten.[40] In diesem Kontext ist das Vorwort zu dem bereits 1863 erstmalig erschienen, dann in der Kaiserzeit achtfach neu aufgelegten Werk *Das Buch merkwürdiger Frauen* von Ida von Düringsfeld einzuordnen, das nicht von der Autorin selbst verfaßt wurde, sondern von der Redaktion des Spamer-Verlages.[41] Das Erscheinungsdatum der Erstausgabe scheint kein Zufall gewesen zu sein. Fünfzig Jahre nach der Völkerschlacht bei Leipzig spricht die Verlagsredaktion von einer „aufgeregte[n] Zeit, in der wir leben, mit

37 Ramshorn ^{2}1851, S. 3.

38 Zum historischen Roman vgl. T. 2, Kap. 2.

39 S. etwa Proschko 1876; Manzer [1880]; Smolle 1909; Guglia 1918. Einzig Horn [1865] und Düringsfeld 1863 wurden auch im Kaiserreich publiziert.

40 S. etwa Augusti 1897. Vgl. dazu L[oeper]-[H]ousselle 1896/97, S. 241. Marie Loeper-Housselle forderte in ihrer Rezension in *Die Lehrerin* ihre Kolleginnen dazu auf, „dem Büchlein eine Massenverbreitung" zu verschaffen. S.a. Evers ^{4}[1908]; Epstein 1908b; Brüssau 1909; Rehtwisch, 101.–120. Tsd. [1910]; Epstein, Volksausg. 1910; Stein 1910.

41 Trotz der offensichtlichen Beliebtheit von Düringsfelds Werk fanden allein die Kapitel zu Charlotte Corday, Königin Luise und Marie Antoinette Gnade vor den Kritikern der *Jugenschriften-Warte*: „Gut und warm geschriebene Biographien wären wohl besser gewesen." (Anonym 1899b)

all' ihren Widersprüchen, Hoffnungen und Enttäuschungen".[42] Dem „rastlosen Vorwärtstreiben[ ]" der Zeit – damit könnten u.a. die Modernisierungsprozesse, die fortschreitende Industrialisierung, aber auch die sich gründende Frauenbewegung gemeint sein – steht die „Frau als Vermittlerin des Schönen und Bleibenden" entgegen.[43] Die Verfasser des Vorwortes definieren die Aufgaben von Frauen wie folgt:

> Die Frau soll in ihr [der Jugend] die großen Ideen unserer Zeit pflegen, die jungen Herzen empfänglich machen für duldsame Frömmigkeit, für Achtung vor Gesetz und Autorität, sie soll den aufopferungsbereiten Sinn für Vaterland und Menschenthum dort wecken, wo er träge schläft und nicht die Augen aufthun will. Die Frau soll [...] daher nicht in dem Streben nach der Universalität, sondern in dem Sichbescheiden auf den engeren Kreis des Hauses und ihres eigentlichen Berufes Aufgabe und Ziel aller weiblichen Bestrebungen suchen.[44]

Während also das Vorwort ganz im Sinne der oben skizzierten historischen Verortung von Frauen im 19. Jahrhundert argumentiert, entziehen sich die biographischen Erzählungen von Düringsfeld selbst dieser Kategorisierung, wie schon das Figurenspektrum beweist: Neben Königin Luise – hier übrigens als „Chef des Ansbach-Bayreuther Dragonerregiments"[45] dargestellt – sind Biographien der Mörderin Marats Charlotte Corday und der Sängerin Maria Malibran aufgenommen. Auch der geplante zweite Band, der aufgrund des Todes der Autorin nur in verkürzter Form in die Neuauflage des ersten Bandes von 1877 integriert wurde, wies neben den Herrscherinnen Christine von Schweden, Elisabeth I. von England und Katharina II. die Lebensläufe der Naturwissenschaftlerin Marie Sibylle Merian, der Schauspielerin Caroline Neuber und der Schriftstellerin Rahel Levin auf.[46] Damit erklärte Düringsfeld auch jene Frauen zu denkwürdigen Figuren, die sich nicht auf den ‚Beruf der Frau', die Mutterschaft, beschränkten, sondern die sich in öffentlichen Räumen betätigten und hervortraten. Wichtig sind auch Düringsfelds Erweiterung des traditionellen Figurenspektrums im Hinblick auf die Zugehörigkeit zu sozialen Schichten – es werden nun deutlich mehr bürgerliche Frauen sowie Künstlerinnen und Schriftstellerinnen porträtiert[47] – und die Ausweitung des intendierten Adressatenkreises.

Biographische Erzählungen sind als Teil der geschichtserzählenden Literatur vom Genre der historischen Erzählung oder des historischen Romans häufig nicht eindeutig abzugrenzen. Ich werde im folgenden für das in diesem Kapitel untersuchte Textcorpus typisierend zwischen zwei Gruppen unterscheiden: Die biographische Erzählung im strengen Sinne nimmt zumeist explizit Bezug auf die Tradition der Exempelliteratur. In diesen Erzählungen wird häufig in einem dem Text vorangestellten Vorwort oder zu Beginn des ersten Kapitels die Vorbild-

42 Düringsfeld 1863, [V]. Das Buch erschien im Spamer-Verlag, der zu dieser Zeit Marktführer der geschichtserzählenden Sachliteratur war. Vgl. Wilkending 2000a, S. 137.

43 Düringsfeld 1863, S. VI.

44 Ebd.

45 Ebd., S. 269.

46 S. ebd., S. [X]. In die 3. Aufl. von 1876 wurden jedoch lediglich die Lebensläufe von Elisabeth I., Mary Stuart und Lady Hester Stanhope aufgenommen.

47 S. dazu Bousset 1897; Schlatter [1907]; Sonnenfels [1910].

Luise von Preußen als Chef des Ansbach-Bayreuth'schen Dragonerregimentes.

Ill. 12: Textillustration aus: Ida von Düringsfeld: Das Buch denkwürdiger Frauen. In Lebens- und Zeitbildern. Festgabe für Mütter und Töchter. 3. Aufl. Leipzig 1877.

funktion der jeweiligen Figur postuliert; oftmals wird diese zudem als Teil des kollektiven nationalen Gedächtnisses bezeichnet. Der Text selbst enthält meistens mehr oder weniger zahlreiche Authentizitätsmarkierungen wie Briefe, Augenzeugenberichte, Anekdoten oder das Verweisen auf allgemein bekannte Tatsachen. Der Lebenslauf wird von der Geburt bis zum Tod von einem auktorialen Erzähler vorgeführt, der das Geschehen und vorgebliche Originaltexte der beschriebenen Figur mit wertenden Kommentaren begleitet. Diese Texte machen das Gros der hier analysierten Mädchen- und Jugendliteratur aus. Zu dieser Textgruppe sind auch die Sammlungen biographischer Skizzen zu nennen, die ein breiteres Spektrum von Kurzbiographien enthalten.

Ein geringerer, doch besonders beachtenswerter Teil sind jene historisch-biographischen Erzählungen, in denen die zentrale historische Figur im Kontext weiterer historischer und fiktiver Figuren agiert. Hier handelt es sich um im engeren Sinne fiktionale Texte. Diese zeichnen sich in der Regel dadurch aus, daß die Vorbildfunktion der historischen Protagonistin verdeckter angesprochen wird, das Nachahmenswerte wird eher durch deren Handlungen repräsentiert als daß es durch einen auktorialen Erzähler thematisiert und gefordert wird. Auch das Erinnern wird nicht an exponierter Stelle angesprochen. Diese eher dem historischen Roman zuzurechenenden Schriften weisen meist neben dem im engeren Sinne biographischen einen zweiten Erzählstrang auf, dessen Protagonist im unmittelbaren Umfeld der historischen Person agiert. Die Nähe der fiktiven Person zur Hauptfigur wird durch (fiktive) Gespräche beider noch verstärkt. Die Auflagenhöhe der historisch-biographischen Erzählungen läßt den Schluß zu, daß sich dieses hybride Genre großer Popularität erfreute. So wurden die Erzählungen über Königin Luise von den Erfolgsautoren Elisabeth Halden[48], Bruno Garlepp und Marie von Felseneck nach ihrem Erscheinen mehrfach wiederaufgelegt.[49]

Gerade die enge Bindung der in der ersten Gruppe charakterisierten biographischen Literatur an die Tradition der Exempelliteratur wirft die Frage auf, wie und in welchem Maße in einem derart traditionellen Genre Grenzüberschreitungen und Grenzverschiebungen in dem in der Einleitung und im Teil 1 dieses Bandes formulierten Sinne aufzufinden sind. Hier sei auf die eingangs von Wilkending formulierte These verwiesen, die Phantasieproduktion der Leserin werde möglicherweise nicht allein durch das „Handlungsmodell (als Anpassungsmodell)“ angeregt, sondern auch durch Bilder kurzzeitiger „Abweichung“ der Protagonistin von der etablierten Geschlechterordnung.[50] – Auf den ersten Blick bietet die Biographik für junge Leserinnen als literarisches Genre, das explizit Normen vermitteln will, kaum Raum für die Darstellung von Grenzüberschreitungen. Dennoch sind auch in diesem Genre Subtexte zu vermuten, die vom bürgerlichen Frauenbild der Kaiserzeit abweichende Identifizierungsangebote machen. Diese sind vermutlich in den historisch-biographischen Erzählungen in solchen Erzählungen zu finden, die faktische Grenzüberschreitungen von Frauen, insbesondere auch herausragende Leistungen dokumentieren und ausdrücklich erinnern.

Biographische Literatur, die ausschließlich junge Leserinnen adressiert, ist im Untersuchungszeitraum nur selten zu finden. Als Adressaten werden hingegen häufig „alle deutschen Frauen und Jungfrauen“[51], die „Jugend“ oder „Jugend und Volk“ angeführt. Interessant ist aber, daß solche allgemeinen Adressierungen zuweilen in den Vorworten aufgelöst und dort junge Leserinnen explizit benannt werden. Auch das noch zu erläuternde Figurenspektrum der Texte zeigt, daß besonders junge Frauen als Leserinnen jugendliterarischer Biographien angenommen werden können, insbesondere als Leserinnen von Frauenbiographien.[52] Deshalb werde ich im folgenden nicht allein spezifische Mädchenliteratur untersuchen, sondern auch jene biographische Literatur, die an Mädchen lediglich implizit adressiert und mitadressiert wurde.

48 Im *Pädagogischen Jahresbericht* wurde das Konzept von Haldens Roman als „kühnes Unternehmen“ kritisiert, das „viel zu breit angelegt“ sei. „Die Thatsachen werden meist nur flüchtig berührt und stehen miteinander nur in äußerlichem Zusammenhang [...].“ (Anonym 1900)

49 Halden [um 1906] erschien 1910 in der 4. Aufl., Garlepp ^{2}[1883] erschien 1910 in der 10. Aufl. und Felseneck [1898] bereits um 1900 in der 15. Aufl.; 1916 wurde dieser Band wieder neu aufgelegt.

50 Einleitung zu diesem Band.

51 Epstein 1908a.

52 S. etwa Schade 1913, Vorw. [o. P.]; Karstädt Erw. Ausg. 1913, S. 4.

3 Das Spektrum der weiblichen Figuren in der Biographik für junge Leserinnen in der Kaiserzeit

In der jugendliterarischen Frauenbiographik, speziell der mädchenliterarischen Biographik sind in bezug auf das Figurenspektrum vier Gruppen zu unterscheiden, die zur leitenden Untersuchungsfrage potentieller Grenzüberschreitungen auf verschiedene Weise positioniert sind. Vorauszuschicken ist noch: Die meisten der Protagonistinnen sind protestantisch, Katholikinnen werden nur vereinzelt porträtiert. Auch biographische Skizzen jüdischer Frauen sind äußerst selten, sie werden kaum in biographische Sammlungen integriert[53] und sind meistens in Sammlungen zu finden, die sich speziell jüdischen Frauen widmen.[54]

Die erste Gruppe umfaßt Frauen, die zwar in der Öffentlichkeit präsent waren, dort jedoch haushaltsnahe Tätigkeiten ausübten, die traditionell der weiblichen Sphäre zugeordnet wurden. Hier ist etwa die Quäkerin Elizabeth Fry zu nennen, die sich für soziale Reformen in Londoner Frauengefängnissen einsetzte.[55] Diese Gruppe von Frauen spielt in den hier untersuchten Texten eine untergeordnete Rolle und soll deshalb an dieser Stelle nicht ausführlich behandelt werden. Als zweite Gruppe sind Künstlerinnen zu nennen. Mit der Künstlerin ist eine Figur benannt, die traditionell außerhalb der Gesellschaft stand, weil sie als kreativ Schöpfende potentiell die Grenze zur männlichen Sphäre übertrat.[56] Drittens ist eine weitere Gruppe von Frauen zu nennen, die faktische Grenzüberschreitungen unternahmen und im Rahmen dieser Grenzüberschreitungen als außergewöhnliche Frauen charakterisiert werden. Hier sind vor allem kämpfenden Frauen zu nennen. Interessant ist, daß Jeanne d'Arc, die in den 1830er, 1840er und 1850er Jahren in biographischen Erzählungen recht präsent war[57], während der Kaiserzeit kaum beachtet wird. In der deutschsprachigen Jugendliteratur erscheint in diesem Zeitraum lediglich eine Biographie, die Jeanne d'Arc als Opfer „der Habsucht ihrer Landsleute“[58] deutet. Auch die Biographie Charlotte Cordays, die – so die Perspektive der Autorin Düringsfeld – Marat aus religiösen Motiven ermordet und ihre Hinrichtung von vornherein antizipiert habe, wird nur einmal erzählt.[59] Im Mittelpunkt dieser dritten Gruppe stehen die kämpfenden Frauen aus der Zeit der sogenannten Befreiungskriege, die sich in männlicher Kleidung aktiv an den Kämpfen gegen die Napoleonischen Truppen beteiligten und über die besonders anläßlich der Feiern der Völkerschlacht bei Leipzig 1913 veröffentlicht wurde. Diese Frauen werden zwar als besondere Ausnahme

53 Eine Ausnahme bilden Klokow 1881; Schade 1913; Noël 1912.

54 S. Jacobsohn [1896]; Kayserling 1991.

55 Zu Fry s. Richter 1896; Horn 1875. S. weiterhin Diethoff ^{3}1892, die u.a. die Lebensläufe von Katharina von Bora und Anna Reichard beschreibt. Zu Barbara Uttman s. Halden [1900]; Schmidt 1894, S. 330 f.

56 Vgl. Frevert 1999, S. 312.

57 Vgl. Chimani [1832]; Görres 1837; Ramshorn ^{2}1851; *Geschichte der Johanna von Arc* ^{2}1854.

58 Henning [1887], S. 88. Zur Rezeption Jeanne d'Arcs im 19. Jahrhundert in Frankreich vgl. Krumeich 1989.

59 S. Düringsfeld 1863, S. [169]–188. Vgl. hierzu auch Bruns 1991, S. 282.

Ill. 13: Textillustration aus: Marie von Felseneck: Königin Luise. Ein Lebens-Bild nach authentischen Quellen bearbeitet. Der deutschen Jugend gewidmet. Berlin [1897].

markiert, die biographischen Erzählungen schließen aber in der Regel eine Reintegration in die Gesellschaft ein. Diese erfolgt durch die Zurücknahme der faktischen Grenzüberschreitung. Marginalisiert hingegen werden reisende Frauen; lediglich Lady Hester Stanhope, die um 1810 in den Orient reiste und sich in Syrien niederließ, wird erwähnt.[60] Die vierte große Gruppe machen adelige Frauen, Fürstinnen und Herrscherinnen aus, also Frauen die durch ihre soziale Stellung eine Sonderrolle einnahmen. In diese Gruppe ist die preußische Königin Luise einzuordnen, die – wie bereits erwähnt – eine besonders prominente Figur unter den Fürstinnen darstellt. Texte zu Königin Luise werden daher einen der Schwerpunkte dieser Studie bilden. – Für die leitende Untersuchungsfrage nach möglichen Grenzüberschreitungen ist in diesem Zusammenhang von besonderem Interesse, wie die Autoren diese perspektivieren und welche Deutungsmöglichkeiten die Texte eröffnen.

3.1 Schriftstellerinnen und bildende Künstlerinnen

Künstlerinnen stehen historisch für eine Frauengruppe, deren Lebensweg von der gesellschaftlichen Norm abweicht. Besonders um 1900 war die Künstlerin im Zusammenhang der Konzeption weiblicher Rollenmodelle ein vehement diskutiertes Thema. Verschiedene Modelle der Künstlerin wurden in diesen Diskus-

60 S. Düringsfeld ^{3}1877, S. 293–298. Zum Mädchenreiseroman vgl. T. 2, Kap. 1, in diesem Band. Zu reisenden Frauen der Kaiserzeit vgl. Siebert 1998.

sionen entworfen; diese finden sich auch in biographischen Erzählungen über Künstlerinnen wieder. Zum einen ist das Modell der Integration der künstlerischen Arbeit in den weiblichen Geschlechtscharakter zu nennen. Diese Integrationsleistung bedeutete, daß das eigene produktive Schaffen der Familienarbeit untergeordnet wurde.[61] Damit ging bei Schriftstellerinnen einher, daß sich schreibende Frauen vor allem den didaktisch-unterhaltsamen Genres zuwandten, die mit dieser Integration vereinbar waren.[62] Dieses ‚Integrationsmodell' entsprach der gesellschaftlich sanktionierten Rolle der bürgerlichen Frau, von der ein Sich-Fügen erwartet wurde.[63] Eine Professionalisierung der künstlerischen Tätigkeit galt demgegenüber als Bedrohung der bürgerlichen Kultur der Kaiserzeit.[64] Daneben existierte das ‚Verzichtsmodell', das u.a. auch von der Frauenbewegung akzeptiert wurde und das von der Nicht-Integrierbarkeit von künstlerischer Produktivität und dauerhaften familiären Bindungen ausging.[65] Die Nicht-Integration der Künstlerin in das bürgerliche Leben konnte dabei durchaus positiv gedeutet werden, indem Künstlerinnen wie Annette von Droste-Hülshoff oder Marie von Ebner-Eschenbach als besondere Ausnahmen gekennzeichnet wurden.[66] Im zeitgenössischen Künstlerinnenroman war jedoch eine negative Deutung der kreativen Grenzüberschreitung sehr präsent, die häufig die gesellschaftliche Ausgrenzung der Künstlerin zur Folge hatte.[67]

In den hier untersuchten Texten werden Künstlerinnen durch die Aufnahme in Sammlungen wie in Sonnenfels' *Deutsche Frauengestalten* ([1910]) und indem sie in Untertiteln als „hervorragende[ ] Frauen"[68] apostrophiert werden grundsätzlich als Vorbilder charakterisiert und auch in Vorworten als solche markiert.[69] Dennoch sind sehr unterschiedliche Perspektivierungen der Figur der Künstlerin zu verzeichnen. Obwohl sich diese Untersuchung auf das Kaiserreich beschränkt, ist es lohnend, einen vergleichenden Blick auf Dora Schlatters *Von edlen Frauen* ([1907]) zu werfen, da diese Schweizer Autorin, die aus einem pietistischen Umfeld stammt, als einzige das Integrationsmodell deutlich privilegiert. Düringsfeld und die der Frauenbewegung nahestehende Amanda Sonnenfels beschreiben hingegen hauptsächlich Modelle der Nicht-Integration. Diese werden durchaus ambivalent beurteilt, besonders Sonnenfels vertritt keine eindeutige Haltung. Hier ist zu fragen, ob Düringsfeld und Sonnenfels nicht zumindest unterschwellig positive Bilder von Frauen zeichnen, die sich nicht in das tradierte Rollenbild fügen.[70] Interessant ist, daß Schlatter und Sonnenfels relativ

61 Vgl. Tebben 1998b, S. 27.
62 Vgl. ebd., S. 34.
63 Vgl. Mahlendorf 1988, S. 449.
64 Vgl. Kord 1996, S. 81.
65 Vgl. Toebs 1995, S. 41. Toebs beschreibt, wie Frauen in Künstlerinnenromanen um 1900 als isoliert dargestellt werden. Vgl. auch die Darstellung des Konzepts einer ‚weiblicher Kultur' von Georg Simmel in T. 1, Kap. 1, in diesem Band.
66 Vgl. Tebben 1998b, S. 34.
67 Vgl. Toebs 1995, S. 41.
68 Sonnenfels [1910].
69 S. ebd. [1910]; Düringsfeld 1863, ^{3}1877.
70 Vgl. im Gegensatz dazu aber Düringsfeld 1863, S. 295–299. Düringsfeld warnt explizit vor einer Laufbahn als Schauspielerin und Sängerin, da Frauen den leidenschaftlichen Affekten, die auf der Bühne erzeugt würden, nicht gewachsen seien.

zeitnah publizierten und dabei zu teilweise konträren Perspektivierungen gelangten. Dieses scheint die Diskussion um die Professionalisierung von künstlerisch tätigen Frauen um 1900 zu spiegeln.

Schlatters Darstellung der schwäbischen Schriftstellerin Ottilie Wildermuth wertete deren schriftstellerische Tätigkeit gegenüber ihrer Familienarbeit bspw. deutlich ab. Damit übernimmt sie die Selbstbeschreibung Wildermuths, die sich ihrer haushälterischen Fähigkeiten gerühmt[71] und stets ihre Kinder als ihren gedanklichen Mittelpunkt verstanden habe. Gerade weil sie sich selbst keine Grenzüberschreitungen eingestanden habe, sei Wildermuth so erfolgreich gewesen. Auch Schlatters Charakterisierung Wildermuths unterstützt deren Selbstdeutung: Sie habe ihre Mutter im Haushalt unterstützt, habe Benachteiligten geholfen und aufopferungsvoll eine kranke Freundin gepflegt, zur Ehe habe sie ein vernunftbetontes Verhältnis gehabt.[72] Neben dieser Charakterisierung Wildermuths steht die Marginalisierung ihres schriftstellerischen Schaffens. Bis auf das Werk *Auguste* wird keines ihrer zahlreichen Werke namentlich genannt.[73] Die Tatsache, daß Wildermuth durch ihre Arbeit als Schriftstellerin entscheidend zum Familieneinkommen beitrug, wird von Schlatter nicht gewürdigt. Sie hebt im Gegenteil hervor, daß Wildermuths Familie nicht zugunsten ihrer Berufstätigkeit habe zurückstehen müssen.[74] So propagiert Schlatter noch 1907 – zu einem Zeitpunkt, als Frauen in der Schweiz bereits seit geraumer Zeit und auch im Deutschen Reich in einigen Ländern Zugang zu Hochschulen gewährt worden war, die preußische Mädchenschulreform von 1908 kurz bevorstand und Frauen das politische Versammlungsrecht erhielten (1908)[75] – für junge Leserinnen einen Lebensentwurf, der die Familienarbeit und damit die private Sphäre in den Mittelpunkt stellt. Karin Hausen hat darauf hingewiesen, daß Wildermuths Erwerbstätigkeit als Schriftstellerin diesem von Wildermuth selbst forcierten Bild entgegenstand: „Ottilie Wildermuth aber vollbrachte das Kunststück, als vorbildliche Hausfrau und erfolgreiche Schriftstellerin in Ehe, Familie und Gesellschaft schon zu ihren Lebzeiten [...] voll akzeptiert zu werden."[76]

Während bei Schlatter die Bewertungskriterien für eine erfolgreiche Hausfrau und Künstlerin eindeutig formuliert sind, schildert Sonnenfels differenziertere Modelle der Künstlerin. Die Künstlerinnen sind bei Sonnenfels in hohem Maße

71 S. Schlatter [1907], Kap. III, S. 21: „Mit mehr Stolz als von ihrer schriftstellerischen Tätigkeit sprach sie später, wenn sie von den glücklichen ersten Jahren erzählte, von der Kunst des Sparens, die sie dort geübt."

72 S. ebd., S. 18. Ottilies Vater sei bei der Heirat „von Liebe und Schmerz" ganz aufgelöst gewesen, weil seine Tochter ihn verlassen habe.

73 Vgl. hierzu auch Kord 1996, S. 150, die als eine der Ausschlußstrategien bei Frauen aus der Literaturgeschichte das Beschränken auf die Biographie und das Nichtbeachten des Werkes nennt.

74 S. Schlatter [1907], Kap. III, S. 24, 27. Vgl. ebd., S. 32: Entsprechend fällt auch Schlatters abschließende Würdigung Wildermuths aus: „Es schied mit Ottilie eine ausgezeichnete Frau aus dem Leben, eine liebende Gattin, eine treue Mutter, eine hilfreiche Seele, ein reicher Geist, aber vor allem ein wahrhaftiges, frommes, edles Herz, das sein Leben reichlich und schön erfüllt hat."

75 Vgl. *Geschichte der Mädchen- und Frauenbildung* 1996, Bd. 2, S. 129–148.

76 Hausen 1988, S. 86.

ambivalente Figuren, deren künstlerisches Schaffen sich meist nicht mit Rollenerwartungen vereinbaren läßt. Grenzüberschreitungen – sie erscheinen häufig als unausweichlich – müssen mit dem Verlust sozialer Bindungen bezahlt werden. Dennoch charakterisiert Sonnenfels die von ihr geschilderten Frauenfiguren – fünf von ihnen sind Künstlerinnen – im Vorwort als „Vorbilder[ ] edelster Weiblichkeit und höchsten Menschentums“[77], denen die Leserinnen Bewunderung und Liebe zollen sollen. Möglicherweise nimmt die Autorin selbst – sie stand dem gemäßigten Flügel der bürgerlichen Frauenbewegung nahe – eine ambivalente Haltung zur Figur der Künstlerin ein.

So erscheint Annette von Droste-Hülshoff – sie repräsentiert am deutlichsten das Verzichtsmodell – bei Sonnenfels als Künstlerin von außergewöhnlicher Begabung: „Der Genius ihrer hohen Kunst überstrahlte all ihre Mitschwestern“, auch „darf ihr Name stolz neben Goethe und Schiller stehen, denn auch das, was sie geschaffen hat, ist unsterblich wie die Werke jener beiden Größen“.[78] Diese Ausnahmestellung Droste-Hülshoffs wird sowohl durch ihren sozialen Stand als auch durch ihre Erziehung verstärkt. Die Dichterin habe die kreativen Fähigkeiten des Vaters mit den intellektuellen ihrer Mutter vereint, sei musikalisch sehr begabt gewesen, habe neben Latein und Griechisch mehrere Sprachen gesprochen und bereits als neunjährige gedichtet.[79] Ihre Begabung sei von ihrer Familie so lange unterstützt worden, bis Droste-Hülshoff eine professionelle Laufbahn als Schriftstellerin habe einschlagen wollen.[80] Der massive Eingriff der Verwandtschaft in die kreative Produktion wird von Sonnenfels problematisiert: Droste-Hülshoff sei bei dem Versuch, ihre dichterischen Ambitionen zu unterdrücken, krank geworden und in einen „trostlosen Zustand“[81] verfallen. Ein Unterdrükken des künstlerischen Schaffens ist also aus der Perspektive der Autorin zumindest für eine geniale Künstlerin wie Droste-Hülshoff nicht möglich.

Den eigentlichen Durchbruch als Künstlerin verdanke die Schriftstellerin, die nach dem Tod des Vaters isoliert auf dem Witwensitz der Mutter gelebt habe[82], einem männlichen alter ego, Lewin Schücking, der „der armen, unverstandenen Dichterin“, die er mit dem Diminutivum „»Mütterchen«“[83] ansprach, Mut zum Dichten gemacht hätte. Diese Anrede sowie Sonnenfels’ Behauptung, Schücking habe die jahrelange Isolation der Dichterin durchbrochen, stellen die Beziehung als Abhängigkeitsverhältnis dar. Außerdem wird ein Verhältnis Droste-Hülshoffs zu Schücking, das anders als mütterlich gewesen sein könnte, damit ausgeschlossen. Ihre Arbeiten mit Schücking und ein gemeinsamer Aufenthalt bei Droste-Hülshoffs Schwester in der Schweiz werden zu ihren fruchtbarsten Schaffensjahren erklärt. Doch diese Initiation zur erfolgreichen Dichterin ist nach der Trennung und dem endgültigen Bruch mit Schücking beendet: „Die einst so starken, glänzenden Flügel ihres Dichtergeistes hingen müde herab, und müde und tod-

77 Sonnenfels [1910], Vorw. [o. P.].
78 Ebd., S. [126].
79 S. ebd., S. 130–135
80 S. ebd., 1910, S. 129, 136 f. Zum Aspekt der Professionalisierung vgl. T. 1, Kap. 2.
81 Sonnenfels [1910], S. 138.
82 S. ebd., S. 142.
83 Ebd., S. 146.

krank machte die Dichterin ihre letzte Reise nach ihrer geliebten Meersburg."[84] – Droste-Hülshoff wird von Sonnenfels als Einzelfall[85] unter den Autorinnen stilisiert; sie sei zwar genial gewesen, ihr Genie habe sie jedoch nur durch die Unterstützung eines männlichen Subjekts zum Ausdruck bringen können. Die schriftstellerische Produktion ist mit dem Scheitern von sozialen Beziehungen eng verbunden, kann gleichzeitig jedoch nur mit Unterstützung eines männlichen alter ego aktiviert werden. Eine geniale Künstlerin bleibe letztlich allein, ihre unausweichliche Grenzüberschreitung bedeute Einsamkeit und Entbehrung, so das Fazit der Autorin. Dies läßt sich kaum mit der von den Leserinnen in der Einleitung geforderten „Bewunderung" und „Liebe"[86] für die Frauenfiguren vereinbaren. Der Lebenslauf Droste-Hülshoffs dient zwar nicht explizit als Warnung für junge Leserinnen vor dem Künstlerinnenberuf, unterschwellig ist er jedoch zumindest nicht als nachahmenswert zu verstehen.

Doch Sonnenfels nennt noch andere Beispiele: Auch Anna Luisa Karsch habe ihr dichterisches Talent nach dem Tod des Vaters gegen ihre Familie und später gegen ihre beiden Ehemänner durchsetzen müssen, was letztlich zum Verlust aller familiären Bindungen geführt habe. Die Perspektive auf Karsch ist jedoch von zeitlicher und sozialer Distanz gekennzeichnet, denn Karsch entstammte der Unterschicht und ihre Dichtung wird als dem aktuellen Geschmack fremd beschrieben. Karsch, die Tochter eines Bierbrauers, mußte sich ihren Bildungszugang gegen den Willen von Mutter und Großmutter erkämpfen.[87] In ihren beiden Ehen unglücklich – der zweite Ehemann ist Alkoholiker – begann sie zu dichten, da sie „sich an ihren eigenen Versen zu trösten vermochte".[88] Sie habe, so Sonnenfels, zunächst durch Gelegenheitsdichtung, später erfolgreich und professionell die Subsistenz ihrer Familie gesichert. Der dichterische Durchbruch sei ihr jedoch erst gelungen, nachdem sie ihren zweiten Ehemann verlassen und ihre Kinder in Berlin in „Erziehungsanstalten"[89] untergebracht habe. Auch Karsch ist also danach letztlich nicht fähig, ihre schriftstellerische Begabung mit einer Familie zu verbinden. Sonnenfels kommentiert aber weder die Trennung Karschs von den Ehemännern noch von den Kindern zugunsten ihres professionellen Schreibens. Die Ehemänner werden vielmehr als brutal und alkoholabhängig charakterisiert, so daß eine Trennung zumindest legitim scheint. Daß Sonnenfels das Verlassen der Kinder um eines Berufes willen unkommentiert läßt, ist erstaunlich, war doch ein zentraler Kritikpunkt der bürgerlichen Frauenbewegung an Frauen aus der Arbeiterschicht, sie vernachlässigten die Familie aufgrund ih-

84 Ebd., S. 162.

85 Vgl. Kord 1996, S. 141. Kord faßt die Stilisierung als Einzelfall als eine Ausschlußstrategie auf, die die Kanonisierung von Schriftstellerinnen verhindert habe. Sie bezieht sich dabei auf Joanna Russ: How to suppress women's writings, Austin, TX, 1983, S. 76–86.

86 Sonnenfels [1910], Vorw. [o. P.].

87 S. ebd., S. 168. Karsch habe nach Ansicht der Großmutter nicht schreiben lernen sollen, weil dies die Aussichten auf eine spätere Heirat rapide verschlechtert hätte. Dennoch lernte die wißbegierige Anna Luisa in der Obhut ihres Großonkels neben Lesen, Schreiben und Rechnen auch Latein, was nach der Meinung ihrer Mutter „gefährlich für ein Mädchengehirn" gewesen sei.

88 Ebd., S. 173.

89 Ebd., S. 177.

rer Erwerbsarbeit. Diese Offenheit des Textes hängt möglicherweise damit zusammen, daß Karsch – wie bereits erwähnt – von Sonnenfels als sozial und zeitlich distanziert exponiert wurde.

Eine Variation des Integrationsmodells in einem ‚Komplementärmodell' findet sich in Sonnenfels' Darstellung Bettina Brentanos, spätere von Arnim. Hier steht die Autorin in einer Tradition der Charakterisierung weiblicher Autorschaft der Romantik, die bis in die 1970er Jahre andauerte und die Schriftstellerinnen vor allem als „Frau, Freundin oder Muse eines bekannten Romantikers"[90] einordnete. So habe Bettine zunächst am Werk ihres Bruders Clemens Brentano und des späteren Gatten Achim von Arnim mitgearbeitet.[91] Die eigene Begabung als Schriftstellerin sei erst spät zum Vorschein gekommen und zwar nach dem Tod ihres Ehemannes, dem „sie [...] sich als eine tapfere, opferfreudige Frau"[92] erwiesen habe: „Sie ging wieder nach Berlin zurück, und jetzt erst zeigte sich ihre schriftstellerische Begabung."[93] Ähnlich wie bei Schlatter wird das Schaffen der Autorin marginalisiert, ihrem Werk widmet Sonnenfels nicht einmal eine Seite. Gleichzeitig wird ihre Begabung mit einer fremden (italienischen) Herkunft in Verbindung gebracht und steht im Kontext eines kreativen Andersseins. „Freilich scheint ihr dabei wohl manchmal ihr kleines italienisches Herz förmlich durchgegangen zu sein, und ihre italienisch-deutschen Gedanken schwärmen wie die Bienen umher, daß man sich oft zusammennehmen muß, um genau zu verstehen, was sie meint [...]."[94] Somit bietet Sonnenfels auch Bettina von Arnim, deren Kreativität sie in den Kontext eines exotischen Andersseins stellt, nicht als Vorbildfigur an.

Einzig die Malerin Angelika Kauffmanns tritt bei Sonnenfels als erfolgreiche Künstlerin in Erscheinung, die von bedeutenden männlichen Künstlern ihrer Gegenwart ein hohes Maß an Anerkennung erfuhr; so sei sie von Herder als „»himmlische Muse«"[95] und von Goethe als „»ungeheures Talent«"[96] gefeiert worden. Der künstlerische Werdegang Kauffmanns, die sich (auch finanziell) erfolgreich in London etablierte, wird jedoch von ihrem Vater – er war selbst Maler – gelenkt und bestimmt. Schon bei der sehr jungen Kauffmann zeigte sich ihre außergewöhnliche Begabung, die vom Vater gefördert wurde. Dies bedeutet, so Sonnenfels, daß Kauffmann andere Interessen zugunsten ihrer Ausbildung als Malerin habe aufgeben müssen: Das Ziel einer Karriere als Sängerin scheiterte am Widerstand des Vaters, der „von solchen Zukunftsplänen" nichts habe wissen wollen, „und da Angelika eine gehorsame Tochter war, so kämpfte sie endlich auch ihren Wunsch, sich ganz der Musik widmen zu dürfen, tapfer nieder".[97] Das Eingreifen des Vaters wird von Sonnenfels positiv bewertet. Die Heirat mit

90 Becker-Cantarino 2000, S. 260. Vgl. hierzu auch Kord 1996, S. 140.
91 S. Sonnenfels [1910], S. 85.
92 Ebd., S. 89.
93 Ebd.
94 Ebd., S. 83. Diese Stereotypisierung Arnims geht wahrscheinlich auf deren Darstellung als koboldhaftes Wesen in Ricarda Huchs *Die Romantik* (1899–1902) zurück, die Sonnenfels sicher rezipiert hat. Vgl. hierzu Becker-Cantarino 2000, S. 265
95 Sonnenfels [1910], S. 203.
96 Ebd., S. 201. Die Beziehung zu Goethe beschreibt auch Düringsfeld 1863, S. 154–157.
97 Ebd., S. 187 f.

einem vermeintlichen Grafen, die Kauffmann jener mit dem berühmten Künstler Josua Reynolds vorgezogen habe, wirkt wie ein Ausbruchsversuch, und in Sonnenfels' Schilderung ist es der Vater, der diese Heirat nicht habe verhindern können und der die Annullierung der Ehe betreibt.[98] Auf den Wunsch des kranken Vaters hin habe Kauffmann nach ihrer Rückkehr nach Italien den Historienmaler Antonio Zucchi geheiratet. Diese Heirat wird von Düringsfeld recht kritisch beurteilt: „Ob Angelika aus eigenem Antrieb ihn zum Gatten gewählt haben würde, möchten wir bezweifeln[...].“[99]

Künstlerinnen sind in den hier untersuchten Texten Frauen, die sich an der Peripherie gesellschaftlicher Normen bewegen, sie sind, bis auf Wildermuth, keine Vorbildfiguren, sondern werden besonders von Sonnenfels als Ausnahmefrauen geschildert, die sich zwischen ihrer künstlerischen Laufbahn einerseits und Ehe und Familie andererseits entscheiden müssen. Gesellschaftliche Normen werden so ex negativo vermittelt, denn die aus einer distanzierten Perspektive skizzierte Protagonistin selbst ist meist keine Identifikationsfigur. Der künstlerische Erfolg wird als zweitrangig behandelt oder marginalisiert, einzig Angelika Kauffmann bildet hier eine Ausnahme. Besonders bei Sonnenfels ist die Diskrepanz zwischen der Charakterisierung der Vorbildfiguren im Vorwort und der ausführlichen Darstellung der Künstlerinnenbiographien erstaunlich.

3.2 Kämpfende Frauen

Eine Sonderstellung innerhalb der biographischen Erzählungen nehmen jene Texte ein, die Frauenfiguren aus der Zeit der antinapoleonischen Kriege in den Mittelpunkt stellen, denn unter diesen waren auch Frauen, die sich in Männerkleidung an den Kämpfen beteiligten. Zu den Gedenkfeiern der Völkerschlacht bei Leipzig 1863 und besonders 1913 wurde dieser „Heldinnen der Befreiungskriege“[100] in Publikationen gedacht, die sich an ein junges Lesepublikum richteten.[101] Mit der Zuschreibung „Heldin“ wurden jedoch nicht allein aktiv kämpfende Frauen versehen, sondern auch Frauen, deren Verhalten einem als ‚deutsch‘ interpretierten und nationalisierten Weiblichkeitsbild entsprach.[102] Diese Ausdehnung des Heldenbegriffs sollte wahrscheinlich das subversive Potential der Biographien

98 S. ebd., S. 197 f.; Düringsfeld 1863, S. 163.

99 Düringsfeld 1863, S. 164; vgl. hierzu auch Sonnenfels [1910], S. 199.

100 Schade 1913, Vorw. [o. P.].

101 1864 erschien erstmalig W. O. von Horns *Vier deutsche Heldinnen aus den Befreiungskriegen.* Im Vorwort nimmt Horn auf die Jahresfeier der Völkerschlacht 1863 Bezug. Der Text wurde in der Kaiserzeit mehrfach neu aufgelegt, 1910 erschien er in der 6. Aufl. Henny Helmenstreits *Deutsche Heldenmädchen* wurde 1911 veröffentlicht, 1912 folgte Louis Noëls *Die deutschen Heldinnen in den Kriegsjahren 1807–1815*. Im Jahr der ‚Jahrhundertfeiern‘ publizierte Otto Karstädt eine erw. Ausg. von *Heldenmädchen und Frauen aus großer Zeit* und Maria Schade *Große Frauen.* Eleonore Prochaska ist außerdem in *Eleonore Prochaska* 1889/90 und Richter 1896 zu finden. Diese Bestandsaufnahme widerlegt Kehlenbecks Annahme, die weibliche Heldin sei „fast ausschließlich eine fiktive Figur“ (Kehlenbeck 1996a, S. 95).

102 S. dazu etwa Karstädt Erw. Ausg.1913, S. 11–[15]; Noël 1912, S. [XIII] ff.; Horn [1864], S. 5 f. Vgl. hierzu auch Hagemann 2000, S. 87 f.

aktiv kämpfender Frauen verschleiern. Nahezu alle Autoren bemühten sich, ihrem Lesepublikum glaubhaft zu versichern, daß die Soldatinnen nach Ende der Kampfhandlungen erfolgreich domestiziert wurden, so sie nicht in einer Schlacht ihr Leben lassen mußten. Zu den Bestandteilen einer biographischen Erzählung über kämpfende Frauen gehören deshalb die integre, tugendhafte Persönlichkeit, die Liebe zum Vaterland als Motivation und die gesellschaftliche Reintegration nach Ende der Kampfhandlungen. Diese Reintegration – sie funktionierte in fast allen Erzählungen über die Heirat – stützte jene Geschlechterordnung, die den waffentragenden Mann, den ‚Beschützer von Haus und Vaterland' als Staatsbürger privilegierte.[103] Neben diesen wesentlichen Erzählelementen stehen zwei weitere: der durchaus als lustvoll geschilderte Identitätswechsel durch Verkleidung und Namensänderung sowie die aktive Teilnahme am Kämpfen und Töten, die deutlich die Grenzüberschreitungen der Frauen markierten.

Zentrale Figur der Kämpferinnen, der „Schwertjungfrauen"[104], war Eleonore Prochaska, die als August Renz den sogenannten Lützowern beitrat und am 16. September 1813 im Gefecht an der Göhrde fiel. Bis zu ihrer tödlichen Verwundung blieb die Verkleidung der deutschen „»Jeanne d'Arc«"[105] unentdeckt. Die „»populärste Heldenjungfrau«"[106] der antinapoleonischen Kriege wurde mit militärischen Ehren bestattet, in Versen verewigt, auf ihrem Grab wurde 1865 ein Denkmal errichtet[107]. Weniger häufig wird von Friederike Krüger erzählt, die 1815 als erste Frau das Eiserne Kreuz erhielt und zum Unteroffizier befördert wurde[108], oder von der Bremerin Anna Lühring und der aus Schlesien stammenden Maria Werder, die gemeinsam mit ihrem Ehemann focht. Insgesamt werden in den hier besprochenen Texten zwanzig Frauen erwähnt, die in Truppenverbänden kämpften.[109] Alle Frauen seien in Männerkleidung ins Heer eingetreten, einigen sei es gelungen, ihr Geschlecht erfolgreich bis zum Ende der Kampfhandlungen zu verbergen, bei anderen hätten zumindest die Vorgesetzten erfahren, daß sie nicht der vermutete ‚Jüngling' seien. Die kämpfenden Frauen werden stets als tugendhafte und hübsche junge Frauen dargestellt, deren Entschluß zu kämpfen von ihrer „glühenden Liebe zum Vaterland"[110] motiviert werde. So sei

---

103 Vgl. Hagemann 2000, S. 89.

104 Karstädt Erw. Ausg. 1913, S. 40.

105 Schade 1913, S. 165.

106 Hagemann 2000, S. 89. Zur Popularität Eleonore Prochaskas vgl. auch Hagemann 1997, S. 197 u. Hagemann 2002, S. 384; Cyrus 1985, S. 25. Schon den Zeitgenossen Eleonore Prochaskas wurde diese als Vorbild empfohlen (Hagemann 2002, S. 385 f.).

107 Vgl. Karstädt Erw. Ausg. 1913, Abb. nach S. 64, 67 ff.; Noël 1912, S. 50–58. In Friedrich Försters *Geschichte der Befreiungskriege 1813, 1814, 1815* (1856, 1858, 1861) wurden zwei Briefe Prochaskas an ihren Bruder abgedruckt, die fast alle Autoren zitieren. Vgl. hierzu Cyrus 1985, S. 22 f.; Hagemann 1996, S. 587.

108 S. Horn [1864]; Noël 1912; Schade 1913; Karstädt Erw. Ausg. 1913. Neben Krüger erhielt auch Lina Petersen das Eiserne Kreuz (s. Karstädt Erw. Ausg. 1913, S. 52).

109 Vgl. Hagemann 2000, S. 88. Hagemann geht von 23 namentlich bekannten Kämpferinnen aus, die Dunkelziffer liege jedoch sicherlich höher. Zu einzelnen Kämpferinnen vgl. auch Soden 1998.

110 Karstädt Erw. Ausg. 1913, S. 55. Einzig bei Schade 1913 wird nur selten auf den tugendhaften Charakter der Protagonistinnen hingewiesen; Schades Schilderungen konzentrieren sich auf das unmittelbare Kampfgeschehen.

Eleonore Prochaska „ein schlankes, wohlgebildetes, blauäugiges, blondhaariges Mädchen“[111], das für ihre jüngeren Geschwister als „Hausmütterchen“[112] gesorgt habe. Friederike Krüger wird als „züchtige, einfache, bescheidene Mädchenseele“[113] geschildert, Maria Werder habe mit ihrem Gatten in einer kinderlosen, aber glücklichen Ehe gelebt[114]. Die „Not“ des Vaterlandes legitimierte nach Auffassung der Autoren die Überschreitung von Geschlechtergrenzen durch die Protagonisten, habe diese Grenzen jedoch nicht gefährdet:

> Sie [Eleonore Prochaska] war kein Mannweib, keine Ausartung ihres Geschlechts, sondern ein liebes, williges Mädchen, in dem sich glühende Liebe zum Vaterland mit kräftiger Entschlossenheit paarten. [...] / Sie war also durchaus kein Mädchen, das Männlichkeit affektierte und damit kokettierte. Im Gegenteil! eine saubere, tüchtige Magd war sie, wie sie sich keine Herrschaft besser wünscht.[115]

In der Interpretation aller hier untersuchten Autoren ließ allein die starke emotionale Beziehung zum ‚Vaterland‘ die Familie – als Fixpunkt weiblichen Daseins – in den Hintergrund treten; die „Nation als Volksfamilie“[116] habe als übergeordnete Größe ihren Platz eingenommen. Karen Hagemann hat auf die eminente Bedeutung der Emotionalisierung der Vorstellungen von Nation hingewiesen.[117] Die „Schwertjungfrauen“ stehen – so behaupten die Autoren – in einem solch emotionalisierten Verhältnis zur Nation; in den um 1913 publizierten Werken ist dieses patriotische Bekenntnis mit einer massiv antifranzösischen Haltung gepaart. Laut Schade ist Friederike Krüger zu ihrem eigenen Befremden davor gewarnt worden, ihre Abneigung gegen französische Soldaten nicht so deutlich zu äußern. Als sich nach dem Aufruf Friedrich Wilhelms III. viele Männer freiwillig meldeten, sei auch Krüger von der „Begeisterung“ ergriffen worden: „In dem Herzen des jungen Mädchens erwachte der Wunsch, mitzuziehen, teilzunehmen an dem Kampfe für das geliebte Vaterland. [...] Fühlte sie doch in sich die Kraft zu heiliger Tat. Ein Gedanke blitzte in ihr auf ... Stolz hob sich ihre Brust, ihr Antlitz leuchtete.“[118] Die Bereitschaft, für die Nation zu sterben – zentrales Merkmal des nationalstaatlichen Diskurses des 19. Jahrhunderts[119] – war jedoch Männern vorbehalten. Friederike Krüger übertrat also mit ihrem Wunsch eine zentrale zeitgenössische Geschlechtergrenze. Der Konflikt mit der Geschlechterkonstruktion, in den die Protagonistinnen zweifelsohne mit ihrem Eintritt ins Heer

---

111 *Eleonore Prochaska* [1889/90], S. 49 u. S. 52. Vgl. hierzu auch Horn [1864], S. 49.

112 Karstädt Erw. Ausg. 1913, S. 55. Vgl. Blanckertz 1913/14, S. 46: Blanckertz bemängelt in ihrer Rezension, daß Karstädt nichts zur aktuellen Frauenbewegung, wohl aber über den konservativen Vaterländischen Frauenverein geschrieben habe. Vgl. auch Horn [1864], S. 8: „Maria Werder war eine häusliche, sorgsame, thätige Frau.“

113 Horn [1864], S. 29.

114 S. Schade 1913, S. 111.

115 Karstädt Erw. Ausg. 1913, S. 55 f.

116 Hagemann 2002, S. 350.

117 Vgl. Hagemann 1996, S. 589 f.

118 Schade 1913, S. 121 f. Der Aufruf „An mein Volk“ vom 17. März 1813 stellt für viele der Kämpferinnen einen wesentlichen Moment der Initiation dar. Bei *Eleonore Prochaska* [1889/90] und Helmenstreit [1911] wird dieser durch die Begegnung Prochaskas mit Theodor Körner noch verstärkt. S. hierzu Helmenstreit [1911], S. 26 f.

119 Vgl. Hagemann 1996, S. 580 ff.

gerieten, wird von den Autoren mit der Ausnahmesituation der Befreiungskriege erklärt. Diese wird als von der Situation der Männer deutlich verschieden markiert. So antizipierte Horn das mögliche Befremden seiner Leserinnen:

> Ihr, die Ihr in einer ruhigen, ich möchte sagen: kühlen, nüchternen Zeit lebt [...], wahrlich Ihr habet keine Vorstellung, wessen ein edles Frauenherz in einer wildbewegten Zeit fähig ist! Eben darum aber sollen jene weiblichen Heldenherzen vor Euch hintreten und Euch sagen, was heldenkühne Begeisterung vermag [...], wenn die Liebe zum theuren Vaterlande ein Herz begeistert und zu den größten und schwersten Opfern stählt und befähigt [...].[120]

Die Entscheidung, die Familie zu verlassen, habe die Protagonistinnen vor ein Dilemma gestellt. Prochaska und andere Kämpferinnen seien zwar von Widersprüchen geplagt, doch letztlich habe die Überzeugung Oberhand gewonnen, „dem Vaterlande [...] *mehr* als den Eltern" zu gehören; „diese sind ihrer nicht bedürftig, jenes aber ist in Not".[121] Bis auf Maria Werder, die ihren Mann davon überzeugt habe, sich gemeinsam freiwillig zu melden, hätten die Kämpferinnen in der Regel heimlich ihre Familien verlassen, Anna Lühring sogar gegen den Willen ihres Vaters.[122] Auch das heimliche Verlassen des Haushaltes wird zum Ausdruck dafür erklärt, daß die jungen Frauen die bestehende Geschlechterordnung durch ihr Handeln nicht haben angreifen wollen.

Die „Liebe zum Vaterland" motiviert jedoch nicht allein das Verlassen des Elternhauses, sondern auch einen Wechsel der zugewiesenen Geschlechterrolle. Männerkleidung und das Annehmen eines neuen Namens markieren diesen Wechsel. So habe Friederike Krüger „ein unwiderstehliches Regen und Drängen" gefühlt, „herauszutreten aus den Schranken des Geschlechtes, [...] zum Schwerte zu greifen mit dem Muthe und der Todesverachtung des Mannes [...] verleugnend das eigene Geschlecht!"[123] Das Überstreifen der Männerkleidung und das Annehmen einer männlichen Identität wird von den Autoren jedoch nicht als Subvertierung der Geschlechterordnung interpretiert, im Gegenteil: Die „Liebe zum Vaterland" sei eine über dem Geschlechtermodell stehende Ordnung und legitimiere den Wunsch, sich aktiv an der Befreiung Preußens zu beteiligen. Die Verteidigung des Vaterlandes habe keinen emanzipatorischen Impetus: Die Frauen verbargen zwar ihr anatomisches und ihr soziokulturelles Geschlecht, sie beanspruchten jedoch weder die Anerkennung ihrer Leistungen noch ihren dauerhaften Verbleib im Heer.[124]

120 Horn [1864], S. 7. Vgl. Fischer 1877, S. 254 f.: Fischer beurteilt Horns Buch als für junge Leser und Leserinnen ungeeignet: „Ein Stoff, wie der im vorliegenden Buche, wo *drei Frauen in Mannskleidern selbst zu Pferde Feldzüge* mitmachen, beziehentlich ihr Vaterhaus verlassen und ihr Geschlecht später auf mehr oder minder reizende Weise entdeckt wird, ist trotz möglicher Berücksichtigung des Heldenmuthes dieser Frauenspersonen doch nicht passend für ein *Jugendbuch*."

121 *Eleonore Prochaska* [1889/90], S. 53. In diesem Text benachrichtigt Eleonore ihre Eltern von ihrem Weggang; die vermuten jedoch, sie habe sich zur Verwundetenpflege gemeldet.

122 Zu Prochaska s. Schade 1913, S. 100; zu Krüger s. ebd., S. 112, 122; zu Lühring s. Karstädt Erw. Ausg. 1913, S. 46.

123 Horn [1864], S. 29 f.

124 Vgl. Hagemann 1997, S. 198. Hagemann differenziert zwischen „›Amazonen‹", die Heldentum und Weiblichkeit verbinden wollten und so die „nationalstaatliche Geschlechter-

Die Szene der Verkleidung spielt in nahezu allen kürzeren biographischen Erzählungen mit größerer Fiktionalisierungstendenz eine zentrale Rolle. Das tugendhafte Mädchen tritt nun als „schöner Jüngling" in Erscheinung: „Vor ihm stand ein schöner schlanker Jüngling ... Nein, nein, es war seine Schwester [...]. Ferdinand sprach kein Wort. Fühlte sie nicht ganz, wie er fühlte? [...] Hatte sie nicht das gleiche Recht, dem Drange ihrer Seele zu folgen?"[125] Henny Helmenstreit läßt allerdings neben die Vaterlandsliebe die Lust am Rollenwechsel treten. Als sich Prochaska die Uniform anzieht und ihres Rollentausches im Spiegel gewahr wird, nimmt sie ihre Identität als August Renz wie folgt an:

> Übermütig lächelte sie sich durch den Spiegel zu. Und ihr Übermut stieg. Lachend drehte sie sich nach ihrem eigenen Kommando mit militärischer Schneidigkeit bald rechts, bald links herum, schwenkte, hob und senkte das Gewehr und zielte dann und wann ... piff, paff, puff! ... auf ihr Spiegelbild. Da kam ihr plötzlich die schlanke, jugendlich schöne Heldengestalt Theodor Körners [...] in den Sinn [...].[126]

Helmenstreit ist die einzige Autorin, die Eleonore Prochaska nach ihrem Kleidertausch „August Renz" nennt und diesen mit dem Personalpronomen „er" bezeichnet, den Rollenwechsel also auch grammatisch markiert.[127] Prochaska/Renz nimmt also eine Geschlechtsidentität an, die von der Autorin durch das Personalpronomen, die Kleidung und den Namen markiert werden. Die Verkleidung von Prochaska/Renz kann im Sinne Butlers als „Unterwerfung unter die Normen des Geschlechts"[128] verstanden werden, denn letztlich ist der Rollentausch ein Zitat der normierten Geschlechterordnung, das anatomische Geschlecht Eleonore Prochaskas wird durch das „Verschleiern des Gesetzes"[129] manifestiert. Gerade das Verbergen des anatomischen Geschlechts festigt die Geschlechterordnung, denn es geschieht innerhalb eines nationalstaatlichen Diskurses, der Frauen das Tragen von Waffen nicht gestattet. „Die Performativität [...] ist immer die Wiederholung einer oder mehrerer Normen; in dem Ausmaß, in dem sie in der Gegenwart einen handlungsfähigen Status erlangt, verschleiert oder verbirgt sie die Konventionen, deren Wiederholung sie ist."[130] Gleichzeitig trägt Helmenstreits Darstellung jedoch parodistische Züge; das Sich-als-Mann-Erblicken führt zu einem spielerischen Umgang mit dem Subjekt August Renz, der auf das subversive Unterwandern der zugeschriebenen Geschlechternormen hinweist.[131]

Bei Maria Schade, Autorin vaterländischer Festspiele, ist der lustbetonte Aspekt des Rollentauschens zwar weniger deutlich, jedoch latent vorhanden. Als

---

ordnung auf den Kopf" stellten, und „›Schwertjungfrauen‹", die ihr Geschlecht verbargen und diese Ansprüche nicht stellten.

125 Schade 1913, S. 7. Vgl. hierzu auch *Eleonore Prochaska* [1889/90], S. 52.

126 Helmenstreit [1911], S. 35.

127 Interessanterweise bezog sich der englische Begriff *gender*, der auf das soziokulturelle Geschlecht verweist, auf die grammatische Unterscheidung von Maskulinum, Femininum und Neutrum.

128 Butler 1995, S. 36

129 Ebd., S. 35.

130 Ebd.

131 Vgl. Butler 1991, S. 215. Zur Maskerade vgl. Lehnert 1994a, die im Abschnitt zu Soldatinnen die „Schwertjungfrauen" jedoch unberücksichtigt läßt.

Krüger ihre „prächtigen Flechten" abgeschnitten hat, lächelt sie: „Wie leicht jetzt ihr Haupt war! Nun würde gewiß niemand in ihr das Weib erkennen."[132] Nicht als Frau eingeordnet zu werden, ist hier also eine Erleichterung, denn die Lust an der eigenen Verwandlung ist an die Angst vor einer Entdeckung geknüpft. Nach der Aufnahme als Rekrut erfährt Prochaska/Renz von einer Frau, die entlassen wurde, weil ihr Rollentausch aufgedeckt worden war. [133] Die Lust am Verkleiden, der Entschluß zu kämpfen weisen Analogien zum Trotzkopfmotiv des wilden Mädchens auf, das sich gegen die ihm abverlangte Weiblichkeit wehrt.[134] Die Domestikation des Trotzkopfs wie der Soldatin erfolgt durch die Heirat[135] und die Reintegration in die bipolare Geschlechterordnung: Spätestens nach dem Ende des Krieges erfolgt in fast allen Darstellungen der militärische Abschied.

Besonders bei Horn, Helmenstreit und Schade bewähren sich die verkleideten Rekruten erfolgreich im Kampf, sie suchen Frontstellungen im Kampfgeschehen und beweisen Führungsqualitäten. Dafür seien einige mit Orden und/oder einer Beförderung ausgezeichnet worden. Besonders die Schlesierin Maria Werder hat laut Schade Tapferkeit und militärisches Können bewiesen.[136] Schade konzipiert die schlesische Gutsbesitzerin als mittels Vaterlandsliebe emanzipierte Ehefrau, die Initiative ergreift und die ihren Ehemann notfalls verlassen würde. In ihrer Ehe verhält sich Maria Werder also konträr zu traditionellen Weiblichkeitsvorstellungen. Sie habe den aktiven Part in der Beziehung übernommen. Sie sei diejenige gewesen, die für die Nation eingetreten ist, nach dem „Aufruf an mein Volk" habe sie ihren Mann angetrieben, abermals in den Kampf zu ziehen. Dieser habe jedoch lieber auf dem heimischen Gut bleiben wollen: „Er war keine kriegerische Natur, hatte die Waffen nur seinem Weibe zuliebe ergriffen und freute sich nun der Ruhe. Immerfort arbeitete Maria daran, ihn diesem Gleichmut zu entreißen, seinen Sinn zu begeistern."[137] Bei ihren Anliegen wird sie sogar vom Pfarrer ihrer Heimatgemeinde unterstützt, doch zunächst ohne Erfolg. Maria Werder beschließt dann, allein zum Heer zurückzukehren. Erst der Anblick seiner Frau in Uniform überzeugt ihren Mann, ihr zu folgen.[138] Beide treten als „Gemeine"[139] ins Heer ein. Werder ist nun seiner Frau militärisch gleichgestellt, diese wird jedoch bald mit der Betreuung der Rekruten betraut und zum Wachtmeister befördert.[140] Das

132 Schade 1913, S. 122.

133 S. Helmenstreit [1911], S. 43 f.: „Wie [...] wenn auch ihr Geschlecht durch einen Zufall entdeckt würde? Aber nein, es war ihr ja bisher gelungen, jeden Verdacht fernzuhalten, es würde ihr bei einiger Vorsicht sicherlich auch in Zukunft gelingen, ihr Geheimnis zu bewahren. [...] So schüttelte August Renz den bedrückenden Gedanken bald wieder ab und marschierte an der Seite der Genossen rüstig von Dorf zu Dorf [...]."

134 Vgl. Wilkending 1997b, S. 128. Vgl. hierzu auch Lehnert 1994a, S. 306, die in diesem Kontext von einer Erziehung des adoleszenten Mädchens hin zur Maskerade spricht.

135 Vgl. Wilkending 2002c, S. 241; vgl. Einführung; T. 1. Kap. 1.

136 S. Schade 1913, S. 112. Zu Prochaska s. Helmenstreit [1911], S. 48, und zu Krüger: Horn [1864], S. 40: „Überall im Kampfe war sie die erste, überall stürmten ihr nach die Kameraden [...]."

137 Schade 1913, S. 114 f.

138 S. Ebd., S. 115 f. Bei Noël 1912, S. 31, findet sich eine ähnlich Charakterisierung des Ehemannes von Maria Werder.

139 Ebd., S. 116.

140 S. ebd.

„Vaterland“ nimmt für Maria Werder eine übergeordnete Rolle ein. Als sie in der Völkerschlacht von ihrem Mann getrennt wird, entscheidet sie sich für den Kampf: „Der Kampf war heiß. Maria focht wie ein Held, ihre Husaren zu kühner Tat hinreißend. Zuweilen blickte sie um sich. Werder ...? Doch jeder ihrer Sinne gehörte dem Kampfe, dem heiligen, dem letzten Kampfe fürs Vaterland.“[141] Als Werder fällt, gibt sich Maria Werder als seine Ehefrau zu erkennen kehrt auf ihr Gut zurück.

Bei der Darstellung der Schlacht- und Kampfszenen scheiden sich jedoch die Geister, denn das Töten feindlicher Soldaten ist die radikalste Grenzüberschreitung der „Schwertjungfrauen“. Helmenstreit erzählt von der Begeisterung Prochaskas für das Scheibenschießen:

> Hei, wie das knallte und die Büchse gegen die Schulter schlug, wenn die Kugel blitzend aus dem Feuerrohr hinausfuhr! Wie der junge Kriegsmann [Eleonora Prochaska] beim erstenmal erschrak, bald aber ganz kaltblütig abdrückte und innerlich jubelte, als er noch am selben Tage einen um den andern Treffer auf der Scheibe aufzuweisen hatte.[142]

Karstädt kommentiert diese Begeisterung Prochaskas dagegen diminuierend: „Ist es nicht rührend, wie sie sich über ihre Schußleistungen freut?“[143] Helmenstreits Prochaska wiederum hat die „Schrecken eines blutigen Gefechts“ überwunden und ist im Rausch des Kampfs aufgegangen:

> Und so hatte August Renz bald die letzten Regungen weicher Art von sich gewiesen, und war nur noch erfüllt von Kampfeseifer, daß er [...] jetzt nur noch den einen heißen Wunsch in sich trug, den Feind, komme es, wie es wolle, auch aus dieser Stellung hinauszuwerfen. Mit heißen Wangen und blitzenden Augen sprang er an der Seite seiner Kameraden über die Ackerschollen, von Zeit zu Zeit eine günstige Gelegenheit nützend, einen wohlgezielten Schuß auf den Feind abzugeben.[144]

Das Ablegen der „weiche[n] Art“ markiert das endgültige Überschreiten der Geschlechtergrenzen. Im letzten Gefecht habe Prochaska mit „Todesverachtung“[145] gekämpft. In der Interpretation Helmenstreits greift Prochaska, als Mangel an Gewehren besteht, zur Trommel und führt ihre Abteilung in den Kampf. Die Motivation, im letzten Gefecht vor dem Tod nach einer Trommel zu greifen, deutet Horn hingegen als ein Ausweichen vor dem Töten, da die performative Aneignung des männlichen Geschlechts dem „weiblichen Herzen[ ]“ Prochaskas entgegensteht. Sie wolle zwar ihre „Soldatenpflicht“ erfüllen, vor dem Töten sei Prochaska jedoch zurückgeschreckt: „Mir scheint in diesem Ergreifen der Trommel ein feiner Zug ächt weiblichen Herzens zu liegen. Sie erfüllte so eine Soldatenpflicht und mußte nicht die verwundende und mordende Kugel auf den Feind abschießen oder das Bajonet [!] einem armen Menschen in die Brust stoßen!“[146] Im Tod Prochaskas offenbart sich ihr anatomisches und damit ihr soziokulturel-

141 Ebd., S. 118. Auch bei Horn steht der Sieg in der Völkerschlacht über der Sorge für den Ehemann (s. Horn [1864], S. 28).
142 S. Helmenstreit [1911], S. 40.
143 Karstädt Erw. Ausg. 1913, S. 58.
144 Helmenstreit [1911], S. 48.
145 Ebd., S. 50.
146 Horn [1864], S. 69.

les Geschlecht; der Körper wird wieder zum Zeichen von Jungfräulichkeit und latenter Erotik: „der schneeweise[!] Busen verriet in pochenden Schlägen das jungfräuliche Heldenherz".[147]

Die unterschiedlichen Bewertungen der „Heldenmädchen" sind auch in den Erinnerungspostulaten zu finden. Eleonore Prochaska war als Erinnerungsfigur besonders gut geeignet, da sie als gefallene Heldin nicht wieder in eine polare Geschlechterordnung eingeordnet werden mußte. Ihre Rolle als Tambour bot eine Deutung als weibliches Zurückschrecken vor dem Kampf an. Diese Deutung wurde auch vom Blüchermuseum in Kaub übernommen, das Prochaska 1913 ein Porträt widmete. „Im Blüchermuseum steht der »weibliche Tambour« im Vordergrund: Eleonore Prochaska, die »standhaft« und »mit Ergebung« ihre »unsäglichen Leiden« ertrug."[148] Andere Frauen schienen bis weit in das 19. Jahrhundert hinein weniger erinnerungswürdig; so etwa Anna Lühring, deren Identität schon unmittelbar nach ihrem Eintritt ins Heer bekannt wurde und die mit dem Plazet ihres Vorgesetzten kämpfte.[149] Obwohl Anna Lührings Identität offenbart worden war, blieb sie zwei Jahre bei den Lützowern und nahm auch an deren feierlichem Empfang in Berlin teil. Erst später wurde sie auch in ihrer Heimatstadt Bremen gefeiert. Karstädts Publikation – im Vorwort deutlich als Mittel gegen das Vergessen ausgewiesen[150] – beklagt die Amnesie gegenüber Lühring, die als verarmte Witwe „im Alter noch eine Heldin des Duldens" geworden sei und erst 1860 einen „Ehrensold" [151] erhalten habe. Karstädt, Noël und Schade thematisieren das mangelnde Wissen über die „Schwertjungfrauen", gerade Karstädt präsentiert jedoch eine Version der Heldin, die auch Frauen, die in der Verwundetenpflege tätig waren, Spenden sammelten oder sich von „französischer Sitte" abwandten, einschloß.[152] Bis auf Schade, die explizit an die Leistungen von Frauen während der Befreiungskriege erinnern will, bieten diese Autoren durchweg das Bild einer domestizierten Heldin. Und auch Schade weicht von diesem Konzept lediglich marginal ab:

> Noch nach hundert Jahren geben die Helden dieser Vergangenheit Glanz und Weihe. Aber nicht nur Helden sind es, auf die wir bewundernd blicken: die große Zeit schafft auch Heldinnen, kraftvolle Frauen, die, ohne den Reiz ihrer Weiblichkeit zu verlieren, den weibischen Tand abtun.[153]

147 Karstädt Erw. Ausg. 1913, S. 65. Vgl. hierzu auch Schade 1913, S. 108: „Zart, weiß hob und senkte sich in tapfer unterdrückten Schmerzensqualen ein Mädchenbusen."

148 Soden 1998.

149 Vgl. Cyrus 1985, S. 22 u. S. 26–40. Anna Lühring trat im Februar 1814 als Eduard Kruse aus Oldenburg bei den sogenannten Lützowern ein; wenige Wochen darauf wurde sie durch die Nachfrage ihres Vaters entdeckt, durfte jedoch im Heer bleiben. Anna Lühring kämpfte auf belgischem und französischem Gebiet und ging dann nach Berlin, weil sie sich mit ihrem Vater entzweit hatte. In Berlin wurde sie als Heldin gefeiert und von Prinzessin Marianne von Preußen empfangen. Auch Bremen feierte die „Heldenjungfrau" 1815, wobei ihre Tugendhaftigkeit stets betont wurde. 1860 erhielt die verarmte Lühring eine Pension der Stadt Bremen, 1909 wurde ihr Grabstein erneuert. Bei Cyrus auch weitere Quellen und Literatur zu Anna Lühring.

150 Karstädt Erw. Ausg. 1913, S. 4: „Was weiß der Deutsche, was lernt ein deutsches Mädchen über Anna Lühring, über Johanna Stegen?"

151 Ebd., S. 50.

152 S. ebd., S. 12 f. Vgl. hierzu auch Hagemann 2000, S. 87 f.

153 Schade 1913, S. 57.

Unter „Heldenmädchen" verstanden alle Autoren sowohl Soldatinnen als auch Frauen, die in der Verwundetenpflege tätig waren oder sich auf andere Weise im Rahmen der sogenannten Befreiungskriege engagierten. Hedwig Dransfeld betont 1913 in der *Der katholische Frauenbund* die Rolle von Frauen in den Befreiungskriegen vor allen Dingen als passive Heldinnen: „Aber auch Frauen standen nicht zurück: sie opferten ihr eigenes Selbst in ihren Gatten, Brüdern, Söhnen. Keine Frau, die einen ihrer Lieben vom harten Kreuzzug ihrer Lieben abgehalten hätte."[154] Die Autoren weisen stets darauf hin, daß sich weibliches Heldentum nicht auf das aktive Kämpfen beschränkt. So wurde auch die Lüneburgerin Johanna Stegen, die die in Lübeck kämpfenden Truppen mit Munition versorgt hat, als Heldin gefeiert. Das Andenken an Stegen war weniger ambivalent als das an die „Schwertjungfrauen", denn sie trat lediglich unterstützend in Erscheinung. Außerdem wies ihre Biographie eine Parallele zu Königin Luise auf: Auch Johanna mußte vor französischen Truppen fliehen. Das „Heldenmädchen von Lüneburg" trug keine Waffen und wagte sich doch in den feindlichen Kugelhagel, um die Munition zu transportieren. Gleichzeitig kümmerte sie sich um Verwundete. Nach ihrer Rückkehr heiratete Stegen einen ehemaligen Soldaten: „So tapfer und unerschrocken sie bei der Verteidigung von Lüneburg gewesen war, so sanft und zärtlich waltete sie nun als Gattin, als Mutter."[155]

In der Verwundetenpflege tätige Frauen werden in der Regel im Kollektiv genannt. Eine Ausnahme bilden Rahel Levin und Henriette Herz, die in der Deutung Schades durch ihre Lazarettätigkeit ihre nationale Initiation in einem doppelten Sinn erfahren hätten: als Frauen und als Jüdinnen; entsprechend fokussiert und reduziert sind die biographischen Erzählungen Schades: Nach einer affektiven Begegnung Herz' mit der preußischen Königin sei das „Wohl des Vaterlandes" Thema ihres Salons geworden, sie habe sich zudem „voll Hingabe" der Pflege von Verwundeten gewidmet. Sie selbst sei „eine andere geworden".[156] Noch deutlicher sei die Nationalisierung bei Rahel Levin: „Rahel ist Jüdin, doch ganz fühlt sie sich jeden Augenblick als Preußin, und groß ist ihre Hingabe an dieses Land. Seine Leiden sind ihre Leiden."[157] Erst ihre Arbeit in der Verwundetenpflege führe Levin zu ihrem eigentlichen Charakter: „Aber gerade diese Zeit, diese Tätigkeit machen sie zu dem, was sie eigentlich ist."[158] Levin habe Kraft aus ihrer Arbeit gewonnen, ihre Beziehung zu Varnhagen von Ense habe eine neue Qualität erreicht, die 1814 zur Heirat geführt habe.[159] Levins Werk, ihr Leben vor der Begegnung mit Varnhagen von Ense spielt hier kaum eine Rolle. Die biographische Erzählung Schades suggeriert die nationale Erweckung Levins

154 Dransfeld 1913, S. 81.

155 Schade 1913, S. 98. Vgl. hierzu auch Helmenstreit [1911], 75–81, die mit Katharina Weißgerber eine ähnliche Figur beschreibt. Weißgerber transportiert 1870 Wasser durch die Gefechtslinien zu den preußischen Truppen und stellt mit diesem ‚Liebeswerk' ihre Tapferkeit unter Beweis.

156 Schade 1913, S. 186.

157 Ebd., S. 191.

158 Ebd., S. 194.

159 Vgl. ebd., S. 198 f.: „Ja, Varnhagens Liebe hat sich vertieft in dem Bewußtsein der neuen Werte, die er in der Freundin sich entfalten sah. Unzerstörbar jung erschien sie ihm nun, fester schlangen sich die Bande um die beiden Glücklichen."

durch die antinapoleonischen Kriege, die die „eigentliche" Levin zum Vorschein treten lasse.

Die These, daß die „Schwertjungfrauen", so sie nicht fielen, wieder in die etablierte dichotome Geschlechterordnung integriert wurden[160], ist im Hinblick auf die hier untersuchte Mädchen- und Jugendliteratur der Kaiserzeit grundsätzlich zu bekräftigen. Denn das Verlassen der weiblichen Rolle durch die Heldenmädchen gilt stets als temporär, ihre Grenzüberschreitungen werden am Ende des Krieges zurückgenommen und durch die Rückkehr zu den Familien und eine Heirat besiegelt.[161] So wird die erfolgreiche Krüger außer mit ihrer Beförderung und dem Eiserne Kreuz auch mit einem Brautschatz von Friedrich Wilhelm III. belohnt. Vor dem Hintergrund der leitenden Untersuchungsfrage nach der Anregung der Phantasieproduktion durch Abweichungen von etablierten Normen, ist die Bewertung der „Schwertjungfrauen" jedoch differenzierter zu betrachten. Denn selbst wenn auf der Handlungsebene das Ausbrechen aus der Geschlechterordnung durch die aktive Teilhabe am Kampf stets als Ausnahmesituation geschildert und die Grenzüberschreitung nach Beendigung der Befreiungskriege wieder zurückgenommen wird, so bleiben doch deutliche Abweichungen: Es wird von jungen Frauen berichtet, die heimlich in Männerkleidung ihr Elternhaus verlassen und sich in den kriegerischen Auseinandersetzungen bewähren und sogar hervortun. Die „Heldenmädchen" agieren lustvoll in der öffentlichen, auch für die zeitgenössische Rezipientin männlich dominierten Ebene.

Besonders Horn schien sich der Ambivalenz der Thematik bewußt gewesen zu sein, da er immer wieder in direkter Leseranrede das subversive Potential der vorgeführten Lebensläufe ansprach und diese als Ausnahmesituation kennzeichnete: „Sein [des Weibes] Gebiet ist das Haus, die Familie; [...] Aber, liebe Leser, es gibt im Leben des Einzelnen wie in dem der Völker Ereignisse, die alle Verhältnisse umzukehren und umzugestalten angethan und geeignet sind [...]."[162] Dieses gelte auch für Friederike Krüger, „eine züchtige, einfache, bescheidene Mädchenseele"[163], die trotz ihrer erfolgreichen Laufbahn ihre Geschlechterrolle beibehalten habe, denn „das Mädchen, dessen Leben so fleckenlos rein" gewesen sei, habe „nicht jenes ranke und harte Wesen" gezeigt, „welches Frauen eigen wird, die lange nur männlichen Beschäftigungen sich hingegeben und unter Männern gelebt"[164]. Dieser Meinung schloß sich 1912 auch die stellvertretende Vorsitzende des Deutschen Frauenbundes Agnes Harder an:

> Die Vaterlandsliebe dieser Mädchen brauchte nicht der prahlenden Worte. Und ob sie auch zum Teil erst auf dem Schlachtfelde verblutend mit dem letzten Hauch ihres Mundes ihr Geschlecht eingestanden, oder ob die, deren Weiblichkeit bekannt war, sich durch die Größe ihrer Gesinnung die Achtung ihrer Kameraden erwarben: Sie alle hörten nie auf, Weib zu sein im besten Sinne. Denn nur aus dem Gefühl inniger Zusammengehörigkeit mit

---

160 Vgl. Hagemann 2000, S. 89.

161 Vgl. Lehnert 1994a, S. 105. Lehnert berichtet von zwei französischen Kämpferinnen der napoleonischen Truppen, die in der Armee verblieben. Eine der Kämpferinnen beging ihren Lebensabend im Hotel des Invalides.

162 Horn [1864], S. 28.

163 Ebd., S. 29.

164 Ebd., S. 43.

Auguste Krüger erhält das Eiserne Kreuz.

Ill. 14: Textillustration aus: Louis Noël: Die deutschen Heldinnen in den Kriegsjahren 1807–1815. Berlin 1912.

dem Vaterlandes war ihnen der Griff zur Waffe gekommen, natürlich und schlicht, wie etwas Selbstverständliches.[165]

Die Ambivalenz der möglichen Rezeption der „Schwertjungfrauen" spiegelt sich auch im zeitgenössischen Mädchen-Kriegsroman des Ersten Weltkriegs. In Sophie Kloerss *Im heiligen Kampf* stützt Maria ihren Wunsch, in die Marine einzu-

165 Noël 1912, S. [XI]. Agnes Harder ist Autorin des Vorwortes. Der Deutsche Frauenbund wurde 1909 gegründet und stand nationalkonservativen, zum Teil auch nationalliberalen Kreisen nahe. Er setzte sich u.a. gegen die Sozialdemokratie und für die Flottenrüstung ein. 1918 trat der Deutsche Frauenbund aus dem Bund Deutscher Frauenvereine aus, als dieser das Wahlrecht für Frauen forderte (vgl. Süchting-Hänger 2002, S. 77–81).

treten mit dem Hinweis auf die kämpfenden Frauen der Befreiungskriege. Der Kriegsfreiwillige Roland weist Marias Anliegen jedoch zurück: „[I]m Freikorps war das noch möglich; jetzt bei unserem modernen Heer gibt es keine Amazonen mehr."[166]

3.3 Fürstinnen und Herrscherinnen: Königin Luise von Preußen als Paradigma

Die dritte Gruppe, die Fürstinnen und Herrscherinnen, markiert Grenzüberschreitungen, die im sozialen Rang dieser Frauen begründet liegen. Besonders die Herrscherinnen erweiterten ihren Handlungsrahmen weit über das im 19. Jahrhundert herrschende Geschlechterkonzept. Herrscherinnen fanden jedoch in der Kaiserzeit kaum Beachtung in der im Deutschen Reich erschienenen jugendliterarischen Biographik. Die Biographien der Kaiserin Maria Theresia wurden in diesem Zeitraum nahezu ausnahmslos in Österreich publiziert; trotz ihrer langen Regentschaft steht zudem fast immer ihr privates Lebens im Zentrum. So geht Hermine Proschko zwar auf die Auseinandersetzungen um die Erbfolge ein und berichtet auch über die innenpolitischen Maßnahmen der Kaiserin; einen Großteil der Darstellung widmet sie jedoch Maria Theresias Bemühungen, ihren Erstgeborenen zu verheiraten und die Dynastie zu sichern.[167] Ähnlich beurteilt auch Isidor Proschko die Kaiserin: „[U]nd wie die edle Monarchin durch ihre Herrschertugenden ausgezeichnet dastand, so strahlte sie auch in ihrem engeren Familienkreise als eine zärtlich liebende Gattin und sorgsame Mutter [...]."[168] Die Funktion als Herrscherin wird gegenüber der „Gattin und Mutter" in den Hintergrund gedrängt. Anders allerdings Horn, der die ausgezeichnete Bildung der jungen Erbherzogin und ihre intellektuellen Fähigkeiten betont. „Aber *sie* besaß ihn im reichsten Maße, diesen klaren, entschiedenen, männlichen Geist, *sie war zur Herrscherin geboren* [...]."[169]

Die Regentschaft Elisabeths I. von England wurde hingegen in Folge der Rezeption Schillers auf den Konflikt mit Mary Stuart reduziert, während die Vollendung der Reformation durch Elisabeth I. kaum Erwähnung findet.[170] Möglicherweise war die ‚virgin queen', die eine Heirat und somit auch eine Mutterschaft explizit ablehnte, nicht mit dem vorherrschenden Bild von Fürstinnen vereinbar, die weibliche Rolle und Monarchinnenrolle integrierten.

Prominenter vertreten waren die Frauen herrschender Fürsten, am intensivsten und häufigsten wurde der Lebensweg der preußischen Königin Luise geschildert; ihre Biographie diente zudem als Folie für die Darstellung der nachfol-

166 Kloerss [1915]b, S. 34.

167 S. Proschko 1878, S. 128–140.

168 Proschko 1876, S. [1] f.

169 Horn [1865], S. 11 f. Vgl. ebd., S. 6 f., 63, 114: Doch auch Horn streicht spezifische weibliche Qualitäten der Herrscherin hervor. Ihre Sparsamkeit beim Staatshaushalte sei ein „Hausfrauen-Standpunkt", sie habe als „ächt deutsche Hausfrau" ein einfaches Familienleben geführt.

170 S. Müller ²1882; Düringsfeld ³1877, S. [105]–152.

genden preußischen Königinnen und deutschen Kaiserinnen, dies gilt besonders für Kaiserin Auguste Viktoria.[171] Königin Luise von Preußen (1776–1810) war ein Symbol für Mütterlichkeit, Hingabe an das Vaterland und Fürsorglichkeit für Bedürftige, sie war die Verkörperung weiblicher Tugenden. Ihr Bild definiert den Handlungsrahmen idealer Weiblichkeit; in der Biographik für junge Leserinnen wurde sie als Vorbild und Identifikationsfigur postuliert. Königin Luise von Preußen ist damit auf den ersten Blick keine Figur, die der Fragestellung dieses Bandes entspricht. Ihr öffentliches Bild steht jedoch im Kontext jener Literatur, die junge Leserinnen für das Vaterland und die vaterländische Geschichte interessieren will. Der für biographische Erzählungen typische aktuelle Zeitbezug ist hier durch die Anknüpfung an den deutsch-französischen Krieg von 1870/71 und an ihren Sohn Kaiser Wilhelm I. sowie durch die Konstruktion Luises als idealer deutscher Bürgerin gegeben. Deshalb wird das von Königin Luise verkörperte, national aufgeladene Weiblichkeitskonzept im Zentrum der folgenden Überlegungen stehen. Zudem lassen sich im Lebenslauf der Königin Aspekte benennen, die in bezug auf die Frage nach Abweichungen vom dichotomen Geschlechtermodell signifikant sind. Sie beziehen sich im einzelnen auf: 1. die Erziehung und Jugend der Prinzessin von Mecklenburg-Strelitz, 2. die Ehe des Kronprinzenpaares, 3. ihre ‚Mütterlichkeit', 4. ihr soziales Verhalten und 5. ihr politisches Wirken. Bevor ich näher auf diese Aspekte eingehe, möchte ich einen Überblick über die Königin Luise-Biographik geben und die Vorbildfunktion der Königin erläutern.

Königin Luise avancierte schon zu Lebzeiten zur nationalen Vorbildfigur. Bereits Novalis verklärte das junge preußische Königspaar in *Glauben und Liebe oder Der König und die Königin* (1798) als bürgerlich anmutenden Landesvater und Landesmutter. Königin Luise sollte besonders für Frauen und Mädchen auch in Bildern präsent sein: „Jede gebildete Frau und jede sorgfältige Mutter sollte das Bild der Königin, in ihrem oder ihrer Töchter Wohnzimmer haben. [...] Ähnlichkeit mit der Königin würde der Karakterzug der Neupreußischen Frauen, ihr Nationalzug."[172] Königin Luise wurde also schon um 1800 zum Vorbild speziell für junge Frauen ausgerufen. Ihre Lebensgeschichte – kurz nach ihrem Tod von ihrer Freundin Frau von Berg im Jahr 1814 erstmals veröffentlicht[173] – wurde bald in den Kanon der Biographien denkwürdiger Frauen aufgenommen. So war Königin Luise in der ersten Hälfte des 19. Jahrhunderts auch eine jener historischen Frauenfiguren, die in die Biographik für junge Leserinnen Eingang fand.[174]

171 S. Epstein 1908b; Evers ^{4}[1908].

172 Zum Novalis-Text s. Wülfing/Bruns/Parr 1991, S. 61. An der Idealisierung der preußischen Königin waren verschiedene Dichter wie Kleist, Körner, Schenkendorf und Rükkert beteiligt. Zur Genese des Königin Luise-Mythos vgl. Wülfing 1984, S. 237 ff.; Wülfing/Bruns/Parr 1991, S. [59]–111. Wülfing läßt allerdings geschlechtsspezifische Aspekte der Königin Luise-Rezeption außer acht. Vgl. im weiteren Bruyn 2001; zur Rezeption Königin Luises in der Geschichtswissenschaft im 19. Jahrhundert vgl. Schulte 1998b, S. 89–99.

173 S. Berg ^{2}1849. Die Biographie Bergs wurde Vorlage der in der Kaiserzeit sehr populären Biographie von Adami ^{4}1868, die wiederum als Grundlage vieler hier besprochener Texte gedient haben mag. Adamis Biographie erschien 1914 in der 20. Aufl.

174 S. Chimani [1832], Ramshorn ^{2}1851.

Spätestens nach der Reichsgründung 1871 avancierte ihre Lebensgeschichte zu deren festem Bestandteil. Dabei sind für die Kaiserzeit Konjunkturen der Erinnerung an die Königin auszumachen. Der 100. Geburtstag der Königin im Jahr 1876 und ihr 100. Todestag 1910 waren Anlaß für zahlreiche Publikationen, „Erinnerungsblätter" und Wiederauflagen bereits erschienener Texte.[175] Diese waren bisweilen gekürzt und im Preis erheblich reduziert, was auf die Adressierung unterer Schichten hindeutet.[176] Denn die Biographien adressierten zunehmend auch ein weniger zahlungskräftiges Publikum, wie sich den Buchpreisen und den Verlagskonzeptionen entnehmen läßt. Während sich Achim Mayers Königin Luise-Biographie von 1857 noch explizit an Töchter aus dem Bildungsbürgertum richtet und Preis wie Ausstattung des Textes den Kauf für untere Schichten nahezu unmöglich machten[177], werden in der Kaiserzeit – dieses läßt sich anhand der Buchpreise und der Verlagsprogramme beobachten – selbst unterbürgerliche Schichten einbezogen. So erscheint 1910 eine Kurzfassung der Königin Luise-Biographie von Rehtwisch in einer Auflage von 120 000 zum Preis von nur 30 Pfennigen, auch die Biographie Ludwig Epsteins – die erste Auflage von 1908 richtete sich noch ausschließlich an Mädchen, die zweite an „die Jugend, das Volk und das Heer" – wurde 1910 gekürzt und zu einem geringeren Preis veröffentlicht. Daneben finden historische Biographien im Programm des Kolportageverlages Weichert ihren Platz. Die Erfolgsautorin Marie von Felseneck verfaßte neben einer erfolgreichen Königin Luise-Biographie auch Lebensbilder von Kaiser Wilhelm I. und Bismarck.[178]

Das öffentliche Bild der Königin wurde in dieser Zeit zum Idealbild einer ‚deutschen' Weiblichkeit stilisiert. So erwähnte der Historiker Heinrich von Treitschke in seinem Festvortrag zum 100. Geburtstag der Königin Luise 1876 ein altes „Sprichwort, das jene Frau die beste nennt, von der die Welt am wenigsten redet". Dieses „[g]anz deutsch, ganz preußisch gedachte[ ]" Sprichwort treffe – so Treitschke – in besonderem Maße auf Königin Luise von Preußen zu: „Ihr Bild [...] war eine Macht in der Geschichte Preußens, doch nie mit einem Schritte übertrat sie die Schranken, welche der alte deutsche Brauch ihrem Geschlechte setzte."[179] Auch in den biographischen Erzählungen, die während der Kaiserzeit erschienen, ist das Motiv der Vorbildfunktion Königin Luises konstant. Ein auktorialer Erzähler entfaltet das Lebensbild Königin Luises und begleitet es mit wertenden Kommentaren. Das ‚Deutsche' und das ‚Ideale' an Königin Luise wird zu Beginn der Texte postuliert, etwa in Ludwig Epsteins *Luise, Königin von Preußen* (1910): „Sie ist das Ideal holder Weiblichkeit, das Musterbild einer echten deutschen Frau. In ihr sehen wir alle Tugenden verkörpert, die edle Frauen zieren."[180] Frauen – und der Adressierung gemäß auch Mädchen – sollen also dem Vorbild Königin Luises nacheifern, um „edle Frauen" zu sein. Brigitte Augusti

175 S. Sonnenfels [1910]; Brüssau 1909; Epstein 1908a; Augusti 1897; Felseneck [1898]; Treitschke 1876.
176 S. Rehtwisch, 101.–120. Tsd. [1910]; Epstein 1910; Stein 1910.
177 S. Mayer 1857.
178 S. Felseneck 1900.
179 Treitschke 1876, S. 418.
180 Epstein 1910, S. [3].

formuliert 1897 – anläßlich des 100. Geburtstages Kaiser Wilhelms I. – noch deutlicher, was eine „echte deutsche Frau" ausmacht. Auch ihr Lebensbild ist „deutschen Frauen und Mädchen gewidmet". Es wird mit folgenden Worten eröffnet:

Königin Luise! Der Namen hat einen unwiderstehlichen Zauber für jedes Preußenherz! Er klingt ihm rührend und erhebend zugleich, denn er verkörpert ihm das Höchste und Beste, was diese Erde trägt: das Bild der liebevollsten Gattin und treuesten Mutter [...] – in jedem Zuge eine wahre Königin und echte deutsche Frau.[181]

Hierzu fügt sich auch, daß die Erziehung, die die jugendliche Luise von Mecklenburg-Strelitz am Hof ihrer Großmutter Luise von Hessen-Darmstadt genoß, danach bewertet wurde, ob sie den Grundsätzen einer Herzensbildung entsprach. Die Autoren urteilen unterschiedlich, Leitlinie bleibt aber das Deutsche.[182] Halden läßt die Königin selbst sprechen:

»[...] Preußens Königin muß vor allem eine deutsche Frau sein, vaterländisch in ihrem Fühlen und Denken, und da empfinde ich es schmerzhaft, daß ich nach der verkehrten Sitte unserer Zeit eine französische Erziehung erhalten habe, daß meine Muttersprache mir fremder ist als die einer anderen Nation, daß ich in den Dichtungen eines anderen Volkes heimischer bin als in unseren eigenen.«[183]

In allen biographischen Texten wird die Königin Luise in diesem Sinne idealisiert. Allerdings kommt es bei der Darstellung ihrer Kindheit und Jugend, ihres Verhältnisses zu Friedrich Wilhelm III. und besonders in bezug auf ihre politische Rolle nach 1806 durchaus zu Nuancierungen und Wertungen, die Abweichungen von diesem Bild zeigen. So heben einige Texte das Ungestüm der Prinzessin hervor, sie beschreiben eine junge Luise, die sich im Unterricht – gleich welcher Ausrichtung dieser gewesen sein mag – nicht besonders engagiert und sich zudem über Verbote hinweggesetzt hat. Dies ist besonders in Texten, die ich eingangs als historisch-biographische Erzählungen klassifiziert habe, der Fall. So schildert Rehtwisch eine wenig lernbegeisterte Prinzessin, der das Lernen schwer gefallen sei: „[D]ie lebhafte, leicht abgelenkte Luise war auch nicht die fleißigste. Ihr Kopf steckte voller Einfälle, die nicht gerade zum Unterricht gehörten. [...] So wurde es weder im Deutschen noch im Französischen mit der Rechtschreibung etwas Rechtes, ebensowenig mit der Grammatik."[184] Das Ungestüm der Prinzessin äußert sich auch bei einer Einladung zu einem Ball, als sie sich verspä-

181 Augusti 1897, S. [5]. Augustis Roman erschien zum 100. Geburtstag Kaiser Wilhelm I., des Sohnes Königin Luises. Eine Widmung „Meiner lieben Friedel zum Weihnachtsfeste 1896" weist jedoch darauf hin, daß der Titel bereits zum Weihnachtsgeschäft 1896 auf dem Markt angeboten wurde.

182 Teils wird auf den Mangel an Bildung verwiesen, teils wird die Konzentration des Unterrichts auf das Französische bemängelt: „Daß freilich der Jugend-Unterricht [...] mehr ein französischer als ein deutscher war, lag in dem traurigen Geiste der damaligen Zeit, [...] auch hat die edle Fürstin im weiteren Verlaufe ihres Lebens schnell genug von den angelegten Fesseln der Jugend sich frei gemacht [...]." (Burkhardt 1872, S. 9). Vgl. hierzu auch Epstein 1908a, S. 8; Felseneck [1898], S. 12 f.; Müller ^{2}1882, S. 339; Richter 1896, S. 390 ff.; Gramberg [1909/10], S. 5.

183 Halden ^{3}[um 1906], S. 60.

184 Rehtwisch, 101.–120. Tsd. [1910], S. 4.

tet und die Großmutter die Kutsche hat abfahren lassen: „Ein kurzer Entschluß, und sie raffte ihr weißes Atlaskleid zusammen und rannte mitten durch das bewundernde, erstaunte Publikum dem Wagen nach [...].“[185] Diese Schilderung der adoleszenten Luise weist Analogien zum Trotzkopfmotiv in der Backfischliteratur auf, denn die Prinzessin Luise muß, wie Ilse Macket in *Der Trotzkopf* (1885), erst zum Idealbild von Weiblichkeit werden.[186] Auch als Verlobte hat sich Luise nach Gramberg nicht von ihrem künftigen Ehemann formen lassen wollen:

Der nüchterne, trockene Kronprinz versuchte, das ausgelassene Wesen seiner Braut etwas einzudämmen und sie nach seinem Sinne umzubilden, was ihm aber nicht gelang. Luise dagegen bemühte sich, ihn für die schöne Literatur zu interessieren. [...] Der Kronprinz war für das Lesen ernster Bücher nicht zu haben. [...] So war eine harmonische Übereinkunft der Seelen noch nicht vorhanden. Diese zu schaffen, blieb der Zukunft vorbehalten.[187]

Diese Art der Perspektivierung Luises ist zumeist in späteren Texten um 1910 zu finden. Sie weicht zwar von der kanonisierten Biographie ab; diese Abweichungen sind jedoch nur punktuell. Es gibt in der Kaiserzeit kaum einen Text, der sich bedeutend vom Mainstream entfernt, zumal das jugendliche Ungestüm Luises letztlich durch die Heirat des Kronprinzen und die Rolle als künftige Königin domestiziert scheint.

Das preußische Kronprinzen- und Königspaar wird durchweg als einem bürgerlichen Eheideal verpflichtet dargestellt. Diese Inszenierung hat Auswirkungen auf die Darstellung des Geschlechtermodells, das fast ausnahmslos ein hierarchisch-komplementäres ist. Schon von der ersten Begegnung an ergänzen sich aus der Perspektive der Biographen Luises und Friedrich Wilhelms Charaktere: Der preußische Kronprinz gilt als steif und verschlossen, er sei ohne Liebe aufgewachsen, sein Innerstes jedoch aufrichtig und ehrlich. Luises Warmherzigkeit und Fröhlichkeit und der familiäre Umgangston am Darmstädter Hof hätten den verschlossenen Prinzen dazu gebracht, sich teilweise zu öffnen.[188] Dabei ist die Version einer Liebe auf den ersten Blick und die anschließende Liebesheirat in vielen der jugendliterarischen Texten präsent.[189] Nur äußerst selten wird die Verlobung als eine arrangierte Ehe beschrieben: „Die Prinzen [Friedrich Wilhelm und Ludwig] hatten sich brav und nutzlos geschlagen, und waren bereit, sich brav und nutzlos weiterzuschlagen, vorher aber verliebten und verlobten sie sich.“[190] Bruno Garlepp hingegen berichtet von einem Besuch der Prinzessinnen

185 Ebd., S. 9 f.
186 S. dazu Grenz/Wilkending 1997.
187 Gramberg [1909/10], S. 20.
188 S. Rehtwisch, 101.–120. Tsd. [1910], S. 11.
189 S. Berger [1884], S. 15; Sonnenfels [1910], S. 12 ff. In Steins Biographie hingegen ergreifen die Prinzen selbst die Initiative. In einer dramatischen Szene gestehen sich die Prinzen ihr Verliebtsein: „»Welche?« fragte Friedrich Wilhelm heiser und in Angst. »Friederike!« Da fühlte sich Ludwig stürmisch umschlungen und hörte es jubeln: »Glücklicher, du! Und glücklicher, ich! Die mich dahingenommen, heißt Luise!«“ (Stein 1910, S. 8).
190 Düringsfeld 1863, S. 233. Vgl. hierzu auch Gramberg [1909/10], S. 14: „Der Wunsch des Vaters, die ältere Luise zu wählen, gab den Ausschlag [...].“

bei der „Kräutersammlerin Martha"[191], die Prinzessin Luise prophezeit, sie werde „»Mutter eines großen Landes genannt«"[192] werden; sie sagt ihr Glück, aber auch Unglück voraus. Das Ehemodell Friedrich Wilhelms und Luises wird zwar bisweilen auch als ein progressives dargestellt, denn die beiden nannten sich beim Vornamen und setzten sich über die Hofetikette hinweg. Das Eheleben wird dabei aber zugleich Symbol einer Abgrenzung zum revolutionären Frankreich und Ausdruck einer neuen deutschen Familie: „[S]o wurde nun ihre Ehe mit dem gleichgesinnten Kronprinzen das hohe, weithin durch die Lande leuchtende Vorbild wie einer rechte Ehe überhaupt, so insbesondere eines wahrhaft deutschen, an den Fürstenhöfen damals immer seltener gewordenen Familienlebens." [193] Ausdruck der Bürgerlichkeit des Königspaares wird das Gut Paretz, der Sommersitz des Paares, eine ländliche Idylle, in der „Friedrich Wilhelm und Luise [...] unter dem Volke [...] leben".[194] Daneben dient Paretz wieder der Abgrenzung gegenüber Frankreich, das in diesem Fall mit Versailles und französischer Hofetikette gleichgesetzt wird: „Dort Ueberhebung und Verachtung des Volkes – hier Liebe zum Volke und ungekünstelte Hingabe. Versailles blieb in der Erinnerung der Völker ein Ort der Schande und des Schreckens – Paretz leuchtet noch heutigen Tages [...] wie ein freundlicher Stern."[195] – An der Inszenierung des königlichen Paares als bürgerlich hat die Mütterlichkeit der Königin in der Darstellung der Biographen einen entscheidenden Anteil.[196] Gerade die Mütterlichkeit mache sie zum Vorbild[197], denn diese habe sich nicht auf die eigenen Kinder beschränkt. Bereits zu Lebzeiten der Königin wurden das bürgerliche Familienmodell und die damit verknüpfte Geschlechterordnung auf das Staatsmodell übertragen, wurde die Mütterlichkeit Königin Luises mit dem Attribut deutsch versehen und damit nationalisiert. Diese Vorstellung ist noch in den zum Teil hundert Jahre später entstandenen Schriften präsent.

---

191 Garlepp [2][1883], S. 21.

192 Ebd., S. 27. Vgl. auch Sonnenfels [1910], S. 8 f.: Prinzessin Luise gewinnt auf einem Jahrmarkt die Spielkarte des Königs, ihre Schwester Friederike erhält einen Buben.

193 Burkhardt 1872, S. 21. Burkhardts Biographie wurde in der *Deutschen Roman-Zeitung* als „bildend und veredelnd auf das weibliche Gemüth" empfohlen (Anonym 1873). Vgl. hierzu auch Rehtwisch, 101.–120. Tsd. [1910], S. 14–18; Garlepp [2][1883], S. 58; Hahn 1899, S. 184 f.; Müller [3]1882, S. 341; Sonnenfels [1910], S. 22–25; Halden [3][um 1906], S. 7: „Luise blickte zu ihm auf mit unbegrenztem Vertrauen und fester Zuversicht. Sie kannte diese bangen Anwandlungen, zu denen eine zu strenge Erziehung, welche dem schüchternen Knaben nur Anforderungen, die über seine Kräfte gingen gezeigt [...], ihm aber alle Freuden entzogen hatten, den Grund gelegt und sie wußte auch den bösen Geist zu beschwören. Ihr Gatte lauschte ihren ermunternden Worten und sein Antlitz hellte sich wieder auf."

194 Berger [1884], S. 40.

195 Ebd., S. 40. Frankreich wurde dabei mittels durchaus widersprüchlicher Symbole stereotypisiert, als absolutistisches Versailles, als chaotisches revolutionäres Frankreich oder als dämonischer Kaiser Napoleon.

196 Vgl. Hagemann 2002, S. 366: „Das Bild von Staat und Nation als Familie funktionierte nur mit einem Königspaar im Elternstand." Vgl. hierzu auch Vinken 2001, S. 195 f.

197 Berger [1884], S. 40: „Luise wurde ein leuchtendes Vorbild allen Fürstinnen auf dem Throne, allen Frauen und Müttern, die ihre Kinder in wahrer Gottesfurcht, zur Freude für alle Menschen, erziehen wollen."

Auch das ungleiche Verhältnis zwischen den einzelnen Schichten wird „qua emotionaler Verbundenheit“[198] über das Bild des Herrscherpaars gerechtfertigt, wobei der Königin die Funktion zukommt, soziale Grenzen zu überschreiten. Das emotionale Verhältnis der Königin zu ihren Landeskindern wird besonders durch ihre Wohltätigkeit verkörpert – ein Charakterzug, der in nahezu allen hier untersuchten Texten dargestellt wird. Sie habe sich für weniger Privilegierte eingesetzt, ihr Taschengeld für Arme ausgegeben und sich für eine kranke Freundin in Lebensgefahr gebracht.[199] Ein besonderes Thema bietet in den biographischen Texten Königin Luises Verhältnis zu höfischen Umgangsformen. Schon das erste öffentliche Auftreten als Kronprinzessin habe zum Konflikt mit der Oberhofmeisterin Gräfin Voß geführt, die als Vertreterin der Hofetikette über das Verhalten der jungen Frau zu wachen hatte. Die intuitive Herzlichkeit Luises – bei ihrem Einzug in Berlin habe sie spontan ein Kind geküßt, das ein Gedicht für sie aufgesagt habe[200] – gilt als Kontrapunkt zur als französisch deklarierten Etikette und auch als ein Zeichen für ihr Ignorieren sozialer Grenzen. Der Verstoß gegen die Regeln des preußischen Hofes wird dabei positiv gewertet, die Kronprinzessin auch als Gegenbild zu den beiden vorangegangenen Königinnen interpretiert: „Im Volke aber wußte man: Luise wird nicht eine unnahbare Königin werden; sie wird eine rechte Landesmutter.“[201] Auch in Paretz hätten Luise und Friedrich Wilhelm III. die Nähe zur Bevölkerung gesucht, soziales Understatement betrieben, hätten sich „Schulze“ und „gnädige Frau“ nennen lassen und an dörflichen Aktivitäten beteiligt.[202] Der Superintendent G. E. Burkhardt führt ungewöhnlich viele Beispiele für das Überschreiten sozialer Grenzen an und legt Wert darauf zu betonen, daß auch Bedienstete von dieser Fürsorge profitiert hätten.[203] Sonnenfels hebt hervor, daß Königin Luise sich zudem für die Überbrückung der Standesunterschiede zwischen Adel und Bürgertum eingesetzt habe.[204] Und Halden erzählt in *Königin Luise* (1899) von deren Vorleserin Johanna, die auf dem jährlichen Ball für die Mitglieder des königlichen Haushaltes von den Offizieren ignoriert und nicht zum Tanz aufgefordert wird. Die Königin, die Johanna schon lange zu einem Ball hatte einladen wollen, ist darüber empört und bittet ihren Mann, mit Johanna zu tanzen, was deren Isolation durchbricht.[205]

Insbesondere am Beispiel der Darstellung der Rolle Königin Luises im Krieg Preußens gegen die Napoleonischen Truppen wird deutlich, daß die Erinnerung an die Königin keineswegs einheitlich, sondern in hohem Maße ausdifferenziert war. Die Bewertung ihres Anteils am Kriegsgeschehen ist sehr unterschiedlich,

198 Hagemann 2002, S. 351.
199 S. Hahn 1899, S. 168 f.; Rehtwisch, 51.–120. Tsd. [1910], S. 8.
200 S. Müller ^{2}1882, S. 342.
201 Gramberg [1909/1910], S. 27. Vgl. hierzu auch Burkhardt 1872, S. 78: Iffland habe Luise als „»Mutter des Vaterlandes«“ bezeichnet.
202 S. Berger [1884], S. 39.
203 S. Burkhardt 1872.
204 S. Sonnenfels [1910], S. 25.
205 S. Halden ^{3}[um 1906], S. 76–82. Halden greift hier eine häufig erzählte Anekdote auf, die Königin habe ihren Mann gebeten, mit einer bürgerlichen Offiziersfrau zu tanzen, als sich die Hofgesellschaft von dieser aufgrund ihrer Herkunft abgewandt hatte. Vgl. hierzu auch Berger [1884], S. 44; Gramberg [1909/10], S. 40.

teilweise sogar widersprüchlich. Ein großer Teil der Texte zeichnet das Bild einer Königin, die sich – zuweilen wider besseres Wissen – nicht in die Regierungsgeschäfte ihres Mannes einmischte.[206] So folgen die Texte einem dichotomen Geschlechtermodell. Sie habe sich geweigert, sich den Unterstützern des Krieges anzuschließen.[207] „In erster Linie fühlte sie sich stets als Gattin und Mutter, und vielleicht liegt gerade darin die gewaltige Wirkung, die auszuüben ihr beschieden war. Alles was sie tat und dachte war Liebe."[208] Andere Autoren zeichnen dagegen eine von ‚Nationalgefühl' geleitete Königin, die eher unfreiwillig politisch tätig geworden sei: „Man hat die Königin Luise die Seele der Kriegspartei am preußischen Hof genannt; sie war es, ohne es zu wollen."[209] Auch diese Deutungen interpretieren das Agieren der Königin als komplementär zu dem ihres Mannes. Luise von Preußen hält ihren Mann in den Zeiten des Leidens aufrecht und wirkt unterstützend auf ihn ein. „Aber gerade in dieser tiefsten Erniedrigung des preußischen Staates leuchtete der hohe Geist der edlen Frau am hellsten. Der König war ein gebrochener Mann, verzagt, mutlos, stets das schlimmste fürchtend. Ihn aufzurütteln, ihn wieder hoffen zu machen, war Luisens schwerste Aufgabe."[210] – Einige Autoren schreiben der Königin jedoch auch einen aktiven Part bei der Entscheidung zu, ob Preußen Frankreich den Krieg erklären solle. Luise von Preußen ist hier Zentrum der Kriegspartei[211], sie empfindet die Gebietsverletzungen durch Napoleonische Truppen als Ehrverletzung[212] und fordert Rache[213]. Sie selbst sieht sich in einer neuen Rolle: „Die Königin [...] bebte vor innerer Entrüstung und nun trat sie aus ihrer Zurückhaltung heraus; sie erkannte, daß sie nicht nur Frau, sondern daß sie auch Herrscherin war, und sie gelobte sich, in der ihr angewiesenen Sphäre für die Ehre und das Ansehen Preußens zu wirken."[214] Laut Pederzani-Weber hat die Königin sogar selbst einen (nicht historisch belegten) Aufruf „an das preußische Volk" geschrieben und den Krieg erklärt, während ihr Mann ohne ihren Rat zu keiner Entscheidung fähig gewesen wäre:

> Und noch an demselben Tage erschien ein Aufruf der Königin Luise an das preußische Volk: »Wir fechten für die Unabhängigkeit, für Haus und Herd, für alles, was uns teuer ist!

206 S. Berger [1884], S. 59: „Auch die Königin teilte die Gefühle ihres Volkes, wenn schon sie, ihrem Grundsatz treu, sich nicht in Politik und die Geschäfte des Königs mischte." Vgl. hierzu auch Müller ^{2}1882, S. 350.

207 S. Garlepp ^{2}[1883], S. 111.

208 Schade 1913, S. 60.

209 Richter 1896, S. 403.

210 Rehtwisch, 101.–120. Tsd. [1910], S. 40.

211 Vgl. ebd., S. 24: „Besonders Königin Luise empfand im tiefsten Herzen den Übermut des Korsen, und um die Königin scharrte sich damals die Kriegspartei am preußischen Hofe." Anders Burkhardt 1872, S. 50, der behauptet, Luise sei nicht in die Entscheidung für oder wider Krieg involviert gewesen.

212 S. Berger [1884], S. 67.

213 Halden ^{3}[um 1906], S. 101: „Die schönen Augen der Königin vergossen viele Tränen[,] jede Demütigung, die ihrem Lande zugefügt wurde, empfand sie mit bitterem Schmerz und sie sagte sich, daß die leidende Geduld ein Ende haben müsse, daß es an der Zeit sei, diese höhnischen Kränkungen mit dem Schwert in der Hand zu rächen." Vgl. hierzu auch Gramberg [1909/1910], S. 70.

214 Halden ^{3}[um 1906], S. 96.

Ill. 15: Textillustration aus: Amanda Sonnenfels: Deutsche Frauengestalten. Fünf Lebensbeschreibungen hervorragender Frauen für die Mädchenwelt. Stuttgart [1927].

[...] Die Schicksale der Völker und Heere stehen in Gottes Hand. Er verleiht den Sieg der Gerechtigkeit ... Sie ist mit uns, und auch das Vertrauen der guten Sache ist mit uns!«[215]

Diejenigen Autoren, die der Königin eine aktive Rolle in der preußischen Politik zuschreiben, erwähnen auch, daß Luise von Preußen der Chef eines Dragonerregiments war. Halden erzählt ungewöhnlich ausführlich, wie die Königin das von ihr geführte Regiment bei einer Militärparade in Berlin angeführt hat.[216] Sie nimmt eine politische Rolle als Königin ein, beeinflußt militärische Angelegenheiten und beurteilt den Generalstab des Königs kritisch.[217] Dieser Darstellung einer – auch der historischen Realität entsprechenden – Grenzüberschreitung steht allerdings eine andere, wirkmächtige Deutung gegenüber: Nach der Niederlage bei Jena und Auerstedt 1806 und der Auflösung des preußischen Heeres erscheint die Königin in dieser Perspektive als das zentrale Opfer Napoleons. Ihr Leiden personifiziert das Leiden der Nation, ihr Krankheitszustand die Schwäche Preußens. Die Königin selbst sei persönlichen Anfeindungen durch Napoleon ausgesetzt gewesen: „[E]r gab ihr die ganze Schuld an dem Krieg. [...] In abscheuli-

215 Pederzani-Weber [1896], S. 18 f. Vgl. Gramberg [1909/10], S. 84, der die aktive Rolle der Königin ähnlich deutlich formuliert.

216 S. Halden ^{3}[um 1906]; Gramberg [1909/10], S. 76. Als Chef des Ansbach-Bayreuther Dragonerregiments ist Königin Luise abgebildet in Düringsfeld 1863, ^{3}1877; Sonnenfels [1910].

217 Gramberg [1909/10], S. 78.

chen Anspielungen und Verleumdungen griff er selbst die persönliche Ehre der reinen, edlen Königin an. Luise war wehrlos. [...] Aber aufrecht und stolz blieb unter all diesen Schmähungen das starke Herz dieser edlen Frau."[218] Während die Königin in den meisten Darstellungen als passiv leidend erscheint, ist es wiederum Halden, die ihr Rachegelüste zuschreibt und den Wunsch, „»ein Mann«" zu sein, „»um meine gekränkte Ehre zu verteidigen und zu rächen!«"[219] Als Luise von Preußen Napoleon um mildere Friedensbedingungen bitten soll, charakterisiert Halden sie als autonom entscheidend. Entgegen dem Rat Hardenbergs beschließt sie, sich mit Napoleon zu treffen. Diese Entschlußkraft spiegelt sich in der äußeren Erscheinung der Souveränin:

> Während Hardenberg sprach, war eine Veränderung mit der Königin vorgegangen; sie, die ihm soeben noch als die leidende, unterdrückte, in ihrem Heiligsten verletzte Frau entgegengetreten war, hatte sich plötzlich mit der Majestät der Fürstenhoheit umgürtet und mit stolz erhobenem Haupt und blitzenden Augen erwiderte sie: »Eine Erniedrigung könnte dieser Schritt nie für mich bedeuten. Ich tue ihn ja als Herrscherin, um für mein Land und für mein Volk Erleichterung zu erlangen, und ich will mich selbst vergessen, will meine Gefühle unterdrücken und mich nur als Königin betrachten, der kein Opfer zu groß ist für das Wohl ihres Reiches. Ich danke Ihnen von ganzem Herzen für Ihren treuen Rat, aber befolgen werde ich ihn nicht.«[220]

Die Rolle der Herrscherin nimmt Luise von Preußen in keiner anderen biographischen Erzählung derart deutlich ein. Die Königin ist hier eine stolze und mutige Herrscherin, die ihre politische Funktion sehr wohl wahrnimmt und die sich von den Beratern bei Hofe abgrenzt: „Und dennoch wohnte in der Brust dieser königlichen Frau mehr Mut, als in all den Herzen der Männer, die da um sie waren."[221]

Trotzdem überwiegt in den meisten Texten die Darstellung Königin Luises als Opfer: Ihre Aufgabe als Unterhändlerin verstört sie, das Treffen mit dem französischen Kaiser sei ein „schwere[r] Schritt" [222] oder ein „Opfer"[223]. Und während Napoleon als „der verkörperte Dämon in dem Lebensdrama der Königin Luise"[224] erscheint, tritt Luise ihm „als Gattin, als Mutter"[225] gegenüber. Ihre Rolle als Verhandelnde wird also in der privaten Sphäre verortet; sie tritt Napoleon nicht als Herrscherin, sondern als Frau entgegen: „Der König, ihre Kinder, das Land! Alles was ihr Glück ausmacht, ihr Leben erfüllt, hat er [Napoleon] ja vernichtet."[226] Besonders Stein stellt das körperliche Leiden der Königin durch

---

218 Rehtwisch, 101.–120. Tsd. [1910], S. 30. Vgl. hierzu auch Burkhardt 1872, S. 54; Berger [1884], S. 61 ff.; Hahn 1899, S. 191; Müller ^{2}1882, S. 357; Richter 1896, S. 403.

219 Halden ^{3}[um 1906], S. 135.

220 Ebd. S. 165 f.

221 Rehtwisch, 101.–120. Tsd. [1910], S. 34.

222 Müller ^{2}1882, S. 364. Vgl. hierzu auch Evers [1906], S. 58.

223 Stein 1910, S. 24.

224 Berger [1884], S. 52. Vgl. hierzu auch Pederzani-Weber [1896], S. 60: „Sein Erscheinung machte einen düstern Eindruck; er war dickleibig, von kleiner Gestalt, rundem, aufgedunsenem, Gesicht, dessen Hautfarbe grünlich schimmerte, mit unheimlich blitzenden Augen [...]." Anders Rehtwisch, 101.–120. Tsd. [1910], S. 35, der Napoleon, durchaus positiv, mit einem römischen Cäsaren vergleicht.

225 Schade 1913, S. 71.

226 Ebd.

einen monströsen Napoleon in den Vordergrund, dem er mörderische Absichten unterstellt: „Hintreten vor den Mann, der ihr den Tod ins Leben hineingeworfen, der ihr in das zerfleischte Herz einen Stachel gedrückt hatte, welcher eitern würde bis an ihr Ende?“[227] Der erfolglose „Opfergang“ der Königin erlaubt aber dessen Deutung als Hingabe an das Vaterland.[228] Diese Deutung bleibt in der Kaiserzeit dominant. Auch jene Texte, die der Königin einen aktiven politischen Part einräumen, wollen ihr nationales Engagement letztlich auf eine „echt weibliche Mission“[229] zurückführen.

227 Stein 1910, S. 24. Vgl. hierzu auch Hahn 1899, S. 198: „Schweren Herzens ging die Königin hinweg. Mit spottendem Lächeln dagegen blickte Napoleon hinter ihr her [...]. Der Königin war als Lohn aller Demütigungen nur das Gefühl geblieben, ihre Pflicht getan zu haben.“

228 S. Düringsfeld 1863, S. [231]. Vgl. Richter 1896, S. 408; Müller ^{2}1882, S. 181, der die Königin als das „Opfer des 19. Juli 1810“ bezeichnet (ebd., S. 181; vgl. ebd., S. 266).

229 Halden ^{3}[um 1906], S. 189. Vgl. hierzu auch ebd., S. 237.

Kapitel 4
Krieg und Geschlecht. Zu Strukturen und Funktionen kaiserzeitlicher Mädchen-Kriegsromane

(Gisela Wilkending)

1 Einführung

„Schon immer hat der Sinn der Knaben auf Kriegsschilderungen gestanden. Die Freude am Heldenhaften und am reichen, raschen Geschehen haben das Knabeninteresse von jeher gefesselt"[1], schreibt der bekannte Hamburger Jugendschriftenkritiker und Volksschullehrer Hermann Leopold Köster, der Begründer des pädagogisch-psychologischen Diskurses über Jugendlektüre im deutschsprachigen Raum (s. dazu T. 1, Kap. 1) zu Beginn des Ersten Weltkriegs. Mit seinem essentialisierenden „schon immer" bestätigt er noch einmal den Mainstream der Geschlechterkonstruktion um 1900 und die seinerzeit fest etablierte Diskursfigur der ‚geschlechtsspezifischen Lektüre'. Noch 1917, als die „nationale Euphorie der Anfangsphase des Krieges" längst „verblaßt" [2] war, meint Köster, die „Jungen seien durchweg kriegsbegeistert", und „obwohl die Frauen Großes im Kriege leisteten", seien sie „doch wenig am Krieg interessiert"[3]. Sie läsen wohl

> gelegentlich einen Bericht, aber doch eigentlich nur, wenn man sie darauf hinweist – im übrigen interessiert sie der Krieg nur, soweit er sie persönlich betrifft, besonders soweit Väter und Brüder im Felde sind. Es gibt Ausnahmen, fraglos, aber im ganzen stimmt das Bild.[4]

Köster, der ja, wie wir gesehen haben, die pädagogische Diskussion um die marktgängige Jugendlektüre durch die Einführung einer entwicklungspsychologischen Perspektive einerseits liberalisiert und relativiert, der sogar auf das gemeinsame Interesse von älteren Jungen und Mädchen an historischen Romanen aufmerksam gemacht hatte, hält also andererseits in bezug auf die Kriegsliteratur an der Annahme der Geschlechtsspezifik von Leseinteressen fest. Es kann an dieser Stelle nicht diskutiert werden, ob die polare Konstruktion der Leseinteressen – was immerhin angesichts der bis zum Kriegsbeginn pazifistischen Position einiger Hamburger Literaturpädagogen um Heinrich Wolgast und angesichts ihrer Kritik am literarischen ‚Kriegsschund' denkbar wäre – auch eine die allgemeine öffentliche Kriegsbejahung relativierende, distanziertere Perspektive auf die Weltkriegsliteratur ermöglichen sollte.[5] Vielleicht erfaßt Köster mit seiner Beurtei-

1 Köster 1914, S. 48.
2 Mommsen 1996, S. 11.
3 Köster 1917, S. 9.
4 Ebd. Zu Köster vgl. auch Wilkending 2002a, S. 55 f., 62.
5 Zur Kriegsschund-Diskussion s. v.a. die Kriegsjahrgänge der *Jugendschriften-Warte*. Die pazifistische Haltung einiger Hauptvertreter der Hamburger Jugendschriftenbewegung vor

lung unbewußt sogar ein Moment der Tradition weiblichen Schreibens und weiblicher Lektüre, nämlich daß in dieser Tradition die Geschichte, und damit auch Kriege, weitgehend in ihren Vermittlungen ins Private reflektiert werden. Auf jeden Fall lenkt Köster mit seiner Konstruktion aber von der Tatsache ab, daß gerade in den ersten Jahren des Weltkriegs im Bereich der Romanprosa für Mädchen, wenn man einmal von Neuauflagen einiger erfolgreicher älterer Mädchenromane absieht, fast ausschließlich Kriegsromane auf den Markt kommen und daß auch in den erfolgreichen Mädchenperiodika wie beispielsweise *Das Kränzchen*, *Töchter-Album*, *Deutsches Mädchenbuch*, *Scherls Jungmädchen-Buch* die Weltkriegsthematik in Lyrik, Berichterstattung, Reflexions- und Erzählprosa Platz greift, daß damit auch die Mädchenliteratur den generellen Tendenzen des literarischen Markts in diesem Krieg folgt.[6] Immerhin: über zwanzig zeitgeschichtliche Romane speziell für junge Mädchen erscheinen in den ersten Kriegsjahren. Darüber hinaus zielt ein Teil der an Jugendliche allgemein und der speziell an Frauen adressierten Kriegsliteratur besonders auch auf Mädchen als Leserinnen.[7]

Kriegsliteratur für Mädchen ist freilich zu diesem Zeitpunkt nichts völlig Neues. Vielmehr erreicht eine mädchenliterarische Entwicklung im Ersten Weltkrieg ihren Höhepunkt, deren Anfänge bis ins frühe 19. Jahrhundert zurückgehen und die spätestens kurz nach der Gründung des Deutschen Reiches, nämlich mit dem Erscheinen des Romans *Das vierblättrige Kleeblatt* (1878) der Erfolgsschriftstellerin Clementine Helm, der Autorin des 1863 erstmals erschienenen Bestsellers *Backfischchen's Leiden und Freuden*, manifest wird. Die Mädchenliteratur, die bis dahin historisch-politische Themen in der Regel höchstens am Rande berührte, die also noch einem Weiblichkeitskonzept verpflichtet war, das nur an traditionellen weiblichen Rollen und entsprechenden Handlungsschauplätzen konkretisiert werden konnte, soll nun offenkundig zu einem Medium der direkten Einbeziehung weiblicher Jugendlicher in den Prozeß der Nationsbildung werden.[8] Und gerade Kriege, der Dreißigjährige Krieg, v.a. aber die ‚Befreiungs- und Einigungskriege', die Kriegshandlungen in den deutschen Kolonien sowie der

---

dem Krieg zeigt sich bspw. an der Empfehlung des erstmals 1912 erschienenen Anti-Kriegsromans *Das Menschenschlachthaus* von Wilhelm Lamszus als Jugendlektüre. Zu Inhalt und Geschichte von Text und Autor s. die Anhänge zu Lamszus 1980. Vgl. auch Linse 1980 u. Häntzschel 1996.

6 S. hierzu v.a. Vondung 1980; Mommsen 1996; O'Brien 1997; Vogl 2000. Zu Funktionen der Massenpublikationsorgane bei der Einbindung männlicher und weiblicher Jugendlicher in das Kriegsgeschehen s. Förster 2000.

7 Köster spricht in einer Sammelrezension von den „verhältnismäßig wenigen Kriegsbüchern, die für die Mädchen im besonderen gedacht sind", und er erwähnt lediglich vier entsprechende Romane (Köster 1917, S. 9). Zu den spezifisch adressierten Mädchenbüchern sind noch zahlreiche an die „Jugend" adressierte Kriegsromane hinzuzurechnen, die von Frauen verfaßt sind und weitgehend mit der literarischen Charakteristik der spezifisch adressierten Mädchenbücher übereinstimmen (s. Literaturverzeichnis). Vgl. auch die Titel in Wilkending 1997d.

8 Zur Geschichte von Nationalismus und weiblicher Politik (vom frühen 19. Jahrhundert bis zum Nationalsozialismus) s. Planert 2000. Vgl. hierzu Freverts Buch *Die kasernierte Nation* (2001), in dem nicht nur um die Inklusion von Männern, sondern auch von Frauen in den Prozeß der Nationsbildung geht.

Weltkrieg[9] werden dabei implizit und explizit zu Stützen eines nationalen und kulturellen Gedächtnisses, in dem nun auch die Leistung von Frauen und Mädchen, ihre ‚Kulturmission' im Krieg, einen Ort haben soll (vgl. hierzu T. 2, Kap. 2, 3 und 4).[10] Dabei sind es nicht nur die ‚barmherzigen Schwestern' in den Kriegslazaretten, nicht nur die opferbereiten Mütter, Ehefrauen, Bräute und Schwestern, die ihr ‚Liebstes' hergeben, von denen in Mädchenromanen erzählt wird. Es gibt in dieser Literatur – wenngleich ausnahmsweise – auch Heldenjungfrauen oder Schwertjungfrauen, die – gleich der Jeanne d'Arc – als Männer verkleidet in den Krieg ziehen, und auch andere Mädchen und junge Frauen, die mutig in die Kriegshandlungen eingreifen und damit die Grenzen überschreiten, die ihnen als Mädchen und Frauen faktisch selbst in Kriegszeiten gesetzt sind. Thea von Harbou – eine sehr junge Autorin – erzählt in ihrem Weltkriegsroman *Gold im Feuer* ([1916]) beispielsweise von dem 16jährigen ostpreußischen Dorfmädchen Kathrin, die mit ansehen muß, wie ihre Mutter von einem betrunkenen russischen Soldaten umgebracht wird. Später zündet Kathrin ihr eigenes Häuschen an, um Dorf und Herrschaft vor einer Abteilung ‚plünderungslustiger' russischer Reiter zu warnen und damit zu retten. Ihre Tat steht wenig später in der Zeitung. Kathrin wird so zu einer öffentlichen Person. Ihr gebührte, wie die Gutsherrin meint, sogar eigentlich „das Eiserne Kreuz".[11]

Da im Backfischroman generell von den Widerständen von Mädchen gegen ihre Einfügung in das traditionelle Rollenkonzept erzählt wird, bietet sich gerade die Konzentration auf den Krieg – auf die in Kriegssituationen notwendigen Erweiterungen der Handlungsräume von Mädchen und Frauen – zudem zur Modellierung von Pubertätskrisen und ihrer Auflösung an. In den Mädchen-Kriegsromanen leistet der Krieg daher durchweg auch Entwicklungshilfe, wenn die traditionellen Erziehungsinstanzen versagen. Im Extremfall wird er sogar zu dem entscheidenden Medium der Sinngebung des Mädchen- und Frauenlebens. „Jetzt wissen wir Mädchen doch, wozu wir auf der Welt sind", sagt die Protagonistin in Charlotte Nieses *Barbarentöchter* ([1915]). Der Krieg nimmt den Mädchen das Gefühl, „überflüssig" zu sein.[12]

Die verstärkte Einführung der Kriegsthematik in den Themenkanon der Backfischliteratur ist aber nicht nur ein Indikator für die zunehmende Politisierung der Mädchenliteratur und für Verschiebungen im traditionellen Geschlechterkonzept. An der Entwicklung des Genres Mädchen-Kriegsroman läßt sich auch ablesen, daß sich um 1900 das klassische bürgerliche Lesepublikum von Backfischromanen aufzulösen bzw. auszudifferenzieren beginnt und teilweise mit den

9 Auch der Erste Weltkrieg wird in zeitgenössischer Perspektive – das gilt auch für einige der Mädchenbücher – noch in die Reihe der ‚Einigungskriege' gestellt. S. dazu auch die Vorträge des Historikers Karl Lamprecht über *Krieg und Kultur* (1914), in denen der Weltkrieg in der Perspektive auf die kulturelle Einheit der Deutschen diskutiert wird.

10 Tatsächlich wird selbst in mehreren zeitgeschichtlichen Weltkriegsromanen formuliert, welche Personen, Ereignisse und Handlungsweisen innerhalb dieses Krieges künftig Inhalt des kulturellen Gedächtnisses sein sollen.

11 Harbou [1916], S. 218.

12 Niese [1915], S. 223. Zum Weltkrieg als Medium der Sinngebung des Sinnlosen s.a. Vondung 1980 u. Mommsen 1996.

neu alphabetisierten Schichten jugendlicher Leser verschmilzt.[13] In diesem Prozeß verliert auch das Modell des typischen Backfischromans, wie es sich mit Clementine Helms *Backfischchen's Leiden und Freuden* und Emmy von Rhodens *Der Trotzkopf* (1885) herausgebildet hatte, nach und nach seine Paradigmatik. Zwar stammen die Autorinnen der Mädchen-Kriegsromane – es sind (fast) ausschließlich Frauen, die diese Romane schreiben[14] – nach wie vor aus gehobenen, v.a. bildungsbürgerlichen Schichten (s. T. 1, Kap. 2), aber sie spiegeln in ihren Romanen nicht mehr so direkt wie *Backfischchen's Leiden und Freuden* und wie *Der Trotzkopf* eine Lebenswelt, in der sich die gehobenen Schichten fast gänzlich nach unten abgrenzen. Wohl siedeln Romanautorinnen der älteren Generation wie etwa Helm in ihrem historischen Kriegsroman *Das vierblättrige Kleeblatt*, wie Brigitte Augusti, Bertha Clément, Lucie Ideler, Luise Glaß, Henny Koch, Johanna Klemm, Charlotte Niese, und auch etwas jüngere Autorinnen wie Lilly Braumann-Honsell, Else Hofmann, Sophie Kloerss, Clara Nast, Else von Steinkeller, Marga Rayle, Else Ury und Leonie von Winterfeld-Platen ihre Kriegsromane noch in den für den Backfischroman typischen sozialen Milieus (also im Adel und im gehobenen Bürgertum) an, mischen aber zunehmend auch Mädchen aus niedrigeren bürgerlichen Milieus unter die Protagonistinnen. Bei anderen Autorinnen wie bei Helene Raff, bei Thea von Harbou und noch mehr bei Helene Christaller, die ebenfalls für ein bürgerliches Lesepublikum schreiben, kommt es sogar zu einer noch weitergehenden Erosion der traditionellen mädchenliterarischen Strukturen. So ist Christallers – allerdings erst 1918 erschienene – Erzählung *Fürchte Dich nicht!* (1918) in vieler Hinsicht im Verhältnis zur Tradition des Backfischromans sogar völlig atypisch. Denn eine Munitionsfabrik, in der die 18jährige Christina – freilich auch sie eine Arzttochter – den Lebensunterhalt für die Familie erarbeitet – ist der zentrale Ort der Erzählhandlung. Marie von Felseneck schließlich, eine Hausautorin des Berliner Kolportageverlags Weichert, die im ausgehenden 19. Jahrhundert das literarische Modell des Backfischromans an ein unterbürgerliches Lesepublikum adaptierte, setzt mit ihrem Roman *Trotzkopfs Erlebnisse im Weltkriege* (1916) zwar einerseits die Backfischbuchtradition fort. Mit ihrer Trilogie *Landwehrmanns Einzige* (1915–1917) führt sie aber die Tochter einer kaisertreuen Berliner Arbeiterfamilie als Protagonistin in die Mädchenliteratur ein. – Bis zum Ersten Weltkrieg, das läßt sich aus den verschiedenen Verlagskonzepten, aus den Preisniveaus (zwischen 1 Mark und 4,50 Mark für einen Weltkriegsroman) und der Aufmachung der Bücher sowie aus der regionalen Streuung der Schauplätze der Romanhandlungen

13 Zu allgemeinen Determinanten dieses Wandels s. Wilkending 2002c.

14 *Im Jahre 1809* (1882) von E. von Glücksberg – ein Autorname, der sich bislang nicht auflösen ließ – ist m.E. allerdings von einem Mann geschrieben. Dafür sprechen u.a. die – trotz der Adressierung an Mädchen und trotz weiblicher Protagonisten – sehr viel stärker ausgearbeitete Figurenperspektive der männlichen Protagonisten, der häufig voyeuristische Blick des Erzählers auf die Mädchenkörper, das Fehlen traditioneller mädchenliterarischer Elemente einer Wandlungsgeschichte und die für die Mädchenliteratur untypische Anfangsszene, in der die Protagonistin „leichtfüßig" das Haus verläßt und mit der Kutsche durch die Straßen Berlins fährt (S. [1]). Zum voyeuristischen Blick auf den Mädchenkörper in von Männern verfaßten pädagogischen Schriften und Mädchenlektüren s.a. Barth 2002; Pellatz 1999.

Ill. 16: Buchdeckel zu: Marie von Felseneck: Landwehrmanns Einzige im Dienste des Vaterlandes. Zeitgeschichtliche Erzählung für die Jugend. Berlin 1917.

schließen, war fast das gesamte jugendliche weibliche Lesepublikum durch spezifische Mädchen-Kriegsliteratur erreichbar. Auffällig ist allerdings das Fehlen einer mädchenspezifischen Verlagsproduktion von katholischer Seite, was auf eine stärkere Beharrungstendenz des katholischen Deutschland in bezug auf das Weiblichkeitskonzept ebenso hindeuten mag wie auf eine größere Zurückhaltung gegenüber der allgemeinen Tendenz zur Sozialisierung der lesenden Jugend in Richtung auf eine reichsdeutsche Identität, wie sie sich in der Mädchen-Kriegsliteratur im übrigen deutlich spiegelt.[15]

Im folgenden soll unter den eben entwickelten Leitperspektiven detaillierter in die Mädchen-Kriegsromane und ihre Lektürefunktionen eingeführt werden. Es geht darum zu zeigen, wie sich der Prozeß der Verschiebung und Neukonstruktion von Geschlechterdifferenz, wie er sich um 1900 manifestiert (s.o., T. 1,

15 Kriegsromane wären allerdings innerhalb der Mädchen-Romanreihe des Kölner Bachem-Verlags zu erwarten gewesen. Der Verleger Bachem hatte zwar nach der Reichgründung während des Kulturkampfs einen antipreußischen und gegenüber der Reichsidee zurückhaltenden Standpunkt vertreten. Seit Beginn des 20. Jahrhunderts unterstützt der Verlag aber deutsch-nationale Tendenzen. Hedwig Dransfeld, führend in der katholischen Frauenbewegung und selbst Autorin von Backfischromanen im Bachem-Verlag, fordert bspw. im Kontext der Hundertjahrfeiern der ‚Völkerschlacht' von 1813, nationale Feiern (auch im Gedenken an Königin Luise) mitzugestalten (Dransfeld 1913). Auch zu Kriegsbeginn stimmt sie – mit scharf antifranzösischer Tendenz – in die Aufrufe zum „heiligen Krieg" ein, in dem der deutschen Frau eine besondere Mission zukommen solle (Dransfeld 1913/14). Sack datiert die zunehmende Politisierung des Katholischen Frauenbundes auf ca. 1912, als Hedwig Dransfeld dessen Leitung übernahm. Auch zu Dransfelds Position im Krieg s. Sack 2000.

Kap. 1), in der Mädchen-Kriegsliteratur spiegelt. Welche Funktion kam dem Krieg im Kontext der Einbeziehung von Mädchen und Frauen in den Prozeß der Nationsbildung in der Literatur zu? Interessant sind aber nicht nur die Vorbilder, sondern auch Gegenbilder und Fluchträume, die die Kriegsliteratur den lesenden Mädchen anbot. Denn die grundlegende lesetheoretische Hypothese unserer Untersuchung ist ja die, daß die geschlechtsspezifisch adressierte Literatur nicht nur ein Medium der Konstruktion von Geschlecht ist, sondern daß sie auch Medium einer Geschlechtergrenzen und Geschlechtsidentität überschreitenden Phantasieproduktion sein kann, daß sie also den Essentialismus der außerliterarischen zeitgenössischen Geschlechterkonstruktionen potentiell unterläuft . Darüber hinaus müssen wir davon ausgehen, daß diese Literatur den lesenden Mädchen – jedenfalls in Kriegszeiten – zudem ein Kriegserlebnis anbieten will, in dem die Alltagsrealität (des Kriegs) verdrängt wird. – Es soll aber auch genauer gezeigt werden, auf welche Weise sich das in der zweiten Hälfte des 19. Jahrhunderts in der Mädchenliteratur als „soziokulturelle, literarisch-kulturelle Konsensbildung[ ]“[16] etablierte Genre Backfischroman, das sich zunächst als Rohform für den Mädchen-Kriegsroman anbot, im Ersten Weltkrieg pervertierte und schließlich ad absurdum geführt wurde.

2 Vom Kriegsmotiv in der Mädchenliteratur des 19. Jahrhunderts zum Mädchen-Kriegsroman der deutschen Kaiserzeit

2.1 Zur Vorgeschichte

Spuren einer patriotischen Ansprache und der Idealisierung des ‚Nationalcharakters‘ eines ‚deutschen Mädchens‘ lassen sich in der deutschsprachigen Mädchenliteratur leicht bis ins 18. Jahrhundert hinein zurückverfolgen:

Ich bin ein deutsches Mädchen – ich
Bin edel, stolz und gut;
Und unverdorben fließt in mir
Ein jeder Tropfen Blut.

Der Tenor dieser, Klopstocks bekanntes „Vaterlandslied“ (1770) variierenden ersten Strophe des Liedes „Das deutsche Mädchen“, das 1781 in Nitschs Wochenschrift *Fuer deutsche Maedchen* abgedruckt wurde[17], findet sich etwa zeitgleich in Joachim Heinrich Campes *Väterlicher Rath für meine Tochter* (1789) und in ebenso in Helene Ungers Pensionsgeschichte *Julchen Grünthal* (1784), aber auch – entsprechend den Bewegungen der politischen Geschichte mehr oder

16 Voßkamp 1992, S. 256.

17 Zit. nach *Kinder- und Jugendliteratur. Mädchenliteratur* 1994, S. 244. Die erste Strophe in Klopstocks „Vaterlandslied“ lautet: „Ich bin ein deutsches Mädchen!/ Mein Aug’ ist blau, und sanft mein Blick,/ Ich hab’ ein Herz,/ Das edel ist und stolz und gut.“ Zum Topos des ‚deutschen Mädchens‘ in der Mädchenliteratur finden sich in dem Band *Kinder- und Jugendliteratur. Mädchenliteratur* weitere Beispiele.

weniger deutlich – in der belletristischen und der ratgebenden Mädchenliteratur während des gesamten 19. und des 20. Jahrhunderts bis zum Zweiten Weltkrieg.

Das Kriegsmotiv wird vermutlich erstmals zu Beginn des 19. Jahrhunderts, nämlich in einer kleinen Erzählung des erfolgreichen österreichischen Mädchenbuchschriftstellers Jakob Glatz, zum strukturierenden Prinzip der Erzählprosa für Mädchen. Zwar hat Glatz in dieser 1806 in dem Band *Theone* erschienenen kleinen Erzählung mit dem Titel „Mütterliche Liebe und weiblicher Muth", deren Handlung in den Kontext der Revolutionskriege in der Vendee im Jahre 1793 hineinverlegt ist, kein Mädchen als Protagonistin gewählt, wie das für den Backfischroman der zweiten Hälfte des 19. Jahrhunderts ‚notwendig' ist. Der Krieg dient in der Erzählung damit nicht als Anstoß oder gar als Medium der Entwicklung einer Protagonistin von der Jugendlichen zur Frau. Die Protagonistin ist hier statt dessen eine Mutter, deren von ihr zärtlich geliebter Sohn auf der Seite der Republikaner in der Vendee kämpft. Die Erzählung bildet aber dennoch für die Rekonstruktion der Geschichte der Mädchen-Kriegsliteratur einen wichtigen Markstein, weil in diesem Text – von der fehlenden Entwicklungsthematik abgesehen – schon alle in den späteren Mädchen-Kriegsromanen enthaltenen zentralen Motive, Themen, Grundsituationen und -verhaltensweisen zusammengeführt sind: Da ist zunächst das Motiv des Mutteropfers (die Mutter läßt ihr ‚Liebstes', den Sohn, in den Krieg ziehen), das – wenngleich mit geringerer Gewichtung als etwa in der an Frauen adressierten Literatur – auch konstitutiv für den Mädchen-Kriegsroman bleibt. Wir begegnen der Mutter bei Glatz zudem in der Rolle als Krankenschwester, in Aufopferung für den eigenen Sohn. Denn kaum erfährt sie, daß der Sohn verletzt ist, reist sie „mit hastiger Eile nach dem Lazarete", um ihn zu pflegen. Im Backfischroman des ausgehenden 19. und frühen 20. Jahrhunderts wird sich diese Konstellation verschieben. Dort ist die Protagonistin ein junges Mädchen, das häufig den Geliebten, den (künftigen) Bräutigam bzw. Ehemann pflegt. Das Tun der Mutter in Glatz' Erzählung erschöpft sich aber nicht nur in diesen klassischen Feldern weiblicher Liebestätigkeit. Das Erstaunliche ist vielmehr die Grenzüberschreitung, zu der die Kriegssituation die Mutter herausfordert. Denn die Erzählung zeigt sie als eine besonders „muthvolle Frau", als „kühne[s] Weib", das im Kampf um das Leben des Sohnes vor dem Griff zu den Waffen, ja selbst vor Tötung aus Notwehr nicht zurückschreckt. Als sie auf der Rückreise – zusammen mit dem noch immer kranken Sohn – von Insurgenten attackiert wird, erschießt sie zwei der Angreifer und begibt sich sogar „wüthend" mit dem Säbel in ein Gefecht hinein. Am Ende werden sie und der fast zu Tode verwundete Sohn allerdings von „Nationalsoldaten" gerettet. Der Sohn bleibt ein „Krüppel"; aber „der zärtlichen Mutter war es schon genug", daß er nur lebt.[18] Auch das Motiv des ‚Kriegskrüppels' wird im Mädchen-Kriegsroman zentral werden.

Glatz hat in dieser kleinen Erzählung ein Grundmuster heldenhaften, weiblichen Handelns gezeichnet, das sich in der späteren geschichtserzählenden Mädchenliteratur, insbesondere in der Kriegsliteratur der Kaiserzeit wiederfindet. Er

18 Die in Glatz' Buch *Theone* (1806) erschienene Erzählung ist abgedr. in *Kinder- und Jugendliteratur. Mädchenliteratur* 1994, S. 291–296.

hat dafür sogar eine scheinbar paradoxe, den Geschlechterdualismus aufhebende, prägnante Formel geprägt, nämlich die des Verhaltens „auf eine weiblich männliche Weise“[19]. Doch Bilder solcher Mädchen oder Frauen bleiben, gegenüber Bildern weiblicher Protagonisten, die sich – zwar selbstbewußt und aktiv – im Rahmen eines traditionellen weiblichen Rollenspektrums bewegen, selbst in der Mädchen-Kriegsliteratur der Kaiserzeit eine Ausnahmeerscheinung.[20] Solche Mädchen- oder Frauenfiguren bieten wohl Material für grenzüberschreitende Phantasien, werden aber in der Mädchenliteratur keineswegs zu Vorbildern weiblichen Handels. Das zeigt sich besonders auffällig an der Weise, wie die Mädchenliteratur den für die deutsche Geschichte herausragenden, paradigmatischen Stoff, nämlich die Geschichten der Helden-, oder Schwertjungfrauen der antinapoleonischen Befreiungskriege literarisch verarbeitet. So bietet die Mädchenzeitschrift *Das Kränzchen* in ihren ersten beiden Jahrgängen 1888/89 und 1889/90 – geradezu programmatisch – mit kleinen biographischen Erzählungen zu den ‚Heldenjungfrauen‘ Johanna Stegen und Eleonore Prochaska zwei konträre Modelle patriotischen weiblichen Handelns, von denen das eine – das Modell Prochaska – als ein die Gefühle bewegendes tragisches Modell, das andere dagegen – das Modell Stegen – als lebbar und auch für die Gegenwart, also für das ausgehende 19. Jahrhundert, nachahmenswert vorgestellt wird: Eleonore Prochaska, die sich 1813, in der Ausrüstung eines Lützowschen Jägers und unter dem Namen August Renz, dem Freiwilligencorps anschloß, die auf dem Schlachtfeld verwundet, deren eines Bein amputiert wurde und die den Heldentod starb – eine deutsche Jeanne d'Arc also –, wird zwar als ein „schlankes, wohlgebildetes, blauäugiges, blondhaariges Mädchen“, als ein „zartes, edles, tugendhaftes, deutsches Mädchen mit Männermut und Männerkraft“ idealisiert.[21] Aber ihr Handeln und ihr Tod, die Tatsache, daß sie „dem Vaterlande“ mehr gehörte „als den Eltern“, haben sie, wie der Verfasser unzweideutig klarstellt, aus der Geschichte der Frauen gleichzeitig entrückt.[22] Ganz anders die Lüneburgerin Johanna Stegen, die die Preußen bei der Befreiung Lüneburgs im Kugelhagel mit Munition beliefert, dann aber der Mutter zuliebe „dem Plane“ der Teilnahme am Lützower Freicorps „entsagt[ ]“ hatte, statt dessen später Ehefrau eines Lützowers wird, eine „tüchtige Hausfrau“, „liebevolle Mutter“ und „vorzügliche Gattin“, die also ihren Patriotismus mit dem traditionellen Rollenkonzept vermittelt. Sie ist ein Vorbild für Mädchen, eine Heldin ohne „Emancipationssinn“, wie Cassau ausdrücklich betont:

In unseren Tagen ist es wohl angebracht, den deutschen Mädchen und Jungfrauen das Bild einer solchen deutschen Heldin vorzuführen, die bei einem Heldengeist nichts von Eman-

19 Ebd., S. 294.

20 Zu weiteren literarischen Beispielen solchen ‚weiblich männlichen‘ Handelns in der Mädchenliteratur s.a. Wilkending 2000a, S. 135 ff. Vgl. auch Brandes 1991.

21 *Eleonore Prochaska* [1889/90], S. 49 f. Der Bericht über Eleonore Prochaska wird mit einer Strophe aus Klopstocks berühmtem „Vaterlandslied“ eingeleitet, das im ausgehenden 19. Jahrhundert auch in Lyrikanthologien für Mädchen und Frauen Eingang gefunden hatte. Zitiert wird die Strophe: „Ich bin ein deutsches Mädchen! / Mein gutes, edles, stolzes Herz / Schlägt laut empor. / Beim süßen Namen Vaterland.“ (ebd., S. 49)

22 Ebd., S. 53.

cipationssinn, der heute so oft als Spukgestalt unter der weiblichen Jugend auftritt, an sich hatte und mehr als jedes andere Mädchen die Tugenden der Tochter, der Mutter, der Hausfrau und Gattin erfüllt hat.[23]

2.2 Der erste historische Mädchen-Kriegsroman: *Das vierblättrige Kleeblatt* (1878)

Auch der erste Kriegsroman in der spezifischen Mädchenliteratur, Clementine Helms *Das vierblättrige Kleeblatt. Eine Erzählung aus dem Freiheitskriege für junge Mädchen*, arbeitet – im Anklang an die Heldenjungfrauen von 1813 – mit einer ähnlichen Opposition, indem er in zwei Protagonistinnen des Romans, den Cousinen Marianne und Charlotte, Grundtypen patriotischer Heldenmädchen vorstellt, von denen die eine, mit dem anspielungsreichen Namen Marianne[24], den Idealtyp einer tätigen, im Krieg über sich selbst hinauswachsenden Hausmutter repräsentiert, die selbstverständlich am Ende heiratet, während die andere, die besonders edle und schöne Charlotte, die für Körner und das Lützower Freicorps schwärmt, am Ende – in Kriegshandlungen verwickelt – verwundet wird und stirbt, als sie den Geliebten aus der Hand der Franzosen befreit hat. – Bei Helm, die als junge Frau die 1848er Revolution bewußt erlebt hatte, die in Berlin zudem in ein gebildetes und politisch interessierten Umfeld integriert war, begegnet der Topos vom deutschen Mädchen auch in ihren typischen Backfischromanen, die sehr viel konkreter als etwa Emmy von Rhodens *Der Trotzkopf* zeitgeschichtliche Bezüge aufnehmen und historische Verweise enthalten. Schon ihre ersten Romane nach der Reichsgründung, *Lilli's Jugend* (1871) und *Das Kränzchen* (1873), reflektieren Historisches, Politisches und Soziales. In *Das Kränzchen* wird bspw. die ‚Frauenfrage' durchgängig und intensiv diskutiert. *Das vierblättrige Kleeblatt* nun stellt die ‚Befreiungskriege', und zwar die Zeit zwischen dem Frühling und dem Herbst 1813, ins Zentrum. Der Roman erscheint 1878, also im selben Jahr wie Fontanes Roman *Vor dem Sturm. Roman aus dem Winter 1812 auf 13.*[25] Er zielt – wie die gesamte Verlagsproduktion von Velha-

23 Cassau 1888/89, S. 215. Vermutlich hat nicht nur dieser Artikel, sondern auch der über Eleonore Prochaska einen männlichen Autor. Dafür spricht u.a. das schwärmerische Pathos, in dem über die „schöne Rose von Potsdam", die „Jünglinge vergötterten", der „Tausende ihrer Schwestern" den Ruhm neideten, erzählt wird (*Eleonore Prochaska* [1889/90], S. 53). Wie aktuell das ‚Modell Schwertjungfrau' in der zeitgenössischen Emanzipationsdebatte offenbar war, das zeigen auch die Ausfälle des Literaturpädagogen Goerth gegen die Virilität einer ihm bekannten Schwertjungfrau von 1813 (s. T. 1, Kap. 1, in diesem Band). – In der nicht an Mädchen oder Frauen adressierten Literatur war offenbar eine entsprechende Typisierung der Schwertjungfrauen in einen heroisch-tragischen und einen bürgerlichen Typus nicht vonnöten (s. etwa Noël 1912).

24 Der Name öffnet ein widersprüchliches Assoziationsfeld: Die Prinzessin Marianne von Preußen, geb. Prinzessin von Hessen-Homburg galt als Stifterin der Frauenvereine von 1813. Erinnert wird andererseits an die französische Marianne.

25 Die Leserschaft beider Romane hat sich vermutlich sogar überschnitten. Denn Fontanes Roman erschien im Vorabdruck gekürzt im 14. Jg. der Zeitschrift *Daheim,* also in dem selben Verlag Velhagen & Klasing, in dem auch Helms Roman erschien. Der Verlag bewarb damals noch Mädchen sowie Frauen als Leserinnen der an junge Mädchen adressierten Romane und führte in den 1880er Jahren den Titel unter der Kategorie „Feinere

gen & Klasing – auf ein Lesepublikum, das einen bildungsbürgerlichen Hintergrund hat.[26]

Als erster historischer und gleichzeitig als erster Kriegsroman für Mädchen begründet der Text eine spezifische mädchenliterarische Tradition, ein hybrides Genre[27], in dem verschiedene Gattungstraditionen, v.a. die des historischen Romans, des Familien- und Gesellschaftsromans und die des typischen Backfischromans zusammengeführt werden. Obwohl der Roman in der Figurenzeichnung, Handlungsführung und Situationsdarstellung – der Charakteristik der zeitgenössischen marktgängigen Unterhaltungsliteratur entsprechend – häufig extrem stereotypisierend und voller sentimentaler Klischees ist, soll dessen durchaus innovative Gesamtkonstruktion, die interessante Verschiebungen in der Thematisierung des Verhältnisses von Nation und Geschlecht ermöglicht, im folgenden etwas ausführlicher dargestellt werden. Erzählt wird die Geschichte eines Mädchen-Kleeblatts von zuerst vier (Marianne, Charlotte, Annette, Wendula), nach dem Tod von Charlotte drei jungen Mädchen, die im sächsischen, also zunächst napoleonisch orientierten Merseburg[28] im Frühjahr 1813 durchziehende russische und preußische Truppen der antinapoleonischen Allianz pflegen, dann aber – nach den neuerlichen Siegen des französischen Heeres – eine Zeitlang unter französischer Belagerung leben. Heimlich versorgen sie preußische (kranke) Flüchtlinge und verschaffen ihnen einen Fluchtweg – bis am Ende die antinapoleonische Allianz endgültig gesiegt hat.

Es war im Frühling des Jahres 1813.
In dem alterthümlichen Eckhause einer Straße in der Nähe des Domplatzes, das von dem Dom-Syndicus Steiner bewohnt wurde, stand ein junges Mädchen in der großen Parterrestube an einem wuchtigen Eßtische und war eben beschäftigt, mit kräftiger Hand eine Menge Scheiben von einem Brode abzuschneiden. Aus ihrem guten, angenehmen Gesicht, das sich bei der Arbeit lieblich geröthet, blickten schöne, dunkle Augen frisch und freundlich in die Welt hinein [...].
Es war Marianne, die älteste Tochter des Hauses. Ganz in ihrer Nähe war ein anderes junges Mädchen, ihre Cousine Charlotte, an einem Schranke beschäftigt, Aepfel in einen Korb hineinzuzählen.[29]

Geschenklitteratur für die Frauen und Mädchenwelt". Möglicherweise hat Helm auch von dem Romanprojekt Fontanes gewußt, denn die beiden Familien – Helms Ehemann war ein hoch angesehener Berliner Professor – verkehrten gesellschaftlich miteinander. Aus Briefen Fontanes an Helm geht hervor, daß er auch von ihr – wohl aus Gefälligkeit – Romane gelesen und in einem Fall sogar rezensiert hat (Original-Briefe von Fontane aus dem Schiller-Nationalmuseum/Deutsches Literaturarchiv, Marbach am Neckar). Ein ausführliches Autorinnenprofil habe ich für das *Handbuch zur Kinder- und Jugendliteratur. 1850–1900*, das vermutlich 2005 erscheinen wird, vorbereitet.

26 Helm wurde als erfolgreiche Schriftstellerin vom Verlag sehr gut bezahlt. Der Verlagsvertrag zu *Das vierblättrige Kleeblatt* vom 1.2.1877, den ich im Stadtarchiv Bielefeld (*Firmenüberlieferung Velhagen & Klasing*, Sign. 1259) einsehen konnte, setzt für den Roman bei einer Erstauflage von 3500 Exemplaren 1500 Mark und für die weiteren Auflagen 1200 Mark an. Zur Auflagengeschichte s. das Literaturverzeichnis.

27 Zu diesem Begriff s. *Metzler Lexikon Literatur- und Kulturtheorie* 1998, S. 220 f.

28 Merseburg ist im übrigen die Stadt, in der Helm als Kind gelebt hat.

29 Helm [3]1889, S. 2.

Mit dieser an eine kurze historisch-topographische Einführung in den Schauplatz (Merseburg) anschließenden Eröffnung der Romanhandlung, in der die zentrale Heldin Marianne in einer für sie typischen Situation exponiert wird, die im übrigen – auch im daran anschließenden Text – stark an Werthers erste Begegnung mit Lotte erinnert, wird bereits ein wichtiges Spezifikum des historischen Erzählens von Helm faßbar, nämlich daß Politisches und Soziales in ihren Wirkungen im Privaten gezeigt werden.[30] Die knappe Textmarkierung als historischer Roman[31], „Es war im Frühling des Jahres 1813", die im übrigen an Fontanes Eingangssatz in *Vor dem Sturm*[32] anklingt, ist also in bezug auf das Folgende nicht etwa unmotiviert, sondern es folgt die Darstellung einer Grundsituation in Kriegszeiten, im Raum des Privaten. Denn vorgestellt und entwickelt wird nun, wie die 18jährige Marianne, die in der Familie für die zahlreichen jüngeren Kinder Mutterersatz ist, das „in dieser Kriegszeit" knapp gewordene Essen, eben Äpfel und trockenes Brot, in gleichen Portionen, an „das kleine hungrige Heer" der Kinder austeilt.[33] Ein wichtiges Konstruktionsprinzip des Romans ist nun das der schrittweisen Erweiterung der Handlungsräume der Mädchen im Sinne einer kontinuierlichen Grenzüberschreitung, bei gleichzeitiger Vermischung der Sphären des Öffentlichen und des Privaten. Die Erzählung bleibt also selbstverständlich nicht bei dieser Spiegelung des Kriegsgeschehens in den häuslichen Raum hinein stehen. Erzählt wird vielmehr, wie sich schrittweise die Handlungsräume der Mädchen vom Privaten ins Öffentliche hinein verschieben und wie gleichzeitig alle traditionellen Erfahrungs- und Handlungsfelder der Mädchen und Frauen unter Kriegsbedingungen auch politisch determiniert sind. Dazu gehören etwa Situationen der Versorgung und Pflege der Soldaten oder Situationen, in denen die Mädchen große historische Persönlichkeiten, etwa die Königin Luise, in ihr Gedächtnis aufnehmen, ebenso wie die Darstellung einer Ballsituation und schließlich die ganze Liebesromanhandlung, die in diesem Roman – wie im typischen Backfischroman – von Anfang an angelegt ist.

Allein der Aufbau der Haupthandlung (1. Merseburg im Ruhezustand, mit Kriegshintergrund – 2. Merseburg mit Russen und Preußen – 3. Merseburg mit französischen Soldaten – 4. Kampfhandlungen außerhalb Merseburgs) ermöglicht zwanglos und didaktisch einleuchtend die Erzählung der kontinuierlichen Erweiterung von Erfahrungs- und Handlungsräumen der weiblichen Protagonisten, wobei Privates und Öffentliches sich gegenseitig spiegeln oder ineinander aufgehen.[34] Die Hauptschauplätze der Handlung sind – konsequenterweise –

30 Vgl. die Analyse von Amalia Schoppes Schreibweise in Loster-Schneider 2001.

31 Zu solchen „Geschichtssignalen" als „Erkennungszeichen" des historischen Romans s. Aust 1994.

32 „Es war Weihnachten 1912. Heiliger Abend." (Fontane 1976, Bd. 1, S. 7)

33 S. ebd., S. 3 ff.

34 Über die Narration der Erzählerstimme wird den lesenden Mädchen zudem historisches Bildungswissen geboten. Die Explikation der militärgeschichtlichen Kontexte bleibt im Verhältnis zu einigen zeitgleichen, von Männern verfaßten Jugendromanen zu den ‚Befreiungskriegen' dabei relativ unbestimmt. So heißt es bspw. „Einzelne Gefechte fanden hier und da statt [...]." (ebd., S. 36) Es gibt aber Informationen zu militärischen Führern (Wittgenstein, Yorck, Lützow), über den Tod Körners und über die ‚Völkerschlacht'.

zunächst Haus und Nachbarschaft, wo der Krieg im Kleeblatt oder mit Brüdern lediglich im Gespräch thematisiert wird, dann das Haus als Ort der Beherbergung von Soldaten und als Ort der Verwundetenpflege, dann der Marktplatz als Ort durchziehender Truppen, das alte Schloß als Festplatz, dann die Stadt als Kampfplatz und als Ort der französischen Besatzung, schließlich das Stadtumfeld, in dem Preußen versteckt sind, und am Ende sogar andere Kriegsschauplätze bis nach Leipzig. In allen diesen Räumen bewegen sich die Mädchen relativ frei, auch im Umgang mit den jungen Männern ihrer Umgebung. – Besonders interessant ist, daß Helm bei der Darstellung der Organisation der Mädchenarbeit auf das historische Modell der 1813 gegründeten patriotischen Frauen- und Jungfrauenvereine[35], und damit auf die Anfänge der Frauenbewegung in Deutschland zurückgreift. So gewinnt sie nicht nur die Möglichkeit, die für das Frauenleben im 19. Jahrhundert relevanten historischen Verschiebungen auf der ‚Achse Privatheit – Öffentlichkeit' anschaulich zu machen und das Geschehen weitgehend aus einer Frauenperspektive vorzustellen, sondern sie bewegt sich implizit auch im zeitgenössischen – im Zuge der Einigungskriege bis 1871 aktualisierten – Diskurs über ‚weibliche Kultur' und die ‚Kulturmission der Frau', wie er zeitgleich etwa von Luise Otto vertreten oder – auf der anderen Seite – in der Position des Vaterländischen Frauenvereins angelegt ist (s. T. 1, Kap. 1). Charakteristisch für Helms Roman ist in diesem Kontext, daß er sich frauenpolitisch nicht festlegt. Im Zentrum steht zwar ein – v.a. durch die bürgerliche Marianne und ihre künftige Schwiegermutter Frau von Mallwitz, die Hauptorganisatorin der Frauenarbeit, repräsentiertes – patriotisches Frauenhandeln, in dem der Typ der starken Hausmutter idealisiert wird. Marianne, der ‚Stegen-Typus', definiert ihren Patriotismus dabei über den künftigen Mann, der hinauszieht, „um unser armes Vaterland zu befreien": „[M]ir ist, als wäre ich jetzt auch ein Glied dieser Schaar, denn Einer derselben gehört mir ja an", sagt sie.[36] Aber Charlotte, der ‚Prochaska-Typus', geht in ihrem Patriotismus über diese Position noch hinaus, indem sie selbst in das kriegerische Handeln eingreift. Annette von Mallwitz, ein etwas unreifer Tollkopf wiederum, nimmt eine dritte Position ein. Sie macht sich in einer Rede vor dem Verein in komödiantischer Weise, unter „allgemeinem Gelächter[ ]", über den „patriotischen Frauen- und Jungfrauenverein" lustig, v.a. über die „Drangsal[ ] des Charpiezupfens":

> »Gehst du aber nach der Versammlung, so man da nennet den ehrsamen Frauen- und Jungfrauenverein im trefflichen Waschgarten, dann laß alle Thorheiten draußen vor der Hausthür; denn drinnen in den stillen Räumen ficht man mit ernstem Antlitz und Nadel und Scheere einen wüthenden Kampf. Zahllos sind die Opfer, welche unter den Drangsalen des Charpiezupfens bereits erlagen, und schmerzlich bluten die Wunden, welche die spitzen Nähnadeln und die scharfe Zunge deiner holdseligen Nachbarin dir geschlagen.«[37]

Helm unterläuft also bisweilen die dominant patriotische Tendenz ihres eigenen Textes und die Idealisierung traditioneller weiblicher Rollen und Arbeiten über

35 Zu den patriotischen Frauenvereinen in den Jahren 1813–1815 s. Hagemann 2000; zu 1813–1830 s. Reder 1998 (dort auch über Mädchen-Vereine).

36 Helm ^{3}1889, S. 21 f.

37 Ebd., S. 159 f.

die Kontrastierung der durchgängig sympathischen Figuren des Mädchen-Kleeblatts. (In diesem speziellen Beispiel macht sie vermutlich eine Konzession an zeitgenössische junge Leserinnen, denen die weiblichen Handarbeiten eine Qual sind.)

Die Figuration des Kleeblatts ist insgesamt einerseits zwar konventionell im Sinne der mädchenliterarischen Tradition seit dem Biedermeier. Im Zentrum steht eine Freundinnengruppe, deren Mitglieder zunächst in typischer Weise charakterisiert sind: Marianne, die Zentralfigur, als Hausmutter (Lotte-Typ), Charlotte als edle Schönheit (eine heimliche Prinzessin), Annette als lustig-witziger Tollkopf und Wendula, sehr zart und ein wenig ängstlich. Andererseits bewirkt die Kriegssituation in ihren einzelnen Stadien, daß alle vier Mädchen an Aktivität gewinnen, wobei die beiden bürgerlichen Mädchen, Marianne und Charlotte, sogar weitergehend die traditionellen Grenzen des ‚weiblichen Geschlechtscharakters' überschreiten, Marianne nicht nur durch selbständiges Handeln in Feldern weiblicher Arbeit, sondern auch indem sie besonderen Mut zeigt, als französische Marodeure ins Haus eindringen, und Charlotte, indem sie sich – verkleidet – in die Kriegshandlungen einmischt. Signalisiert wird diese Tendenz im übrigen schon mit dem Romananfang, wo die beiden Cousinen mit ihrem „schwarzen, kurz verschnittnen [...] ›Tituskopf‹" eingeführt werden, also mit einer Frisur, die von der zeitgenössischen Leserin des ausgehenden 19. Jahrhunderts mit Sicherheit männlich konnotiert ist.[38] Der Tendenz zur Abmilderung des Geschlechterdualismus durch die Charakterisierung von Marianne und Charlotte entspricht umgekehrt, daß Helm männliche Protagonisten mit weiblichen Zügen ausstattet. Das gilt insbesondere für Mariannes Bruder Ewald, einen jungen Arzt, der, da er einen lahmen Fuß hat, nicht mit in den Krieg ziehen kann. Adalbert, Annettes Bruder und Mariannes künftiger Mann, tröstet Ewald mit einer Formel, die im Kriegsdiskurs gewöhnlich die Position der typischen Frauenarbeit bezeichnet:

> »Aber wer weiß, ob dein Feld der Thätigkeit nicht ein noch reicheres sein wird. Ihr Aerzte seid im Krieg ein Gottessegen, und dein Verdienst ist wahrlich nicht kleiner, als das unsere, indem du die Wunden heilst, die wir schlagen.«[39]

Die Typisierung des Mädchen-Kleeblatts mit den beiden bürgerlichen und den beiden adligen Mädchen ermöglicht Helm aber auch die Exposition einer anderen, analogen Thematik, nämlich der der Verschmelzung des gehobenen Bürgertums und des Adels, eine Thematik, die sie auch in allen anderen Romanen bearbeitet hat und die natürlich auf eine akute gesellschaftliche Problematik der Gegenwart Helms und ihrer Leserinnen verweist.[40] Der historische Stoff, die ‚Freiheitskriege', insbesondere auch die Figur Napoleons, boten nun offenbar produktive Ambivalenzen, die Helm in interessanter Weise genutzt hat. In seiner

38 Helm ^{3}1889, S. 3. Auf dem Frontispiz zu Emmy von Rhodens *Der Trotzkopf* (1885) wird die ‚emanzipierte' Russin Orla mit Kurzhaarfrisur und Zigarette abgebildet. – Zum Komplex von Verkleidung und Maskerade in der Literatur vgl. Lehnert 1994a.

39 Helm ^{3}1889, S. 17.

40 S. dazu Wehler 1995, S. 700 ff. Vgl. auch Rosenbaum 1982. Eher kritisch zur Feudalisierungshypothese in bezug auf die deutsche kaiserzeitliche Gesellschaft steht Budde 1994.

dominanten Tendenz ist der Roman selbstverständlich – wie alle kaiserzeitlichen Jugendromane – antinapoleonisch. Napoleon gilt auch bei Helm als Unterdrükker, dessen Joch die patriotischen Freiheitskämpfer abwerfen wollen. Andererseits steht aber der Name Napoleon bei ihr auch für positiv bewertete Entwicklungstendenzen in der Gesellschaft. Denn gerade die beiden am positivsten gezeichneten Frauenfiguren, Marianne und Frau von Mallwitz, vertreten die Idee der Ständeverschmelzung, die im Roman ausdrücklich mit Napoleon identifiziert wird. Auch die Erzählerstimme mischt sich vorzüglich bei diesem Thema mit einer eigenen ‚Meinung', bisweilen sogar den veränderungsunwilligen Adel karikierend, in den Diskurs ein. Ausführlich wird das Thema der Ständeverschmelzung anläßlich eines gemeinsamen Balls von Adel und Bürgerschaft zur Sprache gebracht, wobei die Erzählerstimme kommentierend und – wenngleich mit Zurückhaltung – für gesellschaftlichen Fortschritt eintritt:

Aber die Nachricht, daß nicht nur der Adel, sondern auch die Bürgerschaft der Stadt von den Offizieren zu einem gemeinsamen Ballfeste geladen war, verursachte eine unbeschreibliche Aufregung, denn die Standesvorurtheile, von denen der damalige Adel beherrscht wurde, waren in jenen Tagen etwas ganz Gewöhnliches. Besonders in einem kleinen Orte standen Adel und Bürgerthum schroff und unvermittelt einander gegenüber, und der Kastengeist, an dem das fortschreitende Jahrhundert mächtig gerüttelt hat, beherrschte alle Verhältnisse in einer oft unerträglichen Weise. Deshalb war es etwas Unerhörtes, daß die Stände sich in dieser Weise vermischen [...] sollten [...].[41]

Läßt sich an dieser – wie an einigen ähnlichen Stellen – der Bezug auf Napoleon nur erahnen, so wird er durch einen Gesprächsbeitrag der Frau von Mallwitz, der eine Baronin sogar „revolutionäre Grundsätze" vorwirft und die selbst aktiv für die Heirat ihres Sohnes mit der bürgerlichen Marianne eintritt, offenkundig. Denn Frau Mallwitz verteidigt die Ständemischung auf dem Ball mit den folgenden Worten:

»Wo es einem bürgerlichen Advokatensohne aus Corsika gelungen ist, Throne umzustürzen [...], da kommen auch die Standesvorurtheile in ein gefährliches Schwanken, und ich kann gerade das als kein Unglück ansehen, wenn ich ehrlich sein soll, denn Vorurtheile sind immer verwerflich.«[42]

Auch die geschickte Wahl des Schauplatzes der Handlung, die Stadt Merseburg in Sachsen, dessen König ja Napoleon anhängt, begünstigt Ambivalenzen in der Darstellung, weil der Riß zwischen den Anhängern Napoleons und den Anhängern der antinapoleonischen Allianz durch die Bevölkerung selbst hindurchgeht. Im Roman wird dies in der tragischen Beziehung zwischen der Patriotin Charlotte und ihrem Vater, einem leidenschaftlichen Napoleon-Verehrer verdeutlicht, der zwar nach dem Tod der Tochter durch die Kugel eines Franzosen von seiner Bewunderung Frankreichs und seiner Napoleon-Verehrung abläßt, dessen Leben am Ende aber nicht nur wegen des Verlusts der Tochter, sondern auch wegen der Zertrümmerung seines eigenen Napoleon-Bildes zerstört wird: „Nie werde ich den Schmerz überwinden, daß dieses Götterbild in Trümmer sank."[43]

41 Helm ^{3}1889, S. 60.
42 Ebd., S. 82 f.
43 Ebd., S. 338.

Helms Roman bleibt über längere Zeit der einzige Kriegsroman im Bereich der Mädchenliteratur. In den historischen Romanen der Brigitte Augusti ist das Kriegsmotiv zwar zentral. Aber diese Romane entwickeln doch nicht eine Genrespezifik als Kriegsromane (zu Augusti s. bes. T. 2, Kap. 2 u. 3). In der Kriegsromanproduktion, die um 1900, insbesondere mit der Wiederaufnahme der Thematik der Freiheitskriege einsetzt[44], werden nun die Funktion der Gedächtnisbildung – wie wir sie schon bei Helm finden – und die der emotionalen Einstimmung auf einen kommenden Krieg eng miteinander verbunden. Emma Wuttke-Billers *Lina Bodmer* (1900) und noch mehr Lucie Idelers Roman *Unter fremder Herrschaft* ([1902]), in dem das napoleonische Heer als eine Masse brutaler, unzivilisierter Räuber und Marodeure ins Bild gesetzt wird, enthalten außer nationalistischen nun auch chauvinistische und rassische Tendenzen. In beiden Romanen gewinnen die weiblichen Protagonisten – anders als bei Helm – ihre politische Identität zudem nicht mehr aus der gemeinsamen Arbeit in einer Mädchen- und Frauengruppe, sondern indem sie sich mit Männern identifizieren bzw. indem sie ihre Identität aus der Unterwerfung unter das patriarchalische Prinzip ableiten. Lina Bodmer, der Protagonistin des gleichnamigen Romans, wird der vaterländische Enthusiasmus aus der engen Vater-Tochter-Bindung direkt übertragen. Charlotte, die Protagonistin in *Unter fremder Herrschaft*, die auf den ersten Blick als besonders selbständig erscheint, fühlt sich einer durch den verstorbenen Vater, durch Gott, das Vaterland und das royalistische Prinzip repräsentierten höheren Ordnung unterworfen und begründet ihre Selbständigkeit exakt in diesem Rahmen. Allein Sophie Kloerss' Roman *Vaterhaus und Vaterland* ([1915]), der erstmals zu den Jahrhundertfeiern von 1813 in der Mädchenzeitschrift *Das Kränzchen* (1912/13) erschien, enthält unterhalb der dominant patriotischen Tendenz Ambivalenzen und bringt neben dem negativen auch ein anderes Napoleon-Bild und ein Bild der ‚verzopften Preußen' zur Sprache. Auch in der Geschlechterkonstruktion verzichtet dieser Roman auf die für Wuttke-Biller und Ideler spezifische patriarchale Ableitung von Dominanzbeziehungen.

2.3 Der Mädchen-Kriegsroman als Initiationsroman: *Aus großer Zeit* (1908)

Für die Mädchen-Kriegsromane seit dem Beginn des 20. Jahrhunderts ist es charakteristisch, daß sie die Entwicklung der Protagonistinnen nicht so sehr wie Helm als Prozeß der Vergesellschaftung der höheren Tochter, sondern häufiger – wie wir dies aus Rhoden *Der Trotzkopf* kennen – als Entwicklungskrise dramatisieren und naturalisieren. In diesem Zusammenhang kann nun auch der Krieg als ein entsprechend schicksalhaftes Naturereignis aufgefaßt werden, durch das

44 Zur Kriegsthematik bei Brigitte Augusti s. T. 2, Kap. 2. – Bis um 1900 wird die Kriegsthematik in der Mädchenliteratur noch selten aufgenommen. Auch Voß weist in ihrer Untersuchung der Mädchenzeitschrift *Das Kränzchen* darauf hin, daß um 1900 ein breit gefächertes Spektrum an Texten existiert, in denen Mädchen und Frauen in den typischen Rollen, als Heldenmütter, Kriegerbräute, Pflegerinnen, aber auch Heldenjungfrauen an Kriegshandlungen teilnehmen (Voß 1997, S. 165 f.).

Ill. 17: Frontispiz aus: Henny Koch: Aus großer Zeit. Eine Erzählung für junge Mädchen. Stuttgart [1908].

sich Entwicklungsblockaden auflösen. Der Krieg erscheint zwar einerseits als großes Unglück, andererseits aber auch als Retter in der Not, als Medium der Entwicklungshilfe, wo die traditionelle Erziehungs- und Sozialisierungsinstanzen wie die Familie, die Schule oder auch die Pension versagen.[45] Auf Mädchen, die bis dahin ohne Aufgaben dahinlebten, die sich langweilten, die sich nicht mit ihrer Position als Mädchen abfinden konnten, wirkt er Sinn gebend. Geläufige

45 Clément, in deren Mädchenromanen öfter die Verwaisung junger Mädchen Ausgangspunkt ihrer ‚Emanzipation' ist, kumuliert in den Mädchen-Kriegsromanen *Sturmgebraus* (1915; 1916a) entwicklungsrelevante Unglücke, indem sie bspw. die Verwaisung einer Geschwistergruppe zur Voraussetzung ihrer besonderen Bewährung im Krieg macht.

Topoi wie der, daß die Jahre im Krieg doppelt zählen oder daß der Krieg reif macht, werden nun mit geläufigen Motiven der Kriegsliteratur, v.a. mit dem Motiv des verwundeten Soldaten, das wir bereits von Glatz kennen, zu Kristallisationsmomenten eines neuen Typus des Mädchen-Kriegsromans, der – wie später noch ausgeführt werden soll – auch eine signifikante Struktur der Geschlechterkonstruktion vorzeigt.

Henny Kochs Erfolgsroman *Aus großer Zeit*, ein Roman über den deutsch-französischen Krieg und die Reichsgründung, der 1904/05 zunächst in der Mädchenzeitschrift *Das Kränzchen* erschien, kann hier als Paradigma dieser Entwicklung vorgestellt werden, die im Mädchen-Kriegsroman des Ersten Weltkriegs gipfelt. Erzählt wird, wie der zu Kriegsbeginn 1870 16jährige, etwas kindische Backfisch Annemarie Satten durch ‚weibliche Kriegsarbeit', v.a. aber durch die Pflege eines verwundeten jungen Offiziers, den sie später heiratet, erwachsen – und das bedeutet bei Koch gleichzeitig: zur deutschen Frau wird. In vieler Hinsicht läßt sich der Text an die von Helm begründete Tradition des Mädchen-Kriegsromans anschließen. So übernimmt Koch das Konstruktionsmoment der Verknüpfung der beiden zentralen Handlungsorte: Haus (als dem traditionellen Tätigkeitsfeld der Frau) und Kriegsschauplatz. Schon daß Annemarie ihren verwundeten Helden vom Kampfplatz weg in die elterliche Wohnung tragen läßt, ist allerdings eine charakteristische Variante. Ähnlich wie bei Helm idealisiert auch Koch das ‚deutsche Mädchen' als aktiv, mutig und patriotisch. An Kochs Roman lassen sich aber auch Verschiebungen im Idealbild des deutschen Mädchens und der deutschen Frau – gegenüber dem Bild bei Helm – wahrnehmen: Der Frau kommt bei Koch einerseits eine besonders große politisch-kulturelle Mission zu, durch die sie erhöht scheint. Die Frau soll nämlich durch die Weitergabe ihrer Erinnerungen an den „heiligen Krieg"[46] und an die Reichsgründung das historische Gedächtnis ihrer Kinder bilden. Indem die Frau als Vermittlerin der Vaterlandsidee eine spezifische Aufgabe erhält, wird aber gleichzeitig die Geschlechterdifferenz von Mann und Frau strikt in einer hierarchischen, patriarchalen Struktur neu begründet. Denn Annemaries Mission basiert auf einem Akt der totalen Unterwerfung unter die Vaterlandsidee, die durch große Männer – im Roman ist es v.a. Bismarck – repräsentiert wird.[47] Dargestellt wird der Akt dieser Unterwerfung – Annemarie steht am Straßenrand als der Reichsgründer vorbeifährt – als ein gleichsam religiöses Erlebnis und als ein Akt der Penetration:

46 Die seit den ‚Befreiungskriegen', über Körners Lyrik („Es ist ein Kreuzzug, s'ist ein heil'ger Krieg") volksläufige Topos des ‚heiligen Kriegs' ist für Kochs Text zentral. Hier ist vom Krieg als ‚großer', ‚heiliger Zeit', vom ‚heiligen Kampf' und vom ‚heiligen Krieg' die Rede (s. bes. Koch [1908], S. 45 ff.). Der Begriff des ‚heiligen Kriegs' findet sich bei Helm nicht. In vielen Weltkriegsromanen ist er dagegen üblich.

47 Die radikal nationalistische Tendenz des Textes ist am besten durch den mehrfach auftauchenden Begriff „Alldeutschland" (S. 45 u.ö.) charakterisiert. Vgl. auch Kochs Kolonialroman *Die Vollrads in Südwest*, der erstmals 1913/14 in *Das Kränzchen* abgedruckt wurde (zu dem Roman s. T. 2, Kap. 2; zu den ‚Alldeutschen' s. Wehler 1995, S. 1073 ff.). Kochs spezifische Bismarck-Begeisterung legt ihre Nähe zum Bismarck-Frauen-Verein nahe (s. dazu Bruns 1988).

Und dann kam ein Wagen und drinnen saß einer, wer den geschaut hatte, vergaß ihn nie wieder. Eine Hünengestalt. Auf den mächtigen Schultern ein schlohweißer Kopf. Wie aus Erz gegossen die Züge. [...] ein Blick, der alles umfaßt, durchbohrt, ergründet, durchdringt. Der die Tiefen der Seele erforscht, prüft, erkennt, der durch Mark und Nieren geht. [...].

So blickte nur einer – konnte nur einer blicken!

»Bismarck! Bismarck!« lief's durch die Reihen. Scheu erst, voll Ehrfurcht, andächtig schier [...].»Bismarck, unser Bismarck!«

[...].

Ein Blick aus den mächtigen, den leuchtenden Augen war über sie hingeglitten, der hatte sie gleichsam in Bann geschlagen, hatte ihnen fast den Atem genommen.[48]

Helm hatte in *Das vierblättrige Kleeblatt* die Frauenarbeit im Krieg noch als einen relativ autonomen, weiblich dominierten, auf den Frauenverein konzentrierten Raum vorgestellt und mit der Kontrastierung von Luisenverehrung im Vordergrund und Napoleonverehrung im Hintergrund immerhin Ambivalenzen angedeutet. Koch dagegen stellt in dieser – sehr breit ausgeführten – Schlüsselszene des Romans, in der Annemarie, schaudernd in der Masse, im Volk, am Straßenrand stehend, „dem Größten seiner Zeit" ins Auge sehen darf[49], deren Geburt als politisches Subjekt und damit gleichzeitig als ‚Subjekt der Unterwerfung'[50] unter den Mann dar. Die Initiation Annemaries in ihre politische Mission als Frau dient also letztlich nicht der Erosion, sondern umgekehrt der Wiederherstellung einer während des Kriegs 1870/71 kurzfristig aus den Fugen geratenen Geschlechterordnung. Das Tätigkeitsfeld der Hausfrau, die – im Gegensatz zur früheren Müttergeneration – nun auch die Aufgabe der historisch-politischen Sozialisation ihrer Kinder übernimmt[51], hat sich zwar – durchaus im Sinne der bürgerlichen Frauenbewegung – erweitert, freilich in eine gänzliche andere Richtung als in die, die Luise Otto in ihren beiden Grundwerken *Der Genius des Hauses* (1869) und *Der Genius der Menschheit* (1870) gezeigt hatte (s. T. 1, Kap. 1).[52] Zentrum von Annemaries „heilige[r] Mission" ist es, ihr Kriegserlebnis als Erlebnis von „Weltgeschichte"[53], v.a. aber die Bismarck-Begeisterung, die sie als junges Mädchen an sich selbst erlebt hat, später – als Mutter und als Großmutter – so weiterzugeben, daß noch die neue Generation davon „zehren" kann.[54] Der Roman endet in diesem Sinne programmatisch:

Denn Annemarie ist eine echte Frau geworden, ihres Hauses Stolz und Krone. Eine echte deutsche Frau, der ihr Haus über allem steht – aber auch eine echte patriotische Frau, die stolz ist auf ihr Land, es hochstellt und liebt. [...]

Frau Annemarie hat in ihren Söhnen echte deutsche Männer herangezogen und ihre Töchter schmückt echter deutscher Frauensinn.

48 Koch [1908], S. 258 f.

49 Ebd., S. 259.

50 Hierzu Butler 2001.

51 Fast durchgängig werden die Mütter und Töchter in den Mädchen-Kriegsromanen – anders als bei Helm – zu Kriegsbeginn als politisch völlig unwissend charakterisiert.

52 Zur besonderen Position Ottos im Rahmen der Frauenbewegung im Deutschen Kaiserreich vgl. auch Frevert 2001, S. 286.

53 Koch [1908], S. 163.

54 Ebd., S. 259.

Nun fängt schon die zweite Generation an [...].
Und Annemarie erfüllt auch hier die heilige Mission weiter [...]. Sie senkt den Keim zu wahrer Vaterlandsliebe in die jungen Herzen, sie hegt und pflegt das Gedächtnis der großen Zeit und ihrer Helden. [...]
Und die Augen der Jungen blitzen und die Wangen der Mägdlein glühen, sie sitzen und lauschen gebannt, atemlos, wenn Großmutter den Hort ihrer heiligsten Erinnerungen öffnet und den Heranwachsenden erzählt aus Deutschlands ›großer Zeit‹.[55]

2.4 Mädchenromane im Ersten Weltkrieg – Von der Konstruktion und Destruktion einer Paradoxie

In Kochs Roman *Aus großer Zeit* erfolgt die Initiation eines deutschen Mädchens in den Status einer deutschen Frau auf eine auf den ersten Blick paradoxe Weise, nämlich indem die Frau auf der privaten Ebene, in der Liebesgeschichte zwischen der jungen Pflegerin und ‚ihrem' Soldaten, in einer dominanten – der Mann sogar in einer gänzlich hilflosen – Position, auf der öffentlichen Ebene dagegen in einer total abhängigen, als lustvoll empfundenen Unterwerfungssituation unter den ‚großen Mann' gezeigt wird. Diese paradoxe Struktur wird geradezu gattungsbildend, wie später noch ausführlich gezeigt werden soll, im Mädchenroman des Ersten Weltkriegs, in dem – stereotyp wiederkehrend – häufig die Geschichte vom versehrten, auch ‚verkrüppelten' und selbst vom sterbenden Soldaten und von seiner Pflegerin als Liebesgeschichte erzählt wird, während sich dieselben Frauen gegenüber den Männern als Vaterlandsverteidigern, die ihr Leben einsetzen, doch grundsätzlich als untergeordnet empfinden. Gegenüber der Realität des Weltkriegs mit seinen Materialschlachten, mit seinen unzähligen Toten und Verwundeten verliert dieses literarische Muster einer Mädchen-Entwicklungsgeschichte, das motivlich schon bei Helm angelegt ist, bei Koch gattungsbildend und im Weltkrieg reproduziert, emotionalisiert und sentimentalisiert wird, allerdings im Verlauf des Kriegs offenbar seine Anziehungskraft auf die Phantasie der jugendlichen Leserin. Denn das literarische Modell des Mädchen-Kriegsromans läuft nicht nur mitten im Krieg aus, es zeigen sich auch schon relativ früh Erosionserscheinungen gerade im Bereich der Liebesromanhandlung, bspw. in Kloerss' *Im heiligen Kampf* ([1915]), in Felsenecks Trilogie über *Landwehrmanns Einzige*, in Harbous *Gold im Feuer* und in Augustis *Jugendfreunde* ([1916]). In diesen Romanen ist eine Liebesgeschichte – ähnlich wie im typischen Backfischroman – in der Romanhandlung zwar noch angelegt, wird aber nicht mehr zu Ende geführt, wobei nicht entscheidbar ist, ob das Liebesmotiv bewußt als blindes Motiv eingesetzt oder im Zuge des Romanschreibens unglaubwürdig oder obsolet wird. – In einer neuen Variante, als eine die Kriegserfahrung verdrängende Spaßliteratur, lebt schließlich auch der typische Backfischroman noch während des Kriegs wieder auf.[56]

55 Koch [1908], S. 343.

56 *Ursels Heldentat* ([1916]) von Steinkeller erinnert nur noch mit Titel und Untertitel und mit den wiederholten Bemerkungen, daß eigentlich alles so schön wie in der Friedenszeit sei, an den Krieg. Das Motto des Buches könnte sein: „Die ›Saison‹ ließ sich trotz des Krieges gut an [...]." (ebd., S. 24)

Die gegen Kriegsende erschienene novellistische Erzählung für Mädchen *„Fürchte Dich nicht!“* von Helene Christaller, einer ihrerzeit viel gelesenen Schriftstellerin, markiert einen radikalen Bruch mit der am Genre des Backfischromans orientierten Mädchenliteratur. In dieser stilistisch wie in der Thematik von der Lebensreformbewegung und dem Expressionismus beeinflußten religiös getönten Erzählung, in der die Konfrontation der Protagonistin mit dem Krieg als einer existenziellen Endsituation und damit verbunden auch die Frage nach der Verantwortung des Menschen im Mittelpunkt steht, werden nicht nur die geläufigen Muster der Geschlechterkonstruktion im Krieg, v.a. das Muster der Komplementarität von weiblicher Friedensmission und männlicher Kriegsführung, in Frage gestellt.[57] Die Erzählung berührt darüber hinaus sogar – in pessimistischer Perspektive – die Grundfrage nach der Generativität der Gesellschaft, von der die Geschlechterdiskursivierung in der Moderne ausging. Denn selbst das traditionelle Kernstück der Idealisierung von Weiblichkeit, Mutterschaft und Mutterliebe, die der Krieg – und gerade auch der Mädchen-Kriegsroman – als Mutteropfer gefeiert hatte, zerfällt hier. So kommt es in dieser Erzählung zu weitreichenden Verschiebungen und Umkehrungen der für die Mädchenliteratur typischen Konfigurationen, Milieus, Motive und Handlungsverläufe, insbesondere auch der Liebesromanhandlung. – Eklatant ist bereits der zentrale Handlungsort der Erzählung, eine städtische Munitionsfabrik, in der die 18jährige Christina, eine Arzttochter, die eigentlich Natur, Bücher und Musik liebt, arbeitet, als ihr Vater im Krieg fällt. Sie will den Unterhalt für die auf dem Land lebende Familie sichern – die Mutter ist ein „kindisches Frauchen“, ein „hilfloses Vögelchen“, die zum Erhalt der Familie keine Kraft hat.[58] Erzählt, geschildert, dargestellt wird, wie Christina an der Maschine arbeitet, wie sie sich in das Sozialgefüge der Fabrik einpaßt, wie sie bei einem Luftangriff auf die Fabriken dem Tod sehr nah ist, wie sie den Heiratsantrag eines gebildeten Arbeiters ablehnt, wie sie sich in leidenschaftlicher Liebe zu der blinden, Musik liebenden Tochter des Fabrikunternehmers hingezogen fühlt und mit ihr zusammen die Frage nach der Existenz, nach der Vereinsamung des Menschen und nach seiner Schuld stellt.[59]

In mehrfacher Weise zerstört die Erzählung geläufige Muster weiblicher Identitätsbildung im Krieg. Sie zeigt die Fabrik nicht als einen Ort der Aufopferung für das Ganze, sondern als einen Ort, wo die meisten nur arbeiten, um ihre persönlichen Bedürfnisse zu befriedigen; auch nicht als Ort des Reifens, sondern des schnellen Alterns der Protagonistin: „Schwester Emma sah voll Teilnahme in das

57 Ich sehe an dieser Stelle von einer literarischen Qualifizierung der allerdings teilweise sehr schwülstigen Erzählung ab. Es geht hier lediglich darum, an dem vermutlich einzigen mädchenliterarischen Text dieser Art zu zeigen, wie das Genre Mädchen-Kriegsroman mit allen seinen traditionellen und erweiterten Funktionen der Geschlechterkonstruktion zu Kriegsende dekonstruiert wird.

58 Christaller 1918, S. 7.

59 Das Motiv der Abkehr vom Typus des Backfischs ist bei ihr programmatisch. In dem Jugendroman *Die unsere Hoffnung sind* (1916), der neben der Nähe zur Lebensreform- und Wandervogelbewegung noch die Emphase der ersten Kriegsjahre zeigt, stellt sie die Typen des ‚albernen Backfischs‘ und des ‚gezierten Jünglings‘ den Vertretern der Jugendbewegung gegenüber: „Wie zwei fossile Tiere aus vergangener Zeit erschienen sie den Geschwistern.“ (ebd., S. 165)

junge Gesicht, das so blühend gewesen war und weich und kindlich beim Eintritt vor vier Monaten und das jetzt einen müden Zug zeigte, der es um Jahre älter machte."[60] Aber auch der Besuch im Lazarett, die Konfrontation Christinas mit den Wundphantasien der Kranken und Sterbenden, zeigt ihr das Lazarett nicht mehr als sinnvollen Ort weiblicher Liebestätigkeit, sondern befördert noch ihre Existenzkrise, macht schließlich auch das Mutter-Opfer im Krieg fragwürdig.[61]

»Gnadenlos starrt der Himmel, Wut und Gift schleicht im Blut des Mannes, und die Erde brütet Schrecken aus. Die Menschheit fault an tödlichen Wunden; Wahnsinn, Leid, Tod ist ihre Speise, und Gott weint eisige Tränen in seine machtlosen Hände«[62],

hört sie einen Kranken im Fieber reden. Und später heißt es:

»Jetzt aber sind die Brüste der Mütter welk und unfruchtbar geworden, Söhne fluchen dem Leib, der sie getragen, dem Arm, der sie geleitet, denn das Leben wurde namenlose Qual, und die sie hineingeboren hatten, wurden zu Schuldnern ihrer Knaben.«[63]

Nach dem Tod ihres Vaters war sie nicht nur in die Munitionsfabrik gegangen, um den Lebensunterhalt zu erwerben, sondern auch, um „denen an der Front innerlich näher" zu sein.[64] Nach dem Lazarettbesuch erkennt sie nun, daß sie

60 Ebd., S. 59.

61 In dieser Szene reflektiert Christaller wohl auch ihre eigene Schuld als Mutter, deren Sohn als Freiwilliger in den Krieg zog. Zu Kriegsbeginn hatte sie selbst in einer autobiographischen Skizze noch das Mutter-Opfer verherrlicht: „Ich bin stolz auf ihn und bedaure nur, nicht mit sechs Söhnen dem Vaterland dienen zu können. Nie hätte ich gedacht, daß die große Stunde die natürlichen Muttergefühle, die über ihr Küchlein Flügel breiten möchten, so verändern könnte. Ich finde die Fähigkeit zur Heldenmutter in mir [...]."(Christaller 1915, S. 22) Der Roman *Die unsere Hoffnung* sind (1916) vermittelt in der Figurenperspektive der Mutter schon eher eine melancholische Stimmung. Auch in dem späteren autobiographischen Roman *Das blaue Haus* ([o.J.]) erscheint der Erste Weltkrieg, aus dem der eigene Sohn wohl schwer depressiv zurückkehrte, im düsteren Licht. „»[G]anz ohne Nervenknax«", sagt die Mutter da, „»ist wohl keiner zurückgekommen«" (ebd., S. 60). – Vgl. im Gegensatz hierzu Thea von Harbou, die in ihren Essays über *Die deutsche Frau im Weltkrieg* (1916) das Mutter-Opfer derer, „die draußen im Kriege stehen, die verwundet oder gefallen sind, als unheilbar wahnsinnig in die Irrenanstalten gebracht wurden, vom zermalmenden Schrecken des Trommelfeuers feindlicher Batterien das Gehirn zerstört – oder um die Hälfte ihrer Glieder beraubt heimkamen", zwar mit Bezug auf Niobe und die ‚Schmerzensmutter' der Christen eine „Tragödie" nennt, aber um so mehr verherrlicht und heiligt (ebd., S. 109 ff.). Vgl. zur ‚Schmerzensmutter' auch Bäumer 1916, S. 84 ff. Zu Harbous den Weltkrieg vorbereitender Novellensammlung *Der Krieg und die Frauen* (1913) s.a. die begeisterte Rezension in der Zeitschrift *Die Frau* (Anonym 1913/14).

62 Christaller 1918, S. 92.

63 Ebd., S. 94. – Vgl. im Kontrast dazu die begeisterte Reportage über „Die Frauen in der Munitionsfabrik" von der bekannten Redakteurin und Kinder- und Jugendbuchschriftstellerin Frida Schanz. Schanz ästhetisiert – ohne jede Brechung – die Tötungsmaschinerie und die ‚Männlichkeit' der Munitionsarbeiterinnen, der „jungen Athletinnen" mit ihrem gestählten Körper und Willen: „Auch die Frauen wollen zu Stahl werden. [...] Mein erster Eindruck in der Munitionsfabrik, in die hineinsehen zu dürfen ich das Glück hatte, war ein unerwartet schöner." (Schanz 1918, S. 7) „Wie stehen deutsche Frauen in Funken und Flammen!", heißt es weiter (ebd., S. 13). Freilich ist diese Arbeit nach Schanz auf keinen Fall etwas für die „die deutsche Frau der höheren Stände"; ihr bleiben die traditionellen Liebeswerke vorbehalten (s. ebd., S. 14).

64 Christaller 1918, S. 9.

selbst Teil einer Tötungsmaschinerie ist: „»Ach, und auch ich habe Irgendwo im fremden Land habe ich Müttern die Söhne getötet, Kindern den Vater, fluchen mir die Menschen …«."[65] Christallers Erzählung ist ein Text ohne nationales Pathos, ohne Chauvinismus, aber dennoch kein Anti-Kriegstext. Auf die Fragen nach der Verantwortung und nach einer Handlungsalternative weiß er keine Antwort, auch nicht die eines radikalen Pazifismus.[66]

3 Geschlechterdualismus und grenzüberschreitende Geschlechterphantasien im Mädchenroman des Ersten Weltkriegs

3.1 Kulturmission, Vaterlandsliebe, Friedensliebe und Krieg – Positionen der Frauenbewegung

Die Destruktion des Mutter-Opfers und letztlich aller Liebestätigkeiten der Mädchen und Frauen in Christallers *Fürchte Dich nicht!* betrifft nicht nur das am Backfischroman orientierte literarische Modell des Mädchen-Kriegsromans, sondern auch das v.a. im Rahmen der bürgerlichen Frauenbewegung ausformulierte Selbstverständnis von Frauen im Krieg, die – komplementär zu dem das Vaterland sichernden Kriegshandeln des Mannes – ihren Auftrag als Friedensmission deklariert hatten – eine Position, die sich in verschiedenen Varianten auch in den meisten Mädchen-Kriegsromanen wiederfindet. Die Programmatik einer Friedensmission der Frau im Krieg, die zu Kriegsbeginn auf breiter Ebene formuliert wurde, verstand sich als Konsequenz eines Geschlechterkonzepts, in dem – angesichts der faktisch und notwendig erweiterten Handlungsräume der Frau um 1900 – die traditionelle Geschlechterpolarität (mit ihrer Opposition von aktiv und passiv) zwar aufgehoben, aber ‚weibliche Kultur' und ‚männliche Kultur' dennoch als essentiell unterschieden einander entgegengesetzt wurden (zu den Positionen v.a. von Bäumer, Lange und Simmel s. T. 1, Kap. 1). Diese Geschlechteropposition wird von Helene Lange, Gertrud Bäumer und anderen Repräsentantinnen der bürgerlichen Frauenbewegung in der emphatischen Formel von der „herrlichen Erfahrung" eines „Wachstum[s] von innen heraus", angesichts von „Glück und Schmerz, Leben und Tod, Begeisterung und Duldermut" im Krieg auf die Spitze getrieben.[67] Lange u.a. betonen immer wieder, daß die „Leistung der Frau […] im

65 Ebd., S. 98.

66 Der Pazifismus wird im Text allerdings in einer prägnanten Situation durchaus zur Sprache gebracht, nämlich als sich einige junge Arbeiter, darunter einer mit „tiefliegende[n] Schwärmeraugen", leise miteinander verständigen: „»Wann wird sich dieser Wahnsinn des Völkermordens ausgetobt haben? Noch sind unsere Gesinnungsgenossen zu schwach …« / »Pst, vergiß nicht, daß wir unter Polizeiaufsicht stehen. Daß uns keiner hört!«" (Ebd., S. 38 f.)

67 Lange 1928, Bd. 2, S. 162. Das Zitat stammt aus dem Aufsatz „Neujahr 1915". Zur radikalen Biologisierung der Geschlechterdifferenz s. dagegen den Text *Die Frauen und der Krieg* (1915) der Sozialdemokratin Lily Braun, für die der Krieg den Mann wieder zum ‚richtigen Mann (Krieger) und die Frau wieder zur ‚richtigen Frau' (Gebärerin) werden läßt. S. dazu Wilkending 1997d.

Kriege keine grundsätzlich andere als im Frieden" sei. Frauenarbeit im Krieg bedeute nur „Friedensarbeit in gesteigerter und etwas gewandelter Form".[68] Neu ist die systematische Einbeziehung der Jugend, gerade auch der Mädchen in den ‚Volkskörper', ein Gedanke, der allerdings im Rahmen der Frauen- und der sogenannten Mädelbewegung schon Jahre zuvor ausformuliert war.[69] Für die Mädchen, heißt es 1915, sei es im Krieg „sehr schwer, beiseite zu stehen, zu Untätigkeit gegenüber der Allgemeinheit verurteilt zu sein, während ihre gleichaltrigen Genossen, die Jünglinge von 17 bis 20 Jahren, als Freiwillige in den Kampf ziehen dürfen".[70] – In verfassungspolitischer Perspektive gilt die Frauenarbeit im Krieg den Vertreterinnen der bürgerlichen Frauenbewegung als spezifisch weiblicher Dienst für die Allgemeinheit, d.h. für Volk, Vaterland, Staat und Nation, und damit auch als Bedingung zur Lösung der Frauenrechtsfrage, insofern er, als weibliche Dienstpflicht institutionalisiert, für die Frau die vollen Bürgerrechte zur Folge haben müßte. So ist es auch zu verstehen, daß 1915 auf der Kriegstagung des Allgemeinen Deutschen Lehrerinnenvereins ein Leitantrag zur Konzeption einer gesetzlichen „Dienstpflicht der Frau" und eines weiblichen Dienstjahrs vorgelegt wird.[71]

Für die bürgerliche Frauenbewegung führt der Krieg aber nicht nur zu einer spezifischen Auslegung von ‚weiblichen Kultur' als ‚Friedensmission', sondern er verschärft auch den inneren Widerspruch zwischen Internationalismus und Nationalismus, der für die bürgerliche Frauenbewegung von Anfang an konstitutiv war. Sehr viel radikaler als Helene Lange markiert Gertrud Bäumer zu Kriegsbeginn den Abbruch der internationalen Beziehungen zu den Frauenorganisationen der verfeindeten Länder und heroisiert gleichzeitig den Völkerhaß im Krieg (allerdings nicht die üblichen „platten Gehässigkeiten" gegenüber anderen Nationen), den zu ertragen „Bürde", eine „*schwere[ ], schwere[ ] Last*" sei, als Konsequenz der Vaterlandsliebe.[72] Schon 1913 hatte Bäumer im Kontext der Erinne-

68 Lange 1928. Bd. 2, S. 165. S. 172. Die Zitate stammen aus den Leitsätzen über „Die Dienstpflicht der Frau", die auf der Kriegstagung des Allgemeinen Deutschen Lehrerinnenvereins 1915 vorgelegt wurden, und deren Interpretation durch Lange.

69 S. Bäumers „Jugendansprache" über den „Wandel des Frauenideals in der modernen Kultur", in der sie die Verwirklichung ihrer Konzeption von weiblicher Kultur als idealer Verbindung traditioneller Persönlichkeitskultur und der Fähigkeit, als Bundesgenossin des Mannes im gesellschaftlichen Feld „ihren Kampf zu kämpfen", als „Mission" der Jugend darstellt (Bäumer 1911b; vgl. auch T. 1, Kap. 1, in diesem Band).

70 Treuge 1915, S. 11.

71 Lange argumentiert folgendermaßen zu dem Verhältnis von männlicher und weiblicher Dienstpflicht: Sie geht davon aus, daß es eine „doppelte männliche Dienstpflicht" gibt, nämlich eine militärische („Heerespflicht") und eine zivile („Staatsbürgerpflicht"), die sich in der deutschen Geschichte ja eng bedingen. Zur weiblichen Dienstpflicht sagt sie: „*Die weibliche Dienstpflicht liegt im Krieg wie im Frieden in der Arbeit an der Erhaltung und Pflege unserer Volkskraft.*" Beide Typen der Dienstpflicht gehören für sie „zu dem modernen Begriff des *Bürgers*" (Lange 1928, S. 171 f.). Daß dies eine innerhalb der Frauenbewegung besonders differenzierte Position ist, läßt sich auch nach den Einschätzungen Freverts rekonstruieren (vgl. Frevert 2001, bes. S. 285 ff.).

72 Bäumer 1916, S. 45 ff. Die Zitate stammen aus den Aufsätzen „Vaterlandsliebe und Völkerhaß" (1915) und „Die Bürde des Hasses" (1915). Vgl. auch die in unserem Untersuchungskontext interessante, vermutlich von Bäumer stammende, begeisterte Rezension von Thea von Harbous Novellensammlung *Der Krieg und die Frauen*, in der Harbou mit Bertha von Suttner kontrastiert wird (Anonym 1913/14).

rungsfeiern an 1813 – mit Blick auf Angriffe von ‚alldeutscher' Seite gegen den Internationalismus der bürgerlichen Frauenbewegung – ihre national-deutsche Orientierung bekräftigt und dabei auch ihre positive Einstellung zum Militarismus betont.[73] 1914 schreibt sie: „Der große düstere Grundmaßstab der Todesbereitschaft verändert alles. [...]. Die große Alternative: siegen oder sterben, Größe des Vaterlandes oder Tod, hebt auf einmal die Nation über alle anderen Schätze des Lebens [...]."[74] Vaterlandsliebe ist nach Bäumer „etwas Wesensandres als der klare *Amor Dei intellectualis*, sie ist Blutliebe", ein „Stück *Natur*, wild und »jenseits von Gut und Böse«, [...] ein dunkler, heißer, reißender Strom, mit allem Urmenschlichen gefüllt, aller unerlösten Leidenschaft, aller irrationalen Glut, allem naturhaften Lebenswillen".[75]

In dieser vitalistischen, deutsch-völkisch eingetönten Auffassung von Krieg und Vaterlandsliebe erscheint ihr die Teilnahme am nationalen Kriegserleben, in der Wahrnehmung der je unterschiedlichen „Sendung" von Mann und Frau, als höchste Existenzform und als Neugeburt, gerade auch als Neugeburt der Virilität des deutschen Mannes: „Wie haben teutsche Männer über Verfall und Entartung der deutschen Kraft gewettert! Und nun zeigt sich eine seelische und körperliche Widerstandsfähigkeit ohnegleichen." Selbst die ‚Alten' zeigten eine „bewundernswerte Fähigkeit und Lust zu Strapaze, körperlicher Anspannung und Gefahr". Und: „Der Gehirnmensch ist keineswegs der körperlich widerstandslosere, der Schwächling."[76] „Nie erschien uns die Kraft der deutschen Männer herrlicher als in der Todesbereitschaft dieser Schicksalsstunde", heißt es an anderer Stelle.[77] Aber auch die Frau gewinnt für sie in dem Mann und Frau gemeinsamen „Opfer", in der „Offenbarung unseres Einsseins mit Allem und dem Ganzen" ihre politische Subjekthaftigkeit.[78]

Den Widerspruch zwischen ihrem Anti-Pazifismus, an dem Bäumer im Gegensatz zu anderen Repräsentantinnen der Frauenbewegung bis zum Kriegsende festhielt, und der Selbstinterpretation der Frauenbewegung als Friedenswerk und als Band internationaler Verständigung versucht sie nun dadurch zu aufzulösen, daß sie die Dialektik des Fremden und Eigenen in ihr Konzept der Kulturmission als einer nationalen, deutschen Kulturträgerschaft von Frauen und Männern ausweitet und kulturimperialistisch wendet: Der Krieg, schreibt sie in ihrem Aufsatz „Die Bürgerin im künftigen Deutschland", habe „uns die geschichtliche Notwendigkeit einer Stärkung der germanischen Volkskraft in der Welt offen-

73 Bäumer erinnert in diesem Aufsatz über „Frauenbewegung und Nationalbewußtsein" auf eine ihrerzeit völlig untypische Weise an die Frauen von 1813. Als „symptomatisch" für das nationale Engagement von Frauen damals gilt ihr nämlich die Tat der „Frauen jener märkischen Stadt, die 1813 die Männer einfach hinausjagten, die dem Ruf der Sturmglokke zum Landsturm nicht folgten" (Bäumer 1916, S. 12). Wahrscheinlich referiert sie hier implizit auf antike Berichte über ‚Germanenfrauen', die ihre Männer im Krieg angefeuert haben sollen.

74 Ebd., S. 31. Das Zitat stammt aus dem Aufsatz „Einkehr" (1914).

75 Ebd., S. 51. Das Zitat stammt aus dem Aufsatz „Die Bürde des Hasses" (1915).

76 Ebd., S. 32. Die Zitate stammen aus dem Aufsatz „Einkehr" (1914).

77 Bäumer 1915, S. 8. Der Aufsatz wurde nachgedruckt in Bäumer 1916, S. 34 ff.

78 Bäumer 1916, S. 216. Das Zitat stammt aus dem Aufsatz „Die Bürgerin im künftigen Deutschland" [1916].

bart".[79] Damit gibt Bäumer ihren seit dem Beginn des Jahrhunderts verfolgten Arbeiten an einer germanisch-deutschen Kulturgeschichte eine politisch-ökonomische Wendung. Dies entspricht auch ihrer Auffassung vor der Ursache des Weltkriegs, den sie im Sinne Max Schelers, mit dessen Buch *Der Genius des Krieges und der deutsche Krieg* (1914) sie sich intensiv auseinandergesetzt hat, als Existenzkampf der deutschen Nation im Machtkampf der Nationen verstand, der für sie aus dem Zusammenstoß der ökonomischen Machtstrebungen der großen Wirtschaftsnationen notwendig folgte.[80] Konsequent entscheidet für sie der Krieg über Erhalt und Position der Nation in einer künftigen Weltordnung. Das Konzept einer weiblichen Kultur ohne „sexuelle Färbung", wie es im Umfeld der Frauenbewegung ausgebaut wurde und um 1900 durch Simmel eine philosophische Weihe erhielt, gilt ihr nun als spezifisch germanisch und gleichzeitig als Exportartikel von Weltbedeutung: Die „größere Freiheit und unbefangenere Bewegung der jungen Mädchen germanisch-angelsächsischer Kultur" sei bedingt durch die „geringere Gewichtung rein sexueller Momente", schreibt sie.[81] In einem Aufsatz über „Deutsche Mode" reflektiert Bäumer in diesem Sinne auch über die Chancen einer Expansion der „deutschen Modeindustrie" nach dem Krieg, über eine „›deutsche Weltmode‹", die sich ihrer Meinung nach nicht – wie die Pariser Mode – durch stereotypisierte Puppenhaftigkeit, Oberschichtorientierung und „verantwortungslose[n] Luxus", sondern durch das im „germanischen Einzelmenschen" angelegte stärker „Individuelle" und daher durch mehr „Spielraum der Formen" auszeichne.[82]

Diese harte, kriegsbejahende Position erscheint in Texten anderer Vertreterinnen allerdings teilweise gebrochen durch mehr Nüchternheit in der Formulierung der Aufgaben und durch mehr Nachdenklichkeit. So wird bemerkt, daß der „Opferrausch der Begeisterung"[83] nach Kriegsbeginn schnell vorbei ist. Schon im ersten *Kriegsjahrbuch des Bundes deutscher Frauenvereine* werden in Alice Salomons Darstellung der „Probleme der sozialen Kriegsfürsorge" leise Zweifel hörbar. Salomon sieht in dem Krieg einerseits eine Chance für die Herstellung der inneren Einheit der Nation durch die Überbrückung der konfessionellen wie der Klassengegensätze. Andererseits sind im Krieg aber auch – schon jetzt sichtbar – durch das Elend von Flüchtlingen, verwundeten Heimkehrern, Kriegshinterbliebenen, Arbeitslosen und anderen Gruppen Bedürftiger die Aufgaben der Sozialfürsorge ins Unermeßliche angewachsen, und sie fürchtet, daß „in dieser schweren Zeit [...] viel wird an äußeren und inneren Werten verloren gehen".[84] In einem Aufsatz zum „Neujahr 1916" bekennt nun selbst Lange: „Ich gehöre

79 Ebd., S. 217.

80 Bäumer 1916, S. 65 ff.: Die Scheler-Rezension hat den Titel „Der Genius des Krieges" (1915).

81 Ebd., S. 8. Das Zitat stammt aus dem Aufsatz „Frauenbewegung und Nationalbewußtein" (1913).

82 Ebd., S. 167 ff.

83 Weber 1919, S. 159.

84 Salomon 1915a, S. 59. Salomons Aufsatz, in dem es v.a. darum geht, daß die deutsche Frau ihre sozialpolitische Aufgabe bei der Herstellung der nationalen Einheit nach innen erkennt und wahrnimmt, zeichnet sich durch das Fehlen jeder chauvinistischen Tönung aus.

nicht zu denen, die den Krieg als sittlichen Erneuerer unseres Volkes begrüßen oder auch nur für nötig halten."[85] Damit setzt sie sich implizit in Widerspruch zu Bäumer. „Außerordentliche Zeiten" höben zwar „vorübergehend auch schwache Menschen über sich selbst hinaus; die plötzlich errungene Höhe zu halten", sei aber „nur wenigen von ihnen gegeben".[86] Und auch Marianne Weber, die zwar wie Lange und Bäumer ebenso von dem „Erlebnis" des „über sich selbst hinauswachsen im Einswerden mit einem größeren Ganzen"[87] berührt ist und die „Frage nach dem möglichen ethischen Sinn" des Kriegs – trotz alles Schrecklichen – als ein *„tragische[s] Schicksal[ ]"*bejaht[88], dokumentiert und reflektiert 1916 bewegend das „Doppelerlebnis" Krieg, in dem sich nicht nur „menschliche Größe", sondern auch „das Unedle, Niedrige und das radikal Böse" gesteigert hätten.[89] Daß zudem die Wirklichkeit des Krieges für den viel gepriesenen Heroismus der Tat keine Gelegenheit gibt, schildern die von ihr zitierten desillusionierenden Frontbriefe junger Offiziere. Einer schreibt:

»In meiner freien Zeit lese ich viel in der reichen Kriegsliteratur, die man mir aus der Heimat schickt. Ich bin glücklich, dadurch in Verbindung zu bleiben [...]. Aber vieles verstehe ich nicht mehr [...]. Wenn wir heimkehren, werden Verständigungsmittel erst gesucht werden müssen.«[90]

Der schreckliche Krieg hat nach Weber – und hier klingt Kritik an den Virilitätsphantasien von Bäumer und anderen an – gerade nicht zur Wiederherstellung der von vielen als natürlich postulierten Männlichkeit und Weiblichkeit geführt: Die meisten Männer, die zurückkamen, seien vielmehr „durch das Erlebte erst recht für alle zarten, gemütvollen Regungen und Eindrücke aufgepflügt" worden.[91] Damit erinnert sie an die Nervenzusammenbrüche und Nervenleiden vieler Soldaten an der Front, in Lazaretten, im Heimaturlaub und nach der Heimkehr als physisch und psychisch Kranke.

3.2 Kulturmission, Vaterlandsliebe, Friedensliebe und Krieg – Spiegelungen in Mädchen-Kriegsromanen

Der Diskurs über die Kulturmission der Deutschen (Frauen wie Männer), über Vaterlandsliebe und Krieg spiegelt sich in den verschiedenen Nuancierungen, in deutsch-nationalen und deutsch-völkischen Positionen, mit den angedeuteten Brechungen, auch in den Mädchen-Kriegsromanen des Ersten Weltkriegs.[92] In

85 Lange 1928, Bd. 2, S. 219. Das Zitat stammt aus dem Aufsatz „Neujahr" (1916).
86 Ebd., S. 220.
87 Weber 1919, S. 158.
88 Ebd., S. 174.
89 Ebd., S. 162.
90 Ebd., S. 160 f.
91 Ebd., S. 164.
92 Auch die Thematik der Dienstpflicht findet sich in der spezifischen Mädchen-Kriegsliteratur, und zwar in einer auf den Nationalsozialismus vorausweisenden Form. So imaginiert Lu Volbehrs *Das Jungmädchenjahr* (1916) das Pflichtjahr für Mädchen als paramilitärische Schule der „Disziplin" und des „soziale[n] Empfindens" (ebd., S. 51), als Dienst am „Vaterland" und als „Schule zur Ehe" (ebd., S. 173). Volbehr meint, daß der Krieg die Realisierung ihres Zukunftsbildes näher gerückt habe.

fast allen Romanen ist die Kriegszeit eine ‚heilige Zeit', ist der Krieg für die Deutschen explizit ein ‚heiliger Krieg' oder ‚heiliger Kampf'. Wenn es um die Frage der Entstehung des Kriegs, um Kriegsschuld und um das Verhalten der Soldaten im Krieg geht, sind einige der Romane auch voller anti-serbischer, anti-russischer, anti-französischer und anti-englischer nationalistischer und rassistischer Stereotype, wie sie nach Bäumer charakteristisch für die gesamte „›Schmutz- und Schundliteratur‹" (nicht nur der deutschen) im Krieg sind und die ihrer Meinung nach gar nichts mit Kulturmission und Vaterlandsliebe gemein haben.[93] Voller Rassismen sind die Mädchen-Romane des Berliner Meidinger-Verlags, von Wanda Gellert, Grete Hallberg und Marga Rayle, die offenkundig für ein sehr breites Lesepublikum gedacht sind. Am extremsten ist Marga Rayles *Majors Einzige im Kriegsjahr* ([1914]), ein naiv zynisches Buch mit ungeschminkt imperialistischen Tendenzen, das der Verlag für nur 1 Mark auf den Markt gebracht hat. In einem Mädchenbrief an die Freundin steht da:

»Die köstlichen Aufschriften auf dem abfahrenden Zuge mußt Du noch hören. Tosia! Gebogen habe ich mich vor Lachen! [...]
‚Freifahrt nach Rußland, der neuen, deutschen Provinz.'
‚Jeder Schuß – ein Ruß!
Jeder Stoß – ein Franzos!
Jeder Tritt – ein Britt!'
‚England muß deutsch werden.'
[...] Man mußte heiter sein, ob man wollte oder nicht.«[94]

Die Jugendbücher dieses Verlags tragen im Krieg den Aufdruck „Veröffentlichung der deutschen Gesellschaft zur Verbreitung guter Jugendschriften und Bücher", ein Verein unter dem „Ehren-Präsidium" des „Reichskanzler[s] Fürst von Bülow". Ohne rassistische Tendenzen sind dagegen die im Berliner Kolportageverlag Weichert erschienenen Mädchenromane von Marie von Felseneck und Clara Nast, die zu Beginn des Krieges ebenfalls nur 1,25 Mark kosten. Extrem in der Stereotypisierung von Feindbildern ist wiederum *Barbarentöchter*, ein Roman der erfolgreichen Schriftstellerin Charlotte Niese, der bei Wigand in Leipzig erscheint und immerhin 4 Mark kostet. Nachdenkliche Töne, wie sie in Webers Aufsatz „Der Krieg als ethisches Problem" anklingen, werden in der Mädchenliteratur nur sehr selten hörbar: höchstens in Johanna Klemms *Die wir mitkämpfen* (1916), in Sophie Kloerss' *Im heiligen Kampf* sowie in deren *Vaterhaus und Vaterland* und – noch verhaltener – in den drei Kriegsromanen Bertha Cléments.[95]

Trotz der kriegsbejahenden Tendenz der Romane werden die sozialen Dienste (in der Kinder- und Krankenpflege, als Hilfslehrerinnen usw.) der Protagonistinnen im Sinne einer komplementär aufgefaßten Geschlechterordnung in der Regel

---

93 Bäumer 1916, S. 47. Das Zitat stammt aus dem Aufsatz „Vaterlandsliebe und Völkerhaß" (1915). – Zur Kriegsschuldfrage und zu Feindbildern in den Periodika für Jugendliche s.a. Förster 2000, S. 32 ff.

94 Rayle [1914], S. 79.

95 Daß Deutschland keine Schuld am Ausbruch des Kriegs hat, steht in allen Romanen außer Frage. Zu diesem Punkt und zu den nationalistischen, chauvinistischen und rassistischen Tendenzen der Mädchen-Kriegsromane s. meinen Aufsatz über „Mädchen-Kriegsromane im ersten Weltkrieg" (1997d).

als Friedensdienste interpretiert und bisweilen sehr eng auf das künftige Aufgabenfeld einer tätigen, sich ihrer sozialen Verpflichtungen bewußten bürgerlichen Hausfrau bezogen. Der Krieg hat also eine Funktion als anonymer Bildner des weiblichen Geschlechtscharakters. Nur ausnahmsweise werden diese Verpflichtungen der Mädchen direkt als politische Mission, mit dem Ziel ihrer Einbeziehung in den Prozeß der Nationsbildung verstanden und wird dabei eine besondere Perspektivierung der sozialen Frage sichtbar. Anders als die übrigen, vornehmlich an ein bürgerliches Publikum adressierten Mädchenromane verfolgt allerdings Felsenecks *Landwehrmanns Einzige* diese Perspektive, eine Romantrilogie, in deren Zentrum Röschen, die Tochter eines strebsamen, kaisertreuen Arbeiters steht, der zu Kriegsbeginn als Landwehrmann ins Feld zieht. Schon die Darstellung des Einheitserlebnisses am Tage der Kriegserklärung nimmt hier einen besonders großen Raum ein. Eine zentrale Thematik der Trilogie bildet die verschärfte Existenzsituation, die der Verlust des Ernährers in Kriegszeiten gerade für Arbeiterfamilien bedeutet. Felseneck muß, will sie ihr offenkundiges Ziel, die Identifizierung der lesenden Mädchen mit dem Weltkrieg erreichen, auch eine schichtspezifische weibliche Mission formulieren. Sie tut dies in der für ihre Jugendliteratur insgesamt typischen Weise, indem sie, aus einer scheinbaren Perspektive von unten, die durch und durch vorbildliche Arbeitertochter Röschen als ideale Vermittlerin zwischen dem ‚oberen' und ‚unteren Stand' herausstellt und – nach trivialliterarischem Muster – an diese Vermittlungsaufgabe Glücksversprechen bindet: Eine besondere Leistung Röschens liegt schon darin, daß sie die Mutter, eine Hauswäscherin, beim Erwerb unterstützt und zudem mustergültig den Haushalt führt. Ihre eigentliche weibliche und soziale Mission findet Röschen aber erst, als sie Frauen der höheren Schichten, die das Handarbeiten verlernt haben, zum Stricken von Liebesgaben für die Soldaten anleitet und als sie einem etwas verwöhnten Oberschichttöchterchen, einem „Wildfang", letztlich bürgerliche Werte vermittelt. So suggeriert der Text, daß man nicht in den oberen Schichten, sondern im Arbeiterstand ‚echte' Weiblichkeit findet. Am Ende werden Röschen nicht nur eine Kriegsanleihe von 500 Mark und eine Ausbildung zur Kindergärtnerin im bekannten Berliner Lettehaus geschenkt, ihr wird sogar noch eine sehr viel größere Erbschaft in Aussicht gestellt.

Auch Bertha Clément stellt in ihrem, im Gegensatz zu Felseneck an ein gehobenes bürgerliches Lesepublikum adressierten Roman *Sturmgebraus* (1915) den Weltkrieg als Verteidigungskrieg dar, dessen Ausbruch die innere Einheit der Nation begründet habe:

> Es gab keine Parteien mehr, keine Konfessionen, keine Standesunterschiede – sie waren alle eins, das gesamte deutsche Volk. Ein einiges Deutschland, das wie eine lebende Mauer um seinen geliebten Kaiser stand, des Reiches Ehre und Sicherheit zu schirmen und zu verteidigen.[96]

„Groß und erhebend" sei diese Situation auch für die Frauen gewesen, die zurückblieben, „das heilige Herdfeuer und die Kinder – des Reiches Zukunft – zu hüten".[97] Wie keine andere Mädchenbuchautorin betont aber Clément, die schon

96 Clément 1915, S. 85.
97 Ebd., S. 86.

in ihrer ,*Kreuzbund*-Trilogie' (1897–1899) das soziale ,Frauenwerk' im deutsch-französischen Krieg positiv beleuchtet hatte, in ihren Kriegsromanen die Kulturmission der Deutschen im Weltkrieg, indem sie immer wieder die vorgebliche sittliche Überlegenheit der Deutschen – gerade auch im Kriegsgeschehen – herausstreicht und verherrlicht. Cléments Überhöhung des deutschen Nationalcharakters, der Stärke und Sensibilität verbinde, erinnert durchaus an Gertrud Bäumer. Clément läßt den Gedanken einer spezifischen Kulturmission der Deutschen in der Welt v.a. von den Brüdern bzw. Söhnen in empfindsamen Briefen an die zuhause gebliebenen Mütter und Töchter vortragen. In *Sturmgebraus* ([1916]) beklagt ein Sohn und Bruder das „»Flüchtlingselend«" der russischen Bevölkerung, das „»den deutschen Soldaten in die Herzen«" drang, während es die Russen gleichgültig lasse.[98] Und in *Morgenrot* ([1916]) berichtet ein Sohn in einem langen Brief von der Westfront über zerstörte Dörfer, Städte und Landschaften, „»die für die Feldbestellung für mindestens zehn Jahre unbrauchbar gemacht«" wurden, durch die „vielen Blindgänger und Minen".[99] Wenn auch in diesem Brief, was immerhin selten genug im Mädchen-Kriegsroman ist, die Fiktion vom „»glorreiche[n] Krieg«" zerstört wird, so läßt der Brief doch auch kein Zweifel daran aufkommen, daß die Deutschen keine Schuld an der Art der Kriegsführung tragen:

»Ach, Mutter – es ist ja gar kein glorreicher Krieg – so, wie unsere Väter ihn [...] ausgefochten haben. Wir alle sind wütend über diesen Maulwurfskrieg, wo einer den andern belauert und losknallt, sobald sich ein Schädel sehen läßt. [...] Er [der Feind] hat diesen Einbuddelungskrieg begonnen und uns dahin gebracht, ihn aufzunehmen, jetzt muß er auch so zu Ende geführt werden.«[100]

In Kloerss' *Im heiligen Kampf* ist es die Stimme der Feldlazarettschwester Anna, die in einem Brief nach Hause die Schrecken des Krieges spiegelt:

»Der Krieg ist etwas Grauenvolles [...]. Ach, was habe ich hier für Wunden verbinden müssen! Wie viel junges, frisches Leben sah ich vergehen [...]. Und dann muß man sich noch sagen: die Toten sind nicht am meisten zu beklagen. Aber die da heimkehren, hilflos, lahm, blind [...].«[101]

Anna wird später – wie ein Soldat – verwundet zurückkehren. Die Perspektive der Feldlazarettschwester ermöglicht Kloerss aber auch – was äußerst selten im Mädchen-Kriegsroman ist –, glaubwürdig an der Friedensidee, selbst im Krieg, festzuhalten. Schon in ihrem Roman über die ,Freiheitskriege', *Vaterhaus und Vaterland*, muß Ursula im Lazarettdienst von dem Arzt lernen, daß »die große, heilige Menschenliebe [...] über allem Streit und Leid der Völker steht« und daß vor dem Arzt jeder Verwundete, „»ob Freund, ob Feind«", gleich ist.[102] Auch in *Im heiligen Kampf* zeigt Kloerss in den Lazarettszenen – freilich nicht ohne missionarische Tönung und um das Feindbild des „als unmenschlich, als barbarisch verschrienen" Deutschen zu widerlegen – wie die deutschen Ärzte und Schwe-

98 Clément [1916]a, S. 187, Vgl. auch ebd., S. 28, 165.
99 Clément [1916]b, S. 191.
100 Ebd., S. 194 f.
101 Kloerss ^{2}[1915]b, S. 79.
102 Kloerss [1915]a, S. 275.

stern die Verwundeten aller Nationen gleich behandeln. Den Gefangenen „zeigte man keine Feindschaft. Sie wurden nicht anders behandelt wie die deutschen Soldaten".[103]

In den Figuren des Arztes und der Feldkrankenschwester wird in diesem Kontext auch in mehreren Mädchen-Kriegsromanen – das beginnt ja bereits mit Helms *Das vierblättrige Kleeblatt* – die Fiktion vom Krieg als Schule der Männlichkeit des Mannes und als Medium der Steigerung der Weiblichkeit der Frau zerbrochen. Auch sonst sind die Zuordnungen von Figuren und Geschlechtscharakteren in manchen Weltkriegsromanen nicht so eindeutig, wie dies von der dominanten Programmatik der Texte her nahegelegt werden könnte: Väter und Söhne repräsentieren in den Mädchen-Kriegsromanen keineswegs den Typ des ‚Draufschlägers'. Viele kehren zudem verwundet und ‚kriegsuntauglich' zurück. Umgekehrt phantasieren sich einige Mädchen auch an die Front. Ab und an werden, so bei Kloerss und Klemm, zudem aus der Perspektive von Vätern sogar verhaltene Zweifel am ‚Sinn des Kriegs' oder gar Kritik laut. „»Jetzt haben wir die Schrecken der neuen Kriegsführung und die Grausamkeit der alten Zeit«", zitiert Olli ihren Vater in *Im heiligen Kampf*.[104] Am eindrücklichsten destruiert Kloerss die Fiktion des ‚virilen' Mannes in dem Bild, das sie von Otto Meißner, dem Bruder Annas und Ollis, zeichnet, der die Schlacht an den Masurischen Seen mitgemacht hat, dessen Augen nun „stumpf und tot in die Welt" schauen, „als sei das Licht in ihnen erloschen", als „könnten [sie] sich im hellen Leben nicht mehr zurechtfinden".[105] Bei Kloerss und auch bei Klemm gibt es Versuche, sich die Tötung und das Sterben der ‚Anderen' vorzustellen, und diese Konfrontation erscheint den Protagonisten, die es versuchen, als unerträglich. So kann Otto Meißner das Sterben der in den Hinterhalt gelockten Russen in den Sümpfen nicht mehr vergessen: „»Das Schreien nicht! Das grauenvolle Schreien – wie sie da im See ertranken, im Sumpf versanken – Tausende und Tausende – das hör' ich immer, Tag und Nacht – das läßt mir keine Ruhe – Langen, darüber verliere ich noch den Verstand!«"[106] Auch in Cléments *Sturmgebraus* ist ein junger Offizier schwermütig. Auch ihn verfolgt „dies furchtbare Geschrei der Russen und ihrer Pferde in ihrer grausigen Todesnot": „die ausgestreckten Arme sehen müssen und statt zu helfen, auch den Rest noch hineintreiben – zum Wahnsinnigwerden!"[107]

103 Kloerss ^{2}[1915]b, S. 126. – Zu dieser Thematik s.a. Freuds desillusionierenden Aufsatz „Zeitgemäßes über Krieg und Tod" (1915). Freud schreibt hier über die „Enttäuschung", die der Krieg gebracht habe, nicht nur weil er „mindestens ebenso grausam, erbittert, schonungslos wie irgend ein früherer" sei, sondern auch, weil sich die Kriegsführenden über das „Völkerrecht" hinweggesetzt hätten, da es keine Anerkennung der „Vorrechte des Verwundeten und des Arztes" mehr gebe (Freud 1949b, S. 328 f.).

104 Ebd., S. 139.

105 Ebd., S. 121 f.

106 Ebd., S. 224. Vgl. auch Klemm 1916. Hier wird aus der Figurenperspektive des Vaters erzählt, der an einen der Söhne im Krieg denkt: „[...] – nein, die Vorstellung, wie er lud und – schoß – wollte nicht Raum finden in seinem Hirn." (ebd., S. 78) Klemm thematisiert auch, wie der Krieg Soldaten nervlich zerrüttet (s. ebd., S. 133).

107 Clément 1915, S. 255. S. dazu auch Grenz 1983, S. 30.

Überhaupt werden durch verschiedene Figurenperspektiven, durch Figurenrede und erlebte Rede, durch den persönlichen Brief, der neben der Berichterstattung auch die Wiedergabe von Gedanken, Fragen, Gestimmtheiten, auch den Ausdruck von Angst ermöglicht, die militaristischen Tendenzen der Texte bisweilen durch pazifistische Töne gebrochen. Es ist auffällig, wie häufig die Autorinnen in ihren Kriegsromanen auf die im Mädchen- und Frauenroman seit dem 18. Jahrhundert verankerte Tradition des polyperspektivischen Erzählens in Briefen zurückgreifen. Insbesondere Augusti, Clément, Klemm und Kloerss nutzen den Brief intensiv zur Mehrperspektivierung.

3.3 Figurationen und Konfigurationen

Bei der Typisierung ihrer weiblichen Protagonistinnen können die Autorinnen einerseits an die in den ‚Freiheitskriegen' entworfenen Idealbilder der Opfer-Mutter, der Kriegerbraut, der Pflegerin und der Heldenjungfrau anschließen, die im Zusammenhang der Feiern von 1913 – bereits mit Blick auf einen kommenden Krieg – noch einmal intensiv in Erinnerung gerufen wurden. So konstruiert der Lehrer Otto Karstädt, der in seinem der deutschen Jugend zugedachten Buch *Heldenmädchen und -Frauen aus großer Zeit* (1911) eine Reihe von entsprechend typischen Frauenbiographien vorstellt und dokumentiert, die „Befreiungskriege" als „Wendepunkt im deutschen Frauenleben", da Mädchen und Frauen hier erstmals „durch Liebeswerk und Waffentat in großem Maßstabe in die Geschicke unseres Volkes eingriffen".[108] Das Spektrum solch idealisierter Frauendienste hat sich in den ‚Einigungskriegen' zwischen 1866 und 1871 sowie durch die Ausweitung der Felder sozialer Frauenarbeit im 19. Jahrhundert noch erweitert und ausdifferenziert. Dementsprechend werden Mädchen in den Kriegsromanen auch im Bahnhofsdienst, in Kinderkrippen, als Hilfslehrerinnen, beim Sammeln und Herstellen von Liebesgaben und sogar in der Erntehilfe gezeigt. Die Professionalisierung des Schwesternberufs spiegelt sich in den Romanen in den konträren Bildern der Pflegerin im Heimatlazarett und der Frontkrankenschwester. Darüber hinaus sind die Figurationen und Konfigurationen der Romane selbstverständlich auch durch spezifisch literarische Traditionen der Typisierung, Kontrastierung und Gruppierung von Mädchenfiguren geprägt, die sich beim Erzählen von Mädchengeschichten als Entwicklungsgeschichten schon früh herausgebildet haben. Es gibt kaum einen Weltkriegsroman, in dem der Topos, daß der Krieg ‚reif' macht, nicht zentral wäre.[109] Die Kontrastierung unterschied-

108 Karstädt Erw. Ausg. 1913, S. 4. Karstädt spricht in seinem Vorwort die „deutschen Mädchen", aber auch die deutsche männliche Jugend als Adressaten des Buchs an. Die aktuellen politischen Bezüge bzw. die eigene vaterländische Tendenz und die kriegsvorbereitende Funktion des Buches verdeutlicht er im Schlußwort, in dem er sich hinter die Ziele des 1867 gegründeten Vaterländischen Frauenvereins stellt, der „schon im Frieden umfangreiche Vorbereitungen für den Krieg" treffe, und indem er auf die Verlängerung dieser Vereinsarbeit im Deutschen Frauenverein für Krankenpflege in den Kolonien hinweist (ebd., S. 147). Zur Frauenarbeit in den Kolonien s.a. Frevert 2001, S. 286, und bes. T. 2, Kap. 1, in diesem Band).

109 Zur Dekonstruktion dieses Topos s.o.: Christaller 1918. Grete Hallbergs Kriegs-Abenteuerroman *Eine Kriegsheldin* ([1916]) reflektiert das Thema wie viele Kriegsromane für

licher Charaktere der Mädchen, wie wir sie schon von Helms Mädchen-Kleeblatt her kennen, bietet sich in dieser Tradition vorzüglich an, um die Spannung zwischen der häuslichen und außerhäuslichen Sphäre aufzubauen, um Kriegsbegeisterung ebenso wie ambivalente Gefühle gegenüber dem Krieg zu artikulieren und um schließlich Bewegungen der Grenzüberschreitung einerseits wie der ‚Rückkehr' zum weiblichen Geschlechtscharakter andererseits vorzuführen. – Den Leserinnen geben solche Kontrastierungen unterschiedliche Möglichkeiten der Projektion und der Identifizierung.

Während die Kontrastierung in fast allen Romanen mehr oder weniger Spielräume für die Identifizierung mit der einen oder der anderen Figur eröffnet und gleichzeitig im Rahmen der von der bürgerlichen Frauenbewegung vorgetragenen Positionen zum Krieg und zu den weiblichen Diensten im Krieg mehr oder weniger stimmig erscheint, ist Lilly Braumann-Honsells monoperspektivischer Tagebuchroman *Ein deutsches Herz in großer Zeit* ([1915]) als einziges Buch explizit gegen die Ziele der bürgerlichen Frauenbewegung gerichtet und gleichzeitig programmatisch anti-modern. Hannele leistet daher auch keinen der üblichen Mädchen- und Frauendienste. Sie hütet nach Kriegsausbruch Wohnung und Kinder der Familie des Bruders, der leichtsinnigerweise allein mit seiner Frau zum Vergnügen nach Japan gereist ist und nun dort festsitzt. Das Buch vermittelt aus Sicht der Arzt-Tochter Hannele vom Bodensee das Zerrbild eines „modernen", das heißt hier: anglophilen Mädchens (Gerty), das mit dem Ideal eines ‚deutschen', ‚häuslichen' Mädchens (Hannele) kontrastiert wird. Hanneles Cousine Gerty, die mit einem Engländer (einem Spion, wie sich später herausstellt) angebandelt hat, raucht, fährt Rad, ist von den Tänzen ‚wilder', fremder Völker begeistert, man kann dabei „»ihre Beine fast bis ans Knie sehen in ganz durchsichtigen Strümpfen, der Rock so eng, die Bluse so dünn!«"[110] „»Wir deutschen Mädels sollten uns schämen, Negertänze nachzumachen«", kommentiert Hannele.[111] Gertys Mutter ist aktiv in der „Frauenstimmrechtsgruppe"; dabei diene doch, meint Hannele, die wahre Frauenbewegung, nicht die, in der es um Frauenstimmrecht, -Studium und -Beruf gehe, nur dem, was den Mann emporhebt.[112] Es zeigt sich dann auch, daß Hannele in ihrer Art bei den deutschen Männern bestens ankommt. – Der Roman will also nicht nur das Konzept einer deutschen Frau bestätigen, die die Mode der „Ausländerei" nicht mitmacht, sondern auch ein in der Kriegszeit faktisch überholtes polares Geschlechterkonzept verteidigen, in dem als Bestimmung der Frau gilt, sich „beschützen und umsorgen zu

Jungen, nämlich als Feuertaufe der Protagonistin. – Daß das Ideal der Mutter im Mädchen-Kriegsroman selten im Mittelpunkt steht, ergibt sich v.a. aus dieser Funktionalisierung der Mädchenliteratur. Daß in Mädchen-Kriegsromanen häufig auch sehr schwache Mütter vorkommen, hängt zudem mit einem anderen Spezifikum der Mädchenliteratur des späten 19. und frühen 20. Jahrhunderts zusammen. In ihr geht es oft um Mutter-Tochter-Konflikte, die auch über die Kontrastierung starke Tochter – schwache Mutter dargestellt werden (s. etwa die Romane von Bertha Clément). Allein Else Hofmann rückt in *Deutsche Mädel in großer Zeit* ([1916]) das Mutter-Opfer ins Zentrum.

110 Braumann-Honsell [1915], S. 51.

111 Ebd., S. 46.

112 S. Ebd., S. 54, 109.

lassen"[113]. So erscheint der Krieg nicht nur als Medium der Wiederherstellung der Virilität des Mannes – „»[a]ll die Verweichlichung, der weibische Zug unter Männern wird weggeblasen«[114] – , sondern auch als „»Triumph der altmodischen Frau, der Frau, die pflegt und sorgt und wohltut«"[115], wie eine Lehrerin im Sinne Hanneles sagt.

Alle anderen Mädchenromane profilieren zumindest eine, oft aber auch mehrere Protagonistinnen in anderer Weise: „Wie mancher Backfisch neidet jetzt den Heldenmädchen der Befreiungskriege die wilde Energie, mit der sie sich in die Reihen der Kämpfer stellen", schreibt Gabriele Reuter in *Scherls Jungmädchen-Buch*.[116] Mehrmals taucht in den Kriegsromanen anfangs in diesem Sinne das Motiv der Schwertjungfrau auf. Eine der Protagonistinnen, ein jungenhaftes Mädchen, möchte häufig mit hinausziehen, wünscht ein Mann zu sein, möchte die Geschlechtergrenzen aufheben. Schon in *Vaterhaus und Vaterland*, ihrem Roman über die ‚Freiheitskriege', figuriert Kloerss die Hauptheldin als eingangs 15/16jähriges, wildes Mädchen, das „»mit den Duggerower Fischern auf den Schmuggel ausfahren«" möchte, um die Kontinentalsperre zu brechen.[117] „»Ja, ihr – ihr Männer!«, sagt sie später, als der Bruder in den Kampf zieht, »[u]nd wir müssen zu Hause sitzen! Wenn ich doch mit könnte, Hans Erich!«"[118] Im Weltkriegsroman *Im heiligen Kampf* ist es Maria, ein „Backfisch" mit „knabenhaft kurzgeschnittene[m] Haar", der zu Kriegsbeginn am liebsten mitziehen will.[119] In Klemms *Die wir mitkämpfen* will die Offizierstochter Ruth „»auch irgendwie ›ran an den Feind‹«", während die Musik liebende Ilse am liebsten ihr ‚klingendes Haus' überhaupt nicht verlassen möchte.[120] Auch Lotte in Gellerts *Stilles Heldentum* beneidet die Männer, die „»hinausziehen können und dreinschlagen«".[121] Weitere Beispiele ließen sich anführen. – In den Romanen formt dieser Wunsch allerdings in der Regel nur anfangs die Phantasie der Protagonistinnen. Er wird später kompensiert durch die Ausdehnung ihrer Freiräume, etwa durch kriegsbedingt selbständige Reisen[122], und durch ihre Einführung in das Feld der weiblichen Kriegsdienste. Am Ende steht aber häufig die Verlobung oder Verheiratung mit einem heimgekehrten Soldaten – eine ‚Aufgabe', für die diese Dienste, wie sich dann zeigt, auf besondere Weise vorbereitet haben.

113 Ebd., S. 74 f.
114 Ebd., S. 113.
115 Ebd., S. 143.
116 Reuter [1914], S. XII.
117 Kloerss [1915]a, S. 16.
118 Ebd., S. 159.
119 Kloerss ^{2}[1915]b, S. 34; s.a. S. 159.
120 Klemm 1916, S. 36. Das entspricht im übrigen auch Ilses Leseverhalten, denn Ilse hat sich als typisches Mädchen entwickelt, hat „keine Indianergeschichten und sonstige aufregende Sachen" gelesen, auch keine Zeitungen; die muß sie nun „lesen lernen" (ebd., S. 33).
121 Gellert [1916], S. 89.
122 Einige Kriegsromane entwickeln Züge des Reiseromans. So scheint es durchaus stimmig, wenn ein Exemplar von Cléments *Sturmgebraus* (1915) mit einer handschriftlichen Widmung „der lieben Lottel zur Erinnerung an ihre erste alleinige Reise Ende September 1916" geschenkt wird. Zu Thematik und Motiv der Flucht bei Ury s. Wilkending 2000b.

Henny Koch und Grete Hallberg gehen in der Figuration des Atypischen noch einen Schritt weiter: Mit den beiden Mädchen Fritze Viktoria Mollwitz (eigentlich Gräfin Jadwiga Rosowska) in *Die Patentochter des alten Fritz* ([1916]) und Gräfin Stanislawa Ordynska in *Eine Kriegsheldin* ([1916]) führen sie zwei Heldinnen vor, die sich von der weiblichen Geschlechtscharakteristik extrem weit entfernt haben.[123] Beide Mädchen sind allerdings nicht Deutsche, sondern polnischer Herkunft, beide repräsentieren den Typus der exotischen Fremden. Freilich ist es schon ungeheuerlich, was den lesenden Mädchen in den beiden Romanen vor Augen geführt wird: Fritze Viktoria Mollwitz, als Wickelkind gefunden und vom ‚großen Fritz' als Patenkind angenommen bei Mollwitz, auf einem Schlachtfeld im Siebenjährigen Krieg, ist ein dunkelhaariges, feuriges Mädchen, eine Rebellin zuweilen, „fast von ihrem ersten Zähnchen an"[124], ganz im Gegensatz zu ihrer Ziehschwester Marlene, einer starken Hausmutter, blond und ruhig. Wir sehen Fritze einen langen Weg über ein Schlachtfeld mit Toten ziehen – wie eine Walküre über die Walstatt der Helden –, um den zum „Krüppel" geschossenen Ziehbruder nach Hause zu holen. Heiraten tut sie ihn, der sie liebt, allerdings nicht. Sie ‚verschwindet' als Frau ihres polnischen Vetters wieder in der Fremde, aus der sie gekommen ist, nachdem der Vetter ihre adlige Herkunft aus „einem der edelsten der polnischen Geschlechter"[125] aufgedeckt hat. – In Hallbergs *Die Kriegsheldin*, einem kolportagehaft geschriebenen Kriegs-Abenteuerroman[126], von dem Gertrud Bäumer und Marianne Weber wohl sagen würden, daß er lesenden „Soldaten im Felde das Blut der Scham und Empörung in die Stirn getrieben" haben würde[127], organisiert die kluge, schöne und kühne Stanislawa seit 1913 den polnischen Freiheitskampf mit und kämpft im Weltkriegs als Offizier auf der Seite Österreichs für einen Staat Polen. Sie bewährt sich in Kriegsabenteuern und als Spionin. Dabei empfängt sie nicht nur die „Feuertaufe", sie durchbricht auch bedenkenlos das für die Frau geltende Tötungstabu:

> Sie schoß die ganze Patronenkammer in rascher Folge leer, schob einen neuen Rahmen mit Patronen in die Kammer, und wieder ging es peng! peng! peng!
> [...] Der Leutnant stand blaß und regungslos da, als wäre er eben vom Himmel gefallen. Auf ihn sprengte sie zu, schlug mit dem Kolben nach zwei Soldaten, die an ihr vorüber wollten, und legte auf sie an.[128]

Nach dieser Aktion ist allerdings auch ihre Kriegsmission am Ende. Sie wird mit Nervenfieber ins Lazarett gebracht und heiratet – in exakter Umkehrung der für

123 Hallbergs *Eine Kriegsheldin* nimmt einen zeitgenössischen Stoff auf. Stanislawa Ordynska kämpfte tatsächlich im Alter von 17 Jahren als polnische Kriegsfreiwillige auf der Seite Österreichs gegen die Russen. Ein Foto von ihr bringt die Mädchenzeitschrift *Das Kränzchen* 27 (1914/15), S. 439. – S.a. Förster 2000, S. 90 f.

124 Koch [1916], S. 36.

125 Ebd., S. 202.

126 Zu diesem Genre s. Pellatz 2000.

127 Bäumer 1916, S. 47. Das Zitat stammt aus dem Aufsatz „Vaterlandsliebe und Völkerhaß" (1915).

128 Hallberg [1916], S. Ebd., S. 233. Hallbergs *Eine Kriegsheldin* ist der einzige Mädchen-Kriegsroman im Ersten Weltkrieg, in dem eine Frau tötet.

Stanislawa Ordinska
kämpft als Kriegsfreiwillige mit der polnischen Legion auf seiten der Österreicher gegen die Russen; sie wurde, nachdem sie sich selbst auf schwierigen Patrouillengängen bewährt hatte, zum Feldwebel befördert. Sie steht im Alter von 17 Jahren.

Ill. 18: Foto aus der Mädchen-Zeitschrift Das Kränzchen 27 (1914/15).

den Mädchen-Kriegsroman typischen Weise – den Lazarettarzt. – Koch und Hallberg nehmen beide das in der Kolportage besonders gängige, aber auch in den Backfischroman eingeführte und selbst in Fontanes *Vor dem Sturm* in der Figur der Kathinka gezielt bearbeitete Stereotyp der geheimnisumwobenen, schönen, freiheitsliebenden Polin auf – eine Variante des gängigen Motivs des fremden, wilden Mädchens.[129] Aber Jadwiga und Stanislawa sind, wie Name und

129 Zur Backfischliteratur s. etwa Beegs *Otholie das Polenmädchen* (vgl. T. 1, Kap. 1, in diesem Band). Eine ähnlich exotische Mädchenfigur ist das Findelkind in Charlotte Nieses vielfach aufgelegtem Mädchenroman *Das Lagerkind* (1914).

Stand schon andeuten, aufgrund ihrer exotischen Fremdheit der Normalität so weit entrückt, daß sie sich den lesenden Mädchen vermutlich eher als ‚Spielmaterial' für grenzüberschreitende Phantasien und nicht – wie die ‚typisch deutschen' Protagonistinnen, die in den vertrauteren Feldern handeln – als Vorbilder anbieten.

Nur zwei der Mädchen-Kriegsromane, Augustis *Jugendfreunde* und Kloerss' *Im heiligen Kampf*, geben dem in den Mädchenromanen eingangs immer wieder dokumentierten Wunsch von Mädchen, mit in den Kampf zu ziehen, eine realistischere Wendung, indem sie Frontschwestern ins Zentrum stellen – Frontschwestern, in denen Regina Schulte in ihrer Arbeit über Kriegskrankenschwestern im Ersten Weltkrieg ein „weibliches Pendant zur Langemarck-Generation"[130] sieht. Renate und Anna, die Protagonistinnen der beiden Romane, ziehen zu Kriegsbeginn gleichzeitig mit dem Freund bzw. mit dem Bruder ins Feld. Augusti, die erfolgreiche Autorin von Reiseromanen und historischen Romanen für Mädchen der ‚ersten Generation' (s. T. 2, Kap. 2 u. 3), verknüpft, als sie – nunmehr über 75 Jahre alt – ihren Kriegsroman schreibt, die ‚Auszugsthematik' noch einmal direkt mit der Thematik der bürgerlichen Frauenbewegung des 19. Jahrhunderts. Denn die Offizierstochter Renate, die mit ihrem Jugendfreund Arnold, fast einem Bruder, zusammen „»hinausziehen und an seiner Seite«" gegen die „»Feinde des Vaterlandes kämpfen«" möchte, die als Kind schon mit demselben Interesse wie Arnold den Erzählungen des Vaters über „militärische Heldentaten" gelauscht, die mit ihm zusammen exerziert, marschiert, geschossen und geturnt hatte[131], „wäre am liebsten mit Arnold auf die Universität gegangen"; aber das hatte der Vater nicht gestattet, denn er liebte bei Frauen nicht solche Extravaganzen.[132] „[I]m Felde dienen", bringt also Renate ihrem eigenen Charakter, ihren eigenen Wünschen, am nächsten. Die Konsequenz der weitgehenden Überschreitung der Geschlechtergrenzen scheint allerdings für Renate ebenso wie für Anna, die Frontschwester in Kloerss' *Im heiligen Kampf*, daß es für sie keinen ‚Liebesroman' gibt. Denn Renate, die beim Tod ihres Jugendfreundes, der ihr sterbend seine Liebe erklärt, als Krankenschwester dabei ist, erkennt, daß sie in ihrem Leben immer zu sehr nach dem ‚noch stärkeren Mann' gesucht hatte. Und Anna, die das „grausige Elend der Schlachtfelder"[133] erlebt hat, die in Belgien in einen Hinterhalt gerät und schwer verletzt wird, kehrt am Ende selbst krank und für Jahre dienstunfähig – wie ein Soldat – nach Hause zurück. Der Lazarettarzt, mit dem sie eng zusammengearbeitet hatte – so deutet der Roman an – könnte einmal, wenn der Krieg zuende ist, der Ehemann ihrer etwas sanfteren Schwester Olga werden, die in Wien diesseits der Schützengräben im Lazarett arbeitet. Für Augusti wie Kloerss sind Renate und Anna positive Heldinnen. Insbesondere Anna, die nicht nur mutig ist, sondern als Frontschwester auch die Idee einer die Freund-Feind-Gegensätze relativierenden allgemeinen Menschenliebe vertritt – ein Gedanke, der bei Augusti nicht aufkommt –, ist eine Sympathieträgerin. Mit

130 Schulte 1998a, S. 103.
131 Augusti [1916], S. 7.
132 Ebd., S. 11.
133 Kloerss ^{2}[1915]b, S. 37.

der Konfiguration und Handlungsführung zum tragischen Ende hin bewegen sich aber auch diese Romane in dem durch den Geschlechterdiskurs um 1900 gezogenen Grenzen.

3.4 Liebe, Krieg, Geschlecht

In den Mädchen-Kriegsromanen ‚reifen' die Protagonistinnen also durch weibliche Dienste. In vielen Romanen werden diese Dienste noch dadurch überhöht, daß sie im doppelten Sinn als Liebesdienste erscheinen. Denn sie bereiten die Mädchen gleichzeitig auf ihre künftige Lebensaufgabe vor, nämlich auf die Stützung und Pflege der heimkehrenden, verwundeten Soldaten, deren Bräute sie sind oder werden. Das Motiv vom verwundeten Soldaten und der pflegenden Gattin (Mutter, Schwester) ist alt und findet sich auch schon früh in der spezifischen Mädchenliteratur. Schon in Glatz' Erzählung „Mütterliche Liebe und weiblicher Muth" ist es zentral; auch in Helms *Das vierblättrige Kleeblatt* klingt es an. In Kochs Roman *In großer Zeit* wird das Motiv sogar bereits konstitutiv für die gesamte Romanhandlung.[134] Auch der Backfisch Annemarie Satten gehört zu den Mädchen, die am liebsten mit in den Krieg gegen Frankreich gezogen wären. Nun kann sie ihren nahe dem Heimatort verwundeten Helden wenigstens selbst vom Schlachtfeld abholen und zu sich nach Hause tragen lassen, um ihn dort zu pflegen. Am Ende wird Annemaries Held sogar wieder gesund.

Die zeitgeschichtlichen Weltkriegsromane, in denen niemals von einer fiktiven Zeit nach dem Ende des Krieges erzählt wird, modellieren ihre Liebesgeschichten anders. Hier werden Mädchen zu Bräuten und Ehefrauen der schwer verwundeten, ‚kriegsuntauglich' gewordenen Soldaten, der „Krüppel", wie sich die Männer in den Romanen selber nennen. Nicht alle Autorinnen führen ihre Romane in diesem Sinne als ‚Liebesromane' zuende. In Klemms *Die wir mitkämpfen* entscheidet sich Ruth, deren geliebter Freund schon im Krieg gefallen ist, ganz bewußt zur Übernahme einer sehr schweren Aufgabe, als sie einen einarmigen Hauptmann heiraten will, der noch solange bei seiner Mutter wohnt, „»bis das Ersatzglied fertig und er mit dem Gebrauch ganz vertraut ist«".[135] Und in Cléments *Morgenrot* wird die Frage, ob sich ein Soldat während des Kriegs verloben darf, da er ja als ‚Krüppel' zurückkehren könnte, (auf über 60 Seiten) intensiv diskutiert. Clément legt dabei einen zentralen Konflikt offen, in dem gegensätzliche Positionen der älteren und der jüngeren Generation aufeinander prallen. Denn Ruth muß sich gegen große Widerstände der älteren Generation, besonders gegen den Vater, durchsetzen, als ihr Helmut sterbenskrank aus dem Feld zurückkehrt. Sie darf ihn lange nicht besuchen. „Einem Krüppel geb' ich mein Kind nicht", sagt der Vater. „Als Krüppel um ein Mädchen werben, hieße Verrat an ihrer Jugend üben."[136] Und auch Helmut selbst will „im Falle er zum Krüppel geschossen würde", Ruths „vollständige Freiheit erhalten"[137], will auch

134 S. dazu auch Wilkending 1997d, 2000a.
135 Klemm 1916, S. 238.
136 Clément [1916]b, S. 166, 180.
137 Ebd., S. 177.

später das Opfer Ruths nicht annehmen. Ruth dagegen möchte den Vater überzeugen, daß das Ritterideal der Männer deren übermäßigem Stolz und der Geringschätzung der Frauen entspringt. „Wie wollte sie ihn hegen und pflegen, ihn aufrichten und erheitern, sollte er wirklich zum Krüppel geschossen sein – ihr Held – ihr bester Freund auf Erden.“[138] Andere Romane, v.a. von Braumann-Honsell, Damm, Felseneck, Gellert, Glaß, Hofmann und Nast steuern dagegen unvermittelt auf einen Liebesroman-Schluß zu, in dem Schwäche und Verunsicherung des verwundet heimkehrenden, manchmal hand-, arm- oder beinamputierten Mannes bei der Frau überbordende Pflege- und Dominanzphantasien auslösen. Auch die altmodische Hannele vom Bodensee, die von der Männlichkeit des kriegerischen Mannes überzeugt war (s.o.), ist am Ende wunschlos glücklich, weil ihr Fritz von Raven verwundet aus dem Feld zurückkehrt: „Ich hab' ja zwei Hände, ihm gehören sie, er soll die eine, die er dem Vaterland hingab, nie vermissen.“[139] Bei genauem Hinsehen ist die Geschlechterkonstruktion, die Hannele propagierte, allerdings von Anfang an in sich widersprüchlich, denn die Tagebuchschreiberin ist ein äußerst selbstbewußtes, tatkräftiges Mädchen; heimlich hat sie sogar den narzißtischen Wunsch, Schriftstellerin zu werden.

Ill. 19: Textillustration aus: Berta Clément: Sturmgebraus. Erzählung für junge Mädchen aus dem Kriegsjahr 1914. Leipzig 1915.

138 Ebd., S. 183; s.a. ebd., S. 179.
139 Braumann-Honsell [1915].

In solchen Schlußbildern der Romane verwirren sich alle Unterscheidungen von weiblichen und männlichen Rollen und von weiblichem und männlichem Geschlechtscharakter, an denen die Autorinnen auf den ersten Blick durchgängig festhalten. Auch die Grenzen zwischen Männerphantasien und Frauenphantasien verschwimmen angesichts dieser Bilder.[140] Die Figur der Frontschwester, die am liebsten – wie ein Mann – an der Seite des Bruders mit ins Feld ziehen möchte, um sich für's Vaterland zu opfern, kehrt in der Figur der Braut wieder, die durch Heirat des verwundeten Mannes an dessen Vaterlandsopfer teilhat. Die regressive, auf die Mutter gerichtete Abhängigkeitsphantasie des Mannes, wie sie bspw. auch Theweleits *Männerphantasien* dokumentiert, verschmilzt mit den Dominanzphantasien der Braut in den Mädchen-Kriegsromanen. In der engen, symbiotischen Bindung, in die der verwundete Mann und die Braut – in ‚Männertexten' wie in den Mädchenromanen – eintreten, spiegeln sich aber auch gemeinsame kindliche Verlassensängste. Auch Kastrations- und Virilitätsphantasien von Frauen und Männern fallen zusammen: Aus dem Mädchen, das ein Mann sein möchte, um ins Feld ziehen zu dürfen, wird der Mann, der sich durch Verwundung in das andere Geschlecht verwandelt ... – Schon Rosa Mayreder hatte in ihrem Buch *Zur Kritik der Weiblichkeit* hinter den Verstümmelungsphantasien von Männern den latenten Wunsch zur Geschlechtsumwandlung vermutet.[141] – Am Ende vieler Mädchen-Kriegsromane wird durch die Eheschließung die traditionelle Ordnung der Geschlechter öffentlich restituiert. Wie es weitergeht, wird meist nicht gesagt – nur in Cléments *Morgenrot*, wo Ruth gegen den Vater und dessen Ritterideal gekämpft hatte. Ruth wird zusammen mit Helmut, der Berufsmusiker wird, nun – als fast Gleiche – der Musik leben. Im übrigen bleiben die Schlußbilder unkommentiert, lassen in ihrer Widersprüchlichkeit aber durchscheinen, wie sehr sich die ‚Ordnung' der Geschlechterverhältnisse in der Kaiserzeit und vor allem im Weltkrieg verschoben und ausgehöhlt hat.[142]

140 Theweleit selbst schreibt in seinem immer wieder spannend zu lesenden Buch über Geschlechterkonstruktionen in ‚Männertexten', in denen Krankenschwester-Phantasien ein Zentrum bilden, mit kritischer Wendung gegen Freud: „Als ob die *Beschaffenheit* der ›männlichen‹ oder ›weiblichen‹ Sexualität irgendeine bedeutende Rolle spielen würde gegenüber dem Verhältnis, in dem sie zueinander stehen. Das Verhältnis der Geschlechter zueinander ist gesellschaftlich organisiert, kontrolliert, Gegenstand von Gesetzen." (Theweleit 1977. Bd. 1, S. 227)

141 Mayreder 1905, S. 35, S. 110 ff., S. 269. Zu Mayreder s.a. T. 1, Kap. 1, in diesem Band).

142 Interessant wäre eine vergleichende Studie zur Geschlechterkonstruktion im Jungen-Kriegsroman. An dieser Stelle einlösbar ist aber nur der ausführliche Verweis auf ein wichtiges Forschungsdesiderat. Eggebrecht hat in seinem Buch *Sinnlichkeit und Abenteuer* (1985) erstmals – theoretisch begründet – den Blick dafür geöffnet, daß der Held des Abenteuerromans das Bedürfnis nach aktivem Gestalten in ebenso maßloser Weise befriedigt wie nach passivem Erleiden, daß er also, in den üblichen Termini gesprochen, extrem männlich und weiblich zugleich ist. Damit kritisiert Eggebrecht die traditionellen genderspezifischen Deutungen des Abenteuers wie des Abenteuerromans, wie sie auch der Diskursfigur der geschlechtsspezifischen Lektüre zugrunde liegen, die – wie in T. 1, Kap. 1, gezeigt wurde – seit dem ausgehenden 19. Jahrhundert formuliert und v.a. mit Simmel und auch Freud theoretisch begründet und die durch das 20. Jahrhundert hindurch tradiert wurde (s. etwa Bloch 1976). Gerade in der Kriegsliteratur mit männlichen Protagonisten, die ja auf das Töten ebenso wie auf das Sterben zentriert ist, müßte sich im Sinne Eggebrechts die Polarität und Steigerung von Aktivität und Passivität zeigen. Zu erwarten ist diese

4 Zum Abschluß: Mädchen-Kriegslektüre als Eintritt in den Geschlechterdiskurs und als Kriegserlebnis

Daß die lesenden Mädchen, wie Köster meint, am Kriegsgeschehen kaum interessiert sind (s.o.), trifft wohl nicht zu. Zwar dienen die Mädchen-Kriegsromane mit Sicherheit bereits seit der Jahrhundertwende – ganz offenkundig aber mit Kochs *Aus großer Zeit* – auch der Kriegspropaganda und der direkten Politisierung der Mädchen; einige der Romane gehen auch sehr weitgehend in dieser Funktion auf. Die meisten Texte antworten wohl aber auch auf fundamentale Bedürfnisse von Mädchen, sich in der Geschichte der Gegenwart und der Vergangenheit ‚wiederzufinden'. Und sie bieten den in der Kaiserzeit vermutlich mächtig angewachsenen Wünschen der Mädchen nach Überschreitung der Grenzen, die ihnen im Rahmen ihrer weiblichen Bestimmung – trotz einiger Grenzerweiterungen – gesetzt sind, ein interessantes Material für Vorstellung und Phantasie an. Zudem stillen sie Hunger nach Erlebnis und Erfahrung. Wie alt die

---

Konstellation zudem v.a. bei Jugendromanen, in denen ja häufig von einer ‚Initiation' in das Erwachsenenleben erzählt wird. „In diesen Wochen reiften die Leute schneller wie sonst in Jahren. Aus Knaben wurden Männer, aus jungen wilden Backfischchen erste Mädchen", heißt es bei Kloerss (^{2}[1915]b, S. 195). Wichtige Fragen sind auch: Wie wird im Kriegsroman mit Jungen als Helden Liebe thematisiert und wie wird die Phantasie des verwundeten (heimkehrenden) Soldaten ausgebaut – vielleicht als Wunsch, zurück zur Mutter zu kommen? Verfolgen Jungen-Kriegsromane eigenartige, männerbündlerische Familiarisierungstendenzen, in denen sich auch die zeitgenössische Problematik des Vater-Sohn-Verhältnisses spiegelt? Trägt der jugendliche Kriegsheld Züge eines männlichen ‚Trotzkopfs'? (Wie) werden Schlachtfeld, Töten und Sterben ästhetisiert? – Der Mädchen-Kriegsroman bestätigt einerseits, aber unterläuft andererseits auch die Muster, wie wir sie in den theoretischen Männlichkeits- und Weiblichkeitskonzepten um 1900 finden. Führt die Untersuchung von Kriegsromanen mit Jungen als Protagonisten zu ähnlichen Verwirrungen in bezug auf die Frage nach der Geschlechterkonstruktion, wie wir sie im Mädchen-Kriegsroman des Ersten Weltkriegs am Ende angesprochen haben? Vermutet wird jedenfalls, daß im Jungen-Kriegsroman das Selbst-Opfer, das Sich-Hingeben für das Vaterland (bis zum Tod) durchaus analog zum Mädchen-Kriegsroman imaginiert wird (Beobachtungen dazu bei Förster 2000, S. 83 ff.). Es wird erwartet, daß es auch unter den Romanen für Jungen solche gibt, die über die Figuration des Helden und über die Konfiguration insgesamt Kriegsbegeisterung relativieren und hinterfragen (s. dazu auch Pech 2001). – Die älteren Arbeiten zur Geschichte der Kriegsliteratur für Jugendliche, wie Christadlers Buch *Kriegserziehung im Jugendbuch* (1978) und der Ausstellungskatalog *Erziehung zum Krieg* (1979), geben unter geschlechtertheoretischer Perspektive nichts her. Einen methodisch abgesicherten Vergleich zwischen Jungen- und Mädchen-Kriegsliteratur unter diesen Perspektiven traue ich mir zum gegenwärtigen Zeitpunkt nicht zu. Neben der Weltkriegsliteratur böte sich insbesondere ein Vergleich der Romane über die ‚Befreiungskriege' an, ein Thema, das zudem aus naheliegenden Gründen auch die männlichen Autoren teils zur Einführung weiblicher Heldinnen provoziert hat. So kontrastiert der erfolgreichste Jugendbuchautor der Kaiserzeit, Oskar Höcker, bspw. in seinem Roman *Mit Gott für König und Vaterland!* (1885) die beiden zentralen Mädchenfiguren Leonore und Johanna – mit umgekehrter Namengebung – nach dem bekannten ‚Modell' Johanna Stegen – Eleonore Prochaska. Leonore heiratet einen Helden der ‚Freiheitskriege', Johanna stirbt auf dem Schlachtfeld. Weitere interessante Texte in diesem Zusammenhang sind Bahmanns *Unter dem französischen Joche* ([1896]), Höckers *Deutsche Treue, welsche Tücke* (1881) (s. dazu T. 2, Kap. 2), Hübners *Unter der Geißel des Korsen* (1897) und Zobeltitz' *Unter dem eisernen Kreuz* (1895).

Leserinnen der Romane waren, läßt sich nicht sagen. Lesezeugnisse fehlen für dieses Genre vollständig.[143] Wahrscheinlich sprachen die Romane – je nach Verlagskontext – unterschiedliche Altersgruppen an. Klemms *Die wir mitkämpfen* erscheint sogar noch mit der Doppeladressierung „für junge Mädchen und ihre Mütter". Folgt man den Figurenkonstellationen in den Weltkriegsromanen, dann muß man als Hauptleserinnengruppe aber wohl die etwas jüngeren Mädchen, die Schülerinnen, annehmen, die sich zunächst noch nicht an den weiblichen Diensten beteiligten. In manchen Romanen tauchen solche jüngeren Mädchen als wilde, ungeduldige Backfische – neben den etwas älteren Protagonistinnen – auf. Auch Gabriele Reuter spricht in „Der Krieg und die Mädchen" in *Scherls Jungmädchen-Buch* gerade die Gruppe der 13- bis17jährigen an, die den Älteren ihre Aufgaben neiden: „Und voller Neid, voll Ungeduld blicken die Backfische – die Mädelchen von dreizehn bis zu siebzehn Jahren – auf ihre gereifteren Schwestern."[144] Gerade für diese Gruppe boten sich die Kriegsgeschichten also als Handlungsersatz und zur Steigerung des Selbstgefühls an, denn – wie sich aus Reuters Anrede an die Mädchen herauslesen läßt – waren gerade die jüngeren Mädchen während des Kriegs, in dem sich alles um die Brüder, die Väter, die Mütter und die Bräute drehte, emotional vernachlässigt und gleichzeitig extrem stark gefordert, weil man von ihnen Trost und das Zurückstellen eigener Wünsche verlangte.

Auch aus der Tatsache, daß in der Regel familiale, freundschaftliche und Liebesbeziehungen Ausgangspunkte und Kristallisationszentren der Romanhandlungen bilden, läßt sich nicht – wie Köster meint – ein Desinteresse der Mädchen am Krieg folgern. Denn dies waren nun einmal die primären Erfahrungsbereiche, in denen sich für Mädchen politische Geschichte und damit auch Kriege spiegelten. Die Modellierung einer schrittweisen Erweiterung von Erfahrungsräumen von Mädchen und Frauen im Krieg, wie wir sie in dem ersten Mädchen-Kriegsroman, in Helms *Das vierblättrige Kleeblatt*, finden, ist daher – zumal im literarischen Epochenkontext des Realismus – konsequent und sogar innovativ. Freilich macht diese Einschätzung einen grundsätzlichen Perspektivwechsel in bezug auf das Genre des historischen Romans und auch des Kriegsromans nötig. Es geht, wie dies Nünning und Loster-Schneider für die Beschäftigung mit der Geschichte des historischen Frauenromans insgesamt eingefordert haben, um die Anerkennung der Ausgangsfrage, wie in der Literatur überhaupt „Geschichtserfahrung" unter eine weibliche Perspektive gebracht wird.[145] In der Geschichte der deutschsprachigen Literatur hat der historische Frauenroman bereits seit dem frühen 19. Jahrhundert eine eigene, bislang allerdings kaum wahrgenommene

143 Helms *Das vierblättrige Kleeblatt* erreicht 1906 die 5. und 1920 die 6. Aufl., wird also in der Phase der i.e.S. kriegsvorbereitenden Literatur nicht aufgelegt. Kochs *Aus großer Zeit* ist wohl mit 22 Aufl. bis 1918 der erfolgreichste Kriegsroman für Mädchen. Eine Neuaufl. in der Weimarer Republik erfolgt interessanterweise nicht. Unter den Weltkriegsromanen ist vermutlich Rayles 1-Mark-Roman *Majors Einzige im Kriegsjahr* ([1914]) mit 29 000 Exemplaren der erfolgreichste.

144 Reuter [1914], S. [XI].

145 Nünning 1999, S. 282.

Tradition ausgebildet.[146] Auch die Mädchen-Kriegsromane setzen – das wurde schon angesprochen – spezifisch weibliche Schreibtraditionen fort, v.a. die der Polyperspektivierung durch Briefe. Aber auch Fontane hat in seinem im selben Jahr wie *Das vierblättrige Kleeblatt* erschienenen, denselben historischen Stoff aufgreifenden Roman *Vor dem Sturm* einen Typus des „gesellschaftsgeschichtliche[n]" [147] Romans begründet, der engere Bezüge zu frauenliterarischen Traditionen aufweist. Denn in *Vor dem Sturm* werden das politisches Geschehen bzw. die zentrale politische Problematik (Fürst oder Vaterland) von den männlichen Romanfiguren nicht nur – in einer für Fontane typischen Weise – fast ganz aus der Konversation heraus entwickelt, sondern auch mit den Geschichten der drei jugendlichen weiblichen Protagonistinnen Renate, Marie und Kathinka so verknüpft, daß der Roman auch von dieser weiblichen Konstellation her lesbar wird und sich so relativ bruchlos an die Lektüre der konventionellen zeitgenössischen Frauen- und Mädchen-Unterhaltungsliteratur anschließen läßt.

Überschaut man die Mädchen-Kriegsromane von 1878 bis 1918, dann werden aber auch Züge eines textstrukturellen Wandels sichtbar, die es notwendig machen, die Frage nach der Konstruktion von Geschlecht im Mädchen-Kriegsroman zum Schluß noch einmal neu anzusetzen. Dabei geht es nicht mehr um die Erweiterung weiblicher Erfahrungsräume im Krieg oder um die Präsentation und Brechung von Männlichkeits- und Weiblichkeitskonzepten oder -phantasien durch Erzähler- oder Figurenstimmen, bis hin zu deren Destruktion oder Verwirrung in der Liebesromanhandlung – also um die Aspekte, auf die der bisherige Gang der Untersuchung konzentriert war. Es geht statt dessen um die – grob vereinfacht gesagt – zunehmende Verringerung der Distanz zwischen Text und Leser durch die Erosion der auktorialen Erzählinstanz, die bei Helm – wie die oben zitierten Beispiele andeuten mögen – noch intakt ist, und um die zunehmende Erlebniszentrierung der Texte, die besonders während der Zeit des Weltkriegs bisweilen auch expressionistische Stilzüge entwickeln. In einigen Romanen werden dabei die Figurenperspektiven von männlichen Protagonisten nicht nur in Briefen, sondern auch in Kriegsszenen, intensiv ausgearbeitet, werden im Extremfall auch das Sterben und das Töten gezeigt. Wo der Text die Positionen der weiblichen und der männlichen Protagonisten weder reflektierend noch durch eine konventionelle Anordnung der Situationen miteinander vermittelt, könnte nun die Leserin leicht so in den Text involviert werden, daß sie den Übergang auf die andere, vom ideologischen Konzept des Textes her ‚verbotene' Position des Soldaten vornimmt. Dies ist v.a. in Kloerss' Romanen der Fall. Aber auch Henny Koch, die ja – wie gezeigt werden sollte – auf der ideologischen Ebene des Textes ein deutschvölkisch getöntes, polares Geschlechterkonzept entwickelt, unterläuft dies auf der Konstruktionsebene ihrer Texte. Das gerade begründet vermutlich ihren Erfolg.

Zu der zunehmenden Erlebniszentrierung der Mädchen-Kriegsromane unter geschlechtersensibler Perspektive ließen sich viele Beobachtungen zusammentra-

146 S. Loster-Schneider 2001. Zu Louise Mühlbach s. a. Möhrmann 1977 u. Goetzinger 1988.

147 Aust 1994, S. 88.

gen. Dazu gehören auch Beobachtungen über den pathetisch-heroischen „militanten' Erzählton, der sich schon an Wuttke-Billers Erzähleingang zu *Lina Bodmer* nachweisen läßt, wo in einer Naturszene der kommende Freiheitskampf des Jahres 1813 symbolisiert wird:

Als ob die wilde Jagd gezogen käme, so stürmten die grauen Regenwolken am Himmel auf Riesenflügeln dahin. Im Vorüberjagen gossen sie wohl ein Regenschauerchen herunter; da war aber auch schon der Sturm hinter ihnen her und zerriß den dichten Wolkenschleier. Durch die flackernden Fetzen schossen siegreiche Sonnenstrahlen [...].[148]

Bei Harbou wird der pathetische Ton besonders bei der Darstellung von Massenszenen stilbildend. Kriegsbilder beherrschen auch die Phantasien der weiblichen Protagonisten:

Und dann sah sie im Geiste die Flammen in den Abendhimmel hinaufschlagen, die ersten Flammen des Krieges. Die brannten jenseits der Grenze. Wo werden die nächsten aufschlagen? In Feindesland? In der Heimat? Im Westen, im Osten?[149]

Für Kochs *Die Patentochter des alten Fritz* ist der ständige Ortwechsel zwischen Schlachtfeld und Haus charakteristisch. Der Roman beginnt mit einer ausführlichen Darstellung des Kriegsschauplatzes, auf dem man Fritze Viktoria, das Wikkelkind, findet: Da ist ein „grausiger, zappelnder, dampfender, ringender Knäuel von Menschen- und Tierleibern; Kampfgeschrei, Wutschnauben, ein Ächzen und Stöhnen. Ströme von Blut im zerstampften Schnee, Wunde, Sterbende, Tote."[150] Ganz neu in der Mädchenliteratur ist die Art der Synchronisierung von Schlachtfeld und Heimat, wie sie Kloerss in *Vaterhaus und Vaterland* durch unvermittelte Erzählsprünge – bei im übrigen klarer Kapitelordnung – erreicht. Eine Textpassage mag illustrieren, wie der Erzähler von der Familienweihnacht (Singen eines Weihnachtslieds) auf die elende Situation von Soldaten des Napoleonischen Heeres (darunter der Bruder und Sohn) überspingt, die sich nach dem Übergang über die Beresina durch die russischen Schneefelder schleppen:

Friede auf Erden!
Wann endlich würde Frieden und Ordnung wiederkehren in diese erregte Welt? ––––––
Es war um dieselbe Stunde desselben Tages, da im Lübsdorfer Herrenhaus die Weihnachtslichter brannten. Da wanderten, nicht fern von der preußischen Grenze, vier Soldaten mit einem Offizier über die russischen Schneefelder.
Wanderten? Man konnte es kein Wandern mehr nennen. Mühsam nur schleppten sie sich vorwärts, mit bleiernen Füßen, zitternden Knien. Irgendwo vor ihnen im Westen, wo die Sonne so blutrot untergegangen war, lag das Land, wo man ihre Sprache verstand. [...]
Irgendwo, da vor ihnen im Westen, wo die Sonne so blutrot untergegangen war! [...]
Um sie her war der Tod. [...][151]

In *Im heiligen Kampf* wird sogar aus der Figurenperspektive eines sterbenden Sohnes und Bruders erzählt, dessen Flugzeug gerade beschossen wurde:

148 Wuttke-Biller 1900, S. 1.
149 Harbou ([1916]), S. 51.
150 Koch [1916], S. 5. – Schon in *Aus großer Zeit* wird die Schlacht bei Spichern ausführlich geschildert. S. dazu auch die positive Rezension von Christaller 1908/09. Hier betont sie die Atypik dieses Mädchenromans. In ihrem Nachruf auf Koch schreibt sie: „Mir persönlich ist das Liebste »Aus großer Zeit« [...]." (Christaller [1924/25], S. 736)
151 Kloerss [1915]a, S. 162 f.

Auf einem Baumstumpf hockte noch einer, starrte mit fieberbrennenden Augen in das Feuer und redete in wirren Worten mit sich selbst.

Ill. 20: Textillustration aus: Sophie Kloerss: Vaterhaus und Vaterland. Stuttgart [1915].

»Da hat's dich gefaßt«, schoß es ihm durch den Sinn, und schon griff er mit der Linken zum Steuer. Aber der schwere Körper hinter ihm schien bei seiner Bewegung zur Seite zu sinken. Das Flugzeug neigte sich, schwankte, er versuchte vergebens ihm das Gleichgewicht wiederzugeben. Es taumelte wie ein angeschossener Vogel, der Motor setzte aus.[152]

Christaller, deren Erzählung *Fürchte Dich nicht!* sich ohnehin in bezug auf Thematik, Konfiguration, Handlungsführung und zentrale Schauplätze am weitesten von der mädchenliterarischen Tradition entfernt hat, führt ihre Darstellung eines Bombenangriffs auf die städtischen Munitionsfabriken bis in die Situation der Todeserwartung oder sogar Todeserfahrung hinein und wieder heraus. Eine geschlechterdifferenzierende Perspektive wird hier irrelevant:

Plötzlich ein furchtbarer Schlag in nächster Nähe, die Erde bäumte sich und bewegte sich, ein einziger, gewaltiger Menschenschrei brach aus der unterirdischen Höhle; es klirrte von Glas, brechenden und fallenden Eisenstangen; Erdbrocken und Steine flogen auf die Decke des Unterstandes. [...] [Christina] erwartete in jäher Klarheit die einbrechende Decke und den Tod. Bilder aus ihrem Leben jagten vor ihr vorüber, sie sah den Vater [...], die Mutter

152 Kloerss ^{2}[1915]b, S. 120.

[...], ferne Ereignisse ihres Lebens wachten aus verborgenen Bewußtseinshintergründen auf und zogen blitzschnell an ihr vorüber, ein bunter Zug mit wechselnden Bildern, und in ihr ein Erstaunen, ein Wundern: das bin ich und alles, was ich gelebt habe.
Und dann verblaßten die Bilder, die Umwelt wurde wieder gegenwärtig. Die Decke hatte gehalten, der Schlag war nicht niedergegangen. Sie lebten. [...]
Nun bellten wieder die Abwehrgeschütze [...].[153]

153 Christaller 1918, S. 39.

Anhang
Kurzbiographien der Autorinnen atypischer Mädchenliteratur*
(zusammengestellt von Petra Volkmann-Valkysers)

Brigitte Augusti (d.i. Auguste Plehn, geb. Bresler; 1839–1930)
Geb. in Danzig als Tochter eines Konsistorialrats, der Archidiakon an der Danziger Marienkirche und auch selbst schriftstellerisch tätig war. Erziehung im Elternhaus. 1860 Heirat des Rittergutsbesitzers Plehn auf Borkau bei Stargard. Die Ehe bleibt kinderlos. 1882 Verwitwung. Beginn der schriftstellerischen Arbeit. Sie verkauft das Gut ihres Mannes und zieht zusammen mit ihrer Schwester in verschiedene Seebäder um Danzig. Seit 1897 lebt sie im Heilig-Leichnam-Stift in Danzig.

Käthe van Beeker (1863–1917)
Geb. auf einem Landsitz bei Königsberg in Preußen. Erziehung in Königsberg. Lebt in späteren Jahren unverheiratet in Wiesbaden. Dort wird sie seit 1897 schriftstellerisch tätig. Sie stirbt 1917 in Meran-Obermais.

Alice Bousset (1845 – nach 1900)
Geb. zu Malmö in Schweden. Verlebt ihre Jugendjahre in Deutschland, dem Heimatland der Eltern. Frühe Heirat. Längere Reisen mit ihrem Ehemann, einem Konsul, darunter auch zwei Jahre Aufenthalt in Südamerika. Bousset widmet sich vielfältigen intellektuellen und kulturellen Interessen. 1885 erste schriftstellerische Versuche. Publikationen im Kontext der Frauenfrage. Aktive Partizipation am Verein zur Reform der Jugendlitteratur, u.a. als 2. Vorsitzende.

Lilly Braumann-Honsell (geb. Honsell; 1876–1954)
Geb. in Konstanz als Tochter einer alteingesessenen badischen Familie. Sie wächst in gehobenen Verhältnissen auf und erhält eine weitreichende Bildung. Erste Eheschließung im gutbürgerlichen süddeutsch-badischen Milieu. Eine zweite Ehe mit einem Politiker versetzt sie nach Norddeutschland. Publikationen und öffentliche Vorträge im Bereich weiblicher und sozialer Themen. 1917 Verwitwung durch den Krieg. Mit den Söhnen Übersiedlung in das Familienhaus auf der Insel Reichenau. Viele Reisen zwischen 1925 und 1939, weit über Europa hinaus. Restriktionen während der Nazizeit. Braumann-Honsell weigert sich, Parteimitglied der NSDAP zu werden. Ihre Werke werden verboten.

* Die Autorinnen werden unter den Namen aufgeführt, die sie vorrangig als Autorinnen von Mädchenbüchern tragen.

Helene Christaller (geb. Heyer; 1872–1953)
Geb. in Darmstadt als Tochter eines Rechtsanwalts. Die Mutter Elisabeth ist die Tochter des hessischen Hofbibliothekdirektors Phillip Walther. Höhere Töchterschule und prägender Konfirmandenunterricht in Darmstadt. Heirat des Theologen Erdmann Christaller. Leben mit vier Kindern als Pfarrersfrau im Schwarzwald. Der dienstlichen Suspendierung des Ehemannes folgt das erwerbsmäßige Schreiben. Übersiedlung nach Jugenheim an der Bergstraße. Reisen nach Schweden und Italien. 1917 Scheidung. Im Ersten Weltkrieg verliert sie ihren Bruder, der Sohn kommt seelisch geschädigt aus dem Krieg zurück. Dem Nationalsozialismus steht sie kritisch gegenüber. – Christaller veröffentlichte zahlreiche Romane, Novellen und biographische Erzählungen, in die ihre christliche Weltsicht und autobiographische Erfahrungen einfließen. Ihr Hausverlag war der pietistische Basler Verlag Reinhardt. Sie war Beiträgerin zu diversen Zeitschriften, u.a. zu der von Friedrich Naumann herausgegebenen Zeitschrift *Hilfe*, zum *Daheim* und zu *Westermanns Monatsheften*. 6 Jahre publizierte sie auch in *Die Frau*. 1917 wurde sie mit dem Rheinischen Dichterpreis ausgezeichnet.

Bert[h]a Clément (1852–1930)
Geb. 1852 in Ludwigslust/Mecklenburg als Tochter des dortigen Hofmalers. Sie entstammt einer sogenannten Refugiéfamilie. Literarische Inspiration erhält sie durch den vielgereisten Vater. Die Zeit nach dessen frühem Tod verarbeitet sie in ihren Mädchenbüchern *Libelle – Backfischzeit* und *Libelle – Lenz- und Brautzeit*. Ausgiebiges Reisen in späteren Jahren. Schriftstellerische Tätigkeit erst ab dem vierzigsten Lebensjahr. Von diesem Zeitpunkt an enorme Produktivität und Konzentration auf die Jugendliteratur. Trotz kritischer Haltung seitens der Jugendschriftenkritik erzielen ihre Bücher, insbesondere bis zum Ersten Weltkrieg, hohe Auflagen.

Käthe Damm (d.i. Margarete von Berlin; weiteres Pseud: M. Ferno; gest. 1925)
Lebte verheiratet in Berlin. Sie schrieb neben Romanen und Erzählungen für die Jugend auch hauswirtschaftliche und Erziehungsschriften.

Pauline Doubberck (geb. Zander; 1851 – nach 1926)
Geb. in Neustrelitz als Tochter eines Apothekers. Ausbildung zur Malerin. 1879 Heirat mit einem Ingenieur und Verzicht auf den eigenen künstlerischen Beruf. Lebt in Spandau und von 1908 an wieder – möglicherweise verwitwet – in Neustrelitz. Schriftstellerische Arbeit erst in späteren Jahren. – Doubberck veröffentlichte neben Kinder- und Jugendbüchern auch in Zeitungen und Frauenzeitschriften, u.a. der *Victoriazeitung*, der *Allgemeinen Hausfrauenzeitung* und in *Dies Blatt gehört der Hausfrau*.

Olga von Eschenbach (d.i. Johanna Salkowsky, geb. Hering; 1821 – um 1880)
Geb. in Memel als Tochter eines Apothekers. Der finanzielle Ruin des Vaters macht die Ausbildung zur Erzieherin notwendig. Erste Stelle als Hauslehrerin mit 15 Jahren. Weitere Stellen innerhalb Deutschlands. Später geht sie als Gesellschaftsdame nach England, kehrt jedoch nach zwei Jahren zurück nach Deutschland. Dort lebt sie bei einer Freundin in Königsberg und heiratet um 1857 nach deren Tod den verwitweten Ehemann Salkowsky. Anregungen zu ihren schrift-

stellerischen Arbeiten erhält sie hauptsächlich durch ihre pädagogische Tätigkeit. Die literarische Arbeit endet mit der Verehelichung. Übersiedlung nach Südfrankreich bis zum Tod 1884.

Marie Carola Freifrau von Eynatten (1857–1917)
Geb. in Wien. Kinder- und Jugendjahre in Wien und Verona. Erziehung ohne gezielte öffentliche Schulbildung durch Privatlehrer. Erste Dramenentwürfe und Einsendung eines Einakters an das Wiener Hoftheater mit 15 Jahren. Dessen Ablehnung nimmt ihr für Jahre jede weitere schriftstellerische Motivation. Erst nach dem Tod der Mutter beginnt sie wieder mit eigenen Arbeiten. Unverheiratet lebt sie einige Jahre in Freiburg i.B. und zieht 1907 nach Heidelberg. – Eynatten schrieb neben Kinder-und Jugendbüchern auch Ratgeber für Frauen.

Marie von Felseneck (d.i. Maria Luise Mancke; weitere Pseud.: William Forster, M. Weißenburg; 1847–1926)
Geb. in Leipzig als Tochter eines Oberstabsarztes. Besuch der höheren Töchterschule. Anregung zu geistiger und literarischer Ausbildung durch den Vater. In Jugendjahren Umzug nach Dresden. Später lebt und arbeitet sie in Berlin. Kontakte zu Schriftstellern und Künstlern im Elternhaus bestärken die eigenen schriftstellerischen Neigungen. Anreize des sozialen Umfelds und vielfache Reisen finden Ausdruck in ersten kulturhistorischen Aufsätzen und Skizzen. Ihre umfangreiche Produktion von Kinder-, Jugend- und Volksliteratur im Berliner Weichert-Verlag richtet sich auch an unterbürgerliche Schichten. Engagement in der Schriftstellervereinsarbeit und Publikationen zu diesem Thema. Mitarbeit im Vorstand des Deutschen Schriftstellerinnen-Bundes und in einem Verein zur Reform der Jugendliteratur.

Sophie Freifrau von Follenius (Pseud.: Maria Berger; 1837–1917)
Geb. in Darmstadt als Tochter des Freiherrn von Follenius, der Beamter am großherzoglichen hessischen Hofgericht ist. Erziehung und Ausbildung im elterlichen Haus. Ihre Betätigungsfelder findet sie in der Familie, in ihrer schriftstellerischen Arbeit sowie in der Mitwirkung in verschiedenen Vereinen. – Sophie von Follenius gehörte zu den wenigen Autorinnen atypischer Mädchenliteratur, die sich vornehmlich an ein katholisches bürgerliches Publikum richteten. Sie war Mitarbeiterin der *Kölnischen Zeitung* und der Zeitschrift *Vom Fels zum Meer.*

Else Franken (geb. um 1880)
Lebte um 1915 als Frau eines Professors in Berlin.

Wanda Gellert (keine Lebensdaten zu ermitteln)

Luise Glaß [Glass] (1857–1932)
Geb. in Altenburg in Thüringen als Tochter eines Finanzrats, der zugleich schriftstellerisch tätig war. Erziehung an Altenburger Schulen und im elterlichen Haus. Nach dem Tod des Vaters Ausbildung zur Buchhandelsangestellten in Berlin. Danach Umzug nach Kahla. 1899 erneuter Ortswechsel zurück nach Altenburg. Während vielfacher städtischer Aufenthalte in Leipzig pflegt sie von Jugend an

den Kontakt zum künstlerischen Bereich, besucht Konzerte und Theateraufführungen. Anregungen des sozialen Umfelds motivieren erste literarische Versuche, zunächst im Bereich der Kinder- und Jugendliteratur. Während des Ersten Weltkriegs ist sie stellvertretende Schriftleiterin der Zeitschrift des deutschen Sprachvereins. Publikationen in den Zeitschriften *Daheim*, *Westermanns Monatshefte*, *Welt und Haus*, *Die Gartenlaube*, *Grenzboten* und *Velhagen und Klasings Monatshefte*. Ständige Mitarbeit in *Das Kränzchen* und in dem von Dora Duncker herausgegebenen Periodikum *Buntes Jahr*.

Elisabeth Halden (d.i. Agnes Breitzmann; 1841–1916)
Geb. in Templin als Tochter eines Arztes. Kindheit im Kreis mehrerer Geschwister, von denen aber bis auf eine jüngere Schwester keines lange am Leben bleibt. Auch die Eltern sterben, bevor die Mädchen mündig sind. Verwaist wachsen die Mädchen unter der Obhut einer Tante in Magdeburg auf, bis sich Halden aus diesen Lebensumständen löst. In einem eigenen Hausstand übernimmt sie fortan die Erziehung der Schwester und sechs anderer Pflegekinder. Die erzieherische Arbeit inspiriert ihre schriftstellerischen Versuche und führt zur Produktion zahlreicher Mädchenbücher. Bedingt durch ein Herzleiden, zieht sie in späteren Jahren zusammen mit der Schwester nach Bad Nauheim. Viele Reisen innerhalb Europas. 1898 siedelt sie nach Berlin über.

Grete Hallberg (keine Lebensdaten zu ermitteln)

Thea von Harbou (verh. Klein-Rogge (1.), verh. Lang (2.); 1888–1954)
Geb. in Tauperlitz bei Hof in Bayern als jüngstes Kind eines preußischen Offiziers und verarmten Rittergutsbesitzers, später auch Forstverwalters. Häufiger Wechsel des Wohnsitzes in Kindheit und Jugend. Schulbesuch im Luisenstift bei Dresden; Beendigung des Schulbesuchs mit 13 Jahren. Prägende Eindrücke durch eine Ostafrikareise. Schauspielausbildung gegen den elterlichen Widerstand. Es folgen Theaterspielzeiten in Düsseldorf, Weimar, Chemnitz und Aachen. 1914 erste Ehe mit dem Schauspieler und Regisseur Rudolf Klein-Rogge, die nach wenigen Jahren geschieden wird. Während der Kriegsjahre unterstützt Harbou mit den Einnahmen ihrer Romane ihre Familie. Zweite Ehe 1922 mit dem Regisseur Fritz Lang (1933 geschieden). Parteimitgliedschaft in der NSDAP. – Thea von Harbou war eine überaus produktive Unterhaltungsschriftstellerin und die berühmteste Drehbuchautorin der Stummfilmzeit. Bereits mit neun Jahren veröffentlichte sie ihre erste Erzählung bei einer Dresdener Zeitung. 1905 erschien ihr erster Roman.

Angelica Harten (d.i. Maria Schmitz, geb. Köhler; weiterer Autorname: Maria Schmitz-Köhler; weiteres Pseud.: R. Fabri de Fabris; 1858–1935)
Geb. in Neuß als älteste Tochter eines Gymnasialdirektors und Mitglieds des preußischen Abgeordnetenhauses. Erziehung in Elternhaus und einem Klosterpensionat in Bad Münstereifel. Mit 18 Jahren Lehrerinnenexamen für höhere Mädchenschulen. Mehrere Jahre Unterricht in Bochum und Aachen. 1882 heiratet sie den Fabrikdirektor und Rentier Joseph Schmitz, mit dem sie mehrere Kinder hat. Reisen durch ganz Deutschland, die Niederlande und den Norden Frank-

reichs. Nach dem Tod ihres Mannes 1897 befaßt sie sich mit schriftstellerischen Arbeiten und veröffentlicht zahlreiche Kinder- und Mädchenbücher.

Clementine Helm (verh. Beyrich; 1825–1896)
Geb. in Delitzsch in Sachsen als Tochter eines Kaufmanns. Der frühen Verwaisung folgt die Erziehung im Haus ihres Onkels in Merseburg, später bei dessen Bruder, dem Mineralogen Samuel Weiß, in Berlin. Besuch des dortigen königlichen Luisenstifts und Ausbildung zur Erzieherin. 1848 Heirat des Geologieprofessors Heinrich Ernst Beyrich. Adoption der Töchter ihrer verstorbenen Schwester. – Helm war die erfolgreichste Mädchenbuchschriftstellerin der zweiten Hälfte des 19. Jahrhunderts.

Flora Hoffmann-Rühle (Pseud.: Henriette Anders; keine Lebensdaten zu ermitteln)

Else Hofmann (1862–1929/1930)
Geb. in Leipzig als Tochter des Schriftstellers Friedrich Hofmann, der zugleich Chefredakteur von *Die Gartenlaube* war. Erziehung und Förderung des schriftstellerischen Talents bereits im Elternhaus, in dem ein reger gesellschaftlicher Verkehr mit Schriftstellern und Künstlern herrscht. In Gotha durchläuft sie das Lehrerinnenexamen, hält sich später ein halbes Jahr in Paris auf. Sie lebt unverheiratet in Leipzig. – Sie schrieb zahlreiche Jugendromane und arbeitete u.a. an *Deutsches Mädchenbuch* und *Jugend-Gartenlaube*. Zudem veröffentlichte sie in Zeitschriften wie *Frauen-Daheim*, *Deutsche Roman-Zeitung*, *Die Gartenlaube* und *Von Haus zu Haus*.

Lucie Ideler (Pseud.: U. Derelli; 1851–1910)
Geb. in Heinrichsdorf in Pommern als Tochter eines Landpastors und einer hochgebildeten Mutter. Die Familie wechselt innerhalb der Region mehrmals den Wohnort. Jugendjahre und Erwachsenenzeit sind geprägt von Einsamkeit. Von 1881 an lebt Ideler in Freienwalde. Dort nimmt sie sich 1910 das Leben.

Johanna Klemm (Pseud.: Hanna Clemens; 1856–1924)
Geb. in Bützow in Mecklenburg als Tochter eines Kaufmanns. Sie ist das jüngste von sechs Geschwistern. Ausbildung zur Erzieherin. Ausübung des Berufs in verschiedenen Familien des mecklenburgischen Landadels. Reisen nach Italien, Österreich, in die Schweiz und nach Tirol. 1886 bis 1888 Gesangsausbildung in Berlin. Im Anschluß Übersiedlung nach Rostock und Arbeit als Gesangslehrerin. Eine auf autobiographischem Hintergrund basierende Veröffentlichung im Feuilleton der *Magdeburger Zeitung* begründet ihre Laufbahn als Schriftstellerin.

Sophie Kloerß [Kloerss] (geb. Keßler; Pseud.: Wilhelm von der Mühle; 1866–1927)
Geb. in Wandsbek bei Hamburg als Tochter eines Kaufmanns. In frühester Kindheit wird sie zur Vollwaise. 1895 Heirat des Oberlehrers und Altphilologen Heinrich Kloerß, Leiter einer höheren Knabenschule in Rostock. Der Ehe entstammen mehrere Kinder. Vor der beruflichen Situierung ihres Mannes in Schwerin

lebt Kloerß in Hamburg, Berlin und Thüringen. Neben ihren hausfraulichen Pflichten schreibt sie seit ihrem 21. Lebensjahr Romane und Jugenderzählungen, v.a. Mädchenbücher. Ihre eigenen Erfahrungen als Ehefrau, Mutter und Schriftstellerin verarbeitet sie in der autobiographischen Erzählung *Mutter sein*.

Henny Koch (1854–1925)
Geb. in Alsfeld in Hessen in einer dort ansässigen kaufmännischen Großfamilie. Seit 1881 lebt sie mit der blinden Mutter und ihrer Schwester in Jugenheim an der Bergstraße und fängt hier an, schriftstellerisch aktiv zu werden. Sie stirbt mit 71 Jahren in Jugenheim. – Mit ihren Mädchenbüchern erzielte Koch bis in die 1930er Jahre hinein teils extrem hohe Auflagen.

Clara Nast (geb. Seyffert; Pseud.: Herbert Forbach, Franziska Mainau; 1866–1925)
Geb. in Eydtkuhnen bei Insterburg in Ostpreußen. Erster Unterricht durch eine Hauslehrerin. Später Besuch der höheren Mädchenschulen in Insterburg und Tilsit. Seit 1883 verheiratet mit dem Gymnasialprofessor Louis Nast. Aufenthalte in Rußland. – Nast verfaßte nicht nur zahlreiche Mädchenbücher, sie veröffentlichte in verschiedenen Periodika wie *Das neue Blatt* und *Deutsche Roman-Bibliothek*.

Sophie von Niebelschütz (Pseud.: E. v. Werner; 1850–1911)
Geb. in Beschine in Schlesien als Tochter eines Gutsbesitzers. Ihre schriftstellerische Tätigkeit, die v.a. im Bereich der Erzählprosa lag, begann sie 1887.

Charlotte Niese (Pseud.: Lucian Bürger; 1854–1935)
Geb. in Burg auf Fehmarn als achtes Kind und einziges Mädchen einer Pfarrersfamilie. Der Vater Emil August Niese ist Kompastor und später Direktor des Lehrerseminars in Eckernförde. Kindheit und Jugend in Burg, Rieseby und Eckernförde. Nach der Schulzeit Bildungsaufenthalt in der französischen Schweiz, im Anschluß daran Besuch des Lehrerinnenseminars für höhere Töchter in Schleswig. Zu diesem Zweck siedelt sie 1869 nach Altona bei Hamburg um. Lehrerinnentätigkeit in Familien in Nordschleswig, Ascheberg und der Rheinprovinz. 1881 zieht sie zu ihrer verwitweten Mutter nach Plön und beginnt in dieser Zeit ihre schriftstellerische Laufbahn. 1888, nach dem Tod ihrer Mutter, Übersiedlung nach Altona. Vereinstätigkeit als Vorsitzende der dortigen Ortsgruppe des Verbandes norddeutscher Frauenvereine. Wiederholte Reisen nach Italien, in die französische Schweiz und die Vereinigten Staaten.

Helene Raff (1865–1942)
Geb. in Wiesbaden als einziges Kind des bekannten Tondichters Joachim Raff und der Schauspielerin Dorothea Raff. Erziehung und Schulbildung nach väterlichem Plan unter der Anleitung eines Hauslehrers. 1877 Übersiedlung nach Frankfurt, wo Joachim Raff Aufbau und Leitung des Hoch'schen Konservatoriums übernimmt. Unterrichtskurse an der Musikhochschule, dann Ausbildung zur Malerin in Berlin. Nach dem Tod des Vaters 1882 ziehen Mutter und Tochter nach München und verbringen dann ein Studienjahr in Paris. Durchbruch als

Schriftstellerin über Vermittlung Paul Heyses. In München unterhält Raff Beziehungen zur Frauenbewegung. – Sie arbeitete für viele Zeitungen und Zeitschriften, u.a. für *Neueste Münchner Nachrichten*, *Daheim*, *Deutsche Rundschau*, *Velhagen & Klasings Monatshefte*, *Westermanns Monatshefte* und Hirths Münchner illustrierte Wochenschrift *Jugend*.

Marga Rayle (verh. Schaible; 1883–?)
Geb. in Konstanz am Bodensee als Tochter eines Offiziers. Heiratete einen Hauptmann. Lebte in verschiedenen Städten Deutschlands.

Pauline Schanz (geb. Leich; 1828–1913)
Geb. in Leipzig als Tochter des renommierten Buchhändlers Johann Friedrich Leich. In ihre Kindheit bricht der finanzielle Ruin des Vaters ein. Infolgedessen Ausbildung zur Erzieherin in Chemnitz. Nach dem Tod des Vaters wohnt sie bei der Mutter in Dresden. 1853 heiratet sie dort den Dichter Julius Schanz. Der Ehe entstammen drei Kinder, darunter auch die schriftstellerisch sehr erfolgreiche Frida Schanz. Trennung von dem im Ausland lebenden Ehemann, später förmliche Scheidung und Übersiedlung nach Berlin. Pauline Schanz sorgt alleinerziehend mit zahlreichen schriftstellerischen Arbeiten, darunter auch Übersetzungen, für den Unterhalt ihrer Familie.

Bernhardine Schulze-Smidt (geb. Smidt; Pseud.: E. Oswald; 1846–1920)
Geb. auf dem Familiengut bei Bremen als älteste Tochter eines Senators. Der Großvater Johann Smidt gründete Bremerhaven und stand als Oberbürgermeister dem städtischen Senat bis zu seinem Tod vor. Unbeschwerte Kindheit und Jugend mit Geschwistern, Vettern und Cousinen im geschlossenen Kreis einer großen Patrizierfamilie. Nach der Schulzeit längerer Englandaufenthalt. 1869 Heirat mit dem Regierungsrat Ernst Schulze; mehrere Kinder. Mehrfach Ortswechsel innerhalb Deutschlands. Nach der Verwitwung 1886 erwerbsmäßige Ausübung der schriftstellerischen Tätigkeit. Sie zieht nach München und unternimmt von dort aus Reisen quer durch Europa, bevor sie endgültig in ihre Bremer Heimat zurückkehrt. Hier betätigt sie sich neben ihrer schriftstellerischen Arbeit aktiv in der Wohlfahrt sowie im Evangelischen Frauenbund, dessen Vorstand sie mit konstituiert. Schulze-Smidt war u.a. langjährige Mitarbeiterin des Familienblattes *Daheim*.

Amanda Sonnenfels (d.i. Amanda Sonnenfeld; 1868–?)
Geb. in Kosel in Oberschlesien als drittes Kind eines Rittergutsbesitzers, der seine Güter mehrfach verkauft und zuletzt Teile des Vermögens verliert. Zusammen mit einem Bruder und einer Schwester wächst sie unter der Aufsicht einer Erzieherin und einem Hauslehrer auf dem elterlichen Gutssitz in Kuschnitzka bei Kosel auf. Angeregt von Erzählungen der Mutter entwickelt sich ihre Neigung zu schreiben. Zusammenleben mit Familienmitgliedern in Breslau und Berlin. – Sonnenfels hielt Vorträge für die Gesellschaft für Verbreitung von Volksbildung und stand dem gemäßigten Flügel der Frauenbewegung nah.

Sophie Stein (d.i. Anna Klapp, geb. Osten; weiteres Pseud.: A.v.d. Osten; 1840–?)
Geb. in Feldberg in Mecklenburg als Tochter eines Hofrats. 1857 Lehrerinnenexamen in Neustrelitz und Ausübung des Lehrerinnenberufs. 1864 Heirat des Pastors Ludwig Klapp. Bis 1876 wirtschaftlich beengte Existenz in einer Waldekker Landpfarre, dann Umzug der Familie nach Osnabrück. Hier beginnt die Arbeit für die Zeitschrift *Nordwest*. Von 1884 an Wohnsitz in Hamburg, ein Jahr in Lüneburg. In Hamburg publiziert sie im *Hamburger Korrespondenten* und schreibt Bücherkritiken. Engagement im Bereich der Frauenbildung. Ihr Interesse gilt der Frauenfrage und der Jugendliteratur. 1893 Gründung des Vereins zur Reform der Litteratur für die weibliche Jugend. Leitung und Redaktion der *Lose[n] Blätter*, dem Vereinsorgan. Im Jahr 1895 zieht sie nach Berlin und siedelt 1902 über in die Vereinigten Staaten.

Else Steinkeller (d.i. Elsbeth Marie Baronin von Steinkeller, geb. Ritter; 1869–1945)
Geb. in Stadthof bei Friedeberg in der Neumark. Lebt längere Jahre in Weimar und stirbt in Troppau. Von 1926–1931 redigiert sie die von Thekla von Gumpert begründeten Jahrbücher *Töchter-Album* und *Herzblättchens Zeitvertreib*.

Fanny Stöckert (1844–1908)
Geb. in Jessen in Sachsen als Tochter eines Pfarrers, der 1852 als Oberprediger nach Kalbe an der Saale versetzt wird. Dort Kindheit und Jugend. Mit der verwitweten Mutter zieht sie 1866 nach Zerbst in ein Witwenheim. Beginn der schriftstellerischen Arbeit und Veröffentlichung erster Erzählungen. In späteren Jahren bis zu ihrem Tod lebt sie in Bornstedt bei Potsdam.

Else Ury (1877–1943)
Geb. in Berlin als Tochter des Tabakfabrikanten Emil Ury und dessen Frau Franziska, geb. Schlesinger, die dem assimilierten jüdischen Bürgertum Berlins angehören. Behütete gutbürgerliche Kindheit und Jugend mit drei Geschwistern. Besuch des Mädchenlyzeums in Berlin, das sie nach zehn Jahren verläßt. Ab 1920, nach dem Tod des Vaters, steht sie dem elterlichen Haushalt vor, in dem noch Mutter und Bruder leben. 1934 wird sie aus der Reichsschrifttumskammer ausgeschlossen. 1943 wird sie nach Auschwitz deportiert; vermutlich stirbt sie auf dem Transport. – Ury schrieb schon früh für die *Vossische Zeitung*, ab 1900 schrieb sie Kinderliteratur. Ihr großer schriftstellerischer Erfolg setzte erst in der Weimarer Republik ein. In ihrem kulturgeschichtlichen Roman *Wie einst im Mai* (1930) dokumentiert sie ihre Verbundenheit mit der bürgerlichen Frauenbewegung.

Lu Volbehr (geb. Scharrer; 1871–1945)
Geb. in Nürnberg als Tochter eines Kaufmanns. Ihre Ausbildung erhält sie in Nürnberg und Stuttgart. 1893 heiratet sie den Bibliothekar Theodor Volbehr. Umzug nach Magdeburg, wohin der Ehemann als städtischer Museumsdirektor berufen wird. In ihrem an Mädchen adressierten Buch *Das Jungmädchenjahr* (1916) nimmt sie Stellung zur Frage der Dienstpflicht der Mädchen.

Agnes Willms-Wildermuth (geb. Wildermuth; 1844–1931)
Geb. in Tübingen als älteste Tochter der Schriftstellerin Ottilie Wildermuth und des Gymnasialprofessors Johann David Wildermuth. Besuch der höheren Töchterschule und der École industrielle in der Schweiz. 1866 Heirat des Pfarrers Eduard Willms und Umzug nach Meldorf an der Nordsee. Es folgen mehrere Ortswechsel, u.a. 1878 nach Oldenbourg und 1885 nach Wiarden an der Nordsee. Von 1910 an lebt sie mit ihrem Mann im Ruhestand in Hannover. Von 1897–1899 gibt sie die christliche Monatsschrift für Frauen *Wege und Ziele* heraus.

Leontine von Winterfeld-Platen (d.i. Leontine von Winterfeld, verh. Platen; 1883–1960)
Geb. auf dem urgroßväterlichen Gut zu Lübbersdorf bei Friedland in Mecklenburg als sechste Tochter eines Offiziers und späteren preußischen Beamten. Bedingt durch viele Ortswechsel, erhält sie ihre Bildung durch Erzieherinnen und besucht zwei Jahre lang eine Pension in Frankfurt an der Oder. 1901 Umzug der Familie nach Bromberg in Posen. Von dort aus viele Reisen an den Rhein, in die Schweiz und nach Tirol. 1908, nach Absolvierung des Lehrerinnenexamens, nimmt sie eine Stellung als Erzieherin in einem gräflichen Haus in Ostpreußen an. 1912 heiratet sie einen Rittmeister und zieht nach Ludwigslust in Mecklenburg. Geburt der beiden ersten Kinder in kriegsbedingter Abwesenheit des Vaters. Nach Kriegsende Leben in ökonomisch beengten Verhältnissen. Mit ihrer Schriftstellerei trägt sie zum Lebensunterhalt bei.

Quellenhinweise zum Anhang

Nachschlagewerke

Es wurden insbesondere die folgenden Nachschlagewerke und Lexika ausgewertet: *Allgemeine Deutsche Biographie, Altpreußische Biographie, Autorenlexikon der deutschsprachigen Schriftsteller* (Brauneck), *Deutsches Biographisches Archiv, Neue Deutsche Biographie, Deutsches Literatur-Lexikon* (Kosch alt und neu), *Deutsches Literatur-Lexikon* (Krüger), *Deutsches Zeitgenossen-Lexikon* (Neubert), *Die deutschsprachigen Schriftstellerinnen des 18. und 19. Jahrhunderts* (Friedrichs), *Kinder- und Jugendliteratur. Ein Lexikon* (Franz/Lange/Payrhuber), *Lexikon der Reise- und Abenteuerliteratur* (Schegk/Wimmer), *Lexikon der Kinder- und Jugendliteratur* (Doderer), *Lexikon der deutschen Prosaisten vom Beginn des 19. Jahrhunderts bis zur Gegenwart* (Brümmer), *Lexikon deutscher Frauen der Feder* (Pataky), *Lexikon deutschsprachiger Schriftstellerinnen 1800–1945* (Brinker-Gabler).

Weitere Quellen (Auswahl)

Alexander, H.: Amanda Sonnenfeld, eine Coseler Heimatdichterin. In: Der Oberschlesier 14 (1932), [o.P.].

Berta Clément. In: Das Kränzchen 43 ([1930/31]), S. 128.

Bindewald, Karl: Deutschlands Dichterinnen. Blüthen deutscher Frauenpoesie. Osterwieck 1895.

Bibliographie der schönen Literatur Hessens. Zsgest. v. Alexander Burger. Nieder-Ingelheim 1907.

Bodensee-Dichterspiegel. Dichter und Dichtung vom Bodensee. Lebensbilder, Erzählungen, Skizzen und Gedichte. Hg. v. Hermann Beutten. Vorw. v. Wilhelm Zentner. Konstanz [1949].

Brentzel, Marianna: Nesthäkchen kommt ins KZ. Eine Annäherung an Else Ury 1877–1943. Frankfurt/M. 1996.

Bruns, Karin: Kinomythen 1920–1945. Die Filmentwürfe der Thea von Harbou. Stuttgart 1995.

Castelle, Friedrich: Charlotte Niese. Eine literarische Studie. Leipzig 1914.

Christaller, Helene: Henny Koch. In: Das Kränzchen 37 ([1925/26]), S. 736.

Christaller, Helene: Eine Kerze, die an zwei Enden brennt. In: Schaffende Frauen. Hg. v. Ernst Fischer. Dresden [1935], S. 7–30.

Corbes, Olga: Aus Leben und Schriften von Bernhardine Schulze-Smidt. Zu ihrem siebzigsten Geburtstag am 19. August. In: Bremer Nachrichten vom 18. August 1919.

Deutscher Frauengeist in Dichtung und Wissenschaft. Bd. 1.2. Hg. v. Flora Zöllner. Lahr 1928.

Diederich, Benno: Hamburger Poeten. Ansätze zu einer praktischen Ästhetik. 2., verm. Aufl. Leipzig 1911.

Die Frauenfrage in Deutschland 1790–1930. Hg. v. Hans Sveistrup u. Agnes von Zahn-Harnack. Burg 1934.

Familienalmanach. Unter Mitwirkung hervorragender Schriftstellerinnen hg. v. Elisabeth Margareta Hamann. 2 Bde. Stuttgart 1899/00.

Frohnmeyer, Ida: Zum Tode von Helene Christaller. In: Basler Nachrichten vom 28.5.1953.
Geißler, Max: Führer durch die deutsche Literatur des 20. Jahrhunderts. Weimar 1913.
Geistiges und künstlerisches München in Selbstbiographien. Hg. v. W[ilhelm] Zils. München 1913.
Glöckler, Johann Albrecht: Im Banne des Bodensees. Der Dichterin L[ily Braumann-Honsell] als Gruß und Dank von Freund und Verlag zum 70. Geburtstag. Konstanz 1946.
Hausser, Marie: Für Haus und Herz. Ein Album mit original Beiträgen deutscher Dichter und Dichterinnen. Breslau 1890.
Helene Christaller. In: Karl Esselborn: Hessische Lebensläufe. Zum 100. Geburtstag neu hg. v. Friedrich Knöpp. Darmstadt 1979, S. 67–75.
Jahn, Heinrich: Thea von Harbou. In: Ochsenkopf 2 (1955), S. 8.
Kammerhoff, Ernst: Charlotte Niese. Leipzig 1910 (Beiträge zur Literaturgeschichte; 67).
Kieser, Harro: Berta Clément. In: Ders.: Gedenktage im mitteldeutschen Raum. Bonn 1980, S. 137.
Kohne, Gustav: Charlotte Niese. In: Blätter für Bücherfreunde 17 (1918), S. [241]–243.
Krüger-Weltend, Herman: Charlotte Niese. Eine literarische Skizze. Altona 1906.
Lennartz, Franz: Die Dichter unserer Zeit. Einzeldarstellungen zur Schönen Literatur in deutscher Sprache. 6. Aufl. Stuttgart 1954.
Lobsien, Wilhelm: Die erzählende Kunst in Schleswig-Holstein von Theodor Storm bis zur Gegenwart. Altona 1908.
Oelsner, Elise: Die Leistungen der deutschen Frau in den letzten 400 Jahren auf wissenschaftlichem Gebiete. Guhrau 1894.
Pompecki, Bruno: Literaturgeschichte der Provinz Westpreußen. Danzig 1915.
Schanz, Frida: Bernhardine Schulze-Smidt. In: Daheim 56 (1919/20), H. 23, S. [4].
Schmidt, Ernst: Helene Christaller. In: Der Geisteskampf der Gegenwart 68 (1932), S. 182–187.
Schulze-Smidt, Bernhardine: Vom Schreibtisch und aus dem Atelier: mein Rückblick. In: Velhagen & Klasings Monatshefte 10 (1906) T. 8, S. 624–632.
Spangenberg, Irmgard: Sophie Kloerß. In: Das Kränzchen 39 ([1927/28]), S. 432.
Spiero, Heinrich: Geschichte der deutschen Frauendichtung. Leipzig 1913.
Wilkending, Gisela: *Regina Himmelschütz* von Helene Raff: Ein Gegenmodell zum *Trotzkopf* Emmy von Rhodens. In: Dagmar Grenz/Gisela Wilkending (Hg.): Geschichte der Mädchenlektüre. Mädchenliteratur und die gesellschaftliche Situation von Frauen. Weinheim 1997, S. 139–149.
Winterfeld-Platen, Leontine von: Mein Weg bis heute. In: Schaffende Frauen. Hg. v. Ernst Fischer. Dresden [1935], S. 198–215.
Zu Johanna Klemms Gedächtnis. In: Das Kränzchen 36 ([1924/25]), S. 639 f.

Literaturverzeichnis

Das Verzeichnis der literarischen Texte (1), der historischen Quellen (2) und der Forschungsliteratur (3) enthält diejenige Literatur, auf die im Text referiert wird. Zur besseren Information sind den Titelaufnahmen der literarischen Texte auch die Verlagsangaben beigegeben. Unser Corpus der ‚atypischen Mädchenliteratur' in Abschnitt 1.1 wird zudem mit Angaben zur Auflagengeschichte dargestellt. Abgesehen von diesem Teil des Literaturverzeichnisses, der von der Dipl.-Bibl. Frau Maria Michels-Kohlhage bearbeitet wurde, ist die Form der Literaturangaben weitgehend standardisiert worden.

Das Literaturverzeichnis ist in allen Abschnitten alphabetisch und dabei in der Regel nach Autoren- und Herausgebernamen geordnet. Die im selben Jahr erschienenen Texte einer Verfasserin bzw. eines Verfassers werden durch Buchstabenzusätze in runder Klammer differenziert. Lexika, Handbücher und andere mehrbändige Grundlagenwerke, Literatur- und Gesellschaftsgeschichten von mehreren Verfassern und Herausgebern, Ausstellungskataloge, Textsammlungen, Festschriften, Bücherlisten sowie anonym erschienene Texte sind dagegen mit dem Titel eingeordnet, wobei das erste Wort des Titels für die Einordnung maßgeblich ist. Die Rezensionen ohne Verfasserangabe sind in Abschnitt 2.2 unter „Anonym" aufgeführt. Sind Einzelbeiträge aus Sammelwerken angeführt, wird der Titel des Sammelwerks auch dann nicht in Kurzform aufgeführt, wenn das Sammelwerk gesondert ins Literaturverzeichnis aufgenommen wurde. Kürzel für Zeitschriften, Jahrbücher u.a. wurden nicht verwendet (s. aber Abschnitt 2.2.: Engelbert Fischer).

Wo wir im Haupttext Werktitel lediglich erwähnen, geben wir dem Titel bei Ersterwähnung in jedem Kapitel das Erscheinungsjahr der Erstausgabe in Klammern bei. Dasselbe gilt auch im laufenden Fußnotenkommentar. Wo dagegen direkt oder indirekt aus Texten zitiert oder spezifisch auf sie referiert wird, wird in den Fußnoten durchgängig die im Literaturverzeichnis vermerkte Ausgabe angegeben. Die Literatur wird in diesem Fall durch Angabe der Autor- oder Herausgebernamen bzw. durch standardisierte Kurztitel (kursiv), ggf. durch Bandzahl, durch Angabe des Erscheinungsjahrs (ggf. mit Buchstabenzusatz), durch Angabe der zitierten Auflage (nur bei Titeln aus Abschnitt 1), durch Angabe der Bandzahl und durch spezifische Seiten- oder Spaltenangaben nachgewiesen. Rekonstruierte Daten (Namensbestandteile, Jahreszahlen, Auflagen, Seitenzahlen) werden im Literaturverzeichnis und in den Fußnotennachweisen durch eckige Klammern markiert.

Zusätze und Auslassungen werden in Zitaten ebenfalls durch eckige Klammern markiert. Die im Originaltext vorhandenen Hervorhebungen werden im Textzitat durchgängig in Kursivschrift wiedergegeben. Ein Zusatz erfolgt hier nicht. Eigene Hervorhebungen erhalten im Fußnotennachweis in runder Klammer den Zusatz „Hervorh. nicht im Orig.". Rechtschreibung und Zeichensetzung der Originaltexte wurden beibehalten, offenkundige Druckfehler allerdings stillschweigend verbessert. Der Umgang mit einfachen und doppelten Anführungszeichen wurde systematisch geregelt: Kurztitate werden mit doppelten typographischen Anführungszeichen („“), wörtliche Rede im Zitat, zur besseren Abhebung, mit ‚französischen‘ Anführungszeichen (»«) markiert. Die einfachen typographischen Anführungszeichen werden im laufenden Text für redensartliche Wendungen, zeitgenössische Begrifflichkeit u.ä. eingesetzt. Im Textzitat werden die dort markierten Begriffe und Redewendungen durch einfache ‚französische‘ Anführungszeichen repräsentiert, sofern die Begriffe dort nicht durch Kursive hervorgehoben wurden.

Zu den Literaturverweisen im Anhang „Kurzbiographien der Autorinnen atypischer Mädchenliteratur“ s. dort.

1 Literarische Texte

1.1 Atypische Mädchenliteratur zwischen 1871 und 1918

Augusti, Brigitte [d.i. Auguste Plehn]

- Edelfalk und Waldvöglein : kulturgeschichtliche Erzählung aus dem dreizehnten Jahrhundert ; für das reifere Mädchenalter / von Brigitte Augusti. Mit vielen Ill. von Prof. Woldemar Friedrich. – Leipzig : Hirt, 1885. – VIII S., S. [9] – 208 : Ill. – (An deutschem Herd / Brigitte Augusti ; 1)
  Ebd.: 3. Aufl. 1892, 5. Aufl. 1896, 6. Aufl. 1896, 7. Aufl. 1901, 8. Aufl. 1902, 9. Aufl. 1904, 10. Aufl. 1906, 11. Aufl. 1907; Leipzig: Gehlen: 12. Aufl. 1910, 13. Aufl. 1912, 15. Aufl. 1920, 18. Aufl. 1926; Leipzig: Weise: Neu bearb. 20. Aufl. 1933 (Serie: „Am deutschen Herd")
  [Zit. Ausg.: Erstausg. 1885, ^{11}1907]
- Im Banne der freien Reichsstadt : kulturgeschichtliche Erzählung aus dem fünfzehnten Jahrhundert ; für das reifere Mädchenalter / von Brigitte Augusti . Mit vielen Ill. von Prof. Woldemar Friedrich. – Leipzig : Hirt, 1886. – VIII S., S. [9] – 222 : Ill. – (An deutschem Herd / Brigitte Augusti ; 2)
  Ebd.: 3. Aufl. 1896, 4. Aufl. 1896, 5. Aufl. 1902, 6. Aufl. 1904, 7. Aufl. 1906, 8. Aufl. 1910; Leipzig: Gehlen: 9. Aufl. 1911, 11. Aufl. 1922; Leipzig: Weise: Neu bearb. 11. Aufl. 1933 (Serie: „Am deutschen Herd")
  [Zit. Ausg.: ^{8}1910 (1910a)]
- Das Pfarrhaus zu Tannenrode : Bilder aus der Zeit des Dreißigjährigen Krieges ; für das reifere Mädchenalter / von Brigitte Augusti. Mit vielen Ill. von Wilhelm Räuber. – Leipzig : Hirt, 1887. – VIII S., S. [9] – 224 : Ill. – (An deutschem Herd / Brigitte Augusti ; 3)
  Ebd.: 2. Aufl. 1887, 3. Aufl. 1895, 4. Aufl. 1896, 5. Aufl. 1899, 6. Aufl. 1900, 7. Aufl. 1903, 8. Aufl. 1905, 10. Aufl. 1910; Leipzig: Gehlen: 11. Aufl. 1911, 13. Aufl. 1922; Leipzig: Weise: Neu bearb. 10. Aufl. 1933 (Serie: „Am deutschen Herd")
  [Zit. Ausg.: ^{10}1910 (1910b)]
- Die letzten Maltheims : Erzählung aus der Zeit Friedrichs des Großen ; für das reifere Mädchenalter / von Brigitte Augusti. Mit vielen Ill. von Hugo Engl. – Leipzig : Hirt, 1888. – VIII S., S. [9] – 229 : Ill. – (An deutschem Herd / Brigitte Augusti ; 4)
  Ebd.: 3. Aufl. 1898, 4. Aufl. 1899, 5. Aufl. 1904, 6. Aufl. 1905; Leipzig: Gehlen: 7. Aufl. 1910; 12. Aufl. 1924
  [Zit. Ausg.: Erstausg. 1888]
- Die Erben von Scharfeneck : Bilder aus der Zeit der Königin Luise ; für das reifere Mädchenalter / von Brigitte Augusti. Mit vielen Abb. von A[dalbert] von Rößler. – 2. Aufl. – Leipzig : Hirt, 1889. – VIII S., S. [9] – 240 : Ill. – (An deutschem Herd / Brigitte Augusti ; 5)
  Ebd.: 1. Aufl. 1889, 3. Aufl. 1897, 4. Aufl. 1898, 5. Aufl. 1902, 6. Aufl. 1905, 7. Aufl. 1906, 8. Aufl. 1910; Leipzig: Gehlen: 9. Aufl. 1911, 11. Aufl. 1924
  [Zit. Ausg.: ^{2}1889]
- Gertruds Wanderjahre : Erlebnisse eines deutschen Mädchens im Elsaß, in Spanien, Italien und Frankreich ; für das reifere Mädchenalter / von Brigitte Augusti. Mit vielen Abb. von Otto Gerlach. – Leipzig : Hirt, 1890. – 256 S. : Ill. – (An fremdem Herd / Brigitte Augusti ; 1)
  Lt. Klotz und GV ebd.: 1. Aufl. 1889, 2. Aufl. 1890. – Ebd.: 3. Aufl. 1901, 4. Aufl. 1904; Leipzig: Gehlen: 5. Aufl. 1911
  [Zit. Ausg.: Erstausg. 1890]
- Zwillings-Schwestern : Erlebnisse zweier deutschen Mädchen in Skandinavien und England ; für das reifere Mädchenalter / von Brigitte Augusti. Mit vielen Abb. von Prof. Woldemar Friedrich. – Leipzig : Hirt, 1891. – 248 S. : Ill. – (An fremdem Herd / Brigitte Augusti ; 2)

Ebd.: 2. Aufl. 1891, 3. [Titel-] Aufl. 1907; Leipzig: Gehlen: 4. Aufl. 1910
[Zit. Ausg.: ^{2}1891]
– Unter Palmen : Schilderungen aus dem Leben und der Missionsarbeit der Europäer in Ostindien ; für das reifere Mädchenalter / von Brigitte Augusti. Mit vielen Abb. von Prof. Woldemar Friedrich und T. [vielm.: Carl] H[ermann] Küchler. – Leipzig : Hirt, 1893. – 256 S. : Ill. – (An fremdem Herd / Brigitte Augusti ; 3)
Ebd.: 2. Aufl. 1893; Leipzig: Gehlen: 5. Aufl. 1915
[Zit. Ausg.: Erstausg. 1893]
– Jenseit [!] des Weltmeers : Schilderungen aus dem nordamerikanischen Leben ; für das reifere Mädchenalter / von Brigitte Augusti. Mit Abb. nach Zeichn. von C[arl] H[ermann] Küchler. – Leipzig : Hirt, 1894. – 240 S. : Ill. – (An fremdem Herd / Brigitte Augusti ; 4)
Ebd.: 2. Aufl. 1894; Leipzig : Gehlen: 5. Aufl. 1915 (ohne Adressierung „Für das reifere Mädchenalter")
[Zit. Ausg.: ^{5}1915]
– Luise, Königin von Preußen : ein Lebensbild, deutschen Frauen und Mädchen gewidmet / von Brigitte Augusti, Verfasserin von „An deutschem Herd" und „An fremdem Herd". – Breslau : Hirt, 1897. – 47 S. : Ill. – Mit sieben Abb.
– Jugendfreunde : Erzählung für junge Mädchen / von Brigitte Augusti. – Leipzig : Fock, [1916]. – 163, [1] S. : Ill. – Mit 3 Bildern [nach Albert Wimmer]

Beeker, Käthe van
– Heddas Lehrzeit in Süd-West : Erzählung für Mädchen / von Käthe van Beeker. – Stuttgart : Loewe, [1909]. – [2], 154 S. : Ill. – Mit 4 Tonbildern

Bousset, Alice
– Lebens- und Charakterbilder deutscher Frauen : für reifere Mädchen / von Alice Bousset. – Berlin : Oehmigke, 1897. – 179 S. – (Bibliothek des Vereins zur Reform der Litteratur für die weibliche Jugend ; 2)

Braumann-Honsell, Lilly
– Ein deutsches Herz in großer Zeit : Tagebuchblätter und Briefe eines jungen Mädchens vor und während der Kriegszeit / von Lilly Braumann-Honsell. – Stuttgart : Loewe, [1915]. – 189 S.

Burkhardt, G[ustav] E[mil]
– Luise, Königin von Preussen : ein Lebensbild für deutsche Frauen und Jungfrauen / von Dr. G. E. Burkhardt, Oberdomprediger u. Superintendent in Stendal. – Barmen : Wiemann, 1872. – 93, [1] S.

Christaller, Helene
– Fürchte dich nicht! : eine Erzählung für junge Mädchen / von Helene Christaller. Zeichn. von Erika Christaller. – 1.–5. Tsd. – Gotha : Perthes, 1918. – [4], 99, [1] S. : Ill.
Reutlingen: Enßlin & Laiblin: N.A. 1932
[Zit. Ausg.: Erstausg. 1918]

Clément, Bertha
– Im Rosenhause : eine Erzählung für die junge Mädchenwelt / von Bertha Clément. Mit 4 farb. Ill. von Carl Voß. – Nürnberg : Stroefer, [1898]. – 160 S. : Ill.
Ebd.: N.A. 1911, 1920. – Wurde fortgesetzt mit „In den Savannen" (s. dort)
[Zit. Ausg.: Erstausg. 1898]
– In den Savannen : eine Erzählung für die junge Mädchenwelt / von Bertha Clément. Mit 4 farb. Ill. von Carl Voß. – Nürnberg : Stroefer, [1900]. – 154 S. : Ill.
Lt. Klotz ebd.: 2. Aufl. 1900, N.A. 1917. – Fortsetzung von „Im Rosenhause" (s. dort)
[Zit. Ausg.: Erstausg. 1900]
– Sturmgebraus : Erzählung für junge Mädchen aus dem Kriegsjahr 1914 / von Bertha Clément. [Die Einbanddecke zeichnete ... Adelheid Schimz, d. Vollbilder ... Alice Schimz, d. Schlußvignetten ... Minna Saalwächter]. – Leipzig : Interim-Verl., 1915. – 268 S. : Ill.
Wurde fortgesetzt mit „Sturmgebraus ... aus dem Kriegsjahr 1915" (s. dort)

– Sturmgebraus : Erzählung für junge Mädchen aus dem Kriegsjahr 1915 / von Bertha Clément. [Die Einbanddecke zeichnete Adelheid Schimz, d. Buchschmuck Frau Sachse-Schubert in Leipzig]. – Leipzig : Interim-Verl. van den Broecke, 1916. – 248 S. : Ill.
Fortsetzung von „Sturmgebraus ... aus dem Kriegsjahr 1914" (s. dort)
[Zit.: 1916a]
– Morgenrot : eine Erzählung aus dem großen Krieg für junge Mädchen / von Bertha Clément. – Volksausg. – Stuttgart : Loewe, [1916]. – 222 S. : Ill. – Mit 6 Bildern
Ebd. gleichzeitig auch Ausg. mit 6 Doppeltonbildern
[Zit.: 1916b]
– Trauts Sonnenjahre : eine Erzählung für junge Mädchen / Berta Clément. Mit 4 Tondruckbildern von Prof. Franz Doubek. – 13. Aufl. – Stuttgart, Berlin, Leipzig : Union Dt. Verl.-Ges., [1925]. – [6], 261 S. : Ill.
Ebd.: 1. Aufl. 1918, 7. Aufl. 1919
[Zit. Ausg.: ^{13}1925]

Crawford, Francis Marion
– Arethusa : die Sklavin von Byzanz / von Francis Marion Crawford. Aus d. Engl. übers. u. für d. weibliche Jugend bearb. von A[nna] Helms. – Leipzig : Hirt, 1911. – 279, [1] S. : Ill. – Mit 16 Bildern
Engl.-sprachige Ausg. Leipzig: Tauchnitz 1907 (in der Reihe „Collection of British authors", 3997/3998)
[Zit. Ausg.: 1911]

Damm, Käthe [d.i. Margarete von Berlin]
– „Ich dien!" : Erzählung / von Käthe Damm. – 2. Aufl. (21.–40. Tsd.). – Berlin : Dt. Druck- und Verlagshaus, [um 1918]. – 384 S. [ab S. 377 Verl.-Anz.]. – (Mädchenbücher ; [6])
Ebd.: 1. Aufl. 1916
[Zit. Ausg.: ^{2}um 1918]

Doubberck, Pauline
– Fräulein Falters Reiseerfahrungen und andere Erzählungen für junge Mädchen / von Pauline Doubberck. – Berlin : Globus-Verl., [1903]. – 223, [1] S.

Epstein, Ludwig
– Luise, Königin von Preußen : ihr Leben, Wirken, Dulden und Sterben ; ein Musterbild für alle deutschen Frauen und Jungfrauen / gezeichn. von Ludwig Epstein. – Gütersloh : Bertelsmann, 1908. – 124 S. : Ill. – [Mit Frontispiz]
Ebd.: Volksausg. 1910 u.d.T. „Königin Luise. Ihr Leben, Wirken und Sterben. Ein Lebensbild für Deutschlands Jugend, Volk und Heer"
[Zit. Ausg.: Erstausg. 1908 (1908a)]

Eschenbach, Olga [d.i. Johanna Salkowsky, geb. Hering]
– Elisabeths Winter und Frühling in Rom : Briefe eines jungen Mädchens in die Heimath / von Olga Eschenbach (Johanna Hering). – 2., ill. Ausg. – Leipzig : Hirth, 1887. – IV, 187 S. : Ill.
Ebd.: 1. Aufl. 1881
[Zit. Ausg.: ^{2}1887]
– Fern von der Heimat : eine Erzählung für junge Mädchen / von Olga Eschenbach (Johanna Hering). Mit Farbendr.-Ill. nach Orig.-Aquarelle [!] von Marie Koch. – Berlin : Drewitz, [1884]. – [4], 214 S. : Ill.
Leipzig: Drewitz: 2. Aufl. 1893, 3. Aufl. 1894, 6. Aufl. 1899, 10. Aufl. 1918, N.A. 1920
[Zit. Ausg.: Erstausg. 1884]

Eynatten, Carola von
– Burg Degenstein : eine Erzählung für junge Mädchen / von Carola von Eynatten. Mit 8 Tonbildern von Hugo L. Braune. – Leipzig : Hirt, 1901. – 232 S. : Ill.
Ebd.: 2. Aufl. 1903
[Zit. Ausg.: Erstausg. 1901]

Felseneck, Marie von [d. i. Maria Luise Mancke]
- Trotzkopfs Erlebnisse im Weltkriege : Erzählung / von Marie v. Felseneck. – Berlin : Weichert, 1916. – 246, [1] S. : Ill.

Follenius, Sofie von
- Dorothee : Erzählung aus dem Jahre 1848 / von Sofie von Follenius. Mit vier Bildern von H[ans] W[aldemar] Brockmann. – 6.–10. Aufl. – Köln : Bachem, 1921. – 127 S. : Ill. – (Bachems ill. Erzählungen für Mädchen ; 10)
  Ebd.: 1. Aufl. 1899 (Zusatz zum Sachtitel: „Für junge Mädchen"), 4. u. 5. Tsd. 1911 (oder 1919, beide Ausg. in der Serie „Bachems ill. Erzählungen für Mädchen, 10")
  [Zit. Ausg.: $^{6-10}$1921]

Franken, Else
- Maria Leonas deutsche Heimat / Else Franken. – 4. Aufl. – Stuttgart, Berlin, Leipzig : Union Dt. Verl.-Ges., [um 1915]. – [6], 279 S. : Ill. – (Kränzchen-Bibliothek; [18])
  Ebd.: 1. Aufl. 1913, 9. Aufl. 1919, 14. Aufl. 1923. – Erstdr. in „Das Kränzchen" (23.[1910/11])
  [Zit. Ausg.: ^{4}um 1915]

Gellert, Wanda
- Stilles Heldentum : Erzählung aus dem Weltkriege 1914/1916 / von Wanda Gellert. – Berlin : Meidinger, [1916]. – [4], 256 S. : Ill. – (Veröffentlichung der Deutschen Gesellschaft zur Verbreitung guter Jugendschriften und Bücher)

Glaß, Luise
- Jüngferchen Feldgrau : deutsche Jugend gestern und heute ; eine Erzählung für junge Mädchen / von Luise Glaß. Ill. von M[artha] Heydenbluth. – Leipzig : Wigand, [1915]. – 258 S. : Ill.
- Jüngferchens Sieg / von Luise Glaß. Mit Bildern von Prof. Franz Rienmayer. – Leipzig : Wigand, [1916]. – [2], 265 S. : Ill.

Glücksberg, E. von
- Im Jahre 1809 : eine Erzählung aus den Befreiungskriegen ; der reiferen weiblichen Jugend gewidmet / von E. von Glücksberg. Mit Titelbild nach e. Orig.-Zeichn. von Woldemar Friedrich. – Leipzig : Dürr, 1882. – [2], 155, [1] S. : Ill.

Halden, Elisabeth [d. i. Agnes Breitzmann]
- In Heimat und Fremde : Erzählung für junge Mädchen / von Elisabeth Halden. Mit e. Heliogravüre nach e. Aquarell von Rudi Rother. – Berlin : Meidinger, [1897]. – [4], 260 S. : Ill.
- Eine edle Frau : kulturgeschichtliche Erzählung für junge Mädchen / von Elisabeth Halden. Mit 3 Voll- und 21 Textbildern nach Orig.-Zeichn. von W[ilhelm] Claudius. – Stuttgart : Effenberger, [1900]. – [8], 335 S. : Ill.

Hallberg, Grete
- Eine Kriegsheldin : Erzählung für junge Mädchen aus dem Weltkriege 1914/1916 / von Grete Hallberg. – Berlin : Meidinger, [1916]. – 255 S. : Ill. – (Veröffentlichung der Deutschen Gesellschaft zur Verbreitung guter Jugendschriften und Bücher)

Harbou, Thea von
- Gold im Feuer : Erzählung für junge Mädchen / von Thea von Harbou. Mit vier bunten Vollbildern von Ernst Kutzer. – Stuttgart : Levy & Müller, [1916]. – [4], 225 S. : Ill.

Harten, Angelica [d.i. Maria Schmitz]
- Draußen in der Welt : eine Mädchen-Geschichte / von Angelica Harten. Mit vier Kunstdruckbildern von Wilhelm Rohm. – Köln : Bachem, [1896]. – [6], 184 S. (S. 184 Verl.-Anz.) : Ill. – (Bachems ill. Erzählungen für Mädchen)
  Ebd.: 2. Aufl. 1900, 3. Aufl. 1902, 4. Aufl. 1906, 8.–10. Tsd. 1911, 11.–15. Tsd. 1919; lt. GV erst ab 1906 die Serie mit Bandangabe: 2
  [Zit. Ausg.: Erstausg. 1896]

Helm, Clementine
- Das vierblättrige Kleeblatt : eine Erzählung aus dem Freiheitskriege für junge Mädchen / von Clementine Helm. – 3. Aufl. – Bielefeld u. Leipzig : Velhagen & Klasing, 1889. – [4], 351 S.
  Ebd.: 1. Aufl. 1878, 2. Aufl. 1883, 4. Aufl. 1895, 5. Aufl. 1906, 6. Aufl. 1920
  [Zit. Ausg.: ³1889]

Hoffmann-Rühle, Flora
- Durch die Welt zur Heimat : zwei Erzählungen für junge Mädchen / von Flora Hoffmann-Rühle. Ill. von Maler E[rnst] H[ermann] Walther. – Dresden, Leipzig : Köhler, [1895]. – 278 S. : Ill.

Hofmann, Else
- Deutsche Mädel in großer Zeit : Erzählung für junge Mädchen / von Else Hofmann. Mit Bildern von Alice Schimz. – Leipzig : Fock, [1916]. – 208 S. : Ill.
  GV mit Erscheinungsjahr „[1926]", wurde jedoch bereits in der „Jugendschriften-Warte" 24.1917, S. [9] und in „Die Lehrerin" 33.1916/17, S. 287 rezensiert

Ideler, Lucie
- Unter fremder Herrschaft : eine wahre Geschichte ; nach Familienüberlieferungen für junge Mädchen erzählt / von Lucie Ideler. Mit vier Autotypien nach Orig. von Fritz Bergen. – Stuttgart : Levy & Müller, [1902]. – [4], 244 S. : Ill.

Klemm, Johanna
- Die wir mitkämpfen : Erzählung für junge Mädchen und ihre Mütter / von Johanna Klemm. [Die Einbanddecke zeichn. Adelheid Schimz, die Vollbilder Eva Schmidt]. – Leipzig : Interim-Verl. van den Broecke, 1916. – 239, [1] S. : Ill.
  Umschlagtitel ohne den Zusatz „und ihre Mütter"

Kloerss, Sophie
- Vaterhaus und Vaterland / Sophie Kloerss. – 2. Aufl. – Stuttgart, Berlin, Leipzig : Union Dt. Verl.-Ges., [1915?]. – [4], 321 S. : Ill. – (Kränzchen-Bibliothek; [20]). – [Mit Ill. von Fritz Bergen (dat. 1912)]
  Ebd.: 1. Aufl. 1914 oder 1915, 6. Aufl. 1917, 14. Aufl. 1923 (nach GV; lt. Klotz 14.–18. Aufl. 1923). – Erstdr. in „Das Kränzchen" (25.[1912/13])
  [Zit. Ausg.: ²1915 (1915a)]
- Im heiligen Kampf : eine Erzählung für junge Mädchen aus dem Weltkrieg / von Sophie Kloerß. Mit 4 Einschaltbildern in Tondr. von Prof. Karl Storch. – 2. Aufl. – Stuttgart, Berlin, Leipzig : Union Dt. Verl.-Ges., 1915. – [4], 300 S. : Ill.
  Ebd.: 1.–5. Aufl. 1915, 6.–8. Aufl. 1918; Erstdr. in „Das Kränzchen" (27.[1914/15])
  [Zit. Ausg.: ²1915 (1915b)]

Koch, Henny
- Aus großer Zeit : eine Erzählung für junge Mädchen / von Henny Koch. Mit 26 Abb. von A[dolf] Wald. – Stuttgart, Berlin, Leipzig : Union Dt. Verl.-Ges., [1908]. – [4], 343, [1] S. : Ill.
  Ebd.: 3.–5. Aufl. 1909, 6.–10. Aufl. 1910, 12. Aufl. 1914, 13. Aufl. 1915, 15. Aufl. 1916, 18.–22. Aufl. 1918. – Erstdr. in „Das Kränzchen" (17.[1904/05])
  [Zit. Ausg.: Erstausg. 1908]
- Im Lande der Blumen / Henny Koch. Mit zehn Textzeichn. von Georg Lebrecht. – 25. Aufl. – Stuttgart, Berlin, Leipzig : Union Dt. Verl.-Ges., [1926]. – 317 S. : Ill. – (Kränzchen-Bibliothek; [17])
  Ebd.: 1.–6. Aufl. 1912/13, 15. Aufl. 1920, 19.–23. Aufl. 1922, 24.–26. Aufl. 1926. – Erstdr. in „Das Kränzchen" (22.[1909/10])
  [Zit. Ausg.: ²⁵1926]
- Ein tapferes Mädchen / von Henny Koch. Mit 28 Abb. von M[ax] Barascudts. – 13. Aufl. – Stuttgart [u.a.] : Union Dt. Verl.-Ges., [1918]. – [4], 291 S. : Ill.
  Ebd.: 1. Aufl. 1914, 8. Aufl. 1915, 10. Aufl. 1917, 15.–19. Aufl. 1919, 20. Aufl. 1921. – *Erstdr. in „Das Kränzchen" (24.[1911/12])*
  [Zit. Ausg.: ¹³1918]

– Die Patentochter des alten Fritz : eine Erzählung für Mädchen / von Henny Koch. Mit 6 zweifarbigen Bildern von H[ermann] Grobet. – Stuttgart : Loewe, [1916]. – 223 S. : Ill.
Ebd. gleichzeitig Volksausg. (nach GV, lt. Klotz 1917)
[Zit. Ausg.: Erstausg. 1916]
– Die Vollrads in Südwest : eine Erzählung für junge Mädchen / von Henny Koch. Mit 4 Einschaltbildern in Tondr. von Max Vogel. – 7. Aufl. – Stuttgart, Berlin, Leipzig : Union Dt. Verl.-Ges., [1918]. – [4], 274 S. : Ill.
Ebd.: 1.–6. Aufl. 1916–18?, 11. Aufl. 1919, 16.–20. Aufl. 1922. – Erstdr. in „Das Kränzchen" (26.[1913/14])
[Zit. Ausg.: ^{7}1918]

Lose, George William
– Dorothea : Erzählung aus dem amerikanischen Freiheitskriege / von G. W. Lose. Nach d. Engl. frei bearb. von Emmy von Feilitzsch. – Konstanz : Hirsch, [1909]. – 80 S. : Ill.
Der Umschlagtitel mit anderem Untertitel: „Eine Erzählung für unsere Mädchenwelt"

Nast, Clara
– Mit Waffen der Nächstenliebe : zeitgeschichtliche Erzählung / von Clara Nast. Mit vier Farbenbildern u. vielen Ill. von Oskar Theuer u. Heinrich Susemihl. – Berlin : Weichert, 1915. – 239 S. : Ill.
Lt. Klotz weitere Ausg. Eßlingen: Schreiber 1916
[Zit. Ausg.: Erstausg. 1915]

Niebelschütz, Sophie von
– Ella Mercedes : eine Erzählung für die weibliche Jugend / von Sophie von Niebelschütz. – Reutlingen : Enßlin & Laiblin, [1896]. – 240 S. : Ill. – Mit Lichtdruckbild
Ebd. weitere Ausg. u.d.T. „Ellas Pensionszeit. Erzählung für junge Mädchen": 1915, N.A. 1922, N.A. 1926
[Zit. Ausg.: Erstausg. 1896]

Niese, Charlotte
– Die Allerjüngste : Erzählung für junge Mädchen / von Charlotte Niese. Ill. von A[dolf] Wald. – [N.A.]. – Berlin : Neufeld & Henius, [1911]. – 288 S. : Ill.
Leipzig: Geibel & Brockhaus: Erstausg. 1895; Berlin: Neufeld & Henius: N.A. 1920; Berlin: Fischer: Neubearb. 1935, 2. Aufl. = 6.–10. Tsd. 1940
[Zit. Ausg.: N.A. 1911]
– Das Lagerkind : Geschichte aus dem deutschen Krieg / von Charlotte Niese. [Buchausstattung von Else Mehrle. Zeichn. von Hans Schroedter]. – Mainz : Scholz, 1914. – 192 S. : Ill. – (Jungmädchen-Bücher ; 5)
Stuttgart: Thienemann: N.A. 1929 (in der Reihe „Thienemanns illustrierte Zwei-Mark-Bücher"), 45.–51. Tsd. 1932, 52.–62. Tsd. um 1935, 63.–73. Tsd. 1940, 74.–84. Tsd. 1941, 85.–111. Tsd. 1944, 112.–121. Tsd. 1951
[Zit. Ausg.: Erstausg. 1914]
– Barbarentöchter : eine Erzählung aus der Zeit des Weltkrieges für die weibliche Jugend / von Charlotte Niese. Mit Bildern von Emil Rosenstand. – Leipzig : Wigand, [1915]. – [2], 258 S. : Ill.

Raff, Helene
– Regina Himmelschütz / von Helene Raff. [Buchausstattung von Else Mehrle. Zeichn. von Arpad Schmidhammer]. – Mainz : Scholz, 1913. – 263 S. : Ill. – (Jungmädchen-Bücher ; 4)
Stuttgart Thienemann: N.A. 1924, 1928 (Ausg. 1928 in der Reihe „Thienemanns illustrierte Zwei-Mark-Bücher")
[Zit. Ausg.: Erstausg. 1913]

Rayle, Marga

- Majors Einzige im Kriegsjahr : Erzählung für erwachsene deutsche Mädchen und für alle, deren Herzen jung blieben / von Marga Rayle. – Berlin : Meidinger, [1914]. – 216 S. : Ill. – [Zahlr. Textabb.]
  Ebd.: 21.–29. Tsd. 1915. – Fortsetzung von „Majors Einzige" (1906 u.ö.) u. „Als Majors Einzige heimkam" (1913 u.ö.)
  [Zit. Ausg.: Erstausg. 1914]

Schanz, Pauline

- In die weite Welt und andere Erzählungen für junge Mädchen / von Pauline Schanz. Mit Gravüre nach e. Orig. von Paul Heydel. – 2. Aufl. – Berlin : Globus, [1910]. – [4], 210 S. : Ill.
  Berlin: Norddt. Verl.-Inst. Jolowicz: Erstausg. 1888; Datierung der 2. Aufl. nach Klotz
  [Zit. Ausg.: ²1910]

Schulze-Smidt, Bernhardine

- Mit dem Glücksschiff : eine Geschichte zu Wasser und zu Land für junge Mädchen / von Bernhardine Schulze-Smidt. Mit 6 Tonbildern von Werner Zehme. – Bielefeld u. Leipzig : Velhagen & Klasing, 1895. – [6], 345, [1] S. : Ill.
  Ebd.: [N.A.] 1896
  [Zit. Ausg.: Erstausg. 1895]

Sonnenfels, Amanda [d. i. Amanda Sonnenfeld]

- Deutsche Frauengestalten : zehn Lebensbeschreibungen hervorragender Frauen für die Mädchenwelt / von Amanda Sonnenfels. – Stuttgart : Loewe, [1910]. – [8], 219 S. : Ill. – Mit Porträts u. Ill.
  Ebd.: Prachtausg. 1927 (zwei Teile in einem Band), Volksausg. 1927 (in zwei Bänden mit verändertem Untertitel: „Fünf Lebensbeschreibungen [...]", im ersten Band fehlt die zweite Vita aus der 1. Aufl. „Großherzogin Luise von Sachsen-Weimar)
  [Zit. Ausg.: Erstausg. 1910]

Stein, Sophie [d.i. Anna Klapp, geb. Osten]

- Vor Tagesanbruch : Erzählung aus der Gegenwart für jüngere wie reifere Mädchen / von Sophie Stein. – Berlin : Oehmigke, 1896. – 285 S. – (Bibliothek des Vereins zur Reform der Litteratur für die weibliche Jugend ; 1)

Steinkeller, Else von [d.i. Elsbeth-Marie von Steinkeller]

- Lieselottes Kriegstagebuch / von Else von Steinkeller. Mit Bildern von Gottfried Bachem. – Leipzig & Berlin : Anton, [1915]. – [4], 186 S. : Ill.
  Vorliegendes Ex. ohne Titelblatt; Titelabschrift nach Umschlag; eine Verlagswerbung mit Untertitel „Eine Erzählung für junge Mädchen und deren Mütter"
- Ursels Heldentat : die Geschichte eines Kriegssommers ; ein Jungmädchenbuch / von Else von Steinkeller. – Leipzig & Berlin : Anton, [1916]. – 223, [1] S. : Ill.

Stöckert, Fanny

- Prinzessin Beate : Novelle für junge Mädchen / von Fanny Stöckert[,] Verfasserin von „Gertruds Tagebuch" etc. – Glogau : Flemming, [1891]. – [4], 165, [1] S.
- Die Insulanerin : Erzählung für junge Mädchen / von Fanny Stöckert. Ill. von Gustav Kilb. – 2. Aufl. – Leipzig : Abel & Müller, [1907]. – 191, [1] S. : Ill.
  Ebd.: 1. Aufl. 1901
  [Zit. Ausg.: ²1907]

Ury, Else

- Lieb Heimatland / von Else Ury. – Stuttgart, Berlin, Leipzig : Union Dt. Verl.-Ges., [1919]. – [6], 348 S. : Ill. – (Kränzchen-Bibliothek ; [23]). – [Mit Ill. von K. Wedenmeyer]
  Vorliegendes Ex. ohne Hauptitelseite, Titel- und Verfasserangabe nach Vortitel. – Ebd.: 2.–10. Aufl. 1919, 11.–15. Aufl. 1923; Erstdr. in „Das Kränzchen" (28.[1915/16])
  [Zit. Ausg.: Erstausg. 1919]

Volbehr, Lu
- Das Jungmädchenjahr : ein Zukunftsbild für deutsche Mädchen ; Erzählung / von Lu Volbehr. – Berlin : Meyer, 1916. – 202 S.

Willms-Wildermuth, Agnes
- Renée oder Im Sturm erprobt : geschichtliche Erzählung für junge Mädchen / von Agnes Willms-Wildermuth. Mit e. Heliogravüre nach e. Aquarell von Marie Stüler. – Berlin : Meidinger, [1893]. – [6], 169, [1] S. : Ill.

Winterfeld-Platen, Leontine von
- Eisenmutters Nestlinge : Erzählung aus der Gegenwart / von Leontine von Winterfeld-Platen[,] Verf. von „O Fraue wundersüße", „Königin Not" u.a. – 7. Aufl. – Schwerin i. Mecklb. : Bahn, 1917. – 183, [1] S.
  Ebd.: 1.–5. Aufl. 1916, 6.–12. Aufl. 1917/18, 13. Aufl. 1918, 14. Aufl. 1918
  [Zit. Ausg.: ^{7}1917]

Ziemssen, Ludwig
- Schön Elslin : historische Erzählung aus dem 15. Jahrhundert / von Ludwig Ziemssen. – Glogau : Flemming, [1890]. – [2], 185, [1] S. : Ill. – (Bücherschatz für Deutschlands Töchter / Thekla von Gumpert ; 8). – Mit e. Lichtdruck-Porträt

1.2 Weitere Jugendliteratur

Auf Reisen. In: Das Kränzchen 37 ([1924/25]), S. 708–710.

Augusti, Brigitte [d.i. Auguste Plehn]: Mädchenlose. Bilder aus des Lebens Mai ihren jungen Freundinnen gewidmet. Leipzig: Hirt 1882.

Augusti, Brigitte: Haus und Welt. Bilder aus des Lebens Mai, eine Fortsetzung der „Mädchenlose". Ihren jungen Freundinnen gewidmet. Leipzig: Hirt 1883.

Bahmann, Reinhold: Unter dem französischen Joche. Geschichtliche Erzählung aus der Zeit von 1806–1812. Dresden: Köhler [1896] (Aus unserer Väter Tagen; 25).

Baisch, Amalie (Hg.): Aus der Töchterschule ins Leben. Ein allseitiger Berater für Deutschlands Jungfrauen. Unter Mitwirkung hervorragender Kräfte. Stuttgart: Dt. Verl.-Anst. 1889.

Bake, Elise: Schwere Zeiten. Schicksale eines deutschen Mädchens in Südwestafrika. München: Pfadfinderverl. Gmelin [1913].

Baltz, Johanna: Die Königin Luise. Vaterländische Dichtung mit lebenden Bildern. Mühlhausen: Danner [1898] (Vaterländische Festspiele; 1).

Baltz, Johanna: Königin Luise als Kind. Festdichtungen für Schulfeiern vornehmlich zum 19. Juli. Duisburg: Hermann [um 1910].

Baltz, Johanna: Luise als Kinderfreundin. Dichtungen zum Schulgebrauche bei patriotischen Festlichkeiten, vornehmlich zu den Gedächtnisfeiern am 19. Juli 1910. Münster: Visarius 1910.

Beeg, Marie: Otholie das Polenmädchen. Eine Erzählung für junge Mädchen. Stuttgart: Süddt. Verl.-Inst. 1896.

Beeker, Käthe van: Hansis Europareise. Eine Erzählung für Mädchen. Stuttgart: Loewe [1906].

Berger, Otto: Königin Luise. Ein Vorbild echter Weiblichkeit. Für die Jugend geschildert. Reutlingen: Enßlin & Laiblin [1884].

Bernhardi, Elisabeth Leonora: Reise einer Tante in vieler Herren Länder. Von der Herausgeberin des Wochenblattes für die mitleidige Jugend. Zum Besten der Armen in Sachsen. [Freiberg] [o.V.] 1817.

Brassey, Annie: Eine Segelreise um die Welt an Bord der Yacht "Sunbeam". In elf Monaten ausgeführt und geschildert. Frei übers. nach d. 8. Aufl. d. Orig. durch A[nna] Helms. 3. Aufl. Billige Ausg. Leipzig: Hirt 1880 (1. Aufl. 1879).

Bürger, Lucian: Bilder und Skizzen aus Amerika. Breslau: Schlesische Buchdruckerei 1891.

Bunsen, Marie von: Im Ruderboot auf deutschen Flüssen. In: Deutsches Mädchenbuch 27 (1922), S. 144–156.

Campe, Joachim Heinrich: Väterlicher Rath für meine Tochter. Ein Gegenstück zum Theophron. Neudr. d. Ausg. Braunschweig 1796. Mit Einl. v. Ruth Bleckwenn. Paderborn: Hüttemann 1988 (1. Aufl. 1789).

Cassau, Carl: Das Heldenmädchen von Lüneburg. Geschichtliche Skizze. In: Das Kränzchen [1] ([1888/89]), S. 212–215.

Chimani, Leopold: Biographien berühmter und verdienter Frauen aller Zeiten und Nationen. Für d. Jugend bearb. Wien: Müller [1832].

Christaller, Helene: Die unsere Hoffnung sind. Ein Buch von jungen Menschen, die den Krieg erlebten. Stuttgart: Thienemann 1916.

Clément, Bertha: Der silberne Kreuzbund. Erzählung für junge Mädchen. 5. Aufl. Stuttgart: Weise [o.J.] (1. Aufl. 1897).

Clément, Bertha: Komteß Wally. Neues vom „Silbernen Kreuzbund". Erzählung für junge Mädchen. 9.–10.Tsd. Stuttgart: Weise [um 1905] (1. Aufl. 1898).

Clément, Bertha: Die Rosenkette. Erzählung für junge Mädchen (zugleich Fortsetzung von „Komteß Wally"). 5. Aufl. Stuttgart: Weise [um 1916] (1. Aufl. 1899).

Clément, Bertha: Deutsche Treue. Erzählung für die Jugend. Berlin: Trewendt [1903] (Trewendt's Jugendschriften; 128; N.F. 59).

Clément, Bertha: Heimatboden. Erzählungen für junge Mädchen. Nürnberg: Stroefer [1912].

Diethoff, Ernestine: Edle Frauen der Reformationszeit und der Zeit der Glaubenskämpfe. In Lebens- und Zeitbildern. Durchges. u. mit e. Vorw. begleitet v. Prälat Dr. Carl Zimmermann. Leipzig: Spamer 1892.

Düringsfeld, Ida von: Das Buch denkwürdiger Frauen. In Lebens- und Zeitbildern. Festgabe für Mütter und Töchter. Leipzig: Spamer 1863.

Düringsfeld, Ida von: Das Buch denkwürdiger Frauen. In Lebens- und Zeitbildern. Festgabe für Mütter und Töchter. 3., verm. u. verb. Aufl. Leipzig: Spamer 1877.

Ein Reiseerlebnis: In: Das Kränzchen 22 ([1909/10]), S. 628–630.

Eleonore Prochaska. In: Das Kränzchen 2 ([1889/90]), S. 49–53.

Epstein, Ludwig: Kaiserin Auguste Viktoria. Ein Bild ihres Lebens und Wirkens. Festgabe zum fünfzigjährigen Geburtstage unserer Kaiserin am 22. Oktober 1908. Gütersloh: Bertelsmann 1908. (1908b)

Epstein, Ludwig: Königin Luise. Ihr Leben, Wirken und Sterben. Ein Lebensbild für Deutschlands Jugend, Volk und Heer. Gütersloh: Bertelsmann 1910.

Erinnerungen an Kairo. In: Töchter-Album 28 ([1882]), S. 384–424.

Evers, Ernst: Luise, Königin von Preußen oder Die Fürstin der Fürstinnen. Ein Lebensbild. Konstanz: Hirsch [1906].

Falkenhorst, Carl: Der Baumtöter. Kameruner Pflanzergeschichte. Dresden: Köhler 1894 (Jung-Deutschland in Afrika; 1).

Felseneck, Marie von [d.i. Marie Mancke]: Königin Luise. Ein Lebensbild nach authentischen Quellen bearbeitet. Der deutschen Jugend gewidmet. Berlin: Weichert [1898].

Felseneck, Marie von: Für das deutsche Vaterland. Zwei Lebensbilder. Friedrich III. und Fürst Bismarck. Der deutschen Jugend gewidmet. Berlin: Weichert 1900.

Felseneck, Marie von: Landwehrmanns Einzige. Zeitgeschichtliche Erzählung. Berlin: Weichert 1915.

Felseneck, Marie von: Landwehrmanns Einzige an der Schwelle des Lebens. Zeitgeschichtliche Erzählung für die Jugend. Berlin: Weichert 1916. (1916a)

Felseneck, Marie von: Landwehrmanns Einzige im Dienste des Vaterlandes. Zeitgeschichtliche Erzählung für die Jugend. Berlin: Weichert 1917.

Flodatto [d.i. Adolf Ott]: Durch Dahome. Ernste und heitere Erlebnisse, Reise- und Jagdabenteuer. Leipzig: Hirt 1896.

From, B.: Armlos. Eine Erzählung für junge Mädchen. 4. Aufl. Zürich: Füßli 1894 (1. Aufl. 1894).

Garlepp, Bruno: Luise, Preußens Engel. Eine Erzählung für alt und jung. 2. Aufl. Breslau: Woywood 1883 (Vaterländische Geschichts- und Unterhaltungs-Bibliothek; 4) (1. Auf. 1881).

Geschichte der Johanna von Arc, genannt die Jungfrau von Orleans. Für die reifere christliche Jugend aus d. Franz. d. J. J. E. Roy. 2., sehr verm. u. verb. Aufl. Regensburg: Manz 1854 (Bibliothek für die reifere christliche Jugend; 2).

Glass, Luise: Im Krähennest. 12 Aufl. Stuttgart [o.J.] (2. Aufl. 1905) (Kränzchen-Bibliothek; [10]). – Erstdr. in: Das Kränzchen 14 ([1901/02]).

Görres, Guido: Die Jungfrau von Orleans. Augsburg: Kollmann 1837.

Gräfin Germanie: Robinsons Enkelin. Nach d. Franz. v. Thekla v. Gumpert. Berlin: Duncker [1844].

Gramberg, G[ustav]: Königin Luise von Preußen. Ein Lebensbild für die deutsche Jugend. Volksausgabe. 1. u. 2. Aufl. Stuttgart: Loewe [1909/10].

Guenther, Konrad: Ceylon. Reiseerlebnisse und Schilderungen. In: Deutsches Mädchenbuch 20 (1913), S. 37–56.

Guglia, Eugen: Kaiserin Maria Theresia. Wien: Schulbücherverl. 1918 (Deutschösterreichische Jugendhefte; 4).

Gumpert, Thekla von: Die Badereise der Tante. Berlin: Duncker [1844].

Gündel, Emma: Drei Mädels und eine Wette. Eine fröhliche Erzählung für junge Mädchen. 11.–15. Tsd. Leipzig: Anton [1937] (1. Aufl. 1937).

Haas, Thea de: Ursel reist in Afrika. Berlin: Safari Verl. [um 1930].

Hahn, Werner: Deutsche Charakterköpfe: E. M. Arndt, J. G. Fichte, Hans Joachim von Zieten, Friedrich Wilhelm als Kronprinz, Königin Luise. München: Lehmann 1899 (Julius Lohmeyer's Vaterländische Jugendbücherei für Knaben und Mädchen; 5).

Halden, Elisabeth [d.i. Agnes Breitzmann]: Königin Luise. 3. Aufl. Berlin: Meidinger [um 1906] (1. Aufl. 1899).

Halden, Elisabeth: Vor fünfhundert Jahren. Ein Lebensbild. Berlin: Meidinger [1900].

Halden, Elisabeth: Im Kampf um die Krone. Historische Erzählung. Nürnberg: Stroefer [1902].

Harten, Angelica: Fräulein Übermeer. Geschichte eines jungen Mädchens. Köln: Bachem [1900].

Helm, Clementine: Backfischchen's Leiden und Freuden. Eine Erzählung für junge Mädchen. Nachdr. d. Ausg. v. 1863. Neu hg. v. Johannes Merkel u. Dieter Richter. Mit e. Anhang v. Susanne Zahn. München: Weismann 1981 (Sammlung alter Kinderbücher; 7).

Helm, Clementine: Lilli's Jugend. Eine Erzählung für junge Mädchen. 7. Aufl. Leipzig: Wigand 1886 (1. Aufl. 1871).

Helm, Clementine: Das Kränzchen. Eine Erzählung für junge Mädchen. 5. Aufl. Bielefeld: Velhagen & Klasing 1884 (1. Aufl. 1873).

Helm, Clementine: Die Geschwister Leonhard. Eine Erzählung für junge Mädchen. Bielefeld: Velhagen & Klasing 1891.

Helmenstreit, Henny: Deutsche Heldenmädchen. Geschichtliche Bilder aus schweren Zeiten. Für Jung und Alt. Stuttgart: Weise [1911].

Henning, Friedrich: Die Jungfrau von Orleans. Historische Erzählung für die Jugend. Stuttgart: Schmidt & Spring 1887.

Hibeau, Ludwig: Ein weiblicher Robinson. Schicksale und Abenteuer eines jungen Mädchens, teilweise nach einer wahren Begebenheit erzählt. 4., verb. Aufl. Berlin: Meidinger [1889] (1. Aufl. 1869).

Hodann, Valerie: Auf rauhen Pfaden. Schicksale einer Farmerstochter in Deutsch-Südwest-Afrika. Dresden: Dietrich [1910] (Dietrichs Bibliothek für die reifere Jugend und deren Freunde).

Höcker, Oskar: Der Erbe des Pfeiferkönigs. Kulturgeschichtliche Erzählung aus dem Zeitalter der Reformation. Leipzig: Hirt 1879 (Das Ahnenschloß; 1). (1879a)

Höcker, Oskar: Im heimlichen Bunde. Kulturgeschichtliche Erzählung aus dem Jahrhundert des großen Kriegs. Für die reifere Jugend. Leipzig: Hirt 1879 (Das Ahnenschloß; 2). (1879b)

Höcker, Oskar: Zwei Riesen von der Garde. Kulturgeschichtliche Erzählung aus der Zeit des Zopfes und der Wachtparade. Für die reifere Jugend. Leipzig: Hirt 1880 (Das Ahnenschloß; 3).
Höcker, Oskar: Deutsche Treue, welsche Tücke. Kulturgeschichtliche Erzählung aus der Zeit der großen Revolution, der Knechtschaft und der Befreiung. Für die reifere Jugend. 2. Aufl. Leipzig: Hirt 1887 (Das Ahnenschloß; 4) (1. Aufl. 1881).
Höcker, Oskar: Mit Gott für König und Vaterland! Aus den Tagen der Unterdrückung und der Befreiung. Für die reifere deutsche Jugend bestimmt. Leipzig: Hirt 1885 (Preußens Heer – Preußens Ehr!; 3).
Horlyk, Helene: Inge auf Sumatra. Abenteuerliche Erlebnisse eines jungen Mädchens. Aus d. Dän. v. Antje Hering. Leipzig: Schneider [1932]. (1932a)
Horlyk, Helene: Inge in Japan. Was sie an Wundern und Wunderlichkeiten im Lande der Kirschblüte erlebte. Aus d. Dän. v. Valeska Schmidt. 8.–10. Tsd. Leipzig: Schneider [1932]. (1932b)
Horn, W. O. von [d.i. Friedrich Wilhelm Philipp Oertel]: Der Engel der Gefangenen. Ein weibliches Lebensbild, dem Volke und der Jugend dargeboten. 2. Aufl. Wiesbaden: Niedner 1875 (1. Aufl. 1860).
Horn, W. O. von: Vier deutsche Heldinnen aus der Zeit der Befreiungskriege. Wiesbaden: Niedner [1864].
Horn, W. O. von: Die Kaiserin Maria Theresia. Ein Lebensbild, dem Volke und der Jugend dargestellt. Wiesbaden: Niedner [1865].
Hübner, M[ax]: Unter der Geißel des Korsen. Bilder aus der Zeit der Erniedrigung und der Erhebung Deutschlands. Nach den Erinnerungen seines Großvaters. Leipzig: Hirt 1897.
Ideler, Lucie: Als Königin Luise lebte. Eine wahre Erzählung nach Familienüberlieferungen. Stuttgart: Levy & Müller [um 1903].
Jacobsohn, Bernhard: Biblische Frauengestalten. Charakterschilderungen für die reifere weibliche Jugend. Leipzig: Leiner [1896].
Junge Mädchen auf Reisen. In: Das Kränzchen 36 ([1923/24]), S. 630–632.
Karstädt, Otto: Heldenmädchen und -Frauen aus großer Zeit (1813). Erw. Ausg. Hamburg: Schloeßmann 1913 (1. Aufl. 1911).
Kayserling, Meyer: Die jüdischen Frauen in der Geschichte, Literatur und Kunst. Nachdr. d. Ausg. Leipzig 1879. Hildesheim: Olms 1991 (Bibliothek des deutschen Judentums. Abt. 5).
Kinder- und Jugendliteratur. Mädchenliteratur. Vom 18. Jahrhundert bis zum Zweiten Weltkrieg. Eine Textsammlung. Hg. v. Gisela Wilkending. Stuttgart: Reclam 1994.
Kinder- und Jugendliteratur. Von der Gründerzeit bis zum Ersten Weltkrieg. Eine Textsammlung. Hg. v. Hans-Heino Ewers u. Myriam Mieles. Stuttgart: Reclam 1994.
Klokow, Ida: Die Frau in der Geschichte. Leben und Charakter der Frauen aller Zeiten, sowie deren Einfluß auf die Kulturgeschichte des Menschengeschlechts. Mitgabe für Frauen und Töchter der gebildeten Stände. Leipzig: Spamer 1881.
Koch, Henny: Papas Junge. Eine Erzählung für junge Mädchen. 22. Aufl. Stuttgart: Union [um 1910] (1. Aufl. [1905]). – Erstdr. in: Das Kränzchen 14 ([1901/02]).
Krenner, C.: Backfischchen's Reise in die Schweiz. Zofingen: Schauenberg-Ott 1874 (1. Aufl. 1873).
Lehnert, Maximilian: Die ostfriesländische Robinsonin. Bearb. u. hg. v. Maximilian Lehnert. Charlottenburg: Raben-Verl. [1916] (Robinsonaden. Eine Sammlung von Abenteuergeschichten früherer Jahrhunderte; 2.3).
Linden, A[da]: Die Tochter des Ungarnherzogs. Mit dem Preise ausgezeichnete Erzählung für die Jugend. Leipzig: Kempe [1898].
Mayer, Achim: Luise, Königin von Preußen, geb. Herzogin von Mecklenburg. Bilder aus ihrem Leben und Wirken, ihre unvergeßlichen Worte und Briefe. Nach authentischen Quellen. Album für gebildete Frauen und ihre Töchter. Neubrandenburg: Ahrend 1857.

Meine erste Reise allein. In: Das Kränzchen 22 ([1909/10]), S. 756–758.
Müller, Wilhelm: Historische Frauen. 2., verb. u. verm. Aufl. Berlin: Springer 1882 (1. Aufl. 1876).
Noël, Louis: Die deutschen Heldinnen in den Kriegsjahren 1807–1815. Berlin: Köppen 1912.
Ott, Estrid: Drei Mädels in einem Auto. Aus dem Dän. übers. v. Else v. Hollander-Lossow. Stuttgart: Thienemann [1929].
Pajeken, Friedrich: Bob der Fallensteller. Eine Erzählung aus dem Westen Nordamerikas. Für die reifere Jugend. Leipzig: Hirt 1890.
Pederzani-Weber, Julius: Am Hofe der Königin Luise. Erzählung für die Jugend. Leipzig: Oehmigke [1896] (Spiegelbilder aus dem Leben und der Geschichte der Völker. Erzählungen für die Jugend; 35).
Proschko, [Franz] Isidor: Maria Theresia. Wien: Manz 1876 (Österreichische Volks- und Jugendschriften zur Hebung der Vaterlandsliebe; 1).
Proschko, Hermine: Habsburg's Kaiser-Frauen. Ein Festgeschenk für Österreichs Volk und Jugend. Wien: Enrich 1878.
Raff, Helene: Deutsche Frauen über Meer. Stuttgart: Thienemann [1928].
Ramshorn, Carl: Geschichtsbilder aus der Frauenwelt. 2. Aufl. Leipzig: Thomas 1851 (Historische Jugendbibliothek für das reifere Alter; 4) (1. Aufl. [um 1847]).
Rayle, Marga: Die wundersame Reise der Helma von Rosen. Ein Roman für junge Mädchen. Berlin: Meidinger [1927].
Reisezeit. In: Das Kränzchen 40 ([1927/1928]), S. 694–696.
Reuter, Gabriele: Der Krieg und die Mädchen. In: Scherls Jungmädchen-Buch [1] ([1914]), S. [XI]–XX.
Rhoden, Emmy von: Der Trotzkopf. Eine Pensionsgeschichte für erwachsene Mädchen. Stuttgart: Weise 1885.
Richter, Albert: Deutsche Frauen. Kulturgeschichtliche Lebensbilder. Leipzig: Brandstetter 1896.
Schade, Maria: Große Frauen. Braunschweig: Westermann 1913 (Lebensbücher der Jugend; 21).
Schanz, Frida: Mit Ränzel und Stab. Eine Pensions- und Reise-Geschichte. 4. Aufl. Leipzig: Abel & Müller [um 1900] (1. Aufl. 1887).
Schimmer, Luise: Briefwechsel zwischen einigen reisenden Freundinnen. Für die weibliche Jugend. Weißenburg: Sauer 1849.
Schlatter, Dora/[Anna Bachofner]: Von edlen Frauen. Sechs Biographien für die reifere Jugend. Basel: Reinhardt [1907].
Schmidt, Ferdinand: Frauengestalten aus der Sage und Geschichte aller Zeiten und Völker. Jena: Costenoble 1894 (1. Aufl. 1881).
Schmidt-Lindemann, Henriette: Gerettet. Erzählung. Reutlingen: Enßlin & Laiblin 1908.
Stein, Armin [d.i. Hermann Nietschmann]: Die Königin Luise. In Bildern aus ihrem Erdenwallen. Ein Gedenkbüchlein zum hundertjährigen Todestag. 19. Juli 1910. Emmishofen: Ev. Buchhandl. 1910.
Stille, Caroline: Tagebuch einer jungen Brasilianerin oder Berthas Besuch bei ihrem Oheim in England. Für die Jugend [bearb. nach Jane Marcet]. Hamburg: Nestler [1834].
Stökl, Helene: Auf der Schwelle des Lebens. Herzensworte als Mitgabe für deutsche Töchter bei ihrer Aufnahme in den Kreis der Erwachsenen. 9. Aufl. Leipzig: Hirt & Sohn [1909] (1. Aufl. 1892).
Stökl, Helene: Die Weltreisen Ida Pfeiffers. Graz: Leykum 1893 (Jugendlaube; 8) (1. Aufl. 1892).
Tytler, Ann Fraser: Leila oder Die einsame Insel. [Aus d. Engl.] Straßburg: Levrault 1847.
Ury, Else: Nesthäkchen und der Weltkrieg. Eine Erzählung für Mädchen von 8–12 Jahren. 146.–160. Tsd. Berlin: Meidinger [1926] (1. Aufl. 1916).
Walden-Himsbeck, Fr.: Der Raub der Sennorita Sabadyll. Südamerikanischer Roman. Dresden: Dietrich 1912 (Seltsame Geschichten. Eine Sammlung abenteuerlicher Erzählungen; 6).

Wimmer, Franz: Adele oder die schrecklichen Folgen des Leichtsinns. Eine lehrreiche Erzählung zur Warnung für reifere Mädchen. Vom Verf. der „tugendhaften Eustachia". Wien: Wimmer 1838.

Woillez, Catherine Thérèse: Emma oder Der weibliche Robinson. Aus d. Franz. übers. v. Carl Emil. Ludwigsburg: Imle & Krauß [1835].

Wuttke-Biller, E[mma]: Lina Bodmer. Eine Erzählung aus der Zeit der Befreiungskriege. München: Lehmann 1900 (Julius Lohmeyer's Vaterländische Jugendbücherei für Knaben und Mädchen; 6).

Zobeltitz, Hanns von: Unter dem eisernen Kreuz. Eine Soldatengeschichte aus den Jugendtagen Kaiser Wilhelms des Siegreichen. Bielefeld: Velhagen & Klasing 1895.

1.3 Weitere literarische Texte

Adami, Friedrich: Luise, Königin von Preußen. 4., umgearb. u. stark verm. Aufl. Berlin: Dümmler 1868 (1. Aufl. 1851).

Berg, Frau von: Luise Königin von Preußen. Dem deutschen Volke gewidmet. 2., neu bearb. Aufl. Berlin: Dümmler 1849 (1. Aufl. 1814).

Brüssau, Oskar: Königin Luise, „der Schutzgeist deutscher Sache". 8.–10. Tsd. Hamburg: Schloeßmann 1909 (Als Deutschland erwachte. Lebens- und Zeitbilder aus den Befreiungskriegen; 1).

Bülow, Frieda Freiin von: Reiseskizzen und Tagebuchblätter aus Deutsch-Ostafrika. Berlin: Walther & Apolant 1889.

Bunsen, Marie von: Die Welt, in der ich lebte. Erinnerungen aus glücklichen Jahren. 1860–1912. 2. Aufl. Leipzig: Köhler & Amelang 1929 (1. Aufl. 1929).

Christaller, Helene: Wir daheim. 6. u. 7. Tsd. Hagen: Rippel 1915.

Christaller, Helene: Als Mutter ein Kind war. Eine Geschichte aus dem Leben. 12. Aufl. Basel: Reinhardt [um1928] (1. Aufl. 1927).

Christaller, Helene: Das blaue Haus. Eine Geschichte aus dem Leben. 7. Aufl. Basel: Reinhardt [o.J.] (1. Aufl. 1934).

Christaller, Helene: Aus meinem Leben. 1.– 6. Tsd. Basel: Reinhard [um 1937].

Eckenbrecher, Margarethe von: Was Afrika mir gab und nahm. Erlebnisse einer deutschen Ansiedlerfrau in Südwestafrika. Berlin: Mittler 1907.

Evers, Ernst: Auguste Victoria. Das Lebensbild der deutsche Kaiserin. Dem Deutschen Volke dargeboten. [4. Aufl.]. Potsdam: Stiftungsverl. [1908] (1. Aufl. 1899).

Fassbinder, Klara Marie: Begegnungen und Entscheidungen. Darmstadt: Progress-Verl. 1961.

Fontane, Theodor: Vor dem Sturm (1878). In: Ders.: Sämtliche Romane, Erzählungen, Gedichte, Nachgelassenes. Hg. v. Walter Keitel u. Helmuth Nürnberger. Bd. 1–3. Frankfurt/M.: Ullstein 1976 (Erstausg. 1878).

Frenssen, Gustav: Peter Moors Fahrt nach Südwest. Ein Feldzugsbericht. Berlin: Grote 1906 (Grote'sche Sammlung von Werken zeitgenössischer Schriftsteller; 89).

Freytag, Gustav: Ingo und Ingraban. München: Droemer 1953 (Die Ahnen; [1]) (Erstausg. 1872). (1953a)

Freytag, Gustav: Das Nest der Zaunkönige. München: Droemer 1953 (Die Ahnen; [2]) (Erstausg. 1873). (1953b)

Freytag, Gustav: Die Brüder vom deutschen Hause. München: Droemer 1953 (Die Ahnen; [3]) (Erstausg. 1874). (1953c)

Freytag, Gustav: Marcus König. München: Droemer 1953 (Die Ahnen; [4]) (Erstausg. 1876). (1953d)

Freytag, Gustav: Die Geschwister. München: Droemer 1953 (Die Ahnen; [5]) (Erstausg. 1876). (1953e)

Freytag, Gustav: Aus einer kleinen Stadt. München: Droemer 1953 (Die Ahnen; [6]) (Erstausg. 1880). (1953f)

Freytag, Gustav: Erinnerungen aus meinem Leben. Leipzig: Hirzel 1887.
Hanel, Hermine: Die Geschichte meiner Jugend. Leipzig: Koehler & Amelang 1930.
Harbou, Thea von: Der Krieg und die Frauen. Novelle. N.A., 36.–40. Tsd. Stuttgart: Cotta 1915 (1. Aufl. 1913).
Höcker, Karla Alexander: Ein Kind von damals. Mit Berichten, Bildern und Dokumenten der Zeit. Berlin: Klopp 1970.
Lamszus, Wilhelm: Das Menschenschlachthaus. Bilder vom kommenden Krieg. 21.–50. Tsd. Hamburg: Janssen 1913. Neu hg. v. Johannes Merkel u. Dieter Richter. München: Weismann 1980 (Sammlung alter Kinderbücher; 5) (Erstausg. 1912).
La Roche, Sophie von: Pomona für Teutschlands Töchter. Nachdr. d. Orig.-Ausg. Speyer 1783–1884[!]. Hg. mit e. Vorw. v. Jürgen Vorderstemann. Bd. 1–4. München: Saur 1987.
Liliencron, Ada von: Kriegsklänge der Kaiserlichen Schutztruppe in Deutsch-Süd-West-Afrika. Hamburg: Spenker 1905.
Manzer, Robert: Maria Theresia. Wien: Pichler [1880].
Niese, Charlotte: Von gestern und vorgestern. Lebenserinnerungen. 4. Aufl. Leipzig: Grunow [um 1930] (1. Aufl. 1924).
Noël, [Louis]: Die deutschen Heldinnen in den Kriegsjahren 1807–1815. Berlin: Köppen 1912.
Raff, Helene: Blätter vom Lebensbaum. München: Knorr & Hirth 1938.
Rehtwisch, Theodor: Königin Luise. Gedenkblätter zur Jahrhundertfeier ihres Todesjahres. 101.–120. Tsd. Braunschweig: Westermann [1910].
Rousseau, Jean-Jacques: Die Bekenntnisse (1782/89). Die Träumereien des einsamen Spaziergängers (1782). Übers. v. Alfred Semerau u. Dietrich Leube. Mit e. Einf. v. Jean Starobinski u. Anm. u. e. Nachw. v. Dietrich Leube. München: Winkler 1978.
Rousseau, Jean-Jacques: Julie oder Die neue Héloïse. Briefe zweier Liebenden aus einer kleinen Stadt am Fuße der Alpen (1761). Übertr. v. Johann Gottfried Gellius. Mit Anm. u. e. Nachw. v. Reinhold Wolff. München: dtv 1988.
Schanz, Frieda: Fridel. Ein Buch Jugenderinnerungen für Jung und Alt. Berlin: Scherl [1920].
Schulze-Smidt, Bernhardine: Jugendparadies. Eine wahre Geschichte für die Kinder und ihre Freunde. 3. Aufl. Bielefeld: Velhagen & Klasing [1919] (1. Aufl. 1895).
Seidel, Ina: Meine Kindheit und Jugend. Ursprung, Erbteil und Weg. Stuttgart: Deutsche Verlags-Anstalt 1935.
Smolle, Leo: Maria Theresia. Die Stammutter des Hauses Habsburg-Lothringen. Graz: Styria-Verl. 1909.
Unger, Friederike Helene: Julchen Grünthal. Nachdr. d. 3., veränd. u. mit e. 2. Bd. verm. Ausg. v. 1798. Hg. u. mit e. Nachw. vers. v. Susanne Zantop. Bd. 1.2. Hildesheim: Olms 1991 (1. Aufl. 1784).

2 Historische Quellen

2.1 Monographien, Sammelwerke, Abhandlungen

Adler, Helene: Über Jugendlektüre. In: Die Lehrerin in Schule und Haus 1 (1884/85), S. 521–527, 552–557.
Andreas-Salomé, Lou: Der Mensch als Weib (1899). In: Dies.: Die Erotik. Vier Aufsätze. Neu hg. mit e. Nachw. v. Ernst Pfeiffer. Frankfurt/M. 1985, S. 9–44.
Andreas-Salomé, Lou: Narzißmus als Doppelrichtung. In: Imago 7 (1921), S. 361–386.
Bauer, Alma: Mädchenerziehung im Backfischalter. In: Die Frau 2 (1894/95), S. [577]–580, 691–695, 739–742.
Bäumer, Gertrud: Die Entwicklung der deutschen Mädchenschule von der Mitte des 19. Jahrhunderts bis zur Gegenwart. In: Handbuch der deutschen Frauenbewegung. Hg. v. Helene Lange u. Gertrud Bäumer. Bd. 3. Berlin 1902, S. 90–128.

Bäumer, Gertrud: Koedukation. Der gemeinsame Unterricht der Geschlechter. In: Das Buch vom Kinde. Ein Sammelwerk für die wichtigsten Fragen der Kindheit. Hg. v. Adele Schreiber. Bd. 2, T. 1. Leipzig 1907, S. 44–48.
Bäumer, Gertrud: Frieda von Bülow. In: Die Frau 16 (1908/09), S. 407–412.
Bäumer, Gertrud: Die Frau und das geistige Leben. Leipzig 1911 (Die Kulturaufgaben der Frau; 5) (1911a)
Bäumer, Gertrud: Der Wandel des Frauenideals in der modernen Kultur. Eine Jugendansprache. München 1911. (1911b)
Bäumer, Gertrud: Die seelischen Geschlechtsunterschiede nach den Ergebnissen der experimentellen Psychologie. In: Die Lehrerin in Schule und Haus 50 (1913), S. [145]–148.
Bäumer, Gertrud: Die Frauen und der Krieg. In: Kriegsjahrbuch des Bundes deutscher Frauenvereine 1915. Im Auftr. d. Bundes deutscher Frauenvereine hg. v. Elisabeth Altmann-Gottheiner. Leipzig 1915, S. 2–8.
Bäumer, Gertrud: Weit hinter den Schützengräben. Aufsätze aus dem Weltkrieg. 4. bis 6. Tsd. Jena 1916.
Bäumer, Gertrud: Jungmädchenlektüre. In: Jugendschriften-Warte 25 (1918), S. 5 f.
Bäumer, Gertrud: Die Frauengestalt der deutschen Frühe. Berlin 1940 (1. Aufl. 1930).
Bebel, August: Die Frau und der Sozialismus. 48. Aufl. Stuttgart [1909].
Blumfeld, Annie: Die Bücherei der weiblichen Jugendpflege. In: Die Lehrerin 35 (1918/19), S. 196 f.
Berndt, Johannes: Präparationen für den Geschichtsunterricht. T. 2: Von den Anfängen des brandenburgisch-preußischen Staates bis auf unsere Zeit. Osterwieck 1913 (Der Bücherschatz des Lehrers).
Bölsche, Wilhelm: Mädchenlektüre. In: Die Zukunft 13 (1895), S. 572–576.
Bone, Heinrich: Über Romane und Romanlectüre. In: Frankfurter zeitgemässe Broschüren N.F. 1 (1880), H. 4, S. 107–132.
Braun, Lily: Das geistige Leben des Weibes. In: Mann und Weib. Ihre Beziehungen zueinander und zum Kulturleben der Gegenwart. Hg. v. R[obby] Koßmann u. Jul[ius] Weiß. Bd. 1, T. 2. Stuttgart [1908], S. [231]–287.
Braun, Lily: Die Frauen und der Krieg. Leipzig 1915 (Zwischen Krieg und Friede; 17).
Brockmann, Clara: Die deutsche Frau in Südwest-Afrika. Ein Beitrag zur Frauenfrage in unseren Kolonien. Berlin 1910.
Brockmann, Clara: Briefe eines deutschen Mädchens aus Südwest. Mit 54 Abb. auf 16 Bildertaf. u. e. Kt. Berlin 1912.
Bucher, A.: Bemerkungen über den Geschichtsunterricht auf Volksschulen: In: Schulblatt für die Provinz Brandenburg 26 (1861), S. 539–555.
[Büchner, Louise:] Die Frauen und ihr Beruf. Ein Buch der weiblichen Erziehung. In zusammenhängenden Aufsätzen niedergeschrieben von Frauenhand. Frankfurt/M. 1856.
Bühler, Charlotte: Kunst und Jugend. In: Zeitschrift für Ästhetik und allgemeine Kunstwissenschaft 20 (1926), S. 288–306.
Bühler, Karl: Über die geistige Entwicklung des Kindes. Jena 1918.
Bülow, Frieda von: Eine deutsche Frau im Innern Deutsch-Ostafrikas. In: Die Frau 10 (1902/03), S. 647–650.
Calm, Marie: Die Stellung der deutschen Lehrerinnen (1870). In: Erziehung und Bildung des weiblichen Geschlechts. Eine kommentierte Quellensammlung zur Bildungs- und
Berufsgeschichte von Mädchen und Frauen. Bd. 1. Hg. v. Elke Kleinau u. Christine Mayer. Weinheim 1996 (Einführung in die pädagogische Frauenforschung; 1,1), S. 101–110.
Cassian, Heinrich: Die Weltgeschichte für höhere Töchterschulen und den Privatunterricht mit besonderer Berücksichtigung der Geschichte der Frauen. T. 1.2. Mainz 1858.
Christaller, Helene: Eine Kerze, die an zwei Enden brennt. In: Schaffende Frauen. Hg. v. Ernst Fischer. Dresden [1935], S. 7–30.
Czwalina, M[argarete]: Mädchenlektüre. In: Volks- und Jugendschriftenrundschau 6 (1904/05), S. 45 f.

Darwin, Charles: Die Abstammung des Menschen. Nachdr. d. Ausg. v. 1874. Aus d. Engl. übers. v. J. Viktor Carus. 2. Aufl. Wiesbaden 1992.

Das Buch vom Kinde. Ein Sammelwerk für die wichtigsten Fragen der Kindheit unter Mitarbeit zahlreicher Fachleute hg. v. Adele Schreiber. Bd. 1.2. Leipzig 1907.

Deutsche Frauen in unseren Kolonien. In: Die Gartenlaube (1905), S. 160.

Die deutsche Salon-Poesie der Frauen. In: Historisch-politische Blätter für das katholische Deutschland 19 (1847), S. 463–480.

Die Frauenfrage in Deutschland 1865–1915. Texte und Dokumente. Hg. v. Elke Frederiksen. Stuttgart 1981.

Dodge, Eva: The teaching of history in girls' schools in North and Central Germany. A report. Manchester 1908 (Educational Series; 3).

Dost, Georg: Jugend und Buch. Ein Beitrag zur literarischen Erziehung der Jugend. Leipzig 1929.

Dransfeld, H[edwig]: Die nationalen Erinnerungsfeiern dieses Jahres. In: Der Katholische Frauenbund 6 (1913), S. [81] f.

Dransfeld, Hedwig: Der Krieg und die Frauen. In: Die christliche Frau 12 (1913/14), S. 343–347.

Elberskirchen, Johanna: Das Geschlechtsleben des Weibes. In: Mann und Weib. Ihre Beziehungen zueinander und zum Kulturleben der Gegenwart. Hg. v. R[obby] Koßmann u. Jul[ius] Weiß. Bd. 1, T. 2, S. [187]–230.

Erziehung und Bildung des weiblichen Geschlechts. Eine kommentierte Quellensammlung zur Bildungs- und Berufsgeschichte von Mädchen und Frauen. Bd. 1.2. Hg. v. Elke Kleinau u. Christine Mayer. Weinheim 1996 (Einführung in die pädagogische Frauenforschung; 1).

Fick, [Richard]: Zur Reform der Jugendlitteratur. In: Die Lehrerin in Schule und Haus 18 (1901/02), S. 481–493.

Freud, Sigmund: Drei Abhandlungen zur Sexualtheorie (1905). In: Ders.: Gesammelte Werke. Bd. 5, Repr. London 1949, S. [29]–145 (1. Aufl. 1942). (1949a)

Freud, Sigmund: Die ›kulturelle‹ Sexualmoral und die moderne Nervosität (1908). In: Ders.: Gesammelte Werke. Bd. 7. Repr. London 1955, S. [143]–167 (1. Aufl. 1941). (1955a)

Freud, Sigmund: Der Dichter und das Phantasieren (1908). In: Ders.: Gesammelte Werke. Bd. 7. Repr. London 1955, S. [213]–223 (1. Aufl. 1941). (1955b)

Freud, Sigmund: Zeitgemäßes über Krieg und Tod (1915). In: Ders.: Gesammelte Werke. Bd. 10. Repr. London 1949, S. 325–355 (1. Aufl. 1946). (1949b)

Freudenberg, Ika: Die Frau und die Kultur des öffentlichen Lebens. Leipzig 1911 (Die Kulturaufgaben der Frau; [2]).

Fronemann, Wilhelm: Lesende Jugend. Reden und Aufsätze. Langensalza 1930.

Funke, Alfred: Deutsche Frauen für Südwestafrika. In: Daheim 44 (1908), H. 22, [o.P.]

Geistiges und künstlerisches München in Selbstbiographien. Hg. v. W[ilhelm] Zils. München 1913.

Gerhard, Adele/Helene Simon: Mutterschaft und geistige Arbeit. Eine psychologische und soziologische Studie. Auf Grundlage einer internationalen Erhebung mit Berücksichtigung der geschichtlichen Entwicklung. Berlin 1901.

Göhring, Ludwig: Skizzen aus der deutschen Jugendliteratur. I. Weibliche Federn. In: Pädagogium 12 (1890), S. [105]–117.

Göhring, Ludwig: Über Indianergeschichten und Robinsonaden. In: Pädagogische Warte 1 (1891/92), S. [597]–601.

Goerth, A[lbrecht]: Über Jugendlectüre für Mädchen. In: Pädagogium 4 (1882), S. [17]–43.

Goerth, Albrecht: Erziehung und Ausbildung der Mädchen. Ein Wegweiser für gebildete Eltern, für Lehrer und Erzieher. Leipzig 1894.

Goerth, Albrecht: Lyrik-Schwärmerei, Afterlyrik und Blaustrumpftum. Kritiken und Studien zu einer Geschichte der Dichtkunst I: Johanna Ambrosius. Wiesbaden 1896.

Graebsch, Irene: Geschichte des deutschen Jugendbuches. [2. Aufl.]. Leipzig 1942 (Beiträge zur Volksbüchereikunde; 3).

Großer, Otto: Der Körperbau des Weibes (verglichen mit dem des Mannes). In: Mann und Weib. Ihre Beziehungen zueinander und zum Kulturleben der Gegenwart. Hg. v. R[obby] Koßmann u. Jul[ius] Weiß. Bd. 1. T. 2. Stuttgart [1908], S. [1]–45.

Haeckel, Ernst: Anthropogenie oder Entwicklungsgeschichte des Menschen. Gemeinverständliche wissenschaftliche Vorträge über die Grundzüge der menschlichen Keimes- und Stammes-Geschichte. 2., unveränd. Aufl. Leipzig [o.J.] (1. Aufl. 1874).

Haeckel, Ernst: Die Welträtsel. Gemeinverständliche Studien über monistische Philosophie. Mit e. Einl. v. Iring Fetscher. Nachdr. d. 11., verb. Aufl. v. 1919. Stuttgart 1984.

Handbuch der Frauenbewegung. Hg. v. Helene Lange u. Gertrud Bäumer. Bd. 1: Die Geschichte der Frauenbewegung in den Kulturländern. Bd. 2: Frauenbewegung und soziale Frauenthätigkeit in Deutschland nach Einzelgebieten. Bd. 3: Der Stand der Frauenbildung in den Kulturländern. Bd. 4: Die deutsche Frau im Beruf. Bd. 5: Die deutsche Frau im Beruf. Praktische Ratschläge zur Berufswahl. Berlin 1901–1906.

Harbou, Thea von: Die deutsche Frau im Weltkrieg. Einblicke und Ausblicke. Leipzig 1916.

Harder, Agnes: Was sollen unsere jungen Mädchen lesen? Ein literarischer Führer. Berlin-Lichterfelde [1919].

Hart, Heinrich: Das dichterische Kunstwerk in der Schule (Seine Auswahl). In: Kunsterziehung. Ergebnisse und Anregungen des zweiten Kunsterziehungstages in Weimar am 9., 10., 11. Oktober 1903. Leipzig 1904, S. 122–135.

Heller, Theod[or]: Das Weib als Kind. In: Mann und Weib. Ihre Beziehungen zueinander und zum Kulturleben der Gegenwart. Hg. v. R[obby] Koßmann u. Jul[ius] Weiß. Bd. 1, T. 2. Stuttgart [1908], S. [303]–320.

Heyden, August von: Clementine Helm. Eine Erinnerung. In: Junge Mädchen. Ein Almanach. Hg. v. Frida Schanz. Jg. 3. Bielefeld [1897], S. 2–6.

Heymans, G[erardus].: Die Psychologie der Frauen. Heidelberg 1910 (Die Psychologie in Einzeldarstellungen; 3).

Ichenhaeuser, Eliza: Die Journalistik als Frauenberuf. Berlin [1905].

Jugendschriften-Warte. Organ der vereinigten Jugendschriften-Ausschüsse (ab 1894: Organ der vereinigten deutschen Prüfungsausschüsse für Jugendschriften; ab 1913: Zeitschrift der vereinigten deutschen Prüfungsausschüsse für Jugendschriften.) Berlin (ab 1896: Hamburg) 1893–1918.

Kellen, Tony: Schriftstellernde Frauen. In: Dokumente der Frauen 7 (1902), S. 101–105.

Keller, Ernst: Der Geschichtsunterricht in der höheren Mädchenschule. In: Frauenbildung 10 (1911), S. 257–264.

Klaiber, Theodor: Dichtende Frauen der Gegenwart. Stuttgart 1907.

Klapp, A[nna]: Warum ist eine Reform der Litteratur für die weibliche Jugend nötig? In: Jugendschriften-Warte 2 (1894), S. [29]–31.

Klapp, A[nna]: Welche Anforderungen sind an Bücher für Mädchen von 14–18 Jahren zu stellen? In: Jugendschriften-Warte 2 (1894), S. [33] f.

Köster, Herm[ann] L[eopold]: Mädchen- und Knabenlektüre. In: Der Kunstwart 25 (1912), H. 13, S. 67–70.

Köster, Hermann L[eopold]: Die literarischen Interessen der Übergangszeit. Zugleich ein Beitrag zur Umgestaltung des Literaturunterrichts. In: Archiv für Pädagogik 1 (1913). T. 1, S. [449]–466.

Köster, Herm[ann] L[eopold]: Bücher für Mädchen (Schulentlassungsgeschenke). In: Jugendschriften-Warte 24 (1917), S. [9] f.

Köster, Hermann L[eopold]: Geschichte der deutschen Jugendliteratur. Mit e. Nachw. u. e. annotierten Bibliografie v. Walter Scherf. Unveränd. Nachdr. d. 4. Aufl. Braunschweig 1927. München 1972.

Köster, Herm[ann]/Carl Will: Ein interessanter Versuch. In: Jugendschriften-Warte 20 (1912), S. [1]–3.

Kohl, August: Pubertät und Sexualität. Untersuchungen zur Psychologie des Entwicklungsalters. Würzburg 1911.

Koßmann, R[obby]: Die Sonderung der Geschlechter. In: Mann und Weib. Ihre Beziehungen zueinander und zum Kulturleben der Gegenwart. Hg. v. dems. u. Jul[ius] Weiß. Bd. 1, T. 1. Stuttgart [1908], S. [1]–40.

Krafft-Ebing, Richard von: Nervosität und neurasthenische Zustände. 2., verb. Aufl. Wien 1900.

Krafft-Ebing, Richard von: Psychosis menstrualis. Eine klinisch-forensische Studie. Stuttgart 1902.

Lamprecht, Karl: Krieg und Kultur. Drei vaterländische Vorträge. Leipzig 1914.

Lange, Helene: Entwicklung und Stand des höheren Mädchenschulwesens in Deutschland. Im Auftr. des Königl. Preußischen Ministeriums der geistlichen, Unterrichts- und Medizinal-Angelegenheiten. Berlin 1893.

Lange, Helene: Der Krieg und die deutsche Kultur. In: Kriegsjahrbuch des Bundes deutscher Frauenvereine 1915. Im Auftr. d. Bundes deutscher Frauenvereine hg. v. Elisabeth Altmann-Gottheiner. Leipzig 1915, S. 14–19.

Lange, Helene: Kampfzeiten. Aufsätze und Reden aus vier Jahrzehnten. Bd. 1.2. Berlin 1928.

Lehrplan-Richtlinien für ein- und zweiklassige Volksschulen und Halbtagsschulen. Hg. v. Harry Rotermund. Leipzig 1914.

Levy-Rathenau, Josephine: Übersicht über die einzelnen Frauenberufe, ihre Erfordernisse und Aussichten. In: Das Buch vom Kinde. Ein Sammelwerk für die wichtigsten Fragen der Kindheit. Hg. v. Adele Schreiber. Bd. 2, T. 2. Leipzig 1907, S. 189–209.

Lischnewska, Maria: Die verheiratete Lehrerin (1904). In: Erziehung und Bildung des weiblichen Geschlechts. Eine kommentierte Quellensammlung zur Bildungs- und Berufsgeschichte von Mädchen und Frauen. Bd. 1. Hg. v. Elke Kleinau u. Christine Mayer. Weinheim 1996 (Einführung in die pädagogische Frauenforschung; 1,1), S. 135–141.

[Loeper-Houselle, Marie:] Zur Reform der Jugendliteratur. In: Die Lehrerin in Schule und Haus 18 (1901/02), S. [481]–493.

Lombroso, C[esare]/G[uglielmo] Ferrero: Das Weib als Verbrecherin und Prostituierte. Anthropologische Studien, gegründet auf eine Darstellung der Biologie und Psychologie des normalen Mannes. Übers. [aus d. Ital.] v. H. Kurella. Hamburg 1894.

Lorey, Marie: Über Backfischlitteratur. In: Die Lehrerin in Schule und Haus 17 (1900/01), S. 476–478.

Mancke, Marie: Die Schriftstellerin. Forderungen, Leistungen, Aussichten in diesem Berufe. Leipzig 1899 (Frauen-Berufe).

Mann und Weib. Ihre Beziehungen zueinander und zum Kulturleben der Gegenwart. Hg. v. R[obby] Koßmann u. Jul[ius] Weiß. Bd. 1–3. Stuttgart [1908].

Mantegazza, Paul: Das nervöse Jahrhundert. [Übers. aus d. Ital.] Jena 1888.

Matz, Elsa: Literaturbericht. Ein neues deutsches Lesebuch für höhere Mädchenschulen. In: Die Lehrerin in Schule und Haus 27 (1910/11), S. 141 f.

Mayreder, Rosa: Zur Kritik der Weiblichkeit. Essays. Jena 1905.

Mayreder, Rosa: Geschlecht und Kultur. Essays. Jena 1923.

Merget, A[ugust!]: Geschichte der deutschen Jugendlitteratur. 3. Aufl., rev. u. mit e. Kataloge v. Jugendschriften für die Oberstufe mehrklassiger Volksschulen versehen v. Ludwig Berthold. Nachdr. d. Ausg. Berlin 1882. Hanau 1967.

Meyer, Else: Backfischlektüre. In: Die Schülerinnen-Bücherei. Zeitschrift zur Förderung der Schülerinnen-Büchereien der Höheren Mädchenschulen. Reihe 1 (1913), S. 107–114.

Michatsch: Margarete: Die Privatlectüre unserer Jugend, ein Stiefkind der modernen Pädagogik. In: Die Lehrerin in Schule und Haus 11 (1895/96), S. 451–457, 483–491.

Möbius, P[aul] J[ulius]: Über den physiologischen Schwachsinn des Weibes. Faks. d. 8., veränd. Aufl. (1905). München 1977.

Neisser, Regina: Sollen unsere Kinder viel lesen? In: Israelisches Familienblatt Hamburg (1906), H. 37, S. 9 f.

Norder-Ney, [Jenny]: Was Frauen lesen. In: Das Magazin für die Litteratur des In- und Auslands 42 (1888), S. 660–662.

Otto, Louise: Der Genius des Hauses. Eine Gabe für Mädchen und Frauen. Pest 1869 (Deutsche Frauenwelt; 4).

Otto, Louise: Der Genius der Menschheit. Pest 1870 (Deutsche Frauenwelt; 5).

Otto, Louise: Frauenleben im Deutschen Reich. Erinnerungen aus der Vergangenheit mit Hinweis auf Gegenwart und Zukunft. Neudr. d. Ausg. Leipzig 1876. Mit Einl. v. Ruth Bleckwenn. Paderborn 1988.

Otto-Peters, Louise: Das Recht der Frauen auf Erwerb. Blicke auf das Frauenleben der Gegenwart (1866). Hg. v. Astrid Franzke u.a. Hamburg 1997.

Pelman, C[arl]: Nervosität und Erziehung. 2. Aufl. Bonn 1888.

Philosophische Geschlechtertheorien. Ausgewählte Texte von der Antike bis zur Gegenwart. Hg. u. eingel. v. Sabine Doyé u.a. Stuttgart 2002.

Poehlmann, Margarete: Die Vergnügungen unserer Mädchen. In: Die Lehrerin in Schule und Haus 10 (1894/95), S. [417]–432.

Rommel, F[riedrich]: Jugendschriften als Weihnachtsgeschenke. In: Die Lehrerin in Schule und Haus 6 (1890/91), S. 166–168.

Ross, R[udolf]: Die Kinderpsychologie und ihre Bedeutung für die Pädagogik. In: Pädagogische Reform 23 (1899), [o.P.]

Rousseau, Jean-Jacques: Émile oder Über die Erziehung (1762). Eingel. u. hg. v. Martin Rang, übers. v. Eleonore Schkommodau. Stuttgart 1963.

Rousseau, Jean-Jacques: Schriften zur Kulturkritik. [Zweisprachige Ausg.] Eingel., übers. u. hg. v. Kurt Weigand. 2., erw. u. durchges. Aufl. Hamburg 1971.

Salomon, Alice: Probleme der sozialen Kriegsfürsorge. In: Kriegsjahrbuch des Bundes deutscher Frauenvereine 1915. Im Auftr. d. Bundes deutscher Frauenvereine hg. v. Elisabeth Altmann-Gottheiner. Leipzig 1915, S. 49–60. (1915a)

Salomon, Alice: Die weibliche Jugend im Krieg. In: Die Frauenfrage 17 (1915). S. 121–123, 130–132. (1915b)

Schäfer, Georg: Der Jugendliche und das Abenteuerbuch. In: Jugendschriften-Warte 33 (1925) 1, S. 4 f.

Schallmayer, Wilh[elm]: Ehe, Vererbung und Ethik der Fortpflanzung. In: Das Buch vom Kinde. Ein Sammelwerk für die wichtigsten Fragen der Kindheit. Hg. v. Adele Schreiber. Bd. 1, T. 1. Leipzig 1907, S. [IX]–XX.

Schanz, Frida: Die Frauen in der Munitionsfabrik. Januar 1917. In: Dies.: Frauenwerk im Kriege. Zwölf Kapitel über Frauenarbeit. Berlin 1918, S. 7–16.

Scherfig, Emil: Zur Psychologie der Geschlechterdifferenz. In: Pädagogium 11 (1882), S. [696]–712.

Schiff, Pauline: Das Weib im Erwerbsleben. In: Mann und Weib. Ihre Beziehungen zueinander und zum Kulturleben der Gegenwart. Hg. v. R[obby] Koßmann u. Jul[ius] Weiß. Bd. 3. Stuttgart [1908], S. 169– 240.

Schröder, Carl: Mecklenburg und die Mecklenburger in der schönen Literatur. Berlin 1909 (Mecklenburgische Geschichte in Einzeldarstellungen; 11/12).

Schulvorschriften für den Geschichtsunterricht im 19./20. Jahrhundert. Dokumente aus Preußen, Bayern, Sachsen, Thüringen und Hamburg bis 1945. Hg. v. Dörte Gernert. Köln 1994 (Sammlungen der Gesetze, Verordnungen, Erlasse, Bekanntmachungen zum Elementar- bzw. Volksschulwesen im 19./20. Jahrhundert in Nachdrucken und Auszügen; 13).

Schulze-Smidt, Bernhardine: Vom Schreibtisch und aus dem Atelier. Mein Rückblick. In: Velhagen & Klasings Monatshefte 10 (1906), T. 8, S. 624–632.

Schulze-Smidt, Bernhardine: Daheimerinnerungen aus einem 70jährigen Leben. In: Daheim 52 (1916), T. 2, H. 47, S. 20 f.

Schwabe, Toni: Das Weib als halbwüchsiges Mädchen. In: Mann und Weib. Ihre Beziehungen zueinander und zum Kulturleben der Gegenwart. Hg. v. R[obby] Koßmann u. Jul[ius] Weiß. Bd. 1, T. 2. Stuttgart [1908], S. [321]–338. ([1908]a)

Schwabe, Toni: Das Weib als Jungfrau. In: Mann und Weib. Ihre Beziehungen zueinander und zum Kulturleben der Gegenwart. Hg. v. R[obby] Koßmann u. Jul[ius] Weiß. Bd. 1, T. 2. Stuttgart [1908], S. [339]–360. ([1908b])

Sellmann, Adolf: Die Psychologie der Backfische. In: Frauenbildung 10 (1911), S. 480–485.

Sello, Anna: Bedeutung, Umfang und Weise der ästhetischen Bildung in der Mädchenschule. In: Die Lehrerin in Schule und Haus 6 (1889/90), S. 705–721.

Simmel, Georg: Das Abenteuer. In: Ders.: Philosophische Kultur. Gesammelte Essays. Leipzig 1911, S. [11]–28.

Simmel, Georg: Zur Psychologie der Frauen (1890). In: Ders.: Schriften zur Philosophie und Soziologie der Geschlechter. Hg. v. Heinz-Jürgen Dahme u. Klaus Christian Köhncke. Frankfurt/M. 1985, S. 27–[59]. (1985a)

Simmel, Georg: Weibliche Kultur (1902). In: Ders.: Schriften zur Philosophie und Soziologie der Geschlechter. Hg. v. Heinz-Jürgen Dahme u. Klaus Christian Köhncke. Frankfurt/M. 1985, S. 159–[176]. (1985b)

Simmel, Georg: Das Relative und das Absolute im Geschlechter-Problem (1911). In: Ders.: Schriften zur Philosophie und Soziologie der Geschlechter. Hg. v. Heinz-Jürgen Dahme u. Klaus Christian Köhncke. Frankfurt/M. 1985, S. 200–[223]. (1985c)

Stritt, Marie: Das Weib als Gattin. In: Mann und Weib. Ihre Beziehungen zueinander und zum Kulturleben der Gegenwart. Hg. v. R[obby] Koßmann u. Jul[ius] Weiß. Bd. 1, T. 2. Stuttgart [1908], S. [362]–384.

Sully, James: Untersuchungen über die Kindheit. Psychologische Abhandlungen für Lehrer und gebildete Eltern. Übers. u. mit Anm. versehen v. Joseph Stimpfl. 3., verb. Aufl. Leipzig 1909.

Theden, Dietrich: Die Deutsche Jugendlitteratur. Kritisch und systematisch dargestellt. Grundsätze zur Beurtheilung der deutschen Jugendlitteratur, Winke zur Gründung, Einrichtung und Fortführung einschlägiger Bibliotheken und Verzeichniss empfehlenswerther Schriften. Ein Handbuch für Eltern, Erzieher und Bibliothekare. 2., umgearb. u. stark verm. Aufl. Hamburg 1893.

Treitschke, Heinrich von: Königin Luise. Vortrag, gehalten am 10. März 1876 im Kaisersaal des Berliner Rathauses. In: Preußische Jahrbücher 37 (1876), S. 417–429.

Treuge, Margarete: Der Krieg und die Jugend. In: Kriegsjahrbuch des Bundes deutscher Frauenvereine 1915. Im Auftr. d. Bundes deutscher Frauenvereine hg. v. Elisabeth Altmann-Gottheiner. Leipzig 1915, S. 9–14.

Ufer, Chr[istian]: Nervosität und Mädchenerziehung in Haus und Schule. Wiesbaden 1890.

Ufer-Held, Frieda: Stürme im Jungmädchenleben. Barmen [1916]. (1916a)

Ufer-Held, Frieda: Wie überwinden wir die schwere Zeit? Ein Wort an junge Mädchen. Barmen 1916. (1916b)

Wagner, Rudolf: Die deutsche Frau in den Kolonien. In: Westermanns Monatshefte 54 (1910), Bd. 108, H.1, S. 202–212.

Weber, Marianne: Der Krieg als ethisches Problem (1916). In: Dies.: Frauenfragen und Frauengedanken. Gesammelte Aufsätze. Tübingen 1919, S. 157–178.

Weininger, Otto: Geschlecht und Charakter. Eine prinzipielle Untersuchung. Repr. d. 1. Aufl. 1903. Im Anh. Weiningers Tagebuch, Briefe August Srindbergs sowie Beiträge aus heutiger Sicht v. Annegret Stopczyk, Gisela Dischner u. Roberto Calasso. München 1980 (Geschlecht und Charakter).

Wendt, F[erdinand] M[aria]: Die Affecte der Mädchen. Eine psycho-gynäkologische Studie. In: Lehrerinnen-Wart 5 (1893), S. 11–13, 29 f., 38 f., 55–57, 69–71, 81–84, 97–99.

Winterfeld-Platen, Leontine: Mein Weg bis heute. In: Schaffende Frauen. Hg. v. Ernst Fischer. Dresden [1935], S. 198–236.

Wolff, J[ohann] J[osef]: Kulturstufen (nach Ziller). In: Lexikon der Pädagogik. Unter Mitw. v. Otto Willmann hg. v. Ernst M. Roloff. Bd. 3. Freiburg 1914, Sp. 103–106.
Wolgast, Heinrich: Das Elend unserer Jugendlitteratur. Ein Beitrag zur künstlerischen Erziehung der Jugend. Hamburg 1896.
Wolgast, Heinrich: Über Lektüre für Backfische (1903/04). In: Ders.: Vom Kinderbuch. Gesammelte Aufsätze. Leipzig [1905], S. 100–109.
Wolgast, Heinrich: Jugendlektüre. In: Das Buch vom Kinde. Ein Sammelwerk für die wichtigsten Fragen der Kindheit. Hg. v. Adele Schreiber. Bd. 2, T. 1. Leipzig 1907, S. [114]–124.

2.2 Rezensionen, Listen empfehlenswerter Bücher

[Anonym:] (Rez.) Brigitte Augusti, Edelfalk und Walvöglein. In: Die Gartenlaube 41 (1884), S. 814.
[Anonym:] (Rez.) Brigitte Augusti, An deutschem Herd. In: Pädagogischer Jahresbericht 40 (1888), S. 487 f.
[Anonym:] (Rez.) Brigitte Augusti, Die Erben von Scharfeneck. In: Pädagogischer Jahresbericht 41 (1889), S. 507.
[Anonym:] (Rez.) Alice Bousset, Lebens- und Charakterbilder deutscher Frauen. In: Die Frau 4 (1896/97), S. 60.
[Anonym:] (Rez.) Alice Bousset, Lebens- und Charakterbilder deutscher Frauen. In: Jugendschriften-Warte 7 (1899), S. 12.
[Anonym:] (Rez.) G[ustav] E[mil] Burkhardt, Luise, Königin von Preussen. In: Deutsche Roman-Zeitung 10 (1873) H. 1, Sp. 390.
[Anonym:] (Rez.) Ida v. Düringsfeld, Das Buch denkwürdiger Frauen. In: Jugendschriften-Warte 7 (1899), S. 4.
[Anonym:] (Rez.) Elisabeth Halden, Königin Luise. In: Pädagogischer Jahresbericht 52 (1900), S. 275.
[Anonym:] (Rez.) Thea von Harbou, Der Krieg und die Frauen. In: Die Frau 21 (1913/14), S. 181.
[Anonym:] (Rez.) Otto Karstädt, Heldenmädchen und Frauen. In: Jugendschriften-Warte 20 (1912), S. 22.
[Anonym:] Weihnachtslitteratur. (Rez.) Brigitte Augusti, Gertruds Wanderjahre. In: Westermanns Monatshefte 34 (1889/90), Bd. 67, S. 410–415; hier 414.
[Anonym:] Für den Weihnachtstisch. (Rez.) Brigitte Augusti, Zwillingsschwestern. In: Westermanns Monatshefte 35 (1890/91), Bd. 69, S. 431–433; hier 433.
[Anonym:] Für den Weihnachtstisch. (Rez.) Brigitte Augusti, Unter Palmen. In: Westermanns Monatshefte 37 (1892/93), Bd. 73, S. 426–429; hier 428.
Auswahl wertvoller Jugendlektüre. Weihnachten 1917. Hg. v. d. vereinigten deutschen Prüfungsausschüssen für Jugendschriften [...] In: Jugendschriften-Warte 24 (1917), S. [33]–36.
Auswahl wertvoller Jugendlektüre. Weihnachten 1918. Hg. v. d. vereinigten dt. Prüfungsausschüssen für Jugendschriften [...] In: Jugendschriften-Warte 25 (1918), S. [21]–24.
Auswahl wertvoller Jugendlektüre. Weihnachten 1919. Hg. v. d. vereinigten dt. Prüfungsausschüssen für Jugendschriften. In: Jugendschriften-Warte 26 (1919), S. [21]–24.
Auswahl wertvoller Jugendlektüre. Weihnachten 1920. Hg. v. d. vereinigten dt. Prüfungsausschüssen für Jugendschriften. In: Jugendschriften-Warte 27 (1920), S. [21]–24.
Blanckertz, Minna: (Rez.) Otto Karstädt, Heldenmädchen und Frauen. In: Die Lehrerin in Schule und Haus 29 (1913/14), S. 46.
Bücherliste des Vereins zur Reform der Litteratur für die weibliche Jugend (Weihnachten 1894). In: Jugendschriften-Warte 2 (1894), S. 42.
Bücherliste des Vereins zur Reform der Litteratur für die weibl[iche] Jugend. In: Die Lehrerin in Schule und Haus 11 (1895/96), S. 220 f.

Bücherverzeichnis der Krupp'schen Bücherhalle. Nachtrag 1. 1899–1902. Essen 1902.

Christaller, Helene: (Rez.) Henny Koch, Aus großer Zeit. In: Eckart 3 (1908/09), S. 134.

Fischer, Engelbert: Die Großmacht der Jugend- und Volksliteratur. Bd. 1–12. Unveränd. Nachdr. d. Ausg. Neustift u. Stoizendorf 1877–1886. München 1979 (im Folgenden: Die Großmacht).

Fischer, Engelbert: (Rez.) Georg Horn, Vier deutsche Heldinnen aus der Zeit der Befreiungskriege. In: Ders.: Die Großmacht, Bd. 1.2, 1877, S. 254 f.

Fischer, Engelbert: (Rez.) Brigitte Augusti, Am deutschen Herd. In: Ders.: Die Großmacht, Bd. 11.12, 1886, S. 171 f.

Fronemann, Wilhelm: Jugendbücher zur Jahrhundertfeier 1813–1913. Ausstellung d. Jugendschriften-Kommission d. Frankfurter Lehrervereins im Städelschen Schulmuseum. In: Mitteilungen des Frankfurter Schulmuseums 2 (1913), H. 1/2, S. 12–16.

Höhnk, Helene: (Rez.) Alice Bousset, Lebens- und Charakterbilder deutscher Frauen. In: Die Lehrerin in Schule und Haus 14 (1897/98), S. 242.

K[öster], H[ermann] L[eopold]: Kriegsbücher für die Jugend. In: Jugendschriften-Warte 22 (1914), S. 48.

Köster, Herm[ann] L[eopold:] Bücher für Mädchen (Schulentlassungsgeschenke). In: Jugendschriften-Warte 24 (1917), S. 9 f.

[Köster, Hermann Leopold?:] (Rez.) Helene Raff, Regina Himmelschütz. In: Jugendschriften-Warte 25 (1918), S. 20.

[Loeper-Housselle, Marie:] (Rez.): Brigitte Augusti, Im Banne der freien Reichsstadt. In: Die Lehrerin in Schule und Haus 2 (1885/86), S. 160.

[Loeper-Housselle, Marie:] (Rez.): Brigitte Augusti, Das Pfarrhaus zu Tannenrode. In: Die Lehrerin in Schule und Haus 3 (1886/87), S. 158.

Loeper-Housselle, M[arie]: (Rez.) Brigitte Augusti, Die letzten Maltheims. In: Die Lehrerin in Schule und Haus 4 (1887/88), S. 188–190.

Loeper-Housselle, M[arie]: (Rez.) Brigitte Augusti, Die Erben von Scharfeneck. In: Die Lehrerin in Schule und Haus 5 (1888/89), S. 186–188.

L[oeper]-H[ousselle], M[arie]: (Rez.) Brigitte Augusti, Gertruds Wanderjahre. In: Die Lehrerin in Schule und Haus 6 (1889/90), S. 156–158.

L[oeper]-H[ousselle], M[arie]: (Rez.) Brigitte Augusti, Zwillingsschwestern. In: Die Lehrerin in Schule und Haus 8 (1891/92), S. 187 f.

L[oeper]-H[ousselle], Marie: (Rez.) Brigitte Augusti, Unter Palmen. In: Die Lehrerin in Schule und Haus 9 (1892/93), S. 156.

L[oeper]-H[ousselle], Marie: (Rez.) Brigitte Augusti, Jenseits des Weltmeers. In: Die Lehrerin in Schule und Haus 10 (1893/94), S. 189 f.

L[oeper]-H[ousselle], M[arie]: (Rez.) Brigitte Augusti, Luise, Königin von Preußen. In: Die Lehrerin in Schule und Haus 13 (1896/97), S. 241, 445.

Stoll, H[einrich Wilhelm]: (Rez.) Brigitte Augusti, An deutschem Herd. In: Jugendschriften-Warte 4 (1896), S. 35 f., 38 f.

Verzeichnis empfehlenswerter Jugendschriften. Zsgest. v. d. vereinigten dt. Prüfungs-Ausschüssen für Jugendschriften. In: Jugendschriften-Warte 4 (1896), S. 43 f.

Verzeichnis empfehlenswerter Jugendschriften zu Weihnachten 1897. Zsgest. v. d. vereinigten dt. Prüfungs-Ausschüssen für Jugendschriften. In: Jugendschriften-Warte 5 (1897), S. [43 f.].

Verzeichnis empfehlenswerter Jugendschriften zu Weihnachten 1898. Provisorisch zsgest. v. Hamburger Prüfungsausschuss [...]. In: Jugendschriften-Warte 6 (1898), S. 39 f.

Verzeichnis empfehlenswerter Jugendschriften zu Weihnachten 1899. Provisorisch zsgest. aus d. Verzeichnis des Hamburger Prüfungsausschusses [...]. In: Jugendschriften-Warte 7 (1899), S. 39 f.

Verzeichnis empfehlenswerter Jugendlektüre Weihnachten 1900. Zsgest. v. d. vereinigten dt. Prüfungs-Ausschüssen. In: Jugendschriften-Warte 8 (1900), S. [39 f.].

Verzeichnis empfehlenswerter Jugendlektüre zu Weihnachten 1901. Zsgest. v. d. vereinigten dt. Prüfungs-Ausschüssen. In: Jugendschriften-Warte 9 (1901), S. [39 f.].

Verzeichnis empfehlenswerter Jugendlektüre Weihnachten 1902. Zsgest. v. d. vereinigten dt. Prüfungsausschüssen. In: Jugendschriften-Warte 10 (1902), S. 39–[41].
Verzeichnis empfehlenswerter Jugendlektüre. Weihnachten 1903. Zsgest. v. d. vereinigten dt. Prüfungsausschüssen. In: Jugendschriften-Warte 11 (1903), S. [37]–[40].
Verzeichnis geschichtlicher Werke. In: Jugendschriften-Warte 25 (1918), S. [25] f.
Verzeichnis von Geschenkbüchern zur Schulentlassung. Zsgest. im Auftr. d. vereinigten dt. Prüfungsausschüsse. In: Jugendschriften-Warte 26 (1919), S.[1] f.
Verzeichnis von Geschenkbüchern zur Schulentlassung. Zsgest. im Auftr. d. vereinigten dt. Prüfungsausschüsse. In: Jugendschriften-Warte 27 (1920), S.[1] f.

3 Forschungsliteratur

Adamson, Lynda G.: World historical fiction. An annotated guide to novels for adults and young adults. Phoenix 1999.
Albisetti, James C.: Schooling German girls and women. Secondary and higher education in the nineteenth century. Princeton 1988.
Altner, Manfred: Die deutsche Kinder- und Jugendliteratur zwischen Gründerzeit und Novemberrevolution. Berlin 1981 (Studien zur Geschichte der deutschen Kinder- und Jugendliteratur; 5).
Assmann, Jan: Kollektives Gedächtnis und kulturelle Identität. In: Ders./Tonio Hölscher (Hg.): Kultur und Gedächtnis. Frankfurt/M. 1988, S. 9–19.
Ausbruch und Abenteuer. Deutsche und englische Abenteuerliteratur von Robinson bis Winnetou. Ausstellungskatalog v. Kevin Carpenter u. Bernd Steinbrink. Oldenburg 1984.
Aust, Hugo: Der historische Roman. Stuttgart 1994.
Barth, Susanne: Töchterleben seit über 100 Jahren. Emmy von Rhodens ‚Trotzkopf'. In: Bettina Hurrelmann (Hg.): Klassiker der Kinder- und Jugendliteratur. Frankfurt/M. 1995, S. 270–292.
Barth, Susanne: "Buch und Leben [müssen] immer neben einander Seyn – das Eine erläuternd und bestätigend das andere". Zur Leseerziehung in Mädchenratgebern des 19. Jahrhunderts. In: Dagmar Grenz/Gisela Wilkending (Hg.): Geschichte der Mädchenlektüre. Mädchenliteratur und gesellschaftliche Situation der Frauen. Weinheim 1997 (Lesesozialisation und Medien), S. 51–71.
Barth, Susanne: Literatur zur weiblichen Erziehung und Bildung. In: Handbuch zur Kinder- und Jugendliteratur. Von 1800 bis 1850. Hg. v. Otto Brunken, Bettina Hurrelmann u. Klaus-Ulrich Pech. Stuttgart 1998, Sp. 735–820.
Barth, Susanne: Mädchenlektüren. Lesediskurse im 18. und 19. Jahrhundert. Frankfurt/M. 2002.
Baumgärtner, Alfred Clemens: Das Abenteuer und die Jugendliteratur: Überlegungen zu einem literarischen Motiv. In: Sub tua platano. Festgabe für Alexander Beinlich. Emsdetten 1981, S. 218–225.
Beauvoir, Simone de: Das andere Geschlecht. Sitte und Sexus der Frau. Aus d. Franz. v. Ulrich Aumüller u. Grete Osterwald. 29.– 32. Tsd. Reinbek 1995.
Beck, Ulrich: Ich bin Ich: Vom Ohne-, Mit- und Gegeneinander der Geschlechter innerhalb und außerhalb der Familie. In: Ders.: Risikogesellschaft. Auf dem Weg in eine andere Moderne. Frankfurt/M. 1996, S. 161–204.
Becker, Susanne: Gattungskonstruktionen in der Geschichte der zirkulierenden Literatur. Rekonstruktionsverfahren am Beispiel des abenteuerliterarischen Netzes 1840 bis 1935. Trier 2000 (Literatur, Imagination, Realität; 24).
Becker-Cantarino, Barbara: Schriftstellerinnen der Romantik. Epoche, Werk, Wirkung. München 2000.
Benjamin, Jessica: Die Fesseln der Liebe. Psychoanalyse, Feminismus und das Problem der Macht. Aus d. Amerikan. v. Nils Thomas Lindquist u. Diana Müller. 16. – 17. Tsd. Frankfurt/M. 1993 (Die Frau in der Gesellschaft).

Benjamin, Jessica: Phantasie und Geschlecht. Psychoanalytische Studien über Idealisierung, Anerkennung und Differenz. Übers. v. Helgard Kramer u.a. Frankfurt/M. 1996 (Die Frau in der Gesellschaft).

Bernstein, George/Lottelore Bernstein: The curriculum for German girls' schools 1870–1914. In: Paedagogica Historica 18 (1978), S. 275–295.

Bertlein, Hermann: Das geschichtliche Buch für die Jugend. Herkunft, Strukturen, Wirkung. Zur Entstehung und Bestimmung eines Jugendbuchzweiges. Frankfurt/M. 1974 (Untersuchungen zur Jugendlektüre; 10).

Binden, Helga/Angelica Diezinger: Historische Konstitution und besondere Gestalt weiblicher Jugend. Mädchen im Blick der Jugendforschung. In: Handbuch der Jugendforschung. Hg. v. Heinz-Hermann Krüger. 2., erw. u. aktualis. Aufl. Opladen 1993, S. 201–222.

Blackwell, Jeannine: An island of her own: Heroines of the German robinsonades from 1720 to 1800. In: German Quaterly 58 (1985) 1, S. 5–26.

Bloch, Ernst: Das Prinzip Hoffnung (1959). Bd. 1. 3. Aufl. Frankfurt/M. 1976.

Bodensee-Dichterspiegel. Dichter und Dichtung vom Bodensee. Lebensbilder, Erzählungen, Skizzen und Gedichte. Hg. v. Hermann Beutten. Vorw. v. Wilhelm Zentner. Konstanz [1949].

Bovenschen, Silvia: Die imaginäre Weiblichkeit. Exemplarische Untersuchungen zu kulturgeschichtlichen und literarischen Präsentationsformen des Weiblichen. Frankfurt/M. 1979.

Brandes, Helga: Das Mädchenbuch der Gründerzeit. Zur Herausbildung einer patriotischen Literatur für Mädchen. In: Jürgen Link/Wulf Wülfing (Hg.): Nationale Mythen und Symbole in der zweiten Hälfte des 19. Jahrhunderts. Strukturen und Funktionen von Konzepten nationaler Identität. Stuttgart 1991 (Sprache und Geschichte; 16), S. 256–274.

Brecht, Christoph: Die Muse der Geschichtsklitterung. Historismus, Realismus und literarische Moderne. In: The Germanic Review 73 (1998), S. 203–219.

Brenner, Peter J.: Der traditionalistische Reisebericht. In: Ders. (Hg.): Reisen in die neue Welt. Die Erfahrung Nordamerikas in deutschen Auswandererberichten des 19. Jahrhunderts. Tübingen 1991 (Studien und Texte zur Sozialgeschichte der Literatur; 35), S. 31–44.

Brick, Barbara: Die Mütter der Nation. Zu Helene Langes Begründung einer ‚weiblichen Kultur'. In: Frauen in der Geschichte. Bd. 4: "Wissen heißt leben ...". Beiträge zur Bildungsgeschichte von Frauen im 18. und 19. Jahrhundert. Hg. v. Ilse Brehmer u.a. Düsseldorf 1983 (Geschichtsdidaktik; 18), S. 99–144.

Brown, Lyn/Carol Gilligan (Hg.): Die verlorene Stimme. Wendepunkte in der Entwicklung von Mädchen. Aus d. Amerikan. v. Dorothea Thieleke u. Wolfgang Fuchs. München 1997 (dialog & praxis).

Bruns, Karin: Machteffekte in Frauentexten. Nationalistische Periodika (1895–1915). In: Ursula A.J. Becher/Jörn Rüsen (Hg.): Weiblichkeit in geschichtlicher Perspektive. Fallstudien und Reflexionen zu Grundproblemen der historischen Frauenforschung. Frankfurt/M. 1988, S. 309–338.

Bruns, Karin: Mythisierte Figuren in Literatur- und Kulturgeschichten für Frauen (1850–1914): Vom "Ewig-Weiblichen" zum "Überweiblichen"? In: Jürgen Link/Wulf Wülfing (Hg.): Nationale Mythen und Symbole in der zweiten Hälfte des 19. Jahrhunderts. Strukturen und Funktionen von Konzepten nationaler Identität. Stuttgart 1991 (Sprache und Geschichte; 16), S. 275–294.

Bruyn, Günter de: Preußens Luise. Vom Entstehen und Vergehen einer Legende. Berlin 2001.

Bublitz, Hannelore: Weiblichkeit als (Alp-)Traum der Geschichte? In: Stationen eines Hochschullebens. Festschrift für Annette Kuhn. Hg. v. Udo Arnold, Peter Meyers u. Uta C. Schmidt. Dortmund 1999, S. 213–229.

Bublitz, Hannelore: Zur Konstitution von Kultur und Geschlecht um 1900. In: Dies./ Christine Hanke/Andrea Seier: Der Gesellschaftskörper. Zur Neuordnung von Kultur und Geschlecht um 1900. Frankfurt/M. 2000, S. 19–95.

Bublitz, Hannelore/Christine Hanke/Andrea Seier: Der Gesellschaftskörper. Zur Neuordnung von Kultur und Geschlecht um 1900. Frankfurt/M. 2000.

Budde, Gunilla-Friederike: Auf dem Weg ins Bürgerleben. Kindheit und Erziehung in deutschen und englischen Bürgerfamilien 1840–1915. Göttingen 1994 (Bürgertum. Beiträge zur europäischen Gesellschaftsgeschichte; 6).

Burdorf, Dieter: Poetik der Form. Eine Begriffs- und Problemgeschichte. Stuttgart 2001.

Bussemer, Herrad U.: Bürgerliche Frauenbewegung und männliches Bildungsbürgertum 1860–1880. In: Ute Frevert (Hg.): Bürger und Bürgerinnen. Geschlechterverhältnisse im 19. Jahrhundert. Göttingen 1988 (Kritische Studien zur Geschichtswissenschaft; 77), S. 190–205.

Bußmann, Hadumod/Renate Hof (Hg.): Genus. Zur Geschlechterdifferenz in den Kulturwissenschaften. Tübingen 1995.

Butler, Judith: Das Unbehagen der Geschlechter. Aus d. Amerikan. v. Kathrina Menke. Frankfurt/M. 1991.

Butler, Judith: Körper von Gewicht. Die diskursiven Grenzen des Geschlechts. Aus d. Amerikan. v. Karin Wördemann. Frankfurt/M. 1993.

Butler, Judith: Psyche der Macht. Das Subjekt der Unterwerfung. Aus d. Amerikan. v. Reiner Ansén. Frankfurt/M. 2001 Gender Studies).

Chasseguet-Smirgel, Janine (Hg.): Psychoanalyse der weiblichen Sexualität. Aus d. Franz. v. Grete Osterwald. Frankfurt/M. 1974.

Christadler, Marieluise: Zwischen Gartenlaube und Genozid. Kolonialistische Jugendbücher im Kaiserreich. In: Becker, Jörg/Charlotte Oberfeld (Hg.): Die Menschen sind arm, weil sie arm sind. Die dritte Welt im Spiegel von Kinder- und Jugendbüchern. Frankfurt/M. 1977, S. 61–98.

Christadler, Marieluise: Kriegserziehung im Jugendbuch. Literarische Mobilmachung in Deutschland und Frankreich vor 1914. Frankfurt/M. 1978. (1978a)

Christadler, Marieluise: Jungdeutschland und Afrika. Imperialistische Erziehung durch das Jugendbuch 1880–1940. In: Becker, Jörg/Rosemarie Rauter (Hg.): Die dritte Welt im Kinderbuch. Wiesbaden 1978 (Theorie und soziale Praxis; 8), S. [36]–57. (1978b)

Cyrus, Hannelore: Von erlaubter und unerlaubter Frauenart, um Freiheit zu kämpfen – Freiheitskämpferinnen im 19. Jahrhundert und die Freie Hansestadt Bremen. In: Helga Grubitzsch/Dies./Elke Haarbusch (Hg.): Grenzgängerinnen. Revolutionäre Frauen im 18. und 19. Jahrhundert. Weibliche Wirklichkeit und männliche Phantasien. Düsseldorf 1985 (Geschichtsdidaktik; 33), S. 19–69.

Dahme, Heinz-Jürgen/Klaus Christian Köhncke: Einleitung. In: Georg Simmel: Schriften zur Philosophie und Soziologie der Geschlechter. Hg. u. eingel. v. dens. Frankfurt 1985, S. 7–[26].

Dahrendorf, Malte: Das Mädchenbuch und seine Leserin. Jugendlektüre als Instrument der Sozialisation. 3., völlig neu bearb. Aufl. Weinheim 1978 (Beltz Monographien Kinder- und Jugendliteraturforschung).

Dauphin, Cécile: Alleinstehende Frauen. In: Geschichte der Frauen. Bd. 4. Hg. v. Geneviève Fraisse u. Michelle Perrot. Übers. v. Heide Musahl u.a. Frankfurt/M.1997, S. [481]–497.

Deutsche Literatur von Frauen. Bd. 1.2. Hg. v. Gisela Brinker-Gabler. München 1988.

Du Moulin Eckart, Richard Graf: Der historische Roman in Deutschland und seine Entwicklung. Berlin 1905.

Düring, Sonja: Wilde und andere Mädchen. Die Pubertät. Freiburg 1993.

Eckhardt, Juliane: Ich habe gehört, Ihr sollt nichts lernen... Historische Sachbücher für Kinder und Jugendliche im Kaiserreich (1871–1918). In: Wissen ist mächtig. Sachbücher für Kinder und Jugendliche von der Aufklärung bis zum Kaiserreich. Ausstellungskatalog. Hg. v. Anne Kuhlmann u. Rainer Söcknick. Oldenburg 1990, S. 97–111.

Eco, Umberto: Apokalyptiker und Integrierte. Zur kritischen Kritik der Massenkultur. Übers. v. Max Looser. Frankfurt/M. 1986.

Eco, Umberto: Lector in fabula. Die Mitarbeit der Interpretation in erzählenden Texten. Übers. v. Heinz G. Held. München 1990.

Eco, Umberto: Im Labyrinth der Vernunft. Texte über Kunst und Zeichen. Hg. v. Michael Franz u. Stefan Richter. Aus d. Ital. u. Engl. 3. Aufl. Leipzig 1995.

Eco, Umberto: Zwischen Autor und Text. Interpretation und Überinterpretation. Mit Einwürfen v. Richard Rorty, Jonathan Culler, Christine Brooke-Rose u. Stefan Collini. Aus d. Engl. v. Hans-Günther Holl. München 1996.

Eggebrecht, Harald: Sinnlichkeit und Abenteuer. Die Entstehung des Abenteuerromans im 19. Jahrhundert. Berlin 1985.

Eggert, Hartmut: Studien zur Wirkungsgeschichte des deutschen historischen Romans 1850–1875. Frankfurt/M. 1971 (Studien zur Philosophie und Literatur des neunzehnten Jahrhunderts; 14).

Eicke, Dagmar-Renate: ‚Teenager' zu Kaisers Zeiten. Die ‚hoehere' Tochter in Gesellschaft, Anstands- und Mädchenbüchern zwischen 1860 und 1900. Marburg 1980 (Marburger Studien zur vergleichenden Ethnosoziologie; 11).

Engelhardt, Ulrich: "...geistig in Fesseln"? Zur normativen Plazierung der Frau als "Kulturträgerin" in der Bürgerlichen Gesellschaft während der Frühzeit der deutschen Frauenbewegung. In: Bildungsbürgertum im 19. Jahrhundert. T. 3. Hg. v. M[ario] Rainer Lepsius. Stuttgart 1992 (Industrielle Welt; 47), S. 113–175.

Erdheim, Mario: Die gesellschaftliche Produktion von Unbewußtheit. Eine Einführung in den ethnopsychoanalytischen Prozeß. Frankfurt/M. 1984.

Erdheim, Mario: Zur Psychogenese der Imagines von Kultur und Familie. In: Volker Friedrich/Heinz Ferstl (Hg.): Bruchstellen in der Psychoanalyse. Neuere Arbeiten zur Theorie und Praxis. Eschborn 1985, S. 66–73.

Erdheim, Mario: Größenphantasien und Geschlechterdifferenz im Berufsbild der Künstlerin. Ethnopsychoanalytische Annäherungen. In: Berlinische Galerie (Hg.): Profession ohne Tradition. 125 Jahre Verein der Berliner Künstlerinnen. Berlin 1992, S. 105–112.

Erdheim, Mario: Weibliche Größenphantasien in Adoleszenz und gesellschaftlichen Umbrüchen. In: Johannes Cremerius (Hg.): Adoleszenz. Würzburg 1997 (Freiburger literaturpsychologische Gespräche; 16), S. [27]–43.

Erziehung zum Krieg – Krieg als Erzieher. Mit dem Jugendbuch für Kaiser, Vaterland und Führer. 1870–1945. Ausstellungskatalog v. Wolfgang Promies u.a. Oldenburg 1979.

Ewers, Hans-Heino/Miriam Mieles: Einleitung. In: Kinder- und Jugendliteratur. Von der Gründerzeit bis zum Ersten Weltkrieg. Eine Textsammlung. Hg. v. dens. Stuttgart 1994, S. [5]–21.

Ewers, Hans-Heino: Eine folgenreiche, aber fragwürdige Verurteilung aller „spezifischen Jugendliteratur". Anmerkungen zu Heinrich Wolgasts Schrift *Das Elend unserer Jugendliteratur* 1896. In: Bernd Dolle-Weinkauff/Ders. (Hg.): Theorien der Jugendlektüre. Beiträge zur Kinder- und Jugendliteraturkritik seit Heinrich Wolgast. Weinheim 1996 (Jugendliteratur – Theorie und Praxis), S. 9–25.

Fast, Irene: Von der Einheit zur Differenz. Psychoanalyse der Geschlechtsidentität. Aus d. Amerikan. v. Elisabeth Vorspohl. Frankfurt/M. 1996 (Geist und Psyche).

Fischer-Homberger, Esther: Krankheit Frau. Zur Geschichte der Einbildungen. Darmstadt 1984.

Fischer-Homberger, Esther: Medizin vor Gericht. Zur Sozialgeschichte der Gerichtsmedizin. Mit Fallbeispielen, zsgest. v. Cécile Ernst. Darmstadt 1988.

Flaake, Karin/Vera King (Hg.): Weibliche Adoleszenz. Zur Sozialisation junger Frauen. 3. Aufl. Frankfurt/M. 1995.

Förster, Birte: Die Konstruktion männlicher und weiblicher Jugend im Krieg im Spiegel von Massenpublikationsmitteln 1914/15. Köln 2000 (Magisterarbeit).

Foucault, Michel: Die Ordnung des Diskurses. Inauguralvorlesung am Collège des France – 2. Dezember 1970. Hg. v. Wolf Lepenies u. Henning Ritter. Übers. v. Walter Seitter. Frankfurt/M. 1977.

Fraisse, Geneviève: Von der sozialen Bestimmung zum individuellen Schicksal. Philosophiegeschichte zur Geschlechterdifferenz. In: Geschichte der Frauen. Bd. 4. Hg. v. Geneviève Fraisse u. Michelle Perrot. Übers. v. Heide Musahl u.a. Frankfurt/M. 1997, S. [63]–95.

Franz-Willing, Georg: Kulturkampf gestern und heute. Eine Säkularbetrachtung 1871–1971. München 1971.

Frauen Literatur Geschichte. Schreibende Frauen vom Mittelalter bis zur Gegenwart. Hg. v. Hiltrud Gnüg u. Renate Möhrmann. 2., vollst. neu bearb. u. erw. Aufl. Stuttgart 1999.

Frederiksen, Elke: Einleitung. In: Die Frauenfrage in Deutschland 1865–1915. Texte und Dokumente. Hg. v. ders. Stuttgart 1981, S. [5]–43.

Freese, Peter: Die Initiationsreise. Studien zum jugendlichen Helden im modernen amerikanischen Roman. Neumünster: Stauffenberg 1971 (Kieler Beiträge zur Anglistik u. Amerikanistik; 9).

Frevert, Ute (Hg.): Bürger und Bürgerinnen. Geschlechterverhältnisse im 19. Jahrhundert. Mit e. Vorw. v. Jürgen Kocka. Göttingen 1988 (Kritische Studien zur Geschichtswissenschaft; 77). (1988a)

Frevert, Ute: Bürgerliche Meisterdenker und das Geschlechterverhältnis. Konzepte, Erfahrungen, Visionen an der Wende vom 18. zum 19. Jahrhundert. In: Dies. (Hg.): Bürger und Bürgerinnen. Geschlechterverhältnisse im 19. Jahrhundert. Mit e. Vorw. v. Jürgen Kocka. Göttingen 1988 (Kritische Studien zur Geschichtswissenschaft; 77), S. 17–48. (1988b)

Frevert, Ute: "Mann und Weib, und Weib und Mann". Geschlechter-Differenzen in der Moderne. München 1995.

Frevert, Ute (Hg.): Militär und Gesellschaft im 19. und 20. Jahrhundert. Stuttgart 1997 (Industrielle Welt; 58).

Frevert, Ute: Der Künstler. In: Dies./Heinz-Gerhard Haupt (Hg.): Der Mensch des 19. Jahrhunderts. Frankfurt/M. 1999, S. [292]–323.

Frevert, Ute: Die kasernierte Nation. Militärdienst und Zivilgesellschaft in Deutschland. München 2001.

Fuchs, Anne/Theo Harden (Hg.): Reisen im Diskurs. Modelle der literarischen Fremderfahrung von den Pilgerberichten bis zur Postmoderne; Tagungsakten des Internationalen Symposiums zur Reiseliteratur, University College Dublin vom 10.–12. März 1994. Unter Mitarb. v. Eva Juhl. Heidelberg 1995 (Neue Bremer Beiträge; 8).

Gerhard, Ute (Hg.): Frauen in der Geschichte des Rechts. Von der Frühen Neuzeit bis zur Gegenwart. München 1997.

Gerhard, Ute/Jürgen Link: Zum Anteil der Kollektivsymbolik an den Nationalstereotypen. In: Jürgen Link/Wulf Wülfing (Hg.): Nationale Mythen und Symbole in der zweiten Hälfte des 19. Jahrhunderts. Strukturen und Funktionen von Konzepten nationaler Identität. Stuttgart 1991 (Sprache und Geschichte; 16), S. 16–52.

Geschichte der Frauen. [Hg. v.] Georges Duby u. Michelle Perrot. Bd. 1: Antike. Bd. 2: Mittelalter. Bd. 3: Frühe Neuzeit. Bd. 4: 19. Jahrhundert. Bd. 5: 20. Jahrhundert. Übers. aus dem Franz. u.a. v. Heide Musahl u.a. Frankfurt/M. 1997.

Geschichte der Mädchen- und Frauenbildung. Bd. 1.2. Hg. v. Elke Kleinau u. Karin Opitz. Frankfurt/M. 1996.

Geulen, Christoph: Die Metamorphose der Identität. Zur 'Langlebigkeit' des Nationalismus. In: Aleida Assmann/Heidrun Friese (Hg.): Identitäten. Frankfurt/M. 1998 (Erinnerung, Geschichte, Identität; 3), S. 346–373.

Gilligan, Carol: Die andere Stimme. Lebenskonflikte und Moral der Frau. Aus d. Amerikan. v. Brigitte Stein. München 1996 (dialog & praxis).

Goetzinger, Germaine: „Allein das Bewußtsein dieses Befreienkönnens ist schon erhebend“. Emanzipation und Roman des Vormärz. In: Deutsche Literatur von Frauen. Bd. 2. Hg. v. Gisela Brinker-Gabler. München 1988, S. 86–104.

Gränzer, Sieglinde: Kolonialreisen als Emanzipationschance? Weiblicher ›Kultur‹transfer in die deutschen Kolonien nach Afrika. In: Doris Jedamski/Hiltgund Jehle/Ulla Siebert (Hg.): "Und tät das Reisen wählen". Frauenreisen – Reisefrauen. Dokumentation des interdisziplinären Symposiums zur Frauenreiseforschung, Bremen 21.–24. Juni 1993. Zürich 1994, S. 262–279.

Gregorovius, Leo: Die Verwendung historischer Stoffe in der erzählenden Literatur. München 1891.

Grenz, Dagmar: Mädchenliteratur. Von den moralisch-belehrenden Schriften im 18. Jahrhundert bis zur Herausbildung der Backfischliteratur im 19. Jahrhundert. Stuttgart 1981.

Grenz, Dagmar: Zur Geschichte der Mädchenliteratur vom 18. Jahrhundert bis 1945. In: Mädchenbücher aus drei Jahrhunderten. Ausstellungskatalog. Bestände der Universitätsbibliothek Oldenburg. Leihgaben und Privatbesitz. Oldenburg 1983, S. 22–33.

Grenz, Dagmar: Von der Nützlichkeit und Schädlichkeit des Lesens. Lektüreempfehlungen in der Mädchenliteratur des 18. Jahrhunderts. In: Dies./Gisela Wilkending (Hg.): Geschichte der Mädchenlektüre. Mädchenliteratur und gesellschaftliche Situation der Frauen. Weinheim 1997 (Lesesozialisation und Medien), S. 15–33. (1997a)

Grenz, Dagmar: ‚Der Trotzkopf‘ – ein Bestseller damals und heute. In: Dies./Gisela Wilkending (Hg.): Geschichte der Mädchenlektüre. Mädchenliteratur und gesellschaftliche Situation der Frauen. Weinheim 1997 (Lesesozialisation und Medien), S. 115–122. (1997b)

Griep, Wolfgang/Annegret Pelz: Frauen reisen. Ein bibliographisches Verzeichnis deutschsprachiger Frauenreisen 1700 bis 1810. Bremen 1995 (Eutiner Kompendien; 1).

Groeben, Norbert (Hg.): Lesesozialisation in der Mediengesellschaft. Tübingen 1999 (Internationales Archiv für Sozialgeschichte der Literatur. 10. Sonderh.).

Groeben, Norbert/Bettina Hurrelmann (Hg.): Lesekompetenz. Bedingungen, Dimensionen, Funktionen. Weinheim 2002 (Lesesozialisation und Medien). (2002a)

Groeben, Norbert/Bettina Hurrelmann (Hg.): Medienkompetenz. Voraussetzungen, Dimensionen, Funktionen. Weinheim 2002 (Lesesozialisation und Medien). (2002b)

Gründer, Horst: Geschichte der deutschen Kolonien. 2., verb. u. erg. Aufl. Paderborn 1991.

Habermas, Jürgen: Strukturwandel der Öffentlichkeit. Untersuchungen zu einer Kategorie der bürgerlichen Gesellschaft. 5. Aufl. Neuwied 1971.

Habinger, Gabriele: Anpassung und Widerspruch. Reisende Europäerinnen des 19. und beginnenden 20. Jahrhunderts im Spannungsverhältnis zwischen Weiblichkeitsideal und kolonialer Ideologie. In: Doris Jedamski/Hiltgund Jehle/Ulla Siebert (Hg.): "Und tät das Reisen wählen". Frauenreisen – Reisefrauen. Dokumentation des interdisziplinären Symposiums zur Frauenreiseforschung, Bremen 21.–24. Juni 1993. Zürich 1994, S. 174–201.

Hagemann, Karen: Nation, Krieg und Geschlechterordnung. In: Geschichte und Gesellschaft 22 (1996), S. 562–591.

Hagemann, Karen: Heldenmütter, Kriegerbräute und Amazonen. Entwürfe „patriotischer“ Weiblichkeit zur Zeit der Freiheitskriege. In: Ute Frevert (Hg.): Militär und Gesellschaft im 19. und 20. Jahrhundert. Stuttgart 1997 (Industrielle Welt; 58), S. 174–200.

Hagemann, Karen: Der ‚Bürger‘ als ‚Nationalkrieger‘. Entwürfe von Militär, Nation und Männlichkeit in der Zeit der Freiheitskriege. In: Dies./Ralf Pröve (Hg.): Landsknechte, Soldatenfrauen und Nationalkrieger. Militär, Krieg und Geschlechterordnung im historischen Wandel. Frankfurt/M. 1998 (Reihe Geschichte und Geschlechter; 26), S. 74–102.

Hagemann, Karen: »Deutsche Heldinnen«: Patriotisch-nationales Frauenhandeln in der Zeit der antinapoleonischen Kriege. In: Ute Planert (Hg.): Nation, Politik und Geschlecht. Frauenbewegungen und Nationalismus in der Moderne. Frankfurt/M. 2000 (Geschichte und Geschlechter; 31), S. 86–112.

Hagemann, Karen: "Mannlicher Muth und Teutsche Ehre". Nation, Militär und Geschlecht zur Zeit der Antinapoleonischen Kriege Preußens. Paderborn 2002 (Krieg in der Geschichte; 8).

Hageman-White, Carol: Berufsfindung und Lebensperspektive in der weiblichen Adoleszenz. In: Karin Flaake/Vera King (Hg.): Weibliche Adoleszenz. Zur Sozialisation junger Frauen. 3. Aufl. Frankfurt/M. 1995, S. 64–83.

Hähner, Olaf: Historische Biographik. Die Entwicklung einer geschichtswissenschaftlichen Darstellungsform von der Antike bis ins 20. Jahrhundert. Frankfurt/M. 1999 (Geschichte und ihre Hilfswissenschaften; 829).

Hahn, Barbara: Unter falschem Namen. Von der schwierigen Autorschaft der Frauen. Frankfurt/M. 1991.

Handbuch zur Kinder- und Jugendliteratur. Begr. von Theodor Brüggemann. [Bd. 1:] Vom Beginn des Buchdrucks bis 1570. [Bd. 2:] Von 1570 bis 1750. [Bd. 3:] Von 1750 bis 1800. [Bd. 4:] Von 1800 bis 1850. Stuttgart 1982–1998 (wird fortges.).

Hanke, Christine: Zwischen Evidenz und Leere. Zur Konstitution von ‚Rasse' im physisch-anthropologischen Diskurs um 1900. In: Hannelore Bublitz/Dies./Andrea Seier: Der Gesellschaftskörper. Zur Neuordnung von Kultur und Geschlecht um 1900. Frankfurt/M. 2000, S. 179–235.

Häntzschel, Günter: Literatur und Krieg. Aspekte der Diskussion aus der Zeitschrift „Das literarische Echo". In: Wolfgang J. Mommsen (Hg.): Kultur und Krieg. Die Rolle der Intellektuellen, Künstler und Schriftsteller im Ersten Weltkrieg. München 1996 (Schriften des Historischen Kollegs; Kolloquien 34), S. [209]–219.

Hausen, Karin: Die Polarisierung der "Geschlechtscharaktere" – eine Spiegelung der Dissoziation von Erwerbs- und Familienleben. In: Conze, Werner (Hg.): Sozialgeschichte der Familie in der Neuzeit Europas. Neuere Forschungen. Stuttgart 1976 (Industrielle Welt; 21), S. 363–401.

Hausen, Karin: "...eine Ulme für das schwanke Efeu". Ehepaare im deutschen Bildungsbürgertum. Ideale und Wirklichkeiten im späten 18. und 19. Jahrhundert. In: Ute Frevert (Hg.): Bürgerinnen und Bürger. Mit e. Vorw. v. Jürgen Kocka. Göttingen 1988 (Kritische Studien zur Geschichtswissenschaft; 77), S. 85–117.

Hausen, Karin: Öffentlichkeit und Privatheit. Gesellschaftspolitische Konstruktionen und die Geschichte der Geschlechterbeziehungen. In: Karin Hausen/Heide Wunder (Hg.): Frauengeschichte – Geschlechtergeschichte. Frankfurt/M. 1992 (Geschichte und Geschlechter; 1), S. 81–88.

Hegele, Wolfgang: Literaturunterricht und literarisches Leben in Deutschland (1850–1990). Historische Darstellung. Systematische Erklärung. Würzburg 1996.

Hesse-Hoerstrup, Dorothee: Lebensbeschreibungen für junge Leser. Die Biographie als Gattung der Jugendliteratur – am Beispiel von Frauenbiographien. Frankfurt/M. 2001 (Kinder- und Jugendkultur, -literatur und -medien; 11).

Heydebrand, Renate/Simone Winko: Arbeit am Kanon: Geschlechterdifferenz in Rezeption und Wertung von Literatur. In: Hadumod Bußmann/Renate Hof (Hg.): Genus. Zur Geschlechterdifferenz in den Kulturwissenschaften. Tübingen 1995, S. 206–261.

Higonnet, Anne: Bilder – Schein und Erscheinung, Muße und Subsistenz. In: Geschichte der Frauen. Bd. 4. Hg. v. Geneviève Fraisse u. Michelle Perrot. Übers. v. Heide Musahl u.a. Frankfurt/M. 1997, S. [283]–311.

Hirschmann, Günther: Kulturkampf im historischen Roman der Gründerzeit 1859–1878. München 1978.

Holz, Claus: Flucht aus der Wirklichkeit. Die 'Ahnen' von Gustav Freytag. Untersuchungen zum realistischen Roman der Gründerzeit 1872–1880. Frankfurt/M. 1983 (Europäische Hochschulschriften, Reihe 1: Deutsche Sprache und Literatur; 624).

Honegger, Claudia: Die Ordnung der Geschlechter. Die Wissenschaft vom Menschen und das Weib 1750–1850. München 1996.

Huerkamp, Claudia: Die Lehrerin. In: Ute Frevert/Heinz-Gerhard Haupt (Hg.): Der Mensch des 19. Jahrhunderts. Übers. aus d. Franz. u.a. v. Monika Noll u.a. Frankfurt/M. 1999, S. [176]–200.

Hull, Isabel V.: ›Sexualität‹ und bürgerliche Gesellschaft. In: Ute Frevert (Hg.): Bürger und Bürgerinnen. Geschlechterverhältnisse im 19. Jahrhundert. Mit e. Vorw. v. Jürgen Kocka. Göttingen 1988 (Kritische Studien zur Geschichtswissenschaft; 77), S. 49–66.

Hurrelmann, Bettina (Hg.): Klassiker der Kinder- und Jugendliteratur. Frankfurt/M. 1995.

Jacobi, Juliane: Zwischen Erwerbsfleiß und Bildungsreligion – Mädchenbildung in Deutschland. In: Geschichte der Frauen. Bd. 4. Hg. v. Geneviève Fraisse u. Michelle Perrot. Übers. v. Heide Musahl u.a. Frankfurt/M. 1997. S. [267]–281.

Jahn, Heinrich: Thea von Harbou. In: Ochsenkopf 2 (1955), S. 8.

Jay, Nancy: Gender and Dichotomy. In: Feminist Studies 7, 1981, S. 38–56.

Jeismann, Michael: Was bedeuten Stereotypen für nationale Identität und politisches Handeln. In: Jürgen Ling/Wulf Wülfing (Hg.): Nationale Mythen und Symbole in der zweiten Hälfte des 19. Jahrhunderts. Strukturen und Funktionen von Konzepten nationaler Identität. Stuttgart 1991 (Sprache und Geschichte; 16), S. 84–93.

Josting, Petra: Der Jugendschrifttums-Kampf des Nationalsozialistischen Lehrerbundes. Hildesheim 1995 (Germanistische Texte und Studien; 50).

Käthner, Martina/Elke Kleinau: Höhere Töchterschulen um 1800. In: Geschichte der Mädchen- und Frauenbildung. Bd. 1. Hg. v. Elke Kleinau u. Karin Opitz. Frankfurt/M. 1996, S. 393–408.

Kehlenbeck, Corinna: Auf der Suche nach der abenteuerlichen Heldin. Weibliche Identifikationsfiguren im Jugendalter. Frankfurt/M. 1996. (1996a)

Kehlenbeck, Corinna: Mädchen brauchen abenteuerliche Heldinnen. In: Berliner Wissenschaftlerinnen stellen sich vor. Hg. v. der Zentraleinrichtung zur Förderung von Frauenstudien und Frauenforschung an der FU Berlin. Berlin 1996. (1996b)

Kerbs, Diethard: Kunsterziehungsbewegung und Kulturreform. In: Kaspar Maase/Wolfgang Kaschuba (Hg.): Schund und Schönheit. Populäre Kultur um 1900. Köln 2001, S. [378]–397.

Kennedy, Katharine D.: Regionalism and nationalism in South German history lessons, 1871–1914. In: German Studies Review 12 (1989), S. [11]–33.

Kinder- und Jugendliteratur. Ein Lexikon. Autoren, Illustratoren, Verlage, Begriffe. Begr. v. Alfred Clemens Baumgärtner u. Heinrich Pleticha. Hg. v. Kurt Franz, Günter Lange u. Franz-Josef Payrhuber. Bd. 1–3. Meitingen 1995–2002 (Loseblattsammlung zur Forts.).

Kipper, Rainer: Der Germanenmythos im deutschen Kaiserreich. Formen und Funktionen historischer Selbstthematisierung. Göttingen 2002 (Formen der Erinnerung; 11).

Kirch, Silke: Mission und Submission. Die ‚Frauenfrage' in den afrikanischen Kolonien im Spiegel des Mädchenkolonialromans um 1900. In: Jahrbuch für Historische Bildungsforschung. Bd. 8. Bad Heilbrunn 2002, S. 31–56.

Klein, Christian (Hg.): Grundlagen der Biographik. Theorie und Praxis des biographischen Schreibens. Stuttgart 2002. (Klein 2002a)

Klika, Dorle: Auf der Suche nach einer neuen Identität. Aspekte weiblicher Entwicklung und Bildung im 19. Jahrhundert. In: Neue Sammlung 32 (1992), S. [589]–604.

Klinger, Cornelia: Beredtes Schweigen und verschwiegenes Sprechen: Genus im Diskurs der Philosophie. In: Hadumod Bußmann/Renate Hof (Hg.): Genus. Zur Geschlechterdifferenz in den Kulturwissenschaften. Stuttgart 1995, S. [34]–59.

Klinger, Cornelia: "Für den Staat ist das Weib die Nacht". Die Ordnung der Geschlechter und ihr Verhältnis zur Politik. In: Zeitschrift für Frauenforschung 17 (1999), Sonderh. 2, S. 13–41.

Klotz, Volker: Abenteuer-Romane. In: Zdenko Skreb/Uwe Baur (Hg.): Erzählgattungen der Trivialliteratur. Innsbruck 1984 (Innsbrucker Beiträge zur Kulturwissenschaft. Germanistische Reihe; 18), S. 113–123.

Klotz, Volker: Abenteuer-Romane: Sue, Dumas, Retcliffe, May, Verne. München 1979.
Knibiehler, Yvonne: Geschichte der Väter. Eine kultur- und sozialhistorische Spurensuche. Freiburg 1996 (Frau, Kultur, Geschichte; 5).
König, Gudrun M.: Im Bann der Dinge. Geschmackserziehung und Geschlechterpolitik. In: Kaspar Maase/Wolfgang Kaschuba (Hg.): Schund und Schönheit. Populäre Kultur um 1900. Köln 2001, S. [343]–377.
Kord, Susanne: Sich einen Namen machen. Anonymität und weibliche Autorschaft 1700–1900. Stuttgart 1996 (Ergebnisse der Frauenforschung; 41).
Kosch, Günter/Manfred Nagl: Der Kolportageroman. Bibliographie 1850–1960. Mit e. Beil.: Der Kolportagebuchhandel. Praktische Winke. Von Friedrich Streissler (1887). Stuttgart 1993.
Kratzsch, Gerhard: Kunstwart und Dürerbund. Ein Beitrag zur Geschichte der Gebildeten im Zeitalter des Imperialismus. Göttingen 1969.
Krienke, Jutta: „Liebste Freundin! Ich will dir gleich schreiben ..." Zur Ausbildung des unmittelbaren Erzählens am Beispiel der Verwendung des Briefes in der Kinderliteratur des 19. Jahrhunderts (Anna Stein, Alise Averdieck, Ottilie Wildermuth, Tony Schumacher). Frankfurt/M. 2001 (Kinder- und Jugendkultur, -literatur und -medien; 14).
Kristeva, Julia: Fremde sind wir uns selbst. Übers. v. Xenia Rajewski. Frankfurt/M. 1990.
Kuhn, Bärbel: Familienstand ledig. Ehelose Frauen und Männer im Bürgertum (1850–1914). Köln 2000 (L'homme. Schriftenreihe zur Feministischen Geschichtswissenschaft; 5).
Kuppler, Elisabeth: Weiblichkeitsmythen zwischen gender, race und class: True Womanhood im Spiegel der Geschichtsschreibung. In: Hadumod Bußmann/Renate Hof (Hg.): Genus. Zur Geschlechterdifferenz in den Kulturwissenschaften. Stuttgart 1995, S. [262]–291.
Krumeich, Gerd: Jeanne d'Arc in der Geschichte. Historiographie, Politik, Kultur. Sigmaringen 1989 (Beihefte der Francia; 19).
Kullmann, Thomas: Weibliche und männliche Rollen in englischen Kinderromanen der viktorianischen Zeit. In: Christiane Bimberg (Hg.): Pespektiven der englischsprachigen Kinder- und Jugendliteratur. Perspectives on children's literature in English. Kartause-Schmülling 2000, S. 19–63.
Laqueur, Thomas: Auf den Leib geschrieben. Die Inszenierung der Geschlechter von der Antike bis Freud. Aus d. Engl. übers. v. H. Jochen Bußmann. München 1996.
Landweer, Hilge: Das Märtyrerinnenmodell. Zur diskursiven Erzeugung weiblicher Identität. Pfaffenweiler 1990.
Landweer, Hilge: Generativität und Geschlecht. Ein blinder Fleck in der sex/gender-Debatte. In: Theresa Wobbe/Gesa Lindemann (Hg.): Denkachsen. Zur theoretischen und institutionellen Rede vom Geschlecht. Frankfurt/M. 1994 (Gender Studies), S. 147–[176].
Lehnert, Gertrud: Maskeraden und Metamorphosen. Als Männer verkleidete Frauen in der Literatur. Würzburg 1994. (1994a)
Lehnert, Gertrud: Phantasie und Geschlechterdifferenz. Plädoyer für eine feministisch-komparatistische Mädchenliteraturforschung. In: Hans-Heino Ewers/Dies./Emer O'Sullivan (Hg.): Kinderliteratur im interkulturellen Prozeß. Studien zur allgemeinen und vergleichenden Kinderliteraturwissenschaft. Stuttgart 1994, S. 27–44. (1994b)
Lehnert, Gertrud: Mädchenliteraturforschung. In: Kinder- und Jugendliteraturforschung 1994/95. Hg. v. Hans-Heino Ewers u.a. Stuttgart 1995, S. 111–125.
Lexikon der Kinder- und Jugendliteratur. Bd. 1–3. u. 1 Erg.- u. Reg.-Bd. Hg. v. Klaus Doderer. Frankfurt/M. 1984.
Lexikon der Reise- und Abenteuerliteratur. Autoren, Themen/Aspekte, Illustratoren, Verlage. Reihenbibliographien. Hg. v. Friedrich Schegk u. Heinrich Wimmer. Bd. 1–10. Meitingen 1988–2001 (Loseblattsammlung zur Forts.).
Lexikon deutschsprachiger Schriftstellerinnen 1800–1945. Hg. v. Gisela Brinker-Gabler, Karola Ludwig u. Angela Wöffen. München 1986.

Limlei, Michael: Geschichte als Ort der Bewährung. Menschenbild und Gesellschaftsverständnis in den deutschen historischen Romanen (1820–1890). Frankfurt/M. 1988 (Studien zur deutschen Literatur des 19. und 20. Jahrhunderts; 5).

Linse, Ulrich: Das wahre Zeugnis. Eine psychohistorische Deutung des Ersten Weltkriegs. In: Vondung, Klaus (Hg.): Kriegserlebnis. Der erste Weltkrieg in der literarischen Gestaltung und symbolischen Deutung der Nationen. Göttingen 1980, S. 90–114.

Louise Otto-Peters. Ihr literarisches und publizistisches Werk. Katalog zur Ausstellung. Hg. im Auftr. d. Louise-Otto-Peters-Gesellschaft e.V. v. Johanna Ludwig u. Rita Jorek. Leipzig 1995.

Loster-Schneider, Gudrun: Rehistorisierung des Geschlechterdiskurses im frühen Realismus? Historische Romane aus gendersensibler Perspektive am Beispiel von Amalie Schoppes *Marat* (1838). In: Uwe Dethloff (Hg.): Europäische Realismen. Facetten – Konvergenzen – Differenzen. [...]. St. Ingbert 2001 (Annales Universitatis Saraviensis; 18), S. [239]-262.

Maase, Kaspar: Grenzenloses Vergnügen. Der Aufstieg der Massenkultur 1850–1970. Frankfurt/M. 1997.

Maase, Kaspar: Krisenbewußtsein und Reformorientierung. Zum Deutungshorizont der Gegner der modernen Populärkünste 1880–1918. In: Ders./Wolfgang Kaschuba (Hg.): Schund und Schönheit. Populäre Kultur um 1900. Köln 2001, S. 290–342.

Maase, Kaspar/Wolfgang Kaschuba (Hg.): Schund und Schönheit. Populäre Kultur um 1900. Köln 2001.

Machtemes, Ursula: Leben zwischen Trauer und Pathos. Bildungsbürgerliche Witwen im 19. Jahrhundert. Osnabrück 2001.

Maertin, Ralf-Peter: Wunschpotentiale: Geschichte und Gesellschaft in Abenteuerromanen von Retcliff, Armand, May. Königstein 1983 (Literatur in der Geschichte, Geschichte in der Literatur; 10).

Mahlendorf, Ursula von: Der weiße Rabe fliegt. Zum Künstlerinnenroman im 20. Jahrhundert. In: Deutsche Literatur von Frauen. Bd. 2. Hg. v. Gisela Brinker-Gabler. München 1988, S. 445–459.

Maier, Karl Ernst: Jugendliteratur. 8., neu bearb. Aufl. v. „Jugendschrifttum". Bad Heilbrunn 1980.

Maler, Anselm: Exotische Realienschau. Anmerkungen zur ethnographischen Erzählweise im Überseeroman des 19. Jahrhunderts. In: Anselm Maler (Hg.): Exotische Welt in populären Lektüren. Tübingen 1990, S. [3]–17.

Malmede, Hans: Vom ‚Genius des Bösen' oder: Die ‚Entartung' von Minderjährigen. Negative Kindheitsbilder und defensive Modernisierung in der Epoche des Deutschen Kaiserreichs 1871–1918. In: Christa Berg (Hg.): Kinderwelten. Frankfurt/M. 1991, S. 187–214.

Mamozai, Martha: Schwarze Frau, weiße Herrin. Frauenleben in den deutschen Kolonien. 13.– 21. Tsd. Reinbek 1989 (Frauen aktuell).

McNicholl, Rachel/Kerstin Wilhelms: Romane von Frauen. In: Gert Sautermeister/Ulrich Schmid (Hg.): Zwischen Restauration und Revolution 1815–1848. München 1998 (Hansers Sozialgeschichte der deutschen Literatur vom 16. Jahrhundert bis zur Gegenwart; 5), S. 210–233.

Mengel, Ewald: Geschichtsbild und Romankonzeption. Drei Typen des Geschichtsverstehens im Reflex der Form des englischen historischen Romans. Heidelberg 1986.

Mergner, Gottfried/Ansgar Häfner (Hg.): Der Afrikaner im deutschen Kinder- und Jugendbuch. Untersuchungen zur rassistischen Stereotypenbildung im deutschen Kinder- und Jugendbuch von der Aufklärung bis zum Nationalsozialismus. 2., überarb. Aufl. Hamburg 1989.

Metzler Lexikon Literatur- und Kulturtheorie. Ansätze – Personen – Grundbegriffe. Hg. v. Ansgar Nünning. Stuttgart 1998.

Möhrmann, Renate: Die andere Frau. Emanzipationsansätze deutscher Schriftstellerinnen im Vorfeld der Achtundvierziger-Revolution. Stuttgart 1977.

Möhrmann, Renate: Women's work as portrayed in women's literature. In: Ruth-Ellen B. Joeres/Mary Jo Maynes (Hg.): German women in the eighteenth and nineteenth centuries. A social and literary history. Bloomington 1986, S. 61–77.

Moi, Toril: Sexus, Text, Herrschaft. Feministische Literaturtheorie. Aus d. Engl. v. Elfi Hartenstein, Sylvia James u. Ellen Scholz. Bremen 1989.

Mommsen, Wolfgang J.: Bürgerliche Kultur und künstlerische Avantgarde 1870–1918. Kultur und Politik im deutschen Kaiserreich. Frankfurt/M. 1994.

Mommsen, Wolfgang J. (Hg.): Kultur und Krieg. Die Rolle der Intellektuellen, Künstler und Schriftsteller im Ersten Weltkrieg. München 1996 (Schriften des Historischen Kollegs; Kolloquien 34).

Müllenbrock, Heinz-Joachim: Der historische Roman des 19. Jahrhunderts. Heidelberg 1980 (Forum Anglistik).

Muraro, Luisa: Jenseits der Gleichheit. In: Diotima: Jenseits der Gleichheit. Über Macht und die weiblichen Wurzeln der Autorität. Übers. v. Dorothee Markert u. Antje Schrupp. Königstein 1999 (aktuelle frauenforschung), S. 149–189.

Nünning, Ansgar: Von historischer Fiktion zur historiographischer Metafiktion. Trier 1995.

Nünning, Ansgar F.: ‚*Her*story' als ‚History': Bausteine für eine (noch zu schreibende) Geschichte des historischen Frauenromans. In: Gender, Culture, Poetics. Zur Geschlechterforschung in der Literatur- und Kulturwissenschaft. Festschrift für Natascha Würzbach. Hg. v. Andrea Gutenberg u. Ralf Schneider. Trier 1999, S. [277]–312.

O'Brien, Catherine: Women's fictional responses to the First World War. A comparative study of selected texts by French and German writers. New York 1997 (Studies in Modern German literature; 82).

Ott, Elisabeth: Historische Romane für Kinder und Jugendliche. Die römische Geschichte und die Französische Revolution im Spiegel der historischen Kinder- und Jugendliteratur der Jahre 1960–1983. Frankfurt/M. 1985 (Studien zur Kinder- und Jugendmedien-Forschung; 10).

Parr, Rolf/Wulf Wülfing: Literarische und schulische Praxis (1854–1890). In: Eduard McInnes/Gerhard Plumpe (Hg.): Bürgerlicher Realismus und Gründerzeit 1848–1890. München 1996, S. 176–210 (Hansers Sozialgeschichte der deutschen Literatur vom 16. Jahrhundert bis zur Gegenwart; 6).

Pech, Klaus-Ulrich: Technik im Jugendbuch. Sozialgeschichte populärwissenschaftlicher Jugendliteratur im 19. Jahrhundert. Weinheim 1998.

Pech, Klaus-Ulrich: „Mit traurigen Dingen treibt ein edler Mensch kein Spiel." Krieg und Kriegsspiel in der Kinder- und Jugendliteratur. In: Aggression, Gewalt, Kriegsspiel. Tagungsband des Internationalen Symposions vom 23. und 24. Oktober 1999 aus Anlaß der Ausstellung „Krieg in der Kinderstube. Zur Geschichte des Kriegsspielzeugs". Hg. im Auftr. d. Stiftung Lore und Wolfgang Hoffmann für Spielzeug- und Kindheitsforschung v. Heinz-Peter Mielke. Grefrath 2001, S. 162–185.

Pellatz, Susanne: Körperbilder in Mädchenratgebern. Pubertätslektüre zur Zeit der Formierung bürgerlicher Kultur. Weinheim, München 1999 (Lesesozialisation und Medien).

Pellatz, Susanne: Geschichte als Krieg und Abenteuer. In: GeschichtsBilder. Historische Jugendbücher aus vier Jahrhunderten. Ausstellungskatalog zur Ausstellung in der Staatsbibliothek zu Berlin – Preußischer Kulturbesitz. Berlin 2000, S. 115–132.

Pelz, Annegret: „...von einer Fremde in die andere?" Reiseliteratur von Frauen. In: Deutsche Literatur von Frauen. Hg. v. Gisela Brinker-Gabler. Bd. 2. München 1988. S. 143–153.

Pelz, Annegret: Ob und wie Frauenzimmer reisen sollen? Das „reisende Frauenzimmer" als eine Entdeckung des 18. Jahrhunderts. In: Wolfgang Griep (Hg.): Sehen und Beschreiben. Europäische Reisen im 18. und frühen 19. Jahrhundert. Heide 1991 (Eutiner Forschungen; 1), S. [125]–135. (1991a)

Pelz, Annegret: Reisen Frauen anders? Von Entdeckerinnen und reisenden Frauenzimmern. In: Hermann Bausinger/Klaus Beyrer/Gottfried Korff (Hg.): Reisekultur. Von der Pilgerfahrt zum modernen Tourismus. München 1991, S. 174–178. (1991b)

Pelz, Annegret: Reisen durch die eigene Fremde. Reiseliteratur von Frauen als autogeographische Schriften. Köln 1993 (Literatur, Kultur, Geschlecht; 2).

Peterson, Brent O.: The fatherland's kiss of death. Gender and Germany in nineteenth-century historical fiction. In: Patricia Herminghause/Magda Müller (Hg.): Gender and Germanness. Cultural productions of nation. [o.O.] 1997, S. 82–97.

Planert, Ute (Hg.): Nation, Politik und Geschlecht. Frauenbewegungen und Nationalismus in der Moderne. Frankfurt/M. 2000 (Geschichte und Geschlechter; 31).

Potts, Lydia (Hg.): Aufbruch und Abenteuer. Frauen-Reisen in die Welt ab 1785. Frankfurt/M. 1995 (Die Frau in der Gesellschaft).

Promies, Wolfgang: Die Erziehung zum Krieg in der Jugendliteratur des Kaiserreichs 1871–1918. In: Erziehung zum Krieg – Krieg als Erzieher. Mit dem Jugendbuch für Kaiser, Vaterland und Führer. 1870–1945. Ausstellungskatalog v. dems. u.a. Oldenburg 1979, S. 9–37.

Pytlik, Anna: Die schöne Fremde: Frauen entdecken die Welt. Katalog zur Ausstellung in der Württembergischen Landesbibliothek Stuttgart, 9. Oktober bis 21. Dezember 1991. Stuttgart 1991.

Radkau, Joachim: Das Zeitalter der Nervosität. Deutschland zwischen Bismarck und Hitler. München 1998.

Reder, Dirk Alexander: Frauenbewegung und Nation. Patriotische Frauenvereine in Deutschland im frühen 19. Jahrhundert (1813–1830). Köln 1998 (Kölner Beiträge zur Nationsforschung; 4).

Rohde-Dachser, Christa: Expedition in den dunklen Kontinent. Weiblichkeit im Diskurs der Psychoanalyse. 2., unveränd. Nachdr. Berlin 1992 (Psychoanalyse der Geschlechterdifferenz).

Rosenbaum, Heidi: Formen der Familie. Untersuchungen zum Zusammenhang von Familienverhältnissen, Sozialstruktur und sozialem Wandel in der deutschen Gesellschaft des 19. Jahrhunderts. Frankfurt/M. 1982.

Sack, Birgit: Katholizismus und Nation: Der katholische Frauenbund. In: Ute Planert (Hg.): Nation, Politik und Geschlecht. Frauenbewegungen und Nationalismus in der Moderne. Frankfurt/M. 2000 (Geschichte und Geschlechter; 31), S. 292–305.

Sandkühler, Thomas/Hans-Günter Schmidt: "Geistige Mütterlichkeit" als nationaler Mythos im Deutschen Kaiserreich. In: Jürgen Link/Wulf Wülfing (Hg.): Nationale Mythen und Symbole in der zweiten Hälfte des 19. Jahrhunderts. Strukturen und Funktionen von Konzepten nationaler Identität. Stuttgart 1991 (Sprache und Geschichte; 16), S. 237–255.

Sauerbaum, Evelyn: Die unvollständige Familie und die Geburt des weiblichen Selbst. "Papas Junge" von Henny Koch – ein erfolgreicher Mädchenroman der Jahrhundertwende in neuer Sicht. In: Hans-Heino Ewers/Inge Wild (Hg.): Familienszenen. Die Darstellung familialer Kindheit in der Kinder- und Jugendliteratur. München 1999, S. 63–76. (1999a)

Sauerbaum, Evelyn: Selbstentfaltung zwischen Autonomie und Intimität. Literarische Darstellungen weiblicher Adoleszenz im Mädchenbuch und Frauenroman. Frankfurt/M. 1999 (Kinder- und Jugendkultur, -literatur und -medien; 3). (1999b)

Schabert, Ina: *Gender* als Kategorie einer neuen Literaturgeschichtsschreibung. In:
Hadumod Bußmann/Renate Hof (Hg.): Genus. Zur Geschlechterdifferenz in den Kulturwissenschaften. Tübingen 1995, S. 162–204.

Schabert, Ina/Barbara Schaff (Hg.): Autorschaft. Genus und Genie in der Zeit um 1800. Berlin 1994 (Geschlechterdifferenz und Literatur; 1).

Schäffner, Wolfgang: Transformationen. Schreber und die Geschlechterpolitik um 1900. In: Elfi Bettinger/Julika Funk (Hg.): Maskeraden. Geschlechterdifferenz in der literarischen Inszenierung. Berlin 1995 (Geschlechterdifferenz & Literatur; 3), S. 273–291.

Schenda, Rudolf: Schundliteratur und Kriegsliteratur. Ein kritischer Forschungsbericht zur Sozialgeschichte der Jugendlesestoffe im Wilhelminischen Zeitalter. In: Karl Ernst Maier (Hg.): Historische Aspekte zur Jugendliteratur. Stuttgart 1974, S. 72–87, 132–138.

Scheuer, Helmut: Biographie. Studien zur Funktion und zum Wandel einer literarischen Gattung vom 18. Jahrhundert bis zur Gegenwart. Stuttgart 1979. (1979a)

Scheuer, Helmut: Kunst und Wissenschaft. Die moderne literarische Biographie. In: Grete Klingenstein/Heinrich Lutz/Gerald Stourzh (Hg.): Biographie und Geschichtswissenschaft. Aufsätze zu Theorie und Praxis biographischer Arbeit. München 1979, S. [81]–110. (1979b)

Scheuer, Helmut: Biographie. Überlegungen zu einer Gattungsbeschreibung. In: Reinhold Grimm/Jost Hermand (Hg.): Vom Anderen und vom Selbst. Beiträge zu Fragen der Biographie und Autobiographie. Königsstein 1982, S. 9–29.

Scheuer, Helmut: Biographie. In: Historisches Wörterbuch der Rhetorik. Hg. v. Gert Ueding, mitbegr. v. Walter Jens. Bd. 1. Tübingen 1992, Sp. 30–43.

Scheuer, Helmut: Biographie. In: Moderne Literatur in Grundbegriffen. Hg. v. Dieter Borchmeyer u. Viktor Zmegac. 2., neu bearb. Aufl. Tübingen 1994, S. 48–54.

Schmersahl, Katrin: Medizin und Geschlecht. Zur Konstruktion der Kategorie Geschlecht im medizinischen Diskurs des 19. Jahrhunderts. Opladen 1998 (Sozialwissenschaftliche Studien; 36).

Schmidt-Dumont, Geralde: Sexualität und Beziehung der Geschlechter in der Jugendliteratur 1885–1920. In: Gertrud Lehnert (Hg.): Inszenierungen der Weiblichkeit. Weibliche Kindheit und Adoleszenz in der Literatur des 20. Jahrhunderts. Opladen 1996, S. 193–213.

Schmiedt, Helmut: Der exotische Abenteuerroman des 19. Jahrhunderts in seiner Entwicklung zur Jugendlektüre. In: Ausbruch und Abenteuer. Deutsche und englische Abenteuerliteratur von Robinson bis Winnetou. Ausstellungskatalog v. Kevin Carpenter u. Bernd Steinbrink. Oldenburg 1984, S. 109–121.

Schön, Erich: Weibliches Lesen. Romanleserinnen im späten 18. Jahrhundert. In: Helga Gallas/Magdalene Heuser (Hg.): Untersuchungen zum Roman von Frauen um 1800. Tübingen 1990, S. 20–40.

Schroeder, Hiltrud: Die „verkümmerte“ und „verbitterte“ Lehrerin. Die Debatte um das Lehrerinnenzölibat in der ersten Frauenbewegung. In: Die Deutsche Schule (1990), Beih. 1, S. 199–208.

Schuller, Marianne: ‚Weibliche Neurose‘ und Identität. Zur Diskussion der Hysterie um die Jahrhundertwende. In: Dietmar Kamper/Christoph Wulf (Hg.): Die Wiederkehr des Körpers. Frankfurt/M. 1982, S. 180–192.

Schuller, Marianne: ‚Weibliche Neurose‘ und ‚kranke Kultur‘. In: Dies.: Im Unterschied. Lesen / Korrespondieren / Adressieren. Frankfurt/M. 1990, S. 13–45.

Schulte, Regina: Die Schwester des kranken Kriegers. Verwundetenpflege im Ersten Weltkrieg. In: Dies.: Die verkehrte Welt des Krieges. Studien zu Geschlecht, Religion und Tod. Frankfurt/M 1998 (Geschichte und Geschlechter; 25), S. 95–114. (1998a)

Schulte, Regina: Der Aufstieg der konstitutionellen Monarchie und das Gedächtnis der Königin. In: Historische Anthropologie 6 (1998), S. 76–103. (1998b)

Schwarzer, Petra: Weiße Frauen und „Negerweiber“ in der Kolonialliteratur für die weibliche Jugend von der Jahrhundertwende bis zum Ersten Weltkrieg. In: Gottfried Mergner/Ansgar Häfner (Hg.): Der Afrikaner im deutschen Kinder- und Jugendbuch: Untersuchungen zur rassistischen Stereotypenbildung im deutschen Kinder- und Jugendbuch von der Aufklärung bis zum Nationalsozialismus. 2., überarb. Aufl. Hamburg 1989, S. 105–112.

Siebert, Ulla: Grenzlinien. Selbstrepräsentationen von Frauen in Reisetexten 1871 bis 1914. Münster 1998 (Internationale Hochschulschriften; 246).

Soden, Kristine von: Auf dem Weg in die Tempel der Wissenschaft. Zur Durchsetzung des Frauenstudiums im Wilhelminischen Deutschland. In: Ute Gerhard (Hg.): Frauen

in der Geschichte des Rechts. Von der Frühen Neuzeit bis zur Gegenwart. München 1997, S. [617]–632.
Soden, Kristine von: Kamarad, ich bin ein Mädchen. Vor 185 Jahren fiel Eleonore Prochaska als Soldat. In: *Frankfurter Rundschau* vom 5. Dezember 1998.
Stadtbild und Frauenleben. Berlin im Spiegel von 16 Frauenporträts. Hg. v. Henrike Hülsbergen. Berlin 1997 (Berlinische Lebensbilder; 9).
Steinbrink, Bernd: Abenteuerliteratur des 19. Jahrhunderts in Deutschland. Studien zu einer vernachlässigten Gattung. Tübingen 1983 (Studien zur deutschen Literatur; 72).
Steinecke, Hartmut: Die Rezeption der historischen Romane Walter Scotts in Deutschland von Willibald Alexis bis Theodor Fontane. In: Ders.: Romanpoetik von Goethe bis Thomas Mann. Entwicklungen und Probleme der ‚demokratischen' Kunstform. München 1987, S. 76–100.
Steinlein, Rüdiger: Geschichte als Jugendliteratur. Anmerkungen zu Entwicklung und Funktion eines besonderen Genres. In: GeschichtsBilder. Historische Jugendbücher aus vier Jahrhunderten. Ausstellungskatalog zur Ausstellung in der Staatsbibliothek zu Berlin – Preußischer Kulturbesitz. Berlin 2000, S. 14–56.
Stern, Fritz: Kulturpessimismus als politische Gefahr. Eine Analyse nationaler Ideologie in Deutschland. Bern 1963.
Stodolsky, Catherine: Geschlecht und Klasse im Kaiserreich. Das Beispiel der ‚Lehrerinnenfrage'. In: Hanna Schissler (Hg.): Geschlechterverhältnisse im historischen Wandel. Frankfurt/M. 1993 (Geschichte und Geschlechter; 3), S. 164–184.
Stöhr, Irene: "Organisierte Mütterlichkeit". Zur Politik der deutschen Frauenbewegung um 1900. In: Karin Hausen (Hg.): Frauen suchen ihre Geschichte. München 1983, S. 221–249.
Stollberg-Rilinger, Barbara: Väter der Frauengeschichte? Das Geschlecht als historiographische Kategorie im 18. und 19. Jahrhundert. In: Historische Zeitschrift 262 (1996), S. [39]–71.
Storim, Mirjam: "Einer, der besser ist, als sein Ruf". Kolportageroman und Kolportagebuchhandel um 1900 und die Haltung der Buchbranche. In: Kaspar Maase/Wolfgang Kaschuba (Hg.): Schund und Schönheit. Populäre Kultur um 1900. Köln 2001, S. [252]–282.
Streiffeler, Friedhelm: Eine psychologische Deutung des Heldentums in der kolonialen Jugendliteratur. In: Gottfried Mergner/Ansgar Häfner (Hg.): Der Afrikaner im deutschen Kinder- und Jugendbuch. Untersuchungen zur rassistischen Stereotypenbildung im deutschen Kinder- und Jugendbuch von der Aufklärung bis zum Nationalsozialismus. 2., überarb. Aufl. Hamburg 1989, S. 30–36.
Süchting-Hänger, Andrea: Das „Gewissen der Nation". Nationales Engagement und politisches Handeln konservativer Frauenorganisationen 1900 bis 1937. Düsseldorf 2002 (Schriften des Bundesarchivs; 59).
Tebben, Karin (Hg.): Beruf: Schriftstellerin. Schreibende Frauen im 18. und 19. Jahrhundert. Göttingen 1998. (1998a)
Tebben, Karin: Soziokulturelle Bedingungen weiblicher Schriftkultur im 18. und 19. Jahrhundert. In: Dies.: Beruf: Schriftstellerin. Schreibende Frauen im 18. und 19. Jahrhundert. Göttingen 1998, S. [10]–46. (1998b)
Theweleit, Klaus: männerphantasien. Bd. 1.2. Reinbek 1980.
Toebs, Michaela: Paula Modersohn-Becker. Eine Untersuchung ihrer Briefe und Tagebücher. Köln 1995 (Staatsexamensarbeit für das Lehramt).
Twellmann, Margrit: Die deutsche Frauenbewegung. Ihre Anfänge und erste Entwicklung 1843–1889. Frankfurt/M. 1993 (athenäums studienbuch Geschichte).
Titzmann, Michael: Die Konzeption der ‚Germanen' in der deutschen Literatur des 19. Jahrhunderts. In: Jürgen Link/Wulf Wülfing (Hg.): Nationale Mythen und Symbole in der zweiten Hälfte des 19. Jahrhunderts. Strukturen und Funktionen von Konzepten nationaler Identität. Stuttgart 1991 (Sprache und Geschichte; 16), S. 120–145.

Über Hermaphroditismus. Herculine Barbin, Michel Foucault. Hg. u. mit e. Nachw. vers. v. Wolfgang Schäffner u. Joseph Vogl. Frankfurt/M. 1998 (Gender Studies).

Ueding, Gert: Glanzvolles Elend. Versuch über Kitsch und Kolportage. Frankfurt/M. 1973.

Ueding, Gert: ›Das Geschriebene verschwindet, so rein ist die Fremde nah‹. Über einige Hauptmotive der Kolportage. In: Anselm Maler (Hg.): Exotische Welt in populären Lektüren. Tübingen 1990, S. [95]–110.

Vinken, Barbara: Die deutsche Mutter. Der lange Schatten eines Mythos. München 2001.

Vogl, Joseph: Krieg und expressionistische Literatur. In: Hansers Sozialgeschichte der deutschen Literatur. Bd. 7. Hg. v. York-Gothart Mix. München 2000, S. 555–565.

Vondung, Klaus (Hg.): Kriegserlebnis. Der erste Weltkrieg in der literarischen Gestaltung und symbolischen Deutung der Nationen. Göttingen 1980.

Voß, Irmgard: Wertorientierungen in der bürgerlichen Mädchenerziehung am Beispiel der illustrierten Mädchenzeitung „Das Kränzchen" 1888/89–1933/34. Hamburg 1997 (Studien zur Kindheits- und Jugendforschung; 15).

Voßkamp, Wilhelm: Gattungen. In: Literaturwissenschaft. Ein Grundkurs. Hg. v. Helmut Brackert u. Jörn Stückrath. Reinbek 1992, S. [253]–269.

Wagner-Winterhager, Luise: Die kulturelle Formierung der Töchter. Neue Sammlung 31 (1991), S. [48]–65.

Weber-Kellermann, Ingeborg: Frauenleben im 19. Jahrhundert. München 1988.

Wehinger, Brunhilde: Reisen und schreiben. Weibliche Grenzüberschreitungen in Reiseberichten. Romanistische Zeitschrift für Literaturgeschichte 10 (1986), H. 3/4, S. 360–380.

Wehler, Hans-Ulrich: Deutsche Gesellschaftsgeschichte. Bd. 3: Von der »Deutschen Doppelrevolution« bis zum Beginn des Ersten Weltkrieges: 1849–1914. München 1995.

Weickmann, Dorion: Rebellion der Sinne. Hysterie – ein Krankheitsbild als Spiegel der Geschlechterordnung (1880–1920). Frankfurt/M. 1997.

Weigel, Sigrid: ‚und führen jetzt die Feder statt der Nadel': Vom Dreifachcharakter weiblicher Schreibarbeit – Emanzipation, Erwerb und Kunstanspruch. In: Frauen in der Geschichte. Bd. 4: "Wissen heißt leben ...". Beiträge zur Bildungsgeschichte von Frauen im 18. und 19. Jahrhundert. Hg. v. Ilse Brehmer u.a. Düsseldorf 1983 (Geschichtsdidaktik; 18), Düsseldorf 1983, S. 347–406.

Weigel, Sigrid: Der schielende Blick. In: Inge Stephan/Dies.: Die verborgene Frau. Sechs Beiträge zu einer feministischen Literaturwissenschaft. Berlin 1988 (Argument-Sonderband 96), S. 83–137.

Weigel, Sigrid: Zum Verhältnis von ›Wilden‹ und ›Frauen‹ im Diskurs der Aufklärung. In: Dies.: Topographien der Geschlechter. Kulturgeschichtliche Studien zur Literatur. Reinbek 1990, S. 118–[148]. (1990a)

Weigel, Sigrid: Rekonstruktion und Re-Lektüre. In: Dies.: Topographien der Geschlechter. Kulturgeschichtliche Studien zur Literatur. Reinbek 1990, S. 252–[264]. (1990b)

Weigel, Sigrid: Das Leben ist unberechenbar. Wie aus „Datensalat" die Erbinformation wurde. Über das Verhängnis der Bilder in der Wissenschaft. In: *Die Zeit* vom 11. Juli 2002.

Wenk, Silke: Gendered representations of the nation's past and future. In: Ida Blom/Karen Hagemann/Catherine Hall (Hg.): Gendered nations. Nationalism and gender order in the Long Nineteenth Century. Oxford 2000, S. 63–90.

Wild, Inge: Der andere Blick. Reisende Frauen in Afrika. In: Etudes Germano-Africaines 10 (1992), S. 119–132.

Wild, Inge: Zwischen Mission, Kolonialismus und Ethnographie. Fremdheitserfahrungen der Lehrerin und Missionarin Anna Rein-Wuhrmann im Königreich Banum in der deutschen Kolonie Kamerun. In: Ortrud Gutjahr (Hg.): Fremde. Würzburg 2002 (Freiburger literaturpsychologische Gespräche; 21), S. [95]–120.

Wildenthal, Lora: "She is the Victor": Bourgeois women, nationalist identities and the ideal of independent woman farmer in German Southwest Africa. In: Geoff Eley

(Hg.): Society, culture and the state in Germany, 1870–1930. University of Michigan 1996, S. 371–395.

Wildenthal, Lora: Mass-marketing colonialism and nationalism: The career of Else Frobenius in the ›Weimarer Republik‹ and Nazi Germany. In: Ute Planert (Hg.): Nation, Politik und Geschlecht. Frauenbewegungen und Nationalismus in der Moderne. Frankfurt/M. 2000 (Geschichte und Geschlechter; 31), S. 328–345.

Wilkending, Gisela: Volksbildung und Pädagogik "vom Kinde aus". Eine Untersuchung zur Geschichte der Literaturpädagogik in den Anfängen der Jugendschriftenbewegung. Weinheim 1980 (Beltz Forschungsberichte).

Wilkending, Gisela: Literaturpädagogik in der Kaiserzeit. Paderborn 1982 (Informationen zur Sprach- und Literaturdidaktik; 40).

Wilkending, Gisela: Beschränkte Abenteuer – Mädchenliteratur. In: Dies.: kinder- und jugendbuch. Bamberg 1987, S. 164–202.

Wilkending, Gisela: Einleitung. In: Kinder- und Jugendliteratur. Vom 18. Jahrhundert bis zum Zweiten Weltkrieg. Eine Textsammlung. Hg. v. ders. Stuttgart: Reclam 1994, S. [5]–72.

Wilkending, Gisela: Kritik der Jugendlektüre. Von der Mitte des 19. Jahrhunderts bis zur Herausbildung der Hamburger Jugendschriftenbewegung. In: Kinder- und Jugendliteraturforschung 1996/97. Hg. v. Hans-Heino Ewers u.a. Stuttgart 1997, S. 38–68. (1997a)

Wilkending, Gisela: Man sollte den *Trotzkopf* noch einmal lesen. Anmerkungen zu einer anderen Lesart. In: Dagmar Grenz/Dies. (Hg.): Geschichte der Mädchenlektüre. Mädchenliteratur und gesellschaftliche Situation der Frauen. Weinheim 1997 (Lesesozialisation und Medien), S. 123–137. (1997b)

Wilkending, Gisela: *Regina Himmelschütz* von Helene Raff. Ein Gegenmodell zum *Trotzkopf* Emmy von Rhodens. In: Dagmar Grenz/Dies. (Hg.): Geschichte der Mädchenlektüre. Mädchenliteratur und gesellschaftliche Situation der Frauen. Weinheim 1997 (Lesesozialisation und Medien), 139–149. (1997c)

Wilkending, Gisela: Mädchen-Kriegsromane im Ersten Weltkrieg. In: Dagmar Grenz/Dies. (Hg.): Geschichte der Mädchenlektüre. Mädchenliteratur und gesellschaftliche Situation der Frauen. Weinheim 1997 (Lesesozialisation und Medien), S. 151–172. (1997d)

Wilkending, Gisela: Mädchenlektüre und Mädchenliteratur. ‚Backfischliteratur' im Widerstreit von Aufklärungspädagogik, Kunsterziehungs- und Frauenbewegung. In: Dagmar Grenz/Dies. (Hg.): Geschichte der Mädchenlektüre. Mädchenliteratur und gesellschaftliche Situation der Frauen. Weinheim 1997 (Lesesozialisation und Medien), S. 173–195. (1997e)

Wilkending, Gisela: Das bürgerliche Familienmodell im Spiegel der ‚klassischen' Pensionsgeschichte. In: Hans-Heino Ewers/Inge Wild (Hg.): Familienszenen. Die Darstellung familialer Kindheit in der Kinder- und Jugendliteratur. München 1999, S. 41–61. (1999a)

Wilkending, Gisela: Die Pensionsgeschichte als Paradigma der traditionellen Mädchenliteratur. In: Frauen Literatur Geschichte. Schreibende Frauen vom Mittelalter bis zur Gegenwart. 2., vollst. neu bearb. u. erw. Aufl. Hg. v. Hiltrud Gnüg u. Renate Möhrmann. Stuttgart 1999, S. 104–116, 681–683. (1999b)

Wilkending, Gisela: Abenteuerroman, Reiseerzählung, Biographie, historischer Roman und Kriegsliteratur – Atypische Literatur für junge Leserinnen. In: Norbert Groeben (Hg.): Lesesozialisation in der Mediengesellschaft. Tübingen 1999 (Internationales Archiv für Sozialgeschichte der Literatur. 10. Sonderh.), S. [161]–174. (1999c)

Wilkending, Gisela: Geschichtserzählende Literatur für Mädchen bis zum Ende der Weimarer Republik. In: GeschichtsBilder. Historische Jugendbücher aus vier Jahrhunderten. Ausstellungskatalog zur Ausstellung in der Staatsbibliothek zu Berlin – Preußischer Kulturbesitz. Berlin 2000, S. 133–155. (2000a)

Wilkending, Gisela: Spuren deutsch-jüdischer Vergangenheit in den kinder- und mädchenliterarischen Werken Else Urys. In: „Hinauf und Zurück / in die herzhelle Zukunft". Deutsch-jüdische Literatur im 20. Jahrhundert. Festschrift für Birgit Lermen. Hg. v. Michael Braun u.a. Bonn 2000, S. 177–188. (2000b)

Wilkending, Gisela: Die Kommerzialisierung der Jugendliteratur und die Jugendschriftenbewegung um 1900. In: Kaspar Maase/Wolfgang Kaschuba (Hg.): Schund und Schönheit. Populäre Kultur um 1900. Köln 2001 (alltag & kultur; 8), S. 218–251.

Wilkending, Gisela: Das Mädchen als Subjekt der Lektüre und als Objekt pädagogischer Einwirkung. – Zur pädagogischen Kritik des Mädchenlesens der Kaiserzeit. In: Norbert Groeben/Bettina Hurrelmann (Hg.): Medienkompetenz. Voraussetzungen, Dimensionen, Funktionen. München 2002 (Lesesozialisation und Medien), S. 44–70. (2002a)

Wilkending, Gisela: Massenunterhaltung und Jugendliteratur. Zur Auflösung des narrativ-auktorialen Schreibkonzepts in der Jugendliteratur der Jahrhundertwende. In: Kinder- und Jugendliteraturforschung 2001/2002. Hg. v. Hans-Heino Ewers u.a. Stuttgart 2002, S. [49]–70. (2002b)

Wilkending, Gisela: Mädchenliteratur von der Mitte des 19. Jahrhunderts bis zum Ersten Weltkrieg. In: Geschichte der deutschen Kinder- und Jugendliteratur. Hg. v. Reiner Wild. 2., erw. Aufl. Stuttgart 2002, S. 220–250. (2002c)

Winnicott, Donald Woods: Vom Spiel zur Kreativität. Aus d. Engl. v. Michael Ermann. 9. Aufl. Stuttgart 1997 (Konzepte der Humanwissenschaften).

Wobbe, Theresa: Von Marianne Weber zu Edith Stein: Historische Koordinaten des Zugangs zur Wissenschaft. In: Dies./Gesa Lindemann (Hg.): Denkachsen. Zur theoretischen und institutionellen Rede vom Geschlecht. Frankfurt/M. 1994 (Gender Studies), S. 15–[68].

Wolff, Erwin: Sir Walter Scott und Dr. Dryasdust. Zum Problem der Entstehung des historischen Romans im 19. Jahrhundert. In: Wolfgang Iser/Fritz Schalk (Hg.): Dargestellte Geschichte in der europäischen Literatur des 19. Jahrhunderts. Frankfurt/M. 1970 (Studien zur Philosophie und Literatur des neunzehnten Jahrhunderts; 7), S. 15–37.

Wülfing, Wulf: Die heilige Luise von Preußen. Zur Mythisierung einer Figur der Geschichte in der deutschen Literatur des 19. Jahrhunderts. In: Jürgen Link/Ders. (Hg.): Bewegung und Stillstand in Metaphern und Mythen. Fallstudien zum Verhältnis von elementarem Wissen und Literatur im 19. Jahrhundert. Stuttgart 1984 (Sprache u. Geschichte; 9), S. 233–273.

Wülfing, Wulf/Karin Bruns/Rolf Parr: Historische Mythologie der Deutschen 1798–1918. München 1991.

Wulf, Carmen: Mädchenliteratur und weibliche Sozialisation: Erzählungen und Romane für Mädchen und junge Frauen von 1918 bis zum Ende der 50er Jahre. Eine motivgeschichtliche Untersuchung. Frankfurt/M. 1996.

Zahn, Susanne: Töchterleben. Zur Sozialgeschichte der Mädchen im 19. Jahrhundert. In: Clementine Helm: Backfischchen's Leiden und Freuden (1863). Neu hg. v. Johannes Merkel u. Dieter Richter. Mit e. Anh. v. ders. München 1981 (Sammlung alter Kinderbücher; 7), S. 244–[318].

Zahn, Susanne: Töchterleben. Studien zur Sozialgeschichte der Mädchenliteratur. Frankfurt/M. 1983 (Jugend und Medien; 4).

Illustrationsverzeichnis

Ill. 10 (S. 204): Buchdeckel zu Agnes Willms-Wildermuth: Renée oder Im Sturm erprobt. Geschichtliche Erzählung für junge Mädchen. Berlin 1893. – Arbeitsstelle für Leseforschung und Kinder- und Jugendmedien (ALEKI).

Ill. 11 (S. 213): Buchdeckel-Vignette zu Charlotte Niese: Das Lagerkind. Geschichte aus dem deutschen Krieg. Mainz 1914 (Jungmädchen-Bücher; 5). – Arbeitsstelle für Leseforschung und Kinder- und Jugendmedien (ALEKI).

Ill. 12 (S. 227): Textillustration aus: Ida von Düringsfeld: Das Buch denkwürdiger Frauen. In Lebens- und Zeitbildern. Festgabe für Mütter und Töchter. 3. Aufl. Leipzig 1877. – Arbeitsstelle für Leseforschung und Kinder- und Jugendmedien (ALEKI). (Identisch mit einer Illustration aus der 1. Aufl. von 1863).

Ill. 13 (S. 230): Textillustration aus: Marie von Felseneck: Königin Luise. Ein Lebens-Bild nach authentischen Quellen bearbeitet. Der deutschen Jugend gewidmet. Berlin [1897]. – Arbeitsstelle für Leseforschung und Kinder- und Jugendmedien (ALEKI).

Ill. 14 (S. 246): Textillustration aus: Louis Noël: Die deutschen Heldinnen in den Kriegsjahren 1807-1815. Berlin 1912. – Forschungsbibliothek Gotha. (Identisch mit dem Frontispiz aus: W. O. Horn: Vier Heldinnen aus der Zeit der Befreiungskriege ([1864]).

Ill. 15 (S. 255): Textillustration aus: Amanda Sonnenfels: Deutsche Frauengestalten. Fünf Lebensbeschreibungen hervorragender Frauen für die Mädchenwelt. Stuttgart [1927]. – Arbeitsstelle für Leseforschung und Kinder- und Jugendmedien (ALEKI). (Identisch mit einer Illustration aus der 1. Aufl. von 1910)

Ill. 16 (S. 263): Buchdeckel zu: Marie von Felseneck: Landwehrmanns Einzige im Dienste des Vaterlandes. Zeitgeschichtliche Erzählung für die Jugend. Berlin 1917. – Arbeitsstelle für Leseforschung und Kinder- und Jugendmedien (ALEKI).

Ill. 17 (S. 274): Frontispiz aus: Henny Koch: Aus großer Zeit. Eine Erzählung für junge Mädchen. Stuttgart [1908]. – Arbeitsstelle für Leseforschung und Kinder- und Jugendmedien (ALEKI).

Ill. 18 (S. 293): Foto aus der Mädchen-Zeitschrift *Das Kränzchen* 27 (1914/15). – Arbeitsstelle für Leseforschung und Kinder- und Jugendmedien (ALEKI). (Dargestellt ist die 17jährige Stanislawa Ordinska, die Grete Hallberg zur Protagonistin ihres Mädchen-Kriegsromans *Eine Kriegsheldin* ([1916]) gemacht hat.)

Ill. 19 (S. 296): Textillustration aus: Berta Clément: Sturmgebraus. Erzählung für junge Mädchen aus dem Kriegsjahr 1914. Leipzig 1915. – Arbeitsstelle für Leseforschung und Kinder- und Jugendmedien (ALEKI).

Ill. 20 (S. 302): Textillustration aus: Sophie Kloerss: Vaterhaus und Vaterland. Stuttgart [1915]. – Arbeitsstelle für Leseforschung und Kinder- und Jugendmedien (ALEKI).

Nachwort

Die Studien zu diesem Band sind im Rahmen des Schwerpunktprogramms *Lesesozialisation in der Mediengesellschaft* entstanden, das 1997/98 von der Deutschen Forschungsgemeinschaft (DFG) eingerichtet wurde. Die diachron-historische Dimension der ‚Mediengesellschaft', und zwar ausdrücklich auch unter Genderperspektive, war im Dachantrag zur Einrichtung des Schwerpunkts verankert worden.[1] Das von mir in diesem Kontext beantragte Projekt trug seinerzeit den Titel „Abenteuerroman, Reiseerzählung, Biographie, historischer Roman und Kriegserzählung. Atypische Literatur für junge Leserinnen".[2] Die Idee zur Sammlung und Untersuchung ‚atypischer Mädchenliteratur' entstand allerdings bereits in der Mitte der 1980er Jahre, als ich im Zusammenhang der Erforschung des Mädchenbuchmarkts der Deutschen Kaiserzeit in Antiquariaten und Bibliotheken auf historische Romane und Reiseromane der Brigitte Augusti, auf Kriegsromane für Mädchen aus den Jahren 1914 bis 1917 und auf andere, vom Mainstream der Backfischliteratur abweichende Titel gestoßen war. Die seither privat sowie während meiner Arbeit an den Universitäten Gießen und Köln kontinuierlich ausgebaute *Sammlung historischer Mädchenliteratur*, eine ebenfalls seit den 1980er Jahren begonnene Sammlung biographischen Materials zu den Mädchenbuchautorinnen der Kaiserzeit sowie eine Materialsammlung zur historischen Debatte über die Backfischliteratur bildeten den ersten Grundstock für das Projekt. Die finanzielle Förderung meiner Professur durch das Land Nordrhein-Westfalen im Rahmen der Hochschulsonderprogramme (HSP) und des Hochschul- und Wissenschaftsprogramms (HWP) machte den Ausbau der *Arbeitsstelle für Leseforschung und Kinder- und Jugendmedien* (ALEKI) zu einer leistungsfähigen Forschungsbibliothek für den Schwerpunkt der Studien des vorliegenden Bandes möglich. Durch Mittel des HSP und HWP (1997–2001) konnte zudem eine *Datenbank Mädchen- und Frauenlektüre* eingerichtet werden, die Bibliotheksbestände der ALEKI aufschlüsselt und damit eine wichtige Voraussetzung für die Durchführung des Projekts bot. In diese Datenbank wurden auch die Projektdaten integriert. Die Ausstattung meiner Professur mit Hilfskraftmitteln durch den Kanzler der Universität zu Köln, Herrn Neyses, ermöglichte Vorarbeiten und laufende Unterstützung.

Das Projekt wurde von der Deutschen Forschungsgemeinschaft auf Antrag über einen Zeitraum von vier Jahren (1.7.1998–30.6.2002) gefördert. Schon in der ersten Projektphase wurde der zunächst weiter gefaßte Untersuchungszeitraum, sachlich begründet, auf die Zeit zwischen 1871 und 1918 konzentriert. Im Zentrum sollte zudem ausschließlich die im Deutschen Reich erschienene Mädchenliteratur stehen, vornehmlich die romanhafte atypische Erzählprosa (zum

1 S. hierzu insbesondere *Lesesozialisation in der Mediengesellschaft* 1999; Groeben/Hurrelmann 2002a, 2002b.

2 S. dazu Wilkending 1999c.

Begriffsverständnis in unserem Projekt vgl. die Einleitung dieses Bandes), deren Strukturen und potentielle Funktionen auf der Folie der mädchenliterarischen Prototypen des Backfischromans und im Kontext der zeitgenössisch akuten Veränderungen des Geschlechterverhältnisses und seiner Konstruktion untersucht werden sollten. Das Zuordnungskriterium zum Textcorpus atypischer Mädchenliteratur (vgl. dazu die Abteilung1.1. des Literaturverzeichnisses) wurde sehr streng ausgelegt, damit die marktseitige Intention erfaßt und der Vergleich mit der typischen Literatur methodisch genau geführt werden konnten: In das Corpus aufgenommen wurden daher nur solche in Buchform erschienenen romanhaften Reiseerzählungen, Kolonialerzählungen, historischen und biographischen Erzählungen sowie Kriegserzählungen, die (im Vorwort, durch Untertitel oder Reihentitel, durch Leserinnenanrede im Text) explizit an Mädchen adressiert sind, die also eine entsprechende Markt- bzw. Autorintention eindeutig erkennen lassen. Auch Literatur, die vermutlich stillschweigend für Mädchen als Leserinnen gedacht war oder auch solche, die von Rezensenten und Kritikern als Mädchenlektüre empfohlen oder eingestuft wurde, haben wir lediglich unter „Weitere Jugendliteratur" (Literaturverzeichnis 1.2) oder unter „Weitere literarische Texte" (Literaturverzeichnis 1.3) klassifiziert. Die Ermittlung und Besorgung aller in der Kaiserzeit erschienenen, in unserem Sinne atypischen Texte war selbstverständlich nicht möglich. Die Recherche erfolgte insbesondere über 1. die Auswertung der für den Bereich der Kinder- und Jugendliteraturforschung grundlegenden Handbücher, Lexika, Ausstellungskataloge, Bestandsverzeichnisse und Bibliothekskataloge der großen Sammlungen von Kinder- und Jugendliteratur, 2. die gezielte bibliographische Recherche zu den als relevant ermittelten Autorinnen, 3. die Auswertung zeitgenössischer Empfehlungslisten und Rezensionen. Bei der vorläufigen Einschätzung eines Titels als atypisch waren wir zunächst häufig auf Vermutungen angewiesen, die durch Titel und Untertitel der Texte provoziert wurden. Am Ende konnte ein Corpus von ca. 80 erreichbaren und eindeutig zu klassifizierenden Texten zusammengestellt werden. Neben den Texten dieser Gruppe wurden insbesondere weitere Romane der als wichtig erkannten Autorinnen, weitere für die Studien zu den einzelnen Genres relevante und gleichzeitig im Untersuchungszeitraum erschienene sowie wichtige außerhalb des Untersuchungszeitraums erschienene Primärtexte recherchiert und in die Einzelstudien einbezogen. Nur auf einen sehr kleinen Teil dieser weiteren Literatur kann in diesem Band verwiesen werden. Alle Projektmaterialien sind aber über die *Datenbank Mädchen- und Frauenlektüre* bzw. über andere institutsinterne Ordnungssysteme aufgeschlossen und prinzipiell zugänglich.

Zwar deckt die in unserem Sinne atypische Erzählprosa für Mädchen vermutlich nur ca. 5% der im Untersuchungszeitraum erschienenen romanhaften, in Buchform veröffentlichten, speziell an Mädchen adressierten Texte ab. Dennoch gehen wir davon aus, daß sich in dieser Literatur wichtige Veränderungen in der literarischen und geschlechtsspezifischen Enkulturation der Mädchen abbilden. Die Tendenz zu analogen Themenzentrierungen und Konfigurationen zeigt sich nämlich auch sehr deutlich in der gleichzeitig erschienenen periodischen Literatur (Jahrbücher, Zeitschriften) für Mädchen, die wir in unseren Studien nur ansatzweise berücksichtigen konnten. Einen ‚Abenteuerroman' für Mädchen haben wir – entgegen den im Projektantrag formulierten Erwartungen – in der

Kaiserzeit nicht als mädchenliterarisches Genre ausmachen können. Zu diesem Thema finden sich daher zwar viele Beobachtungen, aber keine Einzelstudie in diesem Band. Auch der Komplex der biographischen Erzählungen fällt etwas aus dem Gesamtrahmen unserer Untersuchung heraus. Wegen der historischen Signifikanz der Thematisierung exemplarischer weiblicher Lebensläufe als Mädchenlektüre wollten wir aber auf keinen Fall auf eine Studie zum biographischen Erzählen verzichten.

Zur Realisierung des Projekts haben viele direkt und indirekt beigetragen und damit ihre teils erhebliche Leistung in das vorliegende Buch eingebracht: 1. Wissenschaftliche Mitarbeiterinnen: Julia Artkämper/Weisenhaus (DFG, 1. Phase; v.a. Aufbau des Apparats der Primärliteratur, Aufbau der speziellen Projektdatenbank), Gabriele von Glasenapp (DFG, 2. Phase; v.a. Erarbeitung einer Studie), Silke Kirch (DFG, 1. und 2. Phase; v.a. Aufbau eines Apparats zur Autorinnenbiographie, Mitarbeit an der speziellen Projektdatenbank, Erarbeitung einer Studie), Petra Volkmann-Valkysers (ALEKI, letztes Projektjahr; v.a. Auswertung biographischen Materials zu Autorinnen, Erarbeitung einer Studie); 2. Wissenschaftliche Hilfskräfte: Birte Förster (DFG, 2. Phase; v.a. Aufbau des Apparats der Rezensionen, Mitarbeit an Recherchen, Mitarbeit an der speziellen Projektdatenbank, Erarbeitung einer Studie), Daniela Frickel (ALEKI; Mitarbeit in verschiedenen Bereichen, zuletzt wichtige Hilfe beim Korrekturlesen für diesen Band), Michaela Toebs (SHP, HWP; Aufbau und Pflege der *Datenbank Mädchen- und Frauenlektüre*). Als studentische Hilfskräfte haben zeitweilig mitgearbeitet: Birte Förster (DFG), Daniela Frickel (ALEKI), Dirk Schweitzer (SHP, HWP), Corinna Sterzig (ALEKI), Stefanie Tings (DFG), Michaela Toebs (ALEKI), Tanja Vogel (ALEKI). Die annotierte Bibliographie der atypischen Mädchenliteratur (1.1) erarbeitete die Diplombibliothekarin Maria Michels-Kohlhage. – Der Aufbau des Forschungsapparats war nur möglich, weil uns Bibliotheken schnell, teils unkonventionell und großzügig bei der Besorgung und Reproduktion von Texten unterstützt haben. Hier sind vor allen anderen die Universitäts- und Stadtbibliothek Köln, die Deutsche Staatsbibliothek Berlin (Kinderbuchabteilung) und das Deutsche Jugendbuchinstitut der Universität Frankfurt zu nennen. Der Universität zu Köln, der Deutschen Forschungsgemeinschaft, dem Ministerium für Wissenschaft und Forschung Nordrhein-Westfalens sowie allen anderen, die zur Realisierung dieses Projekts beigetragen haben, soll an dieser Stelle herzlich gedankt werden.

Köln, im Dezember 2002 Gisela Wilkending

Autorinnen des Bandes

Birte Förster (geb. 1973). Wissenschaftliche Hilfskraft im DFG-Projekt „Atypische Literatur für junge Leserinnen" an der Kölner Arbeitsstelle für Leseforschung und Kinder- und Jugendmedien: ALEKI. Studium der Geschichtswissenschaft und der Germanistik an den Universitäten Köln und Bologna. Promotionsstipendiatin des Ev. Studienwerkes Villigst e. V. Doktorandin der Universität Gießen zum Thema „Nationalismus und Geschlechterdifferenz. Die medialen Repräsentationen Königin Luises von Preußen 1860-1960".

Gabriele von Glasenapp (geb. 1956). Ab 2002 Wissenschaftliche Mitarbeiterin am Seminar für deutsche Sprache und ihre Didaktik an der Universität zu Köln; vorher Wissenschaftliche Mitarbeiterin in Forschungsprojekten des Frankfurter Instituts für Jugendbuchforschung und der Kölner Arbeitsstelle für Kinder- und Jugendmedien: ALEKI. Studium der Literaturwissenschaft, der Neueren Geschichte und der Romanistik an den Universitäten in Frankfurt/Main und Tours. Forschungsschwerpunkte: deutsch-jüdische Literatur des 19. und 20. Jahrhunderts, jüdische Literaturpädagogik, historische Kinder- und Jugendliteratur, Holocaust-Literatur.

Silke Kirch (geb. 1970). Von 1998 bis 2002 Wissenschaftliche Mitarbeiterin an der Kölner Arbeitsstelle für Kinder- und Jugendmedien: ALEKI. Studium der Germanistik, mit den Schwerpunkten Neuere Deutsche Literatur sowie Kinder- und Jugendbuchforschung und den Nebenfächern Psychoanalyse sowie Kunstpädagogik an der Goethe-Universität in Frankfurt/Main. Doktorandin bei Hans-Heino Ewers am Frankfurter Institut für Jugendbuchforschung.

Petra Volkmann-Valkysers (geb. 1972). Wissenschaftliche Mitarbeiterin an der Kölner Arbeitsstelle für Leseforschung und Kinder- und Jugendmedien: ALEKI. Studium der Germanistik, Anglistik und Mediävistik an der Rheinisch-Westfälischen Technischen Hochschule Aachen und der Ludwig-Maximilians-Universität München. Volontariat im Buchhandel. Doktorandin an der Universität zu Köln mit dem Promotionsprojekt „Wege der Professionalisierung weiblicher Autorschaft um 1900: Schreiben für Mädchen und Frauen".

Gisela Wilkending (geb. 1942). Professorin an der Universität zu Köln (Schwerpunkt: Historische Leseforschung unter besonderer Berücksichtigung der Rolle der Frau). Leiterin der Kölner Arbeitsstelle für Leseforschung und Kinder- und Jugendmedien: ALEKI (zus. mit Bettina Hurrelmann). Studium der Germanistik, Geschichtswissenschaft, Erziehungswissenschaft und Philosophie an der Universität Marburg. Von 1972 bis 1993 Professorin an der Universität Gießen.

Personenregister

Das Register erfaßt die Namen von Personen, die zum weiteren und engeren Untersuchungsfeld der Studie gehören, also insbesondere Namen von Autorinnen und Autoren belletristischer Literatur, Namen aus dem Bereich der zeitgenössischen Literaturkritik, -pädagogik und -psychologie sowie aus dem Umfeld der historischen Entwicklungs- und Geschlechtertheorie. Mehrere Namen ein und derselben Person wurden nur aufgenommen, wenn sie im Text erwähnt sind. Namen von historischen Personen, die in der Studie lediglich als Figuren literarischer Texte behandelt werden, sind nicht aufgenommen worden. Auch das Literaturverzeichnis ist nicht registriert worden.

GPSR Compliance

The European Union's (EU) General Product Safety Regulation (GPSR) is a set of rules that requires consumer products to be safe and our obligations to ensure this.

If you have any concerns about our products, you can contact us on ProductSafety@springernature.com

In case Publisher is established outside the EU, the EU authorized representative is:

Springer Nature Customer Service Center GmbH
Europaplatz 3
69115 Heidelberg, Germany

Batch number: 10601340

Printed by Printforce, the Netherlands